문명이야기

윌 듀런트

안인희 옮김

르네상스
5-1

THE STORY OF CIVILIZATION VOL V.: THE RENAISSANCE
by Will Durant

Copyright © 1953 by Will Durant
All rights reserved.

Korean Language Translation Copyright © 2011 by Minumsa

Korean edition is published by arrangement with the original publisher, Simon & Schuster, Inc. through KCC.

이 책의 한국어판 저작권은 KCC를 통해 Simon & Schuster, Inc.와 독점 계약한 (주)민음사에 있습니다. 저작권법에 의해 한국 내에서 보호를 받는 저작물이므로 무단 전재와 무단 복제를 금합니다.

THE STORY
OF
CIVILIZATION

문명 이야기

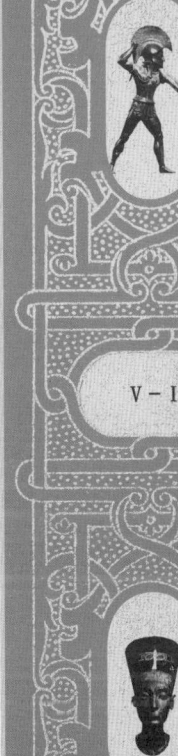

V - I

월 듀런트
WILL DURANT

안인희 옮김

르네상스
5-1

민음사

독자에게

이 책은 그 자체로 완결되고 독립된 것이지만, 또한 인류 활동의 모든 국면을 하나의 이야기로 연결하여 들려주는 '통합적 방법'으로 쓰인 『문명 이야기』 5권에 해당한다. 문명 이야기 시리즈는 1935년에 『동양 문명』으로 시작되었다. 이 1권에서는 기원전 323년까지의 중동과 1930년까지의 인도, 중국, 일본을 다루었다. 이 시리즈의 2권은 『그리스 문명』(1939)으로서, 그리스 역사 및 문화의 시작부터, 기원전 323년 이후의 중동 역사를 거쳐 기원전 146년 그리스가 로마에 정복되기까지를 기록했다. 3권 『카이사르와 그리스도』(1944)는 서기 325년에 이르기까지의 백인 문명의 이야기로, 로마의 흥망성쇠와 아울러 초기 그리스도교에 대한 것이다. 4권 『신앙의 시대』(1950)는 1300년까지의 이야기로, 비잔틴 문명, 이슬람, 유대주의, 라틴 그리스도교 등을 포함한다.

우리 책은 르네상스 시대, 곧 1304년 페트라르카의 탄생부터 1576년 티찌아노의 죽음까지의 기간에 이탈리아에서의 삶의 모든 국면을 전체적으로 제공하려는 목적으로 쓰였다. 이 책에서 '르네상스'라는 용어는 오로지 이탈리아에 국한한다. 따라서 16세기와 17세기에 고대의 재탄생보다는 민족의 성숙을 가리키는, 프랑스, 스페인, 영국, 네덜란드에서의 발전을 뜻하기엔 적합하지 않다. 그리고 이탈리아에서도 이 용어는 주로 고전 문헌의 부활을 지나칠 정도로 강조한 것으로서, 고전 문헌의 부활이란 이탈리아 경제와 문화가 독특한 형태로 성숙해 가는 일보다 실제로는 덜 중요한 일이었다.

르네상스라는 주제에 대해 이미 인쇄되어 나와 있는 탁월한 책들을 그냥 표피적으로 반복하기를 피하려다 보니, 이 책은 『문명 이야기』 시리즈에서 앞의 책들보다 규모가 더 커졌다. 게다가 우리 자신의 시대에 점점 더 가까워지는 탓으로 우리의 관심도 훨씬 더 활발해진다. 현대 유럽이 시작된 저 열광적인 몇 백 년의 수액이 아직도 우리의 핏속에 들어 있음을 느끼니까 그렇다. 그들의 생각, 당시의 사건들, 그 시대의 개성들은 우리 자신의 정신과 시대를 이해하는 데 특별히 중요하다.

나는 이 책에 언급한 예술 작품을 거의 모두 직접 탐구했지만 이 분야에서 비판적 판단을 할 권리를 가질 만큼 기술적 훈련을 받지는 못했다. 그런데도 과감하게 내가 받은 인상과 좋아하는 점들을 들려주려고 했다. 용서할 수 있는 일이지만 현대 예술은 르네상스에 대한 반발에 몰두하여 새로운 형태의 미와 중요성을 찾아내기 위해 열렬히 실험을 하고 있다. 우리가 르네상스를 인정한다고 해서, 르네상스의 산물이 아닌 그 독창성을 모방하려고 애쓰는 모든 진지한 시도를 거부해야 한다는 뜻은 물론 아니다.

상황이 된다면 『종교 개혁』이라는 제목으로 앞으로 삼사 년 뒤에 나올 6권에는 1300년 이후 이탈리아 바깥의 그리스도교, 이슬람, 유대교 문명과, 1576년부터 1648년까지의 이탈리아 역사가 포함될 것이다. 책의 규모가 커진다는 점과 나이 들어 가는 탓으로, 아마 19세기 초까지를 다루게 될 7권 『이성의 시대가 시작되다』로 이 시리즈를 마무리할 계획을 세우는 쪽이 현명할 것 같다.

페트라르카의 소네트의 세련된 번역을 인용할 수 있도록 허가해 준 조지프 오슬랜더 씨에게 감사를 드린다. 『케임브리지 현대사』의 1권 리처드 가네트의 구절을 인용하도록 허가해 준 것에 대해 케임브리지 대학교 출판부에 감사드린다. 또한 수많은 빛나는 제안들과 대화를 나눈 것에 대해 아내에게, 자료의 분류를 도와준 C. 에드워드 홉킨 박사에게, 다양한 방식의 필사를 맡아 준 메리 코프먼과 플로라 코프먼 씨에게, 어려운 원고를 매우 유능하게 타자로 쳐 준 에디스 다이게이트 부인에게, 그리고 전문적 편집과 조언을 해 준 월리스 브로크웨이에게도 감사를 드린다.

출판사에도 때늦은 감사를 드린다. 오랫동안 이 출판사와 함께 일해 오면서 내게는 이상적인 곳이라고 느꼈다. 출판사는 나를 위해 모든 면을 고려해 주었으며, 탐구 경비를 분담해 주고, 우리의 관계가 손익의 계산에 따른 것이 되지 않도록 해 주었다. 1926년에 출판사는 겨우 '손익 분기점'에만 도달할 생각으로 나의 『철학 이야기』를 출판했다. 그 후로 지금까지 27년 동안 함께 해 왔고, 그것은 내게는 행운이 깃든 행복한 결합이었다.

로스앤젤레스, 1952년 12월 1일

윌 듀런트

이 책을 읽는 방법

1. 글자 크기를 줄여 놓은 부분은 탐구자를 위한 것으로, 일반 독자는 뛰어넘어도 괜찮다.
2. 예술 작품에 도시 이름만 제시한 것은 그 도시의 대표 미술관에 있다는 뜻이다.

　　베르가모, 아카데미아 카라라(Accademia Carrara)
　　베를린, 프리드리히 황제 박물관(Kaiser-Friedrich Museum)
　　브레시아, 피나코테카 마르티넹고(Pinacoteca Martinengo)
　　시카고, 아트 인스티튜트(Art Institute)
　　클리블랜드, 클리블랜드 미술관(Museum of Art)
　　디트로이트, 아트 인스티튜트(Institute of Art)
　　레닌그라드, 에르미타쥬(Hermitage)
　　런던, 국립 미술관(National Gallery)
　　마드리드, 프라도(Prado)
　　만토바, 총독 궁전, 팔라쪼 두칼레(Palazzo Ducale)
　　밀라노, 브레라 미술관(Brera Gallery)
　　모데나, 피나코테크 미술관(Pinacoteca Estense)
　　나폴리, 국립 미술관(Museo Nazionale)
　　뉴욕, 메트로폴리탄 미술관(Metropolitan Museum of Art)
　　파르마, 왕립 미술관(Royal Gallery)
　　베네찌아, 아카데미(Academy)
　　워싱턴, 국립 미술관(National Gallery)

피렌체의 대형 미술관들은 '우피찌', '피티'와 같이 각기 그 이름을 지적했다. 로마의 보르게세 미술관도 마찬가지다.

차 례

독자에게 5

서곡: 1300~1377 45

1장 페트라르카와 보카치오의 시대: 1304~1375
1. 르네상스의 아버지 47
2. 나폴리와 보카치오 56
3. 계관시인 60
4. 리엔쪼의 혁명 67
5. 떠돌이 학자 74
6. 죠토 77
7. 「열흘 이야기(데카메론)」 84
8. 시에나 93
9. 밀라노 97
10. 베네찌아와 제노바 99
11. '14세기(트레첸토)'의 황혼 103
12. 조망 107

2장 아비뇽의 교황들: 1309~1377
1. 바빌론 포로 115
2. 로마로 가는 길 126
3. 그리스도교도의 생활: 1300~1424 132

피렌쩨의 르네상스: 1378~1534 139

3장 메디찌 가문의 떠오름: 1378~1464
1. 무대 장치 141
2. 물질적 기반 145
3. "조국의 아버지" 코시모 150
4. 인문주의자들 156
5. 건축: 브루넬레스코의 시대 169
6. 조각 174
  기베르티 174
  도나텔로 177
  루카 델라 로비아 182
7. 회화 184
  마사치오 184
  프라 안젤리코 189
  프라 필리포 리피 193
8. 그 외의 예술 197

4장 황금 시대: 1464~1492
1. 통풍 환자 피에로 203
2. 로렌쪼의 발전 과정 204

3. 빛나는 사람 로렌쪼 일 마니피코　210
4. 문학: 폴리찌아노의 시대　203
5. 건축과 조각: 베로키오의 시대　216
6. 회화　230
　　기를란다요　230
　　보티첼리　242
7. 로렌쪼의 시대가 저물다　248

5장 사보나롤라와 피렌쩨 공화국: 1492~1534
1. 예언자　253
2. 정치가　261
3. 순교자　266
4. 공화국과 메디치 가문: 1498~1534　280
5. 혁명 시대의 예술　282

이탈리아의 축제 행렬: 1378~1534　291

6장 밀라노
1. 배경　293
2. 피에드몬테와 리구리아　297
3. 파비아　301
4. 비스콘티 가문: 1378~1447　303
5. 스포르차 가문: 1450~1500　307

6. 학문　320
7. 미술　324

7장 레오나르도 다 빈치: 1452~1519
1. 발전 과정: 1452~1482　331
2. 밀라노 시절: 1482~1499　335
3. 피렌쩨 시절: 1500~1501, 1503~1506　344
4. 밀라노와 로마 시절: 1506~1516　351
5. 인간 레오나르도　354
6. 발명가 레오나르도　360
7. 과학자 레오나르도　363
8. 프랑스 시절: 1516~1519　370
9. 레오나르도 유파　372

8장 토스카나와 움브리아
1. 피에로 델라 프란체스카　375
2. 시뇨렐리　381
3. 시에나와 소도마　385
4. 움브리아와 발리오니 가문　391
5. 페루지노　395

9장 만토바: 1378~1540

1. 비토리노 다 펠트레 **403**
2. 안드레아 만테냐: 1431~1506 **406**
3. 세계 제일의 여성 **411**

10장 페라라: 1378~1534

1. 에스테 가문 **419**
2. 페라라의 미술 **426**
3. 학문 **430**
4. 아리오스토 **436**
5. 이후의 영향 **445**

11장 베네찌아와 그 영토: 1378~1534

1. 파도바 **447**
2. 베네찌아의 경제와 정책 **449**
3. 베네찌아의 통치 방식 **454**
4. 베네찌아의 생활 **459**
5. 베네찌아 미술 **465**
   건축과 조각 **465**
   벨리니 사람들 **469**

   벨리니 형제에서 죠르죠네로 **477**
   죠르죠네 **480**
   티찌아노 ─ 형성기: 1477~1533 **484**
   덜 유명한 화가들과 작품 **490**
6. 베네찌아의 학문 **495**
   알두스 마누티우스 **495**
   벰보 **500**
7. 베로나 **505**

12장 에밀리아와 마르케: 1378~1534

1. 코레죠 **513**
2. 볼로냐 **522**
3. 에밀리아 가도를 따라서 **529**
4. 우르비노와 카스틸리오네 **534**

13장 나폴리 왕국: 1378~1534

1. 너그러운 알폰소 **545**
2. 페란테 **552**

주   **559**

죠토: 이집트로 피난하다
아레나 예배당, 파도바 5-1권의 75쪽 참조

시모네 마르티니: 수태고지
우피찌 미술관, 피렌쩨 5-1권의 94쪽 참조

로렌쪼 기베르티: 세례당의 문
피렌쩨 5-1권의 174쪽 참조

도나텔로: 십자가에 달린 예수
목재. 산타 크로체 성당, 피렌쩨 5-1권의 177쪽 참조

도나텔로: 다윗
청동. 바르젤로 미술관, 피렌쩨 5-1권의 178쪽 참조

도나텔로: 수태고지
사암(砂岩). 산타 크로체 성당, 피렌쩨 5-1권의 177쪽 참조

루카 델라 로비아: 성모와 아기
테라 코타. 바디아 수도원 문, 피렌쩨 5-1권의 183쪽 참조

도나텔로: 가타멜라타
파도바 5-1권의 180쪽 참조

마사치오: 헌금
브란카치 예배당, 피렌쩨 5-1권의 184쪽 참조

프라 안젤리코: 수태고지
산 마르코 수도원, 피렌쩨 5-1권의 189쪽 참조

프라 필리포 리피: 아기 예수를 경배하는 성모
프리드리히 황제 미술관, 베를린 5-1권의 193쪽 참조

안드레아 델 베로키오: 그리스도의 세례
우피찌 미술관, 피렌쩨 5-1권의 234쪽 참조

도메니코 기를란다요: 사쎄티 백작과 손자의 초상화
루브르 박물관, 파리 5-1권의 237쪽 참조

산드로 보티첼리: 베누스의 탄생
우피찌 미술관, 피렌쩨 5-1권의 242쪽 참조

안드레아 델 사르토: 하피의 성모
우피찌 미술관, 피렌쩨 5-1권의 288쪽 참조

**크리스토포로 솔라리: 로도비코 일 모로와
베아트리체 데스테의 묘비 뚜껑 조각상**
파비아 수도원 5-1권의 317쪽 참조

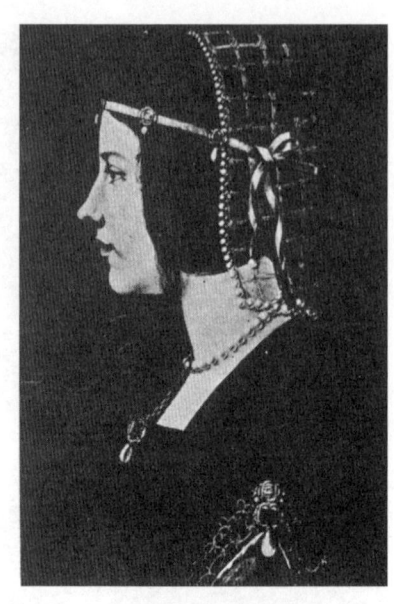

암브로지오 데 프레디스
혹은 레오나르도 다 빈치:
비앙카 스포르짜의 초상
암브로지아나 미술관, 밀라노 5-1권의 328쪽 참조

레오나르도 다 빈치: 바위 동굴 속의 성모
루브르 박물관, 파리 5-1권의 338쪽 참조

레오나르도 다 빈치: 자화상
붉은 초크, 토리노 미술관 5-1권의 354쪽 참조

레오나르도 다 빈치: 모나리자
루브르 박물관, 파리 5-1권의 339쪽 참조

피에로 델라 프란체스카: 페데리고 다 몬테펠트로의 초상
우피찌 미술관, 피렌쩨 5-1권의 379쪽 참조

루카 시뇨렐리: 세계의 종말(부분)
벽화, 오르비에토 대성당, 성 브리찌오 예배당 5-1권의 383쪽 참조

야코포 델라 퀘르치아: 그리스도의 탄생
산 페트로니오 성당 정문의 돌을새김 넷 중 하나, 볼로냐 5-1권의 386쪽 참조

야코포 델라 퀘르치아: 노아의 방주
산 페트로니오 성당의 돌을새김, 볼로냐 5-1권의 386쪽 참조

페루지노: 자화상
시스티나 예배당, 로마 5-1권의 395쪽 참조

핀투리키오: 그리스도의 탄생
산타 마리아 델 포폴로 성당, 로마 5-1권의 396쪽 참조

안드레아 만테냐: 로도비코 곤짜가와 그 가족
카스텔로, 만토바 5-1권의 406쪽 참조

안드레아 만테냐: 양치기들이 아기 예수를 경배함
메트로폴리탄 미술관, 뉴욕 5-1권의 406쪽 참조

레오나르도 다 빈치: 이사벨라 데스테의 초상
루브르 박물관, 파리 5-1권의 343쪽 참조

티찌아노: 이사벨라 데스테의 초상
미술사 박물관, 빈 5-1권의 418쪽 참조

죠반니 벨리니: 알베레티의 성모
베네찌아 아카데미 5-1권의 475쪽 참조

죠반니 벨리니: 레오나르도 로레다노 총독의 초상
국립 미술관, 런던 5-1권의 476쪽 참조

죠르죠네: 잠자는 베누스
드레스덴 미술관 5-1권의 482쪽 참조

죠르죠네: 시골의 음악회
루브르 박물관, 파리 5-1권의 483쪽 참조

티찌아노: 성스러운 사랑과 세속의 사랑
보르게세 미술관, 로마 5-1권의 487쪽 참조

티찌아노: 베누스와 아도니스
메트로폴리탄 미술관, 뉴욕 5-1권의 488쪽 참조

비토레 카르파쵸: 성 우르슬라의 꿈
베네찌아 아카데미 5-1권의 478쪽 참조

티찌아노: 성모의 승천
프라리 성당, 베네찌아 5-1권의 489쪽 참조

코레죠: 성 요한과 성 아우구스티누스
성 죠반니 에반젤리스타 교회의 삼각면, 파르마 5-1권의 513쪽 참조

코레죠: 성 카타리나의 신비스러운 결혼식
디트로이트 미술관 5-1권의 513쪽 참조

파르미지아니노: 장미의 성모
드레스덴 미술관 5-1권의 521쪽 참조

파엔짜의 마졸리카 도자기
왼쪽과 오른쪽은 식초 병, 중앙은 꽃병. 16세기 중엽 우르비노 5-1권의 529쪽 참조

라파엘로: 진주의 성모
프라도 미술관, 마드리드 5-2권의 227쪽 참조

라파엘로: 교황 율리우스 2세의 초상
피티 궁전, 피렌쩨 5-2권의 125, 233쪽 참조

미켈란젤로 부오나로티: 피에타
성 베드로 대성당, 로마 5-2권의 162, 513쪽 참조

미켈란젤로 부오나로티: 아담의 창조
시스티나 예배당 천장화, 로마 5-2권의 228, 511쪽 참조

라파엘로와 쥴리오 로마노: 그리스도의 변모
보르게세 미술관, 로마 5-2권의 231쪽 참조

미켈란젤로 부오나로티: 로렌쬬 데 메디치의 무덤
산 로렌쬬 성당, 피렌쩨 5-2권의 407쪽 참조

티찌아노: 아레티노의 초상
뉴욕 프릭 미술관, 뉴욕 5-2권의 432쪽 참조

티찌아노: 교황 파울루스 3세의 초상
나폴리 박물관 5-2권의 437쪽 참조

티찌아노: 카를 5세의 초상
뮌헨 5-2권의 435쪽 참조

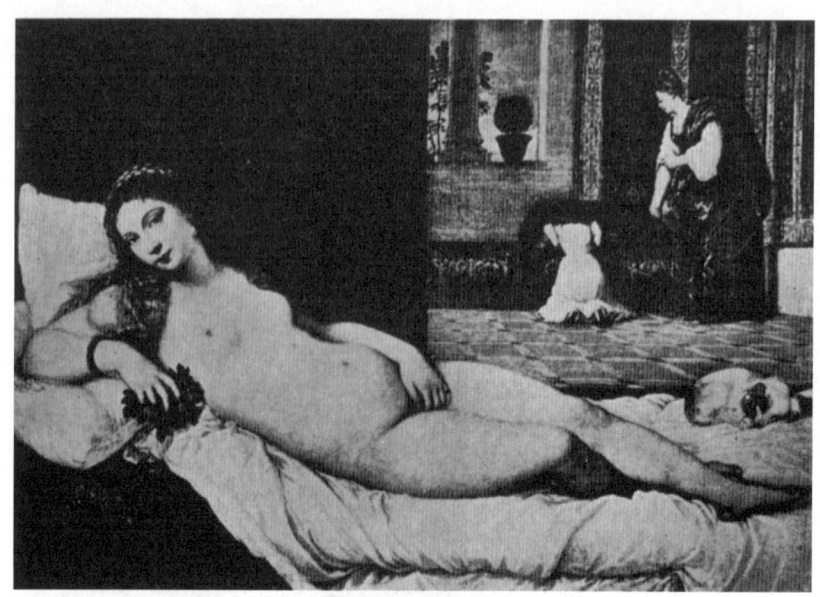

티찌아노: 우르비노의 베누스
피티 궁전, 피렌쩨 5-2권의 437쪽 참조

티찌아노: 젊은 영국인의 초상
피티 궁전, 피렌쩨 5-2권의 441쪽 참조

티찌아노: 자화상
프라도 미술관, 마드리드 5-2권의 441쪽 참조

틴토레토: 성 마르코의 기적
베네찌아 아카데미 5-2권의 447쪽 참조

틴토레토: 성모의 사원 방문
산타 마리아 델 오르토 교회, 베네찌아 5-2권의 448쪽 참조

파올로 베로네제: 자화상
우피찌 미술관, 피렌쩨 5-2권의 458쪽 참조

파올로 베로네제: 다니엘레 바르바로의 초상
피티 궁전, 피렌쩨 5-2권의 460쪽 참조

파올로 베로네제: 에우로파의 납치
메트로폴리탄 미술관, 뉴욕 5-2권의 461쪽 참조

파올로 베로네제: 마르스와 베누스
메트로폴리탄 미술관, 뉴욕 5-2권의 461쪽 참조

다니엘레 다 볼테라: 미켈란젤로 부오나로티의 흉상
피렌쩨 국립 박물관 5-2권의 519쪽 참조

서곡

1300~1377

THE RENAISSANCE

1장 페트라르카와 보카치오의 시대
1304~1375

1. 르네상스의 아버지

 귀족당인 네리(검정)당이 피렌쩨 정부를 장악한 1302년에 단테와, 중산층으로 이루어진 비앙키(하얀)당원들은 망명을 떠났다. 승리한 정치인들은 블랑키 당원 법률가인 페트라코(Petracco)를 문서 위조 죄목으로 고발했다. 이 고발을 자신의 정치 경력에 끝장을 내려는 조치라고 생각한 페트라코는 법정 출두를 거부했다. 그리고 법정에 출두하지 않은 상태에서 그는 유죄 판결을 받았다. 판결 내용은 무거운 벌금을 내거나 아니면 오른손을 잘리는 두 가지 형벌 중 하나를 선택하라는 것이었다. 그래도 법정에 출두하기를 거부하자 그는 피렌쩨에서 추방당하고 재산을 몰수당했다. 그는 젊은 아내와 함께 아레쪼로 갔다. 그곳에서 2년 뒤에 프란체스코 페트라르카(Francesco Petrarca, 그는 뒷날 페트라코라는 성을 듣기 좋게 이렇게 바꾸었다.)가 세상에 태어났다.

황제당(교황이 아니라 신성로마제국 황제에게 충성하는 사람들)이 우세한 작은 도시 아레쪼는 14세기 내내 이탈리아 도시의 온갖 고난을 맛보았다. 교황당(황제에 맞서 교황을 이탈리아 정치의 권위자로 받드는 입장)이 우세인 피렌쩨가 캄팔디노 전투(1289)에서 아레쪼를 전복시켰다. 단테도 이 전투에 참가했다. 1340년에 아레쪼에서 열세 살에서 일흔 살 사이의 황제당원들은 모두 추방당했다. 1384년에 아레쪼는 항구적으로 피렌쩨의 지배를 받게 되었다. 이곳은 고대에 메케나스(기원전 70~기원 8)가 태어난 곳이었다. 이곳에서 15~16세기 동안에 르네상스를 유명하게 만든 죠르죠 바사리와, 한동안 르네상스를 수치스럽게 만든 피에트로 아레티노가 태어난다. 이탈리아의 모든 도시는 천재를 배출하고 또 추방했다.

1312년에 세르(Ser, 영어의 미스터에 해당) 페트라코는 북쪽으로 올라가서 하인리히 7세 황제를 맞아들였다. 그가 이탈리아를, 아니면 하다못해 황제당원만이라도 구할 것이라고 여겼던 것이다. 같은 해에 단테와 똑같이 낙천적인 생각으로 페트라코는 가족과 함께 피사로 이사를 해서 피렌쩨의 교황당이 붕괴되기를 기다렸다.

당시 피사는 이탈리아의 화려한 도시들 중 하나였다. 1284년에 제노바가 피사의 상선대를 격파하면서 이 도시의 재산은 줄어들고, 상업도 축소되었다. 특히 도시 안에서 교황당과 황제당의 싸움이 벌어지면서 힘이 약해져, 상업을 중히 여기고 아르노 강 하구의 통제권을 장악하려고 애쓰는 피렌쩨의 제국주의 손길을 벗어날 수가 없었다. 그러나 피사의 시민들은 당당한 대성당과, 불안정한 종탑(피사의 사탑), 그리고 유명한 공동묘지인 캄포산토(거룩한 구역) 등을 자랑하고 있었다. 캄포산토의 네모난 건물은 성지(聖地)에서 가져온 흙으로 채워 있었고, 그 벽에는 머지않아 죠토(Giotto)의 제자들과 로렌쩨티 형제들의 벽화가 그려질 참이었다. 그리고 조각상으로 덮인 무덤들은 영웅이나, 돈을 후하게 뿌린 죽은 사람들에게 한순간의 불멸을 마련해 주었다. 피사의 대학이 자리를 잡자마자 시대의 요구에 맞추어 기묘한 법학자 사소페라토의 바르톨루스가 로마법을 받아들였다. 그러나 그는 법학을 밀교적인 용어로 표현했기에 페트라르카와 보카치오는 뒷날 그를 심각하게 비판한다. 바르톨루스는 폭군 살해를 정당화하고 있었고, 정부가 정당한 법적 절차를 거치지 않고 개인의 재산을 빼앗을 권리가 없다고 보았기 때문에 어쩌면 모호함을 신중함이라고 여겼던 것인지도 모른다.[1]

하인리히 7세는 로마의 황제가 될 것인지 아닌지 마음을 정하기도 전에 죽어 버렸다.(1313) 이탈리아의 교황당원들은 기뻐서 환호성을 질렀다. 피사에서 신변이 불안해진 세르 페트라코는 아내와 딸, 그리고 두 아들을 거느리고 론 강 유역의 아비뇽으로 이주했다. 최근에 그곳에 자리 잡은 교황의 궁정과 빠르게 증가하는 인구가 이 법학자에게 많은 기회를 제공해 주었다. 그들은 배를 타고 제노바 해안을 지나쳤다. 페트라르카는 이탈리아 리비에라 해안의 장관을 절대로 잊지 않았다. 산등성이로 왕관처럼 펼쳐진 마을은 경사로를 따라 푸른 바다와 연결되었다. 젊은 시인은 이것이 "지상보다는 하늘에 더 가까운 풍경"이라고 말했다.[2] 페트라르카 일가는 아비뇽이 고위 성직자들로 가득 채워진 것을 보고 북동쪽으로 약 22킬로미터 떨어진 카르팡트라로 옮겼다.(1315) 그곳에서 페트라르카는 4년 동안 근심 없는 행복한 시절을 보냈다. 그러나 학업을 위해 몽펠리에로(1319~1923), 이어서 법학 공부를 위해 볼로냐로(1323~1326) 가면서 이러한 축복은 끝나고 말았다.

볼로냐는 그에게 분명 즐거움을 주었을 것이다. 볼로냐는 학생들의 장난기와 배움의 질서와 독립적인 사상의 흥분으로 넘치는 대학 도시였다. 14세기에 이곳에서 처음으로 인간 해부학 강의가 있었다. 그리고 여자 교수들도 있었다. 일부는 노벨라 단드레아처럼(1366년 사망) 아주 매력적인 여성이어서 상상력 풍부한 이야기에 따르면 그녀는 남학생들이 자신의 미모에 정신이 헷갈리지 않도록 베일로 얼굴을 가리고 수업을 했다고 한다. 볼로냐 시는 신성로마제국의 질곡에서 맨 먼저 벗어나 독립을 선언한 도시들 중의 하나였다. 1153년부터 이미 이 도시는 자체적으로 시장을 선출했다. 그리고 200년 동안이나 민주적인 정부를 유지했다. 그러나 페트라르카가 그곳에 머물고 있던 1325년에 볼로냐 시는 모데나에게 심각한 패배를 겪고, 자발적으로 교황의 보호를 요청해, 1327년에는 교황의 대리인(주교)이 그곳의 통치를 맡았다. 그에 대해서는 괴로운 이야기가 수없이 많다.

페트라르카는 볼로냐의 정신은 좋아했지만 법의 문자는 싫어했다. "나는 부정직하게 행동하고 싶지 않았다. 그러나 정직하게 행동할 것을 바라기 어려운 기술을 습득하는 일은 고통스러울 정도로 내 성향에 어긋났다."[2a] 법률 논문에서 그의 관심을 끈 것이라고는 "수많은 고대 로마 문헌의 인용"이었다. 그는 법학을 공부하는 대신 베르길리우스, 키케로, 세네카 등을 찾아낼 수 있는 대로 찾아내 모조리 읽었다. 그들은 그에게 철학과 문학 양쪽에서 새로운 세계를 열어 주었다. 그는 그들처럼 생각하기 시작했다. 그러면서 그들처럼 글을 쓸 것을 갈망했다. 부모가 죽자(1326) 그는 법학을 포기하고 아비뇽으로 돌아와 고전 문학 및 낭만적인 사랑에 빠져들었다.

그 자신의 말에 따르면 1327년 수난의 금요일에 한 여성을 보았는데, 그녀가 사랑을 거부한 일이 그의 온 마음을 사로잡아서 그를 자기 시대 가장 유명한 시인으로 만들었다. 그는 그녀의 모습을 열광적으로 자세히 묘사했지만 그녀의 신원의 비밀만은 감쪽같이 감추었기에 그의 친구들은 그의 뮤즈가 그의 창조물이라고 여겼다.(그러면서 그의 모든 정열이 문학의 특권이라 여겼다.) 그러나 밀라노에 있는 암브로시아 도서관에 소장된 베르길리우스 사본의 여백에 적혀 있는 글은 그가 아마도 1348년에 썼던 것으로 여겨진다.

> 미덕으로 빼어난 사람, 그리고 내 노래를 통해 널리 찬양을 받은 사람 라우라가 처음으로 내 눈앞에 나타난 것은 …… 주후 1327년이 되는 해, 4월의 여섯 번째 날, 아비뇽 산타클라라 교회에서의 첫 번째 시간이었다. 1348년 같은 도시, 같은 달, 똑같은 여섯 번째 날, 같은 첫 번째 시각에 그 빛은 지상에서 꺼지고 말았다.

이 라우라는 누구였던가? 1348년 4월 3일자 아비뇽의 사망자 기록에는 로라 드 사드(Laura de Sade)라는 이름이 등장한다. 그녀는 위그 드 사드 백작의 아내로서, 남편과의 사이에 열두 명의 아이를 둔 것으로 되어 있다. 아마도 이 여성이 시인이 사랑했던 그 여성이었을 것이다. 그녀의 남편은 역사상 가장 유명한 사디스트(사드 후작)의 먼 조상이었다. 지금은 피렌쩨 라우렌치아나 도서관에 소장되어 있고 시모네 마르티니의 작품으로 알려져 있는 미니어처 초상화 하나가 전통적으로 페트라르카의 라우라의 초상화로 여겨져 왔다. 이 초상화는 섬세하고 아름다운 모습을 보여 주는데 예쁜 입술과 오똑한 코, 내리뜬 눈길이 생각에 잠겨 있다. 페트라르카가 그녀를 처음 보았을 때 라우라가 결혼을 했는지, 아니면 이미 젊은 엄마였는지 우리는 알지 못한다. 어느 경우가 되었든 그녀는 그의 숭배를 침착하게 받아들이고 그를 멀리했으며, 그의 정열을 용감하게 거부했다. 그녀를 향한 그의 감정이 한동안 진지했다는 사실은 뒷날 관능적 요소에 대한 그의 후회와, 거절당한 사랑의 정화시키는 영향에 대한 그의 감사를 통해 뒷받침되고 있다.

그는 음유 시인들의 땅인 프로방스에서 살았다. 음유 시인들의 노래의 메아리가 아비뇽에도 살아 있었다. 그보다 한 세대 전에 젊은 단테가 그랬듯이 페트라르카도 자신도 모르는 사이에 음유 시인이 되어 자신의 정열을 수많은 시구로 바꾸었다. 시를 쓰는 것은 당시 인기 있는 오락이었다. 페트라르카는 한 편지에서 법률가들과 신학자들, 아니 자신의 하인조차도 운을 맞추고 있다고 불평하면서 머지않아 "소들까지도 운을 맞추어서 울기 시삭할 것"이라고 말했다.[3] 그는 이탈리아 소네트 형식을 물려받아 그것을 어려운 운율 형식으로 만들었고 여러 세기 동안 이 형식이 이탈리아 시문학의 기본 틀을 이루었다. 강물을 따라 혹은 언덕들 사이로 산책하고, 무릎 꿇고 저녁 기도나 미사를 드리고, 방의 정적 속에서 동사와 형용사들 사이로 길을 찾아 헤매면서 다음 21년 동안 그는 자식을 낳아 기르는 살아 있는 라우라에게 바치는 소네트 207편과 온갖 종류의 다양한 시들을 썼다. 이들 원고의 사본들을 모아서 『노래 책(*Canzoniere*)』

으로 만든 것이 이탈리아 청년, 이탈리아 남성, 이탈리아 성직자 계층의 상상력을 사로잡았다. 저자가 교회 말고는 전혀 출셋길을 보지 못했고, 수도사 삭발을 하고 있으며, 작은 수도회들에 속해 있었다는 것, 그리고 성직록(교회 재산에서 주는 보수-옮긴이)을 받고 있었다는 사실로 인해 방해를 받은 사람은 없었다. 그러나 어쩌면 라우라는 자신의 머리카락, 눈썹, 눈, 코와 입술 등이 아드리아 해부터 론 강 유역에 이르기까지 넓은 지역에서 노래되고 있다는 말을 들었다면 얼굴을 붉히고 감격했을지도 모른다. 그전에는 한 번도 사랑의 감정이 이토록 다양한 충만함으로, 그토록 수고를 아끼지 않는 기교를 이용해서 표현된 적이 없었다. 여기에서 시로 변한 욕망의 모든 아름다운 착상이 나타나고 있으며, 변하기 쉬운 사랑의 불꽃이 운율과 리듬에 맞추어 경이롭게 다듬어져 있다.

아무리 차가운 바위라도 내 노래 안에서는
불이 타올라 한숨을 쉬지 않을 수 없으리!

그러나 이탈리아 사람들은 자기들의 언어가 이룩한 가장 탁월한 음악으로 이루어진 이 봉봉 사탕을 받아들였다. 이것은 빛나는 이미지들을 간직한, 섬세하고 멜로디가 유려한 언어로서 단테조차도 그와 나란히 있으면 때로 거칠고 조잡하게 보일 정도이다. 지금도 페트라르카의 저 찬란한 언어는(자음에 대해 모음이 거둔 빛나는 승리) 아름다움의 최고봉을 이루고 있기에 오늘날까지도 아무도 그 봉우리를 다시는 정복하지 못했다. 그의 시가 담고 있는 생각이야 이방인이 번역할 수 있겠지만 누군들 그 음악을 번역할 수가 있을까?

> In qual parte del ciel, in quale idea
> Era l'essempio, onde Natura tolse
> Quel bel viso leggiadro, in ch'ella volse
> Mostrar qua giú quanto lassú potea?

Qual ninfa in fonti, in selve mai qual dea,

Chiome d'oro so fino a l'aura sciolse?

Quando un cor tante in sé vertuti accolse?

Benché la somma è di mia morte rea.

Per divina bellezza indarno mira

Chi gli occhi de costei già mai non vide

Come soavemente ella gli gira;

Non sa come Amor sana, e come ancide,

Chi non sa come dolce ella sospira,

E come dolce parla, e dolce ride.[4]*

그의 시들과 그 화려한 위트, 또 여성, 자연, 행동거지, 문학, 미술에 대한 그의 감수성은 세련된 취향의 모임에서 페트라르카를 위한 자리를 만들어 주었다. 그리고 아비뇽 성직자 계층의 도덕에 대한 그의 비난도, 쟈코모 콜론나 주교와 그 형제인 죠반니 콜론나 추기경 같은 고위 성직자들이 그를 환대하고 후원하는 일을 막지 않았다. 우리들 대부분이 그렇듯이 그도 먼저 즐기고 묵인하

---

* 조지프 오슬랜더의 탁월한 번역:
 대체 어떤 밝은 영역, 어떤 빛나는
 사색의 천구(天球)에서 자연은 저 섬세하고
 눈부신 모습, 하늘에서 빚어낸 모습을
 지상에서 보여 주는 저 모델을 얻은 것일까?
 마음에서 떠나지 않는 샘의 요정, 숲 속을 헤매는
 드리아드 요정인들 저런 금빛 머릿단을 바람에 휘날릴까?
 어떤 마음인들 일찍이 저런 미덕을 알았으랴?
 비록 그 미덕이 내 죽음을 부르는 것이라 해도.
 그 님의 완전한 눈을 보지 못한 사람은
 천상의 아름다움을 찾아 헤매도 헛일,
 생생하고 밝게 불타오르는 그 푸른 천구(天球)를 ─
 그런 사람은 사랑이 양보하고 거부하는 모습을 알지 못하리.
 그 님이 얼마나 달콤하게 말하고 웃을 수 있는지
 아는 사람만이, 그 님의 한숨의 달콤함을 알리.[5]

고 난 다음에 피곤해하고 비난하기에 이르렀다. 라우라에게 바치는 소네트 사이로 그는 애인과 놀아나면서 사생아를 둘이나 두었다. 그는 여행을 즐겼고, 상당한 재산을 가졌던 것이 분명하다. 그래서 1331년에는 파리에 모습을 드러내고, 다음에는 플랑드르와 도이칠란트, 그다음에 로마에서(1336) 콜론나 일가의 손님으로 지낸다. 그는 로마의 고대 광장(포룸)의 유적에 깊이 마음이 움직였다. 고대의 힘과 장엄함이, 버려진 중세의 수도 로마의 빈곤과 더러움을 수치스럽게 만드는 것을 느꼈다. 그는 다섯 명의 교황들에게 연속적으로 아비뇽을 떠나 로마로 돌아갈 것을 호소했다. 그러나 자신은 로마를 떠나 아비뇽으로 돌아갔다.

   7년 동안이나 그는 여행 사이사이 아비뇽의 콜론나 추기경 궁전에 살면서 이탈리아, 프랑스, 영국의 고귀한 학자, 성직자, 법률가, 정치가들을 만나고 그들에게 고전 문학에 대한 자신의 열광을 일부 전달했다. 그러나 그는 아비뇽의 성직 매매에 분노했고, 교회 소송의 느림, 추기경과 고급 매춘부들이 놀아나는 것, 그리스도교의 세속화 경향 등에 분노했다. 1337년에 그는 아비뇽에서 동쪽으로 24킬로미터가량 떨어진 보클뤼즈('닫힌 골짜기')에 작은 집을 한 채 샀다. 장엄한 경치를 바라보며 이동하여 마침내 이 은신처에 도달하면 절벽에 지어진 아주 작은 오두막을 발견하고 깜짝 놀라게 된다. 이 오두막은 거대한 바위 아래 자리 잡고 구비구비 흐르는 고요한 소르그 강으로 둘러싸여 있다. 페트라르카는 사랑에 감상적으로 휘말린다는 점에서뿐만 아니라 자연의 풍경에서 즐거움을 얻는다는 점에서도 루소를 예고하고 있다. 그는 친구에게 이렇게 써 보냈다. "산지와 숲과 강들 사이로 내가 어떤 즐거움을 지니고 방랑하는지 당신이 아실는지요." 1336년에 이미 그는 운동을 하고 전망을 얻고, 승리의 공허함을 알기 위해 방투 산(1860미터)에 올라갔다. 보클뤼즈에서 그는 농부처럼 옷을 입고, 개천에서 낚시질하고 두 개의 정원에서 빈둥거리고 지내면서 "개 한 마리와 하인 두 명으로" 만족하고 지냈다. 그의 유일한 후회는(라우라를 향한 정열은 운율을 찾는 데 다 바쳤기에) 이탈리아에서 너무 멀리, 아비뇽에서 너무 가까운 곳에 있다는 사실이었다.

이 땅의 발치로부터 그는 문학의 세계 절반을 움직였다. 그는 친구들과 교황들과 왕들에게, 그리고 죽은 작가들과 아직 태어나지 않은 후세를 향해 긴 편지를 써 보내기를 좋아했다. 그는 이런 편지의 사본을 간직해 두었고, 노년에는 후세에 출판할 것을 대비해서 이것을 고침으로써 자존심을 만족시켰다. 힘차지만 힘든 키케로 방식 라틴어로 된 이 편지들은 그의 펜이 만들어 낸 가장 생동하는 유품이다. 그중 일부는 교회에 대한 심각한 비판을 담은 것이라 페트라르카는 자신이 안전하게 죽을 때까지 이 편지들을 비밀로 간직했다. 겉으로는 가톨릭교의 모든 가르침을 진지하게 받아들이면서 정신으로는 고대와 더불어 살았다. 호메로스, 키케로, 리비우스 등이 살아 있는 동료들인 것처럼 그들에게 편지를 쓰고, 자신이 영웅적인 로마 공화정 시대에 태어나지 않은 것을 불평했다. 자신과 편지를 주고받는 사람 하나를 라일리우스라고, 그리고 또 다른 사람은 소크라테스라고 불렀다. 그는 친구들에게 소중한 역사의 기록으로서 라틴이나 그리스 고전의 잃어버린 사본들을 찾아보고, 고대의 비명들을 베끼고, 고대의 동전을 모을 것을 권유했다. 그리고 공공 도서관을 건설하라고 역설했다. 그러면서 자신이 설파한 것을 손수 실천했다. 여행할 때는 고전 텍스트들이 "아라비아이나 중국 상인들이 제공하는 어떤 물건보다도 더 값진 상품"이기라도 한 것처럼 그것을 찾고 사들였다.[6] 살 수 없는 사본들은 손수 베꼈다. 그는 그리스에서 보내온 『호메로스』 한 권을 자랑으로 삼았고, 그것을 보내 준 사람에게 에우리피데스의 필사본도 보내 달라고 청했다. 그리고 베르길리우스 필사본을 휴대용 참고서처럼 지니고 다니면서, 이 책의 표지 안쪽에 친구들의 경력을 적어 놓았다. 중세는 많은 이교(異敎)의 고전 작품을 보존하고 중세 학자들 일부는 이 작품들을 사랑했다. 그러나 페트라르카는 이 작품들을 보면서 수많은 걸작들이 잊히거나 오해를 받는다는 사실을 알았다. 이런 걸작품들 되찾는 일이 그의 정열이 되었다.

르낭은 그를 가리켜 "라틴 서방에 고대 문화에 대한 애정을 도입한 첫 번째 현대인"이라고 불렀다.[7] 이것은 단순히 고전 세계를 재발견했다는 정도가 아니라 우리 관심의 초점을 초자연적인 것에서 자연적인 것으로 대체했던 현대성에 대한 정의로 충분한 것은 아니다. 이런 의미에서도 페트라르카는 '현대적'이라는 수식어를 얻을 수 있을지도 모른다. 적당히 경건하고 가끔가다가 한 번씩 죽은 뒤의 문제에 대해 걱정하면서도, 그가 보인 고대에 대한 관심의 부활은 인간과 지상, 감각적 즐거움의 정당성, 개인적인 불멸을 대체하는 인간의 영광 등을 강조하는 르네상스를 키워 낸 것이었기 때문이다. 페트라르카는 중세의 관점에 어느 정도 공감했다. 그리고 『세상을 경멸함(De contempu mundi)』이라는 대화편에서 성 아우구스티누스로 하여금 중세의 관점을 아주 잘 설명하게 하고 있다. 그러나 이런 상상의 대화에서 그는 자신을 세속의 문화와 지상의 명성의 옹호자로 만들었다. 단테가 죽었을 때 페트라르카는 이미 열일곱 살이었지만 그들의 감정에는 거대한 차이가 나타난다. 일반적인 동의에 따르면 페트라르카는 최초의 인문주의자였다. 그는 인간이 지상의 삶에 관심을 가질 권리를 명백하게 묘사한 최초의 작가이며, 또한 지상의 아름다움을 즐기고 증가시켰고, 부유함을 얻기 위해 노동한 최초의 작가이기도 했다. 그는 르네상스의 아버지였다.

2. 나폴리와 보카치오

보클뤼즈에서 페트라르카는 베르길리우스에게 맞서고자 서사시 「아프리카」를 쓰기 시작했다. 이 시는 스키피오 아프리카누스가 한니발에게 승리해 이탈리아의 자유를 지킨 것을 다루고 있다. 그의 뒤를 이은 백 년 동안의 인문주의자들이 그렇듯이 그는 단테처럼 이탈리아어가 아니라, 라틴어를 자신의 언어로 선택했다. 그는 자기 작품이 서방 세계의 모든 지식인들에게 읽히기를 원했다. 이 작품이 진행되면서 그는 점점 더 그 가치에 대해 의문을 품게 되었다. 결국은 이 시를 완성하지도 출판하지도 못했다. 그가 라틴어 육보격(헥사메트로스) 시행에 정신을 팔고 있는 동안 이탈리아어로 된 『노래 책』은 이탈리아 전역에 그의 명성을 퍼뜨렸다. 그리고 번역판을 통해 프랑스에도 알려졌다. 1340년에 (그가 조금도 재주를 부리지 않았는데도[8]) 두 개의 초청장이 그에게 날아왔다. 하나는 로마 원로원이 보낸 것이고 또 다른 하나는 파리 대학에서 온 것이었다. 둘 다 그에게 '이리로 와 자기들 손에서 시인의 월계관을 받으라'는 초청장이었다. 그는 원로원의 제안을 받아들였다. 그리고 가는 길에 나폴리에 잠깐만 들러 달라는 현명왕 로베르의 제안도 받아들였다.

교황의 군대와 외교력에 의해 호엔슈타우펜 왕조의 프리드리히 2세가 쫓겨난 다음 로베르의 영토(교황국 남쪽 부분)는 프로방스 백작인 앙주의 샤를에게로 넘어갔다. 샤를은 나폴리와 시칠리아의 왕으로 그곳을 통치했다. 그의 아들 샤를 2세는 아라곤 가문에 시칠리아를 빼앗겼다. 그의 손자인 로베르는 시칠리아를 탈환하려는 전쟁에서 실패했는데도, 유능한 통치와 지혜로운 외교, 문학과 미술에 대한 후원으로 인해 현명왕이란 별명을 얻었다. 나폴리 왕국은 산업이 빈약하고 그 농업은 근시안적인 지주들 손아귀에서, 거의 혁명을 유발할 정도로 농부들을 착취하는 형태였다. 그러나 나폴리의 무역이 궁정의 수입원이 되어 왕궁 카스텔 누오보에서는 빈번히 축제를 벌이곤 했다. 부유층은 궁정을 흉내 냈다. 결혼식은 파괴적인 예식으로 변질되었다. 정기적인 보트 경기가 역사적인 만(灣)에 활기를 불어넣었다. 도시의 광장에서는 젊은 사내들이 위험한 마상 창 시합을 벌였다. 그동안 화관을 쓴 숙녀들은 안전한 발코니에서 그들에게 미소를 보냈다. 나폴리에서 삶은 즐겁고 도덕은 편안하게 느슨했다. 여자들은 아름답고 접근이 쉬웠다. 시인들은 이런 사랑의 분위기에서 시를 위한 많은 주제와 자극을 찾아냈다. 이런 나폴리에서 보카치오는 성숙했다.

죠반니 보카치오(Giovanni Boccaccio)는 피렌쩨의 상인이었던 아버지와, 이름과 도덕성이 의심스러운 프랑스 아가씨 사이에 맺어진 친분 관계의 뜻하지 않은 결과로 삶을 시작했다.[9] 사생아라는 그의 출신과, 절반은 프랑스 혈통이 그의 성격과 역사를 결정하는 요인이 되었을 것으로 보인다. 그는 어릴 때 피렌쩨 근처에 있는 체르탈도로 옮겨 와 계모 밑에서 불행한 어린 시절을 보냈다.

열 살이 되자(1323) 나폴리로 보내져, 그곳에서 금융 및 무역업자가 되기 위한 견습을 받았다. 페트라르카가 법을 싫어했듯이 그는 상업을 싫어했다. 빈곤과 시(詩)를 선택하면서 오비디우스에게 마음을 뺏겨 버렸다. 그러면서 그의 「변신 이야기」와 「유명한 여성들의 편지(Heroides)」를 즐기고, 「사랑의 기술(Ars Amandi)」을 대부분 마음으로 배워 익혔다. 이 작품에서 "가장 위대한 시인들은, 비너스의 성스러운 불길이 어떻게 가장 차가운 가슴에서도 타오르도록 만드는가"를 보여 준다고 했다.[10] 아버지는 그가 아름다움보다 돈을 더 사랑하도록 만들 수가 없었기에, 그가 교회법을 공부한다는 조건으로 사업을 그만두는 일을 허용했다. 보카치오는 동의했지만 이미 사랑을 할 정도로 자라 있었다.

나폴리의 가장 쾌활한 숙녀는 마리아 다퀴노(Maria d'Aquino)였다. 그녀는 현명왕 로베르의 사생아였다.[11] 그러나 어머니의 정식 남편이 그녀를 자신의 딸로 받아들였다. 수녀원에서 교육을 받은 그녀는 열다섯 살에 아퀴노 백작과 결혼했지만 남편은 그녀의 마음에 맞지 않았다. 그녀는 남편의 부족함을 보충하기 위해 애인들을 연달아 만들어, 그들이 자신의 장신구를 사느라 돈을 다 쓰게 만들었다. 보카치오는 성 토요일 미사에서(1331) 처음으로 그녀를 만났다. 페트라르카가 역시 성스러운 기회에 라우라를 찾아낸 지 4년 뒤였다. 보카치오에게 마리아는 아프로디테보다도 더 아름답게 보였다. 세상에 그녀의 금발 머리보다 더 사랑스러운 것이 없었고, 그녀의 악동 같은 눈길보다 더 유혹적인 것이 없었다. 그는 그녀를 피암메타(Fiammetta, 작은 불꽃)라 부르고 스스로 그녀의 불길 속에 타 버리기를 원했다. 교회법은 모두 잊었고, 전에 배운 계율도 모두 다 잊었다. 여러 달 동안 어떻게 하면 그녀 곁으로 다가갈 수 있을까 하는 생각에만 몰두했다. 혹시 그녀가 나타날까 하는 희망만을 품고 교회에 가고 그녀의 창문 앞으로 난 거리를 지나다녔다. 5년 동안이나 그렇게 그녀를 쫓아다녔다. 그녀는 다른 주머니들이 바닥날 때까지 그를 기다리게 했다. 그런 다음 그가 주머니를 비우는 일을 허락해 주었다. 비용이 많이 드는 밀회의 한 해가 지나자 간통의 격렬함이 무뎌졌다. 그가 다른 여자들을 쳐다본다고 그녀는 불평했다. 그 밖에도 그는 어차피 주머니가 바닥났다. 작은 불꽃은 다른 먹이를 찾아 나섰고 보카치오는 물러나서 시에 전념했다.

아마도 그는 페트라르카의 『노래 책』과 단테의 『새 생활(Vita Nuova)』을 읽었을 것이다. 그의 처음 시(詩)들은 그들의 시와 비슷하다. 사랑의 동경, 타오름, 그리고 사랑의 거품 내기 등을 노래한 소네트들이다. 대부분은 피암메타에게 바쳐진 것이고 일부는 더 작은 불꽃들을 찬양한 것이다. 그녀를 위해서 그는 중세의 기사 이야기 「꽃과 하얀 꽃(Fleur et Blancfleur)」의 산문 판인 「필로코포(Filocopo)」를 썼다. 길고도 음울한 산문이었다. 「필로스트라토(Filostrato)」는 그보다 더 섬세하다. 여기서 그는 크리세이드(여자)가 트로일로스에게 영원한 사랑을 맹세한 다음 그리스 사람들에게 포로가 되어서는, 디오메드가 "키가 크고 힘세고 아름답고" 가까운 곳에 있다는 핑계로 재빨리 그에게 마음을 주는 과정을 빛나는 운문으로 이야기했다. 보카치오는 팔행시(ottava rima)를 매체로 선택했다. 이것은 풀치, 보야르도, 아리오스토 등이 사용하게 되는 형식이다. 이것은 솔직하고 감각적인 이야기다. 5400행에 이르는 이 작품의 절정은 크리세이드가 "옷을 벗어 던지고 벌거벗은 채 애인의 품으로 뛰어드는" 장면이다.¹² 그러나 이것은 또한 여성의 한 유형에 대한 놀라운 심리 연구이기도 하다. 바로 가볍게 사기 치고 유쾌하게 허영심이 강한 여성이다. 이 작품은 지금은 오페라에서 유명한 구절로 끝을 맺는다.

> Giovane donna è mobile, e vogliosa
> E negli amanti molti, e sua bellezza
> Estima più ch'allo specchio, e pomposa······
> Virtù non sente ni conoscimento,
> Volubil sempre come foglia al vento.*

---
* 젊은 여인이 경솔하여 많은 애인을 구한다
거울이 보여 주는 것보다 자기가

마치 가벼운 무게로 저항을 깨뜨리기 위해서라는 듯이 얼마 뒤에 보카치오는 피암메타에게 서사시 「테세우스 이야기(Teseide)」를 선물했다. 그것은 「에네아스 이야기」와 정확하게 같은 길이였다. 두 형제인 팔레몬과 아르치테가 한 여성 에밀리아를 놓고 벌이는 피 흘리는 싸움을 다룬 이야기다. 그러나 9896행의 절반이 지난 이후로는 영웅적인 사랑도 김이 빠진다. 영어권 독자들은 현명하게 단축된 초서(G. Chaucer)의 「기사 이야기(The Knight's Tale)」를 읽는 것으로 만족할지도 모른다.

1341년에 보카치오는 나폴리를 떠나 피렌쩨로 갔다. 두 달 뒤에 페트라르카는 로베르 왕의 궁전에 도착했다. 한동안 그곳에서 왕의 볕을 쬐다가 월계관을 받으러 로마로 떠났다.

3. 계관 시인

로마는 비참한 세계의 수도였다. 교황청이 1309년에 아비뇽으로 옮기면서 이 도시에는 대수롭지도 않은 13세기 방식의 광채를 유지시켜 줄 경제적 수단마저 남지 않았다. 가톨릭 1000개 주교구에서 거두어들여 10개가 넘는 이탈리아 국가로 흘러 들어갔던 부(富)는 로마로는 들어오지 않았다. 어떠한 외국 사절도 이곳에 궁전을 두지 않았다. 제국과 교회의 폐허 사이로(당시의 로마) 얼굴을 내미는 추기경도 드물었다. 그리스도교 성물함들이 고대의 주랑들과 황폐함을 놓고 겨루었다. 양치기들이 일곱 언덕(로마는 일곱 언덕의 도시) 경사면에서 양 떼에게 풀을 뜯겼다. 거지가 길거리를 배회하고 노상강도가 길가에 숨어 지나가는 사람을 노렸다. 아내들은 유괴되고 수녀들은 강간을 당하고 순례자

더 아름답다 여기고 자랑삼는다……
미덕도 지성도 알지 못한 채 언제나
바람 불 때의 나뭇잎처럼 살랑거린다.

들은 강도를 당했다. 누구나 무기를 지니고 다녔다.[13] 콜론나, 오르시니, 사벨리, 안니발디, 가에타니, 프란지파니 같은 오래된 귀족 가문들은 당시 로마를 통치하던 과두 체제 원로원의 정치 권력을 놓고 폭력과 음모를 동원한 심각한 경쟁을 벌였다. 중간 계층은 규모도 작고 허약했다. 온갖 종류의 사람들이 뒤섞인 잡다한 민중은 너무 가난해서 자치 정부를 만들어 낼 수가 없었다. 교황청이 사라진 도시를 유지하는 일은 이론상의 권위를 가진 교황 대리인이 할 일이었으나 그는 사람들로부터 무시당했다.

이러한 혼란과 빈곤의 한가운데서, 이미 변형된 자랑스러운 고대의 유적들이 학자들의 생각과 애국자들의 꿈에 영양분이 되어 주었다. 로마 사람들은 장차 언젠가 로마는 다시 세계의 영적·정치적 수도가 되고, 알프스 너머 야만인들이 황제의 공물과 교회에 바치는 헌금을 보내올 것이라 믿었다. 여기저기 아직도 예술을 위한 얼마 안 되는 돈이 있었다. 피에트로 카발리니(Pietro Cavallini)는 트라스테베레 지역에 있는 산타 마리아 성당을 훌륭한 모자이크로 장식했다. 그리고 산타체칠리아에서 로마 프레스코 작업장을 열었는데 그것은 두치오(Duccio)가 시에나에 열었던 것이나 죠토가 피렌쩨에 열었던 작업장만큼이나 중요한 것이다. 로마의 결핍 속에서도 시인들은 현재를 잊고 과거를 찬양하는 노래를 불렀다. 파도바와 프라토 시(市)가 자기들이 좋아하는 시인의 이마에 월계관을 씌우는 도미티아누스 황제의 의식(儀式)을 다시 시작한 다음, 로마 원로원은 이탈리아 민족과 그 시대의 대표적인 시인이라고 세계가 인정한 사람에게 관을 씌워 주는 일이 전통적인 로마의 권한에 적합한 일이라고 생각했다.

그래서 1341년 4월 8일 젊은이와 원로원 의원들의 다채로운 행렬이 페트라르카를(그는 로베르 왕이 선물한 자주색 의상을 입었다.) 둘러싸고 카피톨리니 언덕 계단을 올라갔다. 그곳에서 월계관이 그의 머리에 씌워지고 나이 든 원로원 의원 스테파노 콜론나가 찬사를 말했다. 이날 이후로 페트라르카는 새로운 명성과 새로운 적(敵)을 얻었다. 경쟁자들은 펜을 휘둘러 그의 월계관에서 잎사 귀를 뜯어냈지만 왕들과 교황들은 그를 기꺼이 궁정에 맞아들였다. 머지않아 보카치오는 "유명한 고대인들" 옆에 나란히 그의 자리를 마련해 주었다. 그의 명성을 자랑스럽게 여긴 이탈리아는 베르길리우스가 다시 태어났다고 선포했다.

이러한 절정에 도달했을 때 그는 어떤 종류의 인간이었던가? 젊은 날 그는 인물이 훤했고 겉모습이나 의상에 허영심이 많았다. 말년에 그는 젊어 한때 치장과 의상에 그토록 신경 쓰고, 머리를 곱슬거리게 만들고 유행하는 신발에 발을 억지로 밀어 넣었던 일을 자조했다. 중년에 그는 약간 뚱뚱해졌고 턱이 두 겹이 되었지만 얼굴에는 여전히 세련미와 생기가 넘쳤다. 그는 마지막까지 허영심이 있었으나 말년에는 자신의 생김새보다는 업적을 자랑으로 삼았다. 그러나 이런 자랑은 가장 위대한 성인(聖人)들만이 피할 수가 있는 결점이다. 그의 편지들은 매력적이고 빛나는 것이지만 겸손한 척하는 태도와 솔직한 자부심이 없었다면 더욱 빛났을 것이다. 우리들 모두가 그렇듯이 그도 갈채를 좋아했다. 명성을 갈망하고 문학적 '불멸'을 원했다. 르네상스의 전조 시대에 일찌감치 벌써 그는 가장 오래 지속될 르네상스의 표지 하나를 지녔으니, 곧 명예를 향한 갈망이었다. 그는 경쟁자들에 대해 질투심을 느끼고 어리석게도 그들의 서툰 글귀에 답변을 했다. 그는 (비록 부인하기는 하지만) 단테의 인기를 보고 어느 정도 속을 태웠다. 또 단테의 사나움을 보고 두려움을 느꼈다. 에라스무스가 루터의 잔인성을 보고 두려움을 느끼는 것과 같았다. 그러나 그는 이 무뚝뚝한 피렌쩨 사람(단테)에게 어떤 깊이가 있어서 가벼운 펜으로 그 깊이를 헤아리기 어렵다는 사실을 짐작했다. 정신의 절반이 프랑스 사람인 페트라르카는 너무나 세련되어서 세계의 절반을 함부로 욕할 사람이 아니었다. 그는 이탈리아를 드높이고 지치게 만들 정열이 부족했다.

몇 가지 성직록을 받으면서 그는 부(富)를 경멸할 수 있을 만큼 생활이 풍족했고 문인 생활을 좋아할 만큼 소심했다.

붓보다 더 가볍고 동의하기 쉬운 부담도 없다. 다른 즐거움들은 우리를 매혹하는 동안에 우리를 망가뜨리거나 우리에게 상처를 준다. 그러나 펜은 즐거운 마음으로 붙잡고 만족한 심정으로 내려놓는다. 그것이 그 주인과 대가(大家)만을 이롭게 하는 것이 아니라 다른 많은 사람들에게도 이로움을 주기 때문이다. 수천 년 뒤에나 태어날 사람들일지라도 말이다. …… 지상의 즐거움 중에서 문학(글)보다 더 고귀한 것은 없으며, 그보다 오래 지속되는 것도 없고, 그보다 더 온화하고 믿을 만한 것도 없다. 그렇듯 적은 노력이나 갈망을 바친 것만으로 삶의 흥망성쇠를 통하여 주인과 그토록 함께하는 것은 달리 없다.[14]

그리고 "행복한 적은 드물고 보통 기죽어 있던 변덕스러운 기분"을 이야기한다.[15] 위대한 작가가 되기 위해 형태와 소리로 드러난 아름다움, 자연과 여자와 남자의 아름다움에 민감해야만 했다. 음악을 사랑한 그는 특히 류트 연주에 능했다. 그림도 숭상했는데 친구들 중에는 시모네 마르티니도 있었다. 여자들도 그의 마음을 끌었던 것이 분명하다. 여러 번이나 그는 거의 은둔적인 두려움을 가지고 여자들에 대해 이야기하고 있기 때문이다. 마흔이 넘은 뒤로는 여자를 육체적으로 건드린 적이 없다고 말한다. "문학적 활동과 아내를 모두 만족시키기 위해서는 신체와 정신의 힘이 대단히 커야만 한다."[16]

그는 새로운 철학을 제안하지는 않았다. 스콜라 철학은 실생활에서 멀리 떨어진 공허한 논리적 장난이라 여겨 멀리 했다. 아리스토텔레스가 오류가 없다는 믿음에 도전하고는 플라톤을 더 좋아했다. 토마스 아퀴나스와 둔스 스코투스에게 등을 돌리고 성서와 교부들에 의존했다. 그리고 아우구스티누스의 선율이 있는 경건함과 암브로지우스의 스토아 그리스도교를 좋아했다. 그러나 그는 성인들을 인용하는 것처럼 경건한 심정으로 키케로와 세네카를 인용했고, 자주 이교(異敎) 텍스트를 이용하여 그리스도교를 옹호했다. 철학자들이 의견의 일치를 보지 못하는 것을 유쾌하게 비웃었다. 그들은 "시계들이 서로 맞지 않는 것보다도 더 맞지 않는다."라고 했다.[17] 그리고 이렇게 불평한다. "철학은 머리를 깨뜨리기 위한 것이고, 섬세한 구별과 말재간을 늘어놓기 위한 것이다."[18] 이 학문은 똑똑한 토론자를 만들어 내기야 하겠지만 지혜로운 사람을 만들어 낼 수는 없다고 했다. 그는 철학 분야의 석사니 박사니 하는 높은 학위를 비웃었다. 그리고 어떻게 기념식(ceremony)이 바보를 석학으로 만들 수 있는가 하고 이상하게 여겼다. 거의 현대적인 용어를 써서 자기 시대의 점성술, 연금술, 귀신학, 신동, 전조, 해몽, 기적 따위를 거부했다.[19] 에피쿠로스[20]의 이름이 무신론자라는 말과 동의어로 사용되던 시대에 에피쿠로스를 찬양한다는 용기를 보여 주었다. 이따금 그는 데카르트 방식의 의심을 가진 회의론자처럼 말했다. "나 자신의 재능을 의심하면서 …… 의심 자체를 진실이라고 받아들인다. …… 의심이 신성 모독이 되는 것들을 빼고는 아무것도 인정하지 않고 모든 것을 의심한다."[21]

그는 극히 진지하게 이렇듯 의심에서 제외된 것들을 인정했다. 교회의 가르침에 대해서는 어떤 의심도 표현하지 않았다. 이단자가 되기에 그는 너무나도 천재적이고 편안함을 좋아했다. 그는 몇 편의 경건한 작품들을 썼으며, 또한 수도원의 평화를 통해 하늘로 가는 길을 쉽게 만드는 것이, 동생처럼 자신에게도 더 좋은 것이 아닐까 생각했다. 볼로냐와 파도바에서 유행하던 무신론에 가까운 아베로에스 학파의 신념을 인정하지 않았다. 그의 눈에는 그리스도교가 이교에 비해 논란의 여지가 없이 도덕적으로 발전된 것으로 보였다. 그는 사람들이 그리스도교도이기를 중단하지 않고도 교육을 받는 것이 가능하게 될 것이라고 희망했다.

새로운 교황인 클레멘스 6세가 선출되자(1342) 페트라르카가 아비뇽으로 돌아가 교황에 대한 찬양과 기대를 표현하는 것이 유리해졌다. 작가와 예술가들의 후원에 대해 성직록으로 보상한 전례를 좇아 클레멘스 6세는 이 시인에게 피사 근처에 있는 수도원장 직위를 주었다. 1346년에는 그를 파르마 수사 신부로 임명했다. 1343년에 이미 교황은 그를 나폴리로 파견했었는데 그곳에서 페트라르카는 자기 시대 가장 다루기 힘든 통치자 한 사람을 만났다.

현명왕 로베르가 이 무렵 죽고 그의 손녀딸인 요한나 1세가 그의 왕권과 영토를 물려받았다. 이 영토는 프로방스를 포함하고 있었으므로 아비뇽도 당연히 그녀에게 속했다. 요한나 1세는 아버지를 기쁘게 하기 위해 헝가리 왕의 아들이며 자신의 사촌인 안드레아스와 결혼했다. 안드레아스는 여왕의 배우자일 뿐만 아니라 자신이 왕이 되어야 한다고 생각했다. 그러자 요한나의 애인 타란토의 루이(Louis of Taranto)가 그를 죽이고(1345) 여왕과 결혼했다. 헝가리 왕좌를 물려받은 안드레아스의 동생 루트비히는 군대를 이끌고 이탈리아로 쳐들어와서 나폴리를 차지했다.(1348) 요한나는 아비뇽으로 도망쳐서 금화 8만 플로린(200만 달러?)을 받고 나폴리를 교황청에 팔았다. 클레멘스 6세는 그녀가 무죄라고 선포하고 그녀의 결혼을 옹호했다. 그리고 침략자에게 헝가리로 돌아가라고 명령했다. 루트비히 왕은 이 명령을 무시했다. 그러나 흑사병이 돌면서(1348) 그의 군대가 약해졌으므로 그는 철수하지 않을 수 없었다. 요한나는 옥좌를 되찾고(1352) 광채와 악덕으로 통치를 계속하다가 교황 우르바누스 6세에 의해 면직되었다.(1380) 1년 뒤 그녀는 두라쪼 공작 샤를에게 잡혀 1382년에 사형을 당했다.

페트라르카는 이 피의 사랑을 요한나의 통치 첫해에 그 진원지에서 목격했다. 그러나 한 해가 지나자 그는 다시 방랑을 계속해서 한동안 파르마에 머물렀다가 이어서 볼로냐로, 그리고 나서 베로나로 갔다.(1345) 그곳 교회의 도서관에서 그는 키케로의 잃어버린 편지들, 곧 아티쿠스, 브루투스, 퀸투스 등에게 보낸 편지들의 사본을 찾아냈다. 리에지에서 이미 그는 키케로의 연설문 「이르키아 변호문(Pro Archia)」을 찾아냈었다.(1333) 그것은 시(詩)를 찬양한 연설문이었다. 페트라르카가 찾아낸 이들 문서들은 르네상스 시대에 이루어진 고대의 발견 중에서도 가장 결실이 풍부한 것들에 속한다.

페트라르카 시대에 베로나는 이탈리아의 중요한 세력의 하나에 속했다. 고대 유적과 로마의 극장(오늘날에도 이곳에서는 여름 저녁이면 별하늘 아래 오페라를 관람할 수 있다.)을 자랑삼고, 알프스 너머 아디제 강을 따라 내려오는 무역로를 통해 부유해진 베로나는 스칼라 가문의 통치 아래서 절정에 도달하여 베네찌아의 상업을 위협할 경지에 이르렀다. 무시무시한 에쩰리노가 죽은 다음 (1260) 도시 지도자들은 마스티노 델라 스칼라를 통치자로 선출했다. 마스티노는 거의 정해진 순서에 따라 살해당했다.(1277) 그러나 그의 동생이자 후계자인 알베르토는('사다리 운반인들'이라는 뜻의 스칼라 가문(Scaligeri)의 의미에 맞게) 스칼라 가문의 통치를 확립했다. 그와 함께 베로나 역사는 전성기로 접어들었다. 그가 통치하는 동안 도미니크 수도사들은 성 아나스타샤 교회를 건설하기 시작했다. 이름이 알려지지 않은 필사가(筆寫家)가 베로나 출신의 가장 유명한 인물인 카툴루스(Catullus)의 사라진 시편(詩篇)들을 발굴했다. 교황당인 카폴레티 가문과 황제당원인 몬테키 가문은 뒷날 셰익스피어의 (「로미오와 줄리엣」에 나오는) 캐풀렛과 몬터규 가문이 될 줄은 꿈에도 모른 채 서로 싸움을 계속했다. 스칼라 가문 '독재자들' 중에서 가장 강력하면서도 또한 고귀했던 인물이 칸 그란데 델라 스칼라(Can Grande della Scala)였다. 그는 자신의 궁정을 열어, 도망친 황제당원들을 위한 피난처이며 시인들과 학자들을 위한 안식처로 만들었다. 그곳에서 여러 해 동안이나 분노한 상태로 단테는 흔들리는 후원의 사다리를 올라갔다. 그러나 칸 그란데는 비첸짜, 파도바, 트레비소, 벨루노, 펠트레, 치비달레 등을 정복했다. 베네찌아는 포위를 당하여 서서히 질식당할 위협에 놓였다. 칸 그란데에 못지않게 열렬한 마스티노 2세가 그의 뒤를 잇게 되자 베네찌아는 전쟁을 선포하고 피렌쩨 및 밀라노와 동맹을 맺었다. 그리고 베로나를 공격해서 도시 하나만 남기고 나머지 모든 곳을 정복했다. 칸 그란데 2세는 아디제 강에 위풍당당한 스칼리제로 다리를 건설했다. 약 48미터에 이르는 아치를 가진 다리로서 당시 세계에서 가장 큰 다리였다. 그는 동생 콘시뇨리오에게 살해당했다. 콘시뇨리오는 형을 죽인 다음 지혜롭고도 너그러운 통치를 베풀고, 스칼라 가문의 유명한 무덤들 중에서도 가장 화려한 무덤을 만들었다. 그의 아들들은 옥좌를 놓고 다툼을 벌이면서 서로 죽였다. 1387년에 베로나와 비첸짜는 밀라노 공국에 흡수되었다.

4. 리엔쪼의 혁명

아비뇽과 보클뤼즈로 돌아와서도(1345~1347) 페트라르카는 콜론나 일가와 가깝게 지냈다. 그는 로마에서 혁명의 불길이 피어오르고, 선술집 주인과 세탁부 사이에서 태어난 사람이[22] 콜론나 가문과 다른 귀족들을 몰아냈다는 소식을 듣고 기뻐했다. 이 사람은 스키피오 가문과 그라쿠스 가문과 브레시아의 아르놀트(12세기 종교 개혁가)가 만들었던 영광스러운 로마 공화국을 되살려냈다는 소식이었다.

니콜라 디 리엔쪼 가브리니(Niccola di Rienzo Gabrini)는 언어의 경제학에 따라 콜라 디 리엔쪼(Cola di Rienzo)라는 이름으로 알려지고, 이어서 조심성 없는 후세에 리엔찌(Rienzi)라는 이름이 되어 버린 사람이다. 리엔찌는 1343년에 서른 살의 젊은 공증인 자격으로 교황 클레멘스 6세를 만나러 아비뇽에 왔을 때 그곳에서 페트라르카를 만났다. 그는 로마의 끔찍한 상황에 대해 교황에게 호소하고, 수도를 지배하면서 서로 싸우고 약탈하는 귀족들에 맞설 수 있도록 교황이 로마 인민을 후원해 달라고 요청했다. 교황은 회의를 품고 있기는 했지만 그를 격려해 주고 금화를 주어서 돌려보냈다. 그러면서 귀족들과 교황들 사이에 오래 계속된 갈등에 이 열성적인 법률가를 이용할 수 있으리라 희망했다.

리엔쪼는 페트라르카와 마찬가지로 로마의 유적과 고전에 의해 상상력에 불을 붙였다. 고대 원로원 의원이 입던 흰색 토가를 입고 그라쿠스 형제의 열정과 키케로에 맞먹는 웅변술을 지닌 그는 웅장한 포룸 광장과 거대한 공중 목욕탕의 유물들을 가리키면서 당시의 로마 사람들에게 고대 로마의 집정관이나 황제들이 로마의 이 언덕들로부터 도시와 세계에(urbi et orbi) 법을 제정해 주었다는 사실을 상기시켰다. 그는 사람들에게 정부를 장악하고 평민회의를 복구시키라고 자극했다. 그리고 권력을 찬탈한 귀족층에 맞서 평민을 보호해 줄 강력한 호민관을 선출하라고 촉구했다. 가난한 사람들은 두려워하면서 귀를 기울였다. 상인들은 이 미래의 호민관이 로마를 안전하게 만들어서 산업과 무역을 보호할 수 있을까 재 보았다. 귀족들은 비웃으며 리엔쪼를 저녁 식탁의 웃음거리로 만들었다. 리엔쪼는 혁명이 일어나면 귀족들 중 일부를 골라 교수형에 처하겠노라고 공언했다.

귀족들로서는 놀라 자빠질 일이었지만 혁명은 결국 일어났다. 1347년 5월 20일에 로마 사람 패거리가 카피톨리니 언덕으로 모여들었다. 리엔쪼는 교황의 대리인 오르비에토 주교의 호위를 받으며 민중의 맨 앞에 섰다. 그는 공화국이 회복되었다고 선포하고 구호품을 배급하겠노라고 말했다. 민중은 그를 독재관으로 선출하고 나중의 회의에서 그에게 옛날 인기 있던 직책인 호민관이라는 명칭을 부여했다. 나이 든 원로원 의원 스테파노 콜론나는 저항했다. 리엔쪼는 콜론나와 다른 귀족들에게 도시를 떠나라고 명령했다. 그들은 분노했지만 무장한 혁명군에 맞서지 못하고 시골 영지로 물러났다. 리엔쪼는 성공에 도취해 자신이 "예수 그리스도의 …… 권위에 따라 신성로마공화국을 구제하는 사람"이라고 떠들어 대기 시작했다.[23]

그의 행정은 탁월했다. 식료품 가격은 폭리를 취할 수 없도록 통제되었다. 남는 곡물은 곡물 창고에 보관되었다. 말라리아를 일으키는 습지의 물을 말리고 캄파냐 들판에 곡식 재배를 시작했다. 새로운 법정들이 치우침 없는 엄격함으로 정의를 다루었다. 똑같은 중죄를 저지른 것에 대해 한낱 수도사나 귀족이나 똑같이 참수형을 당했다. 전에 원로원 의원이던 사람은 상선(商船)을 약탈한 죄로 교수형을 당했다. 귀족 당파에 고용된 살인자들은 체포되었다. 화해 법정은 불과 몇 달 동안에 1800건의 불화를 해결했다. 스스로 법이 되는 일에 익숙해져 있던 귀족들은 자기 영지에서 행해진 범죄에 대해 자기가 책임을 져야 한다는 사실에 충격을 받았다. 일부는 많은 벌금을 냈다. 피에트로 콜론나는 품위를 뚝뚝 흘리면서 맨발로 감옥에 끌려들어 갔다. 불법 행위를 저지른 판관들은 폭로되어 대중의 웃음거리가 되었다. 농부들은 전에 경험해 보지 못한 안전과 평화 속에서 밭을 갈았다. 로마로 찾아오는 상인들과 순례자들은 되살아난 공화국의 휘장에 키스를 했다. 50년 동안이나 노상강도가 판을 치던 로마에 돌연 안전을 만들어 냈기 때문이다.[24] 이탈리아 전역이 이런 대담한 변화를 보고 놀랐다. 그리고 페트라르카는 리엔쬬를 위해 감사와 찬양의 노래를 만들었다.

대담한 정치력으로 기회를 잡은 호민관은 이탈리아 반도 전역으로 사절을 급파해 각 도시들에게 "성스러운 이탈리아 전체"를 통일하고 통치하기 위해 연합 형태의 대규모 의회를 구성할 대표단을 파견하라고 초대했다. 그렇게 해서 로마를 다시 세계의 수도로 만들자는 것이다. 이탈리아 여러 곳에서 온 판관들로 이루어진 예비회의에서 그는 이런 질문을 했다. 이제 되살아난 로마공화국은 공화국이 망해 있는 동안 다른 대리자에게 주어졌던 온갖 특권과 권한들을 교정할 권한이 있는가? 긍정적인 답변이 나왔다. 리엔쬬는 평민회의에서 공화국에 그와 같은 권한을 모두 회복시키는 법안을 통과시켰다. 기증, 포기, 대관식 등으로 이루어진 천 년의 역사를 지워 버리는 이 엄청난 결정은 자치권을 가진 도시들에게, 그리고 교회의 권한에는 신성로마제국과 비슷하게 위협적인 일이었다. 25개의 자치국들이 리엔쬬의 의회에 대표를 파견했다. 그러나 주요 도시 국가들(베네찌아, 피렌쩨, 밀라노 등)은 연방의 주권을 인정하는 일을 망설였다. 클레멘스 6세는 호민관의 경건함, 호민관이 형식상 오르비에토 주교와 권위를 나누어 갖는다는 것, 그리고 순례자들을 보호한다는 것, 1350년 기념의 해(희년(禧年). 100년, 50년, 25년 단위로 벌이는 로마의 축제)를 화려하게 열게 되리라는 전망 등을 기뻐했다. 그러나 그는 의심하기 시작했다. 이 낙천적인 공화주의자는 교황 자신을 파괴시킬 비현실적인 이상주의자가 아닐까?

리엔쬬의 이 고귀한 꿈의 붕괴 과정은 놀랍고도 두려운 것이었다. 자유가 그렇듯이 권력도 오직 냉철한 판단력을 지닌 사람만이 감당할 수 있는 시험이다. 리엔쬬는 현실정치가가 되기에는 웅변가로서 지나치게 위대했다. 그는 자신이 내뱉은 위대한 문구, 약속, 주장들을 스스로 믿기에 이르렀다. 그는 자신의 시대에 의해 중독되었다. 연합의회가 열렸을 때(1347년 8월) 의회가 자기에게 기사 작위를 수여하는 것으로 회의가 시작되도록 만들었다. 그날 저녁 그는 호위

1장 페트라르카와 보카치오의 시대 **69**

병과 함께 성 요한 라테란 교회의 세례당으로 가서 커다란 대야에 몸을 던졌다. 전설에 따르면 콘스탄티누스가 일찍이 이곳에서 그의 이교적 요소와 죄악을 씻었다는 곳이다. 그런 다음 흰옷을 입고 교회의 기둥 사이에 설치된 공공침상에서 그날 밤을 보냈다. 다음 날 그는 의회와 세계를 향해 율령을 발표했다. 그것은 이탈리아의 모든 도시들에게 자유를 선포하고, 그들에게 로마 시민권을 부여하며, 로마와 이탈리아 사람들에게만 황제를 선출할 권한을 준다는 내용이었다. 그는 칼을 빼 들고서 세 방향으로 휘두르면서 이렇게 말했다. "저것은 내 것, 저것도 내 것, 저것도." 그는 이제 방자함에 빠져들기 시작했다. 왕의 깃발을 단 백마를 타고 무장 병사 백 명의 호위를 받았다. 그리고 황금 술이 달린 하얀 비단 옷을 입었다.[25] 스테파노 콜론나가 황금 술을 비웃자 그는 귀족들이 자기에 맞서 음모를 꾸미고 있다고 말했다.(아마도 사실이었을 것이다.) 그리고 귀족 몇 명을 붙잡아 사슬에 묶어 카피톨리니 언덕으로 끌고 가라고 명령한 다음 의회에 그들의 목을 베자고 제안했다가, 마음이 누그러져서 그들을 석방하고 캄파냐의 관직에 임명했다. 그들은 공화국에 맞서 용병을 일으키는 것으로 그에 보답했다. 도시의 시민군은 그들을 맞아 싸우러 나서서 물리쳤다. 스테파노 콜론나와 그의 아들이 이 전투에서 전사했다.(1347년 11월 20일)

리엔쪼는 승리에 한껏 취해 자기와 함께 관직과 권위를 얻은 시민 대표들을 점점 더 무시하고 옆으로 밀쳐냈다. 이탈리아와 프랑스 출신 추기경들은 클레멘스 교황에게 이탈리아가 통일된다면(로마가 통치하는 이탈리아 통합 제국이라면 더욱이) 이탈리아 교회를 국가의 포로로 만들고 말 것이라고 경고했다. 10월 7일에 클레멘스 교황은 사절 베르트랑 드 되(Bertrand de Deux)에게 명령을 내려 리엔쪼에게 둘 중 하나를 선택하도록 했다. 물러나든지 아니면 그의 권한을 로마 시의 세속적인 권한에만 한정시키는 둘 중 하나를 선택하라는 것이었다. 리엔쪼는 어느 정도 저항하고 난 다음 양보했다. 교황에게 복종을 약속하고, 황제 및 교황의 특권을 없앤다는 칙령을 철회했다. 클레멘스는 조금도 누그러지지 않고 변덕스러운 호민관 직책을 없애 버렸다. 12월 3일에 그는 리엔쪼콜라가 범죄자이며 이교도라고 낙인찍는 교서를 발행하고 로마 사람들에게 그를 추방하라고 요구했다. 교황 대리인은 이것이 이루어지지 않으면 희년 행사가 열리지 않을 것이라고 말했다. 그사이 귀족들이 일으킨 군대가 이미 로마로 진군해 왔다. 리엔쪼는 시민들에게 무장하고 집결하라고 명령했다. 겨우 소수의 사람만이 나타났다. 많은 사람들은 그가 징수한 세금에 대해 원한을 품었다. 일부 사람들은 자유의 책임보다는 희년 행사가 가져다 줄 이익을 더 좋아했다. 귀족의 군대가 카피톨리니 언덕으로 다가오자 리엔쪼의 용기가 줄어들었다. 그는 자기 직책의 표지를 버리고 친구들에게 작별 인사를 하고 눈물을 터뜨렸다. 그리고 천사성에 틀어박혔다.(1347년 12월 15일) 승리한 귀족들은 시내에 있는 자기들의 궁전으로 돌아오고 교황의 사절은 그들 중 두 사람을 로마를 통치할 원로원 의원으로 임명했다.

귀족들의 방해를 받지는 않았으나 교회의 추방령은 그대로 유효한 상태에서 리엔쪼는 나폴리로 도망쳤다. 그곳에서 다시 술모나 근처 아브루찌 산맥의 숲으로 도망쳤다. 그런 다음 수많은 어려움과 괴로움을 견디고 살아남아 변장하고 비밀리에 이탈리아와 알프스와 오스트리아를 지나 프라하에 있는 카를 4세 황제에게로 갔다. 그리고 황제 앞에서 교황들을 고발했다. 로마의 무정부 상태와 빈곤은 교황이 로마를 떠나 있는 탓이라 했다. 그리고 이탈리아의 항구적인 분열은 교황이 세속의 권력과 정책을 가진 탓이라 했다. 카를 황제는 그를 꾸짖고 교황 편을 들었다. 그러나 클레멘스 교황이 리엔쪼를 교황의 포로로 아비뇽으로 보내라고 요구하자 카를 황제는 그를 엘베 강변에 있는 요새 안에 감금시켜서 보호했다. 1년 동안이나 참을 수 없는 무위와 고립의 세월을 보낸 다음 리엔쪼는 차라리 교황의 궁전으로 보내 달라고 요청했다. 그가 아비뇽으로 호송되는 도중 어디서나 사람들이 그를 구경하려고 떼로 몰려들었다. 용감한 기사들은 그를 보호하겠다고 자청하고 나섰다. 1352년 8월 10일에 그는 모든 사람이 불쌍히 여길 만큼 비참한 몰골로 아비뇽에 도착했다. 그는 보클뤼즈에 있던 페트라르카를 청했다. 시인은 로마 사람들을 향해서 그들에게 자유를 선물했던 사람을 보호하라는 낭랑한 호소문을 쓰는 것으로 답했다.

　　무적의 …… 정복자인 …… 로마 사람들에게 고함!
　　그대들의 …… 이전 호민관이 지금 낯선 사람들 손에 포로로 잡혀 있다. 진정 슬픈 광경이구나! 그것도 마치 밤도둑이나 조국의 배신자 같은 모습을 하고서. 그는 사슬에 묶인 채 자신을 변론한다. 지상의 최고 법정은 그에게 정당한 방어의 기회를 주지 않는다. …… 로마는 분명 이것으로 얻을 것이 없다. 로마 시민들은 한때는 이방(異邦)의 법이 침입할 수 없는 존재이더니 …… 이제는 마구잡이로 함부로 취급을 당하는구나. 이번에는 범죄를 이루는 그 어떤 잘못도 없이 오히려 가장 찬양받을 미덕을 지닌 대가로 고약한 취급을 당하고 있다. …… 그는 자유를 배신했기 때문이 아니라 자유를 옹호한 탓으로 고발당했다. 그는 수도를 넘겨준 것이 아니라 지킨 탓으로 유죄이다. 그가 지금 고발당하여 교수대에서 속죄를 해야 할 최고의 범죄란, 로마 제국이 아직 로마에, 그것도 로마 시민들의 소유로 남아 있다고 감히 선언했다는 사실뿐이다. 오, 사악한 시대여! 터무니없는 시기와 전례 없는 악의여! 말로 다 할 수 없고 부패하지 않는 판관인 그리스도여, 무엇을 하고 계십니까? 인간이 당하는 고통의 구름을 날려 보내는 당신의 눈길은 어디 있는지요? …… 어째서 여러 갈래 번개를 내리쳐 이 악독한 재판에 끝장을 내지 않으십니까?[26]

　클레멘스 교황은 리엔쪼의 사형을 요구하지는 않았으나 그를 아비뇽 교황궁전의 탑에 가두라고 명령했다. 리엔쪼가 감옥에서 성서와 리비우스를 읽고 있는 동안 새로 호민관이 된 프란체스코 바론첼리가 로마의 권력을 장악하고는 귀족들을 내쫓고 교황 대리인을 모욕했다. 그리고 교황에 맞서 황제를 지지하는 황제당원들과 동맹을 맺었다. 클레멘스의 뒤를 이은 교황 인노켄티우스 6세는 리엔쪼를 석방하고, 로마에서 교황의 권위를 회복하는 일을 맡은 알보르노즈 추기경을 도우라고 그를 이탈리아로 파견했다. 교활한 추기경과 패배한 독재자가 수도로 접근해 오자 반란이 일어났다. 바론첼리는 직책을 빼앗기고 살해당했다. 로마 사람들은 도시를 알보르노즈에게 넘겨주었다. 주민들은 개선문을 세우고 길거리로 몰려나와 즐거운 환호성을 올리며 리엔쪼를 맞아들였다. 알보르노즈는 그를 원로원 의원으로 임명하고 그에게 로마의 세속 통치권을 맡겼다.(1353)

그러나 감옥 생활이 몸을 살찌게 하고 용기는 깨뜨리고 한때 빛나고 겁 없던 호민관의 정신을 무디게 만들었다. 그의 정책들은 교황당 노선을 고집하고 젊은 시절의 대담한 용기는 없어졌다. 귀족들은 아직도 그를 미워하고 있었다. 재산이 없는 계층은 그가 이제 유토피아에서 치유된 조심스러운 보수주의자인 것을 알자 그에게 등을 돌렸다. 콜론나 가문이 그에 맞서 전쟁을 선포하고 팔레스트리나에서 그를 포위하자 보수를 받지 못한 그의 군대는 난동을 일으키려고 했다. 그가 그들에게 보수로 지급할 돈을 빌리고 빚을 갚기 위해 세금을 올리자 중산층이 그에게서 등을 돌렸다. 권력에 돌아온 지 겨우 두 달 만에 혁명적인 폭도들이 카피톨리니 언덕으로 몰려들어 외쳤다. "인민 만세! 배신자 콜라 디 리엔쪼를 죽여라!" 그는 기사의 무장을 하고 궁전에서 나와 웅변으로 대중을 통제하려고 했다. 그러나 폭도들이 떠드는 통에 그의 목소리는 파묻히고 그들은 활을 쏘아 댔다. 화살 하나가 그의 머리에 박히자 그는 궁전으로 도망쳐 들어왔다. 폭도들은 문에 불을 지르고 안으로 들어와서 방을 약탈했다. 리엔쪼는 방에 숨어 서둘러 수염을 깎고 문지기의 망토를 입고 머리에 이불을 덮어썼다. 그는 들키지 않고 군중 사이를 빠져나갔다. 그러나 황금 팔찌 때문에 들통이 나서 카피톨리니 언덕 계단으로 끌려왔다. 그 자신이 죄수들을 사형시킨 곳이었다. 그는 사람들에게 자기 말을 들어 줄 것을 청하고 말로 사람들 마음을 움직이기 시작했다. 그러나 그의 능변을 두려워한 어떤 기술공이 칼로 그의 배를 찔러서 말을 끊었다. 수많은 가짜 영웅들이 그의 죽은 몸에 칼을 찔러 넣었다. 피가 철철 흐르는 시신은 길거리를 통해 끌려 다니다가 죽은 짐승의 고기와 같은 꼴로 정육점 창고에 매달렸다. 시체는 이틀이나 그곳에 그대로 매달려 대중의 모욕과 개구쟁이들이 던지는 돌을 감당했다.[27]

5. 떠돌이 학자

리엔쪼는 고대 로마를 부활시키는 데 실패했다. 고대 로마는 문학을 제외한 나머지 영역에서는 죽었다. 페트라르카는 결코 죽지 않은 로마 문학을 부활시키는 데 성공했다. 그는 콜라 디 리엔쪼의 모반을 공공연히 지지했기에 아비뇽에 있는 콜론나 집안의 호의를 잃어버렸다. 한동안 그는 로마에서 리엔쪼에 합류할 생각을 했었다. 그러나 이미 제노바에 이르렀을 때 호민관의 지위와 행동이 흔들리고 있다는 소식을 들었다. 그는 파르마로 진로를 바꾸었다.(1347) 그가 이탈리아에 머무는 동안 흑사병이 몰아쳐 많은 친구들을 잃고 아비뇽의 라우라도 죽었다. 1348년에 그는 야코포 일 카라라의 초대를 받아들여 파도바로 가서 그의 손님이 되었다.

파도바 시는 고대 도시였다. 기원전 59년에 역사가 리비우스가 그곳에서 태어났을 때도 이미 수백 년이나 된 도시였다. 1174년에 자치 도시가 되었으나, 에쩰리노의 독재에 고통을 겪었으며(1237~1256) 독립을 회복하고 자유를 위해 지루한 노래를 부르다가 비첸짜 시의 지배를 받아들였다. 베로나의 칸 그란데 델라 스칼라의 공격을 받고 거의 정복되었다가 도시의 자유를 포기하고 카라라의 야코포 1세를 독재자로 선출했다.(1318) 야코포 1세는 그의 성이 된 도시(카라라. 대리석으로 유명함)의 대리석만큼이나 단단한 남자였다. 뒷날 이 집안사람들은 상속이나 암살을 통해 권력을 물려받았다. 페트라르카를 초대한 사람은 1345년에 전임자를 죽이고 통치권을 차지했고, 훌륭한 통치를 통해 보상하려고 했지만 4년 뒤 칼에 찔려 죽었다. 카라라 집안의 프란체스코 1세는 (1350~1389) 거의 40년에 걸쳐 주목할 만한 통치를 해서 파도바를 일시적으로 밀라노, 피렌쩨, 베네찌아와 겨룰 만한 국가로 만들었다. 그러나 1378년의 전쟁에서 베네찌아에 맞서 제노바 편을 드는 잘못을 저질렀다. 베네찌아가 승리하자 파도바는 베네찌아에 속하게 되었다.(1404)

이 도시는 이탈리아의 문화계에 자기가 맡은 몫 이상의 공헌을 했다. 애칭으로 일 산토(Il Santo)라 불리는 성 안토니우스 교회가 1307년에 완성되었다. 의회 건물(Sala della Ragione)이 1306년에 수도사 건축가인 프라 죠반니 에레미타노(Fra Giovanni Eremitano)에 의해 보수되었고, 이 건물은 오늘날에도 서 있다. 왕궁(Reggia)은 (1345년 이후) 400개의 방을 가졌는데, 그중 많은 방들이 벽화로 장식되어 카라라 집안의 자랑거리가 되었다. 그러나 지금은 이 중에서 1364년에 만들어진 화려한 시계 말고는 남은 것이 없다. 14세기 초에 엔리코 스크로베니(Enrico Scrovegni)라는 야심에 찬 상인 한 사람이 고대 로마의 경기장 아레나(Arena)에 있는 궁전을 사들였다. 그리고 이탈리아의 가장 유명한 조각가 죠반니 피사노(Giovanni Pisano)와 가장 유명한 화가인 죠토를 초빙해서 자신의 새 저택에 속한 예배당을 장식하도록 했다. 이렇게 해서 작은 아레나 예배당은 오늘날 세계의 지성계에 알려졌다. 여기에 천재적인 죠토가 50점에 이르는 벽화, 원형화, 메달 등을 그렸다. 성모와 그 아들의 이야기를 그림으로 표현한 것이다. 중심 벽화 주변을 예언자와 성인들의 머리가 둘러싸고, 인류의 미덕과 악덕을 나타내는 큼직한 여성의 모습들이 나타난다. 문 안쪽의 벽에는 괴물들이 어지럽게 뒤엉킨 모습의 「최후의 심판」을 죠토의 제자들이 성의 없게 그려 놓았다. 근처에 있는 에레미타니(아우구스틴회의 은둔 수사) 교회에서 150년 뒤에 그림을 그린 만테냐(Mantegna)는 죠토의 단순한 스케치, 초보적인 원근법, 얼굴과 태도와 모습의 단조로운 유사성, 그리고 불완전한 해부학적 감각, 그리고 파도바의 롬바르디아 사람들이 아직도 방금 도이칠란트에서 도착한 랑고바르드 사람들이지라도 한 것처럼 서의 모두가 금발 머리를 하고 있는 것 등을 보고 슬며시 미소를 지었을지도 모른다. 그러나 아레나 예배당에 죠토가 그린 「그리스도의 탄생」에서 성모의 사랑스러운 모습, 「라자로의 부활」에서 예수의 고귀한 머리, 「구혼자들」에서 당당한 고위 성직자, 「유다의 배신」 장면에서 고요한 예수와 거친 유다의 모습, 그리고 고요한 우아함, 균형 잡힌 구도, 색채와 형태의 넉넉한 파노라마가 발전하는 모습 등은 이 그림들을 (600년이 지난 지금도 여전히 신선하고 명료하게) 14세기 회화의 최초의 승리로 만들고 있다.

1장 페트라르카와 보카치오의 시대 **75**

페트라르카는 아레나 예배당 벽화를 보았던 것 같다. 분명히 그는 죠토를 높이 평가했다. 유언장에서 그는 카라라의 프란체스코에게 성모 그림 하나를 남기고 있다. "저 탁월한 화가 죠토가 그린 것으로 그 아름다움이 회화의 대가들을 놀라게 만드는 것"을 말이다.[28] 그러나 이 시기 그는 미술보다는 문학에 더 관심이 깊었다. 페트라르카는 자신보다 이전의 인문주의자였던 알베르티노 무싸토(Albertino Mussato)가 세네카 형식을 빌린 라틴어 희곡 「에쩰리노 이야기(Ecerinis)」를 쓴 덕분에 1314년 파도바의 계관 시인이 된 것을 보고 분명 자극을 받았다. 이 작품은 지금까지 알려진 최초의 르네상스 희곡이다. 페트라르카는 파도바 시 귀족의 자랑인 대학에도 다녔다. 이 대학은 이 시기에 이탈리아에서 가장 유명한 대학의 하나로서 법학의 중심지인 볼로냐 대학 및 철학으로 유명한 파리 대학과 맞먹을 정도였다. 페트라르카는 파도바 대학의 교수들 중 일부가 솔직하게 '아베로에스주의'를 펼치는 것을 보고 충격을 받았다. 아베로에스는 개인 영혼의 불멸성에 의문을 던지고, 그리스도교를 쓸모 있는 미신으로 여기고 교육받은 사람은 그것을 버린다고 말했다.

쉴 줄 모르는 이 시인은 1348년에는 만토바에, 이어서 페라라에 모습을 나타낸다. 1350년에 그는 로마 기념의 해(희년) 행사를 향해 떠나는 순례자의 물결에 합류했다. 가는 도중 처음으로 피렌쩨에 들렀다. 그곳에서 보카치오와 확고한 우정을 맺었다. 페트라르카의 말에 따르면 그들은 그 이후로 "한마음을 나눈" 사이가 되었다.[29] 1351년에 보카치오의 주선으로 피렌쩨 정부는 세르 페트라코의 재산을 몰수하기로 결정한 칙령을 폐기했다. 그리고 보카치오를 파도바로 보내 페트라르카에게 보상금을 지급하고 피렌쩨 대학의 교수직을 주겠노라는 제안을 하도록 했다. 그가 이 제안을 거절하자 피렌쩨는 폐기령을 폐기했다.

6. 죠토

중세*의 피렌쩨를 사랑하기란 어려운 일이다. 피렌쩨는 산업과 정치가 너무 고약했기 때문이다. 그러나 피렌쩨를 숭배하기란 쉽다. 이 도시는 그 부(富)를 미의 창조에 바쳤기 때문이다. 페트라르카의 청년기에 그곳에서는 르네상스가 한창이었다.

이곳에서 르네상스는 이탈리아 다른 어떤 지역과도 비할 바 없는 상업상의 경쟁, 가문의 불화, 개인적인 폭력이라는 자극적인 분위기 속에서 발전했다. 주민은 계층 간의 전쟁으로 나뉘고, 계층 안에서도 다시 승리에서 잔혹하고 패배에서 복수욕에 불타는 분파로 갈렸다. 언제라도 한쪽 편에서 몇 가문이 저쪽 편으로 넘어가면 권력의 저울이 다른 편으로 기울 수가 있었다. 언제 어느 때라도 일부 불만 세력이 무장을 하고 정부를 뒤집어엎을 기도를 할 수도 있었다. 성공할 경우에는 패배한 패거리의 우두머리들을 추방하고 보통 그들의 재산을 몰수했다. 때로는 그들의 집을 불태우는 수도 있었다. 그러나 이런 경제적 투쟁과 정치적 동요만이 피렌쩨 삶의 전부는 아니었다. 시민들은 도시보다는 자기들이 속한 당파에 더 충성하기는 했지만 그래도 자부심 강한 시민 의식을 가졌다. 그들은 상당한 재산을 공동체의 이익을 위해 썼다. 부유한 개인이나 조합들은 도시를 포장하는 비용, 하수구 건설, 물의 공급을 개선시키는 일, 공공 시장의 건설, 교회, 병원, 학교를 세우거나 고치는 일 등을 위해 돈을 내놓곤 했다. 고대 그리스 사람이나 현대 프랑스 사람의 감각만큼이나 날카로운 미적 감각으로 개인 재산이나 공공 재산을 들여서 도시에 건축물, 조각, 그림 등을 만들었다. 그리고 주택의 실내를 예술품이나 다른 공예품으로 꾸몄다. 피렌쩨의 도자기 기술은 이 시대 유럽에서 가장 발달했다. 피렌쩨의 금세공인은 목걸이, 가슴 장식품, 손과 팔 장식품, 허리띠, 교회 제단, 식탁, 갑옷, 주화 등을 다른 어느

---

* 이 책에서 '중세'라는 용어는 325년 콘스탄티누스 대제에서 1492년 콜럼버스의 아메리카 대륙 발견까지의 유럽 역사 및 문명 시대를 가리키는 말이다. 즉 중세와 르네상스 시대의 상당 부분을 포함한다.

시대보다도 뛰어나게 디자인하여 보석으로 장식하거나 아니면 상감을 박거나 새기거나 돋을새김으로 세공을 했다.

이제 예술가는 개인의 능력(virtù)을 강조하는 새로운 시대의 사조를 받아들여 조합이나 그룹에서 벗어나 자신의 생산품에 자기 이름을 밝혀 놓았다. 니콜로 피사노(Niccolo Pisano)는 조각을 교회 주제에 한정시키는 것과 건축물에 속박되는 일에서 해방시켰다. 그리스 사람들의 물리적 이상주의와 튼튼한 자연주의를 하나로 합치는 방법을 통해서였다. 그의 제자인 안드레아 피사노는 피렌쩨 세례당(1300~1306)을 위해 두 개의 청동 문에 아담이 밭을 갈고 이브가 베를 짠 이후 예술과 학문의 발전을 28개의 돋을새김으로 새겨 놓았다. 이 14세기의 작품은 살아남아서 15세기에 기베르티(Ghiberti)가 만든 「천국의 문」과 같은 건물에 그대로 보존되었다. 1334년에 피렌쩨 정부는 대성당 종의 무게를 분산시켜서 견디도록 한 죠토의 종탑 설계를 승인했다. 시대의 정신에 따라 "장엄함과 높이와 탁월함에서 그리스와 로마 사람들이 그 위대성의 절정에 도달했을 때 이룩했던 것을 능가하는 종탑이 건설되어야 한다."는 포고문이 나왔다.[30] 이 탑은 다른 것과 구별이 안 되는 네모 형태가 아니라,(죠토는 첨탑으로 꼭대기를 장식하려고 했다.) 고딕 양식의 장식 격자를 이룬 창문이 멋지다. 그리고 죠토, 안드레아 피사노, 루카 델라 로비아(Luca della Robbia)가 아래쪽에 새겨 넣은 채색 대리석으로 된 부조들이 뛰어나다. 죠토가 죽은 다음 이 일은 피사노, 도나텔로, 프란체스코 탈렌티 등이 맡아 계속했다. 이 종탑 측면의 가장 높은 아치의 장엄한 아름다움은 바로 프란체스코 탈렌티의 공이다.(1359)

페트라르카가 14세기의 시문학을 지배했듯이 죠토 디 본도네(Giotto di Bondone)는 14세기의 회화를 지배했다. 이 예술가는 사방을 돌아다녔다는 점에서도 페트라르카과 우열을 다투었다. 화가, 조각가, 건축가, 자본가, 세속의 인간으로서, 그리고 예술적인 개념, 실용적인 장치, 재치 있는 답변 등으로 무장하고 죠토는 평생 동안 루벤스 방식의 자신감으로 여기저기 돌아다녔다. 그러면서 피렌쩨, 로마, 아씨시, 페라라, 라벤나, 리미니, 파엔짜, 피사, 루카, 아레쪼, 파도바, 베로나, 나폴리, 우르비노, 밀라노 등지에 작품을 남겼다. 그는 주문을 받는 일을 걱정한 적이 없었던 것으로 보인다. 나폴리에는 왕궁의 손님 자격으로 갔다. 결혼해서 못생긴 자녀들을 두었지만 이 일이 그의 작품의 평온한 우아함이나 혹은 삶의 즐거운 진로를 막지는 못했다. 그는 장인들에게 시세보다 두 배의 임대료를 받고 베틀을 빌려 주었다.[31] 그러나 그는 르네상스에서 가장 뛰어난 작품 하나에서 빈곤의 사도인 성 프란체스코의 이야기를 들려주고 있다.

그가 아직 젊었을 때 스테파네스키 추기경이 그를 로마로 불러 모자이크 그림을 고안하라고 주문했다. 그리스도가 베드로를 파도에서 구하는 것을 표현한 「작은 배(Novicella)」였다. 이것은 살아남아서 심각하게 변형된 모습으로 성 베드로 대성당(산피에트로 대성당)의 입구 기둥들 뒤에 숨겨져 잘 보이지 않는 곳에 있다. 바티칸에 보존된 대형 제단화를 주문한 사람도 아마 이 추기경이었을 것이다. 이 작품은 아직 성숙하지 못한 죠토의 모습을 보여 준다. 착상은 대담하나 실천은 약하다. 트라스테베레의 산타 마리아 성당에 있는 피에트로 카발리니(Pietro Cavallini)의 모자이크 연구와 산타체칠리아에 있는 그의 벽화 등이 이 로마 시절 죠토의 형성에 도움이 되었을지 모른다. 니콜로 피사노의 자연주의적인 조각이 그의 눈길을 선배들의 작품으로부터 살아 있는 존재들, 살아 있는 남자와 여자의 감정으로 돌리도록 했을 것으로 보인다. 레오나르도 다빈치는 "죠토가 나타나 자기가 본 것을 그렸다."라고 말했다.[32] 이와 함께 비잔틴 양식의 화석 같은 요소가 이탈리아 미술에서 점차 사라졌다.

파도바로 옮긴 죠토는 3년 동안 아레나 예배당의 유명한 벽화를 그렸다. 아마도 파도바에서 그는 단테를 만났을 것이다. 이미 피렌쩨에서 그를 알았던 것 같다. 항상 재미있고 이따금 날카로운 바사리는 단테가 죠토의 "가까운 동료이며 친구"라고 말했다.[33] 그리고 피렌쩨의 행정관 궁전(바르젤로) 벽화에 있는 단테의 초상화를 죠토가 그렸다고 말한다. 시인은 『신곡』에서 예외적인 상냥함으로 이 화가를 찬양하고 있다.[34]

1318년에 두 은행가 가문인 바르디 집안과 페루찌 집안이 죠토에게 피렌쩨 산타크로체 교회에 속한 예배당에 성 프란체스코, 세례자 요한, 복음서 저자 요한 등의 이야기를 그려 달라고 주문했다. 이 그림들은 뒷날 흰색으로 덧칠이 되었다가 1853년에 덧칠 부분을 벗겨 내고 새로 그려졌다. 도안과 구상만이 죠토의 것 그대로인 셈이다. 아씨시의 성 프란체스코 이중 교회의 유명한 벽화들도 비슷한 운명을 겪었다. 언덕 위에 세워진 성인 유골을 모신 이 교회는 이탈리아에서 주요 순례 성지의 하나이다. 치마부에(Cimabue)와 죠토의 것으로 알려진 그림들을 보기 위해 이곳을 방문하는 사람들의 수는 성인을 기리거나 기도를 올리기 위해서 오는 사람들만큼이나 많다. 죠토가 상부 교회의 아래쪽 벽화들의 윤곽과 주제를 설계했을 것으로 생각된다. 나머지에 대해서 그는 자기 제자들의 작업을 검토하는 정도에 그쳤다. 상부 교회의 이들 벽화들은 성 프란체스코의 생애 이야기를 상세히 들려준다. 그리스도조차 그토록 대규모의 그림 전기(傳記)를 얻은 경우는 드물었다. 이 그림들은 구상과 구도가 대가의 것이고, 부드러운 분위기와 거침없는 조화가 즐겁다. 이 그림들은 비잔틴 양식의 완고함을 단번에 끝장냈다. 그러나 여기에는 깊이와 힘과 개성이 결핍되어 있다. 정열의 색상이나 생명의 피가 없는 우아한 그림들이다. 하부 교회의 벽화들은 시간에 의해 덜 손상을 입고 죠토의 힘이 발전한 것을 보여 준다. 막달레나 예배당에 있는 그림들은 그에게 직접 책임이 있었던 것으로 보인다. 그에 반해 프란체스코가 빈곤, 복종, 순결의 서약을 하는 모습을 보여 주는 알레고리들은 그의 조수들이 그렸다. 이 이중 교회에 그려진 프란체스코의 이야기는 이탈리아 미술에 강력한 자극을 주고 거의 새롭게 태어났다. 그리고 도미니크 수도회 수도사(프라) 안젤리코의 작품에서 이상적으로 완성되는 전통을 만들어 냈다.

　어쨌든 죠토의 작품은 혁명이었다. 우리는 그의 잘못을 느낀다. 그러나 이는 그가 시작한 운동에 의해 발전된 회화의 기법에 대해 우리가 알고 있기 때문에 가능한 일이다. 그의 도안, 입체감, 원근법, 해부학 지식 등은 고통스러울 정도로 적절하지 못하다. 죠토 시대 의학이 그렇듯이 미술은 막 인체를 해부하고 근육, 뼈, 인대, 신경의 위치, 구조, 기능 등을 배우기 시작하던 때였다. 만테냐(Mantegna)와 마사쵸(Masaccio) 같은 사람들은 이런 요소들의 대가가 되고, 미켈란젤로는 그것을 완성해서 거의 맹목적 숭배물로 만들다시피 했다. 그러나 죠토 시대에 누드를 탐색하는 일은 아직 드물었고, 그것을 표현하는 일은 추문이었다. 그렇다면 파도바와 아씨시에 있는 죠토의 작품이 미술사의 한 경계표가 되는 것은 대체 무슨 까닭인가? 눈길을 모든 각도에서 관심의 중심으로 끌어들이는, 리듬 있는 구성이다. 그리고 조용한 움직임의 품위이며, 부드럽고 빛나는 색채와 탁월한 이야기 서술의 흐름, 깊은 감정조차도 표현이 절제된 것, 그리고 시끄러운 장면들을 감싸고 있는 장엄한 고요함이다. 이따금 남자와 여자와 아이들의 사실적인 초상화는 과거의 미술을 연구한 것이 아니라 오히려 삶의 동작에서 보고 느낀 것을 표현하고 있다. 이것들이 비잔틴 미술의 경직됨과 어둠을 누르고 죠토가 승리한 요소들이다. 그가 지속적인 영향을 미치는 비밀이 바로 이것이다. 그로부터 백 년 뒤 피렌쩨 미술은 그의 모범과 영감을 이어받았다.

그의 뒤를 이어 두 세대에 걸쳐 죠토 유파가 나타났다. 그들은 그의 주제와 양식을 모방했지만 그의 탁월함에 도달하는 경우는 드물었다. 그의 대자(代子)이며 학생이었던 타데오 가디(Tadeo Gaddi)는 거의 화가로 태어났다. 그의 아버지도 화가였으며 그의 다섯 아들 중 셋이 화가였다. 이탈리아 르네상스는 도이치 음악과 마찬가지로 가족 단위로 물려받는 경향을 보였다. 그리고 집안, 작업장, 유파 등을 통해 기술을 전수받고 축적하면서 번성했다. 타네오는 죠토의 견습공으로 화가 일을 시작했다. 1347년에 그는 피렌쩨 화가들의 우두머리가 되었다. 그래도 여전히 겸손하게 "훌륭한 스승 죠토의 제자(Discepol di Giotto il buon maestro)"라고 서명했다.[35] 그는 화가와 건축가로서의 사업을 통해 엄청난 부자가 되어 그의 후손들은 미술의 후원자 노릇을 할 수 있을 정도였다.

오랫동안이나 그의 것으로 여겨지다가 지금은 안드레아 다 피렌쩨(Andrea da

Firenze)의 것임이 밝혀진 인상적인 작품 하나는 르네상스 최초의 세기(14세기)에 이 탈리아가 아직도 얼마나 중세적이었는가를 보여 준다. 1370년 무렵에 산타 마리아 노벨라 성당의 스페인 사람 제단에 도미니크 수도사들은 자기들의 유명한 철학자를 신격화하기 위한 그림을 주문했다. 성 토마스 아퀴나스는 넉넉한 재산이 있었지만 너무나 헌신적인 사람이었기에 자부심을 드러내지는 않았다. 그러나 그림에서 그는 승리에 찬 모습으로 서 있고 그의 발치에는 이단인 아리우스, 사벨리우스, 아베로에스 등이 엎드려 있다. 그의 주변에 모세, 바울, 복음서 저자 요한과 다른 성인들이 보이지만 장식에 지나지 않는다. 그들 아래쪽에 열네 명의 인물이 일곱 가지 교회 학문과 일곱 가지 세속 학문을 상징하고 있다. 도나투스는 문법, 키케로는 수사학, 유스티아누스는 법, 유클리드는 기하학, 하는 식이다. 이런 사고방식은 완전히 중세적인 것이다. 미술, 도안과 색상만이 낡은 시대에서 새로운 시대가 싹트고 있음을 보여 준다. 이런 변화는 아주 느린 것이어서 1세기 동안이나 사람들은 자기들이 다른 세계에 살고 있다는 것을 느끼지 못했다.

기법의 발전은 오르카냐(Orcagna)에서 더욱 뚜렷하게 드러난다. 그는 14세기 이탈리아 미술가들 중에서 죠토에 뒤이어 두 번째 자리를 차지하는 사람이다. 원래 이름은 안드레아 디 치오네(Andrea di Cione)였지만 그를 숭배하는 동시대 사람들이 그를 아르카뇰로(Arcagnolo, 대천사)라고 불렀고, 게으른 혀는 그것을 줄여 오르카냐라고 불렀다. 그의 이름이 자주 죠토의 후계자들 사이에 들어 있지만 그는 조각가 안드레아 피사노의 제자였다. 르네상스의 가장 위대한 천재들이 그렇듯 그도 여러 분야의 대가였다. 화가로서 그는 산타 마리아 노벨라 성당 부속 스트로찌 예배당에 채색 제단화인 「옥좌에 앉은 그리스도」를 제작했다. 그의 형제인 나르도는 교회 벽에 하늘과 지옥의 모습을 생생하게 보여 주는 벽화를 그렸다.(1354~1357) 건축가로서는 피렌쩨 근처 체르토사 수도원을 설계했다. 이 수도원은 우아한 회랑과 아키아유올리 집안의 무덤으로 유명하다. 건축가 겸 조각가로서 그와 그의 형은 피렌쩨에 있는 오르산미켈레 교회에 화려한 천개(天蓋) 달린 우묵벽을 제작했다. 그곳에 있는 성모의 그림은 기적을 행하는 것으로 믿어졌다. 1348년 흑사병이 돈 이후로 살아남은 사람들이 바친 감사 제물이 이 건물을 관리하는 수도회를 부자로 만들어 주었다. 그래서 이 그림을 보존할 대리석과 금으로 된 값비싼 사당이 만들어졌다. 치오네 형제는 그것을 기둥, 첨탑, 조각상, 돋을새김, 값진 금속과 돌들로 장식된 소형 고딕 성당 형태로 만들었다. 이것은 14세기(trecento)* 장식 미술의 보물이다. 안드레아는 그 대가로 오르비에토의 건축 감독으로 임명되었다. 그리고 대성당 정면부 설계에 동참했다. 1362년에 그는 피렌쩨로 돌아와서 죽을 때까지 대성당 건축에 참여했다.

엄청난 명성을 얻은 산타 마리아 델 피오레 교회(꽃의 성모. 피렌쩨 대성당. 그때까지 이탈리아에서 건축된 가장 큰 교회)는 1296년에 아르놀포 디 캄비오(Arnolfo di Cambio)가 건축을 시작했다. 죠토, 안드레아 피사노, 프란체스코 탈렌티와 다른 대가들이 줄을 이어 이 성당을 위해 일했다. 현재의 정면부는 1887년 이후로 나타난 모습이다. 지금도 이 대성당은 미완성이다. 그리고 모든 세기마다 상당 부분씩 재건축이 이루어지곤 한다. 건축은 르네상스 이탈리아에서 가장 덜 성공한 예술 분야였다. 당시 이탈리아 건축은 북부 유럽에서 뾰쪽한 아치 형태의 고딕 요소를 받아들여 그것을 고전 양식 기둥과 결합시키고, 때로는 피렌쩨의 경우처럼 전체를 비잔틴 양식의 둥근 지붕으로 마무리했다. 이런 혼합은 조화가 되지 않고 브라만테(Bramante)가 지은 작은 교회들 몇만 빼고는 통일성과 우아함을 갖지 못한다. 오르비에토와 시에나 교회의 정면부는 정직한 건축이라기보다는 조각과 모자이크를 탁월하게 배치한 것이라고 보는 편이 옳다. 교회의 의미는 기도나 찬양을 하늘로 들어 올리는 것이어야 하는데, 검은색과 흰색 대리석이 수평으로 층을 이루어 교차하는 것이 눈과 영혼을 피곤하게 만든다. 산타 마리아 넬 피오레. 피렌쩨 교회는 1412년 이후로 이렇게 불리고 있다. 도시의 상징인 백합 꽃에서 나온 이름이다. 이 교회는 꽃이라 보기는 어렵다. 브루넬레스코(Brunellesco)의 유명한 둥근 지붕만 빼면 이것은 아예 동굴 같다. 그 컴컴한 내부는 신에게 이르는 출입구라기보다는 단테의 지옥의 입구라고 하는 편이 옳을 것 같다.

1294년에 산타크로체(성 십자가)의 프란체스코 수도회 교회로 시작해서 1298년에

---

* 이탈리아 사람들은 14세기를 '300'을 의미하는 '트레첸토(trecento)'라고 부른다. 15세기는 400을 의미하는 '콰트로첸토(quattrocento)', 16세기는 500을 의미하는 '친쿠에첸토(cinquecento)' 등등으로 부른다.

피렌쩨에서 가장 멋진 건물인 정부 청사 건물, 뒷날에는 베키오 궁전으로 알려진 건물을 완성한 사람은 지치지 않는 아르놀포 디 캄비오였다. 교회는 1442년에 정면부(1863)만 빼고 완성되었다. 정부 청사 건물, 혹은 옛 궁전은 1314년에 중요 부분이 완성되었다. 이때는 바로 단테가 추방되고 페트라르카의 아버지가 추방된 그 기간이었다. 당파 싸움이 절정에 이르렀다. 그래서 아르놀포는 정부 청사 건물을 궁전이라기보다는 요새처럼 지었다. 지붕은 총구멍이 뚫린 흉벽으로 설계되었다. 독특한 종탑은 다양한 종소리로 시민들에게 의회 소집을 알리거나 아니면 무장을 명령했다. 시의 원로들은 여기서 통치만 한 것이 아니라 살기도 했다. 그들이 두 달 동안 이 직책을 맡고 있는 동안 어떤 구실로도 건물을 떠나서는 안 된다는 법령에는 시대의 기질이 드러나 있다. 1345년에 네리 디 피오라반테(Neri di Fioravante)가 아르노 강에 세계에서 가장 유명한 다리의 하나를 놓았다. 곧 베키오 다리다. 수많은 세월과 전쟁으로 금이 간 오늘날에도 베키오 다리는 여전히 불안한 모습으로 참을성 없는 통행자와 22개의 상점들을 떠받치고 있다. 피렌쩨 시민 정신이 만들어 낸 이 자랑스러운 건물 주변, 대성당과 정부 청사 광장에서 뻗어 나온 좁은 도로들 사이로, 근심에 잠긴 부자들의 집과 고귀한 교회 건물들이 나타났다. 그러면서 상인들의 황금은 예술로 바뀌고, 상인과 장인들의 시끄러운 가게들도 변하고, 산업적이고 반항적이고 격하기 쉽고 지적인 대중의 주택들도 변했다. 자아의 격렬함 속에서 르네상스가 태어났다.

7. 『열흘 이야기(데카메론)』

이탈리아 문학이 최초의 가장 위대한 승리를 이룩한 곳은 피렌쩨였다. 그곳에서 귀니첼리와 카발칸티가 13세기 말에 소네트의 완성된 형태를 만들었다. 그곳은 아니지만 그곳을 그리워하면서 단테는 이탈리아 서사 문학의 최초이자 최후의 진정한 음악을 피렌쩨 사람들에게 들려주었다. 그곳에서 보카치오는 이탈리아 산문 최고의 작품을 만들었고, 죠반니 빌라니(Giovanni Villani)는 가장 현대적인 중세 연대기를 썼다. 1300년 기념의 해에 로마를 방문하고서 마치 기번(Gibbon)이 강력한 과거의 폐허에 마음이 움직였던 것처럼 빌라니도 한동안 피렌쩨 역사를 기록할 구상을 했다. 그런 다음 로마가 충분히 기념되었다고 판단하고 고향으로 돌아왔다. 그러면서 이렇게 결심했다. "이 책에 …… 피렌쩨 시의 모든 사건들을 다 써넣기로 …… 그리고 피렌쩨 사람들의 완전한 행적을 만들고, 세계 나머지 부분의 특이한 사건들도 간략하게 기록하기로" 말이다.[36]

그는 바벨탑으로 이야기를 시작해서 흑사병의 가장자리에서 끝을 맺고 있다. 그 자신도 이 병으로 죽었다. 그의 동생인 마테오(Matteo)와 조카인 필리포(Filippo)는 이 이야기(『피렌쩨 연대기』)를 1365년까지 계속 적었다. 죠반니 빌라니는 준비가 아주 잘 갖추어져 있었다. 부유한 상인 집안 출신으로 순수한 토스카나어를 자유롭게 구사하고 이탈리아, 플랑드르, 프랑스 등지를 여행했으며 세 번이나 장인조합장을 지내고 한 번은 조폐국장을 지냈다. 이 기간 동안 그는 경제의 기반과 역사의 영향에 대한 비상한 감각을 발휘했다. 그는 또한 연대기 기록에 사회적 조건들의 통계를 집어넣은 최초의 인물이었다. 그의 『피렌쩨 연대기(Croniche Fiorentine)』의 처음 세 권은 대개 설화들로 이루어져 있다. 그러나 나중의 책들에서는 예를 들어 1338년에 피렌쩨와 주변 지역의 인구가 10만 5000명인데 그중 거지가 1만 7000명이고 4000명은 사회 구호금으로 살았다는 것을 알게 된다. 또한 당시 초급 학교가 여섯 개 있었고, 거기서 1만 명의 소년 소녀들이 교육을 받았다. 고급 학교는 넷, 600명의 소년들과 몇 명의 소녀들이 '문법'(문하)과 '논리학'(젙하)을 배웠음을 읽는다. 대부분의 역사가들과는 달리 빌라니는 새 책들, 그림, 건물들도 기록에 포함시켰다. 한 도시가 그 생활의 모든 면에서 이렇듯 직접적으로 서술된 경우는 드물다. 빌라니가 이 모든 양상들과 세부 사항들을 원인, 현상, 개성, 결과 등을 엮어 하나의 통합된 이야기로 만들었다면 그의 연대기는 정통 역사서가 되었을 것이다.

1340년 피렌쩨에 정착한 보카치오는 삶, 운문과 산문에서 여자 꽁무니 쫓는 일을 계속했다. 「사랑의 환상(Aomorosa Visione)」은 피암메타에게 바친 것으로

'삼행시(terza rima)' 4400줄로 된 이 시에서 두 사람 관계의 행복하던 시절이 회상되고 있다. 심리 소설인「피암메타」에서는 사생아로 태어난 공주가 보카치오와 바람피운 이야기를 하는 것으로 되어 있다. 그녀는 사랑의 감정, 욕망과 질투와 황폐한 상태의 혹독한 고통 등을 리처드슨(S. Richardson, 1689~1761, 영국의 소설가) 방식으로 세밀하게 분석하고 있다. 양심이 그녀가 정절을 지키지 않았음을 꾸짖자 그녀는 아프로디테 여신이 나타나 자신을 비겁하다고 야단치는 모습을 상상한다. "그렇게 겁먹지 마라. '나는 남편이 있는데, 거룩한 하늘의 법 앞에 약속한 것이 내게 이런 일들을 금지하고 있는데……' 하고 말하지 마라. 이런 것은 공허하게 뽐내는 일이며 에로스의 힘에 맞서 천하게 이의를 제기하는 것에 지나지 않는다. 강하고 힘찬 왕자처럼 에로스는 자신의 영원한 법을 심고 있기 때문이다. 낮은 왕국의 다른 법에 대해 신경 쓰지 마라, 그는 그런 법들을 기본적이고 노예적인 규칙이라 여긴다."[37] 보카치오는 펜의 힘을 함부로 이용해서, 에로스의 영광을 찬양하면서 자기를 버린 것은 피암메타이지 자기가 그녀를 버린 것이 아니라고 선언하는 것으로 책을 끝맺고 있다. 다시 시로 돌아와서 그는「피에솔라의 님프 이야기(Ninfale Fiesolano)」에서 양치기가 디아나 여신의 여사제를 사랑하는 것을 노래한다. 양치기의 승리가 아주 세밀하게 묘사된다. 자연 풍경에 대한 열광도 어느 정도 드러나 있다. 이것은『열흘 이야기(데카메론)』의 작업 방식이기도 하다.

 1348년 흑사병이 돌기 시작한 직후 보카치오는 이 유명하고 매혹적인 연속 이야기를 쓰기 시작했다. 그는 이제 서른다섯 살이었다. 욕망의 열기는 시(詩)에서 산문으로 넘어갔다. 그는 미칠 듯이 사랑에 빠지는 일을 유머를 지니고 바라볼 수 있게 되었다. 피암메타도 흑사병으로 죽었다. 보카치오는 천연덕스럽게도 공을 가장 적게 들인 이야기 하나에 그 이름을 이용했다. 전체 이야기는 1353년이나 되어서야 발표되었지만 일부는 미리 알려졌던 것이 분명하다. 제4일의 도입부에서 작가는 이전의 이야기들을 혹평한 비판에 대답하고 있기 때문이다. 오늘날 우리가 보는 것처럼 이 책은 "백 개(century)"의 이야기를 담고 있다. 이 이야기들은 단번에 다 읽도록 만들어진 것이 아니다. 순차적으로 발표되었고, 그러면서 피렌쩨의 많은 저녁 시간에 이야깃거리를 제공했음이 분명하다.

도입 부분은 1348년과 그 이후에 유럽 전역을 강타한 흑사병이 피렌쩨에 만들어 낸 효과를 묘사한다. 전쟁으로 가난해지고 기근으로 굶주린 아시아 사람들의 더러움에서 발생한 이 전염병은 아라비아 해를 건너 이집트로 들어가고 흑해를 건너 러시아와 비잔티움으로 넘어갔다. 베네찌아, 시라쿠사, 피사, 제노바, 마르세유 등의 상인들과 상선들이 콘스탄티노플과 알렉산드리아, 그리고 중동의 다른 지역에서 벼룩 및 쥐의 도움을 받아 이 질병을 이탈리아와 프랑스로 가져왔다.[38] 서유럽에 연속적으로 기근이 들었던 시기에(1333~1334년, 1337~1342년, 1345~1347년) 아마도 가난뱅이들의 면역력이 약화되었고, 이들이 이 질병을 모든 계층으로 퍼뜨렸다.[39] 흑사병은 두 가지 형태로 나타났다. 하나는 폐를 통해 전염되는 것으로 고열에 시달리다가 피를 토하고 보통 사흘 만에 죽음에 이르렀다. 다른 하나는 임파선을 통한 전염으로 열이 나고 종기와 등창이 일어났다가 보통 닷새 만에 죽었다. 이 질병이 연속적으로 나타나면서 1348년에서 1365년 사이에 이탈리아 인구의 절반 가량이 죽었다.[40] 시에나의 연대기 기록자는 1354년에 대해 이렇게 기록하고 있다.

친척도 친구도 수도사도 수도원장도 시체를 따라 묘지로 가지 않으며 관청도 죽은 사람을 기록하지 않았다. …… 도시의 많은 곳에 매우 넓고 깊은 구덩이를 파 이곳에 시체들을 던져 넣고 흙을 조금 덮었다. 구덩이가 가득 메워질 때까지 이렇게 켜를 이루며 계속되었다. 그러고 나면 또 다른 구덩이를 팠다. 나 아뇰로 디 투라는 …… 내 손으로 다섯 아이를 한 구덩이에 파묻었다. 시체들은 하도 얕게 덮여서 개들이 파내 시체를 먹고 도시 사방으로 시체의 팔다리를 흩어 버렸다. 벨도 울리지 않고 아무도 그 무엇을 잃어도 울지 않았다. 거의 누구나 다 죽음을 기다리는 형편이었기 때문이다. …… 사람들은 "이것은 세계의 종말"이라고 말하고 그렇게 믿었다.[41]

마테오 빌라니의 말에 따르면 피렌쩨에서는 1348년 4월에서 9월 사이에 인구의 5분의 3이 죽었다. 보카치오는 피렌쩨의 사망자를 약 10만 명으로, 마키아벨리는 9만 6000명으로 추정했다.[42] 이것은 분명 과장이다. 전체 인구가 10만을 넘지 않았을 것이기 때문이다. 보카치오는 이 질병에 대한 두려운 서술로 『열흘 이야기』를 시작한다.

환자와 직접 이야기하거나 교제하는 일만이 건강한 사람을 전염시킨 것이 아니라. 단순히 그 옷깃을 스치거나 무엇이 되었든 환자와 닿았거나 환자가 사용하던 것을 스치기만 해도 이 병에 전염되었던 것이 분명하다. …… 환자나 이 병으로 죽은 사람에게 속했던 어떤 물건이 동물에 닿기만 해도 …… 짧은 시간 만에 동물이 죽었다. …… 이것은 내 눈으로 직접 본 일이다. 이 고통이 모두의 마음을 엄청난 공포로 짓눌러서 …… 형제가 형제를 버리고, 삼촌이 조카를 …… 때로는 아내가 남편을 버렸다. 아니 (더욱 극단적이고 거의 믿기 어려운 일이지만) 일부 아버지와 어머니들은 자기 자식을 들여다보기를 거부했다. 그들이 자기 자식이 아닌 것처럼 …… 보통 사람들은 매일 수천 명씩 병에 걸려 보살핌도 치료도 없이 죽어 갔다. 많은 사람들은 길거리에서 삶을 마치고, 다른 사람들은 자기 집안사람이 모두 죽었기 때문에 이웃 사람들에게 무엇보다도 썩어 가는 시체 냄새로 죽을 지경이라고 알렸다. 이런저런 식으로 죽은 사람들이 도시에 가득했다. 죽은 사람에 대한 사랑보다는 부패된 시체가 자기들을 병들게 할까 하는 두려움에서 이웃 사람들은 시체를 집에서 대문 앞까지 날랐다. 특히 아침 시간에 외출하는 사람은 문간마다 수도 없이 널린 시체들을 볼 수 있었다. 그러고 나서 관을 불러오는데, 관이 없을 때는 그냥 널빤지로 시체를 실어 날랐다. 관 하나에 시체 하나가 아니라 두셋이 실리고, 이것도 한 번만 그런 것이 아니었다. 많은 관들은 남편과 아내, 두세 명의 형제들, 아버지와 아들을 한꺼번에 실어 날랐다. …… 이런 일이 하도 빈번해서 사람들은 오늘날 염소를 헤아리는 것만큼도 죽은 사람의 숫자를 헤아리지 않았다.[43]

이런 황폐한 장면으로 시작해서 보카치오는 『열흘 이야기』를 매력적인 형식으로 그려 나간다. "거룩한 산타 마리아 노벨라 성당"의 미사에 참석한 "서로 친구나 이웃이나 친척 관계로 밀접한 관계인 일곱 명의 젊은 숙녀들"이 이교적인 소풍을 계획한다. 그들은 열여덟에서 스물여덟 살의 나이다. "모두가 각자 신중하고 고귀한 혈통이며, 친절과 훌륭한 매너로 유명하고 정직한 명랑함으로 넘치는" 여성들이다. 전염될 위험성을 줄이기 위해 시골에 있는 별장으로 나가자는 제안이 나왔다. 그것도 따로따로 말고 함께 하인들을 데리고 나가서 이 빌라에서 저 빌라로 옮겨 가면서 "이 계절이 제공하는 즐거움과 다양함을 즐기자. …… 거기서는 작은 새들이 노래하는 것을 들을 수 있고, 또 언덕과 숲이 녹색으로 덮이고 들판에서는 곡식이 바다 물결처럼 파도치는 것을 볼 수도 있다. 그곳에서는 수많은 종류의 나무들을 볼 수가 있다. 그리고 하늘의 얼굴이 더욱 활짝 열려 있어서 우리에게 노여움을 품고 있을 경우라도 그 영원한 아름다움을 거절하지는 않을 것이다."44 이 제안이 받아들여졌지만 필로메나는 또 다른 제안을 덧붙였다. "우리 여자들은 변덕스럽고 고집이 세고 의심이 많고 겁이 많으니" 남자 몇 명이 함께 가는 것이 좋겠다는 것이다. 마침 그 순간에 "세 젊은이가 교회에 들어섰다. …… 그중 누구도 시대의 어려움으로 해서 혹은 친구나 친척을 잃어버린 일로 해서 …… 사랑의 불꽃을 식게 만들지 않았다. …… 모두들 상냥하고 잘 교육받은 사람들로 고귀한 위안을 찾고 있었다. …… 마침 우연히도 위에 말한 일곱 여성들 중에 그들 세 사람의 애인들이 있었다." 쌈뻐니아는 이들 섦은 신사들을 소풍에 초대하자고 제안한다. 네이필레는 이것이 추문을 불러일으킬까 두려워한다. 필로메나가 대답한다. "나는 정직하게 살고 있으며 양심에 거리낌이 없어."

이렇게 해서 다음 수요일에 그들은 하인들과 음식을 앞세우고 피렌쩨에서 3.2킬로미터 떨어진 곳에 있는 빌라로 갔다. "커다랗고 훌륭한 정원이 한가운데 있고, 각기 가장 멋지고 또한 유쾌한 그림들로 꾸며진 회랑들과 살롱들과 침실들이 있었다. 주변에는 잔디밭과 너른 풀밭, 놀랄 만큼 훌륭한 정원과 차디찬

물이 솟아 나오는 샘이 몇 군데나 있었고 지하실에는 값진 포도주가 그득했다."[45] 숙녀들과 신사들은 늦게 잠자리에 들고 느긋하게 아침을 먹고 정원을 산책하고, 오랫동안 저녁 식사를 하면서 분위기에 맞는 이야기를 나누었다. 열 사람 각자가 하루에 하나씩 이야기를 하기로 약속이 되었다. 그들은 열흘 동안 시골에 머물렀다.(그래서 책의 제목이 그리스어의 '데카 헤메라이(deka hemerai)', 곧 '열흘'이 되었다.) 그 결과 단테의 우울한 노래(「신곡(La divina commedia)」은 '신의 희극'이라는 의미) 각각에 대해서 보카치오의 "인간 희극(commedia umana)"이 즐거운 이야기로 대구를 이루게 되었다. 이 그룹의 그 누구도 즐거운 소식 이외의 다른 소식은 가져오지 않기로 규칙이 정해져 있었다.

 평균 6쪽 길이에 이르는 이야기들은 보카치오가 독창적으로 만들어 낸 것은 드물다. 이들은 고전 문헌, 동양의 작가들, 중세의 이야기, 프랑스의 우화, 혹은 이탈리아의 민담 등에서 끌어모은 것들이다. 가장 유명한 마지막 이야기는 참을성 많은 그리셀다 이야기이다. 이것을 초서가 받아들여서 「캔터베리 이야기」에서 가장 훌륭하고 가장 부조리한 이야기로 만들었다. 보카치오의 이야기들 중에서 가장 섬세한 것은 제5일의 9번째 이야기이다. 페데리고의 이야기로서, 그의 매와 그의 사랑 이야기로서 그리셀다 이야기만큼이나 자기희생적인 이야기이다. 가장 철학적인 이야기는 세 개의 반지 이야기이다.(1권 3) 돈이 궁해진 "바빌론의 술탄" 살라딘이 부유한 유대인 멜기세덱을 저녁 식사에 초대한다. 그리고 유대교, 그리스도교, 이슬람교 세 종교 중에서 어떤 종교가 가장 훌륭한가 질문한다. 지혜로운 노인 금융업자는 자기 생각을 직접적으로 말하는 것을 꺼려 이야기로 대답한다.

 옛날에 부유하고 위대한 사람이 하나 있었습니다. 아주 값진 보물 중에는 훌륭하고 값비싼 반지가 하나 있었지요. …… 그는 후손들이 이 반지를 항구적으로 지니기를 원했기에 자기가 죽을 때 아들 중에서 누가 되었든 이것을 받은 사람이 후계자가 된다고 선언했습니다. 다른 사람들에게서 가족의 우두머리로 존경을 받아야 한다는 것이죠. 반지를 물려받은 사람은 자신의 후손들에게도 아버지가 자기에게 한 것과 같이 했습니다. 이렇게 해서 반지는 대를 물려 계속 넘어갔습니다. 그렇게 어느 대에 이르게 되었는데, 이 사람은 세 사람의 훌륭한 아들을 두었습니다. 그들 모두 아버지 말씀을 아주 잘 따랐기에 그는 아들 셋을 똑같이 사랑했습니다. 젊은이들은 이 반지의 용도를 알고 있었고 각자가 셋 중에 가장 많은 명예를 얻기를 원했습니다. …… 그들은 각기 이제 나이 든 아버지에게 반지를 자기에게 물려줄 것을 청했지요. …… 고귀한 노인은 누구에게 이 반지를 물려주어야 할지 스스로도 알지 못한 채 깊이 생각했습니다. …… 그러다가 셋을 모두 만족시키기 위해 그는 남몰래 아주 훌륭한 장인을 시켜 이것과 똑같은 반지 두 개를 더 만들게 했지요. 장인은 너무나 똑같이 만들어서 노인도 어느 것이 진짜인지 분간할 수가 없게 되었습니다. 그가 죽게 되었을 때 그는 아들 셋 모두에게 몰래 반지를 하나씩 물려주었습니다. 아버지가 죽은 다음 그들은 각기 자기가 받은 반지로 자신이 상속과 명예를 물려받고 다른 형제에게는 그것을 거부하기 위해 각자 반지를 권리의 증거로 내놓았지만 세 개의 반지가 모두 똑같이 생겨서 어느 것이 진짜인지 알 수가 없었고, 누가 아버지의 진짜 후계자인가 하는 문제는 풀리지 않고 남게 되었습니다. 그리고 이제 영주님, 제가 말씀드릴 것은 이 세 법은 하느님 아버지가 세 백성에게 물려준 것으로, 각 백성은 각자 자기만이 하느님의 후계자이며, 그분의 진짜 법과 계율을 물려받았다고 여깁니다. 그러나 이 반지의 경우처럼 이들 중에서 어느 쪽이 진짜 그런가 하는 질문은 아직도 풀리지 않고 그대로 남아 있습니다.

이 이야기는 보카치오가 서른일곱 살에도 아직 확고한 그리스도교도가 아니었다는 사실을 뒷받침한다. 단테는 마호메트가 지옥에서 영원히 산 채로 찢기는 형벌을 받도록 만든 데 반해 보카치오는 관용을 보이고 있다.[46] 『열흘 이야기』의 두 번째 이야기에서 유대인 예하네트는, 사제들이 그토록 부도덕하고 성직 매매를 하는데도 그리스도교가 살아남은 것을 보니 신적인 종교임이 분명하다는 이유를 대면서 그리스도교로 개종하고 있다.(이것은 나중에 볼테르가 받아들였다.) 보카치오는 금욕주의, 순결, 고해, 성 유물, 사제, 수도사, 수도원장, 수녀, 그리고 심지어 성인들의 시성식마저 비웃고 있다. 그는 대부분의 수도사들이 위선자라고 여기고 그들에게 시주를 하는 "얼간이들"을 비웃는다.(6권 10) 가장 재미있는 이야기 중의 하나는 수도원장 치폴라가 기금을 모으기 위해 청중에게 "아주 거룩한 유품, 성처녀 마리아에게 수태한 사실을 알린 다음 마리아의 방에서 발견된 대천사 가브리엘의 날개 털 하나"를 보여주는 이야기이다.(6권 10) 전체에서 가장 음란한 이야기는 젊은 청년 마세토가 수녀들 모두를 만족시키는 이야기다.(3권 1) 또 다른 이야기에서는 수도원장 리날도가 한 남편을 속이고 그 아내와 간통한 이야기를 들려주고 있다. 이어서 이야기꾼이 이렇게 묻는다. "이런 상황이라면 어떤 수도사인들 이렇게 하지 않겠어요?"(7권 3)

『열흘 이야기』에 나오는 숙녀들은 이런 이야기에 약간 얼굴을 붉히기는 하지만 라블레 – 초서 방식의 유머를 즐긴다. 특별히 훌륭한 매너를 지닌 필로메나가 리날도 이야기를 한다. 그리고 보카치오의 가장 덜 즐거운 이미지에 따르면 이따금씩 "숙녀들이 하도 웃어 대서 당신이라면 그들의 이빨을 몽땅 뽑아 버렸을 것이다."[47] 보카치오는 나폴리의 느슨한 즐거움 속에서 성장했다. 그리고 대단히 자주 관능적인 표현으로 사랑을 생각했다. 그는 기사도의 사랑 방식을 비웃었고, 단테가 돈키호테라면 자신은 산초 판자의 역할을 맡아 했다. 두 번 결혼했으면서도 그는 자유연애를 믿고 있었던 듯하다.[48] 오늘날 같으면 남자들의 모임에는 적절하지 않을 일이지만 이야기 20개를 끝낸 다음에 그는 한 남자가 숙녀들에게 이렇게 말하게 만들고 있다. "나는 어떤 행동도 어떤 단어도, 요컨대 비난할 어떤 것도 보지 못했습니다. 당신들 편이나 우리들 남자들 편에서 말이죠." 책을 마무리하면서 작가는 자기가 사용한 파격에 대한 비판의 일부를 시인했다. 특히 "내가 사방에서 수도원장들에 대해 진실을 말했기" 때문이라고 했다. 동시에 그는 자신이 "긴 작업을 철저히 신의 호의적인 도움을 받아서 완성"한 일을 자축했다.

『열흘 이야기』는 세계 문학의 걸작으로 남았다. 그런 명성을 얻은 것은 기법보다 오히려 그 도덕성에 힘입었다고 보아야 할 것이다. 그러나 도덕성이 완전히 순결한 것이었다 해도 분명 보존될 가치가 있었을 것이다. 이것은 구성이 완벽하다. 이 점에서 『캔터베리 이야기』를 능가한다. 이 작품의 산문은 이탈리아 문학이 다시는 능가하지 못한 표준이 되었다. 이것은 이따금 미사여구를 포함하기는 했지만 대부분의 자리에서 능변이고 생생하고 예리하며 생명에 넘치고 산에서 흘러내리는 물길처럼 맑다. 이것은 삶에의 사랑에서 나온 책이다. 천 년 동안 이탈리아에 생긴 최악의 재앙 속에서 보카치오는 그 생명력으로 아름다움, 유머, 선량함, 즐거움 등이 아직도 지상을 산책하고 있음을 볼 용기를 찾아냈다. 「코르바치오」에 나오는 여자에 대한 소심한 풍자처럼 때때로 빈정거리기도 한다. 그러나 『열흘 이야기』에서 그는 마음이 따뜻한 라블레가 된다. 주고받기, 거칠고 허둥대기, 삶과 사랑의 맛을 풍긴다. 만화적인 표현과 과장에도 불구하고 세계는 있는 그대로 이 책의 세계를 인정했다. 이 책은 모든 유럽 언어로 번역되었다. 한스 작스, 레싱, 몰리에르, 라퐁텐, 초서, 셰익스피어 등은 이 책을 읽고 경탄했다. 페트라르카 시문학 전부가 찬양받으면서 읽히지 않는 구역으로 들어간 데 반해 이 작품은 앞으로도 여전히 읽힐 것이다.

8. 시에나

피렌쩨가 르네상스의 아버지라는 주장에 대해 시에나(Siena)는 분명 이의를 제기할 것이다. 이곳에서도 폭력적인 당파 싸움이 사유를 뜨겁게 달구고, 지역의 자부심이 예술을 키웠다. 모직물 산업과 레반트 지역으로의 수출, 그리고 피렌쩨와 로마 사이로 나 있는 플라미니아 가도(街道)를 통한 교역 등이 이 도시에 적절한 부를 마련해 주었다. 1400년 무렵에는 이미 광장과 주요 도로들이 벽돌이나 돌로 포장되었다. 가난한 사람들도 경제적 힘이 생겨 혁명을 도모할 정도가 되었다. 1371년에 모직물 업계의 노동자들이 시(市) 청사를 포위해 문을 부수고 경영자들로 이루어진 정부를 몰아냈다. 그리고 '개혁파(riformatori)' 정부를 세웠다. 며칠 뒤 경영자 편을 드는 2000명의 무장한 사람들이 도시로 들어와 빈민자 구역을 침범했다. 그들은 남녀노소를 가리지 않고 잔인하게 죽였다. 일부는 창에 찔리고 다른 사람들은 칼로 잔인하게 난도질당했다. 귀족과 중산층이 이들을 구하러 달려왔고 반개혁파는 패배했다. 개혁파 정부는 시에나에 시민들이 생각할 수 있는 한 가장 정직한 행정을 펼쳤다. 1385년에 부유한 상인들이 다시 궐기해서 개혁파를 무찔렀다. 그리고 개혁파에 가담한 4000명의 숙련공을 도시에서 몰아냈다. 이 순간부터 시에나에서 산업과 예술이 기울었다.*

어수선한 14세기에 시에나는 예술의 정상에 도달했다. 널찍한 캄포(도시의 주요 광장 이름)의 서쪽에 시 청사 건물이 세워졌다.(1288~1309) 그에 바로 인접한 종탑, 곧 만지아 탑(Torre de Mangia)은 100미터 높이의 날렵한 모습으로 이탈리아에서 가장 아름다운 종탑이다. 1310년에 시에나의 건축가이며 조각가인 로렌쪼 마이타니(Lorenzo Maitani)는 오르비에토로 가서 그곳 대성당의 당당한 정면부를 설계했다. 그와 다른 시에나 예술가들, 그리고 안드레아 피사노(A. Pisano)는 출입구, 벽기둥, 박공벽 등을 거의 열광적으로 장식했고, 볼세나의 기적을 표현했는데, 이 작품이야말로 대리석으로 된 기적이었다. 1377년 시에나의 대성당은 죠반니 피사노가 남긴 설계를 통해 비슷한 정면부를 얻었다. 역시 지나치게 장식적이지만 그래도 지칠 줄 모르는 이탈리아의 기적들 중의 하나이다.

그사이에 몇 명의 뛰어난 시에나 화가들이 두치오 디 부오닌세냐(Duccio di Buoninsegna)가 중단한 일을 계속 수행했다. 1315년에 시모네 마르티니(Simone

---

* 1371년 시에나 노동자들의 폭동, 1378년 피렌쩨에서 일어난 직조공 폭동, 거의 동시에 일어난 영국의 와트 타일러 폭동, 1380년경에 일어난 프랑스에서의 폭동 등은 유럽 대륙에 혁명의 파도가 있었음을 알려 준다. 이는 서부 유럽에서 노동 계층 사이에 상호 교류와 영향이 통상 생각하는 것보다 더욱 긴밀하게 이루어졌음을 보여 준다.

Martini)는 시 청사 건물에 있는 대회의실을 「성모의 대관식(Maesta)」 그림으로 장식해 달라는 주문을 받았다. 성모는 법으로 보나 신학적으로 보나 이 도시의 여왕이었으므로 성모가 시 정부의 회의에 적절하게 참석하도록 하기 위함이었다. 그가 그린 그림은 두치오가 5년 전에 대성당을 위해 그린 「성모의 대관식」과 겨룰 만한 것이다. 두치오 그림처럼 그렇게 크지 않고, 또 그렇게 금으로 덧칠이 되어 있지는 않다. 그리고 두치오의 그림과 마찬가지로 시모네의 그림도, 움직이지 않는 인물들과 거기 모인 사람들의 생명력 없는 모습을 통해 시에나 회화가 비잔틴 미술에서 영향을 입은 것임을 드러낸다. 아마도 색채와 도안에서 약간의 발전을 이룬 정도일 것이다. 그러나 1326년에 시모네는 아씨시로 갔다. 아씨시에서 그는 지오토의 벽화들을 탐구했다. 그곳 하부 교회 예배실을 위해서 성 마르티누스의 생애를 그려 달라는 주문을 받았을 때 그는 이전 작품의 판에 박힌 듯한 얼굴 모습에서 벗어나 위대한 투르의 주교(성 마르틴)의 개인적 특성을 드러내는 데 성공했다. 그는 아비뇽에서 페트라르카를 만났다. 그리고 시인의 초상화와 라우라의 초상화를 그렸다. 그래서 페트라르카의 『노래책』에서 감사의 표현을 받고 있다. 미술사가 바사리에 따르면 이 간략한 몇 줄은 "그가 이전에 이룩한 모든 작품보다도 더 큰 명성을 시모네에게 가져다주었다. …… 언젠가 그의 그림들은 사라질 날이 올 것이지만 페트라르카 같은 사람의 작품은 영원히 지속될 것이기 때문이다." 지질학자라면 누구도 그토록 낙관적일 수는 없을 것이다. 베네딕트 12세는 시모네를 교황청의 공식 화가로 임명했다.(1339) 교황청 공식 화가 자격으로 그는 교황정 예배낭에 세례자 요한의 생애를 그렸고, 또 대성당 주랑에 성모의 생애와 구세주의 생애를 그렸다. 그는 1344년 아비뇽에서 죽었다.

    시모네가 속인(俗人) 초상화들에서 보여 준 예술의 세속화는 피에트로 로렌쩨티(P. Lorenzetti)와 암브로지오 로렌쩨티에 의해 더욱 확장되었다. 아마도 피렌쩨에서 공부를 한 다음 피에트로 로렌쩨티는 시에나 회화의 종교적 전통을 포기하고 전례 없는 힘을 갖춘 제단화들을 그렸다. 때로는 야만적인 영역을 보여 주는 그림들도 있었다. 시 청사 내부에 있는 9인위원회실에 암브로지오 로렌쩨티는 네 개의 강력한 벽화를 그렸다.(1337~1343) 「나쁜 정부」, 「나쁜 정부의 결말」, 「좋은 정부」, 「좋은 정부의 결말」 등이다. 여기서는 죠토가 중단했던 중세 방식 상징주의 관습이 다시 나타난다. 강력한 인물들이 시에나, 정의, 지혜, 조화, 일곱 미덕, 평화 등을 나타낸다. 평화는 페이디아스(Pheidias, 기원전 5세기 아테네 조각가)의 신상(神像)처럼 우아하게 몸을 옆으로 기댄 모습이다. 「나쁜 정부」에서는 폭군이 왕위를 차지하고 테러가 그의 신하들이다. 상인들은 길거리에서 약탈을 당하고 당파와 폭력이 도시를 물들이고 있다. 동일한 건축물을 배경으로 한 「좋은 정부」는 시민들이 기술적 작업, 오락, 무역 등으로 행복하게 바쁜 모습을 보여 준다. 농부들과 상인들은 식품과 물건들을 가득 실은 노새를 도시로 끌고 온다. 아이들은 놀이하고, 소녀들은 춤을 추고 첼로는 고요한 음악을 만들어 낸다. 이 장면 위로는 안전함을 나타내는 날개 달린 천사가 날아간다. 이들 정력적인 로렌쩨티 형제가 (아니면 오르카냐, 혹은 프란체스코 트라이니가) 아마도 피사의 캄포 산토에 거대한 벽화 「죽음의 승리」를 그렸을 것이다. 잘 차려입은 귀족들과 귀부인들로 이루어진 사냥 일행이 세 개의 열린 관에 이른다. 관 안에는 왕족의 시체가 썩어 가고 있다. 사냥꾼 한 명은 이 냄새에 질려 코를 막고 있다. 이 장면 위로 커다란 낫을 휘두르며 죽음의 천사가 날아간다. 공중에서는 은총의 천사들이 구원받은 영혼들을 천국으로 데려가고, 그 사이에 날개 달린 악령들이 죽은 사람 대부분을 지옥으로 끌고 간다. 뱀들과 검은 수리들이 남자와 여자들의 벌거벗은 신체를 감고 그것을 먹고 있다. 아래쪽에서는 왕들과 여왕들, 왕자들, 주교들, 추기경들이 저주받은 자들의 구덩이 안에서 몸부림친다. 이웃한 벽에는 동일한 화가들이 또 다른 거대한 벽화인 「최후의 심판」을 그려 놓았다. 오른편에는 또 다른 지옥의 모습이 묘사되어 있다. 중세 신학의 온갖 끔찍함이 여기서 구체적인 모습을 보여 준다. 단테의 「지옥」이 여기서 동정심도 절제도 없는 모습을 드러내고 있다.

시에나는 중세를 벗어나지 못했다. 시에나와 구비오, 산 지미냐노, 시칠리아 등의 지역들은 르네상스를 견디고 살아남았다. 그들은 한 번도 죽지 않고 끈질기고 미묘하게 자기들의 때가 다가오기를 기다리고 있다.

9. 밀라노

1351년에 페트라르카는 아비뇽으로 돌아왔다. 아마도 보클뤼즈에서 그는 아름다운 에세이 「고독한 삶(De vita solitaria)」을 썼을 것이다. 아비뇽으로 돌아온 직후 그는 건강을 잃어버린 교황 클레멘스 6세에게 의사들의 처방을 조심하라고 권고했다가 의사들의 미움을 샀다. "나는 언제나 이들 의사들의 거짓된 기술이 내 몸에 다가오지 못하도록, 그리고 그들이 충고하는 것과 정확하게 반대되는 것을 하도록 내 친구들에게 간청하고 하인들에게 명령했다."⁴⁹ 1355년에 치료에 실패한 데 격분해서 그는 과격한 「의사에 대한 욕설」을 썼다. 또 법률가들에 대해서도 의사보다 더 낫게 생각하지 않았다. "그들은 평생을 시시한 문제들에 대한 …… 싸움으로 보낸다. 그들 모두에 대한 나의 평결을 들어 보라. 그들의 명성은 그 육체와 더불어 죽을 것이오, 단 하나의 무덤만 있으면 그들의 이름과 뼈들을 묻기에 충분할 것이다."⁵⁰ 아비뇽을 더욱 그의 마음에 들지 않게 만드는 일이지만, 교황 인노켄티우스 6세는 페트라르카를 점쟁이로 몰아 파문하려고 했다. 그가 베르길리우스를 탐구한다는 것이 이유였다. 탈레랑 추기경이 페트라르카를 구원해 주었지만 이 계관 시인은 아비뇽을 가득 채운 무지에 넌더리가 났다. 그는 동료 수사 게라르도를 찾아가서 「수도사의 여가에 대하여(De otio reliogiosorum)」를 썼다. 그리고 수도원에 들어간다는 생각으로 장난을 쳤다. 그러나 밀라노 군주의 손님이 되어 달라는 초대를 받자(1353) 초대를 기꺼이 받아들여서 공화파 친구들을 깜짝 놀라게 만들었다.

밀라노를 지배하는 집안은 비스콘티(Visconti)라는 이름이었다. 1311년에 황제 하인리히 7세는 마테오 비스콘티를 자신의 밀라노 대리인으로 임명했다. 북부 이탈리아 대부분 지역과 마찬가지로 밀라노는 스스로 신성로마제국의 일부라고 인정하고 있었다. 마테오는 심각한 실수들을 저질렀지만 유능하게 통치했기에 그의 후손들은 밀라노에서 1447년까지 권력을 유지했다. 그들은 양심적인 경우가 드물고 자주 잔인했으며, 이따금 도가 넘쳤지만 멍청한 적은 없었다. 그들은 주민들에게서 무거운 세금을 거두어들이고 수많은 싸움을 벌여 북부 이탈리아 대부분의 지역을 장악했다. 유능한 행정관과 장군을 찾아내는 그들의 기술은 군대에는 승리를, 밀라노에는 부유함을 가져다주었다. 모직물 산업에 덧붙여 비단 산업을 육성했다. 그리고 도시의 무역을 확장시켜 줄 수로(水路)들을 늘렸다. 그들은 신하들의 생명과 재산에 안전을 확보해 줌으로써 자유를 잊게 만들었다. 그들의 독재 아래 밀라노는 유럽에서 가장 부유한 도시의 하나가 되었다. 대리석으로 장식된 궁전들이 돌로 포장된 대로변에 줄을 이어 생겨났다. 잘생기고 지치지 않고, 필요와 변덕에 따라 잔인하기도 너그럽기도 한 죠반니 비스콘티와 더불어 밀라노는 힘의 절정에 도달했다. 로디, 파르마, 크레마, 피아첸짜, 브레시아, 베르가모, 노바라, 코모, 베르첼리, 알레싼드리아, 토르토나, 폰트레몰리, 아스티, 볼로냐 등이 그의 통치를 받아들였다. 아비뇽의 교황들이 볼로냐의 통치를 놓고 그와 경쟁을 벌이면서 파문으로 그를 위협했을 때에, 그는 용기와 매수를 통해 클레멘스 6세와 싸웠다. 결국 20만 플로린의 돈을 들여서 볼로냐와 사면과 평화를 사들였다.(1352) 그는 자신의 범죄들에 대해 교양으로 대가를 지불했고, 시와 학문과 예술에 대한 후원으로 자신의 전제 정치를 장식했다. 페트라르카가 그의 궁정에 도착해서 어떤 의무를 기대하시느냐고 물었을 때 죠반니는 상냥하게 대답했다. "그대가 여기 머무는 것뿐이오. 그것은 나 자신과 나의 통치를 영광스럽게 할 것이니까."[51]

페트라르카는 파비아 혹은 밀라노에 있는 비스콘티 궁정에 8년간 머물렀다. 이 편안한 복종의 기간에 그는 이탈리아 '3행시' 형식으로 「승리(Trionfi)」라고 불리는 시를 썼다. 인간에 대해 욕망의 승리, 그리고 욕망에 대해 순결의 승리, 승리에 대해 죽음의 승리, 죽음에 대해 명성의 승리, 명성에 대해 시간의 승리,

시간에 대해 영원성의 승리를 노래하고 있다. 여기서 라우라에 대한 마지막 발언을 한다. 그는 자기 사랑의 감각성에 대해 용서를 구한다. 그리고 그녀의 순결한 영혼과 대화를 하고 천국에서 그녀와 함께하기를 꿈꾼다. 그녀의 남편은 분명 어디 다른 곳으로 가 버린 모양이다. 단테의 작품과 비견될 만한 이 시편들은 예술에 대한 허영심의 승리를 보여 준다.

죠반니 비스콘티는 1354년에 죽으면서 이 나라를 세 명의 조카에게 남겼다. 마테오 2세는 말초적이고 무능한 인물이었다. 그래서 집안의 명예를 위해 형제에게 살해되었다.(1355) 베르나보는 밀라노에서 공국 일부를 통치했고, 갈레아쪼 2세는 파비아에서 나머지 부분을 통치했다. 갈레아쪼 2세는 금발의 곱슬머리를 지닌 유능한 통치자였다. 그는 자녀들을 왕가와 결혼시켰다. 딸 비올란테가 잉글랜드 왕 에드워드 3세의 아들 클레어런스 공작과 결혼할 때 갈레아쪼는 신부에게 금화 20만 플로린(500만 달러)을 지참금으로 주었다. 그리고 신랑을 동반한 영국 측 참가자 200명에게 당시 가장 부유한 왕들의 너그러움을 능가할 정도의 선물을 주었다. 결혼식 잔치의 남은 음식으로 1만 명의 남자를 먹일 수 있었다고 한다. 14세기 이탈리아는 이토록 부유했다. 같은 시기에 백 년 전쟁을 벌였던 영국은 파산 상태에 이르고, 프랑스는 스스로 피를 흘리고 있을 때였다.

10. 베네찌아와 제노바

1354년에 죠반니 비스콘티 공작은 베네찌아와 제노바 사이의 평화를 협상하도록 페트라르카를 베네찌아로 보냈다.

시인은 전에 다음과 같이 쓴 적이 있었다. "제노바에서는 통치 행위를 하는 도시, 거친 언덕에 자리 잡고, 당당한 성벽과 뛰어난 남자들이 있는 도시를 보게 된다."[52] 이윤을 추구하는 상인들은 바다에 맞서라고 선원들의 용기를 부추기며 제노바 상업로를 개척했다. 지중해를 통해서는 튀니스, 로도스, 아크레,

티레, 사모스, 레스보스, 콘스탄티노플로, 흑해를 통해서 크리미아와 트레비촌드로, 지브롤터와 대서양을 통해서 루앙과 브뤼게에 이르렀다. 이들 모험적인 기업가들은 1340년 무렵에는 복식 부기(簿記)를 발전시키고 1370년에는 해양 보험을 개발했다.[53] 그들은 개인 투자가들로부터 7~10퍼센트 이자로 돈을 빌렸다. 대부분 이탈리아 도시들에서는 이자율이 12~30퍼센트에 이르던 시절이었다. 오랫동안 무역의 열매들은 한 번도 평화로웠던 적이 없는 몇몇 부유한 가문들 사이에 분배되었다. 도리아, 스피놀라, 그리말디, 프레스코 등의 가문들이었다. 1339년에 시모네 보카네라(S. Bocanera)는 선원들과 다른 노동자들을 동원해서 혁명에 성공하고 제노바 총독이 되었다. 이런 총독 통치 방식은 제노바에서 1797년까지 계속되었다. 베르디는 한 오페라에서 이것을 기념했다. 승리자들은 적대적인 가문 집단으로 나뉘어서는 비용이 많이 드는 싸움을 벌여 도시의 질서를 어지럽혔다. 그동안 제노바의 위대한 경쟁 도시인 베네찌아는 질서와 통일성을 키웠다.

베네찌아는 이탈리아에서 밀라노에 뒤이어 가장 부유하고 가장 강한 도시국가였다. 그리고 예외 없이 가장 유능한 방식으로 통치되었다. 기능공들은 그 생산품의 우아함으로 유명했고, 대개 사치품 무역을 위한 물건을 만들었다. 거대한 병기 공장은 1만 6000명을 고용했다. 3만 6000명의 선원들이 330척의 전함이나 무역선에서 일했다. 갤리선에서는 16세기에 그렇듯 노예가 아니라 자유민들이 노를 저었다. 베네찌아 상인들은 예루살렘에서 안트베르펜에 이르기까지 모든 도시의 시장을 공략했다. 그들은 그리스도교도나 이슬람교도나 가리지 않고 무역을 했으며, 교황의 파문이 자기들 머리 위로 이슬처럼 쏟아져 내려도 별로 개의치 않았다. 나폴리에서 플랑드르에 이르는 지역을 "많은 일들을 보려는 열망과 사랑"으로 훑어보았던 페트라르카는 베네찌아 초호(礁湖)의 선박들을 보고 놀라워했다.

나는 내 저택만큼이나 크고, 마스트는 저택의 탑들보다 더 높은 …… 배들을 보왔다. 그들은 물 위에 떠 있는 산들 같았다. 그들은 지구의 온갖 부분에서 짐작할 수 없는 위험과 맞닥뜨린다. 그리고 포도주를 잉글랜드로, 꿀을 러시아로, 사프란과 기름과 린넨을 아시리아, 아르메니아, 페르시아, 아라비아로, 목재를 이집트와 그리스로 나른다. 그들은 온갖 종류의 물건들을 가득 싣고 돌아오고 이 물건들은 여기서부터 세계의 모든 곳으로 운송된다.[54]

이렇듯 튼튼한 무역은 금융업자들에 의해 투자된 개인 기금에서 자금을 조달했다. 이들 금융업자들은 14세기에 이미 '은행가(bancherii)'라는 이름을 얻었다. 이 말은 그들이 환전 테이블을 앞에 펼쳐 놓고 앉아 있는 의자(banco)에서 유래한 것이다. 당시 주요 화폐 단위는 리라(리브라 libra의 줄임, 파운드)와 두카트(총독을 가리키는 두카에서 온 말)였다. 두카트는 3560그램 무게의 금화였다. 베네찌아의 화폐와 피렌쩨의 플로린이 그리스도교 세계에서 가장 안정되고 널리 존중되는 현찰이었다.[*]

여기서의 삶은 젊은 날 보카치오가 나폴리에서 보내던 시절만큼이나 즐거운 것이었다. 베네찌아 사람들은 엄청난 축제를 벌여 휴일과 승리를 축하했다. 배와 군함에 자기들의 기쁨을 새기고 색칠하고, 자신들은 오리엔트산 실크를 몸에 두르고 베네찌아산 유리 식기로 식탁을 밝게 장식하고, 물 위에서 그리고 집에서 많은 음악을 연주했다. 1365년에 총독 로렌쪼 첼시(Lorenzo Celsi)는 페트라르카를 동반하고 이탈리아 최고 음악가들 사이의 경연을 주관했다. 다양한 반주를 곁들여 시들이 낭송되고 대규모 고리스들이 노래를 했다. 1등 상은 발라드와 마드리갈 작곡가인 눈먼 피렌쩨 사람 프란체스코 란디노(F. Landino)에게 돌아갔다. 로렌쪼 베네찌아노와 다른 사람들은 베네찌아 유파의 다채로운 색상을 예견케 하는 벽화나 패널화에서 중세의 무거움을 르네상스의 우아

---

[*] 이들 세 가지 주화들이 1490년 이전까지 가진 구매력은 대략 1952년 미국 달러화로 25달러로 환산된다. 1490년 이후로는 12.50달러로 환산한다. 느리게 진행된 인플레이션에 따라 1400년에서 1580년 사이에 거의 50퍼센트의 가치 하락이 일어났다.[54a]

함으로 변화시키고 있었다. 집들과 궁전들, 교회들이 바다에서 캐 온 산호처럼 빛났다. 베네찌아에는 요새나 강요된 주거지나 막강한 성벽들이 없었다. 여기서 개인적인 원한은 공공의 법에 굴복했고, 그 밖에도 거의 모든 대저택들이 천연의 해자(垓字)를 가진 셈이기 때문이다. 건축 설계는 여전히 고딕 양식이지만 북부의 고딕 양식과는 비교할 수 없을 정도로 밝고 우아했다. 이 시기에 저 막강한 산타 마리아 글로리오사 데이 프라리 성당이 건축되었다. 성 마르코 대성당은 오래된 비잔틴 양식의 둥근 아치 위에 조각품, 모자이크, 아라베스크, 그 위에 덧붙인 고딕식 첨두 등을 올려붙여서 낡은 얼굴을 장식하는 일을 계속했다. 성 마르코 광장의 건물들이 아직 완전히 둘러서지 않았는데도 페트라르카는 "세계의 한계 안에 이와 비슷한 것이 있을까" 생각했다.[55]

대운하에 반사되어 흔들리는 이 모든 아름다움, 지구상의 이 작은 구석으로부터 아드리아 해와 에게 해 제국을 통치하는 경제와 정치의 이 단일체는 1378년에 죽느냐 사느냐의 도전에 직면했다. 제노바와의 낡은 싸움이 절정에 도달했을 때였다. 루치아노 도리아(L. Doria)는 제노바 함대를 이끌고 폴라로 왔다. 그곳에서 선원들 사이에 전염병이 돌아 약해진 베네찌아 주력 해군과 맞붙어 압도적 승리를 거두면서 15척의 갤리선과 거의 2000명의 병사를 사로잡았다. 루치아노는 전투에서 목숨을 잃었지만 그의 형제 암브로지오가 장군직을 물려받아 키오지아 시를 접수했다. 이것은 베네찌아 남쪽 15마일 떨어진 곳에 자리 잡은 좁은 곳이었다. 이곳을 접수하고 제노바는 파도바 시와 연합해서 베네찌아 선박을 모두 봉쇄하고, 제노바 선원과 파도바 용병이 힘을 합쳐 베네찌아로 쳐들어갈 준비를 했다. 패배를 모르는 이 자부심 강한 도시(베네찌아)는 타협을 위한 조건을 상대방에게 요구했다. 그러나 제노바가 제시한 타협 조건들이 너무 무례하고 심각해서 베네찌아 대의회는 바다에서 싸움을 하기로 결의했다. 부자들은 감추어 둔 부(富)를 국가의 금고에 들이부었다. 사람들은 밤낮 일해서 또 다른 함대를 만들었다. 섬들 주위로 물에 떠다니는 요새들이 생겨나고, 함대에 이탈리아 역사상 처음으로 대포가 장착되었다.(1379) 그러나 제노바와 파도바 사람들은 이미 바다 쪽에서 베네찌아를 봉쇄한 상태에서 육지 쪽에서 전초 부대를 접근시켜 압박하면서 도시의 식량 공급을 차단했다. 주민 일부가 굶어 죽는 가운데 비토리 피사니(V. Pisani)는 해군을 위한 신병을 훈련했다. 1379년 12월, 피사니와 총독 안드레아 콘타리니(A. Contarini)는 갤리선 34척, 큰 선박 60척, 소형 선박 400척 등 재편성된 함대를 거느리고 키오지아에 정박한 제노바 사람들의 함대를 포위했다. 제노바 함대는 새로운 베네찌아 해군에 맞서기에는 너무 크기가 작았다. 베네찌아 대포는 150파운드 무게의 돌들을 제노바 전함 속으로 요새 속으로 쏘아 수많은 사람들을 죽였고, 그중에서도 제노바 장군 피에트로 도리아를 죽였다. 점차 굶주림을 겪게 된 제노바 사람들은 여자들과 아이들이 키오지아를 떠날 수 있게 해 달라고 요청했다. 베네찌아 군은 이에 동의했다. 그러나 제노바 사람들이 함대가 떠나는 것을 허용해 준다면 항복하겠다고 제안했을 때 베네찌아는 무조건 항복을 요구했다. 키오지아 포위는 6개월간 계속되었다. 마지막에 질병과 죽음으로 얼마 남지 않은 제노바 군은 항복했다. 베네찌아는 그들을 인도적으로 대우했다. 사부아 백작 아마데우스 6세가 이미 기진맥진한 양측에 중개를 제안했다. 그들은 상호 양보하여 포로를 교환하고 평화를 맺었다.(1381)

11. '14세기(트레첸토)'의 황혼

페트라르카는 모든 도시 모든 주인들을 음미하면서 1361년에 베네찌아에 거처를 잡고 그곳에 7년간 살았다. 그는 루크레티우스를 제외한 라틴어 고전본 모두를 포함하는 장서도 함께 가지고 왔다. 한 편지에서 그는 소중한 장서를 베네찌아에 기증했으나 죽을 때까지 자신이 사용할 권한을 유지했다. 감사의 표시로 베네찌아 정부는 그에게 몰리나 궁을 내주고 안락하게 지낼 수 있도록 가구도 비치해 주었다. 그러나 페트라르카는 뒷날 여행을 떠날 때 책들을 도로 갖고 갔다. 그가 죽었을 때 이 책들은 그를 맞이한 마지막 주인인 카라라의 프란체스코 1세의 수중으로 넘어갔다. 그는 베네찌아의 적이었다. 일부는 파도바에 보관되고 대부분은 팔리거나 아니면 이리저리 흩어지고 말았다.

그는 베네찌아에 머무는 동안 『황제의 의무와 미덕(De officio et virtutibus imperatoris)』과 연쇄 대화편인 『행운과 불운을 위한 요법(De remediis utriusque fortunae)』 등을 썼을 것으로 보인다. 여기서 그는 번성할 때는 겸손을, 불운에서는 용기를 권고한다. 지상의 승리나 재물에 행복을 연결시키지 말라고 경계한다. 그리고 치통, 비만, 아내를 잃는 일, 명성이 흔들리는 일 등을 견디는 법을 가르친다. 모두가 훌륭한 가르침이지만 이것은 모두 세네카의 책에 있는 것들이다. 이 무렵 그는 가장 위대한 산문 작품인 『유명한 사람들의 생애(De viris illustribus)』를 썼다. 로물루스에서 카이사르에 이르는 로마 명사(名士)들 31명의 전기들이다. 카이사르의 생애에 바쳐진 8절지 350쪽 분량은 19세기에 이르기까지 카이사르의 생애에 대한 가장 철저한 서술이었다.

페트라르카는 1368년에 베네찌아를 떠나 파비아로 갔다. 그곳에서 갈레아쪼 2세 비스콘티와 교황 우르바누스 5세 사이에 평화를 중재할 생각이었지만, 외교관들 사이에서 무기 없이 유창한 언변만으로는 별다른 효과를 거둘 수 없다는 사실을 배웠을 뿐이다. 1370년에 그는 카라라의 프란체스코 1세의 초대를 받아들여 두 번째로 파도바에 머물게 되었다. 그러나 나이 들어 가는 그의 신경에 이 도시의 혼란은 불쾌했다. 머지않아 그는 파도바 남서쪽 12마일 떨어진 유가네아 산맥 아르쿠아에 위치한 소박한 별장으로 은둔했다. 그곳에서 그는 남은 생애의 4년을 보내면서 자신의 편지들을 모아 편집하여 사후의 출판에 대비했다. 그리고 매력적인 미니 자서전인 『후세인에게 남기는 편지(Epistola ad posteros)』(1371)를 썼다. 여기서 한 번 더 그는 옛날부터 내려오는 철학자의 약점에 굴복했다. 즉 정치가들에게 국가를 통치하는 방법을 말해 주고 있다. 『공화국을 잘 통치하는 법(De republica optime administranda)』(1372)에서 그는 파도바의 군주에게 이렇게 충고한다. "신하들의 주인이 되지 말고 아버지가 되십시오. 그들을 자식처럼 사랑하십시오." 소택지를 말리고, 식량 공급을 확보하고, 교회를 유지하고, 병든 사람과 의지할 곳 없는 사람을 지원하고, 학자들을 보호하고 후원할 것을 설파했는데 모든 명성이 학자들의 펜 끝에 달려 있기 때문이라는 것이었다. 그런 다음 그는 『열흘 이야기』를 집어들고 그리셀다 이야기를 라틴어로 번역해서 유럽의 독자가 그 이야기를 읽도록 했다.

보카치오는 젊은 날 『열흘 이야기』나 그 밖의 감각적인 시들을 썼던 것을 후회했다. 1361년에 죽어 가는 수도사 한 사람이 그에게 악한 삶과 쾌락적인 이야기들을 쓴 것을 책망하는 메시지를 보내고, 그가 고치기를 미루면 빠른 죽음과 지옥에서 영원히 계속되는 고통을 맛볼 것이라고 예언했다. 보카치오는 투철한 사색가는 아니었다. 그는 별점을 치고 꿈을 통해 미래를 예언하는 자기 시대의 망상을 받아들였다. 상당수의 악령들을 믿었고, 아이네이아스가 정말로 하데스를 방문했다고 여겼다.56 그는 이제 정통 그리스도교로 마음을 돌리고 책을 팔아 버리고 수도사가 될 생각을 했다. 페트라르카는 이 말을 듣고 그에게 중용의 길을 선택하라고 간청했다. 사랑의 시들과 단편 소설 쓰기를 그만두고 라틴과 그리스 고전을 진지하게 탐구하라고 권한 것이다. 보카치오는 "존경하는 스승"의 충고를 받아들여 서유럽에서 최초의 그리스 인문학자가 되었다.

페트라르카에게 자극을 받아 그는 고전 필사본들을 수집했다. 아무도 주목하지 않던 몬테 카씨노의 도서관에서 타키투스의 『연대기』 11~16권과 『역사』 1~5권을 망각에서 구해 냈다. 그리고 마르티알리스(Martialis, 기원 40~103년 라틴 시인)와 아우소니우스(Ausonius, 310~395, 라틴 시인)의 작품들을 복구시키고, 호메로스를 서양 세계에 알렸다. 중세 신앙의 시대 일부 학자들은 그리스어 지식을 지녔지만, 보카치오 시대에 그리스어는 절반은 그리스계인 남부 이탈리아를 제외하고는 세계의 시야에서 거의 완전히 사라졌다. 1342년에 페트라르카는 칼라브리아 수도사 바를람(Barlaam)과 더불어 그리스어 공부를 시작했다. 칼라브리아의 주교직이 공석이 되자 페트라르카는 그 자리에 바를람을 추천했다. 수도사는 떠나고 페트라르카는 선생, 문법 그리고 사전이 없어서 그리스어를 포기했다. 라틴어나 이탈리아어로 된 책들이 없었기 때문이다. 1359년 보카치오는 밀라노에서 바를람의 제자 중 한 사람인 레온 필라투스(L. Pilatus)를 만났다. 보카치오는 그를 피렌쩨로 초빙해서 당시 설립된 지 11년이 된 대학에 필라투스를 위한 그리스어 교수 자리를 마련했다. 페트라르카가 봉급 지불을 도와주고, 보카치오에게『일리아드』와『오디세이』사본들을 보내 주었다. 그리고 필라투스에게 이 작품들을 라틴어로 번역해 달라고 주문했다. 그러나 이 일은 자주 연기되었고, 페트라르카는 문제가 많은 편지 왕래에 연루되었다. 그는 필라투스의 편지가 그의 수염보다도 더 길고 더 더럽다고 불평했다.[57] 오로지 보카치오의 자극과 협조를 통해 필라투스는 이 일을 완수하도록 자극을 받았다. 산문으로 부정확하게 번역된 이 번역본이 14세기 유럽에 알려진 유일한 라틴어 번역본이다.

그사이 필라투스는 보카치오를 가르쳐 보카치오는 그리스 원전을 더듬더듬 읽을 수 있게 되었다. 보카치오는 원전을 부분적으로만 이해하고 있음을 고백하고 있지만 자기가 이해한 것에 대해서 아주 뛰어나게 서술했다. 이 책들과 페트라르카에게 자극을 받아 그는 남은 세월 자신의 문학적 작업을 거의 모두 라틴 유럽 세계에서 그리스 문학, 신화, 역사에 대한 지식을 장려하는 데 바쳤다. 짧은 전기들을 모은 책『유명한 남자들의 생애(De casibus virorum illustrium)』에서 그는 아담에서 시작하여 프랑스의 존 왕의 생애까지를 다루었다.『유명한 여자들의 생애(De claris mulieribus)』에서는 이브에서 시작해서 나폴리의 여왕 요한나 1세까지를 다루었다.『산, 숲, 샘(De montibus, silvis, fontibus)』에서 그는 알파벳 순서에 따라 그리스 문학에 나타나는 산, 숲, 샘, 강, 호수 등을 서술했다. 그리고『신들의 혈통(De genealogiis deorum)』에서는 고전 신화를 다루었다. 그는 자기 주제에 너무나 함몰되어, 그리스도교 신을 유피테르, 악마를 플루토라 부르고, 베누스와 마르스를 마치 마리아와 그리스도처럼 다루었다. 이런 책들은 오늘날 보면 참을 수 없을 정도로 단조롭고 고약한 라틴어에다가 2급 품질로 보인다. 그러나 그 시대에 이 책들은 그리스어를 배우는 학생들에게 참으로 소중한 안내서였고 르네상스 시대를 위해 중요한 역할을 했다.

이렇게 해서 보카치오는 젊은 날의 탈선에서 벗어나 옛 시대의 품위로 옮아 갔다. 피렌쩨는 예나 지금이나 그를 외교관으로 여겨서 포를리, 아비뇽, 라벤나, 베네찌아 등지로 파견했다. 예순의 나이에 그는 신체적으로 쇠약해졌고, 건선(乾癬)과 "내가 헤아릴 수 있는 것보다 더 많은 질병들"로 고생했다.[58] 그는 교외의 체르탈도에서 괴로운 가난 속에 살았다. 1373년 몇 명의 친구들이 피렌쩨 원로원을 부추겨 단테 교수직을 신설하도록 만든 것은 아마도 그를 재정적으로 돕기 위해서였을 것이다. 원로원은 보카치오가 대수도원에서 단테 강좌를 여는 대가로 100플로린(2500 달러)을 주었다. 그러나 강좌가 끝나기도 전에 건강이 망가져 그는 체르탈도로 돌아가 죽었다.

페트라르카는 이렇게 쓴 적이 있었다. "내가 준비가 되어 있을 때 죽음이 나를 찾기를 바란다. 글을 쓰고 있을 때나 아니면 그리스도의 뜻에 맞는다면 기도를 드리면서 눈물에 젖어 있을 때 말이다."[59] 일흔 살 생일인 1374년 7월 20일에 그는 책에 기댄 모습으로, 분명히 잠들었다가 죽었다. 그는 유언장에서 긴 겨울 밤에 추위를 막아 줄 외투를 살 돈 50플로린을 보카치오에게 남겼다. 1375년 12월 21일에 보카치오도 죽었다. 향년 예순한 살이었다. 그리고 이탈리아는 앞으로 50년 동안의 휴경(休耕) 기간을 보내고 나서야 이 남자들이 심은 씨앗이 꽃을 피우게 된다.

12. 조망

지금까지 페트라르카와 보카치오를 따라 이탈리아를 두루 살펴보았다. 그러나 정치적으로 아직 이탈리아는 없었다. 그냥 도시 국가들만이 조각조각 존재하면서 미움과 전쟁으로 서로를 소진시키고 있었다. 피사는 상업적으로 경쟁 도시인 아말피를 파괴했다. 밀라노는 피아첸짜를 파괴했다. 제노바와 피렌쩨는 피사를 파괴했다. 베네찌아는 제노바를 파괴했다. 이탈리아 대부분 지역과 합세하여 베네찌아를 파괴하기 위해서라면 유럽의 절반이 덤벼들었을 것이다. 게르만 종족의 침입으로 중앙 정부가 붕괴된 일, 6세기의 이른바 '고딕 전쟁', 이탈리아 대륙에서 롬바르디아와 비잔틴으로 나뉜 것, 교황과 황제의 대립, 그리고 알프스에서 시칠리아에 이르기까지 단일한 세속적 권력이 나타나 교황을 포로로 만들지 모른다는 사실에 대한 교황의 두려움, 즉 유럽의 영적 수뇌가 한 국가의 정치 지도자에게 복종하게 될지도 모른다는 두려움, 이런 모든 것들이 합쳐져 이탈리아의 비(非)통일을 만들어 냈다. 교황파와 황제파는 이탈리아 전체를 나누었을 뿐만 아니라 거의 모든 도시를 교황당과 황제당으로 갈라놓았다. 이 갈등이 가라앉았을 때도 이 낡은 표현법은 새로운 갈등과 대립을 위해 이용되었으며, 미움의 용암이 삶의 모든 길로 넘쳐흘렀다. 황제당원들이 모자의 한편에 깃털을 꽂으면, 교황당원들은 다른 편에 깃털을 꽂았다. 황제당원이 과일을 가로로 자르면 교황당원들은 세로로 잘랐다. 황제당원들이 흰 장미를 달면 교황당원들은 붉은 장미를 달았다. 크레마에서 밀라노의 황제당원들은 교회 제단에서 그리스도 조각상을 부수어 불태웠다. 이 조각상의 얼굴이 교황당원 방향을 향하고 있었기 때문이다. 황제당인 베르가모에서 몇몇 칼라브리아 사람들이 주막집 주인들에 의해 살해되었다. 그들이 마늘을 먹는 방식으로 교황당원임이 드러났기 때문이다.[60] 개인들의 소심한 허약함, 집단의 불안정, 지배층의 미망 등이 다른 것과 낯선 것에 대한 항구적인 두려움, 의심, 혐오, 저주 등을 만들어 냈다.

    통일을 방해하는 이런 요소들로 인해 이탈리아의 도시 국가들이 생겨났다. 사람들은 각기 자기들의 도시 입장에서 생각을 했다. 마키아벨리 같은 소수의 철학자나 페트라르카 같은 시인만이 이탈리아를 하나의 전체로 생각할 줄 알았다. 16세기에도 첼리니는 피렌쩨 사람만을 가리켜 "우리 민족"이라고 말하고, 피렌쩨를 "나의 조국"이라고 표현했다. 외국에 거주한 탓으로 지역적 애국주의에서 벗어나 있던 페트라르카는 조국의 전쟁과 분열을 보고 탄식하면서 유려한 송가 「나의 이탈리아!」를 통해 이탈리아의 왕자들에게 이탈리아에 통일과 평화를 가져다 달라고 탄원했다.

오, 나의 이탈리아! 말이란 공허하여
네 가슴 어둡게 하는 수많은 치명적 상처를
덮을 수 없는 것이라 해도
테베레 강(로마)의 비애와 아르노 강(피렌쩨)의
잘못을 노래함이 그나마 내 고통을
어루만져 주리라, 시름 젖은 포 강가에서
나 슬픔에 잠겨 거닐며 음률을 토해 내나니

오, 이것은 내 발이 처음으로 밟은 땅이 아니던가?
아 이곳에서 나는 요람에 누워
부드럽게 달래며 키워지지 않았던가?
오, 이것은 내 부모가 잠들어 누워 계신
내 나라가 아니던가
부모 자식의 결합으로 그토록 사랑 받았건만.
이 부드러운 생각만으로
너희들 웅어리진 마음들이 어느 정도 동정심에 이르나니,
하느님 지배 아래서 너희에게 구원을 기대하는
사람들의 슬픔을 보라,
만일 너희가 부드러워진다면
미덕이 눈먼 분노의 성향에 맞서
이탈리아를 강력한 힘으로 깨어나게 할 것이요,
더는 대등하지 않은 싸움에 의심스럽게 매달리지 않게 될 것을.
아니, 안 된다! 이탈리아의 이름을 드높인

고대의 불꽃이 아직은 완전히 꺼지지 않았노라.

페트라르카는 리엔쬬가 이탈리아를 통일할지도 모른다고 꿈꾸었다. 그 거품이 꺼지자 그는 단테처럼 신성로마제국의 수장을 향했다. 제국 황제는 이론적으로는 서로마제국 권력의 세속적 후계자였다. 리엔쬬가 물러나고(1347) 난 직후 페트라르카는 보헤미아의 카를 4세에게 감동적인 메시지를 보냈다. 그리고 그를 "로마인들의 왕"이라고 불렀다. 로마 황제의 후계자로 본 것이다. 왕이 로마로 와서 황제의 대관식을 올리시라고 시인은 간청했다. 프라하가 아니라 로마를 수도로 삼고 "제국의 정원"인 이탈리아에 통일과 질서와 평화를 복구하시라.[61] 1354년에 카를 왕이 알프스를 넘어 이탈리아에 왔을 때 그는 페트라르카를 초대해서 만토바에서 만났다. 그리고 단테가 이미 왕의 할아버지인 하인리히 7세에게 했던 정열적인 탄원의 울림을 지닌 하소연을 예의 바르게 경청했다. 그러나 카를 왕은 롬바르디아의 전제 군주들과, 피렌쩨나 베네찌아 같은 공화국의 시민들을 모두 정복할 만한 군사력이 없었다. 그는 서둘러 로마로 가서 교황이 부재중인 그곳에서 교황 대리인의 손에서 황제관을 받고 서둘러 보헤미아로 돌아갔다. 가는 길에 부지런히 황제대리인직을 이곳저곳에 부여했다. 2년 뒤 페트라르카는 밀라노 사절이 되어 프라하로 황제를 찾아갔지만 이탈리아를 위해 이렇다 할 결과를 만들어 내지는 못했다.

페트라르카가 성공했다면 아마도 르네상스는 없었을 것이다. 이탈리아의 분열이 르네상스에는 이로웠다. 큰 국가들은 자유와 예술보다는 질서와 권력을 키운다. 이탈리아 도시 국가들의 상업적 경쟁은 십자군 전쟁을 도입하고 완성했다. 이것은 이탈리아의 경제와 복지를 발전시켰다. 정치적 중심부가 여럿이기에 도시 국가간 싸움이 많았지만 이런 온건한 갈등은 백 년 전쟁에 의해 프랑스에 생겨난 것 같은 완전한 죽음과 파괴에는 이른 적이 없었다. 각 지역의 독립은 이탈리아가 외국의 침입에 대해 방어할 능력을 약화시켰지만, 도시들과 통치자들이 문화적 후원을 놓고 고귀한 경쟁을 벌이게 만들었다. 그들은 건축, 조각, 회화, 교육, 학문, 시문학 등에서 서로를 능가하려는 열성을 지녔다. 르네상스 이탈리아에는 괴테 시대 도이칠란트처럼 수많은 파리(Paris)가 있었다.

페트라르카와 보카치오가 르네상스를 준비한 수준을 과장할 것까지는 없지만 그것을 인정할 필요는 있다. 두 사람은 여전히 중세적인 생각에 사로잡혀 있었다. 위대한 이야기꾼 보카치오는 방탕한 젊은 시절 성직자의 불멸성과 성 유물 장수 노릇을 비웃었다. 그러나 수백만의 중세 남자와 여자들도 이미 그랬다. 그리스어를 공부하는 시절에 그는 더욱 그리스도교도가 되고 중세적으로 되었다. 페트라르카는 자신을 두 시대 사이에 서 있다고 서술했는데 이는 적절하고도 예언적인 힘을 담은 표현이다.[62] 그는 아비뇽의 도덕을 비난할 때에도 교회의 교리는 받아들였다. 중세 초기에 히에로니무스가 고전을 사랑했듯이 그는 믿음의 시대(중세) 마지막에 복잡한 의식을 지니고 고전을 사랑했다. 세속적 세계를 경멸하는 것과 종교적 생활의 거룩한 평화에 대해 탁월한 중세적 글들을 썼다. 그런데도 라우라보다는 고전(古典)에 더욱 충실했다. 고대의 필사본들을 찾아내 소중히 보존했고 다른 사람들에게도 그같이 하도록 자극했다. 그는 라틴 문학과의 연관성을 다시 얻었다는 점에서 아우구스티누스를 제외한 모든 중세 작가들을 능가했다. 그는 비르길리우스와 키케로에 따라 자신의 태도와 문체를 형성했다. 그리고 영혼의 불멸보다는 명성을 더욱 많이 생각했다. 그의 시들은 이탈리아에서 인공적인 소네트의 시대를 만들어 냈지만 그래도 이런 소네트들은 셰익스피어 소네트가 나오는 것을 도와주었다. 그의 열렬한 정신은 피코에게 전승되었고, 잘 연마된 형식은 폴리찌아노에게 전승되었다. 그의 편지와 에세이들은 세네카와 몽테뉴 사이에 고전적 세련과 우아함의 다리를 놓아 주는 것이다. 고대와 그리스도교를 결합시킨 그의 방식은 교황 니콜라스 5세와 레오 10세에서 더욱 성숙했다. 이런 점에서 그는 실로 르네상스의 아버지였다.

그러나 한 번 더 강조하지만 이탈리아의 절정을 위해 고대가 기여한 바를 지나치게 평가하는 일은 잘못일 것이다. 르네상스는 혁명이기보다는 완성이었고, 중세의 성숙이 고대 사본과 예술의 발견보다 더욱 큰 역할을 했다. 중세의 많은 학자들이 세속적인 고전 작품들을 알았고 사랑했다. 그 작품들을 보존한 사람들은 수도사들이었다. 12세기와 13세기에 이 작품들을 번역하거나 편집한 사람들도 수도사들이었다. 1100년 이후로 대학들은 유럽의 젊은이들에게 이런 흐름의 정신적·도덕적 유산을 어느 정도 물려주었다. 에리게나(Erigena, 810~877, 아일랜드 출신 신학자. 그리스 철학 및 신플라톤 철학을 그리스도교 신앙과 결합시켰다.)와 아벨라르(Abelard, 1079~1142, 프랑스 신학자)에서 비판철학의 성숙, 아리스토텔레스와 아베로에스가 대학 강좌에 도입된 일, 거의 모든 그리스도교 교리를 이성으로 입증해야 한다는 아퀴나스의 대담한 제안, 곧바로 뒤이어 둔스 스코투스(Duns Scotus, 1266~1308)가 교리의 대부분은 이성(理性)을 넘어선다는 고백을 함으로써 스콜라 철학의 지적인 체계는 더욱 높아지면서 동시에 흔들렸고, 이런 일들은 교육받은 그리스도교도들에게 삶의 경험을 지니고 세속 철학과 중세 신학의 새로운 종합을 시도할 여지를 남겼다. 도시들이 봉건적 장애에서 벗어나고 상업이 확장되고 화폐 경제가 널리 퍼진 일 등 이 모든 일들이 페트라르카가 태어나기 전에 이미 일어났다. 이슬람교도 칼리프와 술탄들은 빼더라도 시칠리아의 로저와 프리드리히 2세 황제는 예술과 시문학, 학문과 철학을 후원함으로써 권력에 매력을 부여하는 방식을 통치자들에게 가르쳐주었다. 중세의 남자와 여자들은, 당시의 이승이란 저승세계에 비해 별것도 아니었는데도 단순하고 감각적인 삶의 즐거움을 위한 자연스럽고도 뻔뻔스러운 인간적 면모를 유지했다. 대성당을 구상하고 건축하고 새긴 남자들은 아름다움에 대해 자기들 고유의 감각을 지녔으며, 그들의 사유와 형식의 장엄함은 후대가 절대로 능가할 수 없는 것이다.

그렇게 해서 르네상스의 모든 기반은 페트라르카가 사망할 무렵에는 이미 완비되었다. 이탈리아 무역과 산업의 경이로운 성장과 열성은 르네상스를 재정적으로 지원할 부를 모아들였다. 농촌의 평화와 정체에서 도시의 활력과 자극으로의 이행은 르네상스에 자양분을 줄 분위기를 만들어 냈다. 도시들의 자유와 경쟁에는 그 정치적 기반이 준비되어 있었다. 게으른 귀족 계급을 뒤집어 엎고 교육받은 왕자들과 활력에 넘친 시민 계급이 떠오르는 것이 그것이었다. 문자의 기반은 지방어(이탈리아어)의 진흥과 그리스와 로마 고전의 발견 및 탐구를 향한 열성 속에 들어 있었다. 미학적 기반도 이미 놓였다. 점점 커지는 부가 낡은 도덕의 제한을 깨뜨렸다. 상업 활동과 십자군 전쟁을 통하여 이슬람교와 만나게 된 일은 교리적·도덕적으로 전통적 신앙과 방식에서 벗어나는 일에 대해 새로운 관용을 마련해 주었다. 사상과 행동에서 상대적으로 자유로운 세속적 세계의 재발견이, 붕괴되는 중세의 교리 및 도덕성과 맞물렸다. 내생에 대한 관심은 세속적, 인간적, 지상적 관심에 밀려 물러났다. 미적 발전이 시작되었다. 중세의 찬가와 소설들, 음유 시인들의 노래, 단테와 이탈리아 선배들의 소네트, 『신곡』의 조각상 같은 조화와 형식 등은 문학의 유산을 남겼다. 고전 문학의 예들이 페트라르카에게 취향과 사유의 섬세함, 웅변술과 양식의 세련미를 전해 주었다. 그는 다시 이것을 에라스무스에서 아나톨 프랑스에 이르기까지 국제적으로 세련된 천재들의 계보에 전달해 주게 된다. 미술에서의 혁명은, 죠토가 비잔틴 모자이크의 신비적 엄숙함을 포기하고 남자와 여자들의 실질적인 움직임과 삶에서의 자연스러운 우아함을 탐구하면서 시작되었다.

이탈리아에서 모든 길은 르네상스로 통하고 있었다.

THE RENAISSANCE

2장   아비뇽의 교황들
      1309~1377

1. 바빌론 포로

1309년에 교황 클레멘스 5세는 교황청을 로마에서 아비뇽으로 옮겼다. 그는 프랑스 사람이었고 전직(前職) 보르도 주교로 프랑스의 필립 4세 덕분에 교황에 선출된 사람이었다. 필립 4세는 교황 보니파키우스 8세에 맞서 승리를 거두었을 뿐만 아니라 그를 체포하여 굴욕을 주고 거의 굶어 죽게 만들어서 그리스도교 세계를 깜짝 놀라게 만들었다. 클레멘스 5세의 삶은 로마에서는 안전하지 않을 것이다. 로마는 원래 교황을 학대할 권한을 가진 데다가 왕의 오만불손에 대해 분개하고 있었기 때문이다. 게다가 프랑스 추기경들이 당시 신학교에서 다수를 이루고 있었는데 그들은 이탈리아로 들어가기를 거부했다. 그래서 클레멘스는 한동안 리옹과 푸아티에에 머물렀다. 그런 다음 프로방스의 백작 겸 나폴리 왕에게 속한 지역에서 가능하면 필립 왕에게 덜 복종할 속셈으로 아비뇽에 거처를 잡았다. 론 강을 사이에 두고 14세기의 프랑스와 접경을 이룬 곳이었다.

그레고리우스 7세(1073~1085)로부터 보니파키우스 8세(1294~1303)에 이르는 교황들은 왕들을 굴복시키고 유럽의 세계 국가를 만들려고 노력했지만 이 어마어마한 노력은 실패로 돌아갔다. 신정(神政) 연방국가에 대해 민족주의가 승리를 거두었다. 이탈리아에서조차 피렌쩨와 베네찌아 공화국, 롬바르디아의 도시 국가들, 나폴리 왕국 등은 교회의 통제를 거부했다. 로마에서도 두 번이나 공화국이 머리를 쳐들었다. 그리고 다른 교황국가들*에서 군사적 모험가나 봉건적 세력가들, 즉 발리오니, 벤티볼리, 말라테스타, 만프레디, 스포르차 집안들은 각기 허세가 섞인 자신들의 권위를 내세워 교회의 대리인 자리를 차지했다. 로마의 교황청은 과거 여러 세기 동안 위세를 떨쳤고, 유럽의 민족들은 교황청에 경의를 표하고 헌금을 보내곤 했다. 그러나 연속적으로 프랑스 출신 교황으로 이루어진 교황청(1305~1378)은 프랑스 왕들의 포로가 되다시피해서 전쟁을 수행할 엄청난 액수의 돈을 프랑스 왕들에게 빌려 주었다. 이런 교황청은 도이칠란트, 보헤미아, 이탈리아, 잉글랜드 등지에는 적대 세력이며, 프랑스 왕국의 심리적 무기로만 보였다. 이들 민족들은 점차 교황청의 파문과 금지를 무시하고 점점 더 못마땅히 여기면서 겨우 경의를 표하고 있었다.

클레멘스 5세는 꿋꿋함은 아니라도 어쨌든 끈질기게 이런 어려움에 맞섰다. 그는 필립 4세에게 가능한 한 적게 머리를 굽혔다. 필립 4세는 보니파키우스 8세의 개인적 행동과 신앙에 대하여 사후 종교 재판을 열겠다는 협박을 클레멘스에게 들이대고 있었다. 자금에 쫓긴 교황은 돈을 가장 많이 내는 사람들에게 성직을 팔았다. 그러나 클레멘스 5세 교황은 앙제(Angers)의 시장과 망드(Mende)의 주교가 성직자의 도덕성과 교회의 개혁이라는 주제로 제출한 냉정

---

* 교황국가들로는 다음 네 지역을 꼽을 수 있다.
1 라티움: 티볼리, 치비타 카스텔라나, 수비아코, 비테르보, 아나니, 오스티아, 로마 등의 도시들을 포함
2 움브리아: 나르니, 스폴레토, 폴리뇨, 아씨시, 페루지아, 구비오 등의 지역
3 국경 지역: 아스콜리, 로레토, 앙코나, 세니갈리아, 우르비토, 카메리노, 파브리아노, 페사로 등지
4 로마냐 지방: 리미니, 체세나, 포를리, 파엔짜, 라벤나, 이몰라, 볼로냐, 페라라 등지

한 보고서를 보고 빈 공의회(1311) 개최를 암묵적으로 승인했다.[1] 그 자신은 청렴하고 소박한 삶을 살았고, 눈에 보이지 않게 경건함을 실천했다. 위대한 의사이며 교회의 비판자인 빌라노바의 아놀드를 이단자 박해로부터 보호해 주었다. 그리고 그리스와 아라비아 텍스트에 따른 의학 연구를 할 수 있도록 몽펠리에 대학을 재조직하고, 비록 실패했지만 대학에 히브리, 시리아, 아라비아 학문을 위한 강좌들을 개설하려고 했다. 이런 모든 문제들에 덧붙여 고통스러운 질병('lupulus'라는 이름으로 알려져 있는데 치루(痔瘻)인 듯하다.)을 앓았다. 그로 인해 그는 모임을 꺼렸고, 결국은 1314년에 목숨을 잃었다. 상황이 나았더라면 그는 교회의 자랑거리가 되었을 인물이다.

그에 뒤이어 찾아온 혼란스러운 공위(空位) 기간은 이 시대의 기질을 보여준다. 단테는 이탈리아 추기경들에게 이탈리아 교황을 세우고 로마로 교황청을 옮길 것을 촉구했다. 그러나 23명의 추기경 중에서 겨우 6명만이 이탈리아 사람이었다. 교황 선출 비밀회의가 아비뇽 근처 카르팡트라의 열쇠의 방*에서 열리자 곧바로 가스코뉴 민중이 건물을 둘러싸고 소리를 질렀다. "이탈리아 추기경들을 죽여라!" 이탈리아 고위 성직자들의 집들은 공격을 받아 무너졌다. 민중은 비밀회의가 열리는 건물에 불을 질렀다. 추기경들은 뒷벽으로 난 통로를 부수고 불과 폭도를 피해 도망쳤다. 2년 동안이나 교황을 선출하려는 시도가 없었다. 그러다가 마침내 프랑스 군대가 호위하는 가운데 리옹에서 추기경들은 새 교황을 선출했다. 당시 일흔둘의 나이로 이성적으로 따지면 금세 죽을 것으로 생각되었지만, 18년 동안이나 확고한 열성과 만족할 줄 모르는 탐욕, 황제와 같은 의지로 교회를 통치할 사람이었다. 요한 22세는 남부 프랑스의 카오르에서 구두 수선공의 아들로 태어났다. 구두 수선공의 아들이 교회의 최고 자리에 오른 것은 이것이 두 번째였다. 정통 가톨릭 교회의 특이한 민주주의 덕분이었다. 우르바누스 4세(1261~1264)가 역시 같은 운명을 보여 주었다. 요

---

* 1274년 이후로 추기경들이 열쇠의 방(conclave; con clave 곧 '열쇠를 가진'이라는 뜻)에서 교황을 선출하기 위해 모일 때면 문을 폐쇄하는 것이 관습이 되었다.(conclave란 교황을 선출하는 비밀회의라는 의미)

한 22세는 프랑스 출신이던 나폴리 왕의 자녀들을 가르치는 선생으로 고용되었던 사람이다. 그는 시민법과 교회법을 공부했는데, 재능이 뛰어나 왕의 눈에 들었다. 왕의 추천을 받아 교황 보니파키우스 8세는 그를 프레쥐의 주교로 임명하고, 클레멘스 5세는 그를 아비뇽의 주교로 승진시켰다. 카르팡트라에서 나폴리 왕 로베르의 황금이 이탈리아 추기경들의 애국주의를 잠재웠고, 구두 수선공의 아들은 교황들 가운데 가장 강한 한 사람이 되었다.

그는 드물게 조합된 능력을 보였다. 곧 학문적 탐구와 행정적 기술의 조합이었다. 그의 통치 아래 아비뇽 교황청은 부패하기는 했으나 대단히 유능한 관료 조직으로 발전했다. 그리고 회계부는 세입금을 거두는 능력으로 유럽 국가들을 놀라게 만들었다. 요한 22세는 자금을 만들어 낼 수 있는 중요한 갈등을 열 가지 이상 만들어 냈다. 전임자들처럼 그도 성직록을 팔았지만 전혀 거리낌이 없다는 점이 달랐다. 금융 도시 카오르 출신인 이 교황은 수많은 장치들을 동원하여 교황청 재정을 불렸기에 그가 죽었을 때 교황청은 1800만 플로린(4억 5000만 달러)과 보석류 700만 점을 지니게 되었다.[2] 요한 22세는 물신(物神) 맘몬을 불러들임으로써 하느님을 가장 잘 섬길 수 있다고 믿었던 것 같다. 그러나 그 개인적으로는 절제하는 단순한 생활 습관을 지녔다.[3]

그는 학문을 후원하고, 페루지아와 카오르에 의학 학교를 세우도록 했다. 대학을 돕고 아르메니아에 라틴어 대학을 세우고, 동양 언어들의 연구를 촉진하고, 연금술과 마법을 탐구하고 밤낮으로 학문 연구에 몰두했으며 마지막에는 이단의 의심을 받는 신학자로 끝을 맺었다. 신과의 직접적인 접촉을 주장하는 신비주의의 전파를 막기 위해서였던 듯한데, 요한 22세는 아무도 (심지어는 성모조차도) 최후의 심판 이전에 지복한 환상을 얻을 수는 없다고 주장했다. 종말론 전문가들 사이에 항의의 물결이 일어났다. 파리 대학은 교황의 입장을 비난했고, 뱅센느에서 열린 지역 주교 회의는 그것을 이단이라고 규정했다. 프랑스의 필립 6세는 교황에게 신학을 고칠 것을 명령했다.[4] 교활한 구십 대 노인은 죽음으로써 이 모든 비난을 피했다.(1334)

요한 22세의 후계자는 더 온건한 인물이었다. 제빵사의 아들이었던 베네딕투스 12세는 교황이 되기 위해 노력했으며 참된 그리스도교도가 되고자 노력했다. 그는 관직을 친척들에게 분배하고 싶은 유혹에 저항했다. 돈 때문이 아니라 미덕에 따라 관직을 분배함으로써 반대 세력을 만들었으나 이는 명예로운 일이었다. 교회 행정의 모든 영역에서 뇌물과 부패를 억제했다. 탁발 수도회에 개혁을 명함으로써 그들을 멀리했다. 그는 잔인하거나 전쟁에서 피를 흘린 적이 없었다. 그가 일찍 죽자(1342) 모든 부패한 세력들은 기뻐 외쳤다.

리무쟁의 귀족 가문 태생인 클레멘스 6세는 사치와 쾌락 그리고 예술에 길들여진 사람이라 교황청 재정이 넉넉한 판에 교황이 금욕해야 할 이유가 없다고 생각했다. 관직을 얻기 위해 자기를 찾아오는 거의 모든 사람들에게 관직을 주었다. 그는 아무도 자기에게서 만족을 얻지 못하고 돌아가서는 안 된다고 말했다. 그리고 다음 두 달 안에 자기를 찾아오는 가난한 성직자는 누구라도 자신의 너그러움을 맛보게 될 것이라고 선언했다. 어떤 증인의 말에 따르면 10만 명이 찾아왔다고 한다.[5] 그는 예술가와 시인들에게 넉넉한 선물을 주었고, 그리스도교 세계의 그 누구와도 대등할 정도의 말들을 키웠다. 여자들이 자유롭게 궁정 출입을 하도록 허용하여 그들의 매력을 즐겼으며 프랑스 방식으로 그들과 교제했다. 그와 가까운 사이였던 튀렌 공작부인은 전혀 거리낌 없이 교회의 고위 관직을 팔았다.[6] 클레멘스 6세의 선량한 성품에 대해 전해 들은 로마 사람들은 그에게 사절을 보내 로마에 거주하시라고 청했다. 그는 그런 전망을 즐겁게 여기지 않았지만 보니파키우스 8세가 1300년에 100년 뒤 해기 올 때미다 열도록 한 기념의 해(희년) 행사를 50년 단위로 열라고 선언함으로써 로마 사람들을 달랬다. 로마는 이 소식을 듣고 기쁨에 넘쳐 리엔쪼를 몰아내고 교황에 대한 정치적 복종을 회복시켰다.

클레멘스 6세 시절 아비뇽은 단순히 종교의 수도일 뿐만 아니라 라틴 세계의 정치, 문화, 쾌락, 부정부패의 중심지가 되었다. 교회 행정 기구는 최종적 형태를 갖추었다. 교황에 뒤이어 교황청에서 두 번째 권위를 갖는 총리 (혹은 국무) 추기경(camerarius)을 수장으로 한 사도부(camera apostolica)가 재정을 담당한다. 부총리 추기경이 지휘하는 문서부(cancelleria)는 일곱 부서를 두고 교황청의 복잡한 서신 왕래를 처리한다. 교황청 법무부는 교회법을 전공한 고위 성직자와 일반 속인으로 구성되며, 교황과 추기경들이 항소 재판을 다루는 추기경 회의를 산하에 둔다. 교황청 내사부는 결혼 제도, 파문, 성직 정지 등을 다루고, 또 교황의 사면을 청원하는 사람들의 고해를 들어주는 성직자 대학이다.

교황과 그 보조자들, 이들 행정부서 및 그 직원들을 수용하기 위해 베네딕투스 12세는 항구적인 교황궁의 건설을 시작하고 우르바누스 5세가 완성했다. 일단의 고딕 건물(거주하는 방, 회의실, 예배당, 사무소 등)들이 두 개의 네모난 안마당을 둘러쌌다. 그리고 강력한 성벽이 전체 궁전을 둘러싸는데, 성벽의 높이와 넓이, 그 막강한 탑들은 교황들이 포위될 경우에 자신들을 방어하는 문제에서 기적에 의존하지 않는다는 사실을 보여 준다. 베네딕투스 12세는 죠토에게 궁전과 부속 대성당을 장식해 달라고 초빙했다. 죠토는 이곳으로 올 생각이었지만 죽고 말았다. 1338년에 교황은 시에나의 화가 시모네 마르티니를 불렀다. 그의 벽화들은 지금은 지워졌지만 아비뇽 회화의 정점을 이루었다. 이 궁전과 더 작은 궁전들, 대저택들, 부속 영지, 곁채 등을 둘러싸고 고위 성직자, 사절, 법률가, 상인, 화가, 시인, 하인, 군인, 거지들이 모여들었고 또 교육을 받은 고급 기생부터 선술집 갈보에 이르기까지 온갖 등급의 매춘부들도 모여들었다. 비그리스도교도의 손에 떨어진 저 주교들, 이른바 "불신앙의 편에 선" 주교들도 대개 이곳에 살았다.

거대한 숫자에 익숙한 우리는 이렇게 복잡한 행정부서와 주변의 모든 것을 유지하기 위해 필요한 돈의 액수를 상상할 수가 있다. 몇 가지 수입원은 거의 고갈되었다. 교황청이 버리고 떠난 이탈리아는 교황에게 돈을 거의 보내지 않았다. 도이칠란트는 요한 22세와 사이가 나빠서 평소 보내던 액수의 절반만 보냈다. 프랑스는 교회를 거의 장악하다시피 하고서 프랑스 교회 수입의 상당 부분을 세속적 목적을 위해 전용했고, 상당히 큰 액수의 백 년 전쟁 비용을 교황청에서 빌렸다. 잉글랜드는 사실상 프랑스의 동맹국인 교회에 돈이 흘러 들어가는 것을 엄격하게 통제했다. 이러한 상황에 적응하기 위해서 아비뇽의 교황들은 아주 작은 수입원이라도 긁어모으는 수밖에 없었다. 교황이나 아니면 세속의 왕자가 임명한 모든 주교나 수도원장들은 취임 사례비 명목으로, 예상되는 1년 수입의 3분의 1을 교황청으로 보내고, 또 자신의 임명을 위해 애를 써준 여러 명의 중개인들에게 분통 터지는 선물을 주었다. 또 대주교가 된 사람은 제복 위에 걸치는 팔리움을 위해 상당한 액수의 비용을 지불해야 했다. 팔리움이란 대주교라는 직위의 표시로 제복 위에 걸치는 하얀색 모직으로 된 원형 띠이다. 새로운 교황이 선출되면 교회의 성직록이나 관직을 가진 사람은 모두 1년분 수입에 해당하는 액수를 교황에게 보내야 했다.(성직 취임세(annates)) 그 이후로는 해마다 수입의 10분의 1을 교황에게 바쳤다. 그 밖에도 이따금 자발적인 기금을 낼 것이 기대되었다. 추기경이나 대주교, 주교, 수도원장 등이 죽으면 그의 개인 소유물과 동산이 교황청에 귀속되었다. 그 자리에 새로운 사람이 임명되기까지 그 직위에 따른 성직록은 교황이 사용했다. 그래서 교황들은 일부러 고위 성직자의 임명을 늦춘다는 비난을 받았다. 직위에 새로 임명된 사람은 전임자가 지불하지 않은 빚을 떠맡아야 했다. 주교들과 수도원장들은 많은 경우에 왕에게서 받은 봉토에서 생기는 수입을 가진 봉건적 재산가들이었다. 그들은 교황뿐 아니라 왕에게도 공물을 바치고 군대 봉사의 의무를 지고 있었다. 그래서 많은 고위 성직자들은 교회와 세속의 의무를 다하느라 상당히 스트레스를 받았다. 교회의 강제가 국가의 강제보다 너욱 엄격했으므로 고위 성직자가 때때로 교황에 맞서 국왕의 편을 드는 것을 볼 수 있다. 아비뇽의 교황들은, 성당 참사회나 수도원 평의회가 주교나 수도원장을 뽑는 아주 오래된 권한을 거의 완전히 무시했다. 이렇게 무시당한 사람들도 역시 원한을 쌓아 올렸다. 교황청 법무부에서 심의되는 사건들은 보통 값이 비싼 법률가들의 도움을 필요로 했다. 이들 법률가들은 교황청 법정에서 변론할 허가를 얻기 위해 연회비를 지불해야 했기 때문이다. 교황청에서 받은 모든 판결과 그 어떤 호의에 대해서도 답례가 기대되었다. 심지어는 사제로 서품 받기 위한 허가도 돈을 주고 사야만 했다. 유럽의 세속 정부들은 교황청의 이런 재정 기구를 두려움과 분노를 품고 바라보았다.[7]

모든 구석에서 항의가 일어났다. 교회 관계자들의 항의도 적지 않았다. 스페인 고위 성직자인 알바로 펠라요는 교황청에 철저히 충성했지만 「교회에 대한 탄식」에서 다음과 같이 신음하고 있다. "내가 교황청의 교회 기구들 안으로 들어갈 때마다 나는 중개자와 서기들이 자기들 앞에 쌓아 놓은 돈의 무게를 달고 그 계산을 하고 있는 것을 보았다. …… 늑대들이 교회의 통제 아래서 그리스도교 양 떼의 피를 마시고 있다."[8] 나폴레오네 오르시니 추기경은 클레멘스 5세 치하에서 이탈리아의 거의 모든 주교직이 교환이나 가족 음모의 대상이 되어 있음을 보고 마음이 어지러웠다. 그는 클레멘스 6세에게 "사도의 후계자는 주님의 양 떼를 풀밭으로 인도할 임무를 지는 것이지 그들을 강탈하는 것이 아니"[9]라고 경고하고 있다. 영국 의회는 브리튼 지역에서 부담스러운 교황의 세력을 견제할 법규들 몇 가지를 통과시켰다. 도이칠란트에서 교황의 모금원들은 쫓겨나고 감옥에 갇혀 손발이 잘리고, 몇 번은 목 졸라 죽임을 당했다. 1372년에 쾰른, 본, 크산텐, 마인츠의 성직자들은 그레고리우스 11세가 요구한 십일조를 지불하지 않기로 동맹을 맺었다. 프랑스에서 상당히 많은 성직이 전쟁, 흑사병, 산적들의 약탈, 교황청 모금원의 강제 등으로 파괴되었다. 많은 성직자들은 교구를 포기했다.

이러한 불만에 대해 교황들은 교회 행정부가 이러한 기금을 요구하고, 또 청렴한 대리인을 구하기가 어려우며, 그들 자신도 산더미 같은 문제에 봉착해 있다고 대답했다. 클레멘스 6세는 아마도 프랑스의 필립 6세의 강요를 받고 금화 15만 2000플로린(1480만 달러)을, 그리고 존 2세 왕에게는 351만 7000플로린(8792만 5000달러)을 빌려 주었다.[10] 이탈리아에서 잃어버린 교황국가를 다시 정복하는 데도 엄청난 경비가 필요했다. 이런 모든 수입에도 불구하고 교황들은 무서운 적자에 시달렸다. 요한 22세는 자신의 개인 금고에서 44만 플로린을 투입하여 교황청 재정부를 구제했다. 인노켄티우스 6세는 은 쟁반과 보석과 예술품을 팔았다. 우르바누스 5세는 추기경들에게서 3만 플로린을 빌려야 했다. 그레고리우스 11세가 죽었을 때 그는 12만 프랑의 빚을 지고 있었다.

그러나 비판자들은 이런 적자가 합법적인 지출로 인해 생긴 것이 아니라 교황청과 그 식객들의 세속적인 사치로 인해 생긴 것이라고 대답한다. 클레멘스 6세는 값진 모피 소재로 잘 차려입은 남녀 친척들에 둘러싸여 지냈다. 기사들, 종자들, 무장한 종자들, 신부, 의전관, 시종, 악사, 시인, 화가, 의사, 과학자, 양복쟁이, 철학자, 그리고 왕들의 부러움을 산 요리사들, 한마디로 말하자면 400명에 이르는 이들 종자들을 먹이고 입히고 숙소를 제공하고, 또 돈 가치를 잘 모르는 너그러운 교황이 제공하는 월급을 받았다. 클레멘스는 자신이 왕들의 관례에 따라 "확 다르게 두드러진 소비"를 통해서 하인들을 놀라게 하고 외교관들에게 깊은 인상을 심어 줄 필요가 있는 통치자라고 생각했다. 국가의 핵심 담당자들이며 교회의 왕자인 추기경들도 자신들의 품위와 권력에 맞는 살림을 유지해야 했다. 그들의 수행원들과 집기, 잔치 등은 도시의 화젯거리였다. 가르브의 베르나르드 추기경은 아마 도가 지나쳤을 것이다. 그는 수행원들이 묵을 집을 51채나 빌렸던 사람이다. 반학(Banhac)의 피터 추기경도 10개의 마구간 중 다섯 군데에 아주 편안하고 멋진 스타일의 말 39마리를 키웠다. 주교들도 이런 행렬에 가세해서 지방 주교 회의의 경고에도 불구하고 그들은 어릿광대, 매, 개 등을 둔 부유한 살림을 유지했다.

아비뇽 교황청은 왕실의 부덕성과 관행을 행했다. 그곳의 매수 가능성은 악명이 높았다. 망드의 주교인 기욤 뒤랑(G. Durand)은 빈 공의회에서 이렇게 보고했다.

로마 교회가 악한 사례들을 멀리함으로써 스스로를 개혁하기 시작하면 교회 전체가 개혁될 것이다. …… 악한 사례들로 인해 사람들은 분개하고 모든 사람이 그에 감염되었다. …… 모든 나라에서 하느님의 신성한 교회와 특히 가장 거룩한 로마 교회가 나쁜 평판을 얻고 있다. 교회의 품 안에서 가장 위대한 사람으로부터 가장 하찮은 사람에 이르기까지 모든 사람들이 탐욕에만 힘쓰고 있다고 모두들 외치고 널리 소문을 퍼뜨리고 있다. …… 성직자들이 먹을 것을 탐하는 나쁜 예를 모든 그리스도교도들이 받아들인 것이 분명하며 악명도 높다. 성직자들이 왕자나 왕들보다 더욱 사치스럽고 화려하게 또 더욱 많은 요리 접시들을 늘어놓고 잔치를 벌이기 때문이다.[11]

언어의 대가인 페트라르카는 욕설의 어휘를 총동원해서 아비뇽을 다음과 같이 서술했다.

> 신앙심 없는 바빌론, 지상의 지옥, 악의 수채통, 세계의 하수구. 여기에는 믿음도 자비심도 종교도 신에 대한 두려움도 없다. …… 세계의 모든 오물과 허약함이 여기 한데 모여 있다. …… 늙은 남자들이 뜨겁게 달아올라 비너스의 품속으로 거꾸로 뛰어든다. 나이도 품위도 권력도 잊고 마치 자기들의 영광이 그리스도의 십자가에 있는 것이 아니라 잔치와 술 취함과 음란함에 있기라도 한 것처럼 온갖 수치 속으로 달려든다. …… 사통, 상피붙기, 강간, 간음이 교황청 놀이의 음탕한 즐거움이다.[12]

정교 신앙에서 한 번도 벗어나 본 적이 없는 증인이 남긴 이런 증언을 완전히 무시할 수는 없다. 그러나 그것은 과장과 개인적 원한의 여운을 지닌 말이다. 이탈리아에서 교황청을 빼앗아 갔다고 아비뇽의 교황들을 미워한 남자의 외침이라는 점을 감안해야 한다. 그는 아비뇽의 교황들에게 성직록을 요청해서 많은 은총을 입었지만 더 많은 것을 원했던 사람이다. 그리고 그는 살인 취향을 가진 교황 반대파 비스콘티와 함께 살았으며, 그 자신도 두 명의 사생아를 두었다. 페트라르카는 교황들에게 로마로 돌아갈 것을 그토록 간청했지만, 빈곤이 순결에 도움을 주었던 경우만 빼고는 로마의 도덕성도 아비뇽의 그것보다 나을 것이 없었다. 시에나의 성인 카타리나는 이 시인처럼 생생하게 아비뇽을 묘사하지는 않았지만 그래도 그레고리우스 11세에게 교황궁정에서 "자신의 콧구멍이 지옥의 냄새에 맹렬한 공격을 당했다."라고 말하고 있다.[13]

도덕적 부패의 한가운데서도 많은 성직자들은 직함에 어울리는 사람들이었고, 시대의 도덕보다는 그리스도의 도덕을 더욱 중히 여겼다. 아비뇽의 교황들 일곱 명을 살펴보면 오로지 한 사람만이 세속적인 즐거움의 삶을 살았다. 나머지 교황들, 곧 요한 22세는 비록 탐욕스럽고 매정한 사람이었지만 엄격한 금욕을 지켰고, 또 그레고리우스 11세는 전쟁에서는 인정사정없는 사람이었지만 평화시에는 모범적인 도덕과 경건성을 지닌 사람이었다. 베네딕투스 12세, 인노켄티우스 6세, 우르바누스 5세, 세 사람은 거의 성인과 같은 삶을 산 사람들이었다. 그러므로 아비뇽에 있었던 모든 악덕에 대해 교황에게만 책임을 돌릴 수는 없다. 그 원인은 부유함이었다. 그것은 다른 시대에도 같은 결과를 가져왔다. 네로 시대의 로마, 레오 10세 시대의 로마, 루이 14세 시대의 파리, 오늘날의 뉴욕과 시카고 등지에서 그것을 볼 수 있다. 뉴욕과 시카고에서 대부분의 남녀들은 착실한 생활을 하거나 아니면 그냥 온건한 정도로만 악덕을 행하는 것을 볼 수 있다. 그러므로 아비뇽에서도 호색가와 매춘부, 탐식과 도둑질, 비뚤어진 법률가와 부정직한 판사, 세속적인 추기경과 신앙 없는 사제 등은 예외였다고 추정할 수 있다. 다만 그것이 다른 어느 곳보다도 더욱 두드러지게 드러나 보였는데, 그것은 교황청에 의해 조사되고 이따금 용서되었기 때문이다.

이런 추문은 현실이었고, 그것은 로마에서 도망쳐 온 일과 함께 교회의 위신과 귀위를 손상시키는 데 한몫 했다. 로마 교황들이 세계적인 권력이 아니라 프랑스의 도구에 지나지 않는다는 의심을 확인시켜 주려는 것처럼 아비뇽의 교황들은 총 134명의 추기경단에 프랑스 사람을 113명이나 임명했다.[14] 교황청에 대한 위클리프의 단호한 공격을 잉글랜드 정부가 묵인한 것은 바로 이 때문이었다. 도이치 선제후들은 자기들의 왕과 황제 선출에 장차 교황이 개입하는 것을 거부했다. 1372년에 쾰른 대주교구의 수도원장들은 교황 그레고리우스 11세에게 십일조를 보내는 것을 거부하고 이렇게 선언했다. "교황청은 이 지역에서 가톨릭 신앙이 심각한 위기에 몰렸다고 여겨질 정도로 창피를 당했다. 평신도들은 교회를 대수롭지 않게 여기는 발언을 한다. 이전의 관습을 벗어난 교회가 설교자나 개혁가를 내놓지 못하고, 허풍이 센 남자들, 간교하고 이기적이고 욕심 많은 남자들을 배출하기 때문이다. 사태가 이 지경에 이르니 이름만이 아니라 실제로도 그리스도교도인 사람이 극소수가 되고 말았다."[15]

종교 개혁의 토대를 마련한 것은 바로 아비뇽 교황들의 바빌론 포로 시대와 뒤이어 나타나는 교황 분열 사건이었다. 그리고 교황청이 이탈리아로 돌아온 일은 교황의 위신을 회복시키고 파국을 100년 연기했다.

2. 로마로 가는 길

이탈리아에서 교회의 위치는 가장 낮았다. 1342년 베네딕투스 12세는 저항적인 바이에른의 루트비히 황제의 세력을 약화할 속셈으로, 롬바르디아 도시 국가의 전제 군주들에게 황제의 권한을 무시하고 자기들이 갖고 있다고 여기는 권위를 인정해 주었다. 루트비히는 이에 대한 보복으로 교황령 국가들을 포위했던 전제 군주들을 인정해 주었다.[16] 밀라노는 공공연히 교황들을 조롱했다. 우르바누스 5세가 밀라노로 두 명의 사절을 보내, 그곳 전제 군주인 비스콘티에게 파문령을 내렸을 때(1362) 베르나보 비스콘티는 사절들에게 교황의 교서를 먹도록 강요했다. 양피지와 비단 끈, 그리고 납으로 된 봉인 등이었다.[17] 시칠리아는 '만종 반란'(1282) 이후로 교황에 대해 공공연히 적대감을 보였다.

클레멘스 6세는 교황령 국가들을 도로 탈환하기 위해 군대를 소집했지만 이 국가들을 한동안 복종하도록 만든 사람은 그의 후임자인 인노켄티우스 6세였다. 인노켄티우스 6세는 대체로 모범적인 교황이었다. 몇 명의 친척들에게 관직을 주어 응석을 받아 주고 난 다음 친척 등용과 부패의 흐름을 차단하기로 마음먹었다. 그는 교황궁에서의 쾌락주의와 낭비적인 지출에 마침표를 찍었다. 클레멘스 6세가 고용한 하인들을 무더기로 해고하고 관직을 얻으려고 몰려든 사람들을 해산시키고, 모든 사제에게 자신의 성직록 범위 안에 머물라고 지시하고, 스스로도 성실하고 소박한 생활을 했다. 그는 프랑스의 권한에서 교회를 해방시키고 교황청이 이탈리아로 돌아가야만 교회의 권위가 복구될 수 있음을 보았다. 그러나 교회가 프랑스에서 멀어지고 나면 교황령 국가들에서 거두어들이는 수입 없이는 교회의 유지가 어려웠다. 평화적인 사람이었던 인노켄티우스는 오직 전쟁을 통해서만 교황령 국가들을 되찾을 수 있음도 보았다.

그는 이 일을 열렬한 신앙을 가진 스페인 사람에게 맡겼다. 도미니크 수도회의 열정과 카스티야 대공의 기사도를 지닌 남자였다. 길 알바레즈 카릴로 데 알보르노즈(G. A. C. de Albornoz)는 카스티야의 알폰소 11세 밑에서 군인 노릇을 했고, 톨레도의 대주교가 되고서도 군인이기를 그만두지 않았다. 이제 에지디오 알보르노즈 추기경이 된 이 사람은 여전히 탁월한 장군이었다. 그는 피렌쩨 공화국을 설득해서 자기에게 군대를 조직할 자금을 가불해 주도록 했다.(이 일은 피렌쩨 주변의 전제 군주들과 노상강도들을 두려움에 빠뜨렸다.) 힘보다는 영리하고도 정직한 협상을 통하여 그는 교황령 국가들을 포위하고 있던 작은 전제 군주들을 한 사람씩 물러나게 만들었다. 그리고 이들 국가들에게 '에지디오 법률'(1357)을 부여했는데, 이것은 19세기까지 이 지역의 기본법으로 남았다. 또한 그는 교황청에 대한 신하의 의무와 자치(自治) 사이에 작용할 수 있는 타협안을 제안했다. 저 유명한 영국의 모험가 존 호크우드를 지혜로 이겨 포로로 만들고, 용병대상들에게 신에 대한 두려움까지는 아니라도 교황 사절에 대한 두려움을 만들어 냈다. 또한 볼로냐를 반항적인 대주교에게서 탈환하고, 밀라노의 비스콘티를 설득해서 교회와 평화를 맺게 만들었다. 이제 교황이 이탈리아로 돌아갈 길이 열렸다.

우르바누스 5세는 인노켄티우스 6세의 긴축과 개혁을 이어받았다. 그는 성직자들과 교황청에 기율과 정직성을 복구시키려고 노력했다. 추기경들의 사치를 허용하지 않고 법률가들의 속임수와 금융업자들의 강탈을 통제하고 성직 매매에 대해 벌을 내리고, 성품과 정신이 탁월한 사람들을 고용했다. 그는 자신이 비용을 대서 천 명의 학생을 대학에 보내고 몽펠리에에 새로운 대학을 세우고 학자들을 후원했다. 그리고 자기가 교황으로 있던 기간에 마침내 그는 로마로 교황청을 옮기기로 했다. 추기경들은 이런 전망을 보고 두려워했다. 그들 대부분은 프랑스 출신으로 프랑스에 애착을 가졌고 이탈리아에서는 미움을 샀다. 그들은 성 카타리나의 탄원과 페트라르카의 능변에 마음을 쓰지 마시라고 간청했다. 우르바누스 5세는 프랑스의 혼란스러운 상황을 지적했다. 프랑스 왕은 영국의 포로이고, 프랑스 군대는 해산되었고, 남부 프로방스를 정복한 영국은 아비뇽으로 점점 더 다가오고 있다. 승리한 영국이 프랑스 편을 드는 교황청을 어떻게 대할 것인가?

1367년 4월 30일에 그는 이탈리아 갤리선의 즐거운 호위를 받으며 마르세유에서 배를 타고 떠났다. 10월 16일에 로마의 시민, 성직자, 귀족들이 환호하는 가운데 로마로 들어갔다. 이탈리아 왕자들이 그가 타고 있는 흰 노새의 고삐를 잡았다. 페트라르카는 이탈리아에서 살기로 마음먹은 프랑스 교황에 대해 감사의 마음을 표현했다. 행복하지만 참으로 황량한 로마였다. 교황청이 오랫동안 자리를 비운 탓으로 가난해져서 로마에 있는 교회들 중 절반은 파괴되었다. 성 바오로 성당은 폐허가 되었고, 성 베드로 대성당(산피에트로 대성당)은 금방이라도 무너져 내릴 지경이었다. 교황궁은 최근에 불에 타 파괴되고, 교황청 토지에 지어진 궁전들은 황폐해졌다. 전에 거주지였던 곳들이 늪지대가 되고, 광장과 길거리에는 쓰레기들이 그대로 널려 있었다.[18] 우르바누스는 교황궁을 새로 지으라고 명령을 내리고 기금을 내주었다. 그러나 로마의 이런 꼴을 참을 수가 없어서 그는 몬테피아스코네에서 살았다. 그곳에서도 저 화려하던 아비뇽과 사랑하는 프랑스에 대한 추억이 그를 비참하게 만들었다. 페트라르카는 그가 망설인다는 말을 듣고 그에게 고통을 견디시라고 격려했다. 스웨덴의 성 브리지트는 그가 이탈리아를 떠나는 즉시 죽게 될 것이라고 예언했다. 신성로마제국 황제 카를 4세는 그에게 힘을 실어 주려고 노력했다. 중부 이탈리아에서 교황권 회복을 황제의 이름으로 승인하고, 겸손하게 로마로 찾아와(1368) 교황의 말을 이끌고 천사성(산탄젤로)에서 성 베드로 대성당까지 가고, 미사에서 교황을 도왔다. 그리고 우르바누스 5세의 집전으로 대관식을 치렀다. 이것은 황제와 교황 사이의 해묵은 갈등을 다행스럽게 치유하는 일로 보였다. 그런데도 교황은 1370년 9월 5일에 아마도 프랑스 추기경들에게 설득을 당해서, 영국과 프랑스 사이에 평화를 만들어 내기를 원한다고 말하면서 마르세유로 돌아가는 배를 탔다. 9월 27일에 그는 아비뇽에 도착했다. 그리고 12월 19일 그곳에서 죽었다. 베네딕트 수도복을 입은 채 보잘것없는 침상에 누운 모습이었다. 그는 들어오고 싶어하는 사람에게는 누구에게나 입장을 허용하라고 명령을 내려 두었다. 그래서 모든 사람이 와서 가장 고귀한 사람의 광채가 얼마나 공허하고 짧은지 눈으로 볼 수 있었다.[19]

그레고리우스 11세는 천재적인 아저씨 클레멘스 6세에 의해서 열여덟 살에 추기경이 되었다. 1370년 12월 29일에 그는 사제 서품을 받았고, 12월 30일에 서른아홉의 나이로 교황에 선출되었다. 그는 키케로를 좋아하는 학자였다. 그러나 운명은 그를 전쟁의 사람으로 만들었고, 그의 재위 기간은 과격한 폭동으로 점철되었다. 프랑스 교황으로서 이탈리아 사람을 믿지 못했던 우르바누스 5세는 교황령 국가들을 통치할 대리인에 너무 많은 프랑스 사람들을 임명했다. 이들 고위 성직자들은 적대적인 환경에 있음을 느끼고 사람들을 차단해 줄 요새들을 건설하고, 집안일을 맡아 줄 사람을 프랑스에서 불러들이고 터무니없는 세금을 매겼다. 그리고 재치보다는 폭군 방식으로 통치했다. 페루지아에서 교황 대리인의 조카 한 사람이 유부녀에게 지나치게 집착했다. 그녀는 그에게서 도망치려다가 창문에서 떨어져 죽었다. 시민 대표단이 조카에게 벌을 줄 것을 요구하자 교황 대리인은 이렇게 대답했다. "대체 왜 이런 소동인가? 당신들은 프랑스 사람이 환관이라고 착각하고 있는 건가?"[20] 그 의미가 대단히 여러 가지로 해석되면서 교황의 사절들이 어찌나 미움을 샀던지 1375년에는 많은 국가에서 그들에 반대하여 연속적인 혁명이 일어났다. 성 카타리나는 이탈리아를 대변하는 목소리가 되어 그레고리우스 교황에게 "교회의 정원에 해를 끼치고 황폐하게 하는 이들 악한 사제들"[21]을 쫓아내라고 촉구했다. 보통은 교황 편을 들던 피렌쩨가 이 운동의 선두에 섰다. 그리고 황금 글자로 '자유(Libertas)'라고 새긴 붉은색 깃발을 펼쳤다. 1375년 초에 65개 도시 국가들이 교황을 자기 도시의 시민적 수장이며 정신적 수장이라고 인정했다. 그러나 1376년에는 겨우 하나의 도시만 교황 편에 남았다. 알보르노즈의 모든 노력이 물거품이 되고, 중부 이탈리아가 다시 교황에게 등을 돌린 것처럼 보였다.

아비뇽에서 그레고리우스는 프랑스 추기경들의 자극을 받아 피렌쩨 사람들을 폭도의 우두머리라고 비난하고 그들에게 교황 사절에게 복종하라고 명령했다. 그들이 거부하자 교황은 그들을 파문하고, 피렌쩨에서 종교적 예배 의식을 금했으며, 모든 피렌쩨 사람이 법을 어긴 사람이라고 선언했다. 이제 아무라도 그들의 재산을 빼앗고 그들을 노예로 삼을 수 있었다. 피렌쩨 무역과 재정의 전체 구조물이 붕괴 위기에 빠졌다. 영국과 프랑스는 즉시 피렌쩨 사람들에게 손을 대서 그곳에 있는 피렌쩨 소유물을 차지했다. 피렌쩨는 자기 영토 안에 있는 교회 재산을 모두 몰수하는 것으로 반응했다. 종교 재판소 건물을 무너뜨리고 교회의 재판소를 폐쇄하고, 고집이 센 사제들을 감옥에 가두거나 일부는 목매달아 죽였다. 그리고 로마로 사절을 보내 혁명에 동참하여 이탈리아에서 교회의 세속적인 권한을 모두 끝내자고 촉구했다. 로마가 망설이는 사이 그레고리우스는 시 대표들에게 급보를 보내서 로마 시가 자기편에 그대로 머문다면 자신은 교황청을 로마로 옮기겠노라고 엄숙하게 약속했다. 로마 사람들은 이 약속을 받아들여 평화를 유지했다.

그 사이 교황은 "사나운 교황 특사 제네바의 로베르트 추기경"의 지휘 아래 "거친 브르타뉴 용병"을 이탈리아로 보냈다.[22] 로베르트는 믿을 수 없이 잔인한 방식으로 전쟁을 수행했다. 사면을 약속하고 체세나를 접수했지만 그곳의 모든 남자들, 여자들, 아이들을 죽였다.[23] 용병대장 존 호크우드는 자신의 용병을 거느리고 교회를 위해 싸웠는데, 파엔짜가 폭도의 편을 들려 했다고 의심하여 그곳 사람 4000명을 죽였다. 시에나의 성 카타리나는 이런 잔혹성에 충격을 받았다. 그리고 많은 이탈리아 지역에서 벌어진 상호 몰수와 예배 의식의 중지에 놀랐다. 그녀는 그레고리우스 교황에게 다음과 같이 써 보냈다.

> 당신은 교회가 잃어버린 영토를 되찾아야 합니다. 그러나 그보다도 더욱 해야 할 일은 교회의 진짜 보물인 양 떼를 모두 되찾는 일입니다. 양 떼를 잃어버리면 교회는 정말로 가난해질 것이니까요. …… 당신은 선의와 사랑과 평화의 무기로 사람들을 치셔야 합니다. 그러면 전쟁의 무기로 얻는 것보다 더 많은 것을 얻을 것입니다. 당신의 구원을 위해, 그리고 교회의 회복을 위해, 또 온 세계를 위해 무엇이 가장 좋은지 제가 하느님께 물어보니 오로지 평화! 평화!라는 답변을 받을 따름입니다. 십자가에 못 박힌 구세주를 위해 평화를![24]

피렌쩨는 그녀에게 자기들이 교황에게 보내는 사절단의 일원이 되어 달라고 초대했다. 그녀는 함께 갔고, 아비뇽의 도덕성을 비난할 기회를 가졌다. 그녀가 노골적으로 비난했기 때문에 많은 사람들이 그녀를 체포할 것을 요구했지만 교황은 그녀를 보호했다. 이번 사절은 즉각적인 결과를 얻지 못했다. 그러나 교황이 곧바로 로마로 돌아오지 않으면 로마도 반대편에 가담하리라는 전갈이 오자마자 그레고리우스는(아마도 카타리나의 청원에도 마음이 움직여서) 마르세유를 떠나 1377년 1월 17일에 로마에 도착했다. 그가 모든 사람에게 환영을 받은 것은 아니었다. 피렌쩨의 하소연은 이 붕괴된 도시에 옛날 공화정의 기억을 되살려냈다. 그레고리우스는 이 오랜 그리스도교의 수도에서 목숨이 위태롭다는 경고를 받았다. 5월에 그는 아나니로 물러났다.

이제 마침내 카타리나의 뜻에 굴복하기라도 하듯이 교황은 전쟁을 버리고 외교를 선택했다. 그의 외교관들은 교회와의 평화를 간절히 원하는 여러 도시국가의 주민들에게 폭도 정부를 뒤집어엎으라고 용기를 주었다. 그리고 교황의 편으로 돌아오는 모든 도시에 대해서, 그들 자신이 선택한 교황의 대리인 아래 자치(自治)를 허용하겠다고 약속했다. 도시 국가들은 하나씩 이 조건을 받아들였다. 1377년에 피렌쩨는 베르나보 비스콘티가 피렌쩨와 교황 사이의 협상을 중재하기로 교황과 합의를 보았다. 베르나보는 교황에게 피렌쩨에 요구하는 보상금의 절반을 자기가 받기로 하고, 피렌쩨가 80만 플로린(2000만 달러)의 보상금을 교황청에 지불하라고 요구했다. 동맹국에 배신을 당한 피렌쩨는 몹시 화가 난 채로 여기 굴복했다. 그러나 교황 우르바누스 6세는 이 보상금을 25만 플로린으로 낮춰 주었다.

그레고리우스는 살아서 자신의 승리를 보지 못했다. 1377년 11월 7일에 그는 로마로 돌아왔다. 아비뇽에서도 이미 병약해진 상태였기에, 중부 이탈리아의 겨울을 견뎌 내지 못했다. 그는 죽음이 다가오는 것을 느끼고, 교황청을 차지하기 위해 프랑스와 이탈리아가 벌이는 갈등이 교회를 분열시킬까 두려워했다. 1378년 3월 19일에 그는 자신의 후계자를 빨리 선출할 수 있도록 조치를 취해 두었다. 8일 뒤에 그는 "아름다운 조국 프랑스"를 그리며 눈을 감았다.[25]

3. 그리스도교도의 생활: 1300~1424

사람들의 신앙심과 성직자들의 도덕성에 대한 논의를 뒤의 장으로 미루고 여기서는 14세기 이탈리아에서 서로 대립적인 두 가지 그리스도교도의 모습을 살펴보기로 한다. 종교 재판과 성인들의 모습 말이다. 공정하기 위해서는 당시 절대 다수의 그리스도교도들이 교회는 하느님의 아들에 의해 세워진 것이고, 교회의 기본 교리는 바로 하느님의 아들에 의해 주어진 것임을 믿고 있었다는 사실을 기억해야 한다. 그래서 (교회를 위해 일하는 사람들이 어떤 잘못을 범하든 간에) 교회를 뒤집어엎으려는 활동은 신의 권위에 대한 반항이며 동시에 교회가 도덕적 팔을 펼쳐 옹호하는 세속 국가에 대한 반역이었다. 이 생각을 마음에 담고 있어야만 우리는 교회와 속인들이 모두 힘을 합쳐, 저 노바라의 돌치노

(Dolcino of Novara)와 그의 아름다운 자매 마르게리타(Margherita)가 설교하던 이단 신앙을 사납게 억압한 것을 이해할 수가 있다.

플로라의 요아힘(Joachim of Flora)처럼 돌치노는 역사를 여러 개의 시대로 나누었다. 그중 교황 실베스테르 1세(314~335)부터 1280년에 이르는 시대는 세 번째 시대로서 이것은 교회가 세속적인 부에 의해 점차 부패한 기간이었다. 그의 주장에 따르면 실베스테르 교황 이후로 셀레스티노 5세를 제외한 모든 교황들이 그리스도에게 충실하지 못한 탓이었다. 베네딕투스, 프란치스쿠스, 도미니쿠스 등이 교회를 재물(財物)의 신인 맘몬에게서 도로 하느님 편으로 되찾기 위해 고귀한 노력을 기울였으나 실패로 돌아갔다. 지금 보니파키우스 8세와 클레멘스 5세 치하에서 교황청은 묵시록에 나오는 창녀가 되고 말았다. 돌치노는 이렇게 주장하면서 스스로 "파르마의 사도 형제"라는 종교 단체의 우두머리가 되고 교황의 권위를 거부했다. 그러고는 파타리노파(11세기), 발드파(12세기), 프란체스코 신비파(13세기) 등의 이단 사상을 뒤죽박죽으로 물려받았다. 그들은 절대적 순결을 고백했으나 각기 자신의 자매라고 주장하는 여자와 함께 살았다. 클레멘스 5세는 종교 재판 측에 그들을 조사하라고 명령했다. 그들은 법정에 출두하기를 거부했다. 대신에 무장을 하고 알프스 산자락 피에드몬테에 본거지를 잡았다. 종교 재판관들은 그들에 맞서 군대를 출동시켰다. 피투성이 전투가 여러 번이나 벌어졌다. 사도 형제들은 산 속의 좁은 길로 물러나서 그곳을 봉쇄하고 거기서 굶주리며 지냈다. 그들은 쥐, 개, 산토끼, 풀 따위를 먹었다. 그러다가 마침내 그들의 산 속 요새가 붕괴되고 천 명의 사람들이 싸우다 죽고, 수천 명은 화형을 당했다.(1304) 마르게리타가 화형대에 끌려 나왔을 때 그녀는 야위었는데도 여전히 아름다워서 신분이 높은 남자들은 그녀에게 이단 신앙을 버리고 결혼하자고 제안했다. 그녀는 그런 제안을 물리치고 서서히 불에 타 죽었다. 돌치노와 그의 조수인 롱기노는 특별 대우를 위해 남겨졌다. 그들은 수레에 태워져 베르첼리 시내로 끌려 다녔다. 이 행렬이 지나가는 동안 뜨거운 집게로 그들의 몸에서 살점을 조금씩 뜯어냈다. 사지와 생식기는

비틀어서 몸에서 떼어 냈다. 그러고 나서야 그들은 겨우 죽음을 허락 받았다.[26]

그리스도교가 이러한 야만성에서 관심을 돌려, 거룩함의 경지에 이르도록 영감을 주는 남자와 여자들에게서 효능을 계속 발휘하는 것은 유쾌한 일이다. 아비뇽의 시련과 부패를 목격했던 동일한 세기에 몬테 코르비노의 죠반니(Giovanni da M. Corvino)와 포르데노네의 오데릭(Oderic of Pordenone) 같은 전도자들이 나왔다. 그들은 힌두교도와 중국인들을 개종시키려고 노력했던 사람들이다. 그러나 프란체스코 수도사였던 연대기 기록자의 말에 따르면 중국인들은 "누구든 자신의 신앙으로 구원을 받을 수 있다는 오류"에 그대로 머물렀다.[27] 이들 전도자들은 자신도 모르는 사이에 종교가 아니라 지리학의 발전에 더 많은 공헌을 했다.

시에나의 성 카타리나(1347~1380)는 오늘날에도 방문객들이 찾아가 볼 수 있는 평범한 방에서 태어나 살고 죽었다. 지상의 하찮은 곳에서 그녀는 교황청이 로마로 돌아오는 일을 도왔고, 이탈리아 사람들의 마음에 신앙심을 되살리는 일을 도왔다. 그 신앙심은 르네상스와 뒷날 국가 통일 운동 이후까지도 살아남았다. 열다섯 살 나이에 그녀는 성 도미니크의 '고행(苦行) 교단'에 합류했다. 이것은 수도사나 수녀가 아닌 '제 3의' 집단이었다. 남자와 여자들은 그대로 세속의 생활을 하면서 가능한 한 종교와 순결의 사업에 자신을 바치는 생활이었다. 카타리나는 부모와 함께 살았다. 그녀는 자신의 방을 거의 은둔처로 만들고 기도와 신비적 명상에 완전히 빠져들었다. 그리고 교회에 갈 때를 빼고는 거의 집을 떠나지 않았다. 부모는 딸이 이렇듯 종교에 깊이 몰두하는 것이 두렵고 또 그녀의 건강이 걱정되었다. 그들은 그녀에게 극히 힘든 집안일을 맡겼으나 그녀는 전혀 불평하지 않고 그 일을 해냈다. "나는 내 마음속에 예수님을 위한 작은 구석을 따로 떼어 놓았다."라고 말하면서[28] 어린이와 같은 명랑함을 유지했다. 다른 소녀들 같으면 세속적인 사랑에서 얻으려고 하는 온갖 기쁨, 의심, 황홀경 등을 카타리나는 그리스도를 향한 헌신에서 구하고 찾아냈다. 고독한 명상이 점차 집중도를 더해 가면서 그녀는 그리스도를 자신의 애인으로 여기고 그렇게 말하게 되었다. 그녀는 주님과 마음을 나누고 환상 속에서 자신이 주님과 결혼식을 올리는 것을 보았다. 성 프란체스코와 마찬가지로 그녀는 십자가에 못 박힌 그리스도가 얻은 다섯 군데의 상처에 대해 하도 오래 명상한 나머지 자신의 손과 발과 옆구리에서 그 상처의 아픔을 느끼게 되었다. 모든 육체의 유혹이란, 악마가 자신의 커지는 사랑을 방해하려는 간계라 여겨 물리쳤다.

혼자만의 신앙심으로 3년을 보낸 다음 그녀는 이제 도시의 생활 속으로 들어갈 수 있다고 느꼈다. 자신의 여성성을 그리스도에게 바쳤듯이, 그녀는 모성의 부드러움을 시에나의 가난하고 병든 사람들에게 바쳤다. 흑사병에 걸린 사람들 곁에 마지막까지 머물렀고, 사형을 당할 죄수들 곁에서 영적인 위안을 주며 처형 시간이 다가올 때까지 함께했다.[29] 부모가 죽으면서 약간의 재산을 남긴 것을 가난한 사람들에게 나누어 주었다. 그녀는 천연두를 앓아서 얼굴을 망가뜨렸지만 그 얼굴은 그녀를 바라보는 모든 사람들에게 축복이었다. 젊은 남자들은 그녀 곁에서 버릇이 된 허풍을 그만두고, 나이 든 남자들은 의심을 버리고 단순하고 위안을 주는 그녀의 철학을 경청했다. 인간의 삶에 나타나는 모든 해악은 인간의 허약함의 결과라고 그녀는 생각했다. 그러나 인류의 모든 죄악은 하느님 사랑의 대양 속에 삼켜져 없어지고 만다. 사람들이 그리스도의 사랑을 실천하도록 만들 수만 있다면 세상의 모든 환자들은 치유될 것이다. 많은 사람들이 그녀를 사랑했다. 몬테풀치아노 마을은 그녀에게 사람을 보내 그리로 와서 서로 반목하는 집안들을 화해하게 해 달라고 요청했다. 피사와 루카도 그녀의 충고를 구했다. 피렌체는 아비뇽에 보내는 사절단에 합류해 달라고 청했다. 그녀는 점차 세상 속으로 파고들었다.

그녀는 이탈리아와 프랑스에서 자기가 본 것에 깜짝 놀랐다. 로마는 불결하고 황량했다. 이탈리아는 교회에서 멀어지고 교회는 프랑스에 내던져졌다. 성직자들은 세속적인 생활 방식으로 인해 속인의 존경심을 잃었다. 프랑스는 전쟁으로 이미 절반은 파괴되었다. 자신이 신의 임무를 띠고 있음을 확신하고서 그녀는 고위 성직자와 교황의 얼굴에 대고 그들이 로마로 돌아가고, 또 단정한 생활 방식으로 돌아가야만 교회를 구할 수 있다고 말했다. 그녀 자신은 글을 쓸 줄 몰랐기 때문에 이제 스물일곱 살이 된 그녀는 단호하지만 사랑에 넘치는 편지들을 구술했다. 단순하고도 멜로디가 있는 이탈리아어로 쓴 편지들을 교황과 왕자들과 정치가들에게 보냈다. 거의 모든 장마다 저 예언적인 '개혁(Riformazione)'이란 말이 나타난다.[30] 그녀는 정치가들의 일에서는 실패했지만 보통 사람들의 일에서는 성공했다. 그녀는 우르바누스 5세가 로마로 돌아왔을 때 기뻐했고 그가 떠났을 때 탄식했다. 그리고 그레고리우스 11세가 왔을 때 다시 살아났다. 우르바누스 6세에게 훌륭한 충고를 베풀었지만 그의 잔인성에 충격을 받았다. 교황의 분열이 그리스도교 세계를 둘로 나누었을 때 그녀는 이 믿을 수 없는 갈등이 만들어 낸 첫 희생자가 되었다. 그녀는 한 입 정도의 음식으로 먹는 양을 줄였다. 전설에 따르면 그녀는 극단적으로 고행을 해서 교회에서 받는 성찬용 빵이 유일한 음식이었다고 한다. 그녀는 질병에 대한 저항력을 잃어버렸다. 교황의 분열은 그녀의 삶에의 의지를 꺾어 버렸다. 교황 분열이 나타난 지 2년 만에 그녀는 죽었다.(1380) 서른셋의 나이였다. 오늘날까지 그녀는 그리스도와 교회 다음으로 그녀가 사랑했던 이탈리아를 수호하는 성스러운 힘이다.

그녀가 죽은 같은 해에(1380) 같은 도시에서 성 베르나르디노가 태어났다. 카타리나가 남긴 전통이 그에게서 계속되었다. 1400년 흑사병이 일어나자 그는 밤낮으로 병자를 돌보았다. 프란체스코 수도회에 들어간 뒤로는 교단의 엄격한 기율을 준수하는 모범을 보였다. 많은 수도사들이 그의 예를 따랐다. 이들과 함께 그는 프란체스코파 계율 엄수 수도회를 만들었다.(1405) 그가 죽기 전에 300개의 수도원이 그의 규칙을 받아들였다. 그의 생애의 순수함과 고귀함이 그의 설교에 저항할 수 없는 힘을 부여했다. 로마의 주민들이 유럽 다른 어떤 도시의 주민보다도 더욱 법을 지키지 않던 시절의 로마에서도 그는 범죄자들을 고백하게 하고, 죄인들을 회개로 이끌고 오래 묵은 불화에 화해를 가져왔다. 피렌체에서 사보나롤라가 이 도시의 허영심을 불태우기 70년 전에 베르나르디노는 로마의 남자와 여자들을 설득해서 그들이 즐기던 카드, 주사위, 복권, 가발, 음란한 그림과 책들, 심지어는 악기까지 모두 모아 카피톨리니 언덕에서 불에 태웠다.(1424) 사흘 뒤에는 마녀로 고발된 젊은 여인이 같은 장소에서 화형을 당했다. 로마의 모든 사람들이 그 광경을 구경하러 몰려들었다.[31] 성 베르나르디노는 "가장 양심적인 이단 박해자"였다.[32]

이렇게 해서 선한 것과 악한 것, 아름다운 것과 끔찍한 것이 그리스도교도 생활의 흐름과 혼란 속에 섞여 들었다. 이탈리아의 단순한 민중이 여전히 중세에 머물러 있는 동안 중간 계층과 상류층은 고대의 문화라는 오래 묵은 포도주에 절반쯤 취해서 고귀한 열정으로 르네상스와 현대인을 만들어 내기 시작했다.

피렌쩨의 르네상스
1378~1534

THE RENAISSANCE

3장   메디치 가문의 떠오름
1378~1464

1. 무대 장치

이탈리아 사람들은 다가오는 이 시대를 '리나시타(la Rinascita),' 곧 재탄생이라 불렀다. 그들에게 이것은 천 년 동안이나 야만적인 중단이 있은 다음 고전 정신이 다시 부활한 것으로 보였기 때문이다.* 이탈리아 사람들은 고전 시대가 3, 4, 5세기에 게르만족과 훈족이 침입하면서 끝났다고 느꼈다. 고트족의 무서운 손길은, 시들어 가고는 있었지만 여전히 아름다운 로마의 예술과 생명의 꽃을 부수어 버렸다. 위험할 정도로 불안정하고 장식적으로 기묘한 건축물과 조잡하고 거칠면서 게다가 어두운 예언자들과 메마른 성인들을 표현해서 울적한

---

* 바사리는 『이탈리아의 건축가, 화가, 조각가들의 생애』(1550)에서 '리나시타'라는 용어를 썼다. 이어서 1751~1772년에 나온 프랑스 백과사전은 14세기, 15세기, 16세기의 학문과 예술의 꽃을 서술하기 위해 '르네상스(Renaissance)'라는 용어를 사용했다.

조각품을 지닌 '고트족의(=고틱=고딕)' 예술이 또 다른 침입을 했다. 이제 시간의 은총을 입어 저 수염 기른 고트족과 '긴 수염'의 롬바르디아 사람들이 우세한 이탈리아 혈통에 흡수되었다. 고대 건축가 비트루비우스(Vitruvius)에 힘입어, 그리고 로마 포룸 광장의 교훈적인 폐허를 통해서 고전 시대의 기둥과 처마도리가 다시금 소박한 위엄을 갖춘 사원과 궁전들을 만들어 낼 참이었다. 페트라르카와 다른 수많은 이탈리아 학자들 덕분에 새로 발견된 고전 문헌들은 이탈리아 문학을 복구시켜 키케로 산문의 순수한 정밀함과 특성을 얻고, 베르길리우스 시구의 달콤한 음악성을 지니게 할 참이었다. 이탈리아 정신의 햇빛이 북유럽의 안개를 뚫고 나왔다. 남자와 여자들은 중세의 두려움이라는 감옥에서 빠져나왔다. 그들은 온갖 형태의 아름다움을 숭배하고, 부활의 기쁨으로 공기를 가득 채울 참이었다. 이탈리아는 다시 젊어질 참이었다.

일찍이 이 말을 한 사람들은 이 사건과 너무 가까이 있어서 이 '재탄생'을 역사적 전망을 가지고 바라볼 수가 없었다. 아니면 혼란스러울 정도로 다양한 그 구성 요소들을 제대로 볼 수가 없었다. 그러나 르네상스를 만들기 위해서는 고대의 재탄생 이상의 일이 필요했다. 무엇보다도 돈, 악취를 풍기는 부르주아의 돈이 필요했다. 능숙한 경영과 싸구려 노동력이 만들어 낸 이윤. 동쪽으로의 모험적인 여행과 알프스 산을 넘는 험한 여행 끝에 물건을 싸게 사다가 비싸게 팔아서 남긴 이윤. 조심스러운 계산, 투자, 대출 등으로 만든 이윤. 이자와 배당금이 쌓여 만든 돈. 그래서 육체의 즐거움을 누리고, 관직과 애인을 사고도 돈이 넉넉하게 남아돌게 되어서야 비로소 미켈란젤로나 티찌아노 같은 사람의 힘을 빌려 부(富)를 아름다움으로 바꾸고 예술의 숨결로 행운을 향기롭게 만들 수 있었던 것이다. 돈은 문명의 뿌리다. 상인들과 은행가들의 기금과 교회의 기금이 필사본들을 사들일 돈을 지불했고, 이 필사본들이 고대를 부활시켰다. 그러나 르네상스의 정신과 감각을 자유롭게 만든 중요한 힘은 그런 사본들이 아니었다. 그것은 중산층의 힘이 커지면서 나타난 세속주의 덕분이었다. 또한 대학과 지식과 철학의 성장 덕분이었으며, 역사와 법을 연구해서 정신이 현실적으로 예리해진 덕분이었다. 더 폭넓은 세상과의 만남을 통해 정신이 확장된 덕분이었다. 교회의 교리를 의심하고 지옥의 공포를 두려워하지 않고 또 성직자가 속인과 똑같이 쾌락주의적이라는 것을 보면서 교육받은 이탈리아 사람들은 지적, 윤리적 금기들에서 벗어났다. 자유로워진 감각은 여자와 남자, 예술에 드러난 온갖 형태의 아름다움에서 노골적인 즐거움을 얻었다. 새로 얻은 자유는 놀라운 1세기 동안(1434~1543) 그들을 창조적으로 만들고 나서 도덕적 혼란, 파괴적인 개인주의, 그리고 민족의 굴종 등으로 그들을 파멸시켰다. 르네상스는 두 가지 계율, 즉 중세와 종교 개혁 사이의 막간극이었다.

어째서 이런 봄의 깨어남을 북부 이탈리아가 가장 먼저 경험하게 되었던가? 그곳에서 고대 로마의 세계는 완전히 파괴된 적이 한 번도 없었다. 도시들은 고대의 구조와 추억을 간직하고 있었고, 이제 자기들의 로마법을 새롭게 만들었다. 로마, 베로나, 만토바, 파도바 등지에 고전 예술은 살아 있었다. 로마에 아그리파가 세운 판테온은 1400년이나 되었는데도 여전히 숭배의 장소라는 기능을 그대로 유지하고 있었다. 포룸 광장에서는 아직도 키케로와 카이사르가 카틸리나의 운명을 놓고 논쟁을 벌이는 소리가 들리는 듯했다. 라틴어는 여전히 살아서 통용되는 언어였다. 이탈리아어는 라틴어에 멜로디를 가미한 변종일 뿐이었다. 이교의 신들, 신화, 제의(祭儀)들은 아직도 사람들의 기억 속에, 아니면 그리스도교의 형식 아래 남아 있었다. 이탈리아는 고대 문명과 무역이 이루어지던 지중해를 지휘하면서 그곳을 가로지르는 위치에 자리 잡고 있었다. 북부 이탈리아는 당시 플랑드르 지방을 제외하면 유럽의 다른 어떤 지역보다 더 도시와 산업이 발달한 곳이었다. 북부 이탈리아는 한 번도 완전히 봉건 국가가 된 적이 없었지만 그 귀족들을 도시와 상인 계층에 복종하게 만들었다. 이곳은 이탈리아 나머지 지역과 알프스 이북 유럽의 교역 통로였고, 서유럽과 레반트 해역(동부 지중해의 섬과 연안 제국)의 연결 통로였다. 북부 이탈리아의 상공업은 이 지역을 가장 부유한 그리스도교 지역으로 만들었다. 모험적인 무역 상인들은 프랑스의 연시(年市)에서 가장 멀리 떨어진 흑해의 항구들에 이르기까지

어디든지 갔다. 그리스, 아라비아, 유대, 이집트, 페르시아, 힌두, 중국 사람들과의 무역에 익숙해진 그들은 자신들의 신앙 교리의 날카로움을 잃어버렸다. 덕분에 교육받은 이탈리아 계층이 신앙에 대해 무관심해졌는데, 이런 무관심은 이방의 종교와 폭넓은 교류를 하면서 19세기 유럽에 생겨난 것과 동일한 종류의 무관심이었다. 그러나 상업상의 지혜가 민족적인 전통, 기질, 자부심 등과 합세하여 이탈리아를 가톨릭으로 유지시켰다. 이탈리아 사람들이 이교적이 되던 시기에도 여전히 그랬다. 교황청이 거두어들이는 헌금은 20여 개 그리스도교 국가에서부터 천 개의 작은 개울이 되어 로마로 흘러들었고, 교황청의 부는 이탈리아 전역으로 넘어갔다. 교회는 이탈리아 사람들이 보인 충성심에 대해 육체의 죄에 대한 너그러움으로 보답했다. 그리고 이단적인 철학자에 대해서도 (1545년 트리엔트 공의회가 열리기 전까지는) 그들이 사람들의 신앙심을 망가뜨리는 일을 중단하기만 하면 경이로운 관용을 베풀었다. 그래서 이탈리아는 부(富)와 예술과 사유에서 나머지 유럽 지역보다 1세기는 앞섰다. 르네상스는 16세기 이탈리아에서 시들고 나서야 비로소 프랑스, 도이치 지역, 네덜란드, 잉글랜드, 스페인 등지에서 꽃피어났다. 르네상스란 시간상의 시대가 아니라 생활과 사유의 방식이다. 그것은 상업, 전쟁, 사상의 통로를 통해 이탈리아에서 전 유럽으로 퍼져 나갔다.

    르네상스는 이탈리아에서 맨 먼저 탄생한 것과 아주 동일한 이유로 피렌쩨에서 맨 먼저 탄생했다. 조직화된 산업, 상업의 확장 그리고 은행가들의 활동 등을 통해 꽃의 도시 피렌쩨는 14세기에 이탈리아 반도에서 베네찌아를 제외하고는 가장 부유한 도시였다. 이 시대 베네찌아가 거의 모든 에너지를 쾌락과 부를 추구하기 위해 사용하고 있었다면, 피렌쩨 사람들은 아마도 소란스러운 얼치기 민주주의의 자극을 통해 사상과 재치와 모든 종류의 기술을 대단히 예리하게 발달시켰다. 그러한 요소들은 이 도시를 이탈리아의 문화 중심지로 만들었다. 당파 싸움은 삶과 사유의 기질을 더욱 달구었다. 경쟁하는 집안들은 권력을 추구할 때처럼 예술에 대한 후원에서도 경쟁을 벌였다. 여기에 최초는 아니지만 최종적인 자극이 덧붙여졌다. 코시모 데 메디치는 자신과 친척들의 재산 및 궁전을 제공해서 피렌쩨 공의회(1439)에 찾아온 손님들을 맞아들였다. 동방 정교와 가톨릭 교회의 통합을 논의하기 위한 공의회를 찾아온 그리스 고위 성직자와 학자들은 그리스 문학에 대해 그 어떤 피렌쩨 사람보다 훨씬 뛰어난 지식을 지녔다. 그들 중 일부는 피렌쩨에서 강연을 했고 도시의 엘리트들은 그들의 강연을 들으러 몰려들었다. 콘스탄티노플이 터키에 정복당했을 때 (1453) 많은 그리스 사람들은 고향을 떠나 피렌쩨를 제2의 고향으로 삼았다. 그곳에서 그들은 14년 전과 똑같은 환대를 받았다. 이들 중 일부는 고대 텍스트의 필사본들을 지니고 왔다. 이렇게 다양한 영향들이 합쳐지면서 르네상스는 피렌쩨에서 형태를 잡아 가기 시작했고, 그러면서 피렌쩨는 이탈리아의 아테네가 되었다.

2. 물질적 기반

15세기에 피렌쩨는 피렌쩨뿐만 아니라 프라토, 피스토야, 피사, 볼테라, 코르토나, 아레쪼, 그리고 배후의 농업 지역 등을 통치하는(이따금 중단을 겪으면서) 도시 국가였다. 농부들은 농노가 아니었다. 일부는 약간의 토지를 소유한 자영농이고, 대부분은 소작농이었다. 이들은 거칠게 결합시킨 돌로 만든 집에 살고 마을 일을 보살필 이장을 자기들이 선출했다. 마키아벨리는 괴수워이니 포도원에서 일하는 이들 튼튼한 들판의 기사들과 더불어 이야기하거나 노는 것을 전혀 꺼리지 않았다. 그러나 도시의 행정관들이 판매를 규제했고 성가신 도시의 프롤레타리아를 달래기 위해 농산품 값을 너무 싸게 매겨서 농부들은 마음이 편치 못했다. 그렇게 해서 도시 성벽 안에 자리 잡은 계급들 사이에 생겨난 증오의 노래에, 아주 오래된 도시와 농촌의 갈등이 음울한 필수 반주처럼 덧붙여졌다.

지오반니 빌라니(G. Villani)에 따르면 1343년에 피렌쩨 시에만 약 9만 1500영혼이 있었다. 뒷날의 르네상스 시기에 대해서는 이와 동일하게 믿을 만한 수치가 없다. 그러나 상업이 확장되고 산업이 번성하면서 인구가 늘었으리라 추정할 수 있다. 도시 거주자의 약 4분의 1이 산업 노동자였다. 13세기에 방직 산업체만 공장 수가 200개에 이르고 3만 명의 남녀 노동자가 고용되어 있었다.[1] 1300년에 페데리고 오리첼라리(F. Oricellarii)는 이끼에서 자주색 염료를 추출하는 비밀을 동양에서 가져온 덕분에 이런 성을 얻었다.(오르첼라=자주색 염료) 이 기술은 염색 산업에 혁명을 일으켰고, 일부 모직 제조업자들을 오늘날 용어로 백만장자로 만들었다. 1300년에 이미 피렌쩨의 방직업계는 거액의 투자와, 원료 및 기계의 중앙 공급, 체계적인 노동 분업, 자본 공급자가 생산을 통제하는 것 등 자본주의 단계에 도달해 있었다. 1407년에 모직 의상 한 벌은 30개의 공정을 통과해서 생산되었고, 특수한 기술을 가진 노동자가 각 공정의 일을 맡았다.[2]

이런 생산품을 팔기 위해서 피렌쩨는 지중해의 모든 항구와, 또 브뤼게에 이르는 대서양의 항구들과 무역을 계속하도록 무역 상인들을 격려했다. 이탈리아, 발레아레스 군도, 플랑드르, 이집트, 키프로스, 콘스탄티노플, 페르시아, 인디아, 중국 등지에는 피렌쩨 무역을 보호하고 고무하기 위한 영사관이 자리 잡고 있었다. 피렌쩨 생산품이 바다로 나가기 위해 없어서는 안 되는 출구로 피사가 정복되었고, 물품을 실어 나르기 위해 제노바 상선들을 빌렸다. 피렌쩨 공장주들과 경쟁하는 외국 생산품은, 상인과 금융업자들로 이루어진 정부가 매기는 보호 관세로 인해 피렌쩨 시장에 들어올 수가 없었다.

산업과 상업을 재정적으로 뒷받침하기 위해, 피렌쩨에 있는 80개의 은행가 집안들이(바르디, 페루찌, 스트로찌, 피티, 메디치 집안이 핵심이 됨) 고객이 맡긴 돈을 여기에 투자했다. 그들은 수표(polizze)를 현금으로 결제해 주고,[3] 신용장(lettere di pagamenti)을 발부하고,[4] 상품과 예금을 똑같이 교환해 주고,[5] 평화나 전쟁의 시기에 정부를 위해 공채를 발행했다. 일부 피렌쩨 회사들은 잉글랜드의 에드워드 3세에게 136만 5000플로린(3412만 5000달러?)을 빌려 주었다가[6] 그가 채무를 이행하지 않는 바람에 파산했다.(1345) 그런 엄청난 재앙에도 불구하고 피렌쩨는 13세기에서 15세기에 걸쳐 유럽의 금융 수도였다. 유럽 통화들의 환율이 피렌쩨에서 결정되었다.[7] 1300년에는 이미 이탈리아 화물의 해상 운송을 보호하기 위해 보험 제도가 존재하고 있었다. 영국의 경우에는 1543년에야 비로소 도입된 제도였다.[8] 1382년 피렌쩨 회계 장부에는 복식 회계 방식이 나타나고 있다. 이것은 피렌쩨, 베네찌아, 제노바 등지에서는 당시 벌써 백년이나 되었던 것 같다.[9] 1345년에 피렌쩨 정부는 이자율 5퍼센트라는 저금리로, 황금으로 상환되는 양도성 공채를 발행했다. 상업적 번성과 보전에 대한 도시의 명성을 입증해 주는 부분이다. 1400년 정부의 세수(稅收)는 엘리자베스 1세 시대 영국의 전체 세수를 능가했다.

유럽의 은행가, 상인, 제조업자, 기술자, 숙련된 노동자들은 수공업 조합에 속했다. 피렌쩨에는 일곱 개의 조합들이(arti, 기술, 상업) '큰 조합(arti maggiori)'을 이루었다. 의류, 모직, 견직 제조업자들, 그리고 모피 상인, 금융업자, 의사 및 약제사들의 조합, 그 밖에 상인, 판사, 공증인들이 뒤섞인 혼합 조합 등의 7개 조합이다. 그리고 14개의 '작은 조합(arti minori)'들이 있었다. 의류상, 양말 장수, 정육점, 제빵 기술자, 포도주 상인, 구두 수선공, 마구 제조인, 병기 제조인, 대장장이, 자물쇠 제조인, 목수, 여관 주인, 석수장이 등의 조합과, 그 밖에 기름 상인, 돼지고기 정육점, 밧줄 제조인이 뒤섞인 혼합 조합 등이었다. 이들 조합에 속한 조합원들만 투표권이 있었다. 1282년 부르주아 혁명에 의해 시민권을 뺏긴 귀족들도 투표권을 얻기 위해 이들 조합에 가입했다. 이들 21개의 조합 아래로 투표권이 없는 노동자들 연맹 72개가 있었다. 이들보다 아래에 수천 명의 일당 노동자들은 조직을 만드는 일이 금지된 채 무력한 빈곤 속에 살았다. 이들보다 더 아래에 (아니면 주인들이 잘 대해 주면 그들보다 위에) 노예들이 있었다. 큰 조합의 조합원들은 정치에서 잘사는 주민들로 구성된 '포폴로 그라소(popolo grasso, 큰 주민들)'를, 나머지 사람들은 작은 사람들이라는 뜻의 '포폴로

미누토(작은 주민들)'를 이루었다. 피렌쩨의 정치 역사는 현대 국가들의 그것과 마찬가지로 맨 먼저 오래된 토지 소유 귀족들에 대한 상업 계층의 승리(1293)이고, 그다음에는 '노동 계급'이 정치 권력을 얻기 위해 벌이는 싸움으로 이루어진다.

1345년에 친토 브란디니(Cinto Brandini)와 다른 아홉 명이 모직업계의 가난한 노동자들을 조직했다는 이유로 사형을 당했다. 이들 연맹을 파괴하기 위해 외국인 노동자들이 수입되었다.[10] 1368년에 '작은 주민들'은 혁명을 시도했으나 진압되었다. 10년 뒤에 모직물 산업 노동자들의 반란(tumulto dei Ciompi)은 노동 계층이 공동체를 통제하는 현기증 나는 한순간을 만들어 냈다. 맨발의 노동자 미켈레 디 란도(M. di Lando)의 지휘를 받은 모직물 노동자들이 베키오 궁전으로 몰려와서 정부를 해산하고 프롤레타리아의 독재 정권을 세웠다.(1378) 노동자들의 연맹 결성을 가로막는 법을 폐지하고 작은 연맹들에게 투표권을 주고, 임금 노동자들이 진 빚에 대해 12년간의 지불 유예를 해 주었다. 게다가 이자율을 떨어뜨려 채무를 진 사람들의 부담을 더욱 줄여 주었다. 사업가들은 가게 문을 닫고, 토지 소유자들에게 도시의 식량 공급을 중지하라고 설득함으로써 이에 대응했다. 초조해진 혁명가들은 두 파로 나뉘었다. 기능공들로 이루어진 고급 노동자들 패거리와 공산주의 이념에 따라 움직이는 '좌익' 패거리로 나뉜 것이다. 마지막에 보수주의자들은 시골에서 힘센 남자들을 데려다가 무장시켜서 둘로 나뉜 정부를 쳐부수고 권력을 되찾았다.(1382)

승리한 부르주아 계층 사람들은 자기들의 승리를 확고하게 하기 위해 법을 수정했다. 여덟 명의 조합장들이 시 의회(Signoria)를 구성했다. 이들은 이 직위에 적당한 사람들의 이름을 담은 가방에서 뽑힌 사람들이었다. 이들은 법을 집행하는 '정의의 수호자'들을 뽑았다. 여덟 명의 시 의원 중에서 네 명은 큰 조합 출신이었다. 실제로는 '큰 조합'에 속하는 사람들은 성인 남자 인구의 소수에 지나지 않았다. 자문 기구인 민회(Consiglio del Popolo)도 시 의회와 동일한 비율로 구성되었다. '포폴로(주민)'란 21개 조합의 구성원들만을 가리키는 말이었다. 자치회(Consiglio del Commune)는 보통의 조합원들로 구성되었지만, 이것의 기능은 시 의회가 소집하는 모임에만 국한되었고, 또 시 의회가 미리 내놓은 제안들에 대해서 가부 결정권만을 가졌다. 시 의원들은 아주 드물게만 총회(parlamento)를 소집했다. 총회는 모든 투표권자들이 참석하는 회의로 베키오 궁전에 있는 거대한 종을 울려 사람들을 시 청사 앞 광장으로 소집해서 이루어졌다. 보통 이런 총회는 최고행정관(balia)이나 위원회를 선출하고, 일정 기간 동안 이 위원회에 최고 권한을 위임하고는 해산되곤 했다.

메디치 가문이 등장하기 이전 피렌쩨가 상당한 정도의 민주주의였다고 19세기 역사가들이 믿은 것은 이러한 금권 정치가 알려지지 않은 데서 온 광범위한 오류였다. 피렌쩨의 신하 도시들은 그 자체로 천재들이 풍부하고 자기들의 유산에 대한 자부심이 대단했는데도, 자기들을 통치하는 피렌쩨 시 의회에서 전혀 투표권이 없었다. 피렌쩨에도 오직 3200명의 남자들만이 투표권이 있었다. 시 의회나 민회에서 사업가 계층의 대표자들이 다수를 차지하는 일에 대해 아주 드물게만 도전이 있었다.[11] 상류층은, 문맹인 다수가 국내의 위기나 외교 문제에서 공동체에 좋은 일들을 건전하게, 혹은 안전하게 판단할 수 없다고 확신했다. 피렌쩨 사람들은 자유를 사랑했지만 그것은 가난한 사람들에게는 피렌쩨의 주인들에 의해 통치를 받을 자유이고, 부자들 사이에서는 황제나 교황이나 봉건적인 장애물이 없이 도시와 속국을 통치할 자유를 뜻하는 것이었다.

피렌쩨 법의 결함은 그것이 관정 용어의 산락함을 보인다는 점과 또 법 자체를 빈번히 바꾸었다는 점이다. 파당, 음모, 폭력, 혼란, 무능력 등이 그 결과였다. 그리고 피렌쩨는 베네찌아의 안정과 권력에 작용한, 지속적이고 장기적인 정책을 고안하고 실천할 능력이 부족했다. 피렌쩨에 꼭 어울리는 좋은 결과는, 갈등과 토론이라는 전기(電氣)를 띤 분위기가 맥박을 빠르게 하고, 감각과 정신과 재치를 날카롭게 만들고, 상상력을 자극했다는 점이다. 그것은 피렌쩨를 들어 올려 한 세기 동안 세계의 문화적 지도자로 만들었다.

3. "조국의 아버지" 코시모

피렌쩨에서 정치란 부유한 가문들과 당파들이 정권을 두고 벌인 갈등이었다. 곧 리치, 알비찌, 메디치, 리돌피, 파찌, 피티, 스트로찌, 루첼라이, 발로리, 카포니, 소데리니 등의 집안들이었다. 1381년부터 1434년까지 약간의 중단기를 두고서 알비찌 가문이 도시의 패권을 유지했다. 그들은 용감하게 가난한 사람들에 맞서 부자들을 보호했다.

메디치 집안은 키아리시모 데 메디치가 자치회의 구성원이었던 1201년까지 거슬러 올라가는 것이 가능하다.* 코시모의 고조할아버지인 아베라르도 데 메디치가 대담한 상업과 현명한 재정 운영을 통해 집안의 재산을 모았고, 1314년에 정의의 수호자로 뽑혔다. 아베라르도의 조카손자인 살베스트로 데 메디치는 1378년에 정의의 수호자였는데, 폭동을 일으킨 가난한 사람들의 생각을 옹호해서 가문의 인기에 토대를 마련했다. 살베스트로의 조카손자인 죠반니 디 비치 데 메디치는 1421년에 정의의 수호자였는데, 1년 세금(catasto)으로 소득 1퍼센트의 2분의 1을 징수할 것을 옹호함으로써 (그 자신은 그로 인해 심한 손실을 입을 것에도 불구하고) 집안의 인기를 더욱 높였다. 이것은 한 사람이 지닌 자본금의 7퍼센트에 해당하는 액수였다.(1427)[12] 이전에는 인두세를 매겼기 때문에 가난한 사람들과 똑같은 액수의 세금만 내던 부자들은 메디치 집안에 복수할 것을 맹세했다.

죠반니 디 비치는 1428년에 죽으면서 아들 코시모에게 훌륭한 이름과 토스카나 지역 최대의 재산을 남겼다. 17만 9221플로린(448만 525달러)에 달하는 재산이었다.[13] 코시모는 이미 서른아홉의 나이로 광범위하게 펼쳐진 회사의 운영을 맡기에 충분했다. 이것은 은행에만 국한된 것이 아니었다. 그들은 광범위

---

* 이 이름의 기원은 수수께끼다. 피렌쩨 수공업 조합의 느슨한 방식에 따라 그들이 한 번 의사 조합에 있었을지도 모르지만 그들이 의사였다는 증거는 없다. 또한 황금색 바탕에 여섯 개의 붉은 공을 그린 이 집안의 유명한 표지의 의미도 알려지지 않았다. 뒷날 이 공이 셋으로 줄어들어 전당포 업자들의 표지가 되었다.

한 농장 경영, 견직과 모직물 제조업, 그리고 러시아, 스페인, 스코틀랜드, 시리아, 이슬람과 모든 그리스도교 국가에 이르는 다양한 무역 등을 포함했다. 코시모는 피렌쩨에서 교회들을 짓는 동안에도 터키의 술탄들과 무역을 하고 값비싼 선물을 주고받는 일을 전혀 죄악이라고 여기지 않았다. 회사는 특히 동양에서 부피는 작으면서 값은 비싼 물건들을 수입하는 것이 전문이었다. 양념, 아몬드, 설탕과 같은 물건들이었고, 그들은 이 물품들과 다른 생산품을 유럽의 20여 개 항구에서 팔았다.

코시모는 이 모든 일을 평온한 기술로 지시하고도 정치를 위한 시간을 가질 수가 있었다. 10인전쟁위원회의 구성원으로서 그는 피렌쩨가 루카와의 전쟁을 승리로 이끌었고, 은행가로서 정부에 큰돈을 빌려 주어 전쟁을 재정적으로 뒷받침했다. 그의 인기가 다른 부호들의 질투를 유발해서 1433년에 리날도 델리 알비찌(R. d. Albizzi)가 그를 공격하기 시작했다. 그가 공화국을 전복시키고 스스로 독재관이 되려는 계획을 세웠다는 혐의였다. 알비찌는 당시 정의의 수호자였던 베르나르도 과다니(B. Guadagni)를 설득해서 코시모의 체포를 명하도록 했다. 코시모는 굴복하고 베키오 궁전에 갇혔다. 알비찌와 무장한 그의 부하들이 청사 앞 광장에서 열리는 총회를 지배하고 있었기 때문에 사형 판결은 피할 수 없어 보였다. 그러나 코시모는 1000두카트(2만 5000달러?)를 베르나르도에게 제공할 뜻을 비쳤고, 그는 갑자기 인간적이 되어, 코시모와 그의 아들들, 그리고 중요한 추종자들을 10년간 추방하기로 타협해 주었다.[14] 코시모는 베네찌아에 거처를 정했다. 그것에서 그의 온화함과 재신은 그에게 많은 친구를 만들어 주었다. 베네찌아 정부는 곧 그 영향력을 이용해서 그가 고국에 돌아갈 수 있도록 해 주었다. 1434년에 선출된 시 의회는 그에게 호의적이어서 추방령을 취소했다. 코시모는 승리에 가득 차서 돌아왔고 알비찌와 그 아들들은 도망쳤다.

총회는 최고행정관을 임명하고 그에게 전권을 부여했다. 세 번에 걸쳐 짧은 임기를 역임한 다음 코시모는 모든 정치적 지위에서 물러났다. 그는 이렇게 말했다. "관직에 선출되는 일은 몸에는 불리하고 정신에도 해롭다."[15] 그의 적들이 이미 도시를 떠나고 난 다음이었기에 그의 친구들이 쉽사리 정부를 장악했다. 공화정 체제를 흔들지 않은 채로 그는 설득이나 돈을 이용해서 죽을 때까지 자신의 추종자들이 관직에 남아 있도록 만들 수가 있었다. 그는 부유한 가문들에게 돈을 대부해 주어 그들의 지지를 얻었다. 성직자에게는 선물을 주어 열광적인 도움을 확보했다. 또 유례가 없는 규모와 너그러움으로 공적인 자선 활동을 펼쳤기에 시민들은 쉽사리 그의 통치를 받아들였다. 피렌쩨 사람들은 공화정 체제가 자기들을 부자들의 귀족 정치에서 보호해 주지 못한다는 것을 관찰했다. 모직물 노동자들이 패배한 일이 일반 대중의 머리에 이런 교훈을 깊이 새겨 주었다. 부자들 편을 드는 알비찌 집안과 중산층과 가난한 사람들 편을 드는 메디치 집안 중에서 어느 한 편을 선택해야 한다면 일반 대중은 별로 망설일 필요가 없었다. 경제적 주인들에게 억압을 당하는 사람들은 당파 싸움에 물리기도 한 탓으로 독재 체제를 환영했다. 피렌쩨는 1434년, 페루지아는 1389년, 볼로냐는 1401년, 시에나는 1477년, 로마는 1347년과 1922년(무솔리니 집권)에 이런 독재 체제를 받아들였다. 빌라니는 이렇게 말한다. "메디치 사람들은 자유의 이름으로, 그리고 포폴로와 대중의 지지를 받아 최고 권한을 얻을 수 있었다."[16]

코시모는 이따금 폭력을 가미한 영리한 온건함으로 권력을 사용했다. 자신의 친구들이 발다치오 단기아리가 코시모의 권력을 끝장내기 위해 음모를 꾸민다는 의심을 품고, 그를 아주 높은 창문에서 떨어뜨려 죽게 만들었을 때 코시모는 불평하지 않았다. 그가 남긴 경구들 중에는 이런 것도 있다. "국가는 주기도문으로 통치되지 않는다." 그는 고정되어 있는 소득세 방식을 자본평가세라는 유동적인 제도로 대체했다. 그리고 자본 평가를 친구들에게는 유리하게, 적들에게는 불리하게 조정했다는 비난을 받았다. 이 세금은 코시모가 세력을 장악했던 처음 20년 동안 총 487만 5000플로린(1억 2187만 5000달러)에 달했다. 세금을 지불하기를 망설이는 사람들은 즉석에서 감옥에 갇혔다. 많은 귀족들이 도시를 떠나 중세 귀족들이 즐기던 전원생활을 시작했다. 코스모는, 붉은 천 몇 야드만 있으면 새 귀족은 얼마든지 만들 수 있다면서 그들이 떠나는 것을 태연자약하게 받아들였다.[17]

사람들은 미소를 지어서 그것을 승인해 주었다. 이런 세금이 행정과 피렌쩨를 장식하기 위해 쓰이는 것을 보았기 때문이다. 또 코시모 자신이 공공사업과 개인적인 자선을 위해 40만 플로린(1000만 달러?)을 썼다.[18] 이것은 그가 후계자에게 남긴 것의 거의 두 배나 되는 액수였다.[19] 그는 일흔다섯 생애 마지막까지 아주 근면하게 일하면서 자신의 재산과 국가의 사업을 동시에 보살폈다. 잉글랜드의 에드워드 4세가 그에게 상당한 액수의 대부를 요청했을 때 코시모는 에드워드 3세가 돈을 갚지 않은 것을 개의치 않고 그의 요청을 들어주었다. 왕은 화폐와 정치적 후원으로 그의 너그러움에 보답했다. 볼로냐의 주교인 토마소 파렌투첼리가 자금이 달려서 도움을 요청했다. 코시모는 그를 후원했다. 파렌투첼리가 교황 니콜라스 5세가 되자 코시모는 교황청 재정을 맡게 되었다. 그의 활동의 여러 줄기들이 서로 뒤얽히지 않도록 하기 위해 그는 일찍 일어나 거의 매일 사무실로 갔다. 미국의 백만장자와 똑같다. 집에서는 나무의 가지를 치고 포도나무를 보살폈다. 간소한 옷차림을 하고 절도 있게 먹고 마셨다. 그리고 (노예 소녀에게서 사생아 아들을 얻은 다음) 조용하고 규율이 있는 가정생활을 했다. 그의 집에 들어갈 수 있었던 사람들은 그의 개인 식탁의 소박한 식사와 그가 예의와 평화를 위해 외국의 귀빈들에게 내놓는 화려한 연회 사이의 대조에 깜짝 놀랐다. 그는 보통 인도적이고 온건하고 잘 용서하고 과묵하고 그러면서도 간결한 재치로 유명했다. 가난한 사람들에게 너그러웠고 가난하게 된 친구들의 세금을 지불해 주었으며 품위 있는 태도로 자신의 권력과 자선을 감추었다. 오늘날 보티첼리와 폰토르모와 벤노쪼 고쫄리가 그린 코시모의 초상화가 남아 있다. 중간키에 올리브색 얼굴빛, 허옇게 되어 빠지고 있는 머리, 길고 날카로운 코, 근엄하고 친절한 표정 등은 영리한 지혜와 조용한 강인함을 보여 준다.

그의 대외 정책은 평화를 유지하는 데 바쳐졌다. 파멸에 이르는 갈등을 여러 번 겪고 나서 권력을 얻은 코시모는 실제 일어난 것이든 아니면 위협만 있는 것이든 전쟁이 사업에 얼마나 해로운지 분명히 깨달았다. 밀라노의 비스콘티 가문이 필리포 마리아 비스콘티의 죽음과 더불어 혼란 속에 붕괴되자, 베네찌아는 밀라노 공국을 흡수해서 피렌쩨의 관문이 되는 북부 이탈리아 전 지역을 지배하려고 했다. 코시모는 프란체스코 스포르짜에게 자금을 보내 그가 밀라노에서 자신의 권력을 차지할 수 있도록 도와주어 베네찌아의 전진을 막았다. 베네찌아와 나폴리가 동맹을 맺고 피렌쩨와 대립하게 되었을 때 코시모는 이 두 나라 시민들에게 대부해 준 엄청나게 많은 돈을 상환하라고 요구함으로써 그들의 정부가 평화를 맺도록 만들었다.[20] 그 이후로 밀라노와 피렌쩨는 함께 손을 잡고 베네찌아와 나폴리에 대항했다. 이것이 권력의 균형을 가져와 어느 편도 전쟁을 감행할 수가 없었다. 코시모가 시작하고 로렌쪼가 물려받아 계속한 이러한 세력 균형 정책은 이탈리아 반도에 1450년에서 1492년에 이르는 수십 년간 평화와 질서의 시기를 마련해 주었고, 바로 이 기간 동안 도시 국가들은 부유해져 초기 르네상스를 후원할 수 있게 되었던 것이다.

코시모가 부와 권력에 못지않게 문학, 학문, 철학, 예술 등을 보살핀 일은 이탈리아와 인류에 커다란 행운이었다. 그는 교육을 받은, 취향이 있는 남자였다. 라틴어를 잘 알았고, 그리스, 히브리, 아라비아어 등을 겉핥기로 알았다. 충분한 폭을 지닌 사람이라 다양한 것들을 평가할 줄 알았다. 프라 안젤리코의 경건함과 그림, 프라 필리포 리피의 애교 넘치는 악당 방식, 기베르티 돋을새김의 고전 양식, 도나텔로 조각품의 대담한 독창성, 브루넬레스코의 웅장한 교회들, 미켈란젤로 건축의 절제된 힘, 제미스투스 플레토의 세속적 플라톤주의, 피코와 피치노의 신비주의적 플라톤주의, 알베르티의 세련됨, 포지오의 교육받은 상스러움, 니콜로 데 니콜리의 서적 숭배 등이었다. 그는 그리스 사람 요하네스 아르기로폴로스(J. Argyropoulos)를 피렌쩨로 데려와 피렌쩨 젊은이들에게 고대 그리스 언어와 문학을 가르치게 했다. 그리고 12년 동안이나 피치노와 함께 그리스와 로마 고전들을 공부했다. 많은 돈을 들여 고전 텍스트들을 수집했고 그의 배에 실린 가장 값비싼 화물은 많은 경우 그리스나 알렉산드리아에서 가져오는 필사본들이었다. 니콜로 데 니콜리가 고대 필사본들을 사들이다가 파산하자 코시모는 그에게 메디치 은행에서 무제한 신용 대부를 해 주고 그가 죽을 때까지 그의 뒤를 돌봐 주었다. 또 열렬한 서적상인 베스파시아노 다 비스티치의 지도 아래 45명의 필사가들을 고용해서, 살 수 없는 사본들은 베끼게 했다. 이 모든 "소중한 작은 것들"을 그는 성 마르코 수도원의 방들에, 아니면 피에솔로 수도원에, 아니면 자신의 도서관에 보관했다. 니콜리가 6000플로린(15만 달러)에 상당하는 800종의 필사본과 많은 빚을 남기고 죽으면서(1437) 16명의 친구들에게 자기 책의 처분을 맡겼는데 코시모는 자기가 빚을 떠맡는 대신 이 책들의 보관을 맡겠다고 제안했다. 그렇게 합의가 되었고 코시모는 이 소장본들을 성 마르코 도서관과 자신의 도서관에 나누어 보관했다. 이 모든 소장품들은 아무런 비용도 받지 않고 선생과 학생들에게 공개되었다. 피렌쩨 역사가 바르키는 애국적인 과장벽에 사로잡혀 이렇게 말했다.

그리스 문서들이 인류의 커다란 손실이 되도록 완전히 잊혀지지는 않았다는 것, 그리고 라틴 문서들이 사람들에게 무한한 이익이 되도록 도로 살아나게 된 것 등 이 모든 일에 대해 이탈리아, 아니 전 세계는 오로지 저 메디치 집안의 높은 지혜와 친절함의 덕을 입고 있다.[21]

물론 이렇게 되살아난 이 거대한 작업은 12세기와 13세기 번역가들이 시작한 일이다. 그리고 아라비아의 주석가들과, 페트라르카와 보카치오가 시작한 일이다. 그것은 이미 코시모 이전에 살루타티, 트라베르사리, 브루니, 발라 같은 학자들과 수집가들에 의해 계속된 일이다. 또한 코시모와는 무관하게 니콜리, 포지오, 필렐포, 나폴리의 위대한 왕 알폰소와 수많은 코시모의 동시대 사람들이 계속한 일이기도 하다. 심지어는 그의 경쟁자였던 팔라 스트로찌도 그

일을 했다. 그러나 "조국의 아버지(Pater Patriae)"인 코시모뿐 아니라 그의 후손들인 로렌쪼 마니피코, 교황 레오 10세, 교황 클레멘스 7세 등까지 함께 판단해본다면 학문과 예술의 후원이라는 점에서 메디치 집안은 인류 역사에 알려진 다른 어떤 가문도 비할 수 없는 집안이었다.

4. 인문주의자들

메디치 통치 아래서, 혹은 그들의 시대에 인문주의자들이 이탈리아의 정신을 사로잡았다. 이것은 종교에서 철학으로, 천국에서 지상으로 관심을 돌린 일이며, 깜짝 놀라는 한 세대에게 세속적 사유와 예술의 풍부함을 보여 준 일이었다. 일찍이 아리오스토는[22] 학문에 미친 이런 남자들을 '우마니스티(umanisti, 인문주의자들)'라고 불렀다. 고전 문화의 연구(고전 인문학)를 '우마니타(umanità, 인간의 속성)' 혹은 '리테라에 우마니오레스(literae humaniores, 더 많은 인간의 글)'라고 불렀기 때문이다. 인류에 대한 연구가 이제는 인간이 되어야 했다. 인간 신체의 모든 잠재된 힘과 아름다움을 지닌, 그리고 그의 감각과 느낌의 온갖 즐거움과 고통을 지닌, 또 그의 이성의 허약한 위엄을 지닌 것이 되어야 했다. 그리고 이런 것들은 고대 그리스와 로마의 문학과 예술에서 가장 풍성하고 완벽하게 나타나 있었다. 이것이 바로 인문주의였다.

오늘날까지 전해지는 거의 모든 라틴 고전과 상당수의 그리스 고전들이 이곳저곳의 중세 학자들에게도 알려져 있었다. 그리고 13세기는 중요한 세속의 철학자들을 배출했다. 그러나 13세기는 그리스 시문학을 거의 완전히 무시했다. 그리고 우리가 존경하는 많은 고대의 명사들이 수도원이나 성당 도서관에서 완전히 무시되고 있었다. 페트라르카와 그의 후예들은 그렇게 잊힌 구석에서 "잃어버린" 고전을 찾아냈다. 그는 이런 작품들을 "고귀한 죄수"라고 불렀다. 고귀한 죄수들이 "야만인 간수들에 붙잡혀" 있다는 것이다. 보카치오는 몬테 카시노를 방문했을 때 값진 사본들이 먼지 속에서 썩고 있거나 아니면 예배용 성가나 부적으로 쓰이기 위해 절단되는 것을 보고 충격을 받았다. 포지오는 콘스탄츠 공의회에 참석하고 있을 때 스위스의 성 갈렌 수도원을 방문했는데 그곳 어두운 지하 감옥에서 퀸틸리아누스의 『수사학』 책을 찾아냈다. 그는 두루마리 문서를 펼쳤을 때 고대의 교육자가 손을 쭉 펼치면서 제발 이 '야만인들'에게서 구해 달라고 간청하는 것을 느꼈다. 문화를 의식하는 이탈리아 사람들은 고대 그리스와 로마 사람들이 그랬듯이 알프스 북쪽의 힘에 넘치는 정복자들을 '야만인'이라고 불렀다. 포지오는 겨울의 추위와 눈에도 아랑곳하지 않고 그런 문서들의 무덤에서 루크레티우스, 콜루멜라, 프론티누스, 비트루비우스, 발레리우스 플라쿠스, 테르툴리안, 플라우투스, 페트로니우스, 암미아누스 마르켈리누스의 텍스트와 키케로의 주요 연설문 몇 편을 발굴했다. 콜루치오 살루타티는 베르첼리에서 키케로의 편지들을 찾아냈다.(1389) 게라르도 란드리아니는 키케로의 수사학 논문들을 로디에 있는 낡은 상자에서 찾아냈다.(1422) 암브로지오 트라베르사리는 파도바에서 코르넬리우스 네포스를 망각에서 구원했다.(1434) 타키투스의 「아그리콜라」, 「게르마니아」, 「대화」편은 도이치 땅에서 발견되었다.(1455) 타키투스 『연대기』의 처음 여섯 권과 플리니우스 2세의 편지 사본 전부도 코르베이 수도원에서 발굴되어(1508) 레오 10세의 소중한 소장품이 되었다.

 터키 사람들이 콘스탄티노플을 점령하기 전 반세기 동안 10명 이상의 인문주의자들이 그리스에서 공부하거나 여행했다. 그들 중 한 사람인 죠빈니 아우리스파는 이탈리아로 238종의 사본들을 가지고 돌아왔다. 그중에는 에스킬루스와 소포클레스의 희곡 작품들이 포함되어 있었다. 또 다른 사람인 프란체스코 필렐포는 콘스탄티노플에서 헤로도토스, 투키디데스, 폴리비우스, 데모스테네스, 에스키네스, 아리스토텔레스, 그리고 에우리피데스의 희곡 7편을 가져왔다. 이런 문학적 모험가들이 발견물을 가지고 이탈리아로 돌아오면 그들은 마치 승리한 장군처럼 환영을 받았다. 그리고 왕자들과 고위 성직자들이 전리품을 할당받기 위해 넉넉하게 돈을 지불했다. 콘스탄티노플이 함락되면서 비잔틴 작가들이 자기들의 도시 도서관에 소장되어 있다고 언급한 수많은 고전 작품이 사라졌다. 그런데도 수많은 책들이 구제되어 대부분이 이탈리아로 옮겨졌다. 오늘날에 이르기까지 가장 훌륭한 그리스 고전 사본들은 이탈리아에 있다. 페트라르카에서 타쏘에 이르는 300년 동안 이 사람들은 미칠 듯한 정열로 사본들을 수집했다. 니콜로 데 니콜리는 이런 열정을 위해 자기가 가진 것 이상을 바쳤다. 안드레올로 데 오키스는 도서관에 책을 추가하기 위해 자신의 집, 아내, 목숨까지 바칠 각오가 되어 있었다. 포지오는 책 이외에 다른 것을 위해 돈이 쓰이는 것을 보면 고통을 느꼈다.

뒤이어 편집의 혁명이 일어났다. 이렇게 발굴된 텍스트들은 연구되고 비교되고 교정되고 설명되었다. 나폴리의 로렌쪼 발라에서 런던의 토마스 모어 경에 이르는 학자들의 노력에 의해서였다. 이런 작업들이 많은 경우 그리스와 이탈리아 지식을 요구했기 때문에, 그리고 뒤에는 프랑스, 영어, 도이치 지식을 요구했기 때문에 그리스어 선생에 대한 요구가 나타났다. 아우리스파와 필렐포는 그리스에서 그 언어를 배웠다. 마누엘 크리솔로라스가 비잔틴 사절로 이탈리아로 온 다음(1397) 피렌쩨 대학이 그를 설득해서 그곳의 그리스어와 문학 선생으로 일하도록 했다. 그의 제자들 중에는 포지오, 팔라 스트로찌, 마르수피니, 마네티 등이 있었다. 당시 법학을 공부하고 있던 레오나르도 브루니는 법학을 포기하고 크리솔로라스의 마법에 걸려 그리스 연구에 빠졌다. 그는 이렇게 말한다. "나는 그의 가르침에 너무나 빠져든 나머지 낮 동안 그에게서 배운 것들이 밤에 꿈에 나타나곤 했다."[23] 그리스어 문법이 모험이며 로맨스가 된 적이 있다는 것을 오늘날 누가 상상이나 할 수 있을까?

1439년에 피렌쩨 공의회에서 그리스 사람들은 이탈리아 사람들을 만났다. 여기서 그들이 언어 분야에서 교환한 생각들이 신학 분야에서 얻은 힘든 협상보다 훨씬 더 큰 결과를 가져왔다. 제미스투스 플레토(G. Pletho)는 그 유명한 강연들을 해서 유럽 철학에서 아리스토텔레스의 지배를 끝내고 플라톤을 거의 신처럼 떠받드는 결과를 만들어 냈다. 공의회가 해산되었을 때 니케아의 주교 자격으로 그곳에 왔던 요하네스 베싸리온(J. Bessarion)은 이탈리아에 머물면서 시간의 일부를 그리스어 가르치는 데 쓰게 되었다. 다른 도시들도 이런 열의를 받아들였다. 베싸리온은 이 열광을 로마로 가져갔다. 테오도루스 가짜(Th. Gaza)는 만토바, 페라라(1444), 그리고 로마(1451)에서 가르쳤다. 데메트리우스 칼콘딜레스(D. Chalcondyles)는 페루지아(1450), 파도바, 피렌쩨, 밀라노 등지에서(약 1456~1511) 가르쳤다. 요하네스 아르기로풀로스는 파도바(1441), 피렌쩨(1456~1471), 로마(1471~1486)에서 가르쳤다. 이 사람들은 모두 콘스탄티노플이 함락되기(1453) 이전에 이탈리아로 왔기 때문에 그 함락이 비잔틴에서 이탈리아로 그리스어를 옮기는 데 큰 역할을 한 것은 아니다. 그러나 1356년 이후로 콘스탄티노플이 터키 사람들에 의해 천천히 포위되면서 그리스 학자들이 서쪽으로 가도록 부추긴 것도 사실이었다. 동방의 수도인 콘스탄티노플이 붕괴될 때 도망친 사람 하나가 콘스탄틴 라스카리스(C. Lascaris)였다. 그는 밀라노(1460~1465), 나폴리, 메씨나(1466~1501)에서 그리스어를 가르쳤다. 르네상스 이탈리아에서 인쇄된 최초의 그리스어 책은 그가 쓴 그리스어 문법책이었다.

　이들 학자들과 그 제자들이 이탈리아에서 열광적으로 활동하면서 짧은 시간 안에 그리스 문학과 철학의 고전이 라틴 세계로 들어가서 12세기와 13세기보다 훨씬 더 투철함과 예리함과 완성도를 지닌 세계가 되었다. 과리노(Guarino)는 스트라보와 플루티르코스 일부를 번역했다. 트리베르사리(Traversari)는 디오게네스 라에르티우스를 번역했다. 발라(Valla)는 헤로도토스와 투키디데스, 그리고 『일리아드』를 번역했다. 페로티(Perotti)는 폴리비우스를 번역했다. 피치노(Ficino)는 플라톤과 플로티누스를 번역했다. 특히 플라톤은 인문주의자들에게 경탄과 즐거움을 주었다. 그들은 플라톤 문체의 유려한 우아함을 기뻐했다. 「대화」편에서 아에스킬로스, 소포클레스, 에우리피데스의 그 어떤 작품보다도 더한 생동성과 현대성을 느꼈다. 그들은 소크라테스 시대 그리스 사람들이 종교와 정치처럼 극히 민감한 문제들을 그토록 자유롭게 토론한 일을 부러워하고 경탄했다. 그리고 플라톤에서(플로티누스로 인해 흐려지긴 하지만) 그리스도교의 신앙은 멈추어야 하지만 그리스도교에 대한 사랑은 멈추지 않는 태도를 유지하게 해 주는 신비주의 철학을 찾아냈다고 여겼다. 제미스투스 플레토의 능변과 피렌쩨에 있는 그의 제자들의 열광에 마음이 움직여서 코시모는 플라톤 연구를 위해 피렌쩨에 플라톤 아카데미를 세웠다.(1445) 그리고 마르실리오 피치노에게 후원을 아끼지 않아 그는 반평생을 플라톤 작품의 번역과 설명에 바칠 수 있었다. 이제 스콜라 철학은 서양 철학에서 400년간의 지배를 마치고 우위를 잃었다. 철학적 설명을 위해 스콜라 방식의 논의 대신에 대화편과 에세이들이 대체되었다. 기분을 명랑하게 하는 플라톤의 정신이 점차 일어나는 유럽 정신이라는 몸에 원기를 북돋우는 효모처럼 작용했다.

그러나 이탈리아가 점점 더 자신의 고전 전통을 회복하면서 고대 로마의 문학과 예술에 대한 자부심이 그리스에 대한 경탄을 넘어서게 되었다. 그들은 라틴어를 살아 있는 문학의 매체로 되살려냈다. 그들은 자신들의 이름을 라틴어로 바꾸고 그리스도교 신앙과 생활의 용어를 로마 방식으로 만들었다. 하느님은 유피테르, 섭리는 '파툼(fatum)'이라는 말로, 성인들은 '디비(divi)'로, 수녀는 '베스탈레스(vestales)'로, 교황은 '폰티펙스 막시무스(pontifex maximus)'라고 쓰였다. 그들은 산문의 문체를 키케로 문체에 맞추었고 시는 베르길리우스와 호라티우스 방식에 따랐다. 그래서 르네상스는 그리스에서 라틴으로, 아테네에서 로마로 옮겨 가는 과정을 포함한다. 1500년 세월이 사라지고 키케로와 호라티우스, 오비디우스와 세네카의 시대가 다시 태어난 것처럼 보였다. 문체가 실질보다 더 중요해지고, 형식이 내용에 대해 승리를 거두었다. 위대한 고대 로마의 웅변술이 다시금 왕자들과 교육자들의 홀에 울려 퍼졌다. 인문주의자들이 이탈리아어를 사용했다면 아마 더 나았을 것이다. 그러나 그들은 『신곡』과 『노래 책』의 언어를 타락하고 망가진 라틴어라(거의 맞는 말이긴 하다.) 여기고 단테가 이탈리아어를 선택한 것을 안타깝게 여겼다. 그 결과 인문주의자들은 살아 있는 문학의 원천과의 접촉을 잃었다. 인문주의자들의 작품을 귀족들에게 맡겨 둔 채 보통 사람들은 사케티(F. Sacchetti)와 반델로(M. Bandello)의 즐거운 이야기(노벨레(novelle, 단편 소설))들을 더 좋아했다. 아니면 프랑스 말에서 이탈리아 말로 번역되거나 유입된 기사 이야기들에 전쟁과 사랑이 혼합된 것을 더 좋아했다. 그런데도 죽어 가는 라틴어와 '불멸의' 문학(고대 라틴 문학)에 대한 일시적인 열광은 이탈리아 작가들이 양식의 건축, 조각, 음악 등을 회복시키고, 취향과 언변의 규범을 정하도록 도움을 주었다. 그런 규범은 방언(이탈리아어)을 문학적 형식으로 드높이고, 예술을 위한 목표와 기준을 세우도록 해 주었다. 역사 분야에서 인문주의자들은 혼란스럽고 비판이 없는 중세 연대기 방식을 끝냈다. 그들은 출전(出典)을 면밀히 탐구하여 균형을 찾고, 질서와 명료함에 따라 사실을 배치하고, 전기(傳記)와 역사를 섞어 과거를 살아나게 만들고, 또한 역사 서술을 원인, 경과, 결과 등으로 구분함으로써 어느 정도 철학의 수준으로 끌어올리고, 역사의 규칙과 교훈을 탐구했다.

　인문주의 운동은 이탈리아 전 지역으로 퍼졌다. 그러나 피렌쩨의 메디치 사람 하나가 교황이 되기 전에는 이 운동의 지도자들은 거의 피렌쩨 시민이나 아니면 그곳의 졸업생들이었다. 1375년 피렌쩨 시 의회 행정관이 된 콜루치오 살루타티(C. Salutati)는 페트라르카와 보카치오를 코시모에게 알리는 다리 노릇을 했다. 그는 세 사람을 모두 알고 모두 사랑했다. 그가 작성한 공문서들은 고전 라틴어의 모범이었다. 그리고 베네찌아, 밀라노, 나폴리, 로마 등지의 공무원들은 열심히 그것을 모빙했다. 밀라노의 잔길레아쪼 비스곤티는 살무타티가 그 문체의 탁월함으로 용병 부대보다 더 큰 해를 자기에게 입혔다고 말했다.[24] 니콜로 데 니콜리는 라틴 문장가로서의 명성과 사본 수집가로서의 명성을 함께 누렸다. 브루니는 그를 가리켜 "라틴 문장의 검열관"이라고 부를 정도였다. 그리고 다른 작가들처럼 그도 자신의 문장을 출판하기 전에 니콜리에게 보내 먼저 수정을 받았다. 니콜리는 고전 작품, 조각품, 비명(碑銘), 꽃병, 주화, 보석 등으로 집을 가득 채웠다. 그는 결혼이 자신의 관심을 책에서 다른 데로 유도할까 봐 결혼을 피했다. 그러나 동생의 침대에서 훔친 애인을 위한 시간은 있었다.[25] 그는 자신의 책들을 모든 사람에게 공개했고, 피렌쩨 젊은이들에게 사치스러운 생활을 버리고 문학에 헌신하라고 가르쳤다. 부잣집 젊은이가 게으름으로 시간을 보내는 것을 보고 니콜리는 그에게 물었다. "삶에서의 목표가 무엇인가?" "즐거운 시간을 보내는 거죠." 하고 젊은이가 솔직하게 대답했다. "그러나 청춘이 지나고 나면 어떤 결과를 얻을 것 같은가?"[26] 이 청년은 핵심을 파악하고 니콜리의 지도를 받았다.

레오나르도 브루니(L. Bruni)는 네 명의 교황 밑에서 서기를 지내고 이어서 (1427~1444) 피렌쩨 시 의회 서기가 되었다. 그는 플라톤의 「대화」편을 라틴어로 번역했는데, 그의 유려한 문체를 통해서 플라톤 문체의 화려함이 처음으로 이탈리아 세계에 완전히 알려졌다. 그는 라틴어로 『피렌쩨 역사』를 썼고, 그 대가로 피렌쩨 공화국은 그와 그의 자녀들에게 세금을 면제해 주었다. 그의 연설은 페리클레스의 그것에 비유되었다. 그가 죽자 수도원장은 고대인의 방식에 따라 공개 장례식을 치르기로 결정했다. 그는 『피렌쩨 역사』를 가슴에 올려놓은 상태로 산타 크로체 성당에 매장되었다. 베르나르도 로쎌리노(B. Rossellino)는 그의 휴식처로 고귀하고 화려한 묘비를 만들었다.

브루니와 마찬가지로 아레쪼에서 태어나 그의 뒤를 이어 피렌쩨 시 의회 서기가 된 카를로 마르수피니(C. Marsuppini)는 그리스와 로마 고전 절반을 머리에 담고 다녀서 자기 시대를 놀라게 했다. 그는 피렌쩨 대학 문학 교수로서 취임 연설에서 인용하지 않은 고대 작가가 거의 없을 정도였다. 이교도 고대에 대한 그의 숭배는 대단해서 그는 그리스도교를 거부하라는 부름을 받은 것처럼 느꼈다.[27] 그런데도 그는 한동안 로마 교황청의 서기를 지냈다. 또한 성사도 받지 않고 죽었는데도[28] 산타 크로체에 데시데리오 다 세티냐노(D. d. Settignano)가 만든 무덤에 쟌노쪼 마네티(G. Manetti)의 멋진 연설과 더불어 매장되었다.(1453) 무신론자를 위해 이렇듯 훌륭한 연설을 해 주었던 마네티는 신앙심과 고대에 대한 열의를 함께 가졌던 사람이다. 9년 동안 그는 집과 정원을 거의 떠나지 않고 고전 문학에 빠져 지냈고, 라틴어, 그리스어와 함께 히브리어도 공부했다. 로마, 나폴리, 베네찌아, 제노바 등지에 외교관으로 파견되자 그는 모든 사람들을 매혹했다. 또한 교양과 자유로운 정신과 성실함으로 매우 소중한 친구들을 얻었는데 그들은 그의 조국에 아주 쓸모가 있었다.

살루타티를 빼고 이 사람들은 모두 코시모의 집과 시골 별장에 모이던 모임의 구성원들이었다. 그들은 코시모가 전성기를 누리고 있을 때 학문 운동을 주도했다. 코시모의 또 다른 친구 한 사람은 학문을 후원한다는 점에서 거의 그와 맞먹을 정도였다. 카말돌리 은둔 수도회 총장인 암브로지오 트라베르사리(A. Traversari)는 피렌쩨 근교에 있는 산타 마리아 델리 안젤리 수도원의 방에 살았다. 그는 그리스어에 통달했으나 고전에 대한 애정에 대해 양심의 가책을 느꼈다. 그는 자신의 글에 고전 작품을 인용하는 것은 삼갔지만 그의 라틴어 문장에는 고전에서 받은 영향이 드러난다. 그의 문장의 순수함은 당시 유명한 사람들에게 충격을 주었다. 그리스도교와 고전을 화해시키는 방법과 또 재정적으로 후원하는 방법을 잘 알았던 코시모는 그를 방문하기를 좋아했다. 니콜리, 마르수피니, 브루니, 그리고 그 밖의 사람들이 그의 수도원 방을 문학적 만남의 장소로 만들었다.

이탈리아 인문주의자들 중에서 가장 활동적이고 문제가 많은 인물은 포지오 브라치올리니(Poggio Bracciolini)였다. 그는 아레쪼 근처의 가난한 집안에 태어나(1380) 피렌쩨에서 교육을 받았다. 마누엘 크리솔로라스에게서 그리스어를 공부하여 사본들을 베껴 생계를 꾸리고, 살루타티와 친분을 쌓아 스물네 살에 관직을 얻었다. 로마 교황청의 서기직이었다. 그 이후로 50년 동안 그는 교황청을 위해 일했다. 작은 수도회에도 들어간 적이 없지만 성직자 복장을 했다. 그의 열의와 학식을 높이 평가한 교황청은 열 번 이상이나 그에게 임무를 맡겨 이곳저곳으로 파견했다. 그렇게 파견되면 그는 고전 사본들을 찾느라 언제나 제 길에서 벗어나곤 했다. 교황청 서기라는 신분 덕분에 그는 대개는 질투심에 가득 찬 안내를 동반한 채, 그러나 또는 아예 무관심하게 방치된 상태에서 성 갈렌, 랑그레, 바인가르텐, 라이헤나우 수도원의 도서관에 접근할 수가 있었다. 그의 전리품이 어찌나 대단했던지 브루니와 다른 인문주의자들은 그것을 획기적인 것이라고 불렀다. 로마로 돌아와서 그는 마르티누스 5세를 위해 교리를 방어하는 글을 썼다. 그러고는 사적인 모임에서는 교황청의 다른 구성원들과 더불어 그리스도교 신앙을 비웃었다.[29] 그는 거칠지만 쾌활한 라틴어로 대화편들과 편지들을 썼다. 그리고 성직자의 악덕을 스스로 극단적으로 실천하고 있으면서도 그것들을 풍자하는 글을 썼다. 산탄젤로 추기경이 성직자 의상을 입은 사람에게는 자식을 두는 일이 어울리지 않는다고 나무라자 그는 평소의 건방진 태도로 이렇게 대꾸했다. "나는 자식을 두었습니다. 그것은 속인에게는 어울리는 일이지요, 그리고 나는 정부(情婦)를 두었습니다. 그것은 성직 계급의 오랜 관습입니다."[30] 쉰다섯 살에 그는 자기에게 열네 명의 자식을 낳아 준 정부를 포기하고 열여덟 살 소녀와 결혼했다. 그사이에 그는 고대의 주화, 비명, 조각품을 수집하고, 아직 남아 있는 고대 로마의 유적들을 학자의 정교함으로 서술함으로써 현대 고고학을 거의 창시하다시피 했다. 교황 에우제니오 4세를 수행하여 피렌쩨 공의회에 왔을 때 그는 프란체스코 필렐포와 싸우게 되었다. 그러자 가장 조잡하고 외설스러운 욕설을 서로 주고받았다. 서로 상대방이 도둑, 무신론자, 동성애자라는 비난을 던졌다. 로마로 돌아와 그는 인문주의자 교황인 니콜라스 5세를 위해 특별한 기쁨으로 일했다. 일흔 살이 되자 그는 유명한 「재치 있는 이야기(Liber facetiarum)」를 썼다. 여러 이야기들과 풍자와 외설스러운 이야기를 모아 놓은 책이었다. 로렌쪼 발라가 교황청 서기로 들어오게 되자 포지오는 새로운 욕설의 문서로 그를 공격했다. 도둑질, 문서 위조, 배신, 이단, 술에 취함, 부도덕성 등의 이유로 그를 고발한 것이다. 발라는 문법과 관습에 어긋나는 표현들을 지적하면서 포지오의 라틴어를 비웃고 그를 노망난 바보로 만들어 옆으로 치워 버렸다.[31] 욕을 먹은 당사자만 빼고는 아무도 그런 문학적인 공격을 심각하게 여기지 않았다. 이런 공격들은 라틴어로 된 경쟁적인 에세이들이었다. 포지오는 이런 글 한 군데서 자신은 고전 라틴어가 가장 현대적인 생각과 가장 개인적인 관심사를 얼마나 잘 표현할 수 있는지 보여 주려 한다고 선언했다. 그는 박식한 욕설의 기술에 통달한 사람이어서 베스파시아노는 "온 세상이 그를 두려워했다."라고 말했다.[32] 그의 펜은 뒷날 아레티노의 펜이 그렇듯이 공갈의 도구가 되었다. 나폴리의 알폰소 왕이 포지오가 라틴어로 번역한 크세노폰의 「퀴로스 이야기(Cyropaedia)」를 인정하는 일을 미루자 분노한 이 인문주의자는 왕에게 훌륭한 펜은 왕이라도 찔러 죽일 수 있다는 점을 암시했으며, 알폰소는 얼른 그의 혀를 막기 위해 500두카트를 보냈다. 70년 동안 모든 본능과 충동을 즐긴 다음 포지오는 「인간 조건의 비참(De miseriis humanae conditionis)」이라는 논문을 썼다. 여기서 그는 삶의 곤궁이 그 기쁨을 능가하는 것이라고 서술하고, 솔론처럼 태어나지 않은 존재들이 가장 행복하다는 결론을 내렸다.[33] 일흔두 살에 피렌쩨로 돌아와 곧바로 시 의회의 서기가 되었다가 마지막에는 시 의원으로 선출되었다. 그는 고대인의 방식으로 피렌쩨 역사를 써서 자신의 감사를 표현했다. 정치, 전쟁, 상상의 연설 등을 담은 것이었다. 그가 마침내 일흔아홉의 나이로 죽었을 때(1459) 다른 인문주의자들은 안도의 숨을 내쉬었다. 그도 산타 크로체 성당에 묻혔다. 도나텔로가 만든 그의 조각상은 피렌쩨 대성당(duomo)의 정면부에 세워졌다. 그리고 1560년 대성당 일부를 개조할 때에 혼란에 빠진 상태에서 이 조각상은 대성당 안으로 옮겨져 12사도의 하나가 되었다.[34]

대다수의 이탈리아 인문주의자들 사이에서 그리스도교 신학이나 그 윤리학이 근거를 잃어버린 것은 아주 명백한 일이다. 피렌쩨의 트라베르사리, 브루니, 마네티, 그리고 만토바의 비토리노 다 펠트레, 페라라의 과리노 다 베로나, 로마의 플라비오 비온도 등 몇 사람만이 그리스도교 신앙에 충실하게 머물렀다. 나머지 다른 사람들에게 있어서 천 년이나 지속되었고, 또 유대교나 그리스도교와 완전히 무관하게 문학, 철학, 예술의 절정에 도달했던 저 그리스 문화의 계시는, 바울 신학의 믿음, 혹은 "교회 바깥에는 구원이 없다.(nulla salus extra ecclesiam)"라는 교리에 대해 결정적인 한 방을 먹인 것으로 여겨졌다. 소크라테스와 플라톤은 교황청의 승인을 받지 못한 성인으로 여겨졌다. 그리스 철학의 주류는 그리스와 라틴의 교부들보다 우수한 것이었다. 심지어 어떤 추기경은 플라톤과 키케로의 산문을 보고, 『신약 성서』의 그리스어와 히에로니무스가 번역한 불가타 성서의 라틴어를 부끄럽게 여겼다. 로마제국의 영광은, 확고한 그리스도교도가 수도원의 방으로 들어가는 비겁한 은둔보다 더욱 고귀하게 보였다. 페리클레스 시대 그리스 사람들이나 아우구스투스 황제 시절 로마 사람들의 자유로운 사고와 행동이 많은 인문주의자들의 가슴을 부러움으로 가득 채워 그들 마음에서 겸손, 저승, 금욕 등의 그리스도교 규범을 흩어 버렸다. 그들은 성직자들조차 세속의 즐거움으로 전향한 이 마당에 자기들이 몸과 정신과 영혼을 성직자의 규칙에 바쳐야 할 까닭을 알지 못했다. 이들 인문주의자들에게 있어서 콘스탄티누스 대제와 단테 사이의 천 년은 비극적인 오류요, 올바른 길에서 벗어난 일로 여겨졌다. 성모와 성인들에 대한 사랑스러운 전설들은 그들의 기억에서 빛이 바래고, 이제는 오비디우스의 『변신 이야기』와 호라티우스의 양성애적인 송가들이 그들의 마음을 차지했다. 위대한 성당들은 야만적으로 보였고, 벨베데레 아폴론을 바라본 눈길, 그것을 만져 본 손길에는 수척한 성인들의 조각상이 모든 매력을 잃어버리고 말았다.

그래서 대부분의 인문주의자들은 그리스도교가 대중의 상상력과 도덕성의 요구에 어울릴 뿐, 해방된 정신이 진지하게 여길 필요가 없는 신화인 것처럼 행동했다. 그들은 공공연한 연설에서 그리스도교를 지지하고, 신앙을 고백하고 또 그리스도교 신앙과 그리스 철학에 조화를 만들어 내기 위해 애썼다. 그러나 이런 노력이 바로 그들의 정체를 폭로했다. 그들은 함축적으로 (신이 아니라) 이성을 최고 법정으로 받아들였고, 플라톤의 「대화」편들을 『신약 성서』와 대등한 것으로 만들었다. 소크라테스 이전 그리스의 소피스트들처럼 그들은 직접·간접적으로, 일부러 혹은 모르고 청중의 종교적 신앙을 붕괴시켰다. 그들의 삶은 그들의 진짜 신앙을 보여 주었다. 많은 사람들이 스토아적 의미가 아니라 감각적 의미로 이교의 윤리를 받아들이고 실천했다. 그들은 위대한 행동의 기록을 통해서 얻는 불멸의 명성만을 인정했다. 그리고 신이 아니라 자기들의 펜을 가지고 불멸의 명성을 나누어 주려 했다. 또 영원히 지속되는 영광이나 수치를 결정하려고 했다. 코시모 이후 한 세대 동안 그들은 이런 마법의 힘을 미술가들과 공유했다. 미술가들은 후원자들의 모습을 조각하거나 그림으로 그렸다. 혹은 후원자의 이름을 길이 보존할 건물을 지었다. 이승에서의 이런 불멸의 명성을 얻고자 하는 후원자들의 열망이야말로 르네상스 시대 예술과 문학에서 가장 강력한 생산력을 가진 힘이었다.

인문주의자들의 영향은 서유럽 지식의 역사에서 1세기 동안 지배적인 요인이 되었다. 그들은 작가들에게 구조와 형식에 대한 예리한 감각을 가르쳤다. 또한 수사법의 기술, 언어의 장식, 신화의 주문, 고전 인용이라는 주물 숭배, 연설의 정확성과 문체의 아름다움을 위해 의미를 희생시키는 일 따위를 가르쳤다. 라틴어에 대한 그들의 열광은 이탈리아 시와 산문의 발전을 1세기 동안(1400~1500) 지연시켰다. 그들은 학문을 신학에서 해방시켰지만 과거에 대한 숭배를 통해서, 그리고 객관적 관찰과 독창적 사유보다는 박식함을 강조함으로써 다시 학문을 방해했다. 이런 말을 하는 것은 이상하지만 그들은 대학에서 영향력이 거의 없었다. 이탈리아 대학들은 당시 이미 오래되었다. 볼로냐, 파도바, 피사, 피아첸짜, 파비아, 나폴리, 시에나, 아레쪼 루카 등의 대학에서는 법학, 의학, 신학과 '인문학' 곧 언어, 문학, 수사학, 철학 등이 중세의 관습과 너무 밀착되어 있어서 고대 문화에 대한 새로운 강조를 허용할 수가 없었다. 이곳저곳의 대학들은 기껏해야 인문주의자들을 위해서 수사학 교수직을 하나 만드는 정도였다. '문헌의 재생'의 영향은 주로 피렌쩨, 나폴리, 베네찌아, 페라라, 만토바, 밀라노, 로마 등지의 통치자들이 설립한 아카데미를 통해서 전파되었다. 이곳에서 인문주의자들은 그리스나 라틴어로 자기들이 선택한 고전 문헌을 가르쳤다. 한 단계 나아갈 때마다 그들은 라틴어로 문법, 수사법, 지리학, 전기, 문학적 양상 등에 대해 일일이 주석을 덧붙였다. 학생들은 구술된 텍스트를 적고, 여백에 대부분의 주석을 받아 적었다. 이런 방식으로 고전 사본들과 그

주석들이 만들어져 세계로 퍼져 나갔다. 그렇기 때문에 코시모의 시대는 창작 문학의 시대라기보다는 학문의 시대였다. 문법, 사전, 고고학, 수사학, 고전 텍스트를 비판적으로 수정하기 등이 이 시대의 문학적 영예였다. 현대적인 박학의 형식, 기법, 내용 등이 이때에 정립되었다. 그리스와 로마의 유산이 현대인의 정신으로 들어올 다리가 놓였다.

소피스트들의 시대 이후로 학자들이 사회와 정치에서 그토록 높은 자리로 올라간 경우는 없었다. 인문주의자들은 시 정부, 시 의회, 공작, 교황의 서기와 고문이 되었고 호의는 고전적 찬양으로 보답하고, 독이 들어 있는 경구로 질책을 표현했다. 그들은 신사의 이상을 박차를 절거덕거리며 무기를 준비한 남자의 모습에서 해방시켰다. 인간 종족의 문화유산을 받아들임으로써 가치를 얻고 지혜의 단계에 도달한 완전히 발전된 개인의 모습이 신사의 이상이 되었다. 프랑스, 도이칠란트, 스페인의 군대가 이탈리아를 정벌할 준비를 하던 바로 그 시기에, 이탈리아 학문의 명성과 달변의 열광이 북유럽을 정복했다. 한 나라씩 새로운 문화와 접촉하면서, 중세의 생각에서 현대로 이행했다. 아메리카 대륙의 발견이 이루어진 것과 같은 세기에 그리스와 로마의 재발견이 이루어졌다. 문학과 철학에서의 변화는 인간의 정신에 지구의 일주와 탐색보다 훨씬 더 근원적인 결과를 만들어 냈다. 인간을 교리에서 해방시키고, 또 죽음에 대해 명상하기보다는 삶을 사랑하라고 가르치고, 유럽인의 정신을 해방시킨 것은 탐험가들이 아니라 인문주의자들이었기 때문이다.

인문주의는 미술에 가장 적게 영향을 미쳤다. 그것은 감각보다는 지성에 호소하는 것이기 때문이다. 미술의 주요 후원자는 여전히 교회였고, 미술의 주요 목표는 여전히 문자를 모르는 사람들에게 그리스도교의 이야기를 전달하는 것이며, 또한 하느님의 집을 꾸미기 위한 것이었다. 성모와 아기 예수, 고통받고 십자가에 못 박힌 그리스도, 예언자들, 사도들, 교부들, 성인들은 여전히 조각과 회화의 필수적인 주제였다. 그러나 점차 인문주의자들은 이탈리아 사람들에게 더욱 감각적인 아름다움에 대한 감각을 가르쳤다. (남자나 여자, 특히 벌거벗은) 건강한 인간 육체에 대한 정직한 경탄이 교육받은 계층에 널리 퍼졌다. 르네상스 문학에서 삶을 다시 인정하게 된 일과, 저승에 대한 중세 방식 사유에 저항하게 된 일은 미술에도 세속적인 경향을 부여했다. 이탈리아의 아프로디테를 성모의 자리에 앉히고, 이탈리아의 아폴로를 성인 세바스찬으로 묘사함으로써 로렌쪼 마니피코와 그 이후 시대의 화가들은 이교의 모티프들을 그리스도교 예술에 도입했다. 16세기에, 즉 미술가들을 후원하는 분야에서 세속의 지배자들이 교회의 지배자들과 경쟁을 하게 된 시대에 베누스와 아리아드네, 다프네와 디아나, 뮤즈의 여신들과 우미(優美)의 여신들은 성모의 역할에 도전했다. 그러나 온건한 어머니 마리아는 르네상스 미술의 마지막까지도 건강한 지배를 계속했다.

5. 건축: 브루넬레스코의 시대

"이 비참한 고딕 건축물을 창안한 사람은 저주를 받아라!" 이렇게 안토니오 필라레테는 1450년에 외쳤다. "야만적인 사람들이 이런 것을 이탈리아에 들여온 것이 분명하다."[35] 이 유리벽들은 이탈리아의 태양과 잘 어울리지 않는다. 공중으로 뻗친 저 받침대들은(파리의 노트르담 성당에서 이런 받침대들은 분수가 공중으로 분사되는 것 같은 모습으로 아름다움의 틀 안에 흡수되지만) 남쪽 사람들 눈에는 건물 구소에 독립석인 안성성을 수지 못한 건축가들이 뒤에 남겨 놓은 꼴사나운 발판으로만 보였다. 위로 뻗어 올라간 아치와 높이 치솟은 둥근 천장을 지닌 고딕 양식은 고통스러운 지상에서부터 위로 치솟아 하늘을 향하는 섬세한 정신의 열망을 표현한 것이었다. 그러나 부유함과 편안함을 얻은 사람들은 이제 삶을 아름답게 만들기를 원했다. 삶에서 도망치거나 그것을 비난하고 싶지 않았다. 지상은 천국이 되고 그들 자신이 신들이 되고 싶었다.

이탈리아 르네상스 건축은 근본적으로 고딕 양식에 대항한 반항은 아니었

3장 메디치 가문의 떠오름 **169**

다. 고딕 양식이 이탈리아를 완전히 정복한 적이 없었기 때문이다. 온갖 종류의 양식과 영향이 14세기와 15세기의 실험에 그 면모를 드러냈다. 롬바르디아 로마네스크 건물의 무거운 기둥과 둥근 아치, 일부 평면도의 그리스 십자가 양식, 비잔틴 양식의 3각 궁륭과 둥근 천장, 이슬람 사원 광탑(光塔)의 영향을 보이는 종탑들의 당당한 우아함, 이슬람 사원이나 고대의 주랑 현관을 연상시키는 토스카나 수도원의 회랑들, 영국과 도이칠란트의 들보가 있는 천장, 고딕 양식에 나타나는 교차 궁륭의 둥근 천장과 맞보와 장식 격자, 로마 건축물 정면부의 조화로운 당당함, 그리고 무엇보다도 보조적인 측면 복도를 지닌 대성당 본당의 단순한 힘. 인문주의자들이 건축에 대한 관심을 로마의 폐허로 돌렸을 때 이 모든 것들이 아주 결실 풍부하게 이탈리아에 뒤섞여 있었다. 포럼 광장에 이리저리 흩어진 거대한 기둥들은 중세의 안개를 통과하고 나서 이탈리아 사람들의 눈에 베네찌아 성당의 비잔틴 양식, 샤르트레 성당의 어두컴컴한 당당함, 보베 성당의 깨지기 쉬운 대담함, 아미앵 대성당 둥근 천장의 신비로운 뻗침보다 더욱 아름답게 보였다. 섬세하게 뒤집히고 강력한 토대에 확고하게 연결된 기둥, 기둥머리를 꽃으로 장식하는 일, 처마 도리와 안정적으로 연결된 기둥들이 있는 건축물을 만드는 일, 파묻혀 있으나 여전히 살아 있는 과거가 천천히 눈앞에 나타나면서 이것은 브루넬레스코, 알베르티, 미켈로쪼, 미켈란젤로, 라파엘로 등과 같은 남자들의 꿈이자 정열이 되었다.

애국적인 성향을 가진 바사리는 이렇게 썼다. "필리포 브루넬레스코(F. Brunellesco)에 대해서는 건축이 여러 세기 동안 길을 잃고 헤매고 난 다음 새로운 형식들을 가진 건축을 창안하도록 하늘이 보낸 사람이라고 말할 수 있을 것이다."[36] 이탈리아 르네상스의 수많은 예술가들이 그렇듯 그도 처음에 금세공사로 출발했다. 그는 점차 조각으로 들어가서 한동안 도나텔로와 친구이며 라이벌 관계를 가졌다. 그리고 피렌쩨 세례당의 청동 문을 장식하는 공개 입찰에서 도나텔로, 기베르티와 경쟁을 벌였다. 그는 기베르티의 도안을 보고 그것이 자기 것보다 더 우수하다고 선언했다. 그러고는 도나텔로와 함께 피렌쩨를 떠나 로마에서 원근법과 도안을 공부했다. 그는 그곳에 있는 고대와 중세 건축에 열광했다. 그리고 중요한 건축물의 각 요소들을 비교해 보았다. 무엇보다도 지름이 42.6미터에 이르는 아그리파가 지은 판테온의 둥근 지붕에 열광했다. 그리고 자기가 태어난 도시에 아직 완성되지 않은 꽃의 성모(산타 마리아 델 피오레=피렌쩨) 대성당 지붕을 그와 같은 모양으로 만들겠다는 생각을 품었다. 그는 지름이 41.5미터인 8각형 성가대석의 지붕을 만드는 문제를 놓고 건축가와 토목 기사들이 회의를 열고 있을 때에 맞추어 피렌쩨로 돌아왔다. 필리포 브루넬레스코는 둥근 지붕을 제안했다. 그러나 그렇게 엄청난 크기의 둥근 지붕이, 바깥쪽의 받침벽이나 내부의 들보로 지탱되지 않은 벽에 미칠 엄청난 압력이 다른 참가자들에게는 상당한 장애로 보였다. 브루넬레스코의 달걀 이야기는 온 세상에 다 알려진 것이다. 그가 다른 예술가들에게 달걀을 세우는 법을 보여준 이야기 말이다. 다른 사람들이 모두 실패한 다음 그는 속을 비운 달걀의 끝을 무디게 만들어서 테이블에 세웠다. 다른 사람들이 그런 방식이라면 자기들도 할 수 있다고 항의하자 그는 자기가 성당의 지붕을 만들고 나면 그들은 비슷한 항의를 할 거라고 대꾸했다. 그가 이 주문을 따냈다. 14년 동안(1420~1434) 그는 간혹 중단기를 겪으면서 이 작업에 매달렸다. 수많은 난관들과 싸우면서 대략 39.9미터 크기의 둥근 지붕을 성당 벽의 꼭대기로 들어올렸다. 마지막에 이것은 완성되었고 성당은 확고하게 섰다. 도시 전체가 르네상스 건축 최초의 대규모 성과를 축하했다. 이것은 가장 대담한 예외의 하나로 남았다. 미켈란젤로가 백 년 뒤에 로마의 싱 베드로 대성당에 둥근 지붕을 세웠을 때 그는 브루넬레스코의 지붕을 능가할 기회를 갖게 되었다는 말을 듣자 이렇게 대답했다. "나는 자매 지붕을 만들 것이다. 더 크지만 그러나 더 아름답지는 않다."[37] 피렌쩨 성당의 당당한 둥근 지붕은 지금도 사방에 연합군을 거느린 것처럼 붉은 지붕 피렌쩨의 파노라마를 지배하는 모습으로 남아 있다. 그것은 토스카나 지방의 언덕들이 줄을 이은 한가운데에 장미꽃밭처럼 자리 잡고 있다.

　브루넬레스코는 판테온에서 이 구상을 얻어 오기는 했지만 자신의 둥근 지붕을 고딕 양식의 뾰족한 아치 선과 어울리게 만들어서 피렌쩨 대성당의 토스카나 고딕 양식과 우아하게 타협했다. 그러나 바닥부터 자신이 설계할 수 있었던 건물들에서는 고전적 혁명을 더욱 뚜렷하게 완성했다. 1419년에 그는 코시모의 아버지를 위해 산 로렌쪼 예배당을 짓기 시작했다. 그는 오로지 '옛 성구(聖具)실'만을 완성했다. 여기서 그는 바실리카 양식과 열을 지은 기둥들과, 기둥 위에 걸쳐 놓은 장식(엔타블러처), 그리고 로마네스크 아치 등을 선택했다. 파찌(Pazzi) 집안을 위해서 그가 지은 작은 예배당인 산타 크로체 수도원에는 다시 판테온의 둥근 지붕과, 기둥들이 줄을 이은 주랑 현관이 나타난다. 그가 이 예배당에 직사각형 문을 위해 선택한 것과 같은 현관은(세로 홈을 판 기둥, 꽃으로 장식된 기둥머리, 조각이 된 처마 도리, 그리고 반달 모양 돋을새김 등) 수많은 르네상스 문들의 양식을 이루었고, 서유럽과 미국의 수많은 건축물에 그대로 살아남았다. 그는 고전 양식의 선으로 산토 스피리토 교회를 짓기 시작했지만 벽이 올라가기 시작할 무렵 죽었다. 1446년에 이 열정적인 건축가의 시신은 그가 세운 둥근 지붕 아래 대성당에 묻혔다. 코시모를 중심으로, 그곳의 지붕을 올리기 위해 그와 함께 일했던 피렌쩨의 평범한 사람들까지 모두 찾아와서 천재들도 죽어야 한다는 사실을 탄식했다. 바사리는 이렇게 말한다. "그는 훌륭한 그리스도교도로 살았다. 그리고 세상에 자신의 선의의 향기를 남겼다. …… 고대 그리스와 로마 사람들의 시대로부터 오늘날에 이르기까지 그보다 더 진귀하고 탁월한 사람은 없었다."[38]

 건축적인 열광에서 브루넬레스코는 코시모를 위해 크고도 화려한 저택을 설계했기 때문에 이 온건한 독재자는 사람들의 질투를 두려워하여 그 건축을 거절했다. 대신에 그는 미켈로쪼 디 바르톨로메오(M. di Bartolommeo)에게 자신과 가족을 위한, 그리고 사무실로 쓸 집을 지어 달라고 주문했다.(1444) 이것이 오늘날의 메디치 궁전, 혹은 리카르디 궁전이다. 장식이 없는 두툼한 돌벽은, 피렌쩨 정치에 열정을 더해 주었던 사회적 무질서, 가문의 불화, 폭력 혹은 반란에 대한 일상적인 두려움을 알려 준다. 친구들과 외교관, 예술가와 시인들을 위해 그 거대한 쇠문들이 열렸다. 그것은 도나텔로의 조각품들로 장식된 안마당으로 통하는데 그곳으로부터 온건한 화려함을 갖춘 방들에 이르게 되고, 또 벤노쪼 고쫄리(B. Gozzoli)의 당당하고 화려한 벽화들이 빛나는 예배당에 이르게 된다. 그곳에서 메디치 가문 사람들은 중간에 추방당한 기간을 빼고 1538년까지 살았다. 그러나 그들은 자주 이 어두운 도시의 저택을 떠나 코시모가 교외 지역인 카레지와 카파지올로, 그리고 피에솔로 경사면에 지은 별장에서 햇빛을 즐겼다. 코시모와 로렌쪼 일 마니피코는 친구들과 심복들을 거느리고 정치를 피해 이 시골의 은신처에서 시와 철학과 예술의 세계로 도망쳤다. 그리고 할아버지와 손자는 카레지의 별장에서 죽음을 맞이했다. 죽음 저편을 바라보면서 코시모는 상당한 돈을 들여 피에솔로의 대수도원을 세웠다. 그리고 산마르코의 낡은 수도회 건물을 널찍하게 개축했다. 그곳에 미켈로쪼는 우아한 회랑을 설계하고, 니콜리의 책들을 위한 도서관, 또 이따금 코시모가 친구들조차 피해서 하루 동안 명상과 기도로 보낼 방을 만들었다.

이런 작업들을 통해 미켈로쪼는 코시모가 좋아하는 건축가가 되었고, 또 그의 절친한 친구가 되어 망명길도 동반하고, 또 같이 돌아왔다. 이어서 시 정부는 미켈로쪼에게 무너지려고 하는 베키오 궁전을 개축하는 어려운 과제를 맡겼다. 그는 산티시마 아눈찌아타 예배당을 개축했고, 또 거기에 닫집 달린 우묵벽을 만들었다. 그러고는 이 우묵벽을 자신이 만든 세례자 요한의 조각상으로 장식해 조각가로서의 면모도 보였다. 코시모의 아들 피에로를 위해서는 산허리에 자리 잡은 미니아도 교회에 강력한 대리석 예배당을 지었다. 그는 도나델로와 함께 프라토의 대성당 정면부를 설계하고 매혹적인 "테두리가 있는 강단"을 만들었다. 미켈로쪼는 그 시대 다른 어느 나라에 있었더라도 자신의 건축가 동료들을 지휘하는 위치에 올랐을 것이다.

그사이 상인 귀족들이 이끄는 피렌쩨 정부는 강력한 시 의회 홀과 궁전들을 세우고 있었다. 1376년에 시 정부는 벤치 디 치오네(B. di. Cione)와 시모네 디 프란체스코 탈렌티(S. di. F. Talenti)에게 베키오 궁전 맞은편에 주랑 현관을 만들라고 주문했다. 이곳은 정부의 연설을 위한 강단이었다. 16세기에 이곳은 로지아 데이 란치(창기병 주랑)라는 이름으로 불렸다. 코시모 1세 공작이 이곳에 도이치 창기병들을 주둔시킨 데서 유래한 이름이다. 피렌쩨에서 가장 막강한 개인 궁전은 은행가인 루카 피티(L. Pitti)를 위해 이미 19년 전에 브루넬레스코가 해 둔 설계에 따라 루카 판첼리(L. Fancelli)가 지은 건물이다.(1459) 피티는 코시모와 거의 맞먹는 부자였지만 그만큼 지혜롭게 절도를 지킬 줄 몰랐다. 그는 코시모의 권력을 뺏으려 했다가 그에게서 예리한 충고를 들었다.

　당신은 무한을 얻기 위해 애쓰고 나는 유한한 것을 위해 애쓴다. 당신은 당신의 사다리를 공중에 세우려 하고 나는 내 사다리를 지상에 세운다. …… 나로서는 내 집안의 명예와 명성이 당신 집안의 그것을 능가하기를 바라는 것이 자연스럽고 정당한 것으로 보인다. 그러므로 우리는 두 마리의 커다란 개처럼 행동하기로 하자. 서로 만나면 코를 쿵쿵거리며 냄새를 맡고 제각기 이빨을 드러내 보이고는 각자 제 갈 길로 가는 것이다. 당신은 당신의 일에 열중하고 나는 내 일에 열중하는 것이다.[39]

피티는 계속해서 음모를 꾸몄다. 코시모가 죽은 다음 그는 코시모의 아들인 피에로 데 메디치를 권력에서 쫓아내려고 일을 꾸몄다. 르네상스 시대의 범죄 중 누구나 비난하는 유일한 범죄는 그가 행한 것이다. 그는 실패하고 추방당하고 파멸했다. 그의 궁전은 1세기 동안이나 완성되지 못한 채로 남아 있었다.

6. 조각

1. 기베르티

고전 형식의 모방은 건축보다 조각에서 더욱 철저하게 나타났다. 로마 유적을 보고 연구하는 것, 또 이따금 로마의 걸작을 되찾는 일 등이 이탈리아의 조각가들을 열광 상태에 빠뜨렸다. 오늘날 보르게세 미술관에 있는 (중성적인 등을 구경꾼 쪽으로 돌리고 있는)「암수한몸」이 산 첼소의 포도원에서 발견되었을 때 로렌초 기베르티(Lorenzo Ghiberti)는 이렇게 썼다. "그 안에 표현되어 있는 가르침과 기술을 그 어떤 혀도 서술할 수가 없다. 아니면 그 위대한 양식을 공정하게 대할 수가 없다." 그러한 작품들의 완전성은 눈길의 한계를 벗어나는 것이기에 오로지 손으로 대리석 표면과 굴곡을 따라 훑어보아야만 인식할 수가 있다는 것이다.[40] 이렇게 발굴된 유물들이 늘면서 친근감도 커지자 이탈리아인의 정신 자체가 점차 미술에서의 누드에 익숙해졌다. 해부학 연구는 의학 교실에서와 똑같이 미술가의 작업장에서도 친숙한 일이 되었다. 머지않아 두려움이나 비난 없이 누드 모델이 이용되었다. 이렇게 자극을 받으면서 조각은 건축에 부속된 위치에서 벗어나고, 또한 돌이나 치장 벽토로 된 돋을새김에서 벗어나 청동이나 대리석 조각상으로 바뀌게 되었다.

그러나 코시모 시대 피렌쩨에서 조각이 최초의, 그리고 가장 유명한 승리를 거둔 분야는 돋을새김 분야였다. 대성당을 마주보고 있는, 흉한 줄무늬가 들어간 세례당은 부수적인 장식을 통해 구원되었다. 야코포 토리티(I. Torriti)는 강단을 꾸미고 안드레아 타피(A. Tafi)가 둥근 지붕을 사람이 잔뜩 들어간 모자이크로 장식했다. 안드레아 피사노(A. Pisano)는 남쪽 정면부를 위해 이중 청동문을 만들었다.(1330~1336) 그리고 나서(1401) 피렌쩨 정부는 모직물 상인 조합과 힘을 합쳐, 또한 신에게 흑사병을 그만 끝내 달라고 간청하려는 생각으로, 세례당 남쪽에 청동 문을 달기 위해 넉넉한 금액을 쓰기로 결정했다. 그 문을 위해 경쟁을 붙였다. 이탈리아의 모든 미술가들이 도안을 제출하라는 초대를 받았다. 가장 성공적인 작품들은(브루넬레스코, 야코포 델라 케르치아, 로렌쪼 기베르티, 그리고 몇 사람 더) 아브라함이 이삭을 제물로 바치는 광경을 묘사한 견본 패널을 청동으로 주조해 달라는 주문을 받았고 그 대가도 받았다. 1년이 지난 다음 조각가, 화가, 금세공인 등으로 구성된 심사 위원에게 완성된 패널들이 제출되었다. 기베르티의 작품이 가장 훌륭하다는 결론이 나왔다. 당시 스물다섯 살이던 이 청년은 그의 유명한 청동 문의 처음 한 쌍을 만드는 작업을 시작했다.

이 남쪽 문을 자세히 살펴본 사람만이 그것이 도안과 주조에 25년이나 걸린 이유를 이해할 수 있다. 기베르티는 너그러운 동료들인 도나텔로, 미켈로쪼, 그리고 많은 조수들의 도움을 받았다. 마치 모두가 이것이 미술의 역사에서 가장 섬세한 청동 돋을새김이 되어야 한다고 결정한 것 같았다. 기베르티는 한 쌍(두 개)의 문을 28개의 판으로 나누었다. 20개는 그리스도의 생애를, 4개는 사도들을, 4개는 교부들을 표현했다. 이들 모두가 고안되고 비판을 받고, 다시 고안되고 주조되어 문의 제자리에 끼워지자 기증자들은 주저 없이 2만 2000플로린(55만 달러)을 지불했고, 그러고 나서도 세례당 동편의 문을 위해 역시 그와 맞먹는 한 쌍의 문을 만들도록 다시 기베르티를 고용했다.(1425) 27년이 걸린 이 두 번째 시도에서 기베르티는 이미 유명해진, 혹은 곧 유명해질 사람들을 조수로 썼다. 브루넬레스코, 안토니오 필라레테(A. Filarete), 파올로 우첼로(P. Uccello), 안토니오 델 폴라유올로(A. d. Pollaiuolo)와 그 밖의 사람들이었다. 이 과정에서 그의 작업장은 열 명 이상의 천재들을 키운 미술 학교가 되었다. 처음의 문들이 『신약 성서』 내용을 표현했다면, 기베르티는 두 번째 문을 10개의 판으로 나누어 『구약 성서』의 장면들을 표현했다. 인간의 창조부터 시바 여왕이 솔로몬을 찾아오는 장면까지의 10장면들이다. 가장자리에 20명의 인물을 덧붙이고 뛰어난 아름다움을 지닌 장식(동물과 식물)을 넣었다. 여기서 중세와 르네상스가 완벽한 조화를 이룬 채 만나고 있다. 처음 패널에서 아담의 창조, 이브의 유혹과 낙원에서의 추방이라는 중세의 주제들이 의상의 고전적 흐름과 대담한 나체로 표현되었다. 아담의 육체에서 나오는 이브는 바다에서 올라오는 아프로디테를 묘사한 헬레니즘 돋을새김과 겨룰 만하다. 사건의 배경에 있는 남자들은 놀라운 모습이고, 풍경들은 당대 최고의 회화 작품에서와 거의 똑같이 원근법이 정교하고 디테일이 풍부하다. 어떤 사람들은 이 조각품이 회화의 영역을 너무 많이 침범하고 또 고전 돋을새김의 전통을 넘어서 있다고 불평한다. 학술적으로 보면 맞는 말이지만 효과는 생생하고 탁월했다. 두 번째 문은 처음 만든 것보다 더욱 섬세한 것이라고 일반적으로 인정받았다. 미켈란젤로는 이것이 "너무나 정교해서 낙원의 입구를 우아하게 꾸며 준다."라고 생각했다. 바사리는 오직 그 돋을새김들만 생각하고서 이것이 "모든 부분이 완벽하고, 고대와 현대를 막론하고 세계에서 가장 섬세한 걸작"이라고 말했다.[41] 피렌쩨는 기쁜 마음으로 기베르티를 시 의원으로 선출했고, 그가 노년을 편안히 보낼 수 있도록 넉넉한 부를 안겨 주었다.

2. 도나텔로

바사리는 세례당 문의 견본 판을 제작하도록 선택받은 예술가들 중에 도나텔로(Donatello)도 끼어 있었다고 생각했다. 그러나 당시 도나텔로는 열여섯 살의 젊은이였다. 사랑스럽고 작은 편이어서 그의 친구들과 후손들은 그를 도나토 디 니콜로 디 베토 바르디라고 불렀다. 그는 기베르티의 작업장에서 일부만 배웠다. 머지않아 그는 손수 자기 길을 개척했고, 기베르티 돋을새김의 여성적인 우아함을 벗어나 힘에 넘치는 조각으로 넘어갔다. 그리고 고대의 방식과 의도를 받아들이는 것뿐만 아니라 자연에 대한 타협하지 않는 충성으로, 또 독창적인 개성과 양식의 무뚝뚝한 힘으로 조각에 혁명을 만들어 냈다. 그는 자신이 만든 「다윗」만큼이나 질기고, 또 「성 조지」만큼이나 대담한 독립적인 정신이었다.

그의 천재성은 기베르티의 그것처럼 빠르게 성장하지는 않았다. 그러나 너욱 큰 범위와 높이에 도달했다. 그의 천재성이 성숙하자 그것은 무모한 생산력으로 걸작들을 만들어 냈다. 피렌쩨에 그의 조각상들이 늘어나면서 알프스 북쪽 나라들에도 그의 이름이 알려졌다. 스물두 살에 그는 오르산미켈레 교회를 위해 성 베드로의 모습을 조각해서 기베르티와 경쟁했다. 스물일곱 살에는 「성 마르코」를 아주 강인하고 단순하면서도 진지한 모습으로 조각해서 기베르티를 능가했다. 미켈란젤로는 이렇게 말했다. "이토록 솔직한 남자가 설교하는 복음을 거절하기란 불가능한 일일 것이다."⁴²* 스물세 살에 도나텔로는 대성당을 위해 「다윗」상을 조각하라는 주문을 받았다. 이것은 그가 만든 많은 「다윗」들 중의 하나일 뿐이다. 이 주제는 언제까지나 그의 상상력을 즐겁게 해 주었다. 그의 가장 섬세한 작품은 코시모의 주문을 받고 1430년에 주조되어, 메디치 궁전 안마당에 놓였다가 지금은 바르젤로 미술관에 있는 청동의 「다윗」이다. 여기서 뻔뻔스러운 누드 모습이 르네상스 조각에 등장하고 있다. 젊은 신체의 확고한 감촉을 지닌 날렵한 소년, 옆모습이 지나치게 그리스인과 닮은 얼굴, 그리고 투구는 분명 너무 그리스 방식이다. 여기서 도나텔로는 사실주의를 옆으로 밀쳐내고 상상력에 빠져들었다. 이것은 더욱 유명한 미켈란젤로의 「다윗」과 거의 대등한 작품이다.

그는 세례자 모습에서는 그리 훌륭하지 못했다. 그것은 지상의 일에 몰두하는 그의 성향에 낯선 주제였다. 바르젤로에 있는 두 개의 요한 조각상은 생명이 없고 모순된다. 까닭도 없이 「성 죠반니노(어린 성 요한)」라는 이름이 붙은 아이의 머리 돋을새김이 훨씬 더 섬세하다. 같은 방에 전시된 도나텔로의 「성 조지」는 군사적인 그리스도교와 그리스 미술의 절제된 선이 완전히 하나로 합쳐져 있다. 확고하고 자신감에 찬 태도를 취하고 있고 신체는 성숙하고 강하며 머리는 고딕 방식으로 타원형을 하고 있으며, 미켈란젤로의 고전적인 「브루투스」를 예견하게 한다. 피렌체 대성당 정면부를 위해서 그는 강력한 두 인물, 곧 예레미야와 하박국을 만들었다. 하박국의 모습은 하도 대담해서 도나텔로는 그것을 "거대한 호박(lo Zuccone)"이라고 불렀다. 로지아 데이 란치에 있는 도나텔로의 청동상 「유디트」는 코시모에게서 주문 받은 것으로, 그녀는 아직도 홀로페르네스 위로 칼을 휘두르는 중이다. 술에 취한 장군은 목이 잘리기 직전에 깊이 잠들어 있다. 그의 모습은 훌륭하게 구상되고 주조되었다. 폭군을 살해

---

* 오르산미켈레는 프란체스코 탈렌티와 시모네 탈렌티, 또 벤치 디 치오네(1337~1404) 등이 지은 것으로 큰 조합의 교회였다. 각 조합은 바깥벽에 만든 우묵벽에 놓인 조각상으로 대변되었다. 이곳을 위해서 기베르티, 베로키오, 난니 디 방코, 쟌 볼로냐 등이 작품을 만들었다.

하려는 젊은 여인은 옷 주름에 파묻혀 있고, 적절하지 못한 평온함으로 살인을 감행하려 한다.

로마로 짧은 여행을 하면서(1432) 도나텔로는 오래된 성 베드로 대성당을 위해 대리석으로 된 고전적인 우묵벽을 고안했다. 로마에서 그는 아마 로마제국 시대로부터 전해지는 흉상을 탐구했던 것 같다. 어찌 되었든 그는 르네상스 최초의 중요한 인물 조각을 발전시켰다. 인물상 분야에서의 걸작은 채색 테라코타 작품인, 정치가 니콜로 다 우짜노의 흉상이다. 이 작품에서 그는 전혀 아첨이 없이 그냥 한 사람을 표현하는 사실주의를 즐겁게 보여 주고 있다. 도나텔로는 미술이란 언제나 아름다움만을 추구하는 것이 아니라는 오랜 진실을 스스로 다시 발견했지만, 이 진실을 위해 의미심장한 형식을 선택하고 드러내려고 노력해야만 했다. 많은 명사들이 그의 끌에 자신을 맡겼다가 때로 실망하곤 했다. 제노바의 상인 한 사람은 도나텔로가 묘사한 자신의 모습에 실망하고는 값을 깎았다. 이 사건에 대한 판결이 코시모에게 맡겨지자 그는 도나텔로가 대가를 너무 조금 요구한 것이라고 말했다. 상인은 미술가가 이 작업을 위해 겨우 한 달간 일을 했으므로, 그가 요구한 보수는 일당 반 플로린(12.5달러)인 셈이고 그것은 단순한 예술가로서는 너무 많은 요구라고 생각했다. 도나텔로는 이 사람은 콩이나 거래할 지성의 소유자라고 말하면서 흉상을 산산조각 내 버렸다.[43]

이탈리아 도시들은 이 상인보다는 그를 더욱 높이 평가하고 그의 작품을 얻으려고 경쟁을 벌였다. 시에나, 로마, 베네찌아가 한동안 그를 불러들였다. 그러나 파도바는 그가 자신의 걸작을 만드는 모습을 목격했다. 성 안토니오 교회에서 그는 위대한 프란체스코 수도사(성 안토니오)의 시신을 덮을 제단을 위해 대리석 벽을 만들었다. 그 위에 감동적인 돋을새김과 청동상「십자가에 못 박힌 예수」를 극히 온건한 모습으로 만들었다. 그리고 교회 앞 광장에 현대 최초의 중요한 기마상을 세웠다.(1453) 의심의 여지없이 로마에 있는 말을 탄 아우렐리우스 상에서 영감을 받았지만 얼굴과 분위기는 철저히 르네상스 방식이다. 이상적으로 표현된 철학자 황제가 아니라 분명히 동시대의 인물인 것이다. 두려움 없고, 가차 없고, 강력한 베네찌아 용병대장 '가타멜라타(달콤한 고양이)' 상이다. 화가 나서 거품을 뿜는 말의 몸뚱이가 다리에 비해 지나치게 크고, 또 미술사가인 바사리를 모르는 비둘기들이 대담한 용병대장의 대머리에 매일 똥을 싸는 것도 사실이다. 그러나 그의 자세는 자신감 있고 당당하다. 마치 마키아벨리가 바라는 모든 미덕이 여기 도나텔로의 손길 속에서 새로 주조된 듯이 보인다. 파도바는 이 영웅이 죽음의 운명을 넘어 예술의 세계로 구원되는 광경을 놀라서 바라보았다. 그리고 조각가의 6년간의 노고의 대가로 황금 1650두카트(4만 1250달러)를 지불하고, 이 도시를 그의 고향으로 삼아 달라고 간청했다. 그러나 그는 변덕스러운 말로 그것을 거절했다. 즉 모든 사람이 자신을 찬양하는 파도바에서 자신의 예술은 발전할 수 없다. 예술을 위해 피렌쩨로 돌아가야 한다. 모든 사람이 모든 사람을 비판하는 그곳으로.

사실은 코시모가 그를 필요로 하고 있었고, 그도 코시모를 사랑했기에 그는 피렌쩨로 돌아왔다. 코시모는 예술을 이해하고 그에게 지적이고 너그러운 주문들을 내주곤 했다. 두 사람 사이가 하도 가까워서 도나텔로는 "극히 작은 암시만으로도 코시모가 원하는 것을 알아낼" 정도였다.[44] 도나텔로의 제안에 따라 코시모는 고대의 조각상, 관, 아치, 기둥, 기둥머리 등을 수집해서 메디치 정원에 세우고 젊은 예술가들이 그것을 탐구하도록 했다. 코시모를 위해 도나텔로는 미켈로쪼의 협력을 받아 세례당에 망명자인 대립 교황 요한 23세의 무덤을 만들었다. 코시모가 좋아하는 교회인 성 로렌쪼를 위해 그는 두 개의 강단을 만들었다. 그리고 예수의 수난을 표현한 청동 돋을새김으로 장식했다. 뒷날 사보나롤라는 바로 이 강단에 서서 메디치 가문에 반대하는 공격을 시작한다. 제단을 위해서 도나텔로는 성 로렌쪼의 테라 코타 흉상을 주조했다. 옛 성구실을 위해 두 쌍의 청동 문을 고안하고 코시모의 부모를 위해 단순하지만 아름다운 관을 만들었다. 다른 것들은 마치 어린이 놀이하듯이 그의 손길에서 술술 미끄러져 나왔다. 산타 크로체 성당을 위한 성모의 수태를 알리는 돌 돋을새김,

대성당을 위해 노래하는 소년들의 「합창대」— 힘차게 찬송가를 부르는 소년들의 모습(1433~1438), 건강한 청년의 모습을 구현한 청동 돋을새김 「젊은 남자」(메트로폴리탄 미술관), 그리스도교의 음악의 뮤즈가 되기에 충분한 「산타 체칠리아」(데시데리오 다 세티냐노의 것일 수도 있음) 그리고 청동 돋을새김 「십자가에 못 박힘」(바르젤로)은 사실주의적인 디테일이 뛰어나다. 산타 크로체에 있는 또 다른 「십자가에 못 박힘」은 여위고 외로운 목각이다. 브루넬레스코는 이것을 가리켜 "십자가에 못 박힌 농부"라고 말하긴 했지만 그래도 가장 감동적인 작품의 하나이다.

후원자와 조각가는 함께 늙어 갔다. 코시모는 조각가를 잘 보살펴 주어 도나텔로는 돈 걱정을 거의 하지 않았다. 바사리에 따르면 그는 작업장 천장에서 아래로 내려뜨린 바구니에 돈을 넣어 두고 조수들과 친구들에게 자기하고 상의하지 말고 필요한 만큼 돈을 가져가라고 말했다고 한다. 코시모는 죽으면서(1464) 아들에게 도나텔로를 보살펴 주라고 부탁했다. 피에로는 늙은 미술가에게 시골에 있는 저택을 주었지만 도나텔로는 곧바로 피렌쩨로 돌아왔다. 그는 시골의 햇빛과 곤충보다 도시의 친숙한 작업장을 더 좋아했던 것이다. 그는 여든 살이 될 때까지 단순하고 만족스럽게 살았다. 피렌쩨의 모든 미술가들과 거의 모든 주민이 그의 장례식에 참석해서 마지막 길을 따라갔다. 그는 자신이 원한 대로 산 로렌쪼 성당의 지하실에 코시모의 무덤 곁에 묻혔다.(1466)

그는 이루 헤아릴 수 없을 정도로 조각을 크게 발전시켰다. 그는 자세와 도안에 너무 힘을 들였다. 또한 기베르티의 것이 보여 주는 것 같은 완성된 형식이 그에게는 부족하다. 그러나 그가 아름다움이 아니라 삶을, 단순히 힘차고 건강한 육체가 아니라 복잡한 성격이나 정신적 상태를 표현하려 한 것이 바로 그의 잘못이라면 잘못이었다. 그는 인물상을 종교 분야에서 세속의 분야로 확대함으로써, 또 자신의 주제에 전례 없는 다양성과 개성과 힘을 부여함으로써 인물 조각을 발전시켰다. 수많은 기술적 난제(難題)들을 극복하면서 르네상스가 남긴 최초의 거대한 기마상을 만들어 냈다. 도나텔로가 배우고 성취하고 가르처 준 것을 받아들임으로써 단 한 사람의 조각가만이 그보다 더 위대한 높이에 도달했다. 베르톨도는 도나텔로의 제자였고 위대한 미켈란젤로의 스승이었다.

3. 루카 델라 로비아

바사리가 쓴 기베르티와 도나텔로의 전기를 읽을 때, 우리 마음에 연상되는 것은 르네상스 조각가의 작업실이란 하나의 정신이 지휘를 하고, 많은 손길이 협동하는 협동적인 기업의 모습이다. 또한 세대를 이어 매일 선생으로부터 견습공에게 기술이 전수되는 모습이기도 하다. 2급 조각가들은 그런 작업장에서 역사에 덜 뚜렷한 명성을 남기고 있지만 그들도 일시적인 아름다움에 지속적인 형식을 부여하는 데 공헌했다. 난니 디 방코(N. d. Banco)는 재산을 물려받았기에 아무것도 안 하고 지낼 수가 있는 사람이었다. 그러나 그는 조각과 도나텔로를 사랑해서 도나텔로 아래서 성실한 견습을 마치고 자신의 작업장을 만들었다. 그는 오르산미켈레에 구두장이 조합의 우묵벽을 위해「성 빌립보」를 조각했고, 대성당을 위해 복음서를 손에 들고, 신앙에 대해 회의를 시작한 르네상스 이탈리아에서 신앙의 확신을 주는 눈길로 앉아 있는「성 루가」를 조각했다.

다른 작업장에서 베르나르디노 로쎌리노와 안토니오 로쎌리노가 건축과 조각의 기술을 하나로 결합시키고 있었다. 베르나르디노는 산타 크로체 성당에 레오나르도 브루니의 무덤을 고안했다. 이어서 니콜라스 5세가 즉위하자 그는 로마로 가서 위대한 교황의 건축 혁명에 자신을 바쳤다. 안토니오는 서른네 살에(1461) 절정에 도달했다. 피렌쩨의 산미니아토 교회에 포르투갈 추기경 동 자이메(Don Jayme)를 위한 대리석 무덤을 만들었다. 여기서 천사의 날개와 추기경의 제의(祭衣)와 처녀성의 관을(추기경은 순결한 생활로 자기 시대를 놀라게 했던 인물이다.) 빼면 고전 양식이 완전한 승리를 거두고 있다. 미국에는 안토니오의 작품 두 가지가 있다. 모건 도서관에「아기 예수」라는 대리석 흉상과 국립미술관에「젊은 세례자 요한」이 있다. 빅토리아와 앨버트 박물관에 있는 의사 죠반니 디 산 미니아토의 힘찬 머리보다 더 고귀한 사실주의 인물상이 대체 어디 있을까?

데시데리오 다 세티냐노(D. d. Settignano)는 그에게 성을 준 피렌쩨 근처의 마을(세티냐노)에서 피렌쩨로 왔다. 그는 도나텔로의 작업장에 들어갔다. 그리고 스승의 작업에 끈기 있게 완성하는 힘이 부족함을 알아보았고, 자신의 작품은 우아하고 단순하고 세련된 모습으로 제작했다. 마르수피니의 무덤은 로쎌리노가 만든 브루니 무덤과 동등하지는 않지만, 그가 성 로렌쪼 교회를 위해 고안한 닫집 달린 우묵벽(1464)은 바라보는 사람들을 즐겁게 했다. 우연히 만든 인물상들과* 돋을새김들이 그의 명성을 더욱 크게 해 주었다. 그는 서른여섯 살에 죽었다. 만일에 스승처럼 여든 살까지 살았다면 그는 어떤 것을 더 남겼을까?

루카 델라 로비아(Luca della Robbia)는 여든두 살까지 살면서 긴 생애의 세월을 잘 이용했다. 그는 테라 코타 작품을 거의 주요 예술의 경지로 끌어올렸다. 그의 명성은 도나텔로의 명성을 넘어섰다. 유럽의 박물관들 중에 그의 섬세한 성모상들, 그 즐거운 푸른색과 흰색의 점토 조각상을 전시하지 않는 곳이 거의 없다. 르네상스의 많은 예술가들처럼 금세공사로 시작하여 작은 초서체 문자 분야부터 도안의 섬세한 부분까지 배우고 돋을새김 조각으로 넘어갔다. 그는 죠토의 종탑을 위해 다섯 개의 대리석 판을 조각했다. 대성당의 위원들이 루카에게 이 돋을새김들이 죠토의 작품보다 더 뛰어나다는 말은 하지 않았겠지만 그래도 그에게 오르간실을 꾸며 달라고 주문했다. 그는 이곳에 노래의 황홀경에 빠진 합창대 소년과 소녀들의 돋을새김을 만들었다. 2년 뒤에(1433) 도나텔로도 비슷한 「합창대」 돋을새김을 만들었다. 이들 경쟁 작품들은 지금은 대성당 박물관에서 서로 마주보고 있다. 두 가지가 모두 강력한 모습으로 어린이들의 풍성한 생명력을 보여 준다. 여기서 르네상스는 미술에서 어린이의 모습을 다시 발견했다. 1446년에 교회 위원들은 루카에게 대성당 성구실의 청동 문

---

* 뉴욕의 모건 도서관과 워싱턴 국립미술관에 있는 마리에타 스트로찌 흉상들을 보라.

을 위해 돋을새김을 만들라고 주문했다. 이것은 기베르티의 그것과 겨룰 수는 없어도 파찌 음모에서 로렌쪼 데 메디치의 생명을 구했다. 피렌쩨 사람들은 루카를 대가라고 찬양했다.

여기까지는 전통적인 조각가의 기술을 따랐다. 그러나 그는 점토를 가지고 실험을 하고 있었다. 그러면서 다루기 쉬운 이 재료를 가지고 대리석만큼이나 결이 아름답게 표현하는 방법을 찾으려고 했다. 그는 점토로 형태를 만들고 표면에 여러 가지 화학 약품을 바르고, 특별하게 만들어진 가마에 넣고 구웠다. 교회 위원들은 그 결과에 감탄했고, 그에게 대성당 성구실의 문 위에 테라 코타로 예수의 부활과 승천을 만들어 달라고 주문했다.(1443, 1446) 이 삼각면 작품은 하얀 단색으로 처리되었지만 그 재료의 고귀함과, 완성도와 착상의 섬세함으로 경탄을 불러일으켰다. 코시모와 그 아들 피에로는 메디치 궁전과 산미니아토에 있는 피에로 예배당을 위해 비슷한 테라 코타 작품들을 주문했다. 여기서 루카는 하얀색이 주조를 이룬 위에 푸른색을 더했다. 이제 주문이 사방에서 밀려들어와 그는 빠른 속도로 작업했다. 그는 테라 코타 작품인 「성모의 대관식」으로 오니싼티 예배당의 현관을 밝게 하고, 또 우아한 「성모와 아기 예수」로 바디아 수도원의 문을 장식했다. 천국의 영원성을 믿게 만드는 천사들의 모습이 그들을 둘러싸고 있다. 피스토야에 있는 성 죠반니 성당을 위해서 거대한 테라 코타 작품 「성모의 방문」을 만들었다. 나이 들어 가는 엘리사벳의 모습과 젊고 순수한 마리아의 머뭇거리는 모습이 신선하다. 이렇게 루카는 새로운 예술 영역을 만들어 냈고 델라 로비아 왕조는 15세기 끝까지 번영을 누렸다.

7. 회화

1. 마사쵸

14세기 이탈리아에서는 회화가 조각을 지배했다. 15세기에는 조각이 회화를 지배했다. 16세기에는 회화가 다시 주도권을 차지한다. 아마도 죠토의 천재성이 14세기에, 도나텔로의 천재성이 15세기에, 레오나르도와 라파엘로와 티찌아노의 천재성이 16세기에 나타난 것이 이러한 변화에 어느 정도 작용했을 것이다. 천재는 시대 정신의 원인 이상의 기능을 가진다. 죠토의 시대는 고전 조각품의 재발견과 발굴이 저 기베르티와 도나텔로에게 준 것 같은 자극과 방향성을 제시하기 이전이었다. 그러나 이런 자극은 16세기에 절정에 도달했다. 그렇다면 어째서 이런 자극은 산소비노와 첼리니, 그리고 미켈란젤로 같은 조각가들을 그 시대 화가들보다 더 위로 끌어올리지 않았던 것일까? 그리고 어째서 원래 조각가였던 미켈란젤로가 점점 더 회화에 몰두하지 않을 수 없었던 것일까?

르네상스 미술이 조각에 대해 너무 광범위하고 깊은 취향과 요구를 가졌기 때문일까? 지적이고 부유한 후원자들에 의해 해방을 얻은 미술은 표현과 장식의 모든 영역을 차지하고자 했다. 조각이 이 일을 해내기에는 시간과 노고와 돈이 너무 엄청나게 들었다. 성급하고 풍부하던 시대에 그리스도교의 이상과 이교(異敎)의 이상이라는 이중의 영역을 표현하기에는 회화가 훨씬 더 쉬웠다. 조각가가 어떻게 죠토처럼, 그리고 죠토의 탁월함으로 그렇게 빨리 성 프란체스코의 생애를 만들어 낼 수가 있겠는가? 더욱이 르네상스 이탈리아에는 아직도 감정과 생각이 중세적인 사람이 대부분이었다. 해방된 소수의 사람들도 옛날 신학의 메아리와 기억을, 또 그 희망과 두려움과 신비로운 비전을, 그 헌신과 다정함과 또 영적인 표면음을 여전히 속으로 지니고 있었다. 이 모든 것들은 그리스와 로마의 조각에 표현된 아름다움이나 이상과 마찬가지로 이탈리아 미술에서 여전히 형태를 얻어야 했다. 그리고 회화는 조각보다 더 큰 열의와 섬세함은 아닐지라도 훨씬 더 손쉽게 그 일을 해낼 수가 있었다. 조각은 오랫동안 몸을 탐구해야만 했다. 고딕 조각가들은 이따금 영적인 돌 작품을 만들기는 했지만 그래도 조각은 영혼을 표현하기에 적합한 분야는 아니었다. 르네상스 미술은 신체와 영혼, 얼굴과 표정을 다 잡아내려고 했다. 그것은 경건함, 애정, 정열, 고통, 회의, 관능, 자부심, 힘의 온갖 영역과 감정을, 그것의 표현을 찾아내려고 했다. 오직 끈질긴 천재만이 대리석, 청동, 점토 등으로 이런 일을 이루어 낼 수 있었다. 기베르티와 도나텔로가 그렇게 했을 때 그들은 조각의 영역 안으로 회화의 방식과 원근법과 뉘앙스를 도입하고, 생생한 표현을 위해서 황금시대 그리스 조각에서 요구되던 이상적 형식과 평온한 조화를 희생시켰다. 그리고 마지막으로 화가는 일반 대중이 더 쉽게 이해할 수 있는 언어로 말을 한다. 색채로 쉽게 눈을 사로잡고, 장면이나 이야기로 사람들이 좋아하는 이야기들을 들려주었다. 교회는 회화가 저 차가운 대리석이나 침침한 청동 조각보다 더 쉽게 사람들의 마음을 움직이고 그들의 심정을 더욱 친근하게 만든다는 것을 알았다. 르네상스가 발전하면서 미술이 그 범위와 목적을 확대하게 되었을 때 조각은 점차 뒤로 밀려나고 회화가 앞으로 나섰다. 조각이 그리스 시대 최고의 표현 방식이었듯이, 이제는 영역을 넓히고 형태를 다양하게 하고, 또 기술을 발전시킨 회화(繪畵)가 르네상스 시대 최고의, 그리고 특징적인 미술 영역이 되었다. 바로 르네상스의 얼굴이며 영혼이 된 것이다.

처음 시대에 이것은 더듬어 찾아야 하는 것이었고 아직 미숙한 상태였다. 파올로 우첼로(P. Uccello)는 원근법을 탐색하느라 다른 것에는 주의를 돌리지 못했다. 프라 안젤리코는 삶과 예술에서 중세적 이상의 완성을 지향했다. 오로지 마사쵸(Masaccio)만이 새로운 정신을 느끼고 있었고 그것은 머지않아 보티첼리, 레오나르도, 라파엘로에서 승리를 거둘 것이었다.

덜 유명한 재능들이 미술의 기법과 전통을 전수했다. 죠토는 가도 가디(G. Gaddi)를 가르쳤고, 가도 가디는 다시 타데오 가디를, 타데오 가디는 아뇰로 가디를 가르쳤다. 아뇰로는 1380년에도 여전히 산타 크로체에 죠토 양식의 벽화를 그렸다. 아뇰로의 제자인 첸니노 첸니니(C. Cennini)는 『미술에 대하여(Libro dell'arte)』(1437)라는 책을 써서 그 시대 드로잉, 구성, 모자이크, 안료, 유화 물감, 광택제와 그 밖에도 화가의 작업에 필요한 다른 것들에 관한 지식을 모두 모아 놓았다. 1쪽에는 이런 말이 들어 있다. "이 미술 책은 하느님과 성모 마리아 …… 모든 성인들을 경배하며 …… 또 죠토와 타데오와 아뇰로를 경배하면서 썼다."⁴⁵ 미술이 종교가 되고 있는 것을 볼 수 있다. 아뇰로의 가장 중요한 제자는 카말돌리 수도사인 로렌쪼 모나코였다. 이 수도사가 자신의 수도원을 위해 그린 거대한 제단화「성모의 대관식」에는 착상과 솜씨에서 신선한 힘이 드러나 있다. 얼굴은 개인의 모습을 띠고 있고 색채는 밝고 강하다. 그러나 이 3단 제단화에는 원근법이 없다. 배후에 있는 인물들이 앞에 있는 인물들보다 더 크고, 무대에서 관객석을 바라볼 때처럼 머리들이 표현되어 있다. 이탈리아 화가들에게 원근법의 기술을 가르친 사람은 누구인가?

브루넬레스코, 기베르티, 도나텔로는 이 문제에 접근했다. 파올로 우첼로는 생애를 거의 다 이 문제에 바치다시피 했다. 밤마다 그는 이 문제에 대해 생각을 거듭해 아내를 화나게 만들었다. "이 원근법이란 얼마나 멋진 것인가!" 하고 그는 아내에게 말했다. "아, 당신이 그 즐거움을 이해할 수 있도록 할 수만 있다면 얼마나 좋을까!"⁴⁶ 우첼로에게는 그림의 밭고랑에서 평행선들이 점차 가까워지는 모습보다 더 아름다운 것은 없었던 모양이다. 피렌쩨 수학자인 안토니오 마네티의 도움을 받아 그는 원근법의 법칙을 표현하려고 했다. 둥근 천장의 아치들이 줄어드는 모습, 사물이 앞쪽으로 다가오면서 끌사납게 커지는 모습, 또 기둥들이 굴곡을 이루어 배열된 모습을 표현하는 방법을 탐색했다. 마지막에 그는 이런 신비로운 일들을 법칙으로 잡아냈다고 느꼈다. 이런 법칙들을 통해서 1차원이 3차원의 착각을 만들어 낼 수 있게 되었다. 회화가 공간과 깊이를 표현할 수 있게 된 것이다. 파올로에게 있어 이것은 미술사의 그 어떤 일보다도 위대한 일로 여겨졌다. 그는 작품에서 이런 원칙을 표현했다. 산타 마리아 노벨라 회랑에 벽화를 그려 당대 사람들을 놀라게 했지만 이 작품은 시간의 침식 작용에 굴복하고 말았다. 지금은 대성당 벽에 그가 그린 존 호크우드 경의 초상화만이 남아 있을 뿐이다. 자신의 군대가 피렌쩨를 공격하지 않고 방어하도록 바꾸었던 자부심 강한 용병대장 호크우드는 이제 피렌쩨 대성당에서 학자들과 성인들과 함께 하고 있다.

그사이 같은 곳에서 출발한 또 다른 발전의 계열이 동일한 지점에 도착했다.

안토니오 베네찌아노(A. Veneziano)는 죠토의 후계자였다. 게라르도 스타르니나(Gh. Starnina)가 베네찌아노의 제자였다. 스타르니나로부터 마솔리노 다 파니칼레(M. d. Panicale)가 나왔고, 그는 마사쵸(Masaccio)를 가르쳤다. 마솔리노와 마사쵸는 그들 방식으로 원근법을 탐구했다. 마솔리노는 최초로 누드를 그린 이탈리아 화가의 한 사람이었다. 마사쵸는 원근법의 원리를 적용하여 처음으로 성공을 거두었고, 자기 세대 사람들의 눈길을 열어 주고 또 회화에서 새로운 시대를 열어 준 인물이다.

그의 진짜 이름은 토마소 귀디 디 산 죠반니였다. 마사쵸는 '큰 토마소', 마솔리노는 '작은 토마소'라는 뜻이다. 이탈리아 사람들은 이렇듯 특징을 드러내는 이름을 만들어 내기를 좋아한다. 그는 일찍이 붓을 들고서 그림을 시작했는데 어찌나 그리기를 좋아했던지 그만 다른 모든 것을 잊고 말았다. 의복, 자기 자신, 수입, 빚까지 죄다 잊었다. 그는 한동안 기베르티와 함께 일했는데 그 작업장 학교에서 해부학적 정교함을 배웠던 모양이다. 이 또한 그의 드로잉의 표지를 이룬다. 그는 마솔리노가 산타 마리아 델 카르미네 성당에 부속된 브랑카치(Brancacci) 예배당에 그리고 있던 벽화를 탐색했다. 그리고 원근법과 단축 기법에서 특별한 즐거움을 느꼈다. 바디아로 알려진 대수도원 교회의 한 기둥 위에 그는 브르타뉴의 성 이보를 그렸는데 아래에서 올려다보아서 두 발이 짧아진 모습으로 표현했다. 관객 입장에서는 성인이 그렇게 엄청난 발을 가졌을 거라고 믿을 수가 없기 때문이다. 산타 마리아 노벨라 성당에 그린 삼위일체 벽화에서 그는 둥근 천장을 완벽하게 물러서는 원근법으로 그렸기 때문에 눈길은 그려진 천장이 교회의 벽으로 연결되어 있다고 믿게 된다.

그를 3세대에 걸친 스승으로 만든, 시대를 가르는 걸작은 마솔리노의 뒤를 이어 그가 브랑카치 예배당 벽화에 그린 성 베드로의 생애 부분이다.(1423) 성서에 나오는 헌금 사건이 젊은 예술가의 손에서 새로운 개념과 선의 정확성으로 재현되었다. 그리스도는 엄격한 고귀함을 지니고, 베드로는 분노한 위엄을 보인다. 세금을 징수하는 사람들은 로마인의 유연한 모습을 하고 있고, 사도들은 모습, 의상 그리고 태도가 모두 개인의 모습을 지닌다. 배경 건물과 언덕들은 원근법이라는 새로운 기술을 잘 보여 준다. 거울에 비친 마사쵸 자신의 모습도, 군중에 가려진 수염 달린 사도가 되었다. 그가 이 작업을 하고 있을 때 이 예배당에서 행렬 의식이 거행되었다. 마사쵸는 예리하게 기억하는 눈길로 이 의식을 관찰했고 그것을 회랑에 벽화로 재생했다. 브루넬레스코, 도나텔로, 마솔리노, 죠반니 디 비치 데 메디치, 예배당의 후원자인 안토니오 브랑카치 등이 참석했는데 그들은 이제 그림 속에 등장하게 되었다.

1425년에 이유는 알려지지 않았으나 마사쵸는 작업을 끝마치지 않은 채 로마로 갔다. 그러고는 그의 소식을 다시는 들을 수가 없다. 어떤 사고나 질병으로 그가 생애를 마쳤을 것이라고 짐작할 수 있을 뿐이다. 그러나 이렇듯 완성되지 않은 상태로도 이미 이 브랑카치 벽화는 한동안 회화에서 엄청난 발전을 보여 준 작품이라고 인정을 받았다. 저 대담한 누드, 우아한 의상, 놀라운 원근법, 사실적인 단축, 정교한 해부학적 디테일, 섬세한 단계를 드러내는 명암을 통해 깊이를 얻는 형태 등을 통해, 모든 사람은 바사리가 '현대' 양식이라고 부르는 새로운 출발을 느꼈다. 피렌쩨 근처에 있던 야망에 찬 화가들은 모두 이리로 와서 이 벽화를 탐구했다. 프라 안젤리코, 프라 리포 리피, 안드레아 델 카스타뇨, 베로키오, 기를란다요, 보티첼리, 페루지노, 피에로 델라 프란체스카, 레오나르도, 프라 바르톨로메오, 안드레아 델 사르토, 미켈란젤로 그리고 라파엘로 등이었다. 죽은 사람이 이렇듯 훌륭한 제자들을 둔 적은 일찍이 없었고, 죠토 이래로 어떤 예술가도 그토록 광범위한 영향을 남긴 적은 없었다. 레오나르도는 이렇게 말했다. "마사쵸는 탁월한 주인인 자연에게서 말고 다른 안내를 받는 사람은 누구라도 소용없는 헛고생을 할 뿐이라는 사실을 완벽한 작품을 통해 보여 주었다."[47]

2. 프라 안젤리코

이렇게 흥분시키는 새로움 한가운데서 프라 안젤리코(Fra Angelico)는 조용히 중세적인 자신의 길을 갔다. 토스카나 농촌에서 태어나 귀도 디 피에트로라는 이름을 얻었던 그는 젊은 시절 피렌쩨로 가서 회화를 공부했다. 아마도 로렌쪼 모나코와 함께였던 듯하다. 그의 재능은 빠르게 성숙했다. 그는 이 세상 어디서라도 자신을 위해 편안한 자리를 만들 수 있었을 테지만 평화에 대한 사랑과 구원에 대한 소망을 품고 도미니크 수도회에 들어갔다.(1407) 여러 도시에서 긴 수련 기간을 보낸 다음 프라 죠반니라는 새로운 이름을 얻은 그는 피에솔로의 성 도메니코 수도회에 정착했다.(1418) 행복한 은둔 속에서 사본들에 장식 그림을 그리고 교회와 종교 단체들을 위해서 그림을 그렸다. 1436년에 성 도메니코의 수사들은 미켈로쪼가 코시모의 주문을 받고 그의 돈으로 지은 성 마르코 수도원으로 옮겨 왔다. 다음 9년 동안 죠반니 수사는 수도원 교회, 수도원 분회, 수도원 숙소, 휴게실, 병원, 회랑, 수도사들의 방 등에 수많은 벽화들을 그렸다. 그동안에 그는 극히 겸손한 헌신으로 종교적 수행을 계속했기 때문에 동료 수사들은 그를 천사와 같은 수사, 곧 프라 안젤리코라 불렀다. 아무도 그가 화내는 모습을 보지 못했고, 그를 성나게 할 수도 없었다. 토마스 아 켐피스는 그에게서 그리스도와 비슷한 모습을 보았다. 딱 한 가지만을 빼고 말이다. 「최후의 심판」에서 이 천사와 같은 도미니크 수도사는 그만 참지 못하고 프란체스코 수도사 몇 명을 지옥에 보냈던 것이다.[48]

　프라 안젤리코와 더불어 회화는 미적인 표현이자 즐거움이면서 동시에 종교적 수행이 되었다. 그는 많은 그림에서 기도 드리는 마음으로 그림을 그렸다. 그리고 먼저 기도를 올리지 않고 그림을 그리는 경우는 없었다. 사나운 삶에서 보호를 받는 상태에서 그는 모든 것을 신의 보상과 사랑의 찬가라고 여겼다. 그의 주제들은 성모와 그리스도의 생애, 하늘에서의 축복, 자기 교단에 속하는 성인들과 총장들의 생애 등 변함없이 종교적인 것들이다. 그의 목표는 아름다움을 창조하는 동시에 신앙심을 불어넣는 것이었다. 수사들이 모임을 갖는 회관에서 그는 수도원장이 그들의 마음에 가장 빈번히 나타나야 한다고 생각할 만한 것을 그렸다. 곧 십자가에 못 박힌 그리스도였다. 안젤리코가 누드에 대한 자신의 탐색을 보여 주는 강력한 그림에는 그가 생각하는바 모든 것을 포괄하는 그리스도교 정신의 특질이 동시에 표현되어 있다. 이곳 십자가의 발치에는 성 도미니크와 나란히 경쟁 수도회의 창시자들이 나타난다. 아우구스티누스, 베네딕트, 베르나르도, 프란체스코, 발롬브로사 수도회의 존 구알베르토, 카르멜 수도회의 알베르토 등이다. 수도사들이 어떤 여행자라도 받아들여서 환대를 하도록 되어 있는 병원 입구 위에 걸린 아치형 창에서 안젤리코는 나중에 그리스도임이 밝혀지는 나그네 이야기를 들려준다. 모든 나그네를 그리스도를 대하듯 대해야 한다는 것이다. 병원 안에는 안젤리코가 여러 교회와 조합들을 위해서 그린 그림 몇 개가 들어 있다. 「린넨 제조 노동자들의 성모」에서 천사 합창대원들은 여자들의 유연한 자태와 순한 소년들의 얼굴을 하고 나타난다. 「십자가에서 내림」에서도 르네상스 미술에서 같은 것을 그린 수천의 다른 그림들 어느 것에도 뒤지지 않는 아름다움과 부드러움을 보인다. 「최후의 심판」은 좀 심하게 좌우대칭을 이루고 있고, 또 무시무시하고 불쾌한 환상들로 가득 채워져 있어서 마치 잊는 것은 인간의 일이요, 미워하는 것이 신의 일인 것처럼 여겨질 정도이다. 수도사들의 방으로 올라가는 계단 끝에 안젤리코의 걸작 「수태고지」가 그려져 있다. 무한히 우아한 천사가 미래의 신의 어머니를 경배하고 있고, 성모는 겸손한 의심을 품고 두 손을 교차시키고 있다. 약 50개에 이르는 수사들의 방 모두에 이 사랑에 넘치는 수도사는 제자 수도사들의 도움을 받아 복음서의 장면을 연상시키는 벽화들을 그렸다. 그리스도의 변모, 사도들의 친교, 그리스도의 발에 기름을 붓는 막달레나 등이다. 코시모가 수도사 노릇을 하곤 하던 큰 방에 안젤리코는 「십자가에 달린 예수」와 「왕들의 경배」를 그렸다. 프라 안젤리코는 피렌체 공의회 때 동방의 의상들을 보았던지 이 그림에는 경이로운 동양의 의상이 표현되어 있다. 그 자신의 방에는 성모의 대관식을 그렸다. 그는 이 주제를 좋아하여 즐겨 그리곤 했다. 우피찌 미술관에 하나가 걸려 있고, 피렌쩨의 미술 아카데미에 또 다른 그림이, 루브르에도 하나가 걸려 있다. 대관식 그림 중에서는 성 마르코 공동 숙소에 안젤리코가 그린 것이 가장 훌륭하다. 여기서 그리스도와 성모의 모습은 미술사에서 가장 뛰어난 것들에 속한다.

이러한 독실한 작품 활동의 명성은 수많은 주문을 만들어 냈다. 이렇게 자신의 그림을 원하는 사람들에게 그는 언제나 먼저 수도원장의 허가를 얻으라고 대답했다. 그는 늘 주문자들을 얻었다. 니콜라스 5세가 로마로 오라고 불렀을 때 그는 피렌쩨의 수도사 방을 떠나 교황의 예배당에 성 스테판과 성 로렌쪼의 생애 장면들로 단장했다. 그들은 아직도 바티칸에서 가장 즐거운 모습들에 속한다. 니콜라스 교황은 이 화가에게 경탄한 나머지 그를 피렌쩨의 대주교로 임명하겠다고 제안했다. 그러나 안젤리코는 사양하면서 자신이 좋아하는 수도원장을 추천했다. 니콜라스는 이 제안을 받아들였다. 프라 안토니노는 주교 제복을 입고도 성인이 되었다.

엘 그레코(El Greco)를 제외하고 어떤 화가도 프라 안젤리코처럼 그렇게 독특한 자기만의 양식을 만들어 낸 사람은 없다. 풋내기라도 그의 손길을 금세 알아차릴 수 있다. 선과 형태의 단순함은 죠토로 되돌아간다. 폭이 좁지만 가벼운 색채 조합(금색, 주홍, 진홍, 파랑, 초록)은 밝은 영혼과 행복한 신앙을 반영한다. 인물들은 거의 해부학적 터치가 없을 정도로 너무 단순하게 표현된다. 얼굴은 아름답고 온화하고 너무 창백해서 살아 있는 것 같지가 않은데 수도사나 천사나 성인이나 모두가 거의 비슷하다. 거의 낙원의 꽃들과 같은 모습이다. 이 모든 모습은 온화한 헌신, 기분과 생각의 순수함을 지닌 이상적인 정신에 의해 구원을 받는다. 이러한 이상적 정신은 중세의 가장 섬세한 순간을 연상시키는 것으로 르네상스에 의해서는 두 번 다시 포착되지 않았다. 이것은 미술에 나타난 중세 정신의 마지막 외침이었다.

프라 안젤리코는 로마에서 1년간 일하고, 한동안 오르비에토에서 일하다가 피에솔로에서 3년간 도미니크 수도원장으로 지냈다. 그리고 로마로 다시 불려와 그곳에서 예순여덟의 나이로 죽었다. 다음 비문은 아마도 로렌쪼 발라가 썼을 것으로 보인다.

Non mihi sit laude quod eram velut alter Apelles,

sed quod lucra tuis omnia, Christe, dabam;

altera nam terris opera extant, altera coelo.

urbs me Ioannem Flos tulit Etruriae: ―

내가 또 다른 아펠레스(고대 그리스의 화가 - 옮긴이)였다는 것이 내 자랑이 되지 않게 하소서,

오 그리스도여, 내가 얻은 모든 것을 당신의 신도들에게 주었습니다.

일부는 지상을 위한 일이었고 일부는 천국을 위한 일이었습니다.

나 죠반니는 토스카나 도시 피렌쩨의 자식이었습니다.

3. 프라 필리포 리피

튼튼한 마사쵸와는 반대로 온화한 안젤리코 계열에서, 영원성보다는 삶을 선택한 남자의 예술이 나타났다. 푸주한 토마소 리피의 아들인 필리포(Fra Filippo Lippi)는 피렌쩨의 카르멜 수도원 뒤편 가난한 거리에서 태어났다. 두 살에 고아가 된 그는 자기를 못마땅히 여기는 아주머니의 손에 양육되었다. 그가 여덟 살이 되어 카르멜 수도회로 들어가자 그녀는 그에게서 벗어났다. 그는 주어진 책을 읽지는 않고 대신 책의 여백에 만화를 그렸다. 수도원장은 그런 그림들이 탁월함을 알아보고 그에게 마사쵸가 카르멜 교회에 그려 놓은 벽화를 베끼게 했다. 머지않아 젊은이는 같은 교회에서 사신의 벽화를 그리게 되었다. 이 그림들은 사라졌지만 바사리는 이것들이 마사쵸의 것만큼 훌륭하다고 보았다. 스물여섯의 나이로(1432) 필리포는 수도원을 떠났다. 그는 자신을 계속 '프라', 곧 수도사라고 불렀지만 그는 '속세'에서 살았고, 미술로 생계를 이어 갔다. 바사리가 들려주는 다음과 같은 이야기는 전통적으로 받아들여지고 있지만 우리로서는 그 진위를 검사할 길이 없다.

필리포는 워낙 바람기가 다분해서 마음에 드는 여자를 보면 그녀를 손에 넣기 위해 자기가 가진 것을 모두 다 내놓았다. 이 일에 성공하지 못하면 그는 그녀의 초상화를 그려서 사랑의 불꽃을 진정시켰다. 이 욕망이 그를 온통 사로잡아 이런 기분이 계속되는 동안에는 작업에 거의 몰두하지 못했다. 언젠가 그에게 주문을 하면서 코시모는 그가 밖으로 나가 시간을 낭비하지 못하도록 그를 집 안에 가두었다. 필리포는 이틀간 그렇게 집에 머물렀다. 그러나 바람기와 동물적인 욕망에 사로잡힌 그는 가위를 들고 침대 시트를 잘라서 창문으로 내려가 여러 날 동안 자신의 욕망에 마음껏 빠져들었다. 코시모는 그를 찾을 수가 없게 되자 사람을 시켜 그를 찾도록 했다. 마침내 필리포가 돌아와서 일을 시작했다. 이 시간 이후로 코시모는 그를 가두었던 일을 후회하면서 그에게 원하는 대로 드나들 자유를 주었다. …… 그의 말대로 천재들이란 하늘의 형식이지 노새들이 아니기 때문이었다. ……그 이후로 그는 사랑으로 필리포를 붙잡으려고 했다. 그리고 이렇게 해서 그에게서 더욱 많은 헌신을 얻을 수 있었다.[49]

1439년에 '프라 리포'는 피에로 데 메디치에게 보내는 편지에서, 결혼하고 싶어 안달이 난 여섯 명의 조카딸과 함께 살면서 힘들게 그들을 부양하는, 피렌쩨에서 가장 가난한 수도사라고 자신을 묘사했다.[50] 그의 작업은 수요가 있었지만 아마도 조카딸들이 원하는 정도로 좋은 대우를 받지는 못했던 모양이다. 그의 행실이 아주 나쁘지는 않았음이 분명하다. 그가 여러 수녀원에서 그림을 그려 달라는 주문을 받고 있기 때문이다. 프라토에 있는 성 마르게리타 수녀원에서 (바사리가 잘못 안 것이 아니라면) 그는 수녀이거나 아니면 수녀들을 감독하는 루크레찌아 부티와 사랑에 빠졌다. 그는 수녀원장을 설득하여 루크레찌아가 자기를 위해 성모의 모델이 되도록 했다. 그들은 곧 함께 도망쳤다. 그녀의 아버지가 야단을 치고 호소도 했지만 그녀는 예술가의 정부 겸 모델이 되어 여러 해 동안 성모 노릇을 하고 그에게 아들을 낳아 주었다. 뒷날 필리피노 리피 (Filippino Lippi)라는 이름으로 명성을 얻게 될 아들이었다. 프라토 대성당의 위원들은 이런 모험들 때문에 필리포를 나쁘게 여기지는 않았다. 1456년에 그들은 그에게 합창대석에 세례자 요한과 성 스테판의 생애 이야기 벽화를 그려 달라고 주문했다. 오늘날에는 시간에 의해 손상을 입었으나 완벽한 구도, 풍부한 색채, 살아 있는 이야기, 즉 합창대 좌석 한쪽 끝에 살로메의 춤이 벌어지고 있고, 다른 편에는 스테판이 돌에 맞아 죽는 모습을 그린 이 그림들은 당시 걸작으로 칭송을 받았다. 그러나 역동적인 필리포는 이 일이 지겨워 두 번이나 일하다 말고 도망쳤다. 1461년 코시모는 교황 피우스(비오) 2세를 설득해서 예술가를 수도원의 맹세에서 풀어주도록 했다. 필리포는 자신이 이제 루크레찌아에 대한 충성에서도 자유롭게 되었다고 생각했던 모양이다. 그녀는 오래전에 성모 노릇을 그만두었다. 프라토 성당 위원들은 그를 도로 불러들여 벽화를 완성하도록 하기 위해 갖은 힘을 다했다. 마침내 시작한 지 10년이 지나고 나서 그는 코시모의 사생아이며, 이제는 교황청 공증인인 카를로 데 메디치의 권고를 받고 그림을 완성하기에 이르렀다. 스테판의 매장 장면에 필리포는 자신의 힘을 다 쏟아부었다. 건축물 배경이 사람을 완벽하게 기만하는 원근법으로 표현되어 있고, 개인으로 표현된 인물들이 시체를 둘러싸고 탄탄한 비례를 이루고 있으며, 코시모의 사생아 아들의 평온하고 둥근 얼굴이 죽은 사람을 보살피고 있다.

성적인 문란함에도 불구하고, 그리고 어쩌면 바로 여자의 사랑스러움에 대한 그의 각별한 애정 때문인지 필리포의 가장 섬세한 그림들은 성모 그림이다.* 이들은 안젤리코가 그린 성모들의 영성(靈性)을 지니지는 못하지만 부드러운 육체의 아름다움과 무한한 온화함을 표현한다. 프라 리피에게서 성가성은 이탈리아 가족이 되었다. 그들은 가족의 일상사로 둘러싸여 있고, 성모는 관

---

* 피렌쩨 성 로렌쪼에 있는 「수태고지」—겸손하게 항의하는 농부 소녀의 모습. 「아기 예수를 경배하는 성모」(베를린)는 성모 의상의 청색과 아기 예수 아래 꽃밭의 녹색이 풍부하다. 우피찌의 「성모」는 심각한 금발의 얼굴, 흘러내리는 베일, 아름답게 그려진 의상을 하고 있다. 피티 미술관에도 「성모」가 있다. 메디치 궁전의 「성모와 아기」, 루브르에 있는 「성인 프레디아노와 아우구스티누스 사이에 있는 성모와 아기」, 바티칸 미술관에 있는 「성모의 대관식」, 우피찌의 「대관식」에서 우아한 보조 인물들 사이로 필리포 자신도 마침내 회개하고 무릎 꿇고 기도하는 모습으로 등장한다.

능적인 사랑스러움으로 이교적인 르네상스를 예고하고 있다. 이들의 여성적인 매력에다가 필리포는 공기 같은 우아함을 덧붙여 주었고, 이것은 그의 제자인 보티첼리에게로 넘어갔다.

1466년에 스폴레토 시(市)는 대성당 성가대 뒤쪽에 한 번 더 성모 이야기를 그려 달라고 그를 초빙했다. 정열은 식었고 그는 양심적으로 일했다. 그러나 그의 힘은 정열과 함께 사라졌는지 그는 프라토 벽화의 탁월함을 다시 한 번 되풀이할 수는 없었다. 이 작업 도중에 그는 죽었다.(1469) 바사리의 생각에 따르면 그가 유혹한 소녀의 친척들이 그에게 독을 먹였을 것이라고 한다. 이 이야기는 믿을 수 없다. 필리포는 스폴레토 대성당에 매장되었고, 몇 년 뒤에 그의 아들이 그곳에서 로렌쪼 데 메디치의 주문을 받고 아버지를 위해 화려한 대리석 무덤을 만들었으니 말이다.

아름다움을 창조한 사람은 누구나 기억할 가치가 있다. 그러나 우리는 도메니코 베네찌아노(D. Veneziano)와 그를 죽인 사람으로 알려진 안드레아 델 카스타뇨(A. d. Castagno)를 부끄럽게도 서둘러 지나치지 않을 수 없다. 도메니코는 페루지아 시의 초빙을 받고(1439) 산타 마리아 누오바 교회에 벽화를 그리게 되었다. 그는 보르고 산 세폴크로 출신의 장래가 촉망되는 젊은이를 조수로 썼다. 바로 피에로 델라 프란체스카였다. 도메니코는 오늘날에는 사라진 이 작품에서 물감을 오일과 섞음으로써 피렌쩨 최초의 실험 하나를 했다. 그는 하나의 걸작을 남겼다. 「여인의 초상」(베를린)은 틀어 올린 머리, 동경에 가득 찬 눈길, 눈에 거슬리는 코, 부풀어 오른 젖가슴을 하고 있다. 바사리에 따르면 도메니코는 새 기술을 안드레아 델 카스타뇨에게 가르쳐 주었고, 그 또한 산타 마리아 누오바에서 벽화를 그렸다. 아마도 경쟁심이 이들의 우정을 망쳤던 모양이다. 안드레아는 음침하고 정열적인 남자였다. 바사리는 그가 도메니코를 죽인 이야기를 들려준다. 그러나 다른 기록에 따르면 도메니코는 안드레아보다 4년이나 더 오래 살았다고 한다. 안드레아는 산타 크로체의 회랑에 그린 채찍질 당하는 그리스도의 그림으로 명성을 얻었다. 이곳에서 그의 원근법 기술은 심지어 동료 화가들까지도 놀라게 만들었다. 그가 그린 상상의 초상화들, 단테, 페트라르카, 보카치오, 파리나타 델리 우베르티 등의 초상화와, 허세 부리는 인물 피포 스파나의 생생한 모습 등이 피렌쩨의 성 아폴로니아 수도원에 깊이 파묻혀 있다. 그가 그린「최후의 만찬」(1450)은 생명력이 없고 그다지 훌륭한 그림은 아니지만 어쩌면 레오나르도에게 한두 가지 아이디어를 제공했을 것으로 여겨진다.

8. 그 외의 예술

코시모 시대 피렌쩨 예술의 생동하는 생명력을 느끼기 위해서는 앞에서 서둘러 살펴본 주요한 천재들만을 생각해서는 안 된다. 우리는 또한 예술의 옆 골목이나 뒷골목으로도 들어가 수많은 가게들을 방문하고 도공들이 점토를 주무르고 거기 그림을 그리는 작업장에도 가 보고, 유리 만드는 사람들이 유리를 불거나 잘라서 깨지기 쉬운 사랑스러움의 형태를 만들어 내는 것도 보고, 금세공사들이 값비싼 금속이나 돌을 가지고 보석과 메달, 도장, 주화들 또는 의복이나 사람, 집이나 교회의 수많은 장식품들을 만들어 내는 것도 보아야 한다. 일에 열중한 기능공들이 쇠나 구리, 청동을 두들기거나 돋을새김을 해서 무기나 꽃병, 그릇과 도구들을 만드는 소리도 들어 보아야 한다. 또 장롱 만드는 사람들이 디자인하고 목재를 다듬고 상감하고 표면을 만드는 것도 보아야 한다. 다른 노동자들은 굴뚝을 다듬어 만들거나 가죽을 연마하고, 상아를 깎고, 조각품의 피부를 유혹적으로 만들거나 집을 장식하기 위해 섬세한 결을 만들어 낸다. 또 수도원으로 가서 끈기 있는 수도사들이 사본에 그림을 그려 넣는 모습, 평온한 수녀들이 이야기가 있는 벽걸이에 수를 놓는 모습도 보아야 한다. 무엇보다도 아름다움을 이해할 정도로 충분히 발전하고, 그런 일에 명예와 실체를 제공할 만큼 지혜롭고, 그런 일을 하는 사람들을 자극해 주는 주민들의 모습을 마음속에 그려 보아야 한다.

    금속 인쇄는 피렌쩨의 발명품 중의 하나였다. 이곳의 구텐베르크는 코시모와 같은 해에 죽었다. 토마소 피니구에라(Tommaso Finiguerra)는 금속이나 목재에 도안을 새겨 넣는 일을 하는 사람이었다. 패인 구멍에 은과 납을 합친 금속을 부어 넣었다. 전설에 따르면 어느 날 종이 혹은 헝겊 조각이 실수로 방금 상감해 넣은 금속 표면에 떨어졌다. 그것을 집어 들고 보니 거기에 도안이 또렷하게 새겨져 있었다. 이 이야기는 뒤에 궁리해 낸 이야기의 특징을 갖고 있다. 그러나 어찌 되었든 피니구에라와 다른 사람들은 이렇게 새겨진 무늬의 효과를 판정하기 위해 종이를 가지고 신중하게 시험을 해 보았다. 피렌쩨 금세공사인 바치오 발디니(1450년경)는 이렇게 만든 금속 표면을 이용해서 도안을 인쇄한 최초의 사람이었다. 그는 그것을 이용해서 예술가들의 도안을 보존하거나 복제했다. 보티첼리, 만테냐와 다른 미술가들이 그에게 도안을 대 주었다. 한 세대 뒤에 마르칸토니오 라이몬디(M. Raimondi)는 새로운 인쇄 기술을 발전시켜 르네상스의 그림에서 색채만 빼고 모든 것을 전 세계에 전파시키는 수단으로 만들었다.

    마지막으로 분류를 시도했고 또 자기 시대를 종합한 사람이라고 이해할 수 있는 한 사람을 살펴보기로 하자. 레온 바티스타 알베르티(L. B. Alberti)는 정치만 빼고 자기 시대의 모든 양상을 체험한 사람이었다. 그는 피렌쩨 망명자 신분으로 베네찌아에서 태어났다. 코시모가 돌아가면서 함께 피렌쩨로 돌아와서 피렌쩨의 미술, 음악, 문학, 철학 등에 반했다. 피렌쩨는 거의 괴물처럼 완벽한 그를 환호성으로 맞아들였다. 그는 잘생기고 튼튼했다. 모든 운동에 아주 뛰어났다. 두 발을 묶고서도, 서 있는 남자 머리보다 높이 뛰어오를 수가 있었다. 대성당에서 동전을 위로 던져 천장을 맞혀서 소리를 내게 할 수도 있었다. 또 야생마를 길들이는 일과 산을 오르는 일을 즐겼다. 그는 훌륭한 가수였고, 뛰어난 오르간 연주자였으며 매력적인 대화 상대자였고, 유려한 웅변가, 깨어 있고 냉정한 지성의 소유자, 섬세함과 예의를 갖춘 신사, 여자들만 빼고 모두에게 너그러운 사람이었다. 여자들에 대해서만은 불쾌한 인내심과 어쩌면 꾸며 낸 의분으로 공격했다. 돈에는 별로 신경을 쓰지 않아서 자신의 재산 관리를 친구들에게 맡기고 그들과 수익금을 나누었다. "인간은 자기가 원하면 무엇이든 할 수 있다."라고 그는 말했다. 정말 이탈리아 르네상스의 중요 예술가치고 몇 가지 예술 분야에서 탁월하지 않은 사람은 드물었다. 약 50년 뒤에 오는 레오나르도처럼 알베르티도 열 가지 이상의 분야에서 거장 아니면 적어도 솜씨가 뛰어난 사람이었다. 수학, 기계학, 건축, 조각, 회화, 음악, 시, 연극, 철학, 시민법과 종교법의 분야였다. 그는 이 모든 주제들에 대해서 글을 썼고 회화에 대해서는 피에로 델라 프란체스카와 어쩌면 레오나르도에게도 영향을 미친 논문을 남겼다. 또한 여성과 사랑의 기술에 대해서 두 편의 대화를 남기고, 「가족에 대하여」라는 유명한 에세이를 남겼다. 그는 그림을 그린 다음 아이들을 불러서 그것이 무엇인지 물었다. 그리고 아이들이 답을 잘 못하면 그림이 실패한 것이라고 여겼다.[51] 또한 카메라 옵스쿠라(사진기의 초기 형태)의 가능성에 대해서 맨 먼저 발견한 사람들 중의 하나였다. 뛰어난 건축가로서 도시를 옮겨 다니면서 정면부를 세우거나 로만 양식으로 예배당을 지었다. 바사리의 말에 따르면 로마에서는 교황 니콜라스 5세가 "수도를 뒤집어엎을" 건물들을 계획하는 일에 동참했다. 리미니에서 그는 낡은 성 프란체스코 성당을 거의 이교의 사원으로 변경시켰다. 피렌쩨에서는 산타 마리아 노벨라 성당을 위해 대리석 정면부를 만들고 산 판크라찌오 성당에 루첼리 가문을 위한 작은 예배당을 지었다. 그리고 단순하면서도 당당한 설계로 궁선 두 채를 시었다. 만토바에서는 대성낭에 붙은 작은 예배당을 장식했고, 성 안드레아 교회에 로마 개선문 형태의 정면부를 만들어 붙였다.

그는 「필로독수스(Philodoxus)」라는 희극 한 편을 아주 탁월한 라틴어로 썼는데, 자기 시대를 골려먹으려고 그것이 최근에 발견된 고대 로마 작가의 작품이라고 말하자 아무도 그의 말을 의심하지 않았다. 학자이기도 했던 알두스 마누티우스(A. Manutius)는 그것을 로마 고전으로 여기고 인쇄했다. 알베르티는

3장 메디치 가문의 떠오름 199

수다스러운 대화 형식으로, '쉽고 단순한' 이탈리아어로 논문들을 써서 바쁜 사업가들도 그의 글을 읽을 수 있게 했다. 그의 종교는 그리스도교라기보다는 로마 종교였지만 그는 대성당의 합창을 들을 때면 언제나 그리스도교도가 되었다. 멀리 앞을 내다보았기에 만일 그리스도교 신앙이 시들면 세계는 행동과 사상의 혼란에 빠지게 될 것이라는 두려움을 표현했다. 그는 피렌쩨 근교 시골을 사랑해서 할 수 있을 때마다 그곳으로 돌아가곤 했다. 대화편「테오게니오(Teogenio)」에서 주인공 테오게니오는 다음과 같이 말한다.

> 유명한 죽은 사람들과 함께하는 일은 이곳에서 내가 한가히 즐길 수 있는 일이지요. 성인이나 정치가나 위대한 시인과 대화를 나누고 싶으면 서가(書架)로 가기만 하면 되니 말입니다. 그리고 이런 교제는 수많은 손님과 아첨꾼이 법석대는 당신의 궁전이 제공할 수 있는 그 어떤 교제보다도 더 좋습니다.

코시모도 같은 의견이었다. 그도 나이가 들어서는 다른 무엇보다도 별장과 친구들과 예술 수집품과 책에서 큰 위안을 얻었다. 그는 통풍으로 심하게 고생을 했고 마지막 몇 해 동안에는 국가의 일을 루카 피티에게 맡겼는데 피티는 이 기회를 이용해서 자신의 재산을 불렸다. 코시모 자신의 재산은 아무리 자선을 많이 해도 줄지 않았다. 그는 신께서는 자기보다 언제나 한 발 앞서 자신의 자선 행위를 큰 이익으로 보상해 주셨다고 기묘한 불평을 했다.[52] 시골 별장에서 그는 아끼는 친구 피치노의 지도 아래 플라톤 연구에 몰두했다. 코시모가 죽을 때 피치노는 그에게 그리스도의 권위가 아니라 플라톤이 서술한 소크라테스의 권위에 근거해서 무덤 저편의 삶을 약속해 주었다. 친구들과 적들이 똑같이 그의 죽음을 애도했다.(1464) 그리고 정부의 혼란을 두려워했다. 거의 도시 전체가 그의 시신을 따라 무덤까지 갔다. 그는 미리 데시데리오 다 세티냐노에게 부탁해서 산 로렌쪼 성당에 자신을 위한 무덤을 마련해 두었다.

귀치아르디니 같은 애국자들은 뒷날의 메디치 집안의 행동에 화가 나서 브루투스가 카이사르를 생각했던 것처럼(공화국의 파괴자) 그를 생각했다.[53] 그러나 마키아벨리는 카이사르를 존경했듯이 그를 존경했다.[54] 코시모는 공화국을 뒤엎기는 했지만, 당파의 폭력으로 국가를 다스리는 부자들의 자유를 없앴던 것뿐이다. 그가 이따금 폭력을 써서 나쁜 기록을 만들기는 했지만 그의 통치 기간은 전체적으로 보아 피렌쩨 역사상 가장 천재적이고 평화롭고 질서가 잡힌 시대의 하나였다. 그에게서 훈련을 받은 그의 손자가 통치하던 시대도 그런 시대가 되었다. 어떤 통치자도 일찍이 코시모처럼 지혜롭게 너그러운 적이 없었다. 아니면 인류의 발전에 그렇듯 순수한 관심을 가졌던 경우는 없었다. 피치노는 이렇게 말했다. "나는 플라톤에게 많은 덕을 입었다. 그러나 코시모에게 입은 덕도 그에 못지 않다. 그는 플라톤이 내게 개념을 주었던 그 미덕들을 나를 위해 현실로 만들었다."[55] 그의 통치 아래서 인문주의 운동은 활짝 꽃피어났다. 그의 통치 아래서 도나텔로, 프라 안젤리코, 리포 리피 등과 같은 다양한 천재들이 엄청난 격려를 받았다. 그의 통치 아래서 아리스토텔레스의 그늘에 가려졌던 플라톤이 인류 정신의 주요한 흐름 속으로 되돌아왔다. 코시모가 죽고 1년이 지나 시간이 그의 영광을 무디게 하고 그의 잘못을 자꾸 들추어내려고 할 때 피렌쩨 시 의회는 그의 무덤에 가장 명예로운 비명을 새겨 주기로 결의했다. "파테르 파트리아이(Pater Patiae)", 곧 "조국의 아버지"라는 비명이었다. 그것은 합당한 말이었다. 그와 더불어 르네상스는 머리를 들어올렸다. 그의 손자가 다스릴 때 르네상스는 가장 순수한 탁월함에 도달했다. 증손자 세대에 르네상스는 로마를 점령했다. 이런 왕조가 서지른 일부 죄악은 용서할 수 있는 것이다.

THE RENAISSANCE

4장   황금시대
          1464~1492

1. 통풍 환자 피에로

코시모의 아들 피에로는 쉰 살에 아버지에게서 부와 권위와 통풍을 함께 물려받았다. 이미 소년 시절부터 이 부자(富者) 병이 피에로를 괴롭혔다. 그래서 동시대 사람들은 그를 다른 피에로들과 구분하기 위해 "통풍 환자(일 고토소(Il Gottoso))"라고 불렀다. 그는 상당한 능력과 훌륭한 품행을 지닌 남자였다. 아버지가 맡긴 몇 가지 외교적 임무를 상당히 합리적으로 잘 수행했다. 친구들에게 너그러웠고, 또 문학, 종교, 예술에 대해서도 너그러웠다. 그러나 그에게는 코시모가 가진 지성과 천재성 그리고 전략이 없었다. 정치적 후원 세력을 다지기 위해서 코시모는 영향력 있는 시민들에게 상당한 액수의 돈을 대부해 주었다. 그런데 이제 피에로는 서둘러 상환을 요구했다. 파산할까 두려웠던 일부 채무자들은, 마키아벨리의 표현대로 "자신들의 목적에 우아한 구실을 주기 위해 자유의 이름"을 빌려 혁명을 선포했다.[1] 짧은 기간 그들은 정권을 차지했다. 그러나 메디치 일파가 정권을 되찾았다. 피에로는 죽을 때까지(1469) 말썽 많은 통치를 계속했다.

그는 두 아들을 남겼다. 스무 살인 로렌쪼와 열여섯 살인 쥴리아노였다. 피렌쩨는 이 젊은이들이 가족의 사업을 제대로 진두지휘할 것이라고 믿을 수가 없었다. 하물며 국가의 일은 어떠하겠는가. 일부 시민들은 형식과 내용에서 공화국을 복구할 것을 요구했다. 많은 사람들은 혼란과 내란의 한 세대가 올까 두려워했다. 그러나 로렌쪼는 그들을 놀라게 했다.

2. 로렌쪼의 발전 과정

피에로의 건강이 악화된 것을 알아챈 코시모는 손자 로렌쪼가 권력의 임무를 준비하도록 최선을 다했다. 소년은 요하네스 아르기로풀로스에게서 그리스어를, 피치노에게서 철학을 배웠고, 정치가, 시인, 예술가, 인문주의자들의 대화를 듣고 자라면서 알지 못하는 사이에 교육을 받았다. 그는 또한 전쟁 기술도 습득했다. 열아홉 살에 피렌쩨의 지도적 가문의 아들들이 출전한 창 시합 경기에서 그가 1등 상을 받았다. "뒤를 봐주어서가 아니라 그 자신의 용기로" 이룩한 일이었다.[2] 이 시합에 나갔을 때 그의 갑옷에는 프랑스의 모토가 새겨져 있었다. 이것은 르네상스의 테마라 할 만한 말로서 "Le temps revient", 곧 "(황금)시대는 돌아온다."라는 글귀였다. 그사이로 그는 단테와 페트라르카 방식의 소네트를 썼다. 사랑에 관한 글을 쓰는 정열에 사로잡혀 최고 가문의 숙녀 몇 명을 찾아내 시(詩)로 열광을 표현했다. 그는 루크레찌아 도나티라는 아가씨를 골랐는데 그녀의 유감스러운 순결만 빼고 모든 미덕을 다 찬양했다. 그녀는 펜의 정열 이상은 절대로 허용하지 않았던 모양이다. 피에로는 결혼이야말로 연애 사건에 대한 확실한 치유책이라 생각하고 젊은이를 클라리체 오르시니(C.

Orsini)와 결혼시켰다.(1469) 이렇게 해서 메디치 집안은 로마에서 가장 강력한 두 가문 중 하나와 혼인으로 결합되었다. 이 기회에 피렌쩨 도시 전체가 사흘 동안 계속된 잔치에 초대를 받았다. 사탕 과자 5000파운드가 이 잔치에 소모되었다.

    코시모는 손자에게 몇 가지 공적인 일들을 실천할 기회를 주었다. 권력을 얻은 피에로는 재정과 통치 분야에서 아들의 책임 영역을 넓혀 주었다. 피에로가 죽자 로렌쪼는 피렌쩨에서, 그리고 어쩌면 이탈리아에서 가장 부유한 남자가 되었다. 이 재산과 집안 사업의 관리만 해도 그의 젊은 어깨에 충분히 부담스러웠다. 피렌쩨는 다시 공화국 체제를 되찾을 기회를 가졌다. 그러나 메디치 집안의 고객, 채무자, 친구들, 고용된 사람들이 너무나 많았고 또 그들은 메디치 집안의 통치가 계속되기를 너무나 열망한 나머지 피에로가 죽고 이틀이 지나자 지도적인 시민들로 이루어진 대표단이 로렌쪼의 집을 찾아가서 그에게 국가의 지도를 맡아 줄 것을 요청했다. 그를 설득하기란 어려운 일이 아니었다. 메디치 회사의 재정이 국가의 재정과 너무나도 밀접하게 연결되어 있어서 그는 집안의 적이나 경쟁자가 권력을 잡을 경우 파멸할까 두려웠던 것이다. 너무 젊다는 비판을 잠재우기 위해 그는 경험 많은 시민들로 구성된 자문위원회를 만들었다. 이 위원회기 주요한 모든 일에 대해서 그에게 자문을 해 주기로 했다. 그는 통치 기간 내내 이 위원회와 상의했지만 그러나 머지않아 그가 아주 훌륭한 판단력을 보였기에 그 누구도 더이상 그의 지도력을 의심하지 않게 되었다. 그는 동생에게도 너그럽게 권력을 나누어 주었다. 그러나 쥴리아노는 음악과 시, 장시합과 사랑을 사랑했다. 그는 로렌쪼에 경탄하여 통치와 명예를 형에게 기쁘게 양보했다. 로렌쪼는 코시모와 피에로의 방식대로 통치했다. 자신은 시민으로 남았지만 그의 집안의 후원자들이 확실한 다수를 차지한 위원회(balia)에 정책들을 권고하는 방식이었다. 법에 따르면 위원회는 절대적이지만 한시적인 권력을 가졌다. 이것은 메디치 통치 아래서 항구적인 70인위원회로 바뀌었다.

    번영이 계속되었기 때문에 시민들은 그것을 묵인했다. 밀라노 공작 갈레아쪼 마리아 스포르짜가 1471년에 피렌쩨를 방문했을 때 그는 이 도시에서 부의 표지들을 보고 놀라워했다. 그러나 코시모, 피에로, 로렌쪼가 메디치 궁전과 정원에 수집해 놓은 미술품을 보고 더욱 놀랐다. 이곳은 이미 조각, 꽃병, 보석, 회화, 장식 무늬를 그려 넣은 사본, 건축 유적 등을 위한 박물관이었다. 갈레아쪼는 이 한곳에서 나머지 이탈리아 전체에서보다 더 많은 수의 회화 작품을 보았노라고 단언했다. 피렌쩨는 르네상스의 주도적 예술인 회화 분야에서 단연 앞서 있었다. 로렌쪼가 식스투스 4세의 교황 선출을 축하하기 위해 피렌쩨 사절단을 이끌고 로마로 갔을 때(1471) 메디치 가문의 재산은 더욱 늘어났다. 식스투스는 메디치 집안이 교황청 재정을 관리하는 것을 다시 승인해 주었다. 5년 전에 이미 피에로는 집안을 위해서 치비타베키아 근처에 교황청 광산을 개발하는, 이익이 많이 나는 권리를 얻었다. 피륙에 염색을 하고 마지막 윤기를 내는 데 쓰이는 값비싼 명반을 생산하는 광산이었다.

　로마에서 돌아온 직후 로렌쪼는 처음으로 중요한 위기를 맞이했는데 아주 성공적으로 처리하지는 못했다. 피렌쩨의 지배를 받던 볼테라 지역에 있는 명반 광산 하나가 아마 메디치 집안과 관계가 있는 개인 계약자들에게 임대되었던 모양이다. 이것이 극히 이익이 많이 남는 것임을 알게 된 볼테라 시민들은 그 수익 일부를 도시 재정을 위해 거두어들이겠다고 선언했다. 계약자들은 여기에 항의하고, 피렌쩨 정부에 항소했다. 시 의회는 이윤은 피렌쩨 국고에 속하는 것이라고 선포함으로써 이 문제를 더욱 복잡하게 만들었다. 볼테라는 이 선언을 비난하면서 도시의 독립을 선언했다. 그리고 피렌쩨로부터의 분리에 반대하는 시민 몇 사람을 죽였다. 피렌쩨 위원회에서 토마소 소데리니는 화해의 조치들을 제안했다. 로렌쪼는 그렇게 되면 다른 곳에서도 폭동과 분리 운동이 일어나게 될 것이라는 이유로 그에 반대했다. 힘으로 폭동을 제압하라는 그의 제안이 받아들여졌다. 제압 도중 걷잡을 수 없게 된 피렌쩨 용병 부대는 폭동을 일으킨 도시를 약탈했다. 로렌쪼는 서둘러 볼테라로 가서 질서를 회복하고 도시를 수리하느라 애썼지만 이 사건은 그의 경력에 오점으로 기록되었다.

피렌쩨 사람들은 그가 볼테라에 행한 가혹함을 기꺼이 용서했다. 그리고 1472년에 도시에 기근이 들자 그가 재빨리 상당량의 곡물을 수입해서 기근을 피한 기민함을 찬양했다. 그들은 로렌쪼가 베네찌아, 밀라노와 동맹을 맺어 북부 이탈리아에 평화를 가져온 것을 기뻐했다. 그러나 식스투스 교황은 그렇게 기쁘지가 않았다. 교황들은 언제나 허약한 세속의 권한을 갖고 있었기에, 강력하게 통합된 북부 이탈리아와 남부에서 광대한 나폴리 왕국이 교황국가들을 둘러싸는 것을 편하게 생각할 수가 없었다. 피렌쩨가 이몰라 시와 그 영토를(볼로냐와 라벤나 사이에 위치) 차지하려 한다는 소식을 듣자 식스투스 4세는 로렌쪼가 피렌쩨 영토를 아드리아 해까지 확장하려는 계획을 가졌다고 의심했다. 식스투스는 법적으로 교황에게 복종하는(실질적으로는 그런 적이 드물었다.) 도시들의 연결에 필요한 하나의 고리로서 이몰라를 사들였다. 이런 조치를 취하면서 식스투스는 파찌(Pazzi) 집안이 경영하는 은행의 자금을 이용했다. 파찌 집안은 이제 메디치 집안의 가장 강력한 경쟁자가 되었다. 교황은 이익이 많이 나는 교황청 수입의 관리를 로렌쪼에게서 파찌 집안으로 넘겼다. 그리고 메디치 집안의 두 원수, 즉 지롤라모 리아리오(G. Riario)와 프란체스코 살비아티(F. Salviati)를 각기 이몰라의 통치자와 피렌쩨의 식민 도시이던 피사의 대주교로 임명했다. 로렌쪼는 분노한 성급함으로 대응했는데 이것은 코시모라면 통탄했을 일이었다. 그는 파찌 회사를 파산시킬 조치들을 취하고, 피사에 명령을 내려 살비아티를 주교구에서 쫓아내도록 했다. 교황은 격분한 나머지 파찌, 리아리오, 살비아티가 로렌쪼를 타도할 음모를 승인해 주었다. 그는 젊은이를 암살하는 일만은 재가해 주지 않았지만 음모를 꾸미는 사람들은 그런 형식적인 까다로움을 그리 신경 쓰지 않았다. 종교적 예의에 매우 무심한 태도로 그들은 로렌쪼와 쥴리아노를 부활절 주일(1478년 4월 26일)에 대성당 미사 도중에 죽이기로 계획을 세웠다. 사제가 성체를 들어올리는 것이 바로 행동을 개시하라는 신호였다. 그와 동시에 살비아티와 다른 사람들이 베키오 궁전을 포위해서 시 의회를 해산시키기로 했다.

약속한 날짜에 로렌쪼는 언제나 그렇듯이 무장하지 않고 호위병도 거느리지 않고 대성당에 나타났다. 쥴리아노는 지체하고 있었다. 그러나 그를 죽이기로 되어 있던 프란체스코 데 파찌와 베르나르도 반디니가 그의 집으로 가서 농담으로 그를 웃긴 다음 교회에 데려왔다. 사제가 성체를 들어올리는 순간 반디니는 쥴리아노의 가슴을 칼로 찔렀다. 쥴리아노는 바닥에 쓰러졌다. 그러자 프란체스코 데 파찌는 그 위로 뛰어올라서 그를 여러 번이나 격하게 찌르다가 그만 자신의 다리까지 깊이 찔렀다. 그사이에 안토니오 다 볼테라와 사제인 스테파노가 단검으로 로렌쪼를 공격했다. 로렌쪼는 팔을 휘둘러 자신을 방어했지만 가벼운 상처를 입었다. 친구들이 그를 에워싸고 성구실로 데려갔다. 그사이 암살자들은 분노한 군중에 쫓겨 도망쳤다. 살해당한 쥴리아노는 메디치 궁전으로 실려 왔다.

대성당에서 이런 의식이 벌어지는 동안 살비아티 대주교, 야코포 데 파찌, 그리고 100명의 무장한 추종자들이 베키오 궁전으로 갔다. 그들은 "국민! 자유!(Popolo! Liberta!)"를 외쳐서 자기들의 목적을 알리려고 했다. 그러나 이런 위기에서 국민은 메디치 편을 들었다. 그들은 "공 만세(Vivano le palle)!"를 외쳤다. 공(balls)은 메디치 가문의 상징이었다. 살비아티는 베키오 궁전에 들어서다가 정의의 수호자인 체사레 페트루치의 칼에 맞았다. 인문주의자 포지오의 아들인 야코포 디 포지오는 궁전 창문에 매달렸다. 나머지 다른 음모꾼들은 계단을 올라가다가 확고하게 결심한 고위직 사람들에게 포위되어 창밖으로 내던져졌다. 그들은 포석에 맞아 죽거나 아니면 군중에게 맞아 죽었다. 로렌쪼가 몇 명의 호위병을 거느리고 나타나자 그가 안전한 것을 본 국민은 환호성을 지르면서, 곧바로 음모에 가담했다는 의심이 드는 사람들에 대해 폭력적인 복수를 시작했다. 많은 피를 흘려서 약해진 프란체스코 데 파찌는 침상에서 끌려나와 살비아티 대주교 옆에 나란히 매달렸다. 살비아티는 죽어 가면서 프란체스코의 어깨를 물어뜯었다. 파찌 가문의 늙은 수장 야코포 데 파찌의 몸은 벌거벗겨져 거리를 끌려 다니다가 아르노 강에 던져졌다. 로렌쪼는 할 수 있는 한 분노한 사람들의 잔인성을 진정시켰다. 그러나 문명화된 사람들 속에도 숨어 있는 본능은 대중의 익명성 속에 표현된 이 안전한 기회를 그냥 놓칠 수만은 없었다.

식스투스 4세는 대주교가 매달려 죽은 사건에 격분해 로렌쪼와 정의의 수호자와 피렌쩨 행정부를 파문하고 피렌쩨가 지배하는 지역 전체에 예배를 금지했다. 일부 성직자들은 이 결정에 항의하고 끔찍한 욕설로 교황을 저주하는 문서를 만들어 냈다.³ 나폴리의 페란테(페르디난드 1세 왕)는 교황의 제안을 받고 피렌쩨로 사절을 보내 시 의회와 시민들에게 로렌쪼를 교황에게 양도하거나 아니면 적어도 그를 추방하라고 촉구했다. 로렌쪼는 시 의회에 이 요구에 따르라고 충고했다. 그러나 의회는 어떤 극단적인 고통을 당하더라도 적들에게 지도자를 넘길 수는 없다고 대답했다. 식스투스와 페란테는 피렌쩨에 전쟁을 선포했다.(1479) 왕의 아들 알폰소는 포지오본시 근처에서 피렌쩨 군대를 격파하고 일대를 약탈했다.

피렌쩨 시민들은 전쟁 경비를 위한 세금 징수에 불평하기 시작했다. 로렌쪼는 어떤 공동체도 한 개인을 위해 오래 희생을 참지 못한다는 사실을 간파했다. 그는 자신의 경력을 변화시킨 이 시점에서 아주 특징적이고 전례가 없는 결단을 내렸다. 피사에서 배를 타고 나폴리로 가서 자신을 왕에게 데려가라고 요구한 것이다. 페란테는 그의 용기에 경탄했다. 두 남자는 전쟁 중이었는데 로렌쪼는 안전 통행권도 무기도 경호병도 없었다. 게다가 나폴리 왕의 손님으로 초대를 받아 나폴리에 왔던 용병대장 프란체스코 피치니노(F. Piccinino)가 왕의 배신적인 명령에 따라 죽임을 당한 것도 최근의 일이었다. 로렌쪼는 피렌쩨가 직면한 어려움을 솔직하게 인정했다. 그러나 교황이 피렌쩨 지역을 분할함으로써 스스로의 힘을 강화하고, 나폴리 왕국에게 봉건 신하로서 교황에게 공물을 바치라는 해묵은 요구를 하게 되면 나폴리에는 얼마나 위험한 일이 될지도 지적했다. 터키 사람들이 육지와 바다 양편에서 서쪽으로 다가오고 있었다. 그들은 어느 순간이라도 이탈리아로 침입해서 아드리아 해에 있는 페란테 왕의 영토들을 공격할 가능성이 있었다. 이럴 경우 이탈리아가 내부적으로 미움과 전쟁의 상태에 있어서는 곤란하다. 페란테는 자신의 입장을 밝히지 않은 채 로렌쪼를 죄수 겸 명예로운 손님으로 그대로 붙잡아 놓았다.

나폴리 군대가 피렌쩨 군대에 대해 승리를 계속했기 때문에, 그리고 교황 식스투스 4세가 로렌쪼를 로마로 보내라는 요구를 반복하고 있었기 때문에 로렌쪼의 상황은 더욱 어려워졌다. 피렌쩨는 석 달 동안이나 어정쩡한 상태에 있었다. 무슨 일을 기도했다가 실패하면 로렌쪼의 죽음을 초래할 것이고, 그것은 피렌쩨의 독립을 끝장낼 것임을 알고 있었기 때문이다. 그사이 로렌쪼는 친절함과 너그러움, 훌륭한 태도와 쾌활함 등으로 친구를 만들었다. 나폴리 왕국의 장관인 카라파 백작이 먼저 그의 편이 되어 그를 후원했다. 페란테는 자신의 죄수가 지닌 교양과 특성을 높이 평가했다. 여기 섬세함과 성실성을 지닌 남자가 있다, 이런 남자와 평화를 맺으면 적어도 로렌쪼가 살아 있는 한 나폴리에는 피렌쩨의 우정을 보증해 줄 것이다. 페란테는 로렌쪼와 조약을 맺고 그에게 훌륭한 말을 내주고 그가 나폴리에서 배를 타고 떠나는 것을 허락했다. 피렌쩨는 로렌쪼가 평화를 가져온 것을 보고 그를 열렬히 환영했다. 교황은 격분해서 혼자 전쟁을 계속 밀어붙이려고 했다. 그러나 콘스탄티노플을 점령한 마호메트 2세가 오트란토에 터키 군대를 상륙시키고(1480) 이탈리아를 침략하여 라틴 그리스도교(로마 가톨릭)의 수도를 점령하려 하자 교황은 이 문제를 상의하기 위해 피렌쩨 사람들을 불렀다. 사절단은 교황에게 의무적인 인사를 올렸다. 교황은 적당히 그들을 꾸짖고 나서 용서하고 그들에게 터키 군에 맞설 갤리선 15척을 무장시키라고 요청하고 피렌쩨와 평화를 맺었다. 이 순간 이후로 로렌쪼는 아무도 도전할 사람이 없는 토스카나의 주인이 되었다.

3. 빛나는 사람 로렌쪼 일 마니피코

그는 이제 젊었을 때보다 더욱 온화한 손길로 통치했다. 삼십 대에 접어들었지만 르네상스라는 온실에서 남자들은 빨리 성숙했다. 그는 잘생긴 사람이 아니었다. 크고 납작한 코가 윗입술까지 내려오고 기묘하게 밖으로 휘었다. 그의 얼굴빛은 어두웠다. 단호한 눈썹과 무거운 턱은 그의 정신이 지닌 너그러움, 그의 예법의 매력, 그리고 재치의 생동성, 그 정신의 시적 감수성 등을 감추었다. 키가 크고 어깨가 넓고 튼튼한 그는 정치가라기보다 체조선수처럼 보였다. 정말로 그는 신체를 이용한 경기에서 지는 법이 드물었다. 자신이 지닌 지위에 없어서는 안 되는 온건한 품위를 지녔지만 사석에서 친구들은 그가 지닌 권력과 부를 잊어버리곤 했다. 아들인 교황 레오 10세와 마찬가지로 그도 가장 섬세한 예술과 가장 단순한 어릿광대를 좋아했다. 그는 풀치와 더불어 해학가였고, 폴리찌아노와 더불어 시인이었고, 란디노와 더불어 학자, 피치노와 더불어 철학자, 피코와 더불어 신비주의자, 보티첼리와 더불어 탐미주의자, 스콰르치알루피와 더불어 음악가였다. 그리고 축제 때는 가장 즐거운 사람과 더불어 난봉꾼이었다. 그는 피치노에게 이렇게 써 보냈다. "내 정신이 공적인 일들의 어수선함으로 혼란스럽고 내 귀가 시끄러운 시민들의 불평으로 멍멍할 때에 내가 학문에서 기분 전환을 찾지 않는다면 그런 투쟁을 어떻게 견딜 수 있겠는가?" 학문이라는 말로 그는 온갖 형식의 지식을 추구했다.[4]

그의 품행은 그의 정신처럼 모범적이지는 않았다. 그 시대 사람들이 그랬듯이 그의 종교적 믿음이 삶의 즐거움을 가로막지는 않았다. 그는 분명히 성실한 마음으로 신앙 깊은 찬가들을 썼지만 전혀 양심의 가책 없이 방종한 사랑을 노래하는 시들도 썼다. 이루지 못한 쾌락에 대한 것을 빼고는 후회를 몰랐다. 정치적 이유에서 못마땅해 하면서 맞이한 아내를 사랑한다기보다는 존경했다. 그는 시대의 유행을 좇아 간통을 즐겼다. 그러나 그가 사생아를 만들지 않았다는 것은 그의 특징 중의 하나이다. 이 점에 대해서도 상업적 도덕성에 대해서만큼이나 아직도 논쟁이 뜨겁다. 돈에 대한 그의 너그러움을 의심하는 사람은 없다. 그는 코시모와 똑같이 너그러웠다. 어떤 선물을 받든지 그보다 더 큰 선물로 갚아 주기 전에는 가만히 있지 않았다. 열 가지 이상의 종교 사업에 돈을 댔고, 수많은 예술가, 학자, 시인들을 후원했고, 국가에 엄청난 액수를 빌려 주었다. 파찌 음모 사건 이후로 그의 공적인 지출과 사적인 지출이 그의 회사로서는 지불할 수 없을 정도가 되었다. 너그러운 위원회는 국가 재정에서 그의 빚을 지불해 주기로 결정했다.(1480) 이것이 그의 봉사에 대해, 또 공적 목적을 위해 사적 재정을 사용한 것에 대해 공정한 보상이었는지[5] 아니면 단순한 횡령이었는지는[6] 분명하지 않다. 이런 일이 널리 알려져 있었는데도 이것이 로렌쪼의 인기에 해를 미치지 않았다는 사실은 우리에게 너그러운 해석을 유도하는 일이다. 사람들이 그를 "일 마니피코"라고 불렀을 때 그들은 그의 금전적 너그러움, 부유함, 또 사치스러운 경영 등을 마음에 둔 것이었다.

그의 문화 활동들은 광범위한 사업에 대해 어느 정도의 게으름을 뜻하는 일이었다. 그의 대리인들은 그가 다른 일에 빠져 있는 것을 이용해서 사치와 속임수에 몰두했다. 그는 가문의 재산을 점차 상업 분야에서 빼내어 도시의 현실과 대규모 농업에 투자함으로써 구해 냈다. 그는 자신의 농장과 과수원들을 손수 살펴보기를 좋아했고 철학에 대해서만큼이나 비료에 대해서도 정통했다. 과학적인 물 대기와 비료 주기 등을 통해서 카레지와 포지오 아 카이아노에 있는 그의 별장 근처 땅들은 농업 경제의 모범이 되었다.

그가 통치하는 동안 피렌쩨의 경제는 번성했다.[7] 이자율은 낮아서 5퍼센트 정도였고, 로렌쪼의 경력이 끝나 갈 무렵 영국이 직물 산업에서 문제가 많은 경쟁자로 등장하기 전까지는 기업체들이 번창했다. 그의 통치 10년이 넘어서면서 이탈리아에 유지한 평화 정책과 힘의 균형 정책이 번영에 더욱 도움이 되었다. 피렌쩨는 다른 이탈리아 국가들과 힘을 합쳐 터키 군을 이탈리아에서 몰아냈다. 이 일이 이루어지자 로렌쪼는 나폴리의 페란테 왕과 밀라노의 갈레아쪼 스포르짜에게 권해서 피렌쩨와 함께 3국이 상호 방위 동맹을 맺었다. 교황 인노켄티우스 8세가 이 동맹에 합류하자 대부분의 작은 국가들도 여기 들어왔다. 베네찌아만 혼자 남았지만 이 동맹국들이 두려워 얌전하게 행동했다. 이런 방식으로, 그리고 몇 가지 작은 개입들을 통해 이탈리아의 평화는 로렌쪼가 죽기까지 유지되었다. 그는 영향력을 발휘해서 강한 국가에 맞서 약한 국가를 방어했다. 그리고 이탈리아 나라들 사이의 이익 추구와 싸움을 화해시키고, 모든 전쟁 원인을 싹부터 잘라내려고 애썼다.[8] 이 행복한 10년 동안(1480~1490) 피렌쩨는 정치, 문학, 예술에서 그 영광의 절정에 도달했다.

피렌쩨 내부에서 로렌쪼는 70인위원회(Consiglio di Settanta)를 통하여 통치했다. 1480년에 제정된 법에 따라 이 위원회는 그해의 시 의원들에 의해 선택된 30명과 다시 그 30명이 선출한 다른 40명이 합쳐져 만들어졌다. 위원직은 평생 지속되었고, 자리가 비면 새로 선출했다. 이런 조정을 통하여 시 의회와 정의의 수호자들은 위원회의 집행 기관으로서의 기능밖에 갖지 못했다. 인기 있던 총회(parlamenti)와 선거는 없어졌다. 반대는 어려웠다. 로렌쪼는 반대파를 찾아내기 위해 스파이를 고용했고 반대파의 재정을 교란시킬 수단을 갖고 있었다. 옛날 당파들은 잠잠했다. 범죄는 꼬리를 감추었다. 질서가 번영을 누리는 동안 자유는 시들어 갔다. 당시 사람 하나는 이렇게 썼다. "이곳에는 강도도 밤의 소요도 암살도 없다. 밤이나 낮이나 모든 사람은 완전히 안전한 가운데 업무를 볼 수가 있다."[9] 귀치아르디니는 이렇게 말했다. "피렌쩨가 폭군을 가져야 한다면 이보다 더 낫거나 더 즐거운 폭군은 있을 수가 없다."[10] 상인들은 정치적 자유보다 경제적 번영을 더 좋아했다. 재산이 없는 계층은 공공사업이 늘어난 덕분에 계속 바빴고, 로렌쪼가 빵과 놀이를 공급해 주는 한 독재 정치를 용서했다. 마상 창 시합은 부자들을 유혹했고, 경마는 중산층에게 짜릿한 기쁨을 주었으며 축제의 행렬은 주민 전체를 즐겁게 했다.

사육제 기간이면 피렌쩨 사람들은 유쾌한 혹은 무서운 가면을 쓰고 풍자적인 혹은 에로틱한 노래를 부르며 거리를 행진하는 것이 관례였다. 그리고 "트리온피(승리의 행진)"를 조직했다. 신화적 혹은 역사적 인물이나 사건을 상징하는, 말이 끄는 수레의 행렬로, 수레에는 그림을 그리고 화환으로 장식했다. 로렌쪼는 이런 관습을 즐기기는 했으나 무질서로 흐르려는 그 경향을 싫어했다. 그는 이런 행사에 정부의 승인과 질서를 부여함으로써 행사 자체를 통제하여

4장 황금시대 **213**

이 문제를 해결했다. 그의 통치 아래서 축제 행렬은 피렌쩨 생활의 가장 인기 있는 부분이 되었다. 그는 대표적인 예술가들을 고용해서 마차와 깃발과 의상을 고안하고 그림을 그리게 했다. 그와 그의 친구들은 마차에서 부를 노래를 작곡했다. 이 노래들은 사육제 기간 동안 품행이 느슨해진 것을 보여 준다. 로렌쪼의 가장 유명한 행렬은 "바쿠스의 승리"였다. 화려한 의상을 입은 젊은이들로 구성된 기마대가 뒤따르는 가운데 사랑스러운 소녀들을 태운 이동식 무대 마차의 행렬이 베키오 다리를 건너 대성당 앞의 널찍한 광장으로 향한다. 그 동안 다섯 화음을 이룬 합창대가 심벌즈와 류트의 반주에 맞추어 로렌쪼가 직접 지은 시를 노래했다. 대성당에는 어울리지 않는 노래였다.

1. Quanto è bella giovinezza,
   Che si fuge tutta via!
   Chi vuol esser lieto sia!
   Di doman non c'è certezza.

1. 청춘은 아름다워라
   그러나 쉽게 날아가 버리네
   젊은이들과 아가씨들아, 지금 즐겨라
   내일은 아무것도 확실치 않으니.

2. 이것은 바쿠스와 명랑한 아리아드네,
   참된 연인들!
   흐르는 시간 속에서 그들은
   함께 새로운 즐거움을 찾아낸다네.

3. 이들과 이들의 요정들과

그 패거리들은

언제까지나 축제일

젊은이들과 아가씨들아, 지금 즐겨라

내일은 아무것도 확실치 않으니.

14. 젊은 숙녀들과 젊은 연인들아!

바쿠스 만세, 욕망 만세!

춤추고 놀자, 노래를 부르자

달콤한 사랑이 네 가슴에 타올라라.

15. 장래는 어찌 되든

젊은이들과 아가씨들아, 지금을 즐겨라

내일은 아무것도 확실치 않으니.[11]

이런 시들과 축제의 행렬들은 로렌쪼가 피렌쩨 젊은이들을 망쳤다는 비난에 대해 어슴푸레하나마 근거가 되고 있다. 아마도 그들은 그가 없이도 '망가졌을' 것이다. 베네찌아, 페라라, 밀라노의 품행이 피렌쩨보다 더 나을 것이 없었다. 메디치 은행가들이 통치하던 피렌쩨의 도덕이 그래도 메디치 교황들이 통치하던 로마보다는 나은 편이었다.

로렌쪼의 미적인 감각성은 그의 도덕성보다 훨씬 예민했다. 문학은 그의 중요한 관심사의 하나였고, 그의 시 작품들은 당대 최고의 작품들과 겨룰 만한 것이었다. 시문학에서 그보다 뛰어났던 유일한 인물 폴리찌아노(Poliziano)가 라틴어와 이탈리아어 사이에서 어느 쪽을 택할지 아직 결정을 못 내리고 있을 때 로렌쪼의 시들은, 단테가 정립했으나 인문주의자들이 도로 내던진 이탈리아어를 복구시켰다. 그는 라틴 고전 작가들이 쓴 사랑의 시들을 아무 문제없이 원문으로 읽을 수 있었지만 고전 작가들의 시보다 페트라르카의 소네트를 더 좋아했다. 그리고 페트라르카의 『노래 책』을 기리기 위한 소네트를 몇 편 지었다. 그러고도 시에 대한 사랑을 지나치게 진지하게 여기지 않았다. 그는 자신의 몸을 단련시키고 마음에 평화를 주는 목가적 장면들을 진지한 성실성으로 묘사했다. 그의 가장 훌륭한 시들은 시골의 숲과 강, 나무들과 꽃, 짐승의 떼와 목동들을 노래한 것이다. 이따금 그는 3행시(terza rima)로 농부들의 단순한 언어를 힘찬 시구로 표현한 유머러스한 작품들을 썼다. 때로는 라블레 식의 자유로움으로 풍자적인 익살극도 썼다. 또 자녀들을 위한 종교극도 쓰고 여기저기 정직한 경건함을 보이는 찬가들도 지었다. 그러나 그의 가장 특징적인 시들은 「사육제의 노래(Canti carnascialeschi)」들이다. 축제의 시기와 분위기에 맞추어 부르기 위한 이 노래들은 쾌락을 정당화하고 처녀들의 신중함을 무례함이라고 표현한다. 한 나라를 다스리고, 재산을 관리하고, 마상 창시합에 나가고, 뛰어난 시들을 쓰고, 예리한 감각으로 예술가와 작가들을 후원하고, 학자 및 철학자들과 쉽게 섞이고, 농부와 어릿광대들과도 잘 어울리고, 축제 행렬에서 함께 행진하고, 외설적인 노래들을 부르고, 부드러운 찬가들을 쓰고, 애인들과 놀아나고, 교황을 낳고, 유럽 전역을 통해 자기 시대 이탈리아의 가장 위대하고 가장 고귀한 사람이라고 찬양받던 이 사람의 모습보다 이탈리아 르네상스의 도덕성과 매너, 복합성과 다양성을 더 잘 보여 주는 것은 없다.

4. 문학: 폴리찌아노의 시대

그의 도움과 모범에 용기를 얻은 피렌쩨의 문인들은 차츰 이탈리아어로 작품을 쓰게 되었다. 그들은 천천히 토스카나 문어를 형성했고, 그것은 반도 전체의 기준이자 모델이 되었다. 애국적인 바르키는 "이탈리아의 모든 언어 중에서뿐 아니라 오늘날 알려진 모든 언어 중에서 가장 달콤하고 가장 풍부하고 가장 세련된 언어"라고 말했다.[12]

그러나 이탈리아 문학을 되살리면서 로렌쪼는 그리스와 로마 고전 작가들의 작품을 피렌쩨 학자들이 사용하도록 수집했던 할아버지의 기획도 열렬히 계속했다. 그는 폴리찌아노와 죠반니 라스카리스(G. Lascaris)를 이탈리아의 여러 도시들과 외국으로 보내 필사본들을 사들였다. 아토스 산에 위치한 어떤 수도원에서 라스카리스가 200권의 책을 가져왔는데, 그중 80권은 당시 서유럽에 알려지지 않은 책들이었다. 폴리찌아노에 따르면 로렌쪼는 자신의 전 재산을 들여, 심지어는 가구를 저당 잡히면서까지 책을 구하기를 소원했다. 살 수 없는 사본들을 베끼기 위해 서기들을 고용했고 그 대신에 또 다른 수집가들, 예를 들면 헝가리의 마티아스 코르비누스 왕이나 우르비노의 페데리고 공작 같은 사람들이 서기를 보내 메디치 도서관에 있는 사본을 베끼는 것을 허용했다. 로렌쪼가 죽은 다음 이 수집품들은 코시모의 수집품과 함께 성 마르코 수도원에 보관되었다. 1495년에 모두 합쳐 1039권에 이르렀고, 그중 460권이 그리스어 사본이었다. 미켈란젤로가 뒷날 이 책들을 위해 훌륭한 건축물을 설계했고, 후세 사람들은 이 도서관에 로렌쪼의 이름을 붙여 주었다. 즉 로렌쪼 도서관(비블리오테카 라우렌치아나)이 그것이다. 베르나르도 첸니니가 피렌쩨에 인쇄소를 차렸을 때(1471) 로렌쪼는 친구인 폴리찌아노나 우르비노의 페데리고 공작처럼 이 새로운 기술을 경멸하지 않았다. 그는 활자의 혁명적인 가능성을 즉시 알아보았던 것 같다. 그는 학자들을 고용해서 가능한 한 정확하게 고전 작가들의 작품이 인쇄될 수 있도록 여러 텍스트들을 정밀하게 검토하게 했다. 이런 일에 용기를 얻은 바르돌로메오 디 리브리(B. d. Libri)는 신숭한 학지 데메트리우스 칼콘딜레스(D. Chalcondyles)의 도움을 받아 호메로스 초판본(1488)을 간행했다. 죠반니 라스카리스는 『에우리피데스 초판본』(1494), 『그리스 명시 선집』(1494), 『루키아노스』(1496) 등을 발행했다. 크리스토포로 란디노(C. Landino)는 호라티우스(1482), 베르길리우스, 폴리니우스 1세, 단테 등의 작품을 펴냈다. 단테의 언어와 암시들은 당시 벌써 설명이 필요했다. 피렌쩨가 이런 학문적인 노동의 대가로 크리스토포로에게 화려한 집을 선물해 주었다는 말을 들으면 이 시대의 정신을 느끼게 된다.

메디치와 다른 피렌쩨 명문 집안들이 너그러운 후원을 해 준다는 명성에 이끌려 학자들은 피렌쩨로 몰려들었고, 이 도시를 문학 수업의 중심지로 만들었다. 이런 경쟁의 지적인 유산을 발전시키고 물려주기 위해 로렌쪼는 오래된 피사 대학과 피렌쩨에 있는 플라톤 아카데미를 복구하고 확장했다. 플라톤 아카데미는 공식적인 대학이 아니라 플라톤에 관심을 가진 사람들의 모임이었다. 이들은 부정기적으로 로렌쪼의 시내 궁전이나 카레지에 있는 피치노의 별장에 모여 함께 식사하고 플라톤의 대화편 하나의 전체 혹은 일부를 낭송하고 그 철학을 토론했다. 플라톤의 생일이자 기일로 여겨지는 11월 7일이면 아카데미는 거의 종교적인 엄숙함으로 그날을 기념했다. 플라톤의 것이라고 여겨진 흉상에는 꽃으로 만든 관을 씌우고 신상(神像) 앞에서 하듯이 그 흉상 앞에 불을 밝혔다. 크리스토포로 란디노는 이러한 모임들을 토대로 「카말돌리 수도원의 토론」(1468)이라는 제목을 가진 상상의 대화편을 썼다. 자신과 자기 동생이 카말돌리 은둔 수도사들의 수도원을 방문해서 젊은 로렌쪼와 쥴리아노 데 메디치, 레온 바티스타 알베르티, 그 밖에도 여섯 명의 피렌쩨 신사들을 만난 이야기를 하고 있다. 그들은 흐르는 샘물 옆 풀밭에 몸을 기대고 누워, 걱정스럽고 바쁜 도시 생활과 조용하고 치유 효과가 있는 시골 생활을 비교하고, 활동적인 경력과 명상적인 경력에 대해 토론을 벌인다. 알베르티가 시골의 명상을 찬양하는 데 반해 로렌쪼는 성숙한 정신은 국가에 대한 봉사와 세계의 상업에 종사하는 일에서 가장 완벽한 기능과 만족을 얻을 수 있다고 주장하고 있다.[13]

플라톤 아카데미의 토론에 참석한 사람들 중에는 폴리찌아노, 피코 델라 미란돌라(P. d. Mirandola), 미켈란젤로, 마르실리오 피치노 등이 있었다. 마르실리오는 코시모의 부탁을 충실하게 수행해서 플라톤 작품을 라틴어로 번역하고 그것을 연구하고 가르치며, 또 플라톤주의에 대해 글을 쓰는 데 거의 한평생을 다 바쳤다. 젊은 시절 잘생긴 얼굴 덕택에 피렌쩨 처녀들이 그를 탐하는 눈길로 바라보았지만 그는 여자보다는 책에 더 많은 관심을 가졌다. 한동안 그는 종교적 신앙을 잃어버렸다. 플라톤 사상이 더 우수한 것으로 여겨졌던 것이다. 그는 학생들을 "그리스도 안에서 사랑하는 사람"이라 부르는 대신 "플라톤 안에서 사랑하는 사람"이라 불렀다.[14] 또 플라톤의 흉상 앞에 촛불을 켜 놓고 그를 성인으로 숭배했다.[15] 그에게 있어서 그리스도교는 많은 종교 중 하나에 지나지 않았다. 이러한 종교들은 모두 알레고리적인 교리와 상징적인 의식 뒤에 진리의 요소를 감추고 있다고 여겼다. 성 아우구스티누스의 글과, 심각한 병에서 회복된 데 대한 감사의 심정에서 마르실리오는 다시 그리스도교 신앙으로 돌아왔다. 마흔의 나이에 사제가 되었지만 여전히 열렬한 플라톤주의자로 남았다. 소크라테스와 플라톤은 그리스도교 예언자들의 유일신 사상만큼이나 고귀한 유일신 사상을 내놓았다고 그는 말했다. 그들도 자신들의 방식으로 신의 계시를 받았으며 이성의 지배를 받는 모든 사람이 다 그렇다고 했다. 그의 안내를 받아 로렌쪼와 대부분의 인문주의자들은 그리스도교 신앙을 다른 신앙으로 대체하지 않고, 철학자가 받아들일 수 있는 용어들을 이용해서 그리스도교를 새로이 해석했다. 한두 세대 동안(1447~1534) 교회는 너그러운 미소로 이러한 시도를 지켜보았다.

플라톤 아카데미에서 로렌쪼 다음으로 흥미로운 인물은 죠반니 피코 델라 미란돌라(Giovanni Pico della Mirandola) 백작이다. 그는 자신이 태어난 도시(모데나 근처에 위치한 미란돌라)를 자신의 이름을 통해 유명하게 만들었다. 그는 볼로냐와 파리 대학에서 공부하고 유럽의 거의 모든 궁정에서 영예로운 영접을 받았다. 마지막에 로렌쪼가 그를 설득해서 피렌쩨를 고향으로 삼았다. 그의 열렬한 정신은 탐구를 계속했다. 문학, 철학, 건축, 음악 등을 탐구했으며 이 모든 분야에서 두드러진 탁월함을 보였다. 폴리찌아노는 그를 보고 자연이 주는 모든 선물을 내면에 모아 놓은 전형적인 인물이라고 서술했다. "키가 크고 섬세한 모습에 얼굴에는 신성(神性)의 어떤 요소가 빛나고 있다." 예리한 눈길과 지치지 않는 탐구열, 기적과도 같은 기억력, 종교적 박식함, 여러 언어에 능통함 등을 지닌 인물로 여성들과 철학자들의 사랑을 받았다. 그는 성품이 사랑스럽고 얼굴이 잘생기고 지성의 자질이 탁월했다. 그의 정신은 모든 철학과 모든 신앙에 대해 열려 있었다. 그는 어떤 체계도 어떤 사람도 거부할 이유를 알지 못했다. 생애 마지막 몇 년 동안 점성술을 거부하기는 했지만 신비주의와 마법을 플라톤이나 그리스도만큼이나 기꺼이 받아들였다. 그는 야만적으로 어리석은 소리를 했다는 이유로 대부분의 인문주의자들이 거부했던 스콜라 철학자들에 대해서도 아주 잘 알고 좋게 평가했다. 아라비아와 유대 사상에 대해서도 경탄해서 스승과 사랑하는 친구들 중에는 유대인도 몇 명 있었다.[16] 그는 히브리 밀교(密敎) 카발라를 연구하고 순진하게 그것을 고대의 사상이라고 받아들였으며, 그 안에서 그리스도의 신성(神性)을 위한 완벽한 증거를 찾아냈다고 선언했다. 그의 봉건적 직함에는 콘코르디아(Concordia, 평화의 여신) 백작이라는 것도 있었다. 그는 서방의 모든 위대한 종교(유대교, 그리스도교, 이슬람교)들을 화해시키고 이들을 다시 플라톤과, 또 플라톤을 아리스토텔레스와 화해시키는 일을 고귀한 의무라고 여겼다. 모든 사람이 그에게 아첨했지만 그는 짧은 생애의 마지막까지 매력적인 온건함을 유지했다. 오직 배움의 정확성과 인간 이성의 힘에 대한 순진한 믿음의 영역에서만 과격성을 띠었다.

스물네 살의 나이로(1468) 로마로 가서 900개의 제안 목록을 출간해 사제들과 전문가들을 깜짝 놀라게 만들었다. 이 제안들은 논리학, 형이상학, 신학, 윤리학, 수학, 물리학, 마법, 카발라를 포함하고 있었다. 게다가 가장 큰 죄라 하더라도 유한한 것이므로 영원한 형벌을 받을 리가 없다는 너그러운 이교 사상까지 포함한 것이었다. 피코는 이 제안들 모두 혹은 일부를 놓고 어떤 사람에 맞서서도 공개적인 논쟁을 통해 방어할 각오가 되어 있다고 선언하고, 어떤 나라든지 자신을 부르기를 원하는 도전자가 있으면 여행 경비를 지불하라고 제안했다. 이 철학적 논쟁의 제안에 붙인 서문으로 그는 유명한 글을 썼다. 뒷날 「인간의 존엄성에 대하여(De hominis dignitate)」라는 제목이 붙은 글로서 인문주의자들이 (대부분의 중세의 견해에 반대해서) 인간 종족에 대해 가진 높은 평가를 젊은 열정으로 표현하고 있다. 여기서 피코는 이렇게 쓰고 있다. "인간이 소우

주라는 사실은 학교에서 항상 듣는 평범한 소리다. 인간의 몸은 땅의 원소들과, 천상의 정신과, 식물의 혼과, 하등 동물의 감각과, 이성과, 천사의 정신과, 신과의 유사성이 뒤섞인 것이다."[17] 그리고 나서 피코는 아담에게 들려주는 말의 형식으로 인간의 제한 없는 능력에 대한 신의 증언을 들려준다. "나는 너를 천상의 존재도 지상의 존재도 아닌 것으로 만들었다. 네가 너 자신을 만들어 가는 존재가 되고 스스로 극복하는 존재가 되도록 하기 위해서다. 너는 짐승으로 떨어질 수도 있고 신과 비슷한 존재로 새로 태어날 수도 있다." 여기에다 피코는 젊은 르네상스의 높은 정신에서 다음과 같은 말을 덧붙인다.

> 인간은 자기가 되고자 하는 것이 될 수 있다는 …… 이것은 신의 최고의 선물이요, 인간이 받은 최고의 놀라운 축복이다. 짐승은 어미의 몸에서 나올 때 제가 가져야 할 모든 것을 가지고 태어난다. 최고의 정신(천사들)은 시작부터 영원히 지속되도록 만들어진 존재이다. 하느님 아버지는 인간에게만 탄생의 순간부터 모든 가능성과 모든 삶의 씨앗을 주셨다.[18]

아무도 피코의 잡다한 도전을 받아들이려 하지 않았다. 그러나 교황 인노켄티우스 8세는 이 제안들 중 세 개를 이단이라 규정했다. 이것이 전체에서 극히 작은 일부에 지나지 않았기 때문에 피코는 은사(恩赦)를 기대했던 것 같다. 실제로 인노켄티우스는 이 일을 더 이상 밀어붙이지 않았다. 그러나 피코는 조심스럽게 답변히고 피리로 갔다. 그곳의 대학이 그에게 보호를 제안했기 때문이다. 1493년 알렉산더 6세(알렉산데르 6세)는 특유의 싹싹함으로 피코에게 모두 용서받았다는 사실을 알려 주었다. 피코는 피렌쩨로 돌아와 사보나롤라의 열렬한 추종자가 되었다. 그는 학문 추구를 포기하고 다섯 권으로 된 사랑의 시를 불태우고 재산은 가난한 소녀들의 결혼 지참금으로 나누어 주고, 자신은 절반은 수도사와 같은 생활을 했다. 도미니크 수도사가 될까 생각했지만 마음을 정하기도 전에 죽었다. 서른한 살의 젊은 나이였다. 그러나 그의 영향력은 그의 짧은 생애를 뛰어넘어 살아남았다. 그리고 로이힐린(J. Reuchlin)에게 영향을 미쳐 도이치 나라들에서 피코의 생애의 정열의 하나였던 히브리 연구가 계속되었다.

폴리찌아노는 피코에게 경탄하고 있었고 상냥하게 사과하면서 그의 시를 고쳐 주곤 했다. 폴리찌아노는 피코처럼 유성과 같은 매력을 지닌 사람은 아니었지만 더욱 깊은 침투력과 더 분명한 업적을 남긴 인물이었다. 그가 원래 자신을 부르던 이름은 안젤루스 바쑤스였고, 일부 사람들은 그를 안젤로 암브로지니라고 불렀지만, 그는 피렌쩨 근처 시골 폴리찌아노 산에서 그의 유명한 이름을 얻었다. 피렌쩨로 와서 크리스토포로 란디노에게서 라틴어를 배우고, 살로니카의 안드로니쿠스에게서 그리스어를, 피치노에게서 플라톤주의를, 아르기로풀로스에게서 아리스토텔레스 철학을 배웠다. 열여섯 살에 호메로스를 라틴어로 번역하기 시작했는데, 그 어구와 생동성이 뛰어나 마치 로마 문학의 은(銀)시대에 제작된 작품처럼 보였다. 처음 두 권을 완성해서 로렌쪼에게 보냈다. 모든 탁월함을 좋아하고 모든 후원자들 중에서도 왕자였던 이 사람은 그에게 계속하라고 격려해 주고 그를 아들 피에로의 선생으로 집에 받아들여서 그가 필요로 하는 것은 무엇이든 공급해 주었다. 궁핍에서 벗어난 폴리찌아노는 모든 사람의 찬양을 얻은 학식과 판단력으로 고대의 텍스트를 편집했다. 그 중에는 유스티니아누스의 법전도 포함되어 있다. 란디노가 호라티우스 판본을 출판했을 때 폴리찌아노는 이 책을 위해 송가를 하나 썼는데, 그 라틴어의 뛰어남, 시구, 복합적인 시 형식 등이 호라티우스 자신의 시와 견줄 만했다. 그의 고전 문학 강의에는 메디치 가문 사람들, 피코 델라 미란돌라, 그리고 로실린, 그로신, 리너커 등 외국인 학생들까지 있었다. 그들은 시인이고, 3개 언어의 웅변가라는 그의 명성을 듣고 알프스 저편에서 온 사람들이었다. 그는 수업을 위해 자신이 만든 라틴어 시로 수업을 시작하는 일이 드물지 않았다. 울림이 좋은 헥사메터(6운각 시)로 된 작품 하나는 호메로스부터 보카치오에 이르는 시의 역사를 다룬 것이다. 폴리찌아노는 이것과 다른 시들을 『숲(Sylvae)』이라는 제목으로 간행했다. 그 라틴어 문체는 아주 쉽고도 유려하고, 이미지는 생동하는 것이어서 인문주의자들은 그가 젊은데도 그를 스승이라 부르고 자기들이 복구시키려고 노력한 그 고귀한 언어가 이렇게 다시 살아난 것을 보고 기뻐했다.

자신을 거의 라틴 고전에 버금가는 시인으로 만들었으면서도 폴리찌아노는 아주 비옥한 손쉬움으로 이탈리아어 시도 계속 썼다. 이 시들은 페트라르카와 아리오스토 사이에 들어가는 시들이다. 로렌쪼의 동생 쥴리아노가 1475년에 마상 창 시합에서 이겼을 때 폴리찌아노는 멜로디가 우아한 8행시(ottava rima)로 「창 시합(La giostra)」이라는 시를 썼다. 그리고 「아름다운 시모네타(La bella Simonetta)」에서 그는 쥴리아노의 애인의 귀족적인 아름다움을 찬양했다. 이것이 하도 유려하고 섬세한 표현을 갖추고 있어서 이탈리아 사랑 시는 이후로 새로운 어법과 섬세한 어법을 갖게 되었다. 이 시에서는 쥴리아노가 사냥하러 나갔다가 시모네타에게로 간 것과 다른 아가씨들이 들판에서 춤을 춘 이야기를 들려주는 것으로 되어 있다.

불꽃으로 내 영혼에 자양을 주는 아름다운 요정
온화하고 순수하고 신중한 분위기,
그 우아한 자태 속에 있네.
사랑스럽고 정중하고 거룩하고 지혜롭고 상냥한 모습.
신과 같은 그 얼굴 사랑스럽고 연약하고 반가워,
천상의 눈길, 그 속에서 위겨히 낙원이 빛나네.
그렇구나, 우리 가련한 인간들이 갈망하는
모든 좋은 것이 거기서 빛나는구나.

왕과 같은 머리와 광택이 있는 이마에서 아래로
황금빛 고수머리 즐겁게 멋대로 떨어져 내리네.
그 님이 율동적인 소리에 맞춘 발걸음으로

성가대석 사이를 지나갈 적에.
그 눈길 오로지 바닥에만 붙잡혀 있건만
내게는 남몰래 신과도 같은 고운 광채 보냈네.
그러나 질투심 많은 머리카락이
그 밝은 광채를 끊으면서 내 눈길에서 그녀를 감춘다.

천사들의 찬양을 받기 위해 하늘에서 태어나 자란 그녀,
이것을 보자마자 쓸어올렸네.
그 순수한 빛깔의 손으로 이 게으른 머리카락을,
친절하고 상냥한 그 얼굴.
그 눈길로부터 불꽃같은 영혼, 그 달콤한
사랑의 영혼을 그녀는 내 영혼을 향해 던졌네.
그것을 알아챈 순간
완전히 불타오름을 내 어찌 피할 수 있으리.[19]

자신의 애인인 이폴리타 레온치나를 위해서 폴리찌아노는 매우 우아하고 부드러운 사랑의 노래들을 썼다. 그리고 리듬이 흘러넘치던 그는 친구들이 사용할 수 있도록 절도를 쫓아내 버릴 수 있는, 이와 비슷한 서정시들을 썼다. 농부들의 민요를 배워서 그것을 완성된 문학 형식으로 재구성했다. 이런 시들은 다시 인기를 얻었고 오늘날까지 토스카나 지방에 그 메아리들을 남기고 있다. 「나의 아름다운 갈색 머리 아가씨(La brunettina mia)」에서 그는 샘가에서 목욕하는 시골 아가씨의 얼굴과 가슴을 묘사하고 그녀의 머리카락에 꽃으로 관을 씌워 주고 있다. "그 젖가슴은 5월의 장미와 같고, 그 입술은 딸기 같구나." 이것은 언제나 되풀이되지만 절대로 물리지 않는 주제이다. 고대 그리스의 디오니소스 극장에서 이루어졌던, 희곡, 시, 음악, 노래 등을 결합한 연극 형태를 되찾으려는 생각에서 폴리찌아노는 (자신의 말로는 이틀 만에) 434행짜리 작은 서

정시 희곡을 썼다. 그리고 만토바의 추기경 프란체스코 곤짜가를 위해 그것을 노래했다.(1472) 「오르페우스 이야기(La favola di Orfeo)」라는 작품이다. 오르페우스의 아내 에우리디케가 바람기 많은 목동을 피해 달아나다가 뱀에 물려 죽었다. 슬픔에 잠긴 오르페우스가 하데스로 내려가서 하데스의 신(神) 플루토를 리라 연주로 홀려 저승의 신은 그에게 넘어가고 만다. 오르페우스는 하데스를 완전히 벗어나기 전에는 그녀를 바라보지 않는다는 조건으로 에우리디케를 돌려받았다. 그는 그녀보다 앞서 걸어갔는데 사랑의 황홀경에 잠겨서 그만 하데스를 벗어나기 몇 걸음 앞서 그녀를 돌아보았다. 그러자 그녀는 도로 하데스로 이끌려 돌아가고 그에겐 그녀를 따라갈 길이 막혔다. 미쳐 버린 상태에서 오르페우스는 여자를 미워하는 사람이 되었고 남자들에게 여자들을 무시하고 제우스가 가뉘메드와 즐긴 모범에 따라 소년들로 만족하라고 권고한다. 숲 속에 있던 바쿠스의 여신도들이 여자에 대한 그의 저주에 분노해서 그를 때려죽여 껍질을 벗기고 팔다리를 갈기갈기 찢고서 복수심에 젖어 환호성을 올린다. 이 작품에 맞추어졌던 음악은 사라졌다. 그러나 우리는 이 「오르페우스 이야기」가 이탈리아 오페라의 선구적 작품의 하나라고 말해도 될 것이다.

폴리찌아노는 정열의 함정에 빠지는 것을 피하고 삶이나 사랑의 깊이를 맛보지 못했기에 시인으로서의 위대성이 부족하다. 그는 언제나 매력적이지만 깊이가 부족하다. 로렌쬬를 향한 그의 사랑이 그가 아는 가장 강한 감정이었다. 쥴리아노가 대성당에서 살해당했을 때 폴리찌아노는 자신의 후원자(로렌쬬) 바로 곁에 있었다. 그는 음모지들에 맞서 성구실의 문을 닫아 버림으로써 로렌쬬의 목숨을 구했다. 로렌쬬가 위험한 나폴리 여행에서 돌아왔을 때 폴리찌아노는 거의 추문이 날 정도로 감정적인 시를 써서 그를 환영했다. 로렌쬬가 죽자 폴리찌아노는 위로할 길 없는 슬픔에 잠겼다가 서서히 시들고 말았다. 그리고 피코와 마찬가지로 2년 뒤, 프랑스 군대가 이탈리아로 밀려들어오던 운명적인 1494년에 죽었다.

로렌쬬가 자신의 철학에 대해 어느 정도 유머를 즐기지 못하고, 또 신앙심에 대해 어느 정도의 회의를 지니지 못하고, 사랑에 대해 어느 정도의 특권을 갖지 않았다면 지금 알려진 그대로의 완전한 사람이 되지는 못했을 것이다. 그의 아들 교황 레오 10세가 교황궁에서 어릿광대를 좋아하고 희극을 보고 미소를 지었듯이 피렌쩨의 은행가 통치자도 친구들의 모임에 뤼지 풀치(Luigi Pulci)를 받아들였고, 『더 위대한 모르간테(Morgante maggiore)』의 사나운 풍자를 즐겼다. 바이런이 그토록 경탄했던 이 유명한 작품은 로렌쪼와 그의 손님들 앞에서 한 구절 한 구절 큰 소리로 낭송되었다. 뤼지는 튼튼하고 못 말리는 재치를 가진 인물이었다. 그는 자신의 시민 계급의 언어와 관용구와 관점들을 기사 소설에 적용해서 궁정과 국민을 정신없이 웃겼다. 프랑스, 스페인, 팔레스타인 등지에서 겪은 샤를마뉴 대제의 모험 이야기들은 12세기 혹은 그 이전에 이탈리아로 들어왔다. 그러고는 음유 시인과 즉흥시인들에 의해 모든 계층이 즐기는 이야기로 이탈리아 반도에 퍼졌다. 그러나 이탈리아의 보통 남자들 사이에는 허풍스럽고도 건강한, 자신을 비웃는 리얼리즘의 요소가 언제나 있어서 여자와 젊은이들이 문학과 예술에 부여한 낭만적 정신과 뒤섞이고 또 그것을 통제했다. 풀치는 이 모든 특질들을 다 뒤섞고, 또 인기가 있는 전설과, 로렌쪼 도서관의 필사본과, 로렌쪼의 식탁에서 벌어지는 대화 등을 하나로 엮어 서사시를 만들어 냈다. 이것은 기사 이야기에 나오는 거인들과 악마들과 전투들을 비웃는 것으로, 때로는 진지하고 때로는 비웃는 시구를 써서 그리스도교 기사 오를란도와, 작품 앞부분에 자신의 이름을 준 사라센 거인(모르간테)의 모험 이야기들을 들려준다.*

오를란도(롤랑)의 공격을 받은 모르간테는 재빨리 그리스도교로 개종해서 목숨을 구한다. 오를란도는 그에게 신학을 가르친다. 방금 죽은 그의 두 형제들은 신앙심이 없었기에 지금 지옥에 있다. 그러나 그가 훌륭한 그리스도교도가 되면 그는 천국에 갈 것이다. 다만 천국에서 그는 지옥의 불에 타고 있는 친척

---

* 풀치는 모르간테와 관련된 노래들을 먼저 출판했다. 완성된 작품은 『더 위대한 모르간테』라 불렸다.

들을 전혀 동정심이 없는 눈길로 바라보아야 한다. 그리스도교 기사는 이렇게 가르친다. "우리 교회의 박사님들은 천국에 올라가는 영광을 얻은 사람들이, 지옥의 끔찍한 혼란에 빠진 비참한 친척들에 대해 동정심을 느끼게 되면 천상의 복도 사라진다고 말씀하셨거든." 모르간테는 전혀 혼란을 일으키지 않고 오를란도에게 이렇게 대답한다. "내가 내 형제들을 위해 슬퍼하는지, 또 내가 하느님의 뜻에 따르는지 아닌지, 또 천사처럼 행동하는지 아닌지 보게 될 거야. …… 나는 내 형제들의 손을 잘라 저 거룩한 수도사들에게 가져갈 거다. 적들이 죽었음을 그들이 확신할 수 있도록 말이지."

18번 노래에서 풀치는 또 다른 거인 마르구테를 등장시킨다. 그는 유쾌한 도둑이며 온건한 살인자로서, 친구를 배신했다는 악덕만 빼고는 모든 악덕을 다 인정한다. 그가 그리스도를 믿는가 아니면 마호메트를 믿는가 하고 모르간테가 묻자 마르구테가 대답한다.

> 나는 파랑보다 검정을 더 믿는 건 아냐,
> 그러나 살찐 수탉은 믿지, 삶은 것이나 구운 것이나 상관없어.
> 그리고 때로는 버터도 믿어,
> 그리고 사람들이 사과를 구울 때면 맥주나 새 포도주도 믿지.
> 그러나 대개는 오래된 포도주가 나의 확고한 믿음이야,
> 그리고 그것을 확고하게 믿는 사람을 구해 준다.
> 믿음이란 가려움증과 마찬가지로 붙잡는 거니까.
> 믿음은 사람이 얻는 것이야. 이것, 저것, 아니면 다른 것으로 말이지.
> 내가 따르기로 한 믿음이 무언지 봐라.
> 너도 알 테지, 그리스 수녀가 내 어미요,
> 내 아비는 터키 사람들 속에서 브루사에 있던 율법학자였지 않나.[20]

마르구테는 두 개의 노래를 통해 마구 까불고 나서 웃다가 죽는다. 풀치는

그를 위해 눈물 한 방울 흘리지 않고 자기가 지닌 황홀한 상상력에서 이번에는 1급의 악마 아스타로테를 데려온다. 악마 루시퍼와 함께 모반을 일으켰던 존재이다. 지옥으로부터 마법사 말라지지(Malagigi)의 부름을 받고 리날도를 어서 이집트에서 론체스발레스로 데려오라는 명령을 받은 아스타로테는 이 일을 상당히 능숙하게 해치운다. 그리고 그는 리날도에게서도 애정을 얻었기에 이 그리스도교 기사는 하느님께 아스타로테를 지옥에서 풀어달라고 간청 드리겠다고 말한다. 그러나 예의 바른 악마는 신학에 아주 밝은 존재인지라, 무한한 정의에 대항한 모반은 무한한 범죄이기에 영원한 형벌을 받는 것이 마땅하다고 지적한다. 말라지지는 어째서 신께서는 모든 것을 미리 아셨으면서, 그러니까 루시퍼가 복종하지 않고 영원히 계속되는 저주를 받게 되리라는 것을 미리 아셨으면서 그를 창조하셨을까 궁금해한다. 아스타로테는 그것만은 지혜로운 악마도 풀 길이 없는 수수께끼라고 고백한다.[21]

아스타로테는 정말로 지혜로운 악마였다. 풀치는 1483년에 이 글을 쓰면서 콜럼버스에 대해 놀랄 정도로 정확한 예언을 그의 입에 넣어 주기 때문이다. 헤라클레스의 기둥(지브롤터 해협)에 새겨진 "더는 나가지 말라.(ne plus ultra)"라는 오래된 경구에 관해 아스타로테는 리날도에게 이렇게 말한다.

    이 이론이 잘못된 것임을 알아라.
    대담한 선원은 서쪽 파도를 훨씬 넘어 자신의 배를 몰아 갈 것이니,
    지구는 바퀴처럼 생긴 것인데도
    물결은 고요하고 평평하거든.
    옛날에 인간은 더욱 위대한 존재였어.
    그리고 헤라클레스는 자신이 헛되이 가로막고 있는
    한계 저편으로 가장 형편없는 배라도
    얼마나 멀리 나아가게 될지 안다면 얼굴이 빨개질걸.
    인간은 다른 반구(半球)를 발견하게 될 거야.

모든 것은 하나의 공통된 중심으로 모여드는 것이라
신의 신비에 의해 잘 균형을 잡은 지구는
별이라는 구체(球体)들 사이에 매달려 있지.
우리 반대편에도 도시와 나라와, 인구 많은 제국들이 있어.
옛날의 신에 대해서는 알지도 못한 채 말야.
그러나 보아라, 태양이 서쪽 길로 빠르게 가고 있지.
빛을 기다리는 종족들을 기쁘게 하려는 거야.[22]

풀치는 이 시편들이 익살로 가득한 것인데도 언제나 경건하게 신과 성인들을 불러내는 것으로 하나의 시편을 시작하곤 했다. 내용이 불경스러울수록 서문은 더욱 진지했다. 시는 모든 종교에 해당할 수 있는 신앙의 선언으로 끝을 맺는다. 이것은 진지한 그리스도교도를 분명 화나게 만들 생각이었다. 풀치는 여기저기서 소심한 이단의 생각을 드러낸다. 예를 들어 그는 그리스도의 예견 능력이 하느님 아버지의 그것과 같지 않다고 주장하기 위해 성서를 인용하거나, 혹은 모든 영혼, 심지어는 악마 루시퍼의 영혼도 마지막에는 구원받을 것이라는 생각을 내보인다. 그러나 선량한 피렌쩨 사람으로서, 또 로렌쪼를 둘러싼 한 사람으로서 이탈리아인의 생활과 떼려야 뗄 수 없이 결부되어 있는 교회에 대해 겉으로는 충실한 태도를 취했다. 성직자들은 그의 공손한 절에 속지는 않았다. 그가 죽었을 때(1484) 그의 시체를 교회 무덤에 매장하는 것이 거절되었다.

로렌쪼의 패거리가 한 세대 만에 그토록 다양한 문학을 생산할 수 있었다면 다른 도시들, 그러니까 밀라노, 페라라, 나폴리, 로마 등지에서도 비슷한 깨어남을 기대하는 것이 합리적이다. 앞으로 실제로 그것을 보게 될 것이다. 코시모의 탄생에서 로렌쪼의 죽음에 이르는 한 세기 동안 이탈리아는 르네상스의 처음 무대를 이루었고 또 그것을 넘어섰다. 이탈리아는 고대 그리스와 로마를 다시 발견했고 고전 학문의 근본을 만들었다. 그리고 라틴어를 다시 화려한 남성적인 언어와, 실체를 가진 힘으로 만들었다. 그러나 그 이상이었다. 코시모의 죽음과 로렌쪼의 죽음 사이의 한 세대 동안 이탈리아는 자신의 고유한 언어와 영혼을 다시 찾아냈다. 그리고 어법과 형식의 새로운 기준을 이탈리아어에 적용했고, 정신은 고전적이고 언어와 생각은 '현대적인' 시들을 썼다. 그것은 또한 당대의 사건들과 문제들이나 아니면 시골의 풍경과 인물들에 뿌리를 둔 것이었다. 다시 한 번 말하지만 이탈리아는 한 세대 안에 풀치를 통해서 익살스러운 시를 문학의 영역으로 끌어올렸고, 보야르도와 아리오스토에 이르는 길을 준비했으며 또한 기사의 과장과 허위의식에 대한 세르반테스의 미소를 미리 준비했다. 학자들의 시대가 물러가면서 모방은 창작에 길을 내주었다. 페트라르카가 자신의 서사시를 위해 라틴어를 선택한 이후로 잠시 시들었던 이탈리아 문학이 다시 태어났다. 문자의 세계에서 이탈리아 문화의 풍성함이 주도권을 잡고 또 미술과 더불어 흘러넘치면서 고대의 재생은 머지않아 거의 잊혀지다시피 했다.

5. 건축과 조각: 베로키오의 시대

로렌쪼는 미술을 후원하는 메디치 전통을 열렬히 계승했다. 그와 동시대 사람이었던 발로리(Valori)는 이렇게 말한다. "그는 고대의 유물 모두를 열렬히 숭배했기에 그가 그보다 더 큰 기쁨을 느끼는 것이 달리 없을 정도였다. 그의 호의를 얻기를 원하는 사람은 세상의 모든 구석에서 메달, 주화 …… 조각품, 흉상, 그리고 무엇이 되었든 그리스나 로마의 인장이 찍힌 것을 수집하는 데 익숙해졌다."[23] 그는 건축과 조각에서 코시모와 피에로가 남긴 수집품과 자신의 수집품을 메디치 궁전과 성 마르코 수도원 사이에 있는 정원에 진열해 놓고 중요한 학자들과 방문객들에게 관람을 허용했다. 열심과 장래의 희망을 보이는 학생들에게는(그들 중에는 어린 미켈란젤로도 있었다.) 그 재능의 유지를 위해 장학금을 주고, 또 특별한 솜씨에 대해서는 상을 주었다. 바사리는 이렇게 말한다. "메디치의 정원에서 공부하고 또 로렌쪼의 사랑을 받은 모든 사람이 뒷날 뛰어난 예술가가 되었다는 사실은 극히 주목할 만한 일이다. 이것은 저 위대한 후원자의 탁월한 판단 덕분에만 가능한 일이다. …… 그는 재능 있는 사람들을 알아보았을 뿐만 아니라 그들에게 보상해 줄 의지와 힘을 가졌다."[24]

로렌쪼가 통치하던 기간 미술사에서 핵심적인 사건은 비트루비우스(Vitruvius)의 논문「건축에 관하여(De architectura)」(기원전 1세기)가 출간된 일이다.(1486) 그것은 약 70년 전에 포지오가 성 갈렌의 수도원에서 발굴한 것이었다. 로렌쪼는 이 엄격한 고전에 완전히 복종했고 그의 영향력 덕분에 로마 제정기의 양식이 널리 알려지게 되었다. 이 일에 대해서만큼은 그가 좋은 만큼 해도 끼쳤다고 말할 수 있을 것이다. 그가 문학에서 그토록 결실 풍부하게 실천했던 일, 곧 이탈리아 고유의 형식을 발전시키는 일을 건축에서는 가로막았기 때문이다. 그러나 그의 정신은 너그러웠다. 그의 격려를 통해 또한 많은 경우에 그의 재정적 뒷받침으로 피렌쩨에는 우아한 민간 건물과 개인 주택들이 잔뜩 생겨났다. 그는 산 로렌쪼 성당과 피에솔로의 수도원을 완성했다. 그리고 쥴리아노 다 상갈로(G. d. Sangallo)를 고용해서 성(聖) 갈로 문 바깥에 수도원을 설계하라고 의뢰했다. 이 문의 이름이 조각가의 성(姓)이 되었다. 쥴리아노 다 상갈로는 로렌쪼를 위해 포지오 아 카이아노에 당당한 별장을 지었다. 또 로렌쪼는 나폴리의 왕 페란테가 건축가를 요청했을 때 그를 추천해 주었다. 이런 예술가들이 얼마나 그를 사랑했던가는 쥴리아노의 너그러운 태도에도 드러난다. 그는 페란테 왕이 자기에게 선물한 것을 로렌쪼에게 다시 선물했다. 하드리아누스 황제의 흉상,「잠자는 큐피드」와 그 밖의 고대 조각상들이었다. 로렌쪼는 이것들도 정원의 수집품에 덧붙였다. 그가 정원에 수집한 것들은 나중에 우삐씨 미술관 조각 작품의 핵심을 이루게 된다.

다른 부유한 남자들은 저택의 화려함으로 그와 경쟁했고 일부는 그를 넘어서기도 했다. 1489년에 베네데토 다 마야노(B. d. Maiano)는 필리포 스트로찌 1세를 위해 브루넬레스코가 피티 궁전에서 이미 발전시킨 '토스카나' 건축 양식의 가장 완벽한 형태를 만들어 냈다. '전원풍의', 혹은 마무리가 덜 된 돌덩이로 된 강력한 정면부 안쪽에 화려한 내부 시설을 가진 건물이었다. 건축은 조심스럽게 천문학적 시간에 맞추어 시작되었다. 몇몇 교회에서 예배를 드리고 너그럽게 구호금을 분배했다. 베네데토가 죽은 다음(1497) 시모네 폴라유올로(S. Pollaiuolo)*가 이 건축을 끝냈다. 그리고 그가 로마에서 보았던 건물의 모범에 따라 훌륭한 처마 장식을 달았다. 겉으로 보면 감옥 같은 이 건물의 내부가 얼마나 화려한 것인지는 그 엄청난 벽난로를 보고 짐작할 수 있다. 꽃무늬가 새겨진 벽기둥으로 받쳐지고 돋을새김이 덮인, 대리석 엔타블러처이다. 피렌쩨 정부는 독특하고 아름다운 정부 청사 베키오 궁전을 계속 보강했다.

대부분의 건축가들은 조각가이기도 했다. 조각은 건축 장식의 가장 중요한 부분을 이루고 있었기 때문이다. 처마 장식과 쇠시리, 벽기둥과 기둥, 문설주와 굴뚝 부분, 벽의 돋을새김, 제단, 성가대석, 강단과 세례를 위한 성수반 등이 바로 조각의 장식 부분들이었다. 쥴리아노 다 마야노(G. d. Maiano)는 대성당과 피에솔로 수도원의 성구실에 있는 성가대석을 다듬었다. 그의 형제인 베네데토 다 마야노는 상감 기술을 발전시켰다. 그리고 그것으로 명성을 얻었기에 헝가리의 왕 마티아스 코르비누스는 그에게 상감 목재로 만든 두 개의 귀중품 상자를 주문하고 그를 자신의 궁정으로 초빙했다. 베네데토는 헝가리로 갔고 상자들도 그를 따라갔다. 부다페스트에 이들이 도착해서 왕이 보는 가운데 상자를 열자 축축한 바다 공기에 풀이 녹아 상감 부분이 떨어졌다. 베네데토는 이 조각들을 다시 성공적으로 붙였지만 그는 이것을 큰 재앙이라 여기고 이후로는 조각에 헌신했다. 그의 「옥좌에 앉은 성모」보다 더 사랑스러운 성모 조각은 드물다. 그가 만든, 정직하게 성격을 보여 주는 「필리포 스트로찌」를 능가하는 흉상은 드물며, 또한 산타 마리아 노벨라에 있는, 역시 같은 스트로찌의 무덤보다 더 섬세한 무덤은 드물다. 베네데토가 산타 크로체 성당에 만들어 놓은 것보다 더 우아하게 다듬어진 강단은 없다. 또한 산 제미냐노의 성당에 있는 산타 피나의 제단처럼 완벽에 가까운 제단은 극히 드물다.

조각과 건축은 가문 단위로 운영되는 경향이 있었다. 델라 로비아(d. Robbia) 집안, 상갈리(Sangalli) 집안, 로쎌리니(Rossellini) 집안, 폴라유올리 집안 등이다.(상갈리, 로쎌리니, 폴라유올리 등은 복수(plural) 형태) 시모네의 아저씨인 안토니오 폴라유올로

---

* "연대기(Il Cronaca)"라는 제목의 생동하는 기록에 그는 자신의 여행과 탐구를 기록해 놓았다.

는 아버지 야코포의 작업장에서 금세공사로 일하면서 도안의 정밀함과 섬세함을 배웠다. 안토니오가 만든 청동, 은, 금세공 작품들은 그를 자기 시대의 첼리니로 만들었고, 또한 로렌쪼와 교회와 시 정부와 조합들 사이에 인기 있는 세공사로 만들었다. 이렇게 작은 물건들이 그 제작자의 이름을 지니는 경우가 얼마나 드문가를 알고서, 또 불멸의 명성이라는 르네상스의 기적을 갈망하면서 안토니오는 조각으로 영역을 옮겼다. 그리고 두 개의 거대한 헤라클레스 청동 조각상을 만들었다. 미켈란젤로의 「노예들」의 억제된 힘을 보여 주고 또 「라오콘」의 고통을 보여 주는 작품들이다. 회화 영역으로 넘어가서 그는 메디치 궁전에 헤라클레스 이야기를 세 개의 벽화로 그렸다. 「아폴로와 다프네」에서 보티첼리에게 도전하고, 또 활잡이들이 쏘아 보내는 화살을 아주 평온한 모습으로 맞고 있는 성 세바스찬의 흠 없는 육체를 보여 주는 그림으로 다른 수많은 예술가들의 어리석음에 가담했다. 마지막 몇 해 동안 안토니오는 조각의 영역으로 되돌아와서 로마의 옛날 성 베드로 대성당을 위해 두 개의 탁월한 기념묘를 제작했다. 식스투스 4세의 묘와 인노켄티우스 8세의 묘이다. 이것은 다시 미켈란젤로보다 앞서 해부학의 정밀함과 끌의 힘을 보여 주는 작품이다.

미노 다 피에솔로(Mino da Fiesolo)는 그렇게 다방면에서 뛰어나지도 않고 또 격렬한 성품도 아니었다. 그는 데시데리오 다 세티냐노에게서 조각술을 배우는 것으로 만족했다. 스승이 죽자 스승의 부드러운 우아함의 전통을 계승했다. 바사리의 말을 믿어도 된다면 미노는 데시데리오의 이른 죽음에 너무 슬픈 나머지 피렌쩨에서는 마음이 안정되지 않아 로마로 갔다. 그는 그곳에서 세 개의 걸작을 만들어서 이름을 날렸다. 프란체스코 도르나부오니와 교황 파울루스(바오로) 2세의 기념묘와, 추기경 데스투드비유를 위한 대리석 우묵벽이 그것이다. 그는 자신감을 얻고 돈을 모아서 피렌쩨로 돌아왔다. 그리고 성 암브로지오 성당과 산타 크로체 성당과 세례당에 훌륭한 제단들을 만들었다. 고향인 피에솔로의 대성당에서 고전 양식으로 살루타티 주교를 위한 화려한 무덤을 만들었다. 그리고 피에솔로 수도원을 위해서도 비슷한 기념비를 만들었다. 장식이 약간 덜한 작품으로 수도원을 설립한 우고 백작을 기념하는 작품이다. 프라토 대성당은 그가 만든 강단을 자랑한다. 그리고 열 군데 이상의 박물관들이 그가 만든 한두 개의 흉상들을 전시하고 있다. 그의 후원자들이 버리기보다는 보관한 것들이다. 볼거리에 걸린 것처럼 부풀어 오른 니콜로 스트로찌의 얼굴, 통풍 환자 피에로의 허약한 모습, 디에티살비 네로니의 훌륭한 머리, 청년 마르쿠스 아우렐리우스의 아름다운 돋을새김, 어린 세례자 요한의 화려한 흉상, 그리고 성모와 아기의 돋을새김 몇 개. 이 모든 작품들은 미노가 데시데리오에게서 배운 여성적인 우아함을 간직하고 있다. 그들은 눈을 즐겁게는 하지만 마음을 사로잡거나 심오한 것들은 아니다. 그들은 안토니오 폴라유올로나 안토니오 로쎌리노의 조각품처럼 우리의 관심을 붙잡지 못한다. 미노는 스승 데시데리오를 너무 사랑해서 스승이 보여 준 예에 등을 돌리고 자연의 잔혹한 중립성 안에서 삶의 현실을 찾을 수가 없었던 것이다.

베로키오(Verrocchio, '진짜 눈')는 충분히 대담한 사람이라 그렇게 행동했다. 그리고 자기 시대 가장 위대한 조각 작품 두 개를 제작했다. 안드레아 디 미켈레 치오네(베로키오의 본명)는 금세공사, 조각가, 종 제조자, 화가, 기하학자, 음악가였다. 화가로서 그의 명성의 주요 이유는 그가 레오나르도, 로렌쪼 디 크레디, 페루지노 등을 가르치고 그들에게 영향을 주었다는 것이다. 그 자신의 회화 작품들은 대개 뻣뻣하고 생명이 없다. 그의 유명한 「그리스도의 세례」보다 더 불쾌한 르네상스 회화는 드물다. 세례자는 엄격한 청교도이고 대략 서른 살 정도인 그리스도는 늙은이처럼 보인다. 왼편에 있는 두 천사는 여성적이고 힘이 없다. 물론 그중 하나는 전통적으로 그의 제자인 어린 레오나르도가 그린 것으로 알려져 있다. 그러나 「토비아스와 세 천사」는 탁월하다. 중앙의 천사는 보티첼리의 우아함과 분위기를 미리 보여 준다. 토비아스는 아주 아름다워서 그것을 레오나르도의 작품으로 여기거나, 아니면 우리가 생각하는 것보다 레오나르도가 스승인 베로키오에게서 회화 양식을 더 많이 물려받았다고 생각하지 않을 수가 없다. 옥스퍼드 그리스도 교회에 있는 여인의 머리 드로잉은 다시 레오나르도가 그린 여성들의 불확실하고 명상적인 영성(靈性)을 드러낸다. 베로키오의 어두운 풍경들도 뒷날 레오나르도의 꿈결 같은 걸작들에 등장하는 어두운 바위들과 신비로운 시내들을 보여 주고 있다.

바사리가 들려주는 다음의 이야기는 아마도 꾸며낸 이야기일 것이다. 레오나르도가 「그리스도의 세례」에서 그린 천사의 모습을 본 베로키오는 "다시는 붓을 들지 않기로 결심했다. 레오나르도가 그렇게 어린데도 자신을 훨씬 능가하고 있었기 때문이다."[25] 그러나 베로키오는 「그리스도의 세례」 이후로도 그림을 계속 그리기는 했지만 성숙한 시기의 대부분을 조각에 바쳤다. 그는 한동안 도나텔로와 안토니오 폴라유올로와 함께 일했고 그들은 서로에게서 조금씩 배웠다. 그런 다음 그는 자신의 엄격하고 딱딱한 사실주의 양식을 발전시켰다. 테라 코타로 전혀 가식이 없는 로렌쪼의 흉상(코와 단발의 앞머리와 근심하는 눈썹)을 제작하는 것으로 경력을 시작했다. 어쨌든 일 마니피코(로렌쪼)는 베로키오가 제작한 두 개의 청동 돋을새김, 즉 알렉산더 대왕과 다리우스 대왕의 돋을새김을 좋아했다. 그는 이 작품들을 헝가리의 왕 마티아스 코르비누스에게 보냈다. 그리고 조각가를 고용해서 산 로렌쪼 성당에 아버지 피에로와 삼촌 죠반니를 위한 기념묘를 설계하도록 했다.(1472) 베로키오는 반암으로 석관(石棺)을 만들고 그것을 청동 받침대와 섬세한 꽃의 형태를 한 화관으로 장식했다. 4년 뒤 그는 골리앗의 베인 머리를 딛고 고요한 자부심에 잠겨 서 있는 소년 「다윗」을 주조했다. 시 정부는 그것이 너무나 좋아서 이 청동상을 베키오 궁전 주요 계단 위 부분에 세웠다. 같은 해에 시 정부는 그에게서 청동 조각상 「소년과 돌고래」를 받아 궁전 안마당의 분수로 사용했다. 베로키오는 힘의 절정에 노달했을 때 오르산미켈레 외벽의 우묵벽에 세우기 위해서 「그리스도와 의심하는 토마스」라는 그룹상(1483)을 만들었다. 그리스도는 신적인 고귀함을 지닌 인물로, 토마스(도마)는 이해가 되는 공감으로 표현되었다. 두 손은 조각에서는 드문 완전성으로 마무리되었고 의상은 조각 예술의 승리였다. 그룹은 살아 움직이는 사실성을 지녔다.

베로키오가 청동 조각에서 뛰어나다는 것이 분명했기에 베네찌아 원로원은 그를 베네찌아로 초빙해서(1479) 바르톨로메오 콜레오니(B. Colleoni)의 기마상을 만들어 달라고 주문했다. 그는 이 섬나라(베네찌아)를 위해 가장 많은 승리를 거둔 용병대장이었다. 베로키오는 말을 위한 모델을 제작하고 그것을 청동으로 제작할 준비를 하다가 원로원이 자기에게는 말을 제작하는 일만 맡기고 인물상은 파도바 출신 벨라노에게 만들게 하면 어떨까 논의하고 있다는 말을 들었다. 바사리에 따르면 베로키오는 모델의 머리와 다리를 부수고 분노한 상태로 피렌쩨로 돌아와 버렸다. 원로원은 그에게 다시 한 번 베네찌아 땅을 밟기만 하면 조각의 방법이 아닌 방법으로(즉 현실에서) 머리를 잃어버릴 것이라고 경고했다. 그는, 원로원 의원들은 부서진 머리를 고치는 데 조각가처럼 기술이 좋지 않기 때문에 자기는 다시는 돌아가지 않을 것이라고 대답했다. 원로원은 다시 이 일을 심사숙고하고 베로키오에게 원래의 일을 다시 맡겼다. 그리고 원래의 계약보다 두 배로 돈을 줄 테니 돌아오라고 설득했다. 베로키오는 말의 모델을 다시 복구하여 그것을 성공적으로 주조했다. 그러나 일하는 도중 그만 너무 열을 올린 나머지 한기가 들었다가 며칠 뒤에 쉰여섯의 나이로 죽었다.(1488) 마지막 순간 거친 십자가상이 그의 눈앞에 보였다. 그는 시중드는 사람들에게 그것을 치우고 도나텔로의 십자가상을 가져다 놓으라고 부탁했다. 그렇게 해서 그는 살았을 때도 그렇듯이 아름다운 물건들이 있는 곳에서 죽었다.

베네찌아 조각가 알레쌘드로 레오파르디가 이 거대한 조각상을 아주 생동하는 양식으로 완성했다. 동작과 힘이 아주 훌륭해서「콜레오니」조각상은 베로키오가 죽었는데도 전혀 아무런 손상을 입지 않았다. 그것은 캄포 디 산 짜니 폴로에 세워졌다.(1496) 성 요한과 성 바올로의 구역이었다. 그것은 오늘날까지 그곳에 서 있다. 르네상스에서 살아남은 가장 자부심이 강하고 가장 섬세한 기마상이다.

6. 회화

1. 기를란다요

베로키오의 번성하는 작업장은 르네상스 피렌쩨의 특징이었다. 그것은 모든 미술 영역을 하나의 작업장에서, 때로는 한 사람에게서 통합한 것이었다. 어떤 예술가가 교회나 궁전을 설계하고 있는 바로 그 작업장에서 다른 사람은 조각 작품을 새기거나 주조하고 있고, 다른 사람은 그림을 스케치하거나 칠하고, 또 다른 사람은 보석을 연마하거나 끼워 넣고, 또 다른 사람은 상아나 목재를 깎거나 상감하고 금속을 녹이거나 두들기고, 또는 축제 행렬을 위한 이동식 무대차와 창을 만들고 있었다. 베로키오, 레오나르도, 미켈란젤로 같은 사람들은 이런 일들 중 무엇이든 할 수가 있었다. 피렌쩨는 이런 작업장이 여러 개였다. 미술을 공부하는 학생들은 거리에서 난동을 부리거나[26] 빌린 토지에서 보헤미안처럼 살거나 아니면 교황과 통치자들에게 값을 넘어선 영감의 원천으로 존경받는 부자가 되거나 첼리니처럼 법을 넘어서 있기도 했다. 아테네를 빼면 피렌쩨는 다른 어떤 도시보다도 미술과 미술가에게 중요성을 부여했고, 그들에 대해 이야기하고 다투었고, 또 마치 우리가 오늘날 배우와 여배우 이야기를 하듯이 미술가들의 일화들을 이야기했다.[27] 천재라는 낭만적 개념을 만들어 낸 것은 르네상스 피렌쩨였다. 곧 자기 안에 존재하는 신적인 정신(라틴어로 genius, 곧 천재)에 이끌리는 사람을 가리키는 말이었다.

베로키오의 작업장이 스승의 탁월함을 계승한 위대한 조각가를 배출하지 못했지만(레오나르도의 재능 일부를 제외하고) 두 명의 최고급 화가인 레오나르도, 페루지노와 또 비교적 덜 유명하지만 그래도 역시 주목할 만한 인물인 로렌쪼 디 크레디(L. d. Credi)를 배출했다는 것은 기억할 만한 일이다. 회화는 점차 조각을 밀어내고 인기 있는 미술 장르가 되고 있었다. 화가들이 사라져 버린 고대의 벽화에서 아무런 가르침도 제약도 받지 않았다는 것이 오히려 이점으로 작용했을 것으로 보인다. 그들은 아펠레스(Apelles)와 프로토게네스(Protogenes)

같은 사람들이 과거에 있었다는 사실은 알고 있었지만 아무도 알렉산드리아나 폼페이의 유물을 보지 못했다. 회화 분야에는 고대의 경쟁자가 없었고, 중세와 르네상스의 계속성은 뚜렷하게 눈에 보였다. 비잔틴 미술에서 두치오, 죠토, 프라 안젤리코, 레오나르도, 라파엘로, 티찌아노에 이르는 선은 구불구불하기는 해도 아주 선명하게 드러났다. 그래서 화가들은 조각가들과는 달리 시행착오 방식을 거쳐 자기들의 기법과 양식을 발전시켰다. 독창성과 실험이 그들에게 강요되었다. 그들은 인간, 동물, 식물해부학의 세부적인 사항을 놓고 작업을 했고 원, 삼각형, 혹은 다른 형태의 구도를 시험해 보았다. 또한 배경에 깊이를 부여하고 신체에 형태를 부여하기 위해 원근법과 명암을 통한 입체감을 실험했다. 그들은 사도나 성모의 모델을 찾으려고 거리를 돌아다녔다. 그리고 찾아내면 옷을 입은 모습이나 나체를 그렸다. 또 화가들은 프레스코에서 템페라로, 또다시 프레스코로 옮겨 다녔고, 로히어르 판 데르 베이던과 안토넬로 다 메씨나가 북부 이탈리아로 도입한 새로운 유화(油畵) 기법을 사용했다. 그들의 기술과 용기가 늘어나고 또 세속의 후원자들이 늘어나면서 그들은 오래된 종교적 주제들과 더불어 고대 신화 이야기와 이교적인 육체의 풍성함을 주제로 선택했다. 그들은 자연을 작업장으로 끌어들이거나 그들 스스로 자연으로 나아갔다. 인간이나 자연의 그 어떤 것도 그들 눈에 예술에 적합하지 않은 것이 없었고, 어떤 얼굴이라도 미술은 그 빛나는 중요성을 드러낼 수 있었다. 그들은 세계를 기록했다. 전쟁과 정치가 이탈리아를 포로로 삼아 폐허로 만들었을 때 화가들은 르네상스의 선과 색채, 그 생활과 정열을 뒤에 남겼다.

그런 탐구들에 힘입어, 그리고 점점 더 풍성해지는 방법, 재료, 발상 등을 얻으면서 이제는 단순히 그림에 재능이 있는 사람들이 백 년 전에 천재들이 그린 것보다 더 좋은 그림을 그리게 되었다. 바사리는 무뚝뚝한 어조로 이렇게 말했다. 벤노쪼 고쫄리(B. Gozzoli)는 "대단히 탁월한 사람은 아니었다. …… 그러나 끈질기다는 점에서 자기 시대의 모든 사람들을 능가했다. 그의 많은 작품 가운데 일부는 훌륭하다고 하지 않을 수가 없다."[28] 벤노쪼는 프라 안젤리코의 제자로 시작해서 로마와 오르비에토에서도 그의 조수로 일을 했다. 통풍 환자 피에로가 그를 피렌쩨로 불러 메디치 궁전 벽에 동방 박사(왕)들이 동양에서 베들레헴으로 오는 여행을 그리도록 했다. 이 벽화들이 그의 대표작이다. 훌륭한 의상을 갖춰 입은 왕들과 기사들, 또 시종, 시동, 천사, 사냥꾼, 학자, 노예, 말, 표범, 개, 그 밖에도 대여섯 명의 메디치 사람들의 행렬이 그려져 있다. 게다가 화가 자신의 모습도 슬쩍 행렬에 끼워 넣었다. 이 행렬은 대단히 놀랍고도 아름다운 풍경을 배경으로 삼고 있다. 승리감에 도취한 벤노쪼는 산 제미냐노로 가서 이 도시의 수호성인의 생애에서 얻은 17장면들로 성 아고스티노 성당의 성가대석을 장식했다. 그리고 피사의 캄포산토에서 16년 동안이나 일했다. 그 광대한 벽들에 『구약 성서』에 나오는 아담에서부터 시바 여왕에 이르기까지의 장면들을 그려 넣었다. 「바벨탑」 같은 일부 그림들은 르네상스의 주요 벽화의 하나로 꼽힌다. 벤노쪼는 열심으로 서두르는 바람에 그 탁월함 일부를 망쳤다. 그는 조심성이 없었다. 많은 인물들이 울적할 정도로 똑같고, 그의 그림들에는 인물과 디테일이 어지러울 정도로 많이 등장한다. 그러나 그는 내면에 삶의 즐거움을 지녔던 사람이다. 삶의 유쾌한 파노라마와 위대함의 영광을 사랑했다. 그의 선들이 보이는 불완전함은 그 색채의 화려함과 그 생산성의 열광에 사로잡혀서 반쯤은 잊히고 만다.

    프라 안젤리코의 좋은 영향은 알레쏘 발도비네티(A. Baldovinetti)와 코시모 로셀리(C. Roselli)에게로 넘어갔다. 그리고 알레쏘를 통해 르네상스의 주요 화가의 한 사람에게 전달되었다. 곧 도메니꼬 기를란다요(D. Ghirlandaio)였다. 도메니코의 아버지는 금세공사였는데, 아름다운 피렌쩨 아가씨들의 머리를 금과 은의 화환들로 장식해 준 덕분에 기를란다요('기를란다'는 '화관'이라는 뜻)라는 별명을 얻었다. 이런 아버지와 발도비네티 밑에서 도메니코는 열성과 목적의식을 가지고 공부했다. 그는 산타 마리아 델 카르미네 성당의 브랑카치 제단에 있는 마사쵸의 벽화 앞에서 몇 시간씩이나 그림을 탐구했다. 지치지 않는 연습으로 원근법, 단축, 입체적 표현, 구도 등의 기법들을 배웠다. 바사리는 이렇게 말한다. 도메니코는 잠깐만 바라보고 나서 "가게 앞을 지나가는 사람 누구라도 아주 비슷하게 그려 낼 수 있었다." 겨우 스물한 살이 되었을 때 산 제미냐노에 있는 대성당의 작은 예배당에 산타 피나의 이야기를 그려 달라는 주문을 받았다. 서른한 살(1480)에는 피렌쩨 오니싼티 수도원의 예배당과 식당에 그린 네 개의 벽화로 대가(大家)라는 칭호를 얻었다. 「성 히에로니무스」, 「그리스도를 십자가에서 내림」, 「자비의 성모」,(이 그림에는 기증자인 아메리고 베스푸치의 초상화가 포함되어 있다.) 또 레오나르도에게 어느 정도 지침을 준 「최후의 만찬」 등이 그것이다.

식스투스 4세 교황의 부름을 받고 그는 로마로 가서 시스티나 예배당에 「어부 베드로와 안드레를 부르시는 그리스도」를 그렸다. 이 그림은 특히 배경인 산, 호수 그리고 하늘이 아름답다. 로마에 머무는 동안 그는 고대 도시의 아치, 목욕탕, 기둥, 도관, 원형 극장 등을 탐구했다. 잘 훈련된 눈길을 지녔던 그는 자나 컴퍼스의 도움이 없이도 각 부분의 정확한 비율을 단번에 알아낼 수 있었다. 로마에 있던 피렌쩨 상인인 프란체스코 토르나부오니라는 사람이 죽은 아내를 애도하여 산타 마리아 소프라 미네르바 성당에 그녀를 기념하여 벽화들을 그려 달라고 주문했다. 기를란다요는 이 그림을 아주 잘 그렸고, 토르나부오니는 피렌쩨로 돌아가는 그에게 넉넉한 돈과 함께 그의 탁월함을 증언하는 추천장을 주었다. 피렌쩨 정부는 그에게 정부 청사 궁전에 있는 오롤로지오의 홀에 그림을 그려 달라고 주문했다. 다음 4년 동안(1481~1485) 그는 산타 트리니타의 사쎄티 제단에 성 프란체스코의 생애 장면들을 그렸다. 유화 물감 사용만 빼고는 화가의 모든 기술이 이 벽화들에 구현되어 있다. 조화를 이룬 구도, 정확한 선, 빛의 강함과 약함, 원근법, 사실적인 초상화,(로렌쪼, 폴리찌아노, 풀치, 팔라스트로찌, 프란체스코 사쎄티 등) 그리고 동시에 이상화(理想化)와 경건함이라는 프라 안젤리코의 전통 등이 여기 나타난다. 거의 완벽에 가까운 제단화(「양치기들이 아기 예수를 경배함」)에 상상력과 섬세한 우아함을 한 단계만 덧붙이면 곧바로 레오나르도와 라파엘로에 이르게 된다.

1485년에 메디치 은행의 로마 지점장이었던 죠반니 토르나부오니는 기를란다요에게 산타 마리아 노벨라의 한 제단에 그림을 그리는 대가로 1200두카트(3만 달러)를 제안했다. 그리고 작품이 완전히 만족스럽게 나올 경우 200두카트를 더 주겠다고 약속했다. 미켈란젤로를 포함하는 몇몇 제자들의 도움을 받아 기를란다요는 다음 5년을 거의 온전히 이 일에 바쳤다. 천장에는 네 명의 복음서 저자들을 그렸다. 벽에는 성 프란체스코, 순교자 피에트로, 세례자 요한, 그리고 성모와 그리스도의 생애의 장면들, 그러니까 「수태고지」에서부터 당당한 거작 「성모의 대관식」 등을 그렸다. 여기서도 그는 당대의 초상화를 그리고 있다. 여왕과도 같이 당당한 로도비카 토르나부오니, 지네브라 데 벤치의 거만한 아름다움, 피치노, 폴리찌아노, 란디노 같은 학자들, 또 발도비네티, 마이나르디, 기를란다요 자신과 같은 화가들을 그렸다. 1490년에 예배당이 일반에 공개되었을 때 피렌쩨의 고위 인사들과 학자들이 이 그림들을 보러 몰려들었다. 사실적인 초상화들이 도시의 화제가 되었다. 토르나부오니는 완전히 만족감을 표현했다. 당시 재정적으로 압박을 받고 있던 그는 화가에게 추가로 지불하기로 했던 200두카트를 주지 못하는 것에 대해 용서를 빌었다. 그러자 화가는 후원자의 만족이 돈보다도 더 소중하다고 대답했다.

그는 사랑스러운 사람이었다. 그리고 형제들의 존경을 받았기에 동생인 다비드는 수도원장이 도메니코 기를란다요와 그 제자들을 위해 형의 천재성에 어울리지 않는 오래된 빵 덩이를 가져오자 빵으로 수도원장을 때려서 하마터면 그를 죽일 뻔했디. 기를란디요는 일을 히거나 공부를 하려는 사람들에게 자신의 작업장을 개방해서 실질적인 미술 학교로 만들었다. 또 그 누구도 거절당해서는 안 된다면서 크거나 작은 주문을 모두 받아들였다. 그는 자신은 피렌쩨의 벽들을 차례로 돌아가며 그림으로 채우기 전에는 만족할 수 없기에 살림과 재정을 동생 다비드에게 맡겼다. 많은 중간급 그림들을 그렸다. 그리고 또 우연히 대단한 매력을 지닌 작품들을 그리기도 했다. 예를 들면 루브르에 있는 주먹코를 가진 즐거운 「할아버지」, 그리고 뉴욕 모건 수집품에 들어 있는 「여인의 초상」 등이다. 해마다 인간 얼굴의 특징적인 모습을 그려서 그에 대한 기록을 남겼다. 의문의 여지가 없는 학식과 평판을 얻은 위대한 비평가들은 그를 2급 화가로 자리 매긴다.29 그가 색채보다 선이 더 뛰어나고, 또 그림을 너무 성급하게 그리고, 그의 그림들이 불필요한 디테일들로 넘치는 것이 사실이다. 또 그가 발도비네티의 유화 실험이 있고 난 다음에도 템페라를 선택해서 회화를 한 걸음 퇴보시킨 것도 사실이다. 그렇다고 해도 그는 자신의 기법을 자신의 나라, 그 세기에 도달할 수 있는 최고 지점까지 끌어올렸다. 그는 비평계가 감사의 머리를 숙여야 할 정도로 피렌쩨와 세계에 대단한 보물들을 남겼다.

2. 보티첼리

기를란다요의 세대에서 단 한 사람의 피렌쩨 화가만이 기를란다요를 능가했다. 산드로 보티첼리(S. Botticelli)는 영묘한 상상력이 물리적 현실과 다르듯 기를란다요와는 다른 사람이었다. 보티첼리의 아버지 마리아노 필리페피(M. Filipepi)는 읽기, 쓰기, 산수 등이 없이는 삶이 불가능하다는 사실을 소년에게 알려 줄 길이 없었다. 그래서 소년을 금세공사인 보티첼리에게 맡겼다. 이 금세공사의 성(姓)인 보티첼리가, 소년의 애정을 통해서 아니면 역사의 변덕을 통해서 산드로(알레싼드로의 애칭) 자신의 이름이 되고 말았다. 이 작업장에서 소년은 열여섯 살에 프라 필리포 리피의 작업장으로 옮겨 갔다. 그리고 필리포 리피는 쉬지 않고 끈질긴 이 젊은이를 사랑하게 되었다. 필리포의 아들 필리피노는 뒷날 산드로의 모습을 그렸다. 움푹 들어간 눈, 돌출한 코, 감각적인 입술, 나부끼는 머리카락, 자주색 모자, 붉은 외투, 초록색 바지 등을 한 음울한 남자의 모습이다.30 이런 사람이 뒷날 그가 미술관에 남긴 그 섬세한 상상력을 가졌을 것이라고 누가 상상하겠는가? 어쩌면 모든 미술가는 이상적으로 그림을 그리기 전에는 관능적인 사람이어야 하는지도 모른다. 인간의 육체를 미적 감각의 최고 원천이며 기준으로 여기고 사랑해야 하기 때문이다. 바사리는 산드로를 가리켜 동료 화가들과 둔한 시민들을 놀려 먹는 "쾌활한 친구"라고 표현하고 있다. 의심의 여지없이 그는 우리 모두와 마찬가지로 여러 모습을 가진 사람으로 기회에 맞게 이런저런 모습을 드러내고, 세상에 대해서 두려운 비밀처럼 자신의 진짜 모습을 감추었다.

1465년 무렵에 보티첼리는 자신의 작업장을 만들었다. 그리고 곧 메디치 집안에서 주문들을 받았다. 그가 그린「유디트」는 분명히 로렌쪼의 어머니인 루크레찌아 토르나부오니였다. 그리고 그녀의 남편인 통풍 환자 피에로를 위해서 보티첼리는「성모 마리아」와「동방 박사의 경배」를 그렸다. 이것은 3대에 걸친 메디치 가문을 위한 색채 송가였다.「성모 마리아」에서 보티첼리는 열여섯 살과 열두 살 소년의 모습인 로렌쪼와 쥴리아노를 그렸다. 그들은 책을 한 권 들고 있고 성모(프라 필리포에게서 빌린 모티프)는 고귀한 찬양을 이 책에 적고 있다.「동방 박사의 경배」에서 코시모가 성모의 발치에 무릎을 꿇고 있다. 피에로는 그들보다 더 아래 무릎을 꿇고 있고, 이들 앞쪽에 이제 열일곱 살이 되어서 합법적으로 사람을 죽일 수 있는 나이에 이른 표시로 손에 칼을 든 모습의 로렌쪼가 그려져 있다.

로렌쪼와 쥴리아노는 아버지를 이어받아 보티첼리를 계속 후원했다. 보티첼리의 가장 섬세한 초상화들은 쥴리아노와 그의 애인 시모네타 베스푸치였다. 그는 종교적인 그림들도 그렸다. 오니싼티 성당에 있는 힘찬「성 아우구스티누스」같은 그림이다. 그러나 이 시기에 어쩌면 로렌쪼 그룹의 영향을 받아 그는 점점 더 세속적인 주제에 몰두했다. 보통은 고전 신화의 장면을 나체로 그리기를 좋아했다. 바시리는 이렇게 보고한다. "보티첼리는 많은 집에 …… 많은 벌거벗은 여자들을 그렸다." 그리고 그가 "삶에서 심각한 무질서"를 보였다고 비난한다.[31] 인문주의자들과 동물적인 정신들이 그를 한동안 에피쿠로스 철학으로 데려갔다. 그는 분명 로렌쪼와 쥴리아노를 위해「베누스의 탄생」(1480)을 그렸다. 새침 떠는 누드의 여인이 황금의 조개껍질을 타고 바다에서 솟아 나온다. 그녀의 긴 황금색 머리카락이 유일한 옷가지다. 그녀의 오른편에는 서풍(西風)이 바람을 일으켜 그녀를 해변으로 불어 보낸다. 왼편에서는 꽃무늬가 들어간 흰옷을 입은 아름다운 소녀가(시모네타일까?) 여신에게 그 사랑스러움을 가릴 외투를 주고 있다. 이 그림은 우아함의 걸작이다. 이 그림에서 도안과 구도가 모든 것이다. 색채는 오히려 부수적이고, 사실성은 무시되고 있으며 모든 것은 떠다니는 선의 리듬을 통해 공기와 같은 상상을 불러일으키도록 만들어져 있다. 보티첼리는 폴리찌아노의 「창 시합(La giostra)」의 구절에서 이 주제를 얻었다. 쥴리아노가 창 시합과 사랑에서 승리한 것을 그린 「창 시합」에서 화가는 또 다른 이교적인 그림 「마르스와 베누스」의 주제를 얻었다. 여기서 베누스는 옷을 입었고 아마도 다시 시모네타의 모습일 것이다. 마르스는 지쳐 잠들어 있는데, 사나운 전사가 아니라 흠잡을 데 없는 육체를 가진 젊은이로 묘사되어 있어서 또 다른 아프로디테라고 오해할 정도이다. 마지막으로 「봄」에서 보티첼리는 로렌쪼의 바쿠스 찬가의 분위기를 표현하고 있다.("행복하고자 하는 이여, 그가 되어라!") 「베누스의 탄생」에 나오는 보조적인 숙녀가 흘러내리는 의상과 아름다운 발을 보이면서 다시 등장하고 있다. 왼편에서 쥴리아노(?)는 자기 옆에 절반 누드로 서 있는 세 우미의 여신들 중 한 명에게 줄 사과를 나무에서 따고 있다. 오른편에는 건강한 젊은이가 안개 같은 옷을 입은 소녀를 붙잡는다. 시모네타는 온건한 태도로 장면을 지배한다. 그녀의 머리 위 공중에서 큐피드가 필요도 없는 사랑의 화살을 쏘고 있다. 이 세 그림은 많은 것들을 상징하고 있다. 보티첼리는 알레고리로 만드는 것을 좋아했기 때문이다. 그러나 그것을 알아내지 못한다 해도 이 그림들은 미술에서 인문주의자들의 승리를 표현하고 있다. 교회는 앞으로 50년 동안(1480~1534) 회화의 주제에서 우선권을 차지하기 위해 싸움을 하게 된다.

이 문제를 정면으로 다루기라도 하려는 듯이 식스투스 4세 교황은 보티첼리를 로마로 불러(1481) 그에게 시스티나 예배당에 세 개의 벽화를 그리라고 주문했다. 이들은 그의 걸작품에 속하지는 않는다. 그는 당시 경건함의 감정에 잠겨 있지 않았다. 그러나 피렌쩨로 돌아왔을 때(1485) 그는 도시가 사보나롤라의 설교로 진동하고 있음을 보았다. 그는 깊이 마음이 움직였다. 그는 언제나 내면에 한 줄기 금욕의 소망을 품어 왔었다. 그리고 그가 로렌쪼에게서 어떤 회의주의를 얻었든 상관없이, 풀치와 폴리찌아노는 그의 신앙의 비밀스러운 원천에서 잊혀지고 말았다. 이제 성 마르코 수도원의 맹렬한 설교자 사보나롤라는 보티첼리와 피렌쩨에 두려운 신앙 내용을 전해 주었다. 신께서는 스스로 모욕을 받고 채찍질 당하고 또 인류를 아담과 이브의 원죄에서 구원하기 위해 십자가에 못 박히셨다. 오로지 미덕의 삶, 혹은 진지한 회개의 삶만이 신의 희생에서 어느 정도의 은총을 얻어 신에게로 나아가고 영원한 지옥을 벗어나게 해줄 수 있다. 아마도 이 시기에 보티첼리는 단테의 『신곡』 삽화를 그렸을 것이다. 그는 예술을 다시 종교에 대한 봉사로 되돌렸으며, 한 번 더 성모와 아기 예수의 놀라운 이야기를 그렸다. 성 바르나바스 수도원의 교회를 위해서 여러 성인들에 둘러싸인 채 옥좌에 앉은 성모의 모습을 그렸다. 성모는 아직도 그가 프라 리포의 작업장에서 배운 대로 온화하고 사랑스러운 소녀의 모습이다. 그러나 곧이어 그는 「석류의 성모」를 그렸다. 성모는 노래하는 케루빔에게 둘러싸여 있고 아기 예수는 손에 석류 열매를 들고 있는데, 수많은 석류의 씨들은 그리스도교 신앙을 씨 뿌리는 것을 상징한다. 1490년에 그는 다시 성모의 이야기를 두 개의 그림에 담았다. 「수태고지」와 「대관식」이었다. 그러나 그는 이제 나이 들어 가고 있었고, 그의 미술의 신선한 명료함과 우아함을 잃어버렸다.

 1498년에 사보나롤라는 화형을 당했다. 보티첼리는 르네상스의 가장 특이한 이 살인 행위에 충격을 받았다. 아마도 이 비극이 있고 난 직후에 그는 복잡한 상징성을 담은 「비방」이라는 작품을 그렸던 것 같다. 고전적인 아치 통로와 멀리 떨어진 바다를 배경으로 세 명의 여인(사기, 속임, 비방)이 남루한 남자(시샘)의 안내를 받아 벌거벗은 희생자의 머리채를 끌고 법정으로 들어온다. 그곳에는 기다란 당나귀 귀를 한 판사가 앉아서 의심과 무지를 의인화한 여성들의 충고를 듣고서, 이 쓰러진 남자를 대중의 분노에 맡기려고 한다. 왼편에는 참회가 검은 옷을 입고 슬픔에 가득 찬 모습으로 벌거벗은 진실을 바라본다. 한 번 더 보티첼리의 베누스의 모습이다. 똑같이 기다란 파충류의 머리로 자신을 감싼 모습. 저 희생자는 사보나롤라를 표현한 것일까? 그림의 벌거벗은 모습들이 수도사 사보나롤라를 질겁하게 만들기는 하겠지만 어쩌면 그럴지도 모른다.

런던 국립미술관에 있는 「신비의 강탄」은 보티첼리의 마지막 걸작이다. 어지럽지만 색채가 풍부하고, 마지막으로 그의 리듬이 있는 우아함을 표현하고 있다. 여기서 모든 것은 천상의 행복을 숨 쉬는 듯이 보인다. 「봄」의 숙녀들이 날개 달린 천사들의 모습으로 다시 나타나서 구세주의 탄생을 환호하면서 공중에 매달린 가지 위에서 불안한 춤을 추고 있다. 그러나 이 그림에 보티첼리는 그리스어로 사보나롤라의 느낌이 나는 다음의 말들을 적었다. 그것은 르네상스 절정기에 중세를 생각나게 한다.

이 그림은 나 알레싼드로가 이탈리아가 괴로움에 빠져 있는 1500년 말에 그린 것이다. ……「요한 계시록」 11장에 서술된 두 번째 재앙이 닥쳐 있을 때, 곧 3년 반 동안 악이 풀려나 있는 기간이다. 계시록 12장에 따르면 뒤에 이 악은 사슬에 묶이게 되고 우리는 그가 이 그림에서처럼 떨어지는 것을 보게 될 것이다.

1500년 이후로 그가 그린 그림은 남아 있지 않다. 그는 겨우 쉰다섯 살이었고 어쩌면 그의 내면에 아직 예술이 남아 있었을 것이다. 그러나 그는 레오나르도와 미켈란젤로에게 자리를 내주고 우울한 빈곤에 빠졌다. 그의 가장 중요한 버팀줄이었던 메디치 사람들이 그에게 자선을 베풀었지만 그들 자신도 추락해 있었다. 그는 예순여섯의 나이로 고독하고 허약한 상태에서 죽었다. 잊기 잘하는 세상은 서둘러 앞으로 나아갔다.

그의 제자들 중에 스승의 아들인 필리피노 리피(F. Lippi)가 있었다. "사랑으로 태어난 아이(사생아)"*는 모든 사람에게서 사랑을 받았다. 그는 싹싹하고 상

---

* 크로우(Crowe)와 카발카셀(Cavalcaselle)이 필리피노의 출생을 합법적으로 복구시키려 노력했지만 그들의 주장은 애정이 깃든 소원이 되고 말았다.32

냥하고 절도 있고 예의 바른 남자였다. 바사리는 이렇게 말한다. 그는 "하도 뛰어나서 출생의 오점이 있다 해도 그 흔적을 지울 정도였다." 아버지의 가르침과 보티첼리의 가르침을 받아서 화가의 기술을 재빨리 배웠기에 스물세 살에 벌써「성 베르나르디노의 환상」에서 바사리의 판단에 따르면 "설교만 빠진" 초상화를 그려 냈다. 카르멜 수도사들이 60년 전에 브랑카치 예배당에 시작된 벽화를 완성하기로 결정하고 필리피노에게 이것을 주문했을 때 그는 겨우 스물일곱 살이었다. 그 결과는 마사쵸에는 미치지 못하는 것이었지만「성 바울이 감옥에서 성 베드로에게 말을 걸다」에서 필리피노는 단순한 위엄과 조용한 힘을 가진 기억할 만한 인물을 그려 냈다.

1489년에 로렌쪼의 제안을 받고 카라파 추기경이 그를 로마로 불러서 산타 마리아 소프라 미네르바 성당의 예배당에 성 토마스 아퀴나스의 생애 장면을 그려 달라는 주문을 냈다. 주요 벽화에서 화가는, 어쩌면 백 년 전에 안드레아 다 피렌쩨가 그린 비슷한 그림을 기억해서였는지, 승리에 찬 철학자의 모습을 그렸다. 아리우스와 아베로에스와 다른 이단 교파들이 모두 그의 발치에 엎드린 모습이었다. 그사이 아베로에스의 교리들이 볼로냐와 파도바 대학에서 정교 신앙을 누르고 자리 잡고 있었다. 피렌쩨로 돌아와서 산타 마리아 노벨라 성당에 있는 필리포 스트로찌 예배당에 사도 빌립보와 요한의 이야기를 벽화로 그렸는데, 어쩌나 사실적이었는지 어떤 소년이 필리피노가 벽에 그려 놓은 구멍에다가 남몰래 자신의 소중한 보물을 감추려고 했다는 이야기가 전해진다. 그는 한동안 이 일을 중단하고, 일이 너넌 레오나르도를 대신해서 스코페토 수도사들을 위해 제단화를 그렸다. 그는 아기 예수를 경배하는 동방 박사를 주제로 선택했지만 무어 사람, 인도 사람, 그리고 메디치 가문 사람들을 그려 넣었다. 메디치 사람들 중의 한 사람은 손에 4분원을 들고 점성가의 모습으로 등장하고 있는데 르네상스의 가장 인간적이고 우스꽝스러운 초상화의 하나로 꼽힌다. 마침내(1498) 아버지의 죄가 다 용서를 받았다고 말하기라도 하려는 것처럼 필리피노는「성모 마리아」를 그려 달라고 프라토에 초대를 받았다. 바사리는 이 그림을 칭찬했고 2차 세계대전은 그것을 파괴했다. 그는 마흔 살에 결혼하고 몇 년 동안 부모 노릇의 즐거움과 괴로움을 맛보았다. 그러다가 마흔일곱 살에 간단한 편도선염을 앓다가 죽었다.(1505)

7. 로렌쬬의 시대가 저물다

로렌쬬 자신은 그 시대에 노년에 도달한 소수의 사람 가운데 끼지는 못했다. 아버지처럼 그도 관절염과 통풍을 앓았고, 게다가 위장장애가 나타나 자주 심한 통증에 시달렸다. 열 가지 이상의 치유책을 써 보았으나 따뜻한 온천에 몸을 담가 일시적으로 통증을 줄이는 것보다 더 나은 방법을 찾아내지 못했다. 쾌락의 복음을 전파했던 사람이었지만 죽기 전 얼마 동안 자기가 오래 살지 못하리라는 것을 알고 있었다.

그의 아내는 1488년에 죽었다. 그는 그녀에게 정절을 지키지는 않았지만 그녀를 잃은 것을 진심으로 애도하고 그녀의 도움이 사라진 것을 아쉬워했다. 그녀는 많은 아이들을 낳았고 그중 일곱이 살아남았다. 그는 부지런히 아이들의 교육을 감독하고 말년에는 피렌쩨와 자기 집안이 더 행복해질 수 있는 방식으로 그들을 결혼시키려고 애썼다. 장남인 피에로는 로마에서 친지를 얻기 위해 오르시니 가문과 약혼시켰다. 또 다른 아들인 쥴리아노는 사부아 공작의 누이와 결혼시켜서 프랑수아 1세에게서 느무르의 공작 작위를 받았다. 그렇게 해서 이 결혼은 피렌쩨와 프랑스 사이에 다리를 놓는 데 도움을 주었다. 둘째 아들 죠반니는 성직자의 경력을 배정 받았고 그것을 좋아했다. 그는 좋은 성품과 좋은 매너, 훌륭한 라틴어로 모든 사람을 즐겁게 했다. 로렌쬬는 교황 인노켄티우스 8세를 설득해서 관례를 모두 깨뜨리고 열네 살인 그를 추기경으로 만들게 했다. 교황은 왕실이 결혼을 결정하는 것과 동일한 이유에서 여기 굴복했다. 곧 혈연을 통해 정부 간의 우호를 다짐하는 일이었다.

로렌쪼는 피렌쩨 정부 일에서 점차 물러나 공식적인 일과 가문의 사업을 아들 피에로에게 넘겨주었다. 그리고 자신은 시골의 평화와 친구들과의 대화에서 위안을 찾았다. 그는 특징적인 편지에서 다음과 같이 자신의 입장을 변호했다.

평온한 마음과 여가를 품위 있게 즐기는 것보다 더 소망스러운 것이 무엇이겠는가? 이것은 모든 선량한 사람이 원하는 것이지만 위대한 사람만이 얻을 수 있는 일이다. 공적인 일들 한가운데서도 우리는 쉴 날이 오기를 고대할 수는 있을 것이다. 그러나 휴식도 나라의 일에서 나의 관심을 완전히 떼어 놓지는 못한다. 내가 걸어야 했던 그 길이 힘들고 위험으로 가득 차고 배신으로 둘러싸인 굴곡 많은 길이었음을 부인할 수 없다. 그러나 내가 나라의 복지에 기여해서 우리나라의 번영이 다른 어떤 나라의 번영과도 겨룰 수 있게 되었다는 사실로 나는 자신을 위로한다. 또한 집안의 이익과 발전에도 무심하지 않았으니 언제나 할아버지 코시모의 모범을 따르려고 노력했다. 그분은 공적인 일과 집안일을 똑같은 조심성으로 보살피셨다. 나의 생각들을 성취했으니 이제 나는 여가의 즐거움을 누리고, 다른 시민들의 명성을 함께 얻고, 고향의 영광을 기뻐해도 좋을 것이라 생각한다.

그러나 익숙하지 않은 이런 평화를 누릴 시간이 그에게는 많지 않았다. 그가 카레지에 있는 별장으로 옮기자마자(1492년 3월 21일) 위통이 심해졌다. 의사들이 그에게 귀한 약을 만들어 주었다. 그러나 병세는 빠르게 악화되었고 그는 죽음을 맞이하게 되었다. 피코와 폴리찌아노에게 자신이 수집한 필사본들을 제자리에 배치해서 학생들이 이용할 수 있도록 일을 끝내지 못하고 죽어야 함을 걱정했다. 종말이 다가오자 그는 사제 한 사람을 불렀다. 그리고 마지막 힘을 다하여 침대에서 벗어나 무릎을 꿇고 마지막 성사를 받겠노라 고집했다. 그는 자유의 파괴자이며 젊은이들을 망친 사람이라고 자신을 비난한 타협 모르는 설교자를 기억하고 죽기 전에 그 남자의 용서를 얻기를 원했다. 친구를 급히 보내 사보나롤라에게 이리로 와서 자신의 고해를 받아 주고 소중한 사면을 베풀어 달라고 간청했다. 사보나롤라가 왔다. 폴리찌아노에 의하면 그는 죄를 사하기 위해 세 가지 조건을 내걸었다고 한다. 로렌쪼가 하느님의 자비심에 대해 확실한 신앙을 가질 것, 만약 병이 나으면 삶의 방식을 바꾸겠다고 약속할 것, 죽음을 의연히 맞이할 것 등이었다. 로렌쪼는 여기 동의하고 죄를 면제받았다. 초기 사보나롤라의 전기 작가인 G. F. 피코(인문주의자 피코가 아니다.)에 따르면 세 번째 조건은 로렌쪼가 "피렌쩨의 자유를 회복시키겠다."고 약속하라는 것이었다. 피코의 말에 따르면 로렌쪼는 이 요구에 대해 아무런 반응도 보이지 않았고 사제는 그의 죄를 용서해 주지 않았다고 한다.[33] 1492년 4월 9일에 로렌쪼는 마흔셋의 나이로 죽었다.

그의 때 이른 죽음의 소식이 피렌쩨에 전해지자 도시 전체가 슬퍼했고 심지어는 로렌쪼의 적들까지도 그의 손길이 없어진 지금, 피렌쩨의 사회질서 혹은 이탈리아의 평화가 어떻게 유지될까 걱정했다.[34] 유럽은 그가 위대한 정치가였음을 인정하고 그 시대의 특징적인 성격이 그에게서 구현되었다고 여겼다. 그는 폭력을 싫어했다는 점을 빼고는 모든 점에서 '르네상스의 사람'이었다. 천천히 얻은 미덕이었지만 정치에서의 신중함, 단순하지만 설득력이 있는 논쟁에서의 언변, 행동할 때의 결단력과 용기 등은 몇 사람만 빼고 모든 피렌쩨 사람들에게 그의 가문이 피렌쩨의 자유를 파괴했다는 사실을 잊게 만들었다. 그리고 그 사실을 잊지 않고 있는 사람들도, 피렌쩨의 자유란 실은, 인구의 30분의 1만이 투표권을 가진 '민주주의' 체제에서 부유한 가문들이 착취의 우선권을 차지하기 위해 폭력과 속임수로 경쟁을 벌이는 자유였음을 기억했다. 로렌쪼는 자신의 권력을 온건하고 또 국가에 유리하게 행사했다. 개인적 이익을 무시한다고 할 정도였다. 그는 성적인 문란함에 대해 책임이 있었고 피렌쩨 젊은이들에게 나쁜 선례를 남겼다. 그러나 문학에서는 좋은 선례를 남겼고, 이탈리아어를 문학의 기준으로 회복시켰으며 시문학 분야에서 자신이 후원하는 시인들과 우열을 다투었다. 날카로운 심미안으로 예술을 후원했으며,

그것은 유럽 전체의 기준이 되었다. 모든 '폭군' 중에서 그는 가장 신사적이고 가장 훌륭한 사람이었다. 나폴리의 페란테 왕은 이렇게 말했다. "이 사람은 자신의 영광을 위해서는 충분히 오래 살았지만 이탈리아를 위해서는 너무 짧게 살았다."[35] 그가 죽은 이후로 피렌쩨는 차츰 쇠퇴했고 이탈리아에는 평화가 사라졌다.

THE RENAISSANCE

5장 사보나롤라와 피렌쩨 공화국
1492~1534

1. 예언자

　세습 권력의 이점은 계속성이고 그 맹점은 평범함이다. 피에로 디 로렌쪼는 아무 문제 없이 아버지의 권력을 물려받았다. 그러나 그는 자신의 성격과 잘못된 판단력으로 메디치 집안 통치의 기반인 인기를 잃어버렸다. 그는 격렬한 성정, 중간급 정신, 흔들리는 의지력, 경멸할 만한 의도 등을 지녔다. 예술가와 학자들에게 로렌쪼가 보인 너그러움을 계속 보였지만 전략과 식별의 능력이 부족했다. 신체적으로 강해서 스포츠에 뛰어났고 운동 경기에서 국가가 위기에 처한 지도자에게 요구하는 것보다 더욱 자주 또 더욱 뛰어난 성적을 보였다. 그의 여러 불운 중에는 다음과 같은 것들이 있었다. 우선 아버지 로렌쪼의 기업과 낭비가 국고를 고갈시켰다. 영국 방직업계와의 경쟁이 피렌쩨에 경제적 불황을 만들어 냈다. 오르시니 가문 출신인 피에로의 아내는 상인 종족인 피렌쩨

253

사람들을 향해 오만한 코를 쳐들었다. 메디치 가문의 방계 혈통이(코시모의 형제였던 '옛날' 로렌쪼의 후손) 코시모의 후손에게 도전하면서 자유의 이름으로 반대 당을 이끌었다. 피에로가 이탈리아를 침입한 프랑스의 샤를 8세와 동시대 사람이었고, 또 메디치 통치를 그리스도교 통치로 바꾸려 했던 사보나롤라와도 동시대 사람이었다는 사실은 그의 가장 결정적인 불운이었다. 피에로는 이러한 부담을 이겨 낼 인물이 되지 못했다.

사보나롤라(Savonarola) 가문은 1440년 무렵 파도바에서 페라라로 갔다. 미켈레 사보나롤라가 궁정 의사 자격으로 에스테 가문의 니콜로 3세의 초청을 받아 페라라로 갔던 것이다. 미켈레는 의사로서는 드물게 신앙심이 깊었다. 그는 페라라 사람들이 종교보다 연애에 더 마음을 쓴다고 비난하곤 했다.[1] 그의 아들 니콜로는 평범한 의사였다. 그러나 니콜로의 아내 엘레나 보나코씨는 강한 성격과 높은 이상을 지닌 여자였다. 지롤라모는 그들 사이에 태어난 일곱 아이 중 세 번째였다. 부모는 그에게 의학 공부를 시키려고 했지만 그는 토마스 아퀴나스가 해부학보다 더 재미있었고, 젊은이의 스포츠보다 책들과 함께 하는 고독을 더 좋아했다. 볼로냐 대학에서 그는 중요한 미덕을 실천하는 학생이 없는 것을 보고 깜짝 놀라고 말았다. 그는 다음과 같이 썼다. "여기서 남자로 인정받으려면 가장 지저분하고 잔인하고 대단히 불경스러운 말로 입을 더럽혀야 한다. …… 철학과 좋은 기술을 공부하면 몽상가로 여겨진다. 정숙하고 절약하는 생활을 하면 바보로 간주되고 신앙심이 있으면 위선자로 여겨진다. 하느님을 믿으면 매우 우둔한 존재로 여겨진다."[2] 그는 대학을 떠나 어머니와 고독이 있는 곳으로 돌아왔다. 그는 사람을 꺼리고 지옥과 인간의 죄악에 대해 골똘히 생각했다. 그가 지은 최초의 글은 교황을 포함하여 이탈리아의 악덕을 고발하고, 자신이 조국과 교회를 개혁할 것을 맹세하는 시(詩)였다. 그가 긴 시간을 기도로 보내고 너무 엄격하게 금식을 했기에 부모는 그가 야위어 간다고 탄식했다. 1474년에 그는 미켈레 수도사의 사순절 설교를 통해 더욱 엄격한 신앙심을 갖게 되었다. 그리고 페라라 사람들이 가면, 가발, 카드, 못된 그림들, 그 밖에도 세속적인 도구들을 가져다가 시장에 만들어진 장작더미에 던져 넣는 것을 보고 기뻐했다. 1년 뒤 스물셋의 나이로 그는 집에서 몰래 도망쳐 볼로냐의 도미니크 수도원으로 들어갔다.

그는 부모에게 속세에서 성공하기를 바라는 부모의 기대를 저버린 것을 용서해 달라는 온건한 편지를 써 보냈다. 부모가 그에게 돌아오라고 끈질기게 설득하자 그는 분노한 답장을 보냈다. "눈먼 사람들! 어째서 아직도 울고 탄식하는 겁니까? 부모님은 기뻐해야 하는데 이렇듯 나를 방해하시는군요. …… 아직도 탄식하고 계시면 미덕을 맹세한 내게는 두 분이 적이요 원수라는 것밖에 내가 달리 무슨 말을 할 수 있습니까? 그렇다면 나는 이렇게 말할 것입니다. '사악함을 행하는 사람들이여, 썩 사라지시오!'라고 말입니다."[3] 6년 동안 그는 볼로냐 수도원에 머물렀다. 가장 험한 일을 달라고 간청했지만 웅변가로서의 재능이 알려지면서 그는 설교단에 서게 되었다. 1481년 피렌쩨의 성 마르코 수도원으로 옮아왔다. 그리고 산 로렌쪼 성당에서 설교를 맡았다. 그곳에서 행한 그의 설교는 인기가 없었다. 인문주의자들의 달변과 세련됨에 익숙한 도시에서 그의 설교는 너무 신학적이고 교훈적이었기 때문이다. 집회에 오는 사람이 매주 줄어들었다. 그러자 수도원장은 그에게 수련 수사들을 교육시키는 일을 맡겼다.

다음 5년 동안 그의 최종적인 성격이 형성된 것으로 보인다. 그의 느낌과 목적이 점점 강해지면서 이런 것들이 그의 모습에 새겨졌다. 주름지고 찌푸린 이마, 두툼한 입술을 결심으로 곧게 다문 모습, 마치 세계를 포위하려는 듯이 구부러진 커다란 코, 침울하고 진지한 얼굴 등은 사랑과 증오 양쪽 모두를 향한 무한한 능력을 보여 주고 있다. 작은 체구는 환상과 좌절된 열망, 안으로 몰아치는 폭풍으로 고통받았다. 그는 부모에게 이렇게 써 보냈다. "나는 아직도 두 분처럼 육체입니다. 그리고 감각은 이성에 따르지 않습니다. 그러니 나는 악마가 내 등으로 뛰어들지 않도록 격하게 싸우지 않으면 안 됩니다."[4] 그는 인간 본성에 내재하는 타락을 제어하기 위해 금식하고 자신을 채찍질했다. 육체와 자부심의 요구를 의인화시켜서 사탄의 목소리라고 여겼고, 자신의 더 나은 자아의 권고도 의인화했다. 그는 방에 홀로 앉아 자신이 자기 위에 떠도는 선한 영과 악한 영들의 싸움터라고 생각함으로써 자신의 고독을 영광스럽게 만들었다. 마침내 천사와 대천사들이 자기에게 말을 걸어오는 것처럼 생각되었다. 그는 그들의 말을 신의 계시로 받아들였다. 그리고 갑자기 세상을 향하여 신의 말씀을 전하도록 선택받은 예언자로서 말하기 시작했다. 그는 사도 요한의 것으로 여겨지는 계시록의 환상들을 열렬히 받아들였다. 그리고 신비주의자인 피오레의 죠아키노(Gioacchino da Fiore)의 종말론을 받아들였다. 죠아키노처럼 그도 '적(Anti)그리스도 통치가 나타났다, 사탄이 세계를 사로잡았다, 머지않아 그리스도가 나타나 지상의 통치를 시작할 것이다, 그리고 이탈리아에 가득 찬 폭군들, 간통한 인간들, 무신론자들에게 신의 복수가 내릴 것'이라고 선포했다.

 수도원장이 그를 롬바르디아로 파견했을 때(1486) 사보나롤라는 젊은 날의 교훈적 방식을 포기하고 부도덕함을 고발하고 최후의 심판을 예언하고 회개를 호소하는 방식으로 바꾸었다. 옛날 그의 단정한 논증을 따라가지 못했던 수많은 사람들이, 이제 권위를 갖고 말하는 것으로 보이는 이 남자의 인상적인 능변을 두려움으로 경청했다. 피코 델라 미란돌라는 이 수도사의 성공에 대한 소식을 들었다. 그는 로렌쪼에게 간청하여 수도원장이 사보나롤라를 피렌쩨로 다시 불러들이게 했다. 사보나롤라는 돌아왔다.(1489) 2년 뒤에 그는 성 마르코 수도원장으로 선출되었다. 로렌쪼는 평생에 그 어떤 적보다도 더욱 솔직하고 강력한 적을 만난 것이다.

 피렌쩨는 10년 전에만 해도 여러 가지 논증으로 분위기를 썰렁하게 만들곤 하던 이 가무잡잡한 설교자가 이제 계시록의 환상으로 자기들을 두렵게 하는 것을 보고 놀랐다. 이교와 타락과 이웃의 부도덕을 생생하게 묘사해서 그들을 놀라게 하고 영혼을 고양시켜서 회개와 희망을 갖게 하고, 또 신앙의 강렬함을 새롭게 해서 젊은이들에게 영감과 공포를 불러일으켰다.

머리와 손에 장신구를 다는 여인들아, 나는 당신들 모두가 추하다고 말한다. 진정한 아름다움을 보고 싶은가? 성령이 그들 가운데서 모든 일을 주관하는 경건한 남자와 여자를 보라. 그런 사람이 기도하는 모습을 보라, 그의 기도가 끝나면 한 줄기 신적인 아름다움이 그의 위에서 빛난다. 그의 얼굴에서 빛나는 신의 아름다움을 보고 천사의 얼굴처럼 그것을 바라보라.[5]

사람들은 그의 용기에 경탄했다. 그는 일반 속인보다 성직자와 교황청을, 또 보통 사람들보다 통치권을 쥔 사람들을 더욱 비난했기 때문이다. 그리고 정치적 과격주의의 표지가 가난한 사람들의 마음을 따뜻하게 해 주었다.

오늘날 성령의 은총이나 선물 중에서 사고 팔리지 않는 것이 없다. 다른 한편 가난한 사람들은 엄청난 짐으로 억압을 받고 있다. 그들이 가진 것보다 더 많은 액수를 지불하라고 요구받을 때 부자들은 그들에게 "나머지를 다 내놔." 하고 외친다. 연간 50플로린을 버는 사람이 세금으로 100플로린을 내야 하는데, 부자들은 세금을 자기들 좋을 대로 매기기 때문에 거의 돈을 내지 않는다. 오, 부자들아, 잘 생각해 보아라, 고통이 너희들을 찾아올 것이다. 이 도시는 피렌쩨라 불리지 않고 도둑의 소굴이며 유혈 사태의 온상이라 불리게 될 것이다. 그렇게 되면 너희들은 모두 가난에 고통 받을 것이다. …… 사제들아, 너희 이름은 테러라고 바뀔 것이다.[6]

사제들 다음으로 은행가들 차례였다.

너희는 돈을 버는 많은 방법들을 찾아냈다. 그리고 너희들이 합법적이라 부르지만 대단히 불공평한 교환 방식을 찾아냈다. 너희는 도시의 관리자들을 타락시켰다. 그 누구도 고리대금이 죄라고 너희를 설득할 수가 없다. 너희는 영혼을 위험하게 만들면서 그것을 지킨다. 아무도 높은 이자로 돈 빌려 주는 일을 부끄럽게 여기지 않는다. 아니, 다른 식으로 행하는 사람들이야말로 바보로 여겨지는 판이다. …… 너

5장 사보나롤라와 피렌쩨 공화국 **257**

희들의 얼굴은 창녀의 얼굴이요, 그래서 너희는 부끄러워할 줄을 모른다. 너희는 즐겁고 좋은 삶은 이익에 있다고 말한다. 그리스도는 영혼이 가난한 사람은 복이 있나니 천국이 그의 것이라고 말씀하셨다.[7]

그리고 로렌쪼에게 던지는 한마디.

> 폭군들은 고칠 수 없다. 그들은 자부심이 강하고 또 아첨을 좋아하고, 부정한 이익을 고치려 하지 않기 때문이다. …… 그들은 가난한 사람의 말에 귀를 기울이지 않고 또한 부자를 비난하지도 않는다. …… 또 그들은 투표자들을 매수하고 세금 걷는 일을 하도급으로 내주어 사람들의 부담을 더욱 늘린다.[8] …… 폭군은 구경거리와 축제로 사람들 마음을 사로잡는 일에 익숙해져 있다. 그들이 자신들의 즐거움을 생각할 뿐, 폭군의 속셈을 생각하지 않도록, 그리고 공공복지를 위한 행동이 점점 더 낯설어지도록, 그렇게 해서 통치의 모든 것을 폭군 자신의 손에 남겨 두기 위해서이다.[9]

문학과 예술을 후원한다는 이유로 독재가 사면 받지는 못했다. 사보나롤라의 말에 따르면 문학과 예술은 이단이었다. 인문주의자들은 그냥 그리스도교도인 척하고 있을 뿐이다. 그들이 열심히 발굴하고 편집하고 주석하는 고대의 작가들은 그리스도교와 그리스도교도의 미덕에 대해 알지도 못했던 사람들이며, 그들의 예술이란 이교도 잡신들이거나 아니면 수치심도 모르고 벌거벗은 남자와 여자들을 보여 주는 것일 뿐이라 했다.

로렌쪼는 불안했다. 할아버지가 성 마르코 수도원을 세우고 부유하게 해 주었다. 그 자신도 이 수도원에 넉넉하게 돈을 대 주었다. 정치의 어려움에 대해서는 문외한인 수도사가, 법의 제재 없이 약한 사람을 이용하는 강한 사람의 권리를 뜻할 뿐인 자유를 이상화시키면서, 그것도 메디치 가문이 만든 수도원에서 이 가문이 정치적 세력의 근거로 삼고 있는 대중의 지지를 파괴하고 있는 것이 그에게는 이해할 수 없는 일로 여겨졌다. 그는 이 수도사를 달래려고 애써 보았다. 성 마르코 수도원에 미사를 드리러 가고 또 수도원에 많은 선물을 보냈다. 사보나롤라는 다음 번 설교에서, 충성스러운 개는 뼈다귀 하나를 받은 대가로 주인을 지키기 위해 짖는 일을 멈추지 않는다고 말하면서 선물을 경멸했다. 헌금함에서 특별히 큰 금액의 금화를 보게 되면 그는 그것이 로렌쪼가 보낸 것이라 의심하고 그것을 다른 수도원으로 보내면서 이곳 형제들이 필요로 하는 것은 은으로 충분하다고 말했다. 로렌쪼는 지도적인 시민 다섯 명을 보내 그의 선동적인 설교들이 결국은 쓸모도 없는 폭력 사태를 부를 것이며, 또 피렌쩨의 질서와 평화를 위협하게 될 것이라고 이야기하게 했다. 사보나롤라는 로렌쪼에게 가서 그의 죄를 위해 참회하라는 말이나 전하라고 대답했다. 능변으로 유명한 프란체스코 수도사 한 사람이 이 도미니크 수도사(사보나롤라)의 청중을 빼앗을 수 있는 견해로 인기 있는 설교를 해 보았으나 실패했다. 전보다 더 많은 청중이 성 마르코로 몰려들어 교회는 더 이상 사람들을 수용할 수가 없을 정도였다. 1491년 사순절 설교를 위해 사보나롤라는 대성당으로 자리를 옮겼다. 이 건축물은 도시 전부를 수용할 만한 크기였는데도 그가 설교하기로 되어 있는 날이면 성당이 가득 차곤 했다. 괴로워하던 로렌쪼는 그의 설교를 방해하려는 노력을 그만두었다.

로렌쪼가 죽은 다음 그의 아들 피에로의 허약함은 사보나롤라에게 피렌쩨에서 가장 큰 힘을 만들어 주었다. 새로운 교황 알렉산더 6세를 못마땅하게 여긴 사보나롤라는 자신의 수도원을, 그것이 속한 롬바르디아의 도미니크 수도회에서 분리시켰다. 그리고 자신이 실질적으로 자기 수도회의 독립직인 지도자가 되었다. 그는 규칙을 개정하고 자신의 지도 아래서 수도사들의 도덕성과 지성의 수준을 높였다. 새로운 수도사들이 몰려들었다. 이곳에 속하는 250명의 수도사 대부분이 그의 마지막 고난만 빼고 사랑과 신앙심으로 뭉쳐서 모든 점에서 그를 후원했다. 그는 더욱 대담하게 당시의 속인과 성직자의 부도덕함에 대한 비판을 계속했다. 그러나 알지 못하는 사이에 북부 이탈리아와 중부 유럽 이곳저곳에 숨어 있던 발드파와 파타리노파 이단의 생각을 물려받으면서 그는 성직 계급의 세속적인 부유함과 교회 의식의 화려함을 비난했다. "화려한 황금과 보석으로 꾸민 주교관을 머리에 쓰고 …… 능라로 만든 멋진 외투와 헝겊을 두른 고위 성직자들"을 비난한 것이다. 그는 이런 화려함을 초기 그리스도교 사제들의 단순함과 비교했다. 초기 그리스도교 사제들에게 "황금의 관과 성찬식 잔들은 거의 없었다. 그리고 그들이 가졌던 그 보잘것없는 것마저 풀어 가난한 사람들에게 필요한 것들을 마련해 주었다. 그런데 우리의 성직자들은 성찬식 잔을 얻기 위해 가난한 사람들에게서 그들이 가진 유일한 것을 빼앗으려 한다."[10] 이런 고발에 덧붙여 종말을 예언했다. 그는 로렌쪼와 교황 인노켄티우스 8세가 1492년에 죽으리라고 예언했고 이 예언은 맞아 들어갔다. 이제 그는 이탈리아의 성직자와 폭군들이 범하는 현재의 죄는 끔찍한 재앙으로 벌을 받게 될 것이라 예언했다. 그러고 나면 그리스도가 민족을 영광스러운 개혁으로 이끌어갈 것이다. 사보나롤라는 자신이 끔찍한 죽음을 죽게 될 것이라 예언했다. 그는 1494년 초에 프랑스의 샤를 8세가 이탈리아를 침입할 것이라 예언했다. 그리고 이런 침략이 하느님의 벌주는 손길이라 해서 환영했다. 당시 사람의 증언에 따르면 이 시기 그의 설교들은 "테러와 경고, 외침과 탄식으로 가득 차 있어서 누구나 당황하고, 말을 잃고, 절반쯤 죽은 모습으로 돌아갔다."[11]

1494년 9월 샤를 8세가, 나폴리 왕국을 되찾아 프랑스의 영토로 만들기로 결심하고 아펜니노 산맥을 넘어 이탈리아로 쳐들어왔다. 10월에 그는 피렌쩨 영토로 들어와서 사르짜나 요새를 포위했다. 피에로는 아버지가 나폴리 왕국으로부터 피렌쩨를 구원했듯이 자기가 프랑스로부터 피렌쩨를 구할 수 있으리라 생각하고 직접 적에게로 갔다. 그는 사르짜나에서 샤를을 만나 그의 모든 요구에 굴복했다. 피사, 레그혼, 그 밖에 서쪽에 있는 피렌쩨의 모든 요새들을 전쟁 기간 동안 프랑스에 넘겨주기로 하고, 샤를의 전쟁 비용을 돕기 위해서 미리 20만 플로린(500만 달러)을 내주기로 했다.[12] 이런 양보의 소식이 피렌쩨로 전해지자 의회와 위원회는 깜짝 놀랐다. 로렌쪼의 선례와는 반대로 그들은 이런 협상에 대해 미리 전혀 상의를 받지 못했다. 피에로의 반대편에 선 메디치 가문 적대자의 지휘를 받아서 의회는 그를 쫓아내고 옛날 공화국을 회복시키기로 결정했다. 피에로가 사르짜나에서 돌아와 보니 정부 건물인 베키오 궁전은 문을 닫아걸고 그에게 문을 열어 주지 않았다. 말을 타고 집으로 오는 길에 사람들은 그에게 야유를 보내고 개구쟁이들이 돌을 던졌다. 목숨을 잃을까 두려워진 그는 식구와 형제들을 데리고 도시에서 도망쳤다. 주민들은 메디치 궁전과 정원, 그리고 피에로의 재정 대리인들의 집을 약탈했다. 메디치 가문 4세대에 걸쳐서 수집한 예술품들은 약탈 당하여 이리저리 흩어졌고, 남은 것은 정부가 주도한 경매에서 팔렸다. 시 정부는 피에로와 죠반니 데 메디치 추기경을 산 채로 잡아오는 일에 5000플로린을, 시체를 양도하는 것에 대해서는 2000플로린의 상금을 내걸었다. 그리고 사보나롤라를 비롯하여 다섯 명의 대표를 피사에 있던 샤를 8세에게 파견해서 조건을 개선할 수 있을지 물었다. 샤를은 애매한 친절함으로 사절을 맞아들였다. 사절단이 피사를 떠날 때 피사 사람들은 피렌쩨를 상징하는 사자와 백합들을 건축물에서 떼어 내면서 독립을 선언했다. 샤를은 피렌쩨로 들어왔고, 요구를 약간 완화시키는 것에 동의했다. 그리고 나폴리를 얻을 욕심으로 서둘러 남쪽으로 나아갔다. 피렌쩨는 이제 역사상 가장 장관의 하나인 민주주의 실험에 몰두했다.

2. 정치가

1494년 12월 2일 베키오 궁전 탑의 큰 종이 울려서 시민총회(parlamento)를 소집했다. 시 정부는 1년 임기로 새로운 행정부를 임명할 20명을 지명할 권한을 요청하여 그 권한을 얻었다. 그에 따르면 투표권을 가진 남자들 거의 3000명의 명단에서 추첨을 통하여 모든 관직을 임명하기로 했다. 20인위원회는 메디치 통치 아래서 공공 임무를 맡았던 모든 위원회와 대리직을 해고하고 자기들끼리 여러 기능을 나누어 가졌다. 그러나 그들은 경험이 없어서 이런 일에 적절하지 못한 사람들이었다. 게다가 가문에 따라 서로 찢겼다. 새로운 정부 기구는 무너지고 혼란은 끝이 없었다. 상업과 산업이 혼란을 겪으면서 사람들은 일자리에서 쫓겨나고 분노한 군중이 거리에 모여들었다. 피에로 카포니(P. Capponi)는 사보나롤라를 위원회에 초빙해야만 질서를 되찾을 수 있다고 20인위원회를 설득했다.

수도사는 그들을 자신의 수도원으로 소집하고 그들에게 야망에 가득 찬 정치적·경제적·도덕적 정부 구성안을 설명했다. 그와 피에트로 소데리니(P. Soderini)의 지도 아래서 20인위원회가 새로운 법안을 고안했다. 그것은 베네찌아가 성공적으로 안정을 유지하도록 해 주는 법안을 부분적으로 모델로 삼은 것이었다. 대의회가 구성되었다. 그것은 본인이나 3대까지의 조상이 국가 주요 관직을 맡았던 사람들로 구성되었다. 이 처음 의원들이 해마다 28명의 추가 의원들을 더 선출하기로 했다. 정부의 집행부는 본질적으로 메디치 가문 통치 시절과 동일했다. 대의회가 두 달 임기로 선출한 8인의 의원과 1인의 정의의 수호자로 의회가 구성되었다. 그리고 12인위원회, 16인위원회, 10인위원회, 8인 위원회 등 여러 위원회들이 행정, 세금, 전쟁 등을 수행하게 되었다. 아직도 문맹이 더 많고 감정에 휩쓸리는 이런 사회에서 완전한 민주주의는 실용적인 것이 못 된다 해서 연기되었다. 그러나 거의 3000명으로 구성된 대의회가 대표 기구가 되기로 했다. 베키오 궁전에는 이런 대회의를 개최할 방이 없었으므로 시모네 폴라유올로에게 내부를 개조해서 500인실을 만들도록 했다. 이 방에서 분과별 회의가 가능했다. 8년 뒤 이 방에서 레오나르도 다 빈치와 미켈란젤로가 서로 마주보는 벽에 벽화를 그리는 그 유명한 경쟁이 벌어지게 된다. 사보나롤라의 영향력과 능변의 힘을 입어 이렇게 제안된 법안은 일반의 찬성을 얻었고 1495년 6월 10일 새로운 공화국이 출범했다.

공화국은 쫓겨난 메디치 통치의 지지자들에게 상냥하게 사면을 베푸는 것으로 시작했다. 자신감에 넘치는 너그러움으로 공화국은 부동산에서 나오는 10퍼센트 소득세를 제외한 모든 세금을 없앴다. 대의회를 지배하고 있던 상인들은 이렇게 해서 상업 활동에 세금을 면제했고, 토지를 소유한 귀족과 토지를 이용하는 가난한 사람들에게 모든 부담을 떠넘겼다. 사보나롤라의 권고를 받고 정부는 국가의 대부 사무소를 열었다. 여기서는 5 내지 7퍼센트 이자로 돈을 빌려 주었다. 이렇게 해서 30퍼센트로 돈을 빌려 주는 사채업자들에게서 가난한 사람들을 해방시켰다. 다시 수도사의 권고를 받고 대의회는 법으로 도덕을 개혁하려는 시도를 했다. 경마, 사육제의 노래, 신성 모독, 도박 등이 금지되었다. 하인들은 노름하는 상전을 고발하라는 격려를 받았다. 그리고 위반자들은 고문의 형벌을 받았다. 신을 모독하는 발언을 하는 사람들은 혀에 구멍을 뚫었고, 동성애자들은 잔혹한 형벌을 통해 신분을 추락하게 했다. 이러한 개혁의 실행을 돕기 위해 사보나롤라는 교구의 소년들로 도덕 경찰대를 조직했다. 그들은 교회에 정기적으로 참석하고 경마와 행렬과 체조놀이와, 품행 나쁜 친구와 음란한 문학과 춤과 음악 학교를 피하기로 맹세하고 또 머리를 짧게 잘랐다. 이들 '희망 소년단'은 교회를 위해 헌금을 걷으면서 거리를 돌아다녔다. 그들은 노름하려고 모인 사람들을 쫓아 보내고, 단정하지 못한 옷차림이라고 판정되면 여자들이 몸에 걸친 옷을 찢어 버렸다.

한동안 도시는 이러한 개혁을 받아들였다. 여자들은 열광적으로 그것을 지지하고 몸가짐을 단정하게 하고 옷을 정숙하게 입고 보석을 빼 놓았다. 도덕적 혁명이 한때 메디치가 다스리던 즐거운 피렌쩨를 변화시켰다. 사람들은 거리에서 바쿠스 노래가 아니라 찬송가를 불렀다. 교회는 사람들로 가득 차고 헌금은 전에 없이 많은 액수가 걷혔다. 일부 은행가와 상인들은 불법적인 이익을 복구시켰다.[13] 사보나롤라는 가난하거나 부자이거나 모든 주민에게 게으름과 사치를 피하고 열심히 일하고 삶으로써 좋은 모범을 보이라고 호소했다. "여러분의 개혁은 성령과 더불어 시작되어야 한다. …… 현세의 선행이 정말로 중요한 도덕적 종교적인 복지를 만들어 낸다. 여러분이 만일 '국가는 주기도문으로 통치되지 않는다.'라는 말을 들으면 이것은 폭군의 통치이며, 억압을 위한 통치이지 자유를 위한 통치가 아님을 기억하라. 좋은 정부를 원한다면 그것을 하느님께 바쳐야 한다."[14] 그는 피렌쩨가 보이지 않는 왕, 곧 그리스도를 가진 정부라고 생각해야 한다고 제안했다. 이런 신정(神政) 정치 아래서 그는 유토피아를 예언했다. "오 피렌쩨여, 너는 영적으로 또 세속적으로 부유하게 될 것이다. 너는 로마와 이탈리아와 모든 나라들의 개혁을 성취할 것이다. 너의 위대함의 날개가 온 세상을 덮을 것이다."[15] 그리고 정말로 피렌쩨는 이토록 행복했던 적이 드물었다. 그것은 격한 미덕의 역사에서 밝은 한순간이었다.

그러나 인간의 본성은 변하지 않는 법. 인간은 천성적으로 미덕의 존재가 아니며 사회적 질서는 에고들, 가문들, 계층들, 종족들, 신앙들 사이의 공개적인 혹은 비밀스러운 갈등 가운데서 유지되는 것이다. 피렌쩨 공동체에서 강력한 요소가, 본능의 배출구로서 혹은 이윤의 원천으로서 술집과 사창가와 도박장을 갈망했다. 파찌 가문, 네플리 가문, 카포니 가문, 최근의 메디치 가문, 그리고 피에로 메디치의 추방을 만들어 낸 다른 귀족들이 정부가 수도사의 손아귀에 떨어진 것을 보며 분노했다. 피에로의 잔당도 살아남아서 그를 복구시키고 자기들의 재산을 되찾을 기회를 엿보고 있었다. 프란체스코 수도사들은 종교적인 열성으로 도미니크 수도사인 사보나롤라에 맞서고, 소수의 회의주의 그룹은 양쪽 수도회가 다 고통을 받기를 기원했다. 새로운 질서에 대항하는 반대자들은 새 질서의 추종자들을 "피아뇨니(Piagnoni, 울보들. 많은 사람들이 사보나롤라의 설교를 들으며 울었기 때문)"나 "굽은 모가지들(Collitorti)", 혹은 "위선자(Stropiccioni)", "주기도문 읊는 놈들(Masticapaternostri)" 따위로 불렀다. 이런 말을 듣는 사람들은 상대방을 가리켜 "아라비아티(Arrabiati, 미친개)"라고 불렀다. 1496년 아라비아티들은 자기들이 후보로 내놓은 필리포 코르비찌를 정의의 수호자로 당선시켰다. 베키오 궁전에 성직자 위원회를 소집한 그는 사보나롤라를 소환하고, 그가 수도사로서 적합하지 않은 정치 활동을 했다고 고발했다. 사보나롤라와 같은 도미니크 수도회 사람 한 명도 포함하여 일부 성직자들이 고발에 동참했다. 사보나롤라는 대답했다. "이제 '내 어머니의 아들들이 내게 맞서 싸웠다.'라는 주님의 말씀이 실현되었다. 수도사가 이 세속의 일에 관심을 갖는 일이 더욱 고귀한 목적으로, 종교의 일을 더욱 높이려는 생각을 가지고 행하는 것이라면 죄가 되지 않는다."[16] 그들은 그의 설교가 하느님에게서 영감을 얻은 것인가 하고 질문했지만 그는 대답을 거부했다. 그는 슬픈 얼굴로 자기 방으로 돌아갔다.

　외교 문제가 그에게 유리하게 돌아갔더라면 어쩌면 그는 적들을 이겼을지도 모른다. 자유를 찬양하던 피렌쩨 사람들은 피사가 자유를 요구하여 자유를 얻은 일에 분노했다. 사보나롤라도 이 저항적인 도시를 감히 옹호하지 못했다. 대성당 참사회원 한 사람은 피사 사람들도 자유로울 권리가 있다고 말했다가 '울보' 정부에 의해 심한 벌을 받았다. 사보나롤라는 피사를 피렌쩨에 다시 종속시키겠다고 약속했다. 그리고 피사를 자기 손아귀에 장악했다고 서둘러 주장했다. 그러나 마키아벨리가 조롱했듯이 그는 군대가 없는 예언자였다. 샤를 8세가 이탈리아에서 쫓겨 갈 때에 피사는 밀라노, 베네찌아와 동맹을 맺음으로써 독립을 더욱 확고하게 만들었다. 피렌쩨 사람들은 사보나롤라가 샤를 8세라는 떨어지는 별에 자기들을 붙여 놓았고 또 이탈리아에서 프랑스를 쫓아내는 데 자기들만이 전혀 도움을 주지 못했다고 탄식했다.[17] 피렌쩨 요새인 사르짜나와 피에트라 산타를 포기하기에 앞서 프랑스 장수들은 요새 하나를 제노바에, 다른 하나를 루카에 팔았다. 몬테풀치아노, 아레쪼, 볼테라, 또 다른 피렌쩨 속국들이 자유 운동에 자극을 받았다. 한때는 자부심이 강하고 강력하던 도시 피렌쩨가 이제는 거의 모든 외부의 속국들과, 아르노 강, 아드리아 해, 그리고 밀라노와 토바로 연결되는 도로를 통한 교역로를 잃어버릴 처지에 빠졌다. 무역은 손실을 입고 세수는 감소했다. 대의회는 정부 채권을 주고 부유한 시민들에게서 강제로 대부를 받아 피사에 대항한 전쟁의 경비를 충당하려고 했다. 그러나 파산이 닥쳐오면서 이 공채는 액면가의 80퍼센트에서 50퍼센트로, 다시 20퍼센트로 줄어들었다. 1496년에 재정은 바닥나고 정부는 로렌쪼를 흉내 내서, 가난한 신부(新婦)들에게 지참금을 공급해 주기 위해 국가에 위탁된 금고에서 돈을 빌리기로 했다. '미친개'가 되었든 '울보'가 되었든 정부 재정을 관리하면서 부정과 무능이 나타나 널리 퍼졌다. 울보 다수당에 의해서 정의의 수호자로 임명된(1497년 1월) 프란체스코 발로리(F. Valori)는 '미친개'들을 행정에서 배제시켰다. 또 세금을 내지 않을 경우 그들을 대의회에 받아들이기를 거부하고 오로지 '울보'들만을 받아들임으로써 '미친개'들을 정말로 미쳐 버리게 만들었다. 그는 또 사보나롤라에 반대하는 설교를 하는 프란체스코 수도사는 누구든 피렌쩨에서 쫓아냈다. 1496년 열한 달 동안 거의 매일 비가 내려서 근처 농지의 경작을 망쳤다. 1497년에 사람들은 굶주림으로 길거리에 쓰러져 죽었다. 정부는 가난한 사람들에게 곡물을 공급하기 위해 구호소들을 열었다. 거기 한꺼번에 몰려들다가 여자들이 잔뜩 밟혀 죽었다. 메디치 당은 피에로를 복권시키려고 음모를 짰다. 그러나 다섯 명의 지도자들이 색출되어 사형을 당했다.(1497) 대의회에 항소하는 것이 법으로 보장되어 있었지만 그들에게는 거절되었다. 그들은 선고를 받고 불과 몇 시간 만에 처형을 당했다. 피렌쩨 사람들은 로렌쪼 시대의 질서 및 평화와 공화국 시대의 당파 싸움, 폭력, 가혹함을 대비시켜 생각했다. 적대적인 대중들은 사보나롤라의 수도원 앞에서 시위를 거듭했다. '울보'와 '미친개'들은 거리에서 서로에게 돌을 던졌다. 1497년 예수 승천일에 사보나롤라가 설교를 할 때 그의 적들로 이루어진 폭도들이 덤벼들어 설교를 중단시키고 그를 사로잡으려 했으나 사보나롤라의 친구들에 의해 격퇴되었다. 정의의 사도는 정부에 건의해서 도시를 진정시키기 위한 수단으로 그를 추방하자고 제안했으나 한 표 차이로 부결되었다. 이렇듯 자신의 꿈이 무너지는 한가운데서 사보나롤라는 이탈리아에서 가장 강력한 세력에 맞서 도전하고 있었다.

3. 순교자

교황 알렉산더 6세는 사보나롤라가 로마의 성직 계급과 도덕성을 비판하는 것에 그다지 마음 쓰지 않았다. 그는 전에도 이미 그런 말을 들었다. 수백 년 동안이나 수많은 성직자들이, 사제들이 부도덕한 삶을 살고, 교황들이 그리스도의 대리인이 되는 것보다는 부와 권력을 더 사랑한다고 불평하곤 했다.[18] 알렉산더 6세는 싹싹한 성품의 사람이었다. 그는 자신이 교황직에서 안전하다고 느끼는 동안에는 자잘한 비판 따위에는 신경 쓰지 않았다. 사보나롤라가 그의 신경에 거슬렸던 이유는 이 수도사의 정책 때문이었다. 새로운 질서가 갖는 절반 민주적 특성은 문제가 아니었다. 알렉산더는 메디치 가문에 특별한 관심이 없었다. 그리고 어쩌면 피렌쩨가 강력한 독재 체제가 되기보다는 허약한 공화국으로 남아 있기를 더 원했을 것이다. 교황은 프랑스가 다시 쳐들어오는 것을 두려워하고 있었다. 그는 이탈리아 국가들과 동맹을 맺고 샤를 8세를 이탈리아에서 몰아냈다. 그리고 프랑스가 다시 침입할 용기를 꺾어 놓았다. 그는 피렌쩨가 프랑스와 동맹을 맺은 것을 못마땅하게 여겼고, 이런 정책 뒤에 사보나롤라가 있다고 생각했으며, 또 이 수도사가 프랑스 정부와 내통하고 있을 거라고 의심했다. 사보나롤라는 이 시기에 샤를 8세에게 세 통의 편지를 썼다. 추기경 쥴리아노 델라 로베레의 제안을 되풀이한 것이었다. 왕이 교회를 개혁하고 "불신자이며 이단"[19]인 알렉산더 교황을 쫓아내기 위해 성직자와 정치가들로 이루어진 세계공의회를 소집하라는 제안이었다. 교황청에 주둔하는 밀라노의 추기경 아스카니오 스포르짜가 교황에게 이 수도사의 설교와 영향력을 그만 끝내라고 촉구했다.

1495년 7월 21일 알렉산더는 사보나롤라에게 짧은 편지를 보냈다.

사랑하는 아들에게 인사와 사도의 축복을 보냅니다. 주님의 포도원에서 일하는 모든 일꾼 중에 당신이 가장 열심이라는 말을 들었습니다. 마음 깊이 기쁜 일이며, 또한 전능하신 하느님께 감사를 드립니다. 당신의 예언들이 당신 자신이 아니라 하느님에게서 나온 것이라 주장한다는 말을 들었습니다.* 그래서 양치기의 임무에 정해진 대

---

* 교회는 가짜 예언자들을 막기 위해서 이런 주장을 이단이라고 선포한 바가 있었다.

로 이 문제에 대해 당신과 이야기하기를 원합니다. 그럼으로써 하느님의 뜻에 대해 더 잘 알게 되어 그분의 뜻을 더 잘 실행에 옮길 수 있도록 말입니다. 당신은 성스러운 복종의 맹세를 했기에 지체없이 이리로 오기를 명하는 바입니다.[20]

이 편지는 사보나롤라의 적들에게는 승리를 뜻했다. 그가 개혁가로서의 경력을 끝내거나, 아니면 교황에게 복종하지 않는다는 상황에 처하게 되었기 때문이다. 그는 교황의 손에 들어가면 다시는 피렌쩨로 돌아올 허락을 받지 못할 것을 두려워했다. 어쩌면 천사성 지하 감옥에서 삶을 마감해야 할지도 모르는 일이었다. 그가 돌아오지 않으면 그의 추종자들은 파괴될 것이다. 추종자들의 충고에 따라 사보나롤라는 교황에게 너무 아파서 로마로 여행할 수가 없다는 답장을 보냈다. 교황의 동기가 정치적인 것이었다는 사실은, 그가 9월 8일에 피렌쩨 정부에 프랑스와 동맹 관계를 유지하는 것을 항의하는 편지를 보낸 것을 통해 밝혀지고 있다. 이 편지에서 그는 피렌쩨 사람들에게 이탈리아의 적들과 동맹을 맺은 유일한 이탈리아 사람들이라는 비난을 감수하지 말라고 권고하고 있다. 동시에 그는 사보나롤라에게 설교를 그만두고, 롬바르디아 도미니크 수도회의 부총장의 명에 따르라고 명령했다. 또한 부총장이 명하는 곳으로 가라고 했다. 사보나롤라는 자신의 공동체는 수도회 부총장에게 복종하기를 원하지 않지만, 자신은 설교를 그만둘 것이라고 대답했다.(9월 29일) 교황은 화해의 답변에서(10월 16일) 설교 금지령을 되풀이하고 사보나롤라의 건강이 허락할 때에 로마로 와서 "즐거운 아버지의 영" 안에서 영접을 받으라고 말했다.[21] 교황은 이 상태로 이 문제를 1년 동안 그대로 두었다.

그사이에 사보나롤라 일파는 피렌쩨 대의회와 정부를 다시 통제하게 되었다. 로마에 주재하는 피렌쩨 정부 밀사는 교황에게 피렌쩨는 사순절 기간 동안 도덕적 자극이 필요하다는 이유로 사보나롤라에 대한 설교 금지령을 철회해 달라고 간청했다. 교황은 아마 구두로 동의를 했던 것 같다. 1496년 2월 17일에 사보나롤라는 대성당에서 다시 설교를 시작했다. 이 무렵 알렉산더 교황은 학식이 많은 도미닉 주교에게 이미 간행된 사보나롤라의 설교가 이단인지 조사해 보라고 명령했다. 주교는 이렇게 보고했다. "성스러운 아버지, 이 수도사는 지혜롭거나 정직하지 않은 말은 한마디도 하지 않습니다. 그는 사제들의 성직 매매와 부패에 반대하고 있으며 그것은 실제로 대단히 큰 문제입니다. 그는 교회의 교리와 권위를 존중합니다. 그러므로 나는 그를 친구로 삼고 싶습니다. 추기경 직위를 제안해서라도 말입니다."[22] 교황은 싹싹한 태도로 도미닉 주교를 피렌쩨로 보내 사보나롤라에게 추기경 자리를 제의했다. 수도사는 칭찬을 받았다고 느끼지 않고 충격을 받았다. 그에게 이것은 또 다른 성직 매매의 실례로 여겨졌다. 알렉산더의 밀사에게 그가 보낸 답변은 이랬다. "다음번 나의 설교에 오셔서 내가 로마에 보내는 답변을 들어 보십시오."[23]

그해 처음 설교는 교황과의 갈등을 다시 시작하는 것이었다. 그것은 피렌쩨 역사에서 하나의 사건이었다. 절반쯤 흥분한 도시는 그의 설교를 듣고자 했다. 그렇게 규모가 큰데도 대성당은 입장을 원하는 모든 사람을 수용할 수가 없었다. 성당 안에 사람들이 움직일 틈도 없을 정도로 빽빽하게 들어찼다. 무장한 벗들이 수도사를 에워싸고 대성당으로 들어왔다. 그는 자기가 강단을 오래 떠나 있었던 이유를 설명하는 것으로 설교를 시작했다. 그리고 자신이 교회의 가르침에 충실함을 선언했다. 그러나 이어서 그는 교황에게 대담한 도전을 내놓았다.

윗분은 내가 속한 수도회의 질서에 어긋나는 명령을 내리지는 않을 것입니다. 교황님은 자비나 복음서에 반대되는 어떤 명령도 내리지 않을 것입니다. 나는 교황님이 그렇게 행동할 것이라고는 믿지 않습니다. 그러나 만일 그분이 그렇게 한다면 나는 이렇게 대답할 것입니다. '당신은 목자가 아니오, 로마 교회도 아니오, 당신은 잘못을 범한 것이오.'라고 말입니다. …… 윗분들의 명령이 하느님의 명령에 분명히 어긋나고, 특히 자비의 계율에 어긋나는 것임이 분명히 드러날 경우에는 어떤 사람도 복종의 맹세에 종속되지 않습니다. …… 내가 한 도시를 떠나는 것이 사람들에게 영적으로나 세속적으로 파괴를 뜻하는 것임을 내가 분명히 본다면 나는 떠나라고 내게 명하는 사람의 말에 따르지 않을 것입니다. …… 그에게 복종하면 나는 주님의 명령에 복종하지 않는 것이 되기 때문입니다.[24]

사순절 두 번째 주일 설교에서 그는 그리스도교 수도(로마)의 도덕성을 가혹한 어조로 비난했다. "1천, 1만, 1만 4천 명의 매춘부도 로마에는 별것 아닙니다. 그곳에서는 남자나 여자가 모두 매춘을 하기 때문입니다."[25] 이 설교는 새로운 기적인 인쇄술을 통하여 유럽 전역으로 퍼졌다. 그리고 어디서나 읽혔고, 심지어는 터키의 술탄도 그것을 읽었다. 이 설교는 피렌쩨 안과 밖에서 팸플릿 전쟁을 일으켰다. 일부 사람들은 수도사가 이단이고 규율이 없다고 비난했으며 다른 사람들은 그가 예언자이고 성인이라고 옹호했다.

알렉산더 6세 교황은 공개적인 싸움에서 간접적으로 벗어나려고 했다. 1496년 11월에 그는 토스카나 지역 도미니크 수도원 연합을, 쟈코모 다 시칠리아 신부의 권위 아래 새로운 토스카나-로마 연합으로 통합시키라고 명령했다. 쟈코모 신부는 사보나롤라에 대해 호의를 가지고 있었지만, 그를 다른 곳으로 보내라는 교황의 제안을 받아들였을 것으로 보인다. 사보나롤라는 수도원 연합의 명령에 따르기를 거부했다. 그리고 이 사건을 교황의 머리를 넘어「성 마르코 수도사들의 변명」이라는 팸플릿을 통해 대중에게로 가져갔다. 그는 이 팸플릿에서 이렇게 주장했다. "이 연합은 불가능하고 비이성적이고 해롭다. 성 마르코의 수도사들은 이에 동의할 수 없으며, 윗분이 수도회의 규칙에 어긋나는 명령을 했을 리가 없으며, 또한 자비심의 법칙이나 우리 영혼의 복지에 어긋나는 명령을 했을 리도 없다."[26] 법적으로 모든 수도회는 교황에게 직접 속했다. 교황은 수도회들의 의지에 반하여 그 연합을 강요할 수 있었다. 1493년에 사보나롤라 자신도 피사에 있는 성 카타리나의 도미니크 지부를 그 의지에 반하여 사보나롤라의 성 마르코 지부와 합치라는 교황 알렉산더 6세의 명령을 지지한 적이 있었다.[27] 사보나롤라의 거부를 보고도 알렉산더는 즉각적인 행동을 취하지 않았다. 사보나롤라는 설교를 계속하고 교황에 대한 자신의 도전을 옹호하는 편지들을 계속 간행했다.

1497년 사순절이 다가오자 '미친개'들은 메디치 가문 통치 시절 인정받았던 축제와 행렬과 노래들로 사육제를 축하할 준비를 했다. 이 계획에 맞서기 위해 사보나롤라의 충성스러운 보조자 도메니코 수도사는 교구의 어린이들에게 전혀 다른 행사를 준비하라고 지시했다. 사순절이 시작되기 전 사육제 주간에 소년들과 소녀들은 떼를 지어 도시를 돌아다니면서 문을 두들기고 '허영'이라 부르는 저주받은 물건들, 즉 부도덕한 그림, 사랑 노래, 사육제의 가면과 의상, 가발, 화려한 의상, 카드, 주사위, 악기, 화장품, 『데카메론』이나 『더 위대한 모르간테』같이 사악한 책들을 내놓으라고 요청했다. …… 사육제 마지막 날인 2월 7일에 사보나롤라의 열렬한 지지자들이 찬송가를 부르면서 엄격한 행렬을 했다. 행렬 맨 앞에는 도나텔로가 조각한 아기 예수와 천사의 복장을 한 네 명의 아이들이 있었다. 이 행렬은 정부 청사 앞 광장으로 향했다. 그곳에 불에 잘 타는 물질로 이루어진 엄청난 크기의 피라미드가 세워져 있었다. 높이 18미터, 바닥 지름 72미터였다. 이 피라미드의 7층 높이에는 그 주간 동안 거두어들인 '허영'들이 제물로 바쳐졌다. 피라미드 네 지점에서 불길이 타오르자 사보나롤라가 주관하는 최초의 '허영 태우기' 행사를 승인하기 위해 베키오 궁전의 모든 종들이 울렸다.*

사보나롤라의 사순절 기간 설교들은 로마를 향한 전쟁이었다. 교회가 세속 권력의 확고한 토대를 가져야 한다는 원칙을 받아들이는 한편 교회의 부가 그 타락의 원천이라고 주장했다.

지상이 유혈로 가득하건만 사제들은 개의치 않는다. 오히려 사악한 예를 통해 모두에게 영적인 죽음을 가져온다. 그들은 하느님에게서 돌아섰고, 밤마다 창녀와 함

---

* 허영을 태우는 이런 화톳불 행사는 참회 설교 수도사들의 오랜 관습이었다.

께 보내는 것이 그들의 경건함이다. …… 그들은 하느님이 세상의 일에 관여하지 않으며 모든 것은 우연히 일어나는 일이라고 말한다. 그들은 그리스도가 성사(聖事)에 참석하고 계심을 믿지 않는다. …… 이리 오라, 너 음란한 교회여. 주께서는 내가 너희에게 아름다운 의복을 주었다고 말씀하신다. 그러나 너는 그것을 우상으로 만들었다. 너는 성스러운 그릇들을 허영의 영광으로 만들고, 성사(聖事)를 성직 매매로 만들었다. 너는 육욕에 절어 부끄러움 모르는 창녀가 되었다. 너는 야수보다도 못하다. 너는 증오의 괴물이다. 예전에는 네 죄로 인해 부끄러움을 느끼더니 이제는 부끄러움조차 모른다. 예전에 기름 부어 임명된 사제들은 자신의 아들을 조카라고 불렀다. 그러나 이제는 내놓고 아들이라 부른다.* …… 오 너, 창녀가 된 교회여, 너는 온 세상에 너의 불결함을 보여 주고 하늘까지 악취를 풍기고 있다.[28]

사보나롤라는 자신의 이런 노골적인 공격이 파문(破門)을 불러오리라고 짐작했다. 그리고 그것을 환영했다.

너희 중 많은 이들이 파문이 내릴 것이라 말한다. …… 내 쪽에서 그것을 간청합니다, 오, 주님, 그것이 빨리 오기를 …… 이 파문을 창 위에 높이 매달고 그에 이르는 문들을 열어 주십시오! 그에 대해 나는 이렇게 대답할 것이다. 만일 내가 너희를 놀라게 하지 않는다면 너희는 좋을 대로 말하겠지. …… 오, 주님, 나는 오직 당신의 십자가를 원할 뿐입니다! 내가 처형당하게 해 주십시오. 나는 당신의 이 영광을 바랍니다. 내가 내 침대에서 죽게 마시고, 당신을 위해 피를 흘리게 하소서, 나를 위해 당신이 그 귀한 피를 흘린 것처럼.[29]

이 정열적인 설교는 이탈리아 전역에서 열광을 만들어 냈다. 그의 설교를 듣기 위해 먼 도시에서도 사람들이 찾아왔다. 페라라의 공작은 변장하고 왔다. 군

---

* 알렉산더 6세가 자신의 자녀들에 대해 솔직하게 말하는 것을 지적한 것.

중이 너무 많이 몰려들어 대성당을 넘어 광장을 채우고, 모든 인상적인 문장은 안에 있는 사람에게서 밖에 있는 사람들에게로 전달되었다. 로마 사람들은 거의 한 목소리로 이 수도사에 반대했고 그에게 벌을 내리라고 요구했다.[30] 1497년 4월 '미친개'들이 대의회를 장악했다. 그리고 전염병의 위험이 있다는 구실로 5월 5일 이후로 교회에서의 설교를 일절 금지했다. 로마에 있는 '미친개' 대리인의 권고를 받은 알렉산더 6세는 사보나롤라를 파문하는 교령에 서명했다.(5월 13일) 그러나 그는 사보나롤라가 로마로 오라는 소환장에 복종하면 파문령을 철회하겠다는 것을 알렸다. 수도사는 로마에서 감옥에 갇힐 것이 두려워 그것을 거절했다. 그리고 6개월 동안 그는 평화를 누렸다. 그런 다음 성탄절에 그는 성 마르코 수도원의 장엄 미사에서 노래했다. 그리고 수도원장으로서 수도사들에게 성체 성사를 베풀고 그들을 이끌고 광장에서 엄격한 행렬을 벌였다. 많은 사람들은 파문 당한 사람이 미사를 거행한다고 분개했지만 교황은 아무런 처벌도 하지 않았다. 오히려 교황은 피렌쩨가 프랑스의 두 번째 침입에 저항하는 연맹에 동참한다면 파문령을 철회하겠노라고 알렸다.[31] 피렌쩨 정부는 프랑스가 성공할 것이라는 쪽에 승부수를 걸고서 교황의 제안을 거절했다. 1498년 2월 11일 사보나롤라는 성 마르코에서 설교를 함으로써 반란을 완성했다. 그는 파문이 부당하고 무효라고 주장했다. 그리고 파문의 타당성을 인정하는 사람이야말로 이단이라고 비난했다. 마지막으로 그는 자신이 파문령을 내렸다.

> 그러므로 자비심에 어긋나는 명령을 내린 그에게 저주가 내려야 한다. 그런 명령을 천사가 내렸다 해도, 혹은 성모 마리아나 모든 성인들이 내렸다 해도,(물론 그런 일은 불가능하지만) 저주를 받아야 한다.(anathema sit) …… 어떤 교황이 이와 반대의 말을 한 적이 있다면 그에게 파문이 내려져야 한다.[32]

사순절 이전 마지막 날에 사보나롤라는 성 마르코 수도원 앞 열린 광장에서 미사를 올렸다. 그리고 수많은 사람들에게 성사를 베풀고 공개 기도를 드렸다. "오, 주님, 내 행동이 옳지 못하다면, 내 말이 당신에게서 온 것이 아니라면 이 순간 나를 쳐서 죽게 하소서." 그날 오후 그의 추종자들은 두 번째 허영 태우기 행사를 벌였다.

알렉산더 6세 교황은 피렌쩨 정부에 사보나롤라가 계속 설교하는 것을 막지 않는다면 도시에 대해 성무(聖務) 정지 처분을 내리겠노라고 전했다. 피렌쩨 정부는 사보나롤라에 대해 철저히 적대적인 세력이었는데도 교황의 말을 거부하고, 이런 금지령이 교황의 부담이 되도록 했다. 그 밖에도 이 말 잘하는 수도사는, 교황국가들의 세력을 강력하게 만들어 주변 국가를 불안하게 만드는 교황에 맞서 싸우는 데 아주 쓸모가 있었다. 로마의 피렌쩨 대사는 로마에서 이 수도사에 대한 반감이 너무 심해서 그곳에 있는 피렌쩨 사람들이 안전하지 않다고 보고했다. 그는 교황이 성무 금지령을 내리면 로마에 있는 피렌쩨 상인들이 감옥에 갇히게 될 것이라고 두려워했다. 피렌쩨 정부는 마침내 굴복하고 사보나롤라에게 설교를 중단하라고 명령했다.(5월 17일) 그는 복종했지만 피렌쩨에 큰 재앙이 내릴 것이라 예언했다. 프라 도메니코가 사보나롤라 대신 수도원 강단을 차지하고 수도원장의 입이 되어 그의 말을 계속 전했다. 그사이에 사보나롤라는 프랑스, 스페인, 도이치, 헝가리의 군주들에게 편지를 써서 교회 개혁을 위한 세계공의회를 소집하라고 하소연했다.

복수의 순간이 다가왔습니다. 주님께서 내게 새로운 비밀을 밝히고, 여러분이 태만한 탓으로 성 베드로의 자리가 위태로움을 세계에 밝히라고 명하셨습니다. 교회는 머리끝에서 발끝까지 미움으로 가득 차 있습니다. 여러분은 치료를 하려 하지 않을 뿐더러 교회를 오염시키는 재앙의 원인들에 대해 경의를 표하고 있습니다. 이에 대해서 주님은 크게 노하셨고, 이미 오래전부터 교회를 목자 없이 그대로 버려두셨습니다. …… 나는 여기서 증언하는바 …… 이 알렉산더는 교황이 아니거니와 또 교황으로 간주되어서도 안 됩니다. 그가 돈을 주고 교황직을 사고, 또 매일같이 교회의 직분을 가장 돈을 많이 내는 자들에게 팔아서 성직 매매라는 치명적인 죄를 범한 것 말고, 또 다른 명백한 악덕들을 빼놓고도, 그가 그리스도교도가 아니며 또한 하느님을 믿지 않는다는 것을 나는 분명히 선언합니다.[33]

그는 또 왕들이 공의회를 소집하면 자기는 공의회 앞에 나아가 이 고발들을 증언할 것이라고 덧붙였다. 이런 편지들 중의 하나를 밀라노 사절이 가로채서 교황에게 보냈다.

1498년 3월 25일에 프란체스코 수도사 한 사람이 산타 크로체 성당에서 설교를 하는 도중에 자신이 이 일을 떠맡았다. 그는 불의 시련을 통해 하느님의 뜻을 알아보자고 사보나롤라에게 도전장을 내놓았다. 그는 도미니크 수도사(사보나롤라)를 이단이며 거짓 예언자라고 비난하고, 이어서 사보나롤라도 그렇게 하기로 한다면 자기는 불 사이로 걸어가겠노라 제안했다. 그는 자기들 두 사람이 모두 불에 데일 것으로 생각하지만, 그러나 자신의 희생을 통해 저 거만한 도미니크 수도사가 교황에게 복종하지 않음으로써 이 도시에 불러들인 무질서에서 피렌쩨 시를 구하기를 희망한다고 말했다. 사보나롤라는 이 도전을 거부했다. 그의 심복인 도메니코 수도사가 그 도전을 받아들였다. 사보나롤라에게 적대적인 시 정부는 이 기회를 이용해서 위험한 선동가인 사보나롤라의 위신을 떨어뜨리려고 했다. 그렇게 해서 중세 방식에 호소하는 이 일을 승인하고 4월 7일로 날짜를 잡았다. 이날 프란체스코 수도사 쥴리아노 론디넬리와 도미니크 수노사인 도메니코 다 페쉬아 수도사가 징부 청사 앞 광장에서 불의 시련을 당하기로 했다.

약속된 날짜가 되자 거대한 광장에는 기적 아니면 인간의 고통을 구경하며 즐기려는 인파로 넘쳐 났다. 이 장소가 내려다보이는 모든 창과 지붕은 구경꾼으로 가득 찼다. 광장 한복판에 0.6미터 넓이의 통로를 사이에 두고 두 개의 장작더미가 만들어졌다. 목재와 수지와 기름, 화약 등을 섞어서 불에 타기 쉽도록 만든 더미였다. 프란체스코 수도사들은 란찌 발코니에 자리를 잡았다. 도미니크 수도사들은 반대편에서 입장했다. 도메니코 수도사는 성체를, 사보나롤라는 십자가에 못 박힌 예수를 들고 있었다. 프란체스코 수도사들은 도메니코의 붉은색 어깨 망토에 사보나롤라가 불에 타지 않는 마법을 걸었을지도 모른다고 불평했다. 그들은 그에게 망토를 벗으라고 요구했다. 그는 항의했지만 군중은 그에게 그 말대로 할 것을 요구했고 그는 그렇게 했다. 프란체스코 수도사들은 그에게 마법이 씌었을지 모르니 다른 옷들도 벗으라고 요구했다. 도메니코는 동의하고 청사 궁전으로 가서 다른 수도사와 옷을 바꿔 입었다. 프란체스코 수도사들은 그가 사보나롤라 근처에 가지 못하게 하라고 고집했다. 사보나롤라가 다시 마법을 걸지 못하도록 하기 위해서였다. 도메니코는 프란체스코 수도사들에게 둘러싸였다. 그들은 그가 십자가상이나 성체를 불 속으로 가지고 들어가는 것을 반대했다. 그는 십자가상은 포기했지만 성체는 고집했다. 그러자 사보나롤라와 프란체스코 수도사들 사이에서 그리스도는 빵의 모습으로 함께 불에 타는 것인가, 하는 등의 긴 신학적 토론이 벌어졌다. 그 사이에 프란체스코 투사는 궁전에 남아 시 정부에 어떤 계략을 써서라도 자기를 구해 달라고 간청하고 있었다. 수도원장들은 어둠이 내릴 때까지 토론을 계속했다. 그러고 나서 불의 시련은 이제 열리지 못한다고 선언했다. 피를 보지 못한 군중은 베키오 궁전을 공격했지만 해산되었다. 일부 '미친개'들이 사보나롤라를 사로잡으려고 했지만 그의 경호인들이 그를 보호했다. 도미니크 수도사들은 성 마르코 수도원으로 돌아갔다. 주민들은 그들에게 야유를 퍼부었다. 실제로는 프란체스코 수도사들이 이런 지연의 진짜 원인이었는데도 그랬다. 많은 사람들은 사보나롤라가 자기는 하느님에게서 영감을 받았으며, 하느님이 자기를 보호해 주실 것이라고 주장해 놓고는 불의 시련에서 도메니코 수도사가 자기를 대신하게 했다고 불평했다. 이런 생각이 도시 전체로 퍼져 나갔고, 하룻밤 사이에 수도원장의 추종자는 사라지고 말았다.

종려주일인 다음 날, '미친개'와 다른 사람들로 이루어진 폭도들이 성 마르코 수도원을 공격했다. 도중에 그들은 프란체스코 발로리를 포함하여 '울보'

몇 명을 죽였다. 발로리의 아내는 남편의 외침 소리에 끌려 창가로 갔다가 화살을 맞았다. 그의 집은 약탈당하고 불에 탔다. 손자 한 명은 질식해 죽었다. 성 마르코 수도원의 종이 울려서 '울보'들에게 구하러 오라고 하소연했지만 그들은 오지 않았다. 수도사들은 칼과 몽둥이를 들고 방어할 채비를 했다. 사보나롤라가 그들에게 무기를 내려놓으라고 명령했지만 소용이 없었다. 그는 무장하지 않은 모습으로 제단에 서서 죽음을 기다렸다. 수도사들은 용감하게 싸웠다. 프라 엔리코는 세속의 즐거움으로 칼을 휘둘렀다. 칼을 한 번 휘두를 때마다 "살붐 파크 포풀룸 투움, 도미네(주여, 당신의 사람들을 구하소서.)" 하고 즐겁게 외쳤다. 그러나 적대적인 대중의 수가 너무 많았다. 사보나롤라는 마침내 수도사들을 설득해서 무기를 내려놓게 했다. 시 정부에서 그와 도메니코의 체포 명령이 나오자 두 사람은 굴복했다. 그들은 야유하고 때리고 발로 차고 침을 뱉는 폭도들에 이끌려 베키오 궁전의 감방으로 끌려갔다. 다음 날 실베스트로 수도사도 이들 곁으로 끌려왔다.

피렌쩨 정부는 교황 알렉산더에게 불의 시련과 체포의 전말을 보고했다. 그리고 수도원에서 행해진 폭력에 대해 사면을 요청하고 또 죄수들을 재판하고 필요하면 고문할 권한을 부여해 달라고 요구했다. 교황은 수도사들을 모두 로마로 보내서 그곳 교회재판소에 세우라고 촉구했지만 피렌쩨 정부는 거절했다. 교황은 두 명의 교황 대리인이 죄수들을 심문하는 데 참석하는 것으로 만족하지 않을 수 없었다.[34] 피렌쩨 정부는 사보나롤라를 사형시키기로 결정했다. 그가 살아 있는 한 그의 당파도 살아남는다. 오직 그가 죽어야만 도시와 정부를 이렇게 심하게 나누어 놓은 당파들 간의 갈등을 치유할 수 있을 것이다. 피렌쩨는 하도 분열이 심해서 외국 세력에는 피렌쩨와 동맹을 맺는 것이 아무런 가치도 없는 일이 되고 말았고, 그 결과 내부의 음모와 외부의 공격 앞에 속수무책으로 노출되어 있었다.

종교 재판에서 정착된 관습에 따라 시험관들은 세 명의 수도사들을 4월 9일에서 5월 22일 사이에 여러 번이나 고문했다. 실베스트로는 즉시 굴복하고 시험관들이 원하는 대로 무엇이든 고분고분 수긍했기 때문에 그의 고백은 쓸모가 없다시피 했다. 도메니코는 마지막까지 버텼다. 죽기 직전까지 고문을 당하고도 그는 사보나롤라는 속임수나 죄가 없는 성인이라고 고집했다. 사보나롤라는 너무 긴장하고 지쳐서 고문을 받으면 금세 무너졌다. 그리고 자기에게 제시되는 답변을 무엇이든 인정했다. 그러나 회복되면 그 고백을 철회했다. 다시 고문을 하면 또 굴복했다. 세 번의 시련을 겪고 나자 그의 정신은 붕괴되었다. 그는 자기가 신에게서 영감을 받지 않았으며, 자부심과 야망의 죄를 지었으며, 또 외국의 세속적인 권력을 향해 교회의 세계공의회를 소집하라고 촉구했으며, 교황을 폐위시키려는 음모를 꾸몄다는 혼란스러운 고백에 서명했다. 교회 분열과 이단, 또 거짓 환상과 예언으로 고해의 비밀을 폭로했다는 점, 또 국가에 당파 싸움과 무질서를 만들어 냈다는 죄목으로 세 수도사는 국가와 교회의 합의에 따라 사형 언도를 받았다. 알렉산더는 상냥하게도 그들에게 사면령을 내려 주었다.

    1498년 5월 23일에 피렌쩨 공화국은 아비를 죽이는 행동을 하였으니, 곧 공화국 창시자와 그 동료들을 처형했다. 수도사 의상을 빼앗기고 맨발이 되어 그들은 청사 앞 광장으로 끌려갔다. 그곳에서 그들은 이미 두 번이나 '허영'을 불태웠고, 또 불의 시련을 연출했다. 그때마다 엄청난 구경꾼이 모여들었었다. 지금도 마찬가지였다. 이번에는 정부가 음식과 음료를 제공했다. 한 사제가 사보나롤라에게 "너는 어떤 정신으로 이 순교를 당하느냐?" 하고 물었다. 그는 대답했다. "주님은 나를 위해 많은 고통을 받으셨다." 그리고 자기가 걸고 있던 십자가상에 키스를 하고 다시는 말을 하지 않았다. 수도사들은 당당하게 종말을 향해 걸어갔다. 도메니코는 순교자의 죽음을 죽게 된 것에 감사하여 찬미가인 테데움을 노래하면서 거의 즐거워했다. 세 사람은 교수대에 매달렸다. 소년들은 그들이 질식해 죽어 갈 때에 돌을 던져도 좋다는 허락을 받았다. 이어서 그들 아래쪽에서 거대한 불길이 솟아올라 그들을 불태워 재로 만들었다. 이 재는 성인의 유물로 여겨져 숭배되지 못하도록 아르노 강에 뿌려졌다. 일부 '울보'들은 죄를 덮어쓸 위험을 무릅쓰고 광장에 무릎을 꿇고서 울며 기도했다. 1703년까지는 해마다 5월 23일이 되면 수도사들의 뜨거운 피가 떨어졌던 장소에 꽃들이 놓였다. 오늘날에는 포도(鋪道)에 난 장식판이 피렌쩨 역사에서 가장 유명한 이 범죄의 장소를 표시해 주고 있다.

사보나롤라는 중세가 살아남아 르네상스에 출현한 경우였다. 르네상스는 그를 파괴했다. 그는 부의 영향 아래서, 그리고 종교적 믿음이 쇠퇴하는 가운데 이탈리아의 도덕적인 붕괴를 보았다. 그는 용감하고 광신적으로 시대의 감각적이고 회의적인 정신에 맞섰지만 소용이 없었다. 그는 중세 성인들의 도덕적 열의와 정신적 단순성을 물려받았다. 그리고 다시 발견한 이교도 그리스의 찬양 노래를 부르던 세계에 어울리지 않는 사람이었다. 그는 자신의 지적인 한계를 통해, 또 용서할 수 있지만 그래도 짜증 나는 이기주의를 통해 실패했다. 그는 자신의 깨달음과 능력을 과장했고, 또 교황청과 인간 본능의 힘에 반대하는 작업을 너무 순진하게 과소평가했다. 알렉산더 6세의 품행에 충격을 받은 것은 이해할 수 있지만 그는 고발과 정책의 고집스러움에서 절제를 몰랐다. 교회의 개혁을 요구했다는 의미에서만 루터 이전의 프로테스탄트였다. 그러나 그는 루터의 신학적 견해들을 전혀 갖지 못했다. 그러나 그의 기억은 개신교의 정신에 힘이 되었다. 루터는 그를 성인이라 불렀다. 문필 분야에서 사보나롤라의 영향은 보잘것없다. 이 분야는 마키아벨리나 귀치아르디니 같은 회의주의자와 현실주의자의 손에 있었기 때문이다. 그러나 미술에 미친 영향은 엄청나다. 프라 바르톨로메오는 사보나롤라 초상화에 "하느님이 보낸 예언자 페라라의 지롤라모의 초상화"라고 적었다. 보티첼리는 사보나롤라의 설교를 듣고 이교에서 그리스도교 신앙으로 돌아왔다. 미켈란젤로는 이 수도사의 설교를 자주 듣고 그의 설교문을 열심히 읽었다. 시스티나 예배당 천장에서 붓을 움직이고, 또 제단 뒤편에 두려운 「최후의 심판」을 이끌어 간 것은 바로 사보나롤라의 정신이었다.

사보나롤라의 위대함은 도덕 혁명을 이루려는 그의 노력에 들어 있다. 그는 인간을 정직하고 선하고 정의롭게 만들려고 했다. 우리는 이것이 모든 혁명 중에서 가장 어렵다는 것을 알며, 또 그리스도가 소수의 보잘것없는 사람들을 이끌고 성공한 일에서 사보나롤라가 실패한 것이 전혀 놀랍지 않다. 그러나 우리는 또한 그러한 혁명만이 인간의 일에서 진정한 진보를 표시하는 유일한 것이라는 사실을 안다. 이런 노력이 없이 인간 이외의 다른 것을 변화시키는 일, 역사상 있었던 유혈의 전복들은 일시적이고 소용도 없는 구경거리일 뿐이다.

4. 공화국과 메디치 가문: 1498~1534

사보나롤라가 지배하던 마지막 몇 년간 정부를 거의 폐기처분하다시피 했던 혼란은 그의 죽음으로 진정되지 않았다. 의회와 정의의 수호자 임기가 2개월이었기에 집행부가 이렇게 연속성이 없는 상태에서 그들은 무책임하고 또 쉽게 부패했다. 1502년 몇몇 부자들이 지배하는 대의회는 정의의 수호자만이라도 종신제로 만들어서 이러한 어려움 일부를 극복하려고 했다. 그는 대의회와 위원회에 종속되기는 해도 교황이나 이탈리아의 다른 세속 통치자들과 대등한 종신제를 통해 그들을 상대할 수 있을 것이기 때문이다. 이 명예를 얻은 최초의 사람은 피에트로 소데리니(P. Soderini)였다. 그는 사람들에게 친절한 백만장자이고 정직한 애국자이지만, 정신과 의지의 힘으로 피렌쩨에 독재 체제를 불러올 만큼 뛰어난 사람은 아니었다. 그는 마키아벨리를 고문의 한 사람으로 받아들여 신중하고도 경제적인 방식으로 통치했다. 그리고 사보나롤라 치하에서 망가졌던 예술 후원을 재개하기 위해 자신의 개인 재산을 털어 넣었다. 그의 후원을 받아서 마키아벨리는 피렌쩨의 용병부대를 시민군으로 대체하고, 이 시민군은 마침내 (1508) 피사를 다시 굴복시켜 피렌쩨의 '속국'으로 만들었다.

그러나 1512년에 피렌쩨 공화국의 외교 정책은 알렉산더 6세가 예언한 재앙을 불러들였다. 베네찌아, 밀라노, 나폴리, 로마의 '신성 동맹' 측이 이탈리아에서 프랑스 침략자들을 몰아내기 위해 있는 힘을 다했는데도 피렌쩨는 프랑스와의 동맹을 유지했다. 신성 동맹은 승리를 얻자 피렌쩨에 복수를 하고, 군대를 보내 소수가 다스리는 공화정을 메디치 독재로 대체했다. 피렌쩨는 저항했고 마키아벨리는 공화국 방어를 위해 필사적으로 노력했다. 피렌쩨 근교의 프라토가 접수되고 약탈당했다. 마키아벨리의 시민군은 동맹군의 훈련된 용병에게서 몸을 돌려 도망쳤다. 소데리니는 그 이상의 유혈을 피하기 위해 물러났다. 로렌쪼의 아들인 쥴리아노 데 메디치는 동맹군 재정을 위해 1만 두카트(25만 달러)를 기부하고 스페인, 도이치, 이탈리아 군대의 보호를 받으며 피렌쩨로 들어왔다. 그의 동생인 죠반니 추기경도 곧 합류했다. 사보나롤라의 법은 파기되고 메디치 통치가 회복되었다.(1512)

쥴리아노와 죠반니는 온건하게 행동했고, 흥분에 물려 버린 대중은 이런 변화를 순순히 받아들였다. 죠반니가 레오 10세가 되었을 때(1513) 지나치게 온건해서 성공적인 통치자가 되기 힘들었던 쥴리아노는 피렌쩨 통치를 조카 로렌쪼에게 물려주었다. 이 야심에 찬 젊은이는 6년간 무모한 통치를 한 다음 죽었다. 파찌 모반에서 살해당한 쥴리아노의 아들 쥴리오 데 메디치 추기경이 피렌쩨에 탁월한 행정을 베풀었다. 그는 교황 클레멘스 7세가 되고(1521) 난 다음에도 로마에서 계속 피렌쩨를 통치했다. 피렌쩨는 그의 불행을 이용해서 그의 대리인들을 몰아냈다.(1527) 그리고 4년 동안 다시 자유의 시련을 맛보았다. 그러나 클레멘스 7세는 외교를 통해 패배를 완화시켰고, 신성로마제국 황제인 카를 5세의 군대를 이용해서 쫓겨난 친척들을 위해 복수했다. 스페인과 도이치 군대가 피렌쩨로 행진해 들어와서(1529) 1512년의 역사를 되풀이했다. 저항은 영웅적이었지만 소용이 없었다. 알레싼드로 데 메디치가 이 가문의 연대기에 전례가 없는 억압과 잔인성과 음란함의 통치를 시작했다.(1531) 피렌쩨가 다시 자유를 맛보기 위해서는 300년의 세월이 흘러야 했다.

5. 혁명 시대의 미술

정치적 흥분의 시대는 보통 문학에는 자극제가 된다. 우리는 나중에 이 시대에 속하는 1급의 문필가 두 사람, 마키아벨리와 귀치아르디니를 살펴볼 것이다. 그러나 언제나 파산의 위기에 몰려 있고 늘 지속되는 혁명에 말려든 국가는 미술을 좋아하지 않는다. 특히 건축은 더 심했다. 이런 난리 속에서도 살아남은 부자 몇 사람이 궁전을 짓는 덧없는 짓을 하기는 했다. 죠반니 프란체스코와 아리스토텔레 다 상갈로가 라파엘로의 설계에 따라 판돌피니 가문을 위한 저택을 세운 것이다. 1520~1524년 사이에 미켈란젤로는 추기경 쥴리오 데 메디치를 위해서 성 로렌쪼 예배당에 새로운 성구실을 고안했다. 단순한 4각형에 아담한 둥근 천장을 가진 이 방은 오늘날 미켈란젤로의 가장 섬세한 조각들이 들어 있는 방, 곧 메디치 무덤으로 온 세계에 알려져 있다.

조각가 피에트로 토리지아노(P. Torrigiano)는 거인 미켈란젤로의 경쟁자 중 한 사람이었다. 그는 미켈란젤로와 함께 로렌쪼의 조각 정원에서 일을 했고, 그의 코뼈를 부러뜨렸다. 로렌쪼는 이런 폭력 행위에 몹시 화를 냈고 토리지아노는 로마로 도망쳤다. 그는 체사레 보르지아(Cesare Borgia) 밑에서 병사가 되어 몇 번의 전투에서 용감하게 싸웠다. 그리고 나서 영국으로 가서 영국 미술의 걸작의 하나인 웨스트민스터 사원의 헨리 7세 무덤을 만들었다.(1519) 다시 정처 없이 떠돌다가 스페인으로 들어가서 아르코스 공작을 위해 아름다운「성모와 아기 예수」를 조각했다. 그러나 공작은 그에게 너무 박한 보수를 주었다. 조각가는 조각품을 때려 부수었다. 화가 난 귀족은, 그가 이단이라며 종교 재판에 고발했다. 토리지아노는 심한 벌을 받았지만 굶어 죽음으로 적들의 손길을 벗어났다.

피렌쩨는 1492년처럼 한 번에 그렇게 많은 위대한 예술가를 가졌던 적은 없었다. 그러나 그들 대부분은 피렌쩨의 혼란을 피해 도망쳐 다른 곳에 명성을 남겼다. 레오나르도는 밀라노로 가고, 미켈란젤로는 볼로냐로, 안드레아 산소비노는 리스본으로 갔다. 산소비노(Sansovino)라는 이름은 산 사비노(San Savino)라는 산 이름에서 얻은 것인데 이 이름으로 하도 유명해져서 세계는 그의 진짜 이름인 안드레아 디 도메니코 콘투치라는 이름을 완전히 잊어버렸다. 가난한 노동자의 아들로 태어난 그는 그림과 점토 빚기에 대한 열정을 지녔다. 친절한 피렌쩨 사람 하나가 그를 안토니오 델 폴라유올로 작업장으로 보냈다. 재빨리 성숙해진 그는 산토 스피리토 교회의 성사(聖事)를 위한 예배당을 짓고 그곳에 조각과 돋을새김들을 만들어 넣었는데 바사리의 말에 따르면 "하도 생생하고 탁월해서 흠이 없었다." 그 앞에는 숨이 멎을 만큼 아름다운 청동 격자를 만들어 놓았다. 포르투갈 왕 후안 2세가 로렌쪼에게 젊은 예술가를 보내 달라고 청했다. 산소비노는 그곳으로 가서 9년간이나 조각과 건축을 했다. 이탈리아를 그리워하던 그는 피렌쩨로 돌아왔다가(1500) 곧 제노바를 거쳐 마지막에 로마로 갔다. 로마의 산타 마리아 델 포폴로 성당에서 두 개의 대리석 무덤을 만들었다. 스포르짜 추기경과 바쏘 델라 로베레 추기경을 위한 것이었다. 이것은 당시(1505~1507) 천재들이 바글거리던 이 도시에서 높은 찬사를 얻었다. 레오 10세는 그를 로레토로 보냈고(1523~1528) 그곳에서 산소비노는 산타 마리아 성당에 성모의 생애를 담은 돋을새김들로 장식했다. 이 돋을새김들은 눈부시게 아름다워서 「수태고지」에 나오는 천사는 바사리의 눈에 "대리석이 아니라 천상의" 존재로 보였다. 곧이어 산소비노는 은퇴하고 고향 산 사비노 산 근처에 있는 농장으로 돌아가 농부로 살다가 1529년 예순여덟의 나이로 죽었다.

그사이에 델라 로비아 가문은 점토를 이용한 루카 델라 로비아의 작업을 충실하고도 기술 좋게 계속 이어 갔다. 안드레아 델라 로비아는 장수한다는 측면에서는 여든다섯 살을 살았던 아저씨를 능가했다. 그리고 그 시간을 이용해 세 아들에게 예술 훈련을 시켰다. 곧 죠반니, 루카, 지롤라모 등이었다. 안드레아의 테라 코타들은 밝은 색조와 부드러운 감성을 가지고 있어서 눈길을 사로잡고, 오늘날에도 박물관을 찾는 사람들의 발길을 사로잡는다. 바르젤로 미술관의 한 방에는 그의 작품이 여럿 있다. 그리고 인노센트 병원에는 그가 만든, 수태를 알리는 장면의 장식적인 아치가 특이하다. 죠반니 델라 로비아는 아버지 안드레아의 탁월함에 맞먹을 정도이다. 바르젤로와 루브르에서 그의 작품을 볼 수 있다. 델라 로비아 가문 사람들은 3대에 걸쳐 종교적 주제에만 한정하여 일했다. 그들은 가장 열렬한 사보나롤라 추종자들에 속했다. 안드레아의 아들 둘은 사보나롤라와 더불어 구원을 얻기 위해 성 마르코 수도원으로 들어갔다.

화가들은 사보나롤라의 영향을 가장 깊이 느꼈다. 로렌쪼 디 크레디(L. d. Credi)는 베로키오에게서 미술을 배웠다. 그는 동료이던 레오나르도의 양식을 흉내 냈고, 사보나롤라의 능변과 웅변에서 얻게 된 경건함으로부터 그린 종교화들에는 부드러움이 나타난다. 그는 반평생을 성모를 그리면서 보냈다. 거의 모든 곳에서 이런 성모화들을 보게 된다. 로마, 피렌쩨, 토리노, 아비뇽, 클리블랜드 등지이다. 얼굴은 빈곤하나 의상은 풍부하다. 아마 가장 훌륭한 것은 우피찌에 있는 「수태고지」일 것이다. 일흔둘의 나이에 신성함을 위해 보내야 할 시간이 왔음을 느끼고 산타 마리아 누오바 수도원의 수도사들에게로 갔다. 그곳에서 6년 뒤에 죽었다.

피에로 디 코시모(P. d. Cosimo)는 이 성(姓)을 스승인 코시모 로쎌리에게서 얻었다. "능력을 가르쳐 주고, 또 행복을 늘려 준 사람이 자기를 낳아 준 진정한 아버지"이기 때문이다.[35] 코시모는 자신의 제자가 자기보다 더 낫다는 결론에 도달했다. 시스티나 예배당에 그림을 그리라는 식스투스 4세 교황의 부름을 받고 그는 피에로를 데리고 갔다. 그리고 피에로는 그곳에서 「홍해에 빠지는 파라오 병사들」을 그렸다. 물과 바위와 구름 낀 하늘이 있는 어두운 풍경화이다. 그는 두 장의 초상화를 남겼는데 둘 다 헤이그에 있다. 쥴리아노 다 상갈로와 프란체스코 다 상갈로의 초상화이다. 피에로는 모임이나 우정 같은 것은 신경 쓰지 않고 오로지 예술가로만 지냈다. 자연과 고독을 사랑하고, 그것을 자신의 그림과 풍경에 받아들였다. 그는 생전에 인정받지 못하고 고독하게 죽었다. 그리고 자신의 기술을 두 명의 제자에게 남겼는데, 그들은 그의 예를 따라 스승을 능가하는 사람들이었다. 곧 프라 바르톨로메오와 안드레아 델 사르토이다.

바치오 델라 포르타(B. d. Porta)는 자기가 살았던 산 피에로의 문에서 성(姓)을 얻었다. 수도사가 되면서 프라 바르톨로메오, 곧 바르톨레오 수도사라는 이름을 얻었다. 코시모 로쎌리, 피에로 디 코시모와 함께 그림을 공부하고 나서 그는 마리오토 알베르티넬리와 함께 작업장을 열었다. 그리고 그와 함께 많은 그림들을 그리면서 죽음이 갈라놓을 때까지 좋은 우정을 유지했다. 그는 온건한 젊은이로서 배움에 열심이고 모든 영향을 다 받아들였다. 한동안 레오나르도의 섬세한 농담(濃淡)법을 잡아내려고 노력했다. 라파엘로가 피렌쩨로 오자 바치오는 그와 함께 원근법과 더 나은 색채 조합을 탐색했다. 나중에 그는 로마에 있는 라파엘로를 방문해서 그와 함께 저 고귀한 「성 베드로의 머리」를 그렸다. 마지막에는 미켈란젤로의 당당한 양식에 홀렸다. 그러나 이 분노한 거인이 가진 무시무시한 집중력이 그에게는 없었다. 바르톨로메오가 기념비를 시도했을 때 그는 단순한 발상을 거대하게 만들어서 자기가 본래 가진 매력을 잃어버렸다. 그의 매력은 풍부한 깊이와 색채의 부드러운 농담(濃淡), 좌우대칭의 구도, 그리고 주제의 경건함과 감상이다.

그는 사보나롤라의 설교에 깊이 마음이 움직였다. 그래서 '허영 태우기'에 자신이 그린 나체화를 모두 가져갔다. 사보나롤라의 적들이 성 마르코 수도원을 공격했을 때(1498) 그는 사보나롤라를 방어하는 편에 합세했다. 이런 소란 중에서 그는 살아남으면 수도사가 되겠노라 맹세했다. 그리고 이 맹세를 지켜 1500년에 프라토에 있는 도미니크 수도회에 들어갔다. 5년 동안 그림 그리기를 거부하고 종교적 수행에만 몰두했다. 성 마르코로 옮아오자 그는 프라 안젤리코의 장밋빛 벽화에 뒤이어 푸르고, 붉고, 검정색으로 된 자신의 걸작들을 그렸다. 그곳 식당에 「성모와 아기 예수」, 「최후의 심판」 등을 그렸다. 수도원 회랑에는 「성 세바스찬」을 그렸다. 사보나롤라가 쓰던 방에는 그의 초상화를 순교자 베드로의 모습으로 그렸다. 「성 세바스찬」은 그가 수도사가 된 다음 그린 유일한 나체화이다. 원래 그것은 성 마르코 성당에 있었던 것이지만 하도 잘생겨서 일부 여인들이 이것을 보고 허약한 생각에 마음이 흔들린다는 고백을 했다.

그래서 수도원장은 그것을 어떤 피렌쩨 사람에게 팔았고 그는 그것을 프랑스 왕에게 보냈다. 프라 바르톨로메오는 1517년까지 계속 그림을 그렸다. 그해에 질병이 그의 두 손을 마비시키면서 그는 더는 붓을 들 수 없게 되었다. 이해에 마흔다섯의 나이로 죽었다.

이 시대 이탈리아 화가들 중에서는 피에로 디 코시모의 또 다른 제자 한 사람만이 그와 우열을 다툴 만한 경쟁자이다. 안데르아 도메니코 다뇰로 디 프란체스코 바누치라는 사람이었는데 우리에게는 안드레아 델 사르토(A. d. Sarto)라는 이름으로 알려져 있다. 그의 아버지가 재단사였기 때문이다.('사르토'는 재단사라는 뜻) 대부분의 르네상스 예술가들이 그렇듯이 그도 일곱 살에 견습공 노릇을 시작하여 아주 빠르게 발전했다. 스승인 피에로는 젊은이의 도안 솜씨에 경탄했다. 그리고 휴일에 작업장 문을 닫으면 사르토가, 레오나르도와 미켈란젤로가 베키오 궁전의 500인실을 위해서 그린 유명한 밑그림의 모습들을 스케치하며 시간을 보내는 것을 보고 기뻐했다. 피에로가 나이가 들어 아주 기벽스러운 사람이 되었을 때 사르토와 동료인 프란치아비쬬(Franciabigio)는 자기들의 작업장을 차리고 한동안 함께 작업했다. 사르토는 아눈찌아타 성당 안뜰에 그림을 그리면서(1509) 독립된 경력을 시작했다. 이것은 특별히 성모를 숭배하기 위한 '성모의 시종' 수도회를 창설한 피렌쩨 귀족 성 필리포 베니찌의 생애를 그린 다섯 작품이다. 이 벽화들은 세월이 흐르고 험한 날씨에 노출되어 심한 손상을 입었는데도 도안, 구도, 생동하는 이야기 등이 주목할 만하고, 또 따뜻하고 조화를 이룬 색채의 부드러운 조합이 아름다워서 이 안마당은 오늘날 피렌쩨 미술 순례의 한 목표가 되고 있다. 사르토가 모델로 이용한 여성들 중 한 명으로 이 그림에도 등장하는 사람이 그의 아내가 되었다. 루크레찌아 델 페데라는 여자였는데 가무잡잡한 얼굴, 새카만 머리카락으로, 죽어 가던 며칠만 빼고 언제까지나 그의 마음을 사로잡은 감각적이고 아름다운 잔소리꾼이었다.

1515년에 사르토와 프란치아비쬬는 스칼쪼 수도회의 회랑에 몇 개의 벽화를 그리기 시작했다. 그들은 세례자 요한의 생애를 주제로 선택했다. 그러나 몇몇 그림에서 그의 특징을 드러내는 것, 즉 형태와 결이 극히 완벽하게 표현된 여인의 젖가슴 등은 분명 사르토의 손길이 닿은 것이다. 1518년에 그는 프랑수아 1세의 초대를 받아들여 프랑스로 갔다. 그곳에서 '자비'의 모습을 그렸다. 그것은 오늘날 루브르에 걸려 있다. 그러나 피렌쩨에 남겨진 아내가 그에게 돌아오라고 간청했다. 왕은 돌아가겠다는 사르토의 청을 들어주면서 상당한 액수의 돈을 주어 이탈리아에서 자기를 위해 미술 작품을 사 달라고 부탁했다. 그러나 피렌쩨로 돌아온 사르토는 왕의 돈으로 자신의 집을 짓고 살면서 다시는 프랑스로 돌아가지 않았다. 거의 파산할 지경에 이르자 그는 다시 그림을 그리기 시작했다. 그리고 아눈찌아타 회랑에 걸작 한 편을 그려놓았다. 바사리는 "도안, 우아함, 색채의 탁월함, 생동감, 입체감 등에서 모든 선배들보다 훨씬 뛰어나다."라고 말했다. 그러니까 이런 점에서는 레오나르도와 라파엘로보다 뛰어나다는 뜻이다.[36] 이 「자루의 성모(Madonna del Sacco)」는(마리아와 요셉이 자루에 기댄 모습이기 때문에 우습게도 이런 이름이 붙었다.) 지금은 손상을 입고 빛이 바래서 원래 색채의 완전한 광채를 전하지 못한다. 그러나 그 완벽한 구도, 부드러운 색조, 고요한 가족의 표현(요셉은 갑자기 교양인이 되어서 책을 읽고 있다.)은 이 그림을 르네상스의 가장 위대한 그림의 하나로 만든다.

살비 수도원 식당에서 사르토는 「최후의 만찬」(1526)으로 레오나르도에게 도전했다. 동일한 순간, 동일한 주제를 선택한 것이다. 곧 그리스도가 "너희 중 하나가 나를 배신할 것이다."라고 말하는 순간을 선택했다. 레오나르도보다 더욱 대담하게 사르토는 그리스도의 얼굴을 완성했다. 그러나 우리가 예수라고 생각할 만한 영적인 깊이와 이해하는 부드러움을 갖춘 모습과는 거리가 멀다. 그래도 사도들은 놀라울 정도로 개인적 특성들을 지니고 행동은 생생하게 살아 있고, 색채는 풍부하고 부드럽고 풍만하다. 식당 입구에서 바라본 그림은 거의 항거할 수 없이 살아 있는 장면이라는 환상을 전달한다.

성모 마리아는 이탈리아 르네상스의 대부분 예술가들이 그렇듯이 사르토도 좋아한 주제였다. 그는 성가정 탐구에서 언제나 거듭 성모를 그렸다. 예를 들면 로마 보르게세 미술관, 뉴욕의 메트로폴리탄 미술관에 있는 성모 그림들이다. 우피찌 미술관의 보물의 하나인 「하피의 성모(Madonna delle Arpie)」*(하피는 여자의 얼굴과 새의 날개를 가진 탐욕스러운 괴물을 가리킨다.)에서도 성모의 모습을 한 루크레찌아를 가장 아름답게 그렸다. 아기 예수도 이탈리아 미술에서 가장 훌륭한 모습이다. 아르노 강을 건너 피티 미술관에는 「성모의 승천」에서 케루빔 천사가 기도하는 성모를(다시 루크레찌아) 하늘로 들어 올리는 동안 경탄과 숭배로 올려다보는 사도들과 성스러운 여인들의 모습이 나타난다. 사르토의 색채 풍부한 조명 속에서 움직이는 성모의 서사시는 완벽한 모습이다.

   안드레아 델 사르토에는 어떤 고귀함이 나타나는 경우가 드물다. 미켈란젤로의 위대함도, 레오나르도의 깊이를 알기 힘든 뉘앙스도, 라파엘로의 성취된 완벽함도, 위대한 베네찌아 화가들의 급수나 힘도 나타나지 않는다. 그러나 피렌쩨 사람 중에서 그만이 색채에서 베네찌아 화가들과 겨룰 수가 있고, 우아함에서는 코레죠와 겨룰 수가 있다. 그 음영(깊이와 입체감과 명료함)의 대가다움은 티찌아노와 틴토레토와 베로네제의 풍성한 색채보다도 더욱 끌리는 면이 있다. 사르토에게는 다양성이 부족하다. 그의 그림들은 너무 협소한 주제와 감정의 영역 안에서만 움직인다. 100장에 이르는 성모 그림은 언제나 똑같은 이탈리아의 젊은 어머니이다. 보통의 모습에 사랑스럽고, 나중에는 싫증이 날 정도로 사랑스러울 뿐이다. 그러나 누구도 구도에서 그를 능가하지 못했고, 해부학, 입체감, 도안에서는 극소수의 사람들만이 그보다 뛰어났다. 미켈란젤로는 라파엘로에게 이렇게 말했다. "피렌쩨에는 어린 친구 한 사람이 있는데, 그가 위대한 작업에 몰두하게 된다면 자네 이마에도 진땀깨나 나게 될 거야."37

   사르토는 완전한 성숙에 이를 정도로 오래 살지 못했다. 1530년에 피렌쩨를 정복하면서 승리한 도이치 군이 도시에 질병을 가져왔고 사르토는 그 병에 희

---

* 받침대에 그려진 복수의 여신들에서 유래한 이름.

생된 사람의 하나였다. 아름다운 여자가 결혼할 때 함께 가져오는 온갖 질투심을 그의 내면에 일깨웠던 그의 아내는 그가 열병에 시달리던 마지막 며칠 동안 그의 방에 오지 않았다. 그리고 그녀에게 거의 불사(不死)의 삶을 선물했던 화가는 거의 아무도 없는 가운데 홀로 죽었다. 마흔넷의 나이였다. 1570년쯤 야코포 다 엠폴리가 아눈찌아타 성당의 안뜰에서 사르토의「그리스도의 탄생」을 베끼고 있을 때였다. 미사에 갔다가 나오던 노파 하나가 그의 옆에 멈추어 서더니 그림 앞쪽에 있는 모습을 가리켰다. "이게 나예요."하고 그녀는 말했다. 루크레찌아는 그보다 40년이나 더 오래 살았던 것이다.

우리가 여기서 살펴본 몇 안 되는 예술가들에 대한 이야기는 이 시대에 대한 기록이라기보다 미술적 천재의 대표들에 대한 이야기라고 보아야 한다. 이 시대에 다른 조각가와 화가들도 있었다. 그들은 박물관에서 아직도 유령과 같이 희미한 존재를 계속하고 있다. 베네데토 다 로베짜노, 프란치아비죠, 리돌포 기를란다요, 그리고 이런 사람들이 100명쯤 더 있다. 또 수도원이나 세속에 절반쯤 은둔한 채 사본에 그림을 넣는 정교한 예술을 행한 사람들도 있다. 프라 유스타키오, 안토니오 디 지롤라모 같은 사람들이다. 그리고 우르비노의 페데리고 같은 사람이 인쇄술의 발명을 유감으로 여긴 것을 용서해 줄 만한 필사본을 만든 필사가들도 있다. 그리고 회화를 하루살이처럼 사라지기 쉬운 자부심이라고 경멸한 모자이크 기술자들도 있었다. 또는 바치오 다뇰로 같은 목공예사는 피렌쎄 가정의 자랑거리이던 의자, 테이블, 금고, 침대 따위를 만들었다. 그 밖에도 여러 가지 생활 예술 분야의 이름 없는 장인들이 있었다. 피렌쩨는 예술 분야에서 하도 풍부해서 샤를 8세에서부터 오늘날에 이르기까지 침략자, 교황, 백만장자 등을 견디어 낼 수가 있었고, 아직도 여전히 섬세한 공예품들을 지니고 있기에, 르네상스 200년 동안 이 한 도시에 감추어진 모든 보물을 다 탐구한 사람은 없다. 혹은 다만 100년만이라도. 미술에서 피렌쩨의 위대한 시대는 1430년 코시모가 망명에서 돌아오는 것으로 시작해서 1530년 안드레아 델 사르토가 죽으면서 끝났다. 시민들의 갈등, 사보나롤라의 청교도적 통치, 포위와 패배와 흑사병 등은 로렌쬬 시대의 즐거운 정신을 파괴하고 부서지기 쉬운, 예술이라는 리라를 깨뜨려 버렸다.

그러나 위대한 현은 건드려졌고 그 음악이 반도 전체를 꿰뚫고 메아리쳤다. 이탈리아의 다른 도시들, 심지어는 프랑스, 스페인, 헝가리, 도이칠란트, 터키 등지에서 주문이 피렌쩨로 몰려들었다. 수많은 미술가들이 그 지식과 양식을 배우기 위해 피렌쩨로 떼를 지어 찾아왔다. 피에로 델라 프란체스카, 페루지노, 라파엘로 등등 피렌쩨 출신 미술가 100명이 이탈리아 도시 50군데와 외국으로 미술이라는 복음을 가져갔다. 이 50개의 도시들에서 시대의 정신과 취향, 부의 너그러움, 기술의 유산 등이 피렌쩨의 자극과 더불어 함께 작용했다. 알프스에서 칼라브리아에 이르는 이탈리아 전체가 그림 그리고, 목재나 돌을 다듬고, 건축하고, 구도를 잡고 노래하고 창의력의 열광 속에 빠졌다. 이렇듯 서두르는 열렬함으로, 그것은 부유함이 곧 전쟁 속에 사라질 것이고 이탈리아의 자부심은 외국의 폭군 아래 비천한 상태가 될 것이고, 르네상스 인간의 놀랄 정도로 풍부한 정신에 맞서 다시 교리의 감옥 문들이 정신을 닫아 버릴 것이라는 사실을 미리 알고 있기라도 한 것 같았다.

이탈리아의 축제 행렬

1378~1534

THE RENAISSANCE

6장 밀라노

1. 배경

 피렌쩨, 베네찌아, 로마에만 탐구를 집중시킨다면 르네상스를 제대로 본다고 할 수 없다. 로도비코와 레오나르도가 함께 있던 밀라노의 10년은 피렌쩨보다 더욱 빛나는 곳이었다. 르네상스 시대 여성의 자유와 높은 지위는 만토바의 이사벨라 데스테에서 가장 잘 볼 수 있다. 고레죠는 파르마를 영광스럽게 만들고, 페루지노는 페루지아를, 시뇨렐리는 오르비에토를 화려하게 장식했다. 페라라의 아리오스토와 더불어 르네상스 문학은 정상에 도달하고, 매너의 세련됨은 카스틸리오네 시절 우르비노에서 절정에 도달한다. 파엔짜에서 도자기 예술이, 비첸짜에서 팔라디오 건축 양식이 유명해졌다. 핀투리키오와 사쎄타와 소도마는 시에나를 부활시키고, 나폴리를 즐거운 삶과 목가 문학의 산실로 만든다. 우리는 피에드몬테에서 시칠리아에 이르는 비할 바 없는 이탈리아 반도를 여유를 가지고 통과하면서 여러 도시들의 다양한 목소리가 어우러져 만들어 내는 르네상스의 다성(多聲) 합창을 들어 보아야 한다.

15세기 이탈리아 국가들의 경제생활은 그 기후, 사투리, 의상만큼이나 다양했다. 북부, 곧 피렌쩨 이북에는 이따금 혹독한 겨울이 찾아오는 수가 있었다. 포(Po) 강은 가끔 한쪽 끝에서 다른 쪽 끝까지 얼어붙기도 했다. 그러나 제노바를 중심으로 한 해안 지대는 리구리아 알프스의 보호를 받아 거의 1년 내내 온화한 기후를 누렸다. 베네찌아는 궁전과 탑과 수로(水路)들이 구름과 안개로 자욱하게 덮이곤 한다. 로마는 태양이 빛나지만 두터운 구름이 낀다. 나폴리는 기후로는 낙원이었다. 어느 곳이든 때에 따라서 도시들과 그 주변 지역은, 맬서스(Malthus)의 자연이 인류의 번식을 조절하기 위해 열심히 공급하는 지진, 홍수, 가뭄, 회오리바람, 기근, 흑사병, 전쟁 등으로 고통을 받았다. 도시에서는 오래된 수공업이 가난한 사람들에게는 생업을, 부자들에게는 사치품을 마련해 주었다. 다만 방직 산업만은 공장을 지니고 자본주의 단계에까지 이르렀다. 볼로냐에 있던 비단 공장 하나는 "4000명의 실 잣는 여자들의 일거리"를 놓고 도시 당국과 계약을 맺었다.[1] 소규모 상인들, 수입상과 수출상, 선생, 법률가, 의사, 행정가, 정치가 등이 복잡한 중산층을 이루었다. 부유하고 세속적인 성직자 계층도 궁정과 거리에 자기들만의 색깔과 우아함을 덧붙였다. 수도사와 탁발 수도사들은 진지하거나 쾌활한 모습으로 구호금이나 사랑을 찾아 이리저리 돌아다녔다. 토지를 소유한 귀족과 은행가들은 대개 도시의 성벽 안에 살았고 이따금씩만 시골 별장에서 보냈다. 맨 위에 있는 은행가, 용병대장, 후작, 공작, 총독, 왕 등은 아내나 애인과 더불어 사치품으로 넘치고, 미술품으로 꾸민 궁정을 지배했다. 농부들은 시골에서 얼마 안 되는 자신의 토지나 지주의 토지를 경작하면서 가난하게 살았다. 가난은 전통이라 농부들에게는 가난하다는 생각이 떠오르지도 않았다.

노예도 소규모로 존재했다. 주로 부자들 사이에서 집안일을 돌보는 사람들이었다. 이들은 이따금, 특히 시칠리아의 대규모 영지에서 자유노동을 보충하는 역할을 하기도 했다. 그러나 북부 이탈리아에도 간혹 노예들이 있었다.[2] 14세기부터는 노예 무역이 점차 많아졌다. 베네찌아와 제노바 상인들이 발칸 반도, 남부 러시아, 이슬람 지역에서 그들을 수입해 왔다. 무어 사람 남녀 노예는 이탈리아 궁정에서 빛나는 장식품으로 생각되었다.[3] 1488년 교황 인노켄티우스 8세는 가톨릭 왕 페르디난드(시칠리아 왕)로부터 100명의 무어인 노예를 선물 받고 그들을 추기경들과 다른 친구들에게 선물로 나누어 주었다.[4] 1501년에 카푸아가 점령된 다음에는 카푸아 여자들이 로마에서 노예로 팔렸다.[5] 그러나 이것은 르네상스의 경제보다는 오히려 그 도덕성을 보여 주는 부분이다. 상품의 생산이나 운송에서 노예들이 중요한 역할을 하는 경우는 드물었다.

운송은 주로 노새나 짐마차로, 아니면 강이나 운하나 바다를 통해 이루어졌다. 부유층은 말을 타거나 말이 끄는 마차를 타고 여행했다. 속도는 온건한 편이었는데도 흥분시키는 일이었다. 페루지아에서 우르비노에 이르는 길은 훌륭한 말로 이틀 거리(40킬로미터)였다. 바르셀로나에서 제노바에 이르는 길은 배로 대략 14일 정도 걸렸다. 수도 없이 많은 여관들은 시끄럽고 더럽고 불편했다. 파도바에 있는 어떤 여관은 200명의 손님과 말 200마리분의 마구간을 갖추었다. 길은 거칠고 위험했다. 도시들을 연결하는 주요 도로는 판석으로 포장되어 있었지만 아주 예외적으로만 밤에도 조명이 되었다. 좋은 물은 산에서 끌어들였다. 개인 집으로 직접 연결되는 일은 드물고 보통 예술 작품으로 고안된 공동의 샘에 연결되있다. 이 샘에서 물을 길어 오면서 단순한 여자들과 게으른 남자들이 그날의 새로운 소식을 모아서 퍼뜨리곤 했다.

이탈리아 반도에 자리 잡은 도시 국가들 중 일부인 피렌쩨, 시에나, 베네찌아는 소수의 상인들에 의해 통치되었다. 그 밖에 대부분의 도시 국가들은 다양한 등급의 '전제 군주'들에 의해 통치되었다. 이들은 계급적 이해와 정치적 폭력으로 무력해진 공화국이나 자치 기구를 폐기하면서 대신 들어선 사람들이었다. 강자들이 경쟁하는 가운데 한 사람이(대개는 비천한 출신) 나타나 나머지 사람들을 정복하고 파괴하거나 고용하면서 스스로 절대적 통치자가 되었다. 그리고 일부는 자신의 권력을 후손에게 넘겨주었다. 그렇게 밀라노에서는 비스콘티 가문과 스포르짜 가문이 통치했다. 베로나에서는 스칼리제리 가문이, 파도바에서는 카라레시 가문이, 만토바에서는 곤짜가 가문이, 페라라에서는 에스테 가문이 통치했다. 이런 사람들은 항상 당파들을 감시하고, 또 도시 성벽 안에서 그리고 자기들의 변덕의 한계 안에서 생명과 재산을 보호해 주었기 때문에 불확실하나마 인기를 누렸다. 하층 계급은 돈의 독재를 피해 그들을 최후의 피난처로 받아들였다. 주변의 농부 계층은 이런 국가 기구가 자기들을 보호해 주지도, 정의나 자유를 주지도 않았기 때문에 그럭저럭 그들을 받아들였다.

전제 군주들은 불안정했기 때문에 잔인했다. 자기들을 받쳐 줄 합법성의 전통이 없이 아무 때라도 암살이나 폭동이 일어날 수 있는 상황에서 그들은 신변을 경호병으로 둘러싸고, 언제나 독약에 대한 두려움 속에 먹고 마시면서 자연에 따른 죽음을 맞이하기를 희망했다. 초기 몇 십 년 동안 그들은 술책과 매수와 조용한 암살을 동원하여 통치했고, 마키아벨리가 태어나기도 전에 이미 그가 주장하는 모든 기술을 다 실천에 옮겼다. 1450년 이후로 그들은 시간이 흐르면서 생겨난 승인을 통해 약간 안전해졌다고 느꼈다. 그러자 국내 통치에서 평화적인 수단들을 취했다. 그들은 비판과 이견을 억압하고, 정탐꾼을 잔뜩 고용했다. 사치스럽게 살면서 인상적인 화려함을 좋아했다. 그런데도 그들은 점차 행정을 개선하고, 자신들의 이익이 개입되지 않는 곳에서는 공평한 정의를 행하고, 기근이나 다른 비상시에 사람들을 돕고, 공공사업을 일으켜 실업을 줄이고, 교회와 수도원들을 짓고, 도시를 예술로 아름답게 꾸미고, 외교를 빛나게 해 주고, 자기들의 아우라를 밝혀 주고 또 이름을 영원한 것으로 만들어 줄 수 있는 학자, 시인, 예술가들을 후원함으로써 심지어는 페라라와 우르비노에서도 신하들의 존경과 헌신을 얻었다.

그들은 빈번히 전쟁을 일으켰지만 대개 규모가 작았다. 언제나 국경을 넓힘으로써 안전의 환상을 좇고 과세 대상 영토를 넓힐 속셈에서였다. 그들은 자기부하들을 전쟁에 내보내지는 않았다. 그럴 경우 부하들을 무장시켜야만 하는데 그것은 자살과도 같은 결과를 만들어 낼 수 있었기 때문이다. 대신 그들은 용병을 고용하고 정복, 배상금, 재산 몰수, 약탈 등을 통한 수익금으로 그들에게 돈을 지불했다. 기세 좋은 모험가들이 알프스를 넘어 이쪽으로 왔다. 그들은 자주 배고픈 병사들을 함께 데려와서는 돈을 가장 많이 내는 사람을 위해 용병 대장 노릇을 했다. 물론 돈의 액수에 따라 편을 바꾸곤 했다. 에섹스 출신의 한 재단사는 영국에서는 존 호크우드 경(Sir J. Hawkwood)이라는 이름으로, 이탈리아에서는 아쿠토(Acuto)라는 이름으로 알려져 있는데, 그는 피렌쩨에 맞서, 또 피렌쩨를 위해 전략적인 섬세함과 탁월한 전술로 전투를 했다. 그는 수십만 플로린의 재산을 모았으며, 1394년에 유복한 토지 소유자로 죽었다. 그리고 명예롭게 산타 마리아 델 피오레(피렌쩨 대성당)에 묻혔다.

전제 군주들은 전쟁만큼이나 교육을 재정적으로 지원했다. 학교와 도서관을 세우고 아카데미와 대학들을 후원했다. 이탈리아의 도시마다 학교가 있었고 보통은 교회에 의해 운영되었다. 주요 도시에는 대학이 있었다. 인문주의자와 대학과 궁정의 교육을 통해서 일반적인 취향과 태도가 개선되었다. 이탈리아 사람 절반은 예술의 판관이 되었고, 모든 중요한 지역마다 고유의 예술가와 고유의 건축 양식을 가졌다. 교육받은 계층을 위해 삶의 즐거움이 이탈리아의 한쪽 끝에서 다른 쪽 끝까지 퍼졌다. 태도는 상대적으로 세련되면서도 본능은 전례 없이 자유로웠다. 아우구스투스 대제의 시대 이후로 천재가 이렇듯 청중을 얻고, 이토록 자극을 주는 경쟁 상태를 갖고, 또 이렇듯 자유로움을 누린 때는 달리 없었다.

2. 피에몬테와 리구리아

북서부 이탈리아와 오늘날 남부 프랑스를 이루는 장소에 사부아 - 피에몬테

(Piemonte) 공국이 자리 잡았다. 1945년까지 계속된 이곳의 왕가는 유럽에서 가장 오래된 왕가였다. 신성로마제국의 속국으로서 움베르토 1세 백작이 건설한 이 작은 나라는 '초록 백작' 아마데우스 6세 치하에서 영광의 순간을 맞이했다. 그는 제노바, 로잔, 아오스타, 토리노 등을 병합하고 토리노를 수도로 삼았다. 그 시대 다른 어떤 통치자도 지혜, 정의, 너그러움이라는 평판에 그토록 어울리는 사람은 없었다. 지기스문트 황제는 사부아 백작을 공작으로 승격시켰다.(1416) 그러나 최초의 공작인 아마데우스 8세는 이성을 잃은 나머지 반(Anti)교황 펠릭스 5세가 되라는 제안을 받아들였다.(1439) 백 년 뒤 사부아는 프랑스의 프랑수아 1세에게 정복당했다.(1536) 사부아와 피에몬테는 프랑스와 이탈리아 사이의 싸움터가 되었다. 아폴론(예술)은 이 두 지역을 마르스(전쟁)에게 넘겨주었다. 그들은 이탈리아의 급류에 역류하면서 르네상스의 완전한 흐름을 제대로 느껴 보지 못했다. 부유한 토리노 미술관과 베르첼리에는 즐겁기는 하지만 평범할 뿐인 데펜덴테 페라리의 그림들이 있다.

피에몬테 남쪽 리구리아(Liguria)는 이탈리아 리비에라 해안의 온갖 영광을 포괄하고 있다. 동쪽에는 레반테의 리비에라, 곧 일출 해안이 있다. 서쪽에는 포넨테의 리비에라, 곧 일몰의 해안이 있다. 그 두 해안이 만나는 지점에 제노바가 있다. 푸른 바다를 토대로 삼고 언덕 위에 거의 나폴리처럼 반짝거리는 도시다. 페트라르카에게 이 도시는 "왕들의 도시, 부유함의 사원, 즐거움의 문"[6]으로 여겨졌다. 키오지아 전투(1378)에서 제노바가 붕괴되기 전까지의 일이었다. 베네찌아와 제노바 사이에 이 전투가 벌어진 후 베네찌아는 모든 계층이 합심해서 상업과 경제력을 재빨리 회복한 데 반해 제노바에서는 귀족과 귀족, 귀족과 평민 사이에 갈등의 전통이 계속되었다. 소수 독재의 억압이 작은 혁명을 불러일으켰다.(1383) 정육업자들이 사업상의 칼로 무장하고서 군중을 이끌고 총독 궁전으로 가서 세금 감면과 귀족들을 통치에서 배제할 것을 강요했다. 5년 동안(1390~1394) 제노바에는 열 번의 혁명이 일어났다. 열 명의 총독이 나타났다가 사라졌다. 마침내 질서가 자유보다 더 소중하게 여겨지게 되었고,

지쳐 버린 공화국은 밀라노에 흡수될까 두려운 나머지 리비에라 해안과 더불어 프랑스 편에 자신을 넘겼다.(1396) 2년 뒤 열광적인 폭동에 휩쓸려 프랑스 사람들은 쫓겨났다. 다섯 번의 유혈 전투가 거리에서 벌어졌다. 20개의 궁전들이 불타고 정부 건물들은 유린되고 파괴되었다. 100만 플로린에 상당하는 재산이 파괴되었다. 제노바는 다시 참을 수 없는 자유의 혼란을 겪고 스스로 밀라노에 굴복했다.(1421) 밀라노 통치는 너그럽지 않았고 혁명이 일어나 공화정을 회복했으며(1435) 당파 싸움도 다시 시작되었다.

이런 흥망성쇠 한가운데서 한 가지 안정성의 요소는 성 죠르죠 은행이었다. 베네찌아와의 전쟁 동안 정부는 시민들에게서 돈을 빌리고 그들에게 지불 증서를 써 주었다. 전쟁이 끝난 다음 이 약속을 이행하기는 불가능했지만, 그 대신 채권자들에게 항구의 관세권을 넘겨주었다. 채권자들은 성 죠르죠의 집(San Giorgio)을 구성하고 여덟 명의 이사(理事)를 선택하여 국가로부터 궁전 하나를 넘겨받았다. 이 집, 혹은 이 은행은 잘 관리되어 공화국에서 가장 부패가 적은 기관이 되었다. 이 은행이 세금 징수를 떠맡았다. 그리고 기금 일부를 정부에 빌려 주고 리구리아, 코르시카, 동부 지중해, 흑해 등지에 있는 상당한 부동산을 받았다. 이 은행은 국가 재무부 겸 민간 은행의 두 역할을 했다. 예금을 받고, 어음 할인을 해 주고, 상업계와 산업계에 대부를 해 주었다. 모든 당파들이 재정적으로 이 은행과 결부되어 있었기에 모두가 이 기관을 존중했고, 전쟁이나 혁명이 나도 이 은행만은 해를 입지 않았다. 장중한 르네상스 양식으로 된 은행 건물은 오늘날에도 가리가멘도 광장에 시 있다.

콘스탄티노플 함락은 제노바에는 치명적인 일격이었다. 콘스탄티노플 근처에 있는 부유한 제노바 식민지 페라(Pera)는 터키 사람들에게 넘어갔다. 가난해진 공화국이 한 번 더 프랑스에 굴복하자(1458) 프란체스코 스포르짜가 자금을 대 준 혁명이 일어나 프랑스 사람들을 쫓아내고 제노바를 다시 밀라노의 속국으로 만들었다.(1464) 갈레아쪼 마리아 스포르짜가 암살당한(1476) 다음 나타난 혼란이 밀라노를 약화시킨 틈을 노려 제노바는 짧은 평화의 시기를 누렸다. 그러나 루이 12세가 밀라노를 포위하면서(1499) 제노바도 그에게 굴복했다. 프랑수아 1세와 카를 5세 사이에 갈등과 싸움이 길어지는 동안 제노바 장군 안드레아 도리아(Andrea Doria)가 배를 돌려 프랑스군에 맞서서 그들을 제노바에서 쫓아내고 새로운 공화국을 세웠다.(1528) 피렌쩨 및 베네찌아 정부와 마찬가지로 제노바 정부도 상인들이 주도하는 소수 지배였다. '황금의 책(il libro d'oro)'에 이름이 올라간 가문 사람들만이 선거권을 가졌다. 새로운 정권, 즉 400인의회, 200인위원회, 2년 임기로 뽑힌 총독은 당파들에게 질서가 잡힌 평화를 가져다주었다. 제노바는 나폴레옹이 들어오기 전까지(1797) 독립을 누렸다.

이런 열정적인 무질서 속에서 이 도시는 이탈리아의 문학, 과학, 예술을 위해 마땅히 담당해야 할 몫을 다하지 못했다. 이 도시 출신 선장들은 바다를 열심히 탐험했으나 제노바의 아들 콜럼버스가 나타났을 때 제노바는 너무 겁이 많거나 아니면 너무 가난해서 그의 꿈을 후원할 수가 없었다. 귀족들은 정치에 완전히 빠져 있었고 상인들은 오로지 이권에만 몰두했다. 그 어떤 계층도 정신의 탐험을 하기에 넉넉한 돈을 비축하지 못했다. 오래된 산 로렌쪼 성당은 장엄한 내부 장식을 갖춘 고딕 양식으로 개축되었다.(1307) 이곳에 있는 성 죠반니 바티스타 예배당(1451년 이후)은 마테오 치비탈리의 아름다운 제단과 천개(天蓋)로 꾸며졌다. 그리고 야코포 산소비노가 만든 세례자 요한의 조각상이 세워졌다. 안드레아 도리아는 정부를 개혁한 만큼이나 제노바 예술 분야에서도 중요한 개혁을 했다. 그는 피렌쩨에서 프라 죠반니 다 몬토르솔리를 데려다가 도리아 궁전을 개축하게 했다.(1529) 그리고 로마에서 온 페리노 델 바가는 이 궁전을 벽화들과 벽토 돋을새김, 그로테스크 양식과 아라베스크 양식 등으로 꾸몄다. 그 결과 이 궁전은 이탈리아에서 가장 화려한 궁전의 하나가 되었다. 첼리니의 경쟁자이며 적인 레오네 레오니가 로마에서 와서 도리아 장군의 메달을 제작했고, 몬토르솔리는 그의 무덤을 고안했다. 제노바에서 르네상스는 도리아와 함께 시작되어 그와 함께 끝을 맺었다.

3. 파비아

제노바와 밀라노 사이에 티치노 강을 따라 고요한 고대 도시 파비아(Pavia)가 자리 잡고 있다. 파비아는 한때 롬바르디아 왕들의 거처였다. 그러나 14세기에 밀라노의 속령이 되었고, 비스콘티 가문과 스포르짜 가문에 의해 제2의 수도로 사용되었다. 이곳의 막강한 성은 갈레아쪼 비스콘티 2세가 시작하고 (1360) 쟌갈레아쪼 비스콘티가 완성했다. 이것은 밀라노 공작들의 궁전의 하나로 이용되었고, 뒷날 밀라노 공작들에게는 기쁨의 궁전이 되었다. 페트라르카는 이곳을 가리켜 "현대 예술의 가장 고귀한 산물"이라 불렀다. 그리고 많은 당시 사람들은 이것을 유럽의 왕궁들 중에서 으뜸이라고 꼽았다. 도서관은 장식 무늬를 넣은 필사본 951종을 포함하여 유럽에서 가장 소중한 책들을 소장한 곳의 하나였다. 1499년 밀라노를 점령한 루이 12세는 이 파비아 도서관을 전리품으로 빼앗아 갔다. 프랑스 군대는 최신 대포를 이용하여 성의 내부를 파괴했다.(1527) 그래서 성벽 말고는 아무것도 남지 않았다.

그러나 성은 파괴되었어도 비스콘티와 스포르짜 가문의 가장 아름다운 보물만은 상하지 않고 고스란히 남았다. 바로 파비아와 밀라노 사이에 대로에서 떨어져 숨어 있는 카르투지오 수도원이 그것이다. 이 평이한 평원에 쟌갈레아쪼 비스콘티는 아내가 한 맹세를 지키기 위해 방들과 회랑과 교회를 건축하기 시작했다. 이렇게 시작해서 1499년에 이르기까지 밀라노 공작들은 이 건축물을 자기들의 신앙심과 예술의 구현체로 여기고 건축을 계속했다. 이탈리아에 이보다 더 아름다운 것은 없다. 흰색 카라라 대리석으로 만든 롬바르디아 로마네스크 정면부는 갈레아쪼 마리아 스포르짜와 로도비코 일 모로의 후원을 받아 파비아 출신인 크리스토포로 만테가짜(C. Mantegazza)와 죠반니 안토니오 아마데오(G. A. Amadeo)가 만든 것이다. 이것은 지나치게 화려하고 또 아치, 조각상, 돋을새김, 메달, 기둥, 벽기둥, 기둥머리, 아라베스크 무늬, 그리고 천사와 성인과 시레네와 왕자들과 과일과 꽃들을 새겨 넣은 것이 너무 귀여워서 여기에 통합과 조화의 감각이 있다고 할 수는 없다. 전체에 대한 배려가 없이 모든 부분이 각기 주목받으려 한다. 그러나 각 부분은 사랑과 기술로 만들어진 작업이다. 아마데오가 만든 네 개의 르네상스 창문만 떼어 놓고 보면 그에게 인류가 기억할 만한 예술가라는 칭호를 부여해 줄 만하다. 일부 이탈리아 교회들의 정면부는 특별히 이렇다 할 특성을 드러내지 않은 채 그냥 화려할 뿐이다. 그러나 이 파비아 수도원(Certosa di Pavia) 외부에 장식된 모습과 형태들은 극히 아름답다. 당당하게 부착된 받침벽, 고귀한 탑들, 아치 복도, 본당 건물의 북쪽 날개 부분과 교회 성가대석 부분의 뾰쪽 천장, 두 개의 안마당 회랑의 우아한 기둥과 아치들. 안마당에서 날씬한 기둥을 따라 눈길을 들어 올려 3개 층이 늘어선 아치 복도를 거쳐 맨 꼭대기에 이르면 4개 층을 이룬 열주(列柱)들 위에 올라선 둥근 지붕. 이것은 조화롭게 고안되어 경탄할 정도로 훌륭하게 만들어진 하나의 앙상블이다. 교회 안에 있는 것은 무엇이든 최고로 탁월한 것들이다. 기둥들이 무리 지어 위로 올라가고 고딕 아치들이 깎아 다듬은 천장에 이른다. 청동 격자와 쇠 격자들이 정교하게 디자인한 왕실 레이스 같다. 우아한 형태와 장식을 갖춘 문들과 아치 통로들. 보석들이 박힌 대리석 제단들. 페루지노, 보르고뇨네, 뤼니의 그림들. 상감을 박아 넣은 웅장한 성가대석. 신비로운 스테인드글라스. 기둥, 아치 삼각면, 장식 아치 창도리, 처마 장식들. 크리스토포로 로마노와 베네데토 브리오스코가 만든 쟌갈레아쪼 비스콘티의 당당한 무덤. 그리고 감상적인 애정의 마지막 유물인 로도비코 일 모로와 베아트리체 데스테의 모습을 새겨 놓은 무덤. 그들은 10년의 시간 차와 약 800킬로미터나 떨어진 장소에서 죽었으면서 마침내 이곳에서 훌륭한 대리석의 모습이 되어 나란히 누워 있다. 롬바르디아 양식, 고딕 양식, 르네상스 양식의 다양한 모습들을 통합하기라도 하는 것처럼 여기서 거의 완벽한 르네상스의 건축물 안에 결합되어 있다. 무어 사람(일 모로) 로도비코 치하에서 밀라노에는 아름다운 여인들이 모여들어 당대 최고의 궁정을 만들어 냈으며, 또 브라만테, 레오나르도, 카라도쏘 같은 탁월한 예술가들이 모여들어 빛나는 10년 동안 이탈리아의 지도권을 피렌쩨, 베네찌아, 로마로부터 이리로 가져왔기 때문이다.

4. 비스콘티 가문: 1378~1447

1378년에 죽은 갈레아쪼 2세는 밀라노 지역에 있는 자신의 영토를 아들 쟌갈레아쪼 비스콘티(G. Visconti)에게 물려주었다. 쟌갈레아쪼는 아버지와 마찬가지로 파비아를 수도로 삼았다. 그는 마키아벨리의 마음을 따뜻하게 해 줄 만한 남자였다. 자신의 궁전의 거대한 도서관에 푹 파묻혀 섬세한 법률을 보살피고, 온건한 과세로 신하들을 얻고, 인상적인 신앙심으로 교회에 참석하고, 궁전을 사제들과 수도사들로 채웠다. 그는 외교관들이 이탈리아 반도 전체를 자신의 통치 아래 하나로 통합하려는 계획을 세우고 있다고 의심했던 이탈리아 최후의 통치자였다. 이것은 정말 그의 두뇌에서 끓어오르고 있던 야망이었다. 그는 생애 마지막까지 이 일을 추진했으며 거의 실현할 뻔했다. 그리고 이 일을 위해서 능숙함, 배반, 살인 등을 서슴지 않았다. 마치 아직 쓰이지도 않은 『군주론』을 열심히 공부하고 그리스도에 대해서는 한 번도 들어 본 적이 없는 사람 같았다.

그의 삼촌인 베르나보는 밀라노로부터 비스콘티 가문이 차지한 다른 절반 영토를 통치했다. 베르나보는 솔직한 악당이었다. 신하들에게서 인내의 한계선에 이르기까지 세금을 거두어들이고, 농부들에게 지기기 사냥에서 쓸 사냥개 5000마리를 유지하고 먹이도록 강요했으며, 범죄자들은 40일간 고문을 받을 것이라고 공포함으로써 사람들의 원한을 억눌렀다. 그는 조카 쟌갈레아쪼의 신앙심을 비웃고, 어떻게 하면 그를 쫓아내고 자신이 비스콘티 영토 전체를 다스릴 수 있을까 궁리했다. 쟌갈레아쪼는 경쟁자에게 밀정을 잔뜩 보내 두고 있었기에 베르나보의 이런 계획들을 알아냈다. 그는 베르나보와의 회합을 꾸몄다. 베르나보는 손쉽게 두 아들과 함께 왔다. 쟌갈레아쪼의 비밀 경호원들이 세 사람을 모두 붙잡았다. 베르나보는 분명 독살되었다.(1385) 쟌갈레아쪼는 이제 밀라노, 노바라, 파비아, 피아첸짜, 파르마, 크레모나, 브레시아 등지를 다스렸다. 1378년에는 베로나를, 1389년에는 파도바를 접수했고, 1399년에는 20만 플로린에 피사를 사들여 피렌쩨를 깜짝 놀라게 만들었다. 1400년에는 페루지아, 아씨시, 시에나를, 1401년에는 루카와 볼로냐를 함락시켰다. 이제 쟌갈레아쪼는 노바라에서 아드리아 해에 이르기까지 거의 모든 북부 이탈리아를 장악했다. 교황국가들은 교황청이 아비뇽에서 로마로 돌아온 다음 나타난 교황 분열(1378~1417)로 허약해져 있었다. 쟌갈레아쪼는 경쟁자인 교황에 맞서 교황 노릇을 했고, 교황청에 속하는 국가들을 모두 흡수하기를 꿈꾸었다. 그런 다음 그는 나폴리로 군대를 보낼 생각이었다. 그는 피사와 다른 속령들을 통제해서 피렌쩨를 굴복시켰을 것이고, 베네찌아만 홀로 합병되지 않고 남겠지만 통합된 이탈리아에 맞설 수가 없을 것이다. 그러나 1402년에 쟌갈레아쪼는 쉰한 살의 나이로 죽었다.

살아생전 그는 파비아나 밀라노를 떠난 적이 거의 없었다. 그는 전쟁보다는 음모를 좋아했고, 장군들이 무기를 통해서 거둔 것보다 섬세함을 통해서 더 많은 것을 얻었다. 게다가 이런 정치적 음모는 생산력 풍부한 그의 정신을 고갈시키는 일도 없었다. 그는 공중건강법령과 전염병 환자의 강제격리법안 등을 발령했다.[7] 파비아 성을 건설하고, 파비아 수도원과 밀라노 대성당의 건설을 시작했다. 그는 밀라노 대학의 그리스어 교수로 마누엘 크리솔로라스를 초빙했다. 그리고 파비아 대학을 후원하고 시인과 예술가와 학자들과 철학자들을 돕고 또 그들과 함께하기를 즐겼다. 그는 밀라노에서 파비아에 이르는 대운하 (Naviglio Grande)를 만들고, 알프스에서 밀라노를 거쳐 포 강에 이르고 다시 아드리아 해에 이르는, 북부 이탈리아를 횡단하는 수로(水路)를 개통했다. 그리고 수많은 농지에 물을 공급했다. 농업과 상업이 발달하면서 산업이 발달하기에 이르렀다. 밀라노는 모직물 산업에서 피렌쩨와 경쟁하기 시작했다. 그의 대장장이들은 서유럽 전역의 전사들을 위해 무기와 갑옷을 만들었다. 한번은 전쟁이 일어나자 두 명의 무기 장인(匠人)이 단 며칠 만에 6000명을 위한 무기와 갑옷을 만들었다.⁸ 1314년에 당파 싸움과 전쟁으로 가난해진 루카의 직조공들이 수백 명이나 밀라노로 이주해 왔다. 1400년 무렵에는 견직물 산업이 발전해서 도덕론자들은 천이 수치스러울 정도로 아름답다고 불만을 터뜨렸다. 쟌갈레아쪼는 훌륭한 행정과 공정한 정의, 신뢰할 만한 화폐, 견딜 만한 과세 등을 통하여 번성하는 경제를 보호했다. 과세는 속인과 평민뿐만 아니라 성직자 계급과 귀족에게도 확대되었다. 그의 자극을 받아 우편 서비스도 확장되었다. 1425년에 피렌쩨의 연간 수입은 금화 400만 플로린(1억 달러), 베네찌아는 1100만 플로린, 밀라노는 1200만 플로린에 이르렀다.⁹ 왕들은 아들이나 딸들을 비스콘티 가문과 결혼시키는 것을 영광으로 삼았다. 벤체슬라스(Wenceslas) 황제가 쟌갈레아쪼에게 공작 칭호를 부여하고 그와 그의 후계자들을 밀라노의 '영원한' 공작으로 임명했을 때(1395), 그는 사실에 형식을 덧씌워 준 데 지나지 않았다.

이것은 52년간 지속되었다. 쟌갈레아쪼의 맏아들 쟌마리아 비스콘티*는 아버지가 죽었을 때(1402) 열세 살이었다. 쟌갈레아쪼의 군대를 지휘했던 장수들이 그의 섭정직을 놓고 싸움을 벌였다. 그들이 밀라노를 얻기 위해 싸우는 동안 이탈리아는 다시 분열되었다. 피렌쩨는 다시 피사를 차지했다. 베네찌아는 베로나, 비아첸짜, 파도바를 차지했다. 시에나, 페루지아, 볼로냐는 각기 다른 전제 군주들에게 넘어갔다. 이탈리아는 전과 같이 분열되었다. 아니 그보다 더 니뻬졌다. 쟌마리아는 기혹한 섭정들에게 통치를 맡겨 놓은 채 자신은 개들에만 빠져들었다. 개들에게 인육을 먹도록 훈련을 시키고는 정치적 적이나 사회적 범죄자로 지목된 사람들을 산 채로 개들에게 주어 먹게 했다.¹⁰ 1412년에 세 명의 귀족들이 그를 찔러 죽였다.

그의 동생 필리포 마리아 비스콘티는 아버지의 섬세한 지성과 끈질긴 노력,

---

* 쟌갈레아쪼는 성모 마리아에게 아들을 달라고 기도하고 마침내 아들을 얻게 되자 너무 기쁜 나머지 자신의 후손들은 모두 자기 이름(쟌)을 얻을 것이라고 맹세했다.

야망, 멀리 내다보는 정책 등을 물려받았던 것으로 보인다. 그러나 아버지 쟌갈레아쪼에게서는 한곳에 앉아 있는 용기로 나타났던 것이 필리포에게서는 한곳에만 앉아 있는 소심함으로 나타났다. 그는 늘 암살 공포에 시달렸고, 인간의 믿을 수 없는 속성에 대한 괴로운 신념에 시달렸다. 그는 밀라노의 포르타 죠비아 성에 틀어박혀 먹고 뚱뚱해지고, 미신을 품고 점성술사들을 좋아했다. 그런데도 매끈한 관계로 긴 통치의 마지막에 이를 때까지 자기 나라와 장수들과 심지어는 가족의 절대적 통치자로 남았다. 그는 돈을 노려 베아트리체 텐다와 결혼하고 그녀가 부정을 저질렀다는 이유로 사형을 언도했다. 사부아의 마리아와 결혼하고는 그녀의 시녀들 빼고는 모든 사람에게서 격리시켰다. 그리고 아들이 없다는 궁리 끝에 정부(情婦)를 얻었다. 정부와의 사이에 태어난 아름다운 딸 비앙카에 대한 사랑에서는 어느 정도 인간적으로 되었다. 학문에 대한 아버지의 후원을 이어받아, 유명한 학자들을 파비아 대학에 초빙하고, 브루넬레스코와 비할 바 없는 피사넬로에게 여러 가지 작품을 주문했다. 그는 능률적인 독재로 통치했다. 당파 싸움을 억누르고 질서를 유지하고 봉건적 가혹함에서 농부를 보호하고, 상인들을 약탈에서 보호했다. 솜씨 좋은 외교와 군대를 잘 이용해서 파르마와 피아첸짜, 또한 브레시아에 이르기까지의 롬바르디아 모든 지역, 밀라노와 알프스 사이의 땅들을 되찾아서 밀라노에 복종하게 했다. 1421년에는 제노바 사람들에게 자신의 독재가 내전(內戰)보다 더 낫다는 사실을 설득했다. 그는 경쟁 가문들 사이에 결혼을 장려해서 많은 집안 간의 미움을 끝냈다. 백 개의 작은 독재 대신 하나의 독재를 세운 것이다. 자유를 빼앗겼지만 내부의 갈등에서 벗어난 주민들은 불평을 하면서도 번영하고 사람 수가 늘었다.

그는 유능한 장수들을 찾아내는 본능을 가졌다. 그리고 그들 모두가 자기를 대신하려는 소망을 가졌다고 의심했다. 아버지가 얻었다가 형이 잃어버린 영토를 되찾으려는 소망으로 끊임없이 전쟁을 만들어 냈다. 그가 베네찌아, 피렌쩨와 벌인 전쟁에서 강력한 용병대장 한 패거리가 생겨났다. 가타멜라타, 콜레오니, 카르마뇰라, 브라치오, 포르테브라치오, 몬토네, 피치니노, 무찌오 아텐돌로……. 무찌오는 시골 소년이었다. 남자와 여자 전사(戰士)들로 이루어진 거대한 집안의 한 사람이었다. 그는 강인한 체력으로 스포르짜(Sforza)라는 별명을 얻었다. 그리고 이 이름으로 나폴리의 여왕 요한나 2세를 위해 싸웠다. 그는 총애를 잃고 감옥에 갇혔다. 그의 누이는 완전무장을 하고 간수들에게 그를 풀어 주라고 강요했다. 그는 밀라노 군대 하나를 지휘하게 되었지만 바로 이어서 강물을 건너다 빠져 죽었다.(1424) 당시 스물두 살이던 그의 사생아 아들 하나가 아버지의 자리를 차지했고, 전쟁과 결혼을 통해 통치자의 자리로 올라갔다.

5. 스포르짜 가문: 1450~1500

프란체스코 스포르짜(Francesco Sforza)는 르네상스 병사의 이상(理想)이었다. 훤칠한 키에 잘생긴 데다 운동을 잘하고 용감했다. 달리기, 넓이뛰기, 레슬링 등은 자신의 군대에서 제일이었다. 잠은 조금만 자고, 겨울이나 여름이나 머리에 모자도 쓰지 않았다. 병사들과 함께 고난과 식량을 나누었기에 그들의 헌신을 얻었고 또 사람 숫자보다는 전략의 우세함을 통해 그들을 화려한 승리로 이끌었다. 그의 명성이 비할 바 없는 것이었기에 적군은 여러 번이나 그의 모습을 보지미지 무기를 내려놓고 투구를 벗고서 지기 시대 가장 위대한 장군인 그를 환호로 맞이했다. 자신의 국가를 세울 욕심에 그는 자신의 정책을 방해하는 것을 용서하지 않았다. 그리고 밀라노와 피렌쩨와 베네찌아를 위해 번갈아 싸웠다. 그러다가 필리포 마리아 비스콘티가 그를 딸 비앙카와 결혼시키고, 지참금으로 크레모나와 폰트레몰리를 내주어서 그의 충성심을 얻었다.(1441) 6년 뒤에 필리포가 후계자 없이 죽으면서 비스콘티 가문이 끝나게 되자, 프란체스코는 밀라노도 아내의 지참금에 속한다고 여겼다.

밀라노 사람들은 생각이 달랐다. 그들은 암브로시아(Ambrosia)라는 이름의 공화국을 만들었다. 이 이름은 천 년 전에 테오도시우스를 쫓아내고 아우구스티누스를 인정했던 밀라노 출신 주교에게서 가져온 것이었다. 그러나 도시의 당파들은 어떠한 합의점에 도달하지 못했다. 밀라노의 속령들은 이 기회를 이용하여 각기 독립을 선언했다. 그들 중 일부는 베네찌아 군대에 굴복했다. 베네찌아나 피렌쩨가 공격해 올 위험이 아주 커졌다. 게다가 오를레앙 공작, 황제 프리드리히 3세, 나폴리 왕 아라곤의 알폰소 등이 모두 밀라노가 자기들 영토라고 주장하고 나섰다. 이 위기에 밀라노 사절단이 스포르짜를 찾아와 그에게 브레시아를 내주면서 밀라노를 방어해 달라고 부탁했다. 스포르짜는 대단한 정력으로 밀라노의 적들을 물리쳤다. 그러나 새로운 밀라노 정부가 자기와 상의 한마디 없이 베네찌아와 평화를 맺자 그는 군대를 돌려 밀라노 공화국에 맞섰다. 그리고 도시를 포위해서 거의 굶어 죽게 만들었다. 도시는 항복했고 그는 굶주린 주민들이 환호하는 가운데 도시로 들어갔다. 그리고 빵을 분배함으로써 자유를 향한 열망을 잠재웠다. 도시의 총회가 소집되었다. 각 가구에서 남자 한 명씩을 대표로 내보냈다. 총회는 황제의 항의에 맞서 그에게 공작 칭호를 부여했고, 그로써 스포르짜 가문은 짧고도 찬란한 경력을 시작했다.(1450)

공작으로 올라섰다고 그의 성격까지 변한 것은 아니었다. 그는 계속 단순하게 살고 열심히 일했다. 이따금 잔인하거나 배신적인 행동을 하고는 그에 대한 변명으로 국가에 유익한 것이라고 우기곤 했다. 그러나 전반적으로 그는 공정하고 인정이 있는 사람이었다. 아름다운 여자들을 향한 어찌할 바 모르는 감수성 때문에 고통을 받았다. 그의 지독한 아내는 그의 정부(情婦)를 죽이고 그를 용서했다. 그녀는 여덟 명의 아이를 낳고 현명한 정치적 충고를 해 주었으며, 가난한 사람을 구제하고 억압받는 사람을 보호함으로써 사람들이 그의 통치를 받아들이도록 만들었다. 그의 행정 능력은 군대를 지휘하는 능력만큼이나 유능했다. 그가 만들어 낸 사회질서는 도시에 번영을 되찾아 주어서 고통의 기억과 자유에 대한 열망을 희미하게 만들었다. 폭동이나 포위에 맞서기 위한 요새로서 그는 거대한 스포르짜 성(Castello Sforzesco)을 짓기 시작했다. 육지를 통과하는 새로운 운하를 건설하고, 공공사업을 조직하고 큰 병원을 지었다. 인문주의자 필렐포를 밀라노로 데려와 교육과 학문 그리고 예술을 장려했다. 빈첸쪼 포파를 브레시아에서 데려와 미술 학교를 세우게 했다. 베네찌아, 나폴리, 프랑스의 음모에 위협을 받자 그는 코시모 데 메디치의 강력한 후원과 우정을 얻어내 그들 모두를 막았다. 그는 딸 이폴리타를 나폴리의 왕 페란테의 아들 알폰소와 결혼시켜 나폴리의 공격을 막았다. 프랑스 왕 루이 11세와 동맹을 맺음으로써 오를레앙의 공작을 막았다. 일부 귀족들은 그를 죽이고 그의 권력을 끝내려 했지만 통치에서의 성공은 그들의 계획을 좌절시켰다. 그는 평화롭게 살다가 죽었다.(1466) 평화로운 죽음이 전통적으로 장군들의 죽음이다.

태어날 때부터 통치자로 정해진 그의 아들 갈레아쪼 마리아 스포르짜는 빈곤과 전투를 통한 기율(紀律)이라는 것을 몰랐다. 그는 쾌락과 사치와 화려함에 기울었고, 독특한 취향으로 친구들의 아내를 유혹했다. 그리고 적에게 잔인했다. 이 잔인성은 친절한 어머니 비앙카를 통해 저 뜨거운 비스콘티 혈통에서 신비로운 방식으로 물려받은 것 같았다. 절대 통치에 익숙해진 밀라노 사람들은 그의 전제적인 통치에 아무런 저항도 하지 않았지만, 공적인 형벌이 참아준 일을 사적인 복수가 벌주었다. 지롤라모 올지아티는 누이 하나가 공작의 유혹을 받았다가 버림받은 일에 분노했다. 죠반니 람푸냐니 역시 공작을 통해 재산을 잃었다고 여겼다. 그들은 카를로 비스콘티와 함께 니콜로 몬테노라는 사람에게서 로마 역사와 이상(理想)을 배웠다. 이런 공부에는 브루두스에서 브루투스에 이르는 폭군 살해자들이 포함되어 있었다. 성인들에게 도움을 간청하는 기도를 드린 다음 세 젊은이는 갈레아쪼 공작이 예배를 드리는 성 스테파노 교회로 들어가 그를 찔러 죽였다.(1476) 람푸냐니와 비스콘티는 그 자리에서 살해되었다. 올지아티는 잡혀서 몸 안의 뼈가 모두 부러지거나 탈골되도록 고문을 받았다. 그리고 산 채로 껍질이 벗겨졌다. 그러나 마지막 숨이 남아 있는 동안 그는 후회하기를 거절하고 이교의 영웅들과 그리스도교 성인들이 모두 자기 행위를 인정해 줄 것이라고 주장했다. 그리고 죽어 가면서 고전(古典)의 구절이면서 르네상스의 구절이기도 한 한 말을 내뱉었다. "Mors acerba, fama perpetua." — "죽음은 괴로우나 명성은 영원하다."[11]

갈레아쪼는 일곱 살 난 아들 쟌갈레아쪼 스포르짜에게 통치권을 남겼다. 3년 동안이나 교황당과 황제당이 섭정 자리를 차지하기 위해 무질서한 경쟁을 벌였다. 결국 르네상스의 통치자들 중에서 가장 다채롭고 복잡한 개성을 지닌 한 사람이 승리자가 되었다. 로도비코 스포르짜(Lodovico Sforza)는 프란체스코 스포르짜의 아들 중 넷째였다. 아버지는 그에게 '마우로'라는 별명을 붙여 주었다. 당시 사람들은 이 이름을 변형시켜서 '일 모로(il Moro)', 곧 '무어 사람'이라 불렀다. 그의 머리카락과 눈이 검은 색깔이었기 때문이다. 그 자신은 유머 감각이 넘치는 태도로 이 별명을 받아들였다. 그리고 무어 방식 표장과 의상이 그의 궁정에서 인기를 얻었다. 다른 재치 있는 사람들은 이 이름을 뽕나무(이탈리아어로 역시 모로)와 동의어라고 해석했다. 이것도 그의 상징이 되었다. 그래서 오디 색깔은 밀라노에서 유행하게 되고, 스포르짜 성에 레오나르도가 장식한 일부 방에는 그것이 주제와 모티프가 되고 있다. 로도비코의 중요한 선생은 필렐포였다. 그는 로도비코에게 풍성한 고전 지식을 주었다. 그러나 어머니 비앙카는 이 인문주의자에게 "우리는 왕자들을 가르치는 것이지 학자들을 가르치는 것이 아니다."라는 말로 경고했다. 그녀는 아들들이 통치와 전쟁의 기술에 능통해야 한다는 뜻으로 그렇게 말한 것이다. 로도비코는 육체적으로 용감한 사람은 아니었다. 그러나 그에게서 비스콘티 집안의 지성이 그 잔인성을 떼어 버린 모습으로 구현되었다. 그의 온갖 잘못과 나쁜 짓에도 불구하고 그는 역사상 가장 문명화된 남자들 중의 하나였다.

그는 잘생기지 않았다. 대부분의 위대한 남자들이 그랬듯이 그도 또한 관심을 분산시키는 이 결함(잘생긴 것)을 면제받았다. 그의 얼굴은 너무 통통하고 코는 너무 길고 구부러진 데다 턱은 지나치게 넓고 입술은 너무 꼭 다물어졌다. 그래도 볼트라피오가 그린 것으로 알려진 옆모습과, 리옹과 루브르에 있는 그의 흉상들에는 고요한 강인함, 민감한 지성, 거의 부드러운 세련됨이 깃들어 있다. 그는 자기 시대 가장 능숙한 외교관이라는 평판을 얻었다. 때로는 동요하고, 자주 멀리 돌아가고, 항상 양심적이지는 않고, 이따금 믿을 수 없었다. 이런 것들은 르네상스 외교의 공통된 결함이었다. 어쩌면 이것은 모든 외교에 필수적인 요소일지도 모른다. 그런데도 르네상스 통치자들 중에서 자비심과 너그러움에서 그와 비슷한 사람은 드물다. 잔인성은 그의 기질에 맞지 않았고 수많은 남자와 여자들이 그의 은총을 누렸다. 온화하고 예의 바르고 모든 아름다움과 예술에 민감한 감수성을 지녔고, 상상력이 풍부하고 감정적이고 그러면서도 전망을 잃어버리는 일이 드물고, 감정을 통제하고, 회의적이고 미신적인 사람, 수백만 금의 주인이자 점성술사의 노예였던 사람. 로도비코는 바로 이 모든 것이었다. 전쟁하는 집안의 후계자로서 불안정한 절정에 이른 인물이었다.

13년 동안(1481~1494) 그는 조카의 섭정 자격으로 밀라노를 통치했다. 쟌갈레아쪼 스포르짜는 통치의 책임이 두려워 수줍게 뒤로 물러나는 인물이었다. 게다가 자주 병에 걸려서 심각한 사건들을 다룰 능력이 없었다. 귀치아르디니는 '가장 무능력한 사람'이라고 불렀다. 그는 쾌락이나 질병에 빠져 기꺼이 국가 행정을 삼촌에게 맡겼다. 질투심을 지닌 채 삼촌을 존경하고 의심을 지닌 채 믿었다. 로도비코는 공작 칭호와 직위가 가지는 온갖 화려함과 광채를 다 조카에게 주었다. 옥좌에 앉아 경의를 받고 제왕의 사치를 누리며 산 사람은 쟌갈레아쪼였다. 그러나 그의 아내인 아라곤의 이사벨라는 로도비코가 통치권을 지닌 것을 원망했다. 그녀는 남편을 졸라 통치권을 손수 장악하라고 부추겼다. 또 나폴리의 왕세자인 아버지 알폰소에게 군대를 거느리고 와서 자신의 정치적 권력을 되찾아 달라고 호소했다.

로도비코는 능률적으로 통치했다. 비제바노에 있는 여름 별장 주변에 그는 광대한 실험 농장과 가축 사육장을 만들었다. 이곳에서 벼와 포도와 뽕나무 재배 실험들이 이루어졌다. 낙농장은 이탈리아에서도 전에 알려진 적이 없는 뛰어난 버터와 치즈를 생산했다. 들판과 언덕에는 2만 8000마리의 황소, 암소, 물소, 양, 염소 따위가 방목되었다. 널찍한 마구간에는 유럽에서 가장 훌륭한 말들을 생산하는 수말과 암말들이 있었다. 밀라노의 견직물 산업이 2만 명의 노동자를 고용하고 피렌쩨로부터 많은 외국 시장을 빼앗았다. 철물 제조인, 금세공인, 목판 조각가, 에나멜 제조인, 도공, 모자이크 제조인, 유리 화가, 향수 제조인, 수놓는 사람, 양탄자 짜는 사람, 악기 제조인 등이 밀라노 산업의 바쁜 소음을 만들어 냈다. 여러 궁전들과 인물들을 장식하고 남은 것들을 팔아서 동방에서 온 더욱 섬세한 사치품을 사들였다. 사람과 상품의 통행을 쉽게 하기 위하여 그리고 "사람들에게 더 많은 빛과 공기를 주기"[12] 위하여 로도비코는 주요 도로들을 확장했다. 스포르짜 성으로 통하는 도로에는 귀족들의 궁전과 정원이 줄지어 들어섰다. 스포르짜 성과 나란히, 이제 최종적인 형태를 취하게 된 대성당은 도시의 맥박 치는 삶의 중심지가 되었다. 밀라노 인구는 1492년에 대략 12만 8000영혼에 이르렀다.[13] 로도비코 치하에서 쟌갈레아쪼 비스콘티 시대 못지않은 번영을 누렸다. 그러나 이렇게 번창하는 경제의 이익이 주민들을 태고 시대부터의 빈곤에서 구하기보다는 섭정을 강하게 만들고 그의 궁정을 꾸미는 데 쓰인다는 불만이 불거졌다. 가구주들은 무거운 세금에 신음하고 이에 항의하는 폭도들이 크레모나와 로디의 질서를 어지럽혔다. 로도비코는 새 병원을 짓고 환자들을 돌보고, 또 파비아와 밀라노의 대학들을 후원하고, 또한 농업, 품종 개량, 산업 분야에서 실험을 하기 위해 돈이 필요하다고 대답했다. 그리고 궁정의 예술과 화려함으로 외국 대사들에게 강한 인상을 주어야 한다고 했다. 외국 정부들은 오로지 강하고 부유한 국가만을 존중하기 때문이다.

밀라노는 이런 말에 넘어가지는 않았지만 로도비코가 가장 섬세하고 사랑스러운 페라라 공주를 아내로 맞이하게 되었을 때 그와 함께 기뻐했다.(1491) 그는 베아트리체 데스테(B. d'Este)의 생동하는 처녀성에 자신이 잘 어울리는 척 행동하지는 않았다. 그는 이미 서른아홉 살의 나이에 여러 명의 정부를 두었고, 그들은 그에게 두 아들과 딸 비앙카를 낳아 주었다. 이 딸을 그는 자기 아버지가 같은 이름의 정열적인 여자를 사랑했던 것처럼 사랑했다. 그의 아내 베아트리체는 르네상스 남자들의 이런 일부일처 방식에 대해 물의를 일으키지 않도록 양육되었다. 그러나 그녀는 밀라노에 도착했을 때 남편의 마지막 정부인 아름다운 체칠리아 갈레라니(Cecilia Gallerani)가 아직도 스포르짜 성에 널찍한 방을 차지하고 있는 것을 보고 깜짝 놀랐다. 그보다 더 나쁜 것은 로도비코가 결혼하고 나서도 두 달 동안이나 더 체칠리아에게로 갔다는 것이다. 그는 페라라 대사에게 자기 몸과 영혼을 그토록 우아하고 즐겁게 해 주는 이 교양 있는 여류시인을 떠나보낼 마음이 없다고 설명했다. 베아트리체는 페라라로 돌아가겠다고 위협했다. 로도비코는 마침내 굴복하고, 베르가미니 백작을 설득해서 체칠리아와 결혼하게 했다.

베아트리체는 로도비코에게 왔을 때 열네 살 소녀였다. 그녀는 특별히 아름답지는 않았다. 그녀의 매력은 삶에 대해 지닌 순수하게 즐거워하는 태도였다. 그녀는 나폴리에서 성장하면서 그곳의 즐거운 생활 방식을 익혔다. 그런 생활 방식이 그녀의 정직성을 망치기 전에 그곳을 떠났지만 그녀의 성품에는 걱정 없는 사치의 습성이 남았다. 이제 로도비코의 부유함에 힘입어 그녀는 거기 마음껏 빠져들었기에 밀라노 사람들은 그녀를 "미친 듯이 사치를 좋아하는 여자(amantissima del lusso)"라 불렀다.[14] 그런데도 누구나 그녀를 용서했다. 그녀가 그렇듯 죄 없는 즐거움을 사방에 발산했기 때문이다. 당시의 어떤 연대기 기록자는[15] 이렇게 보고한다. "밤낮 없이 노래와 춤과 온갖 종류의 즐거움으로 시산을" 보내기에 궁성 선체가 그녀의 방식을 낢아서 기쁨은 끝이 없었다. 결혼하고 몇 달이 지나자 근엄한 로도비코도 그녀에게 완전히 빠져들어 한동안은 이 새로운 즐거움에 비하면 온갖 권력이나 지혜도 잊어버릴 지경이라고 고백했다. 로도비코의 보살핌 속에서 그녀는 젊은 영혼의 매력에 정신의 우아함을 덧붙였다. 그녀는 라틴어로 연설하는 법을 배우고 자신의 머리를 국가의 업무로 어지럽게 만들고, 이따금 저항할 길 없이 매혹적인 외교관 노릇을 남편을 위해 떠맡았다. 그녀가 자기보다 더 유명한 언니 이사벨라 데스테에게 보낸 편지

들에는 마키아벨리 사상을 구현한 르네상스 시대 투쟁의 정글에서 피어난 꽃의 향기가 그득하다.[16]

놀기 좋아하는 베아트리체와 더불어 춤을 추고, 열심히 일하는 로도비코가 만들어 내는 계산서를 지불하면서 밀라노 궁정은 이탈리아뿐만 아니라 유럽 전체에서 가장 화려한 궁정이 되었다. 스포르짜 성은 그 당당한 중앙 탑과, 화려한 방들의 끝없는 미로, 상감 처리된 복도, 스테인드글라스를 끼운 창, 수놓은 쿠션과 페르시아산(産) 양탄자, 트로야와 로마의 전설들을 보여 주는 벽걸이 장식들로 최고의 영광을 누렸다. 여기에 레오나르도가 만든 천장, 크리스토포로 솔라리(C. Solari) 혹은 크리스토포로 로마노가 만든 조각상, 그리고 그리스, 로마, 이탈리아 미술의 관능적인 유물이 사방에 놓였다. 이 화려한 무대 장치 위에서 학자들이 전사들과, 시인들이 철학자들과, 미술가들이 장군들과 함께 어울리고 이들 모두는 다시 여인들과 한데 어울렸다. 그녀들의 타고난 매력은 온갖 세련된 화장, 장신구, 의상 등으로 더욱 강조되었다. 남자들은 병사들조차도 조심스럽게 머리 단장을 하고 화려한 옷을 입었다. 오케스트라는 악기들을 모아 연주하고 노래가 홀들을 가득 채웠다. 피렌쩨가 사보나롤라 앞에서 벌벌 떨면서 사랑과 예술의 허영들을 불태우던 시기에 음악과 느슨한 도덕성이 로도비코의 수도를 지배하고 있었다. 남편들은 아내들의 사랑을 눈감아 주고 그 대가로 자기들도 바람을 피웠다.[17] 가면무도회가 빈번했고 수많은 즐거운 의상들이 수많은 죄악을 가려 주었다. 남자와 여자들은 노래하고 춤을 추었다. 마치 이 도시의 성벽 안에 빈곤이 활개 치고 있지 않다는 듯이, 마치 프랑스가 이탈리아를 침공할 계획을 세우고 있지 않다는 듯이, 마치 나폴리가 밀라노를 붕괴시킬 음모를 꾸미고 있지 않다는 듯이.

고향 코모를 떠나 이곳 궁정으로 온 베르나르디노 코리오는 생생한 「밀라노 역사」(1500년경)에서 고전의 향기를 담아 이 광경을 다음과 같이 묘사했다.

우리 통치자들의 궁정은 새로운 패션, 의상, 즐거움으로 가득 넘쳐 극히 화려했다.

그런데도 이 시기에 모든 면에서 미덕이 대단한 찬양을 받았기에 미네르바(지혜의 여신)는 베누스(아름다움과 사랑의 여신)와 경쟁을 했고, 두 여신은 각기 가장 뛰어난 인물들로 자신의 학교를 만들려고 했다. 큐피드(사랑)의 학교에는 가장 아름다운 젊은이들이 모여들었다. 아버지들은 딸들을, 남편들은 아내들을, 오빠들은 여동생들을 그리로 보냈다. 그래서 그들은 떼를 이루어 사랑의 전당에 몰려들었고 이해력을 가진 사람들은 그것을 아주 탁월한 것이라 생각했다. 미네르바도 모든 힘을 다하여 자신의 기품 있는 아카데미를 장식하려 들었다. 그것을 위해서 영광스럽고 가장 빛나는 통치자 로도비코 스포르짜는 유럽의 가장 구석진 곳으로부터도 학식과 예술에서 가장 뛰어난 남자들을 이리로 끌어들였다. 이곳에서 그리스어를 배우는 일과 라틴어 시구(詩句)와 산문들이 찬란하게 꽃을 피웠고, 이곳에서 시의 뮤즈들이 빛을 발했다. 조각가의 예술과 가장 훌륭한 화가들이 아주 먼 나라에서도 이리로 오고, 온갖 종류의 노래와 사랑스러운 음악이 여기서 울리고, 매우 아름다운 화음을 이루어서 마치 하늘에서 이 탁월한 궁정으로 직접 내려온 듯했다.[17a]

로도비코와 이탈리아에 불운을 가져온 사람은 어쩌면 과격한 모성애에 사로잡힌 베아트리체였다고 할 수 있을지도 모르겠다. 1493년에 그녀는 아들을 낳았다. 이 아기는 머지않아 황제의 직위를 물려받게 되는 대부 막시밀리안의 이름을 따서 막시밀리안이라는 이름을 얻었다. 베아트리체는 로도비코가 죽으면 자신과 아기의 장래가 어찌 될까 걱정되었다. 남편은 밀라노를 통치할 합법적인 권한을 갖지 못했기 때문이나. 쟌갈레아쪼 스포르짜는 나폴리 출신 신하들의 충고를 받아 아무 때라도 아기를 쫓아내거나 죽일지도 모를 일이었다. 쟌갈레아쪼가 아들을 얻기라도 하는 날에는 공작 직위는 로도비코의 운명과 상관없이 그 아들에게로 넘어갈 것이 분명했다. 로도비코는 이런 걱정에 공감하고 막시밀리안 왕에게 비밀 사절을 보냈다. 자신의 조카 비앙카 마리아 스포르짜를 그의 아내로 맞아들이라고 제안하면서 유혹적인 지참금 40만 두카트(500만 달러)를 제공했다. 막시밀리안이 황제가 되면 로도비코에게 밀라노 공작의 직위와 권한을 인정해 달라는 조건이 붙었다. 비스콘티 가문에 공작 작위를 주었던 황제들은 스포르짜 가문이 비스콘티 가문을 계승하는 것을 승인하기를 거절했었다는 사실을 여기 덧붙여야겠다. 법적으로 보면 밀라노는 여전히 황제 권한에 속하고 있었던 것이다.

쟌갈레아쪼는 개와 박사들을 돌보느라 너무 바빠서 이런 일에 신경 쓸 수가 없었다. 그러나 바싹 약이 오른 그의 아내 이사벨라는 그들의 움직임을 알아채고 다시 아버지에게 탄원을 계속했다. 1494년 1월 알폰소는 나폴리 왕이 되었고, 노골적으로 밀라노 섭정에 적대적인 정책을 채택했다. 교황 알렉산더 6세는 나폴리와 동맹을 맺고 있었을뿐더러 당시 스포르짜 가문이 통치하던 포를리 시와 다른 도시들을 교황국가에 포함시키려고 안달이었다. 로도비코와 친분이 두터웠던 메디치의 로렌쪼는 1492년에 죽었다. 자신을 보호하려는 절망적인 조치로, 로도비코는 프랑스와 동맹을 맺고서 샤를 8세가 이끄는 프랑스 군대가 나폴리 왕권에 대한 권한을 요구하려고 나폴리로 쳐들어갈 때 북부 이탈리아 관문을 그대로 열어 주었다.

그렇게 해서 프랑스 군대가 이탈리아로 들어왔다. 로도비코는 샤를 8세를 친절하게 맞아들이고, 그의 나폴리 원정에 신의 축복을 빌어 주었다. 프랑스 군대가 남쪽으로 행군해 가는 동안 쟌갈레아쪼 스포르짜가 여러 질환들이 겹쳐서 죽었다. 로도비코가 그를 독살했다는 혐의를 받고 있지만 그것은 잘못된 것이다. 그러나 그가 서둘러 공작 직위를 차지함으로써 이런 소문에 부채질을 했다.(1495) 그사이 오를레앙 공작 루이가 두 번째 프랑스 군대를 거느리고 이탈리아로 침입해서, 자기는 쟌갈레아쪼 비스콘티의 후예로서 밀라노에 대한 권리가 있다고 선언했다. 로도비코는 샤를을 환영했던 일이 비극적인 오류였다는 사실을 이제서야 깨달았다. 그는 재빨리 정책을 전환시켜 베네찌아, 스페인, 알렉산더 6세 교황, 신성로마제국의 막시밀리안 황제 등과 더불어 '신성 동맹'을 맺고 프랑스 군대를 이탈리아 반도에서 쫓아냈다. 샤를 8세는 서둘러 퇴각하다가 포르노보에서 결정적인 패배를 겪었다.(1495) 그러곤 패배한 전투 병력을 추슬러 간신히 프랑스로 돌아갔다. 오를레앙의 루이는 후일 때가 오기를 기다리기로 결심했다.

로도비코는 이런 고통스러운 정책의 겉보기뿐인 성공을 보고 자부심을 느꼈다. 그는 알폰소에게 교훈을 주었고, 오를레앙의 계획을 좌절시키고, 연맹군을 승리로 이끌었다. 그의 지위는 안전해 보였다. 그는 외교의 불침번을 풀고서 다시금 궁정의 광채와 젊음의 자유를 즐겼다. 아내 베아트리체가 두 번째로 임신하자 그는 그녀를 결혼의 의무에서 해방시켜 주고, 루크레찌아 크리벨리와 애정 행각을 벌였다.(1496) 베아트리체는 참을 수 없는 슬픔으로 그의 부정(不貞)을 견뎠다. 그녀는 이제 더는 노래와 즐거움을 사방으로 뿌리지 않고 두 아들에게만 몰두했다. 로도비코는 정부와 아내 사이에서 흔들리면서 두 사람을 다 사랑한다고 맹세했다. 1497년에 베아트리체는 세 번째로 출산에 묶였다. 그녀는 아들을 사산했다. 그리고 반시간 뒤에 큰 고통 속에서 죽었다. 스물두 살의 나이였다.

이 순간부터 도시와 공작에게 모든 것이 변하고 말았다. 동시대 사람의 말에 따르면 "밀라노에서 일찍이 이렇듯 슬픔이 나타난 적이 없었다." 궁정은 애도에 몰두했다. 루크레찌아 크리벨리는 어둠 속으로 사라졌다. 후회와 근심에 사로잡힌 로도비코는 고독과 기도로 세월을 보냈다. 종교 따위는 거의 생각지도 않던 이 강인한 남자는 오로지 한 가지 소원만을 빌었다. 얼른 죽어서 베아트리체를 다시 보고 그녀의 용서를 구하고 그녀의 사랑을 되찾고 싶다는 소원이었다. 2주 동안 그는 시체의 일과를 거부하고, 사절이나 자식들 보기를 거부했다. 하루 세 번씩 미사를 드리고 매일 산타 마리아 델레 그라찌에 성당에 있는 아내의 묘소를 찾았다. 크리스토포로 솔라리에게 베아트리체의 누운 조각상을 만들라고 주문했다. 그리고 자기도 죽으면 그녀와 함께 한 무덤에 묻어 달라고 소원했다. 그리고 자신의 누운 조각상도 그녀의 조각상과 나란히 만들어 달라고 했다. 그래서 이것이 만들어졌다. 파비아 수도원에 있는 이 단순한 기념비는 오늘날에도 남아서 로도비코와 밀라노를 위해, 그리고 베아트리체와 레오나르도를 위해 짧고도 찬란하던 시간이 이제 끝났음을 알려 주고 있다.

비극은 빠른 속도로 무르익었다. 1498년에 오를레앙의 공작은 프랑스의 왕 루이 12세가 되었다. 그는 밀라노를 접수하려는 의도를 다시 드러냈다. 로도비코는 동맹국을 얻으려 했지만 하나도 찾아내지 못했다. 베네찌아는 무뚝뚝하게 그가 샤를 8세를 이탈리아로 끌어들였던 일을 상기시켰다. 그는 갈레아쪼 디 산 세베리노에게 군대의 지휘권을 맡겼다. 이 사람은 장군이 되기에는 너무 잘생겼다. 그는 적의 모습을 보자마자 도망쳐 버리고, 프랑스군은 아무런 방해도 받지 않고 밀라노로 행군해 들어왔다. 로도비코는 자기가 신임하는 부하인 베르나르디노 다 코르테에게 잘 방비된 요새인 스포르짜 성의 방어를 맡기고, 자신이 막시밀리안 황제의 도움을 얻을 때까지 그곳을 수비하라고 명령했다. 그리고 자신은 변장을 하고서 수많은 어려움을 뚫고 인스브루크에 있던 막시밀리안 황제에게로 갔다.(1499년 9월 2일) 로도비코가 모욕을 주었던 밀라노 장군인 쟌 트리불찌오가 프랑스군을 이끌고 밀라노로 들어오자 베르나르디노는 15만 두카트(187만 5000달러)의 돈을 받고 요새와 그곳에 보관된 보물을 저항 한번 없이 그대로 내주고 말았다. 로도비코는 탄식했다. "유다 이후로 이보다 더 큰 배신은 없었다."[18] 이탈리아 전체가 그와 같은 의견이었다.

루이 12세는 트리불찌오에게 이런 정복의 대가를 주었다. 장군은 무거운 세금을 거두어 들였다. 프랑스 군인들은 거칠고 거만하게 행동했다. 사람들은 로도비코가 돌아오기를 기원하기 시작했다. 그는 스위스, 도이치, 이탈리아 용병을 거느리고 돌아왔다. 그가 잠시 그곳에 머무는 동안 뛰어난 프랑스 포로 한 사람이 그에게 끌려왔다. 용기와 궁정 예의로 이름이 높은 기사 바야르였다. 로도비코는 그에게 칼과 말을 돌려주며 석방시키고 호위를 붙여서 프랑스 진영으로 돌려보냈다. 그러나 프랑스 측은 이런 예의에 보답을 하지 않았다. 요새에 있던 프랑스 수비대가 밀라노 거리에 포탄을 쏘았기 때문에 로도비코는 주민을 보호하기 위해 아니면 달래기 위해서 파비아로 사령부를 옮겼다. 그의 재정이 바닥나서 군대에 월급을 지불할 수 없게 되었다. 병사들은 이탈리아 도시들을 약탈해서 그것을 보충하겠노라 제안했다가 그가 그것을 금지하자 화를 냈다. 그는 베아트리체의 언니 이사벨라의 남편인 쟌프란체스코 곤짜가를 용병으로 고용하여 얼마 안 되는 자신의 군대를 지휘하라고 맡겼다. 프란체스코는 그에 동의하고는 비밀리에 프랑스군과 협상을 했다.[19] 프랑스군이 노바라에 나타나자 로도비코는 자신이 거느린 오합지졸을 이끌고 싸우러 나갔다. 그러나 군대는 첫눈에 충격을 받고 도망치고 말았다. 로도비코가 변장하고 도망치려고 하자 스위스 용병들이 그를 배신하여 적에게 넘겨주고 말았다.(1500년 4월 10일) 그는 자신의 운명을 조용히 받아들이고 다만 『신곡』 사본을 파비아에 있는 도서관에서 가져다 달라고 부탁했을 뿐이다. 머리가 허옇게 세었지만 여전히 자부심이 강한 그는 리옹의 거리를 통해 야유하는 적대적인 사람들 사이로 끌려갔다. 그리고 베리에 있는 리생조르쥬 요새에 갇혔다. 루이 12세는 그를 만나기를 거절하고, 이 망가진 포로를 석방하라는 막시밀리안 황제의 요청을 거절했지만 로도비코에게 요새의 마당을 산책하고, 해자에서 낚시질하고, 또 손님을 맞아들일 자유를 허용했다. 로도비코가 중병에 걸리자 루이 왕은 자신의 주치의인 메트르 살로몬을 그에게 보내고, 또 밀라노에서 로도비코의 난쟁이 한 사람을 불러서 그를 즐겁게 해 주라고 시켰다. 1504년에 프랑스 왕은 로도비코를 로슈 성으로 옮기고 그에게 더 큰 자유를 허용했다. 1508년에 로도비코는 도망치려고 시도했다. 딸기 짐 속에 묻혀서 요새 경내를 빠져나갔다. 그러나 숲에서 길을 잃고 블러드하운드 개들에게 추적을 당해서 도로 잡혔다. 그 뒤로는 더욱 엄격한 수감 생활을 하게 되었다. 책과 필기도구들을 뺏기고, 지하 감옥에만 머물게 되었다. 1508년 5월 17일에 한때는 즐겁던 수도에서의 밝은 생활에서 멀리 떨어져 그곳에서 홀로 어두운 고독 속에 쉰여덟의 나이로 죽었다.[20]

그는 남자와 여자와 이탈리아에 대해 죄를 지었지만, 아름다움을 사랑했고, 예술과 음악과 시와 학문을 밀라노로 가져온 남자들을 보살폈다. 백 년 전에 이탈리아의 가장 위대한 역사가의 한 사람인 지롤라모 티라보스키(G. Tiraboschi)

는 다음과 같이 말했다.

이탈리아의 온갖 지역에서 큰 명예와 풍부한 보상을 확신하고서 그의 궁정으로 몰려들어온 수많은 지식인들을 생각해 본다면, 얼마나 많은 유명한 건축가와 화가들을 그가 밀라노로 초대했는가를 돌아본다면, 또 얼마나 많은 고귀한 건물들을 그가 세웠는지, 훌륭한 파비아 대학을 세우고 후원한 일, 그리고 밀라노에 온갖 종류의 학문을 위한 학교들을 열었던 일들을 생각해 본다면, 이 모든 일 말고도 온갖 민족의 학자들이 그에게 보낸 화려한 찬사와 헌사들을 읽고 있으면 우리는 그가 지금까지 살았던 최고의 통치자였다는 말을 하고 싶어진다.[21]

6. 학문

로도비코와 베아트리체는 수많은 시인들을 자기들 주변으로 데려왔지만 이곳에서의 생활이 하도 즐거운 것이어서 시인의 내면에 대작을 쓸 열성적인 헌신을 만들어 내지 못했다. 아퀼라의 세라피노(Serafino)는 키가 작고 못생긴 사람이었지만 자신이 연주하는 류트에 맞추어 그가 부른 서정시들은 베아트리체와 그녀의 친구들에게 하나의 즐거움이었다. 그녀가 죽었을 때 그는, 그녀의 웃음소리가 울려 퍼지고 또 그녀의 가벼운 발자국 소리가 울리던 수많은 방들의 무거운 침묵을 견딜 수가 없어서 밀라노를 떠났다. 로도비코는 토스카나 시인들인 카멜리(Camelli)와 벨린치오네(Bellincione)를 궁정으로 초대했다. 그들이 롬바르디아의 거친 사투리를 정화시켜 주기를 희망해서였다. 그 결과 토스카나와 롬바르디아 시인들 사이에 싸움이 생겨났다. 이 싸움에 등장한 독설을 담은 소네트들이 정직한 시를 추방해 버리고 말았다. 벨린치오네는 어찌나 싸움질을 해 댔던지 그가 죽고 나자 경쟁자 한 사람은 그의 무덤을 위한 비명(碑銘)에, 지나가는 행인들은 시체가 깨어 일어나 물어뜯지 않도록 조용히 걸어가라는 경고를 적었다. 그 이후로 로도비코는 롬바르디아 시인 가스파로 비스콘티를 궁정 시인으로 삼았다. 1496년에 비스콘티는 베아트리체에게 143편의 소네트와 다른 시편들을 바쳤다. 상아 명판에 금과 은으로 글씨를 새기고, 섬세한 장식 무늬를 그려 넣은 것으로, 에나멜 채색을 입힌 꽃들로 장식된 은도금 판 안에 제본한 것이었다. 그는 진짜 시인이었지만 시대가 그를 시들게 했다. 그는 페트라르카를 사랑했고, 페트라르카와 단테의 상대적인 장점들을 놓고 건축가 브라만테와 진지하지만 친절한 논쟁을 (시를 써서) 벌였다. 위대한 건축가 브라만테는 자신이 시인이라고 생각하기를 좋아했기 때문이다. 이런 운율 싸움은 르네상스 궁정에서 좋아하던 놀이였다. 거의 누구나 이런 논쟁에 끼어들었고, 심지어는 장군들도 소네트를 썼다. 스포르짜 통치 시대 최고의 시인은 잘 단련된 궁정인 니콜로 다 코레죠(N. d. Correggio)였다. 그는 베아트리체의 결혼 행렬에 묻혀서 밀라노로 들어왔다가 그녀와 로도비코의 사랑에 붙잡혀 그곳에 머물렀다. 그들을 위해 그는 시인이자 외교관으로 봉사했고, 베아트리체가 죽었을 때 가장 고귀한 시들을 지었다. 로도비코의 정부였던 체칠리아 갈레라니는 그녀 자신이 시인으로서 시인들과 학자들과 정치가들과 철학자들이 모이는 탁월한 살롱을 지배했다. 18세기 프랑스의 특징이 되는 삶과 문화의 온갖 세련된 요소들이 이미 로도비코 시절 밀라노에서 화려하게 꽃피어 났다.

로도비코는 학문에서 로렌쪼의 관심에 미치지 못하고, 또 학문 후원에서도 그의 탁월함에 미치지 못했다. 그는 100여 명의 학자들을 도시로 데려왔지만 그들의 지적인 교제는 탁월한 석학을 배출하지 못했다. 이탈리아 전체에 박식함과 욕설을 울려 퍼지게 했던 프란체스코 필렐포(F. Filelfo)는 톨렌티노 태생으로 파도바에서 공부했고, 열여덟 살의 나이에 그곳의 교수가 되었다. 한동안 베네찌아 대학에서 가르치다가 비서 자격으로 콘스탄티노플의 베네찌아 영사를 방문할 기회를 잡았다.(1419) 그곳에서 그는 쟌 크리솔로라스 밑에서 그리스어를 배우고 쟌의 딸과 결혼하고 몇 년 동안 비잔틴 궁정의 하급 관리 노릇을 했다. 베네찌아로 돌아오자 그는 탁월한 헬레니즘 학자가 되었다. 어느 정도 진실이기도 하지만 그는 이탈리아에 자기처럼 고전 문헌과 고전어 말하기에서 투철한 지식을 가진 사람은 없다고 큰소리를 쳤다. 그는 그리스어와 라틴어로 시를 쓰고 연설문을 작성했다. 베네찌아는 고전어와 고전 문학 교수인 그에게 대단히 높은 액수인 금화 500세켕(1만 2500달러)을 매년 지불해 주었다. 그보다 더욱 높은 보수가 그를 피렌쩨로 끌어들였다.(1429) 그곳에서 그는 학자 사자(lion)가 되었다. 그는 친구에게 이렇게 말하고 있다. "도시 전체가 나를 보려고 안달이네. 내 이름이 모든 사람의 입에 오르내리고 있어. 도시 지도자들뿐만 아니라 귀족 여성들도 나를 보러 오고, 또 내가 부끄러움을 느낄 정도로 존경심을 표하고 있다네. 내 강의에 청중이 매일 400명이나 되는데, 대개는 나보다 몇 살 위인 남자들이고 또 정부의 높은 지위를 가진 사람들이야."[22] 이런 일은 금세 끝나고 말았다. 필렐포는 싸움에 선천적인 감각을 가진 사람이었기 때문이다. 그는 자기를 피렌쩨로 초빙해 준 사람들, 즉 니콜로 데 니콜리, 암브로지오 트라베르사리와 다른 사람들과 싸웠다. 코시모 데 메디치가 베키오 감옥에 갇히자 필렐포는 정부에 그를 사형시키라고 촉구했다. 코시모가 승리하자 필렐포는 도망쳤다. 그러고 나서 시에나와 볼로냐에서 6년간 가르쳤다. 마침내 필리포 마리아 비스콘티가 전례 없는 연간 750플로린의 보수로 그를 밀라노로 끌어들였다.(1440) 그곳에서 필렐포는 길고도 격렬한 경력의 나머지를 보냈다.

그는 두려울 정도의 정력을 지닌 남자였다. 그는 매일 그리스어나 라틴어나 이탈리아어로 네 시간씩 강의를 했다. 그리고 고전 작품이나 단테나 페트라르카를 상세히 설명했다. 정부 행사나 개인 행사에서 대중 앞에 연설을 했다. 프란체스코 스포르짜에 대한 라틴어 서사시를 썼고, 또 풍자시를 '수십 편' 썼으며, 송가 '책'을 10권이나 쓰고, 그리스 시를 2400행 썼다. 1만 행짜리「진지한 것과 농담들(De seriis et iocis)」(1465)을 썼다. 이것은 한 번도 인쇄된 적이 없으며 분명 인쇄될 수도 없는 것이었다. 아내를 둘이나 매장하고 세 번째 결혼을 했으며, 그의 부정을 알려 주는 사생아들 말고도 스물네 명의 자식을 두었다.

이런 노동 한가운데서도 시간을 내서 시인들, 정치가들, 인문주의자들과 거대한 문학적 논쟁을 벌였다. 상당한 봉급과 우연히 생기는 수입들을 가졌으면서도 그는 이따금 가난을 하소연하면서 후원자들에게 고전적 2행시를 써서 돈과 음식과 의복과 말과 추기경의 직위를 간청했다. 그는 수많은 공격 대상들 중에 포지오를 포함시키는 잘못을 저질렀다. 그리고 이 쾌활한 악당이 상스럽다는 점에서 자기를 능가한다는 사실을 깨닫게 되었다.*

그렇더라도 그의 학식으로 인해 그는 그 시대 가장 바쁜 학자였다. 1453년에 교황 니콜라스 5세는 그를 바티칸으로 받아들여서 그에게 500두카트(1만 2500달러)가 든 주머니를 주었다. 나폴리의 알폰소 1세는 그에게 계관 시인의 관을 씌워 주고 기사로 만들었다. 보르소 공작은 페라라에 그를 맞아들였고, 만토바에서는 로도비코 곤짜가 후작이, 그리고 리미니에서는 전제 군주인 시지스몬도 말라테스타가 그를 맞아들였다. 프란체스코 스포르짜가 죽고 뒤이어 혼란이 찾아오자 밀라노에서 그의 지위가 불안해졌다. 그는 아무런 어려움도 없이 로마 대학에 자리를 얻었다. 그러나 교황청 재정 관리가 지불을 미루었기에 필렐포는 밀라노로 돌아갔다. 그는 마지막에 로렌쪼 데 메디치 옆에서 삶을 마치기를 원했다. 자기가 죽음을 청원했던 사람(코시모)의 손자를 둘러싸고 있는 지식인 그룹의 일원이 되고자 했다. 로렌쪼는 그를 용서해 주고 피렌쩨에 그리스 문학 교수직을 제안했다. 필렐포는 하도 가난해서 밀라노 정부는 그에게 여행 경비를 빌려 주어야 했다. 그러나 도착한 다음 2주일 만에 여든셋의 나이로 이질에 걸려 **죽었다**.(1481) 이와 같은 그의 경력은, 이탈리아 르네상스의 독특한 향기를 전달해 주는 100명 중 한 명의 경력이다. 르네상스 시대에 학문은 정열이 되고, 문학은 전쟁이 될 수도 있었다.

---

* 포지오는 필렐포에 대해서 상당히 소중하지만 번역이 불가능한 글을 남겼는데, 다음은 그 예이다. "Itaque Chrusoloras, moerere confectus, compulsus precibus, malo coactus, filiam tibi nuptui dedit a te corruptam, quae si extitisset integra, ne pilum quidem tibi abrasum ab illius natibus ostendisset."[23]

7. 미술

전제 군주의 통치는 이탈리아 미술에 하나의 은총이었다. 10명 이상의 통치자들이 자신들의 수도와 자기들의 추억을 장식할 건축가, 조각가, 화가 등을 차지하려고 경쟁을 벌였다. 이런 경쟁에서 그들은 민주주의 제도에서라면 배당하기 어려운 액수를 아름다움을 위해 투입했다. 또한 예술을 위해 인간의 노동과 천재의 결실이 그토록 많이 투입된 경우는 없었다. 르네상스 이탈리아에서 그 결과는 형식과 주제 면에서 너무 자주 세속적인 지배자와 교회 권력가의 요구만을 충족시키기 위한, 궁정의 특징과 귀족적 취향을 지닌 예술이었다. 많은 사람의 노동과 기여를 통해 공동체를 위한 선물과 영광을 만들어 내는 것이 가장 고귀한 예술이다. 고딕 양식의 대성당과 고대 그리스와 로마의 사원들이 모두 그랬다.

비평가들은 밀라노 대성당이 구조의 선을 혼란스럽게 하는 장식이 너무 많다고 비난한다. 그러나 밀라노 사람들은 500년 동안이나 기꺼이 서늘한 교회 내부에 모였고, 심지어는 불안하던 시대에도 그것을 자신들의 집합적인 성과이며 자랑이라고 여겼다. 쟌갈레아쬬 비스콘티가 이 성당의 건축을 시작했다.(1386) 그는 그것을 자기 꿈속에서 통합 이탈리아의 수도에 알맞은 규모로 계획했다. 4만 명의 사람이 그 안에서 신께 예배 드리며 쟌갈레아쬬 자신에게 경탄하도록 만들려는 의도였다. 전해 내려오는 말에 따르면 당시 밀라노 여자들은 임신 중에 이상한 병에 걸리고 많은 아이들이 젖먹이 시절에 죽었다고 한다. 쟌갈레아쬬 자신도 세 아들이 태어나자마자 죽는 꼴을 고통스럽게 겪었다. 그는 "출산하는 성모께(Mariae nascenti)" 거대한 사원을 봉헌하기로 했다. 그는 후계자를 얻기를, 그리고 밀라노의 어머니들이 건강한 자손을 낳기를 기도 드렸다. 그리고 프랑스와 도이췰란트, 이탈리아에서 건축가들을 불러들였다. 이들 건축가들이 갈등을 일으켰고 또 건축이 200년 동안이나 계속되는 바람에 양식과 형태의 조화는 사라지고 말았다. 건축 도중에 세상의 분위기와 취향이 변했다. 건축을 끝낸 사람들은 그것을 시작한 사람들과 똑같이 느끼지 않았다. 쟌 갈레아쪼가 죽었을 때(1402) 오직 벽만 올라가 있었다. 그런 다음 만들어진 성당은 재정이 고갈된 시기의 흔적을 남기고 있다. 로도비코는 브라만테와 레오나르도와 다른 사람들을 불러 둥근 천장을 고안하도록 했다. 둥근 천장은 수많은 뾰족탑들로 이루어진 사나움에 어느 정도의 통일성을 부여할 것이다. 그러나 그들의 생각은 거부되었다. 마지막에(1490) 죠반니 안토니오 아마데오가 파비아 수도원을 건축하다 말고 이리로 끌려왔다. 대성당 전체를 완성할 임무가 그에게 맡겨졌다. 그와 대부분의 조수들은 건축가라기보다 조각가들이었다. 그들은 표면에 조금이라도 장식이 되지 않고 남아 있는 것을 참지 못했다. 그는 생애의 마지막 30여 년을(1490~1522) 이 작업으로 보냈다. 그렇게 해서도 둥근 지붕은 완성되지 못하고 1759년에야 끝이 났다. 정면부 건설은 1616년에 시작되었지만 나폴레옹이 와서 황제의 명령을 내려서야 끝이 났다.(1809)

로도비코의 시대에 이것은 4만 1000제곱미터의 넓이로 세계에서 두 번째로 큰 성당이었다. 오늘날 이것은 성 베드로 대성당과 세비야 대성당의 크기에 못 미친다. 그래도 여전히 이 대성당은 그 길이와 넓이 148×88미터, 바닥에서부터 둥근 천장의 첨탑에 있는 성모상의 머리까지의 높이 107미터, 또 그 영광을 나누어 놓는 135개의 첨탑들, 첨탑과 벽기둥과 기둥과 천장에 거주하는 2300개의 조각상들을 자랑한다. 이 모든 것은 (심지어 지붕까지도) 이탈리아에 있는 10군데 이상 채석장에서 날라 온 흰 대리석으로 만들어졌다. 정면부는 그 폭에 비해 너무 낮고, 게다가 그 훌륭한 둥근 지붕을 감추어 버린다. 시상에서 위로 솟구쳐 오른, 기도 드리는 석순의 미로를 제대로 보려면 공중에 있어야 한다. 아니면 이 거대한 고인돌 주변을 몇 번이고 거듭 돌면서 엄청나게 많은 버팀벽들 가운데서 거대한 덩어리의 막강함을 느껴 보아야 한다. 아니면 사람이 잔뜩 우글거리는 좁은 거리를 통해 넓은 대성당 광장으로 들어서면서 갑작스럽게 그 화려한 정면부의 모습이 온전히 드러나는 것을 보고 이탈리아의 태양이 돌의 광채로 바뀌는 것을 목격해야만 한다. 아니면 사람들과 한데 어울려서 휴일에 정문을 통해 들어가 그 모든 공간들, 벽기둥, 기둥머리, 아치, 둥근 천장, 조각상들, 제단들, 그리고 판유리들이 말없이 믿음과 신앙과 숭배의 신비를 전달하는 것을 느껴야 한다.

대성당이 쟌갈레아쪼 비스콘티의 기념비이고 파비아 수도원(체르토사 디 파비아)이 로도비코와 베아트리체의 사원이라면, 대병원(오스페달레 마죠레)은 프란체스코 스포르짜의 단순하지만 당당한 기념비이다. 그것을 "공작 영토에 알맞고 또 위대하고 유명한 도시에 어울리는" 방식으로 고안하도록 스포르짜는 피렌쩨로부터(1456) 안토니오 아베룰리노(흔히 필라레테라고 알려진 인물)를 데려왔다. 건축가는 이 병원을 위해 롬바르디아 로마네스크의 당당한 양식을 선택했다. 안뜰을 만들도록 선택된 건축가 브라만테는 이것을 이 층의 둥근 아치로 치장했다. 각층에는 우아한 처마 장식이 놓였다. 대병원은 2차 세계대전이 그 대부분을 파괴하기 전까지는 밀라노의 주요한 영광의 하나로 남아 있었다.

로도비코와 그의 궁정의 판단에 따르면 밀라노에서 탁월한 예술가는 레오나르도가 아니라 브라만테였다. 레오나르도는 이 시기에 자기 능력의 일부만 보여 주고 있었기 때문이다. 우르비노 근처 카스텔 두란테에서 태어난 도나토 다뇰로는 화가로 출발했다. 그리고 브라만테(Bramante)라는 별칭을 얻었다. 만족할 줄 모르는 열망으로 가득 찬 사람이라는 뜻이었다. 그는 만토바로 가서 만테냐와 함께 그림 공부를 했다. 중간 정도 벽화를 그릴 수 있을 정도로 공부를 했고, 수학자인 루카 파찌올리의 화려한 초상화를 그렸다. 아마도 만토바에서 당시 성 안드레아 교회를 구상하고 있던 레온 바티스타 알베르티를 만났던 것 같다. 어쨌든 원근법을 되풀이 실험하면서 브라만테는 회화에서 건축으로 옮겨 갔다. 1472년에 밀라노에서 그는 위대한 일들을 하기로 결심한 남자의 열성으로 대성당을 탐구했다. 대략 1476년 무렵에 그는 성 사티로의 작은 교회 주변에 산타 마리아 교회를 설계해서 자신의 기질을 드러낼 기회를 얻었다. 이 온건한 걸작에서 그는 자신의 독특한 건축 양식을 보여 주었다. 반원을 이룬 후진(後陣, 성당의 제단 부분. 성당 건물의 출입구가 성당의 정면부이다. 따라서 제단과 제단 뒤쪽의 성가대석은 출입구와 반대편에 위치한다. - 옮긴이)과 성구실, 8각형 둥근 천장, 원형의 지붕, 이 모든 것들은 우아한 처마 장식을 갖추었고, 모두가 다른 것과 합쳐져 하나의 앙상블을 이루었다. 성가대석을 갖춘 건물의 후진을 만들 공간이 없었던 탓으로 원근법을 가지고 놀이하면서 제단 뒤의 벽에 후진 부분을 그림으로 그려 넣었다. 이 그림의 수렴하는 선들은 완전한 공간적 깊이의 착각을 불러일으킨다. 산타 마리아 델레 그라찌에 성당에다가 그는 후진, 둥근 천장, 그리고 아름다운 회랑 현관 등을 덧붙여 넣었다. 이것 역시 2차 세계대전의 제물이 되었다. 로도비코가 패배한 다음 브라만테는 로마를 부수고 다시 건축할 각오로 남쪽으로 갔다.

로도비코 궁정의 조각가들은 도나텔로나 미켈란젤로 같은 거장들은 아니지만 그래도 파비아 수도원, 밀라노 대성당, 궁전들을 위해 매혹적인 우아함을 지닌 수많은 인물들을 조각했다. 곱추(il Gobbo) 크리스토포로 솔라리는 로도비코와 베아트리체의 무덤이 살아 있는 한 언제까지나 사람들의 기억 속에 남게 될 것이다. 쟌 크리스토포로 로마노는 우아한 매너와 아름다운 노래로 모든 사람의 마음을 사로잡았다. 그는 파비아 수도원의 주요 조각가였다. 그러나 베아트리체가 죽은 다음 힘든 시대에 굴복하여 만토바로 갔다. 그곳에서 이사벨라를 위해 그녀의 파라디소 서재의 아름다운 문을 조각했다. 그리고 르네상스의 가장 아름다운 메달에 그녀와 비슷한 인물을 새겨 넣었다. 그런 다음 우르비노로 가서 엘리자베타 곤짜가 공작부인을 위해 일했고, 카스틸리오네의 「궁정인」에서 주도적인 인물이 되었다. 밀라노의 가장 위대한 메달 조각가는 크리스토포로 포파(C. Foppa), 별칭 카라도쏘(Caradosso)였다. 그는 베아트리체가 달고 다니는 빛나는 보석들을 만들어 냈고, 첼리니의 부러움을 샀다.

밀라노에는 레오나르도가 오기 한 세대 전에 훌륭한 화가들이 있었다. 빈첸쪼 포파(V. Foppa)는 브레시아에서 태어나 파도바에서 공부를 했고 주로 밀라노에서 일을 했다. 성 유스토르지오 수도원에 그린 벽화들은 당시 명성을 얻었고, 「성 세바스찬의 순교」는 아직도 스포르짜 성벽을 장식하고 있다. 그의 후계자인 암브로지오 보르고뇨네(A. Borgognone)는 우리에게 더욱 즐거운 전설을 남겼다. 밀라노에 있는 암브로시아나 미술관과 브레라, 토리노, 베를린 등지에 있는 성모 그림들은 모두가 따뜻한 신앙심의 순수한 전통 안에 있다. 쟌갈레아쪼 스포르짜의 어린 시절 초상화 하나가 런던 월리스 소장품(Wallace Collection)에 들어 있다. 또 로디에 있는 대관식 교회에는「수태고지」한 장이 있는데, 이 어려운 주제를 가장 성공적으로 표현한 작품의 하나로 꼽힌다. 레오나르도가 도착했을 때 암브로지오 데 프레디스(A. d. Predis)가 궁정 화가였다. 그는 레오나르도의「바위 동굴의 성모」에서 일부를 그린 것으로 보인다. 그는 아마도 런던 국립 미술관에 있는 매혹적인 천사 음악가를 그린 사람일 것이다. 그러나 그가 남긴 가장 아름다운 유물은 암브로시아나에 있는 두 장의 초상화이다. 하나는 신분이 밝혀지지 않은, 매우 심각한 젊은이의 모습이다.* 다른 그림은 젊은 여인의 초상화로서 오늘날에는 로도비코의 사생아 딸이었던 비앙카의 모습이라고 알려져 있다. 순진하게 새침하고 그러면서도 단순한 아름다움을 매우 자랑스럽게 의식하고 있는 소녀의 갈등하는 매력을 이처럼 포착한 예술가는 드물다.

    밀라노에 종속된 도시들은 재능 있는 사람들을 모두 밀라노로 뺏긴 탓에 뛰어난 예술가가 부족했다. 그런데도 고향에 남은 사람들 중 몇 명은 미술사에 자리를 차지할 수 있었다. 코모(Como)는 호수로 통하는 밀라노의 문이라는 명성만으로 만족하지 않았다. 이 지역은 토레 델 코문네(지역 탑)와 시청 건물을 자랑으로 삼았고, 무엇보다도 당당한 대리석 성당을 자랑으로 삼았다. 뛰어난 고딕 양식 정면부는 스포르짜 통치 시절에(1457~1487) 만들어졌다. 브라만테가 아름다운 남쪽 현관을 설계했고, 동쪽에는 크리스토포로 솔라리가 브라만테 양식으로 매혹적인 후진(後陣)을 지었다. 주요 출입구를 장식한 한 쌍의 조각상이 이보다 더욱 흥미롭다. 왼쪽에는 플리니우스 1세가, 오른쪽에는 플리니우

---

* 이 초상화는 일부 학생들에 의해 레오나르도 다 빈치의 것으로 여겨진다. 로도비코 궁정의 악사인 프란치노 가퓌리오를 묘사한 그림일 것으로 추정된다.

스 2세가 조각되었다. 코모 출신의 고대 인물들이다. 무어 사람 로도비코 시절에는 이들 문명화된 이교도들이 대성당의 정면부에 자리를 차지할 수가 있었던 것이다.

베르가모(Bergamo)의 보석은 콜레오니 예배당이다. 이 유명한 베네찌아 용병대장은 바로 이곳 출신이었다. 그는 자기의 뼈를 묻을 작은 예배당을 원했고, 자신의 승리들을 기념하기 위해 조각(彫刻) 무덤을 소원했다. 죠반니 안토니오 아마데오가 화려함과 취향을 갖춘 이 예배당과 무덤을 설계했다. 뉘른베르크의 식스투스 시리(Sixtus Siry)는 무덤 위에 목재로 만든 기마상을 덮었는데, 만일 베로키오가 더욱 당당한 청동으로 거대한 기마상을 주조하지 않았더라면 이 목재 기마상은 훨씬 더 유명해졌을 것이다. 베르가모는 밀라노에 너무 가까이 있었기에 화가들을 고향에 붙들어 둘 수가 없었다. 그러나 그들 중의 한 사람인 안드레아 프레비탈리는 베네찌아에서 죠반니 벨리니와 함께 그림 공부를 한 다음 베르가모로 돌아와서(1513) 모범적인 경건함과 중간급의 탁월함을 지닌 그림들을 고향에 남겨 주었다.

브레시아(Brescia)는 때로는 베네찌아에, 때로는 밀라노에 속했다. 이 지역은 두 영향 사이에서 균형을 유지하면서 독자적인 미술 유파를 발전시켰다. 재능 있는 사람들이 여러 도시들로 떠나고 난 다음, 빈첸쪼 포파는 고향인 브레시아에서 말년을 보내려고 돌아왔다. 그의 제자인 빈첸쪼 치베르키오는 플로리아노 페라몰로와 함께 브레시아 유파를 창설했다. 지롤라모 로마니노는 흔히 로마니노라 불리는데, 그는 페라몰로와 함께 미술을 공부하고 뒤에는 파도바와 베네찌아에서 배웠다. 그러고 나서 브레시아를 중심으로 삼아 그림을 그리고 또 북부 이탈리아 다른 도시들에서도 벽화, 제단화, 초상화 등을 그렸다. 그들은 색채는 탁월하고 선(線)은 덜 훌륭하다. 성 프란체스코 성당에 있는 「성모와 아기 예수」만 거론하기로 하자. 그의 제자 알레싼드로 본비치노는 마레토 다 브레시아란 이름으로 알려진 사람이다. 그는 베네찌아 유파의 감각적인 광채를 브레시아 회화의 특징을 이루는 따뜻한 종교적 감상과 합침으로써 브레시아 유파를 절정으로 이끌어 갔다. 티찌아노의 「수태고지」가 자리 잡고 있는 성 나짜로와 첼소 교회에서 모레토는 티찌아노 작품과 똑같이 아름다운 「성모의 대관식」을 그렸다. 이 그림의 대천사는 형식과 모습의 섬세함에서 코레죠의 가장 우아한 인물들과 경쟁한다. 티찌아노처럼 그도 원할 때면 감각을 자극하는 베누스를 그릴 수가 있었다. 그의 「살로메」는 사람을 죽이는 여성의 모습을 보이지 않고, 르네상스 미술 전체에서 가장 사랑스럽고 가장 부드러운 얼굴 하나를 보여 준다.

    크레모나(Cremona)는 12세기의 대성당과 거기 붙은 종탑을 중심으로 인재들을 끌어모았다. 이 종탑은 죠토가 만든 종탑과 견줄 만한 것이다. 대성당 안에는 죠반니 데 사키(그의 고향 이름을 따서 포르데노네라 불린다.)가 자신의 걸작인 「십자가를 지고 가는 예수」를 그렸다. 주목할 만한 세 가문이 크레모나 회화에 여러 세대에 걸쳐 재능 있는 화가들을 공급해 주었다. 벰비 집안(보니파찌오, 베네데토, 쟌 프란체스코), 보카치니 집안, 그리고 캄피 집안이다. 보카치오 보카치니는 베네찌아에서 공부하고, 로마에서 미켈란젤로와 경쟁하느라 혼쭐이 나고 나서 고향 크레모나로 돌아와서 대성당에 그린 성모 벽화들로 찬양을 받았다. 그의 아들 카밀로는 아버지의 탁월함을 이어받았다. 마찬가지 방식으로 갈레아쪼 캄피의 작품은 아들 쥴리오와 안토니오가 물려받고, 다시 쥴리오의 제자인 베르나르디노 캄피에게 이어졌다. 갈레아쪼는 크레모나에 산타 마르게리타 교회를 설계했다. 그렇게 해서 르네상스 이탈리아 미술은 하나의 정신을 이루려는 성향을 가지고, 그러면서도 페리클레스 시대 그리스를 능가하는 정도의 다양한 천재들 사이에서 꽃피어났다.

THE RENAISSANCE

7장 레오나르도 다 빈치
1452~1519

1. 발전 과정: 1452~1482

르네상스에서 가장 매혹적인 인물은 1452년 4월 15일에 피렌쩨에서 약 95킬로미터 떨어진 빈치 마을 근처에서 태어났다. 농부의 딸이었던 그의 어머니 카테리나(Caterina)는 그의 아버지에게 결혼해 달라고 조르지 않았다. 그녀를 유혹했던 피에로 딘도니오(Piero d'Antonio)는 어느 정도 재산을 가진 피렌쩨의 법률가였다. 레오나르도가 태어나던 해, 피에로는 자기처럼 부르주아 계층에 속하는 여자와 결혼했다. 카테리나는 농부 남편을 맞아들였다. 그녀는 사랑스러운 아들을 피에로와 그 아내에게 양보했다. 그래서 레오나르도는 어머니의 사랑 없이 절반쯤 귀족적인 안락함 속에서 양육되었다. 아마도 이런 어린 시절의 환경에서 그는 아름다운 의상에 대한 취향과 여자에 대한 혐오감을 얻었을 것이다.

그는 이웃 마을의 학교에 다녔는데 수학, 음악, 그림 등을 좋아했고, 노래와 류트 연주로 아버지를 즐겁게 해 주었다. 스케치를 잘하기 위해서 자연에 있는 모든 사물을 호기심, 끈기, 조심성을 가지고 탐구했다. 그의 마음을 깊이 사로잡은 과학과 예술은 그렇게 동일한 기원을 가진 것이었으니, 곧 세밀한 관찰이었다. 그가 열다섯 살이 되자 아버지는 그를 피렌쩨의 화가 안드레아 델 베로키오 (A. d. Verrocchio)의 작업장으로 데려가서 이 재능 많은 예술가에게 아들을 견습생으로 받아들여 달라고 청했다. 교육받은 사람은 누구나 바사리가 전해 주는 이야기를 안다. 레오나르도가 베로키오의 그림 「그리스도의 세례」 중에서 왼편에 있는 천사를 그렸다는 것, 그리고 스승은 이 천사의 아름다움에 압도당해서 그림을 포기하고 조각에 전념했다는 이야기 말이다. 아마도 이 이야기는 베로키오가 죽은 다음 만들어진 전설일 것이다. 베로키오는 이 작품 이후에도 그림을 몇 개 더 그렸다. 아마도 이 견습생 시절에 레오나르도는 오늘날 루브르에 소장되어 있는 「수태고지」를 그렸을 것이다. 이 그림에는 어색한 모습의 천사와 깜짝 놀란 소녀가 그려져 있다. 그는 아마도 베로키오에게서 우아함을 배우지 못했던 모양이다.

그사이 아버지 세르(=미스터) 피에로는 돈을 벌어 몇 가지 부동산을 사고 가족을 피렌쩨로 데려왔다.(1469) 그리고 차례로 네 번이나 결혼했다. 두 번째 아내는 레오나르도보다 겨우 열 살이 더 많았다. 세 번째 아내가 피에로에게 아이를 낳아 주었을 때 레오나르도는 식구 많은 집을 떠나 베로키오와 함께 살게 되었다. 같은 해(1472)에 그는 성 루가 조합 회원이 되었다. 이 상인 조합은 주로 약사, 의사, 화가들의 조합으로 산타 마리아 누오바(Santa Maria Nouva, 새 성모) 병원이 본부였다. 레오나르도는 이 병원에서 인체의 내부와 외부의 해부 구조를 탐구할 기회를 몇 번 가졌던 것 같다. 아마도 이 시기에 그는 현재 바티칸 미술관에 있고 그가 그린 것으로 간주되는(정말일까?) 바싹 야윈 모습의 「성 히에로니무스」를 그렸을 것으로 보인다. 그리고 1474년 무렵에는 아마도 우피찌 미술관에 있는, 색채가 요란하고 미숙한 「수태고지」를 그렸을 것이다.

스물네 번째 생일이 되기 일주일 전에 레오나르도와 다른 청년 세 명이 동성애 관계를 가졌다는 이유로 피렌쩨 당국의 법원에 소환되었다. 이 심문의 결과는 알려져 있지 않다. 1476년 6월 7일에 재심문이 있었다. 레오나르도는 잠깐 구속되었다가 곧 풀려났고 이 고발은 입증되지 않았으므로 취소되었다.[1] 의문의 여지없이 그는 동성애자였다. 자신의 작업실을 장만할 수 있게 되자마자 그는 잘생긴 청년들을 주위에 끌어들였다. 이 도시 저 도시로 떠돌면서 그들 중 몇을 항상 데리고 다녔다. 그리고 그가 남긴 기록에서 한두 명을 향해서는 "가장 사랑하는(amantissimo)", 혹은 "가장 소중한(carissimo)"이라는 호칭을 쓰고 있다.[2] 이들 젊은이들과의 관계가 어떤 것이었는지 우리는 모른다. 그의 기록에 남은 몇 구절들은 그가 모든 종류의 성적인 결합을 싫어했다는 인상을 준다.* 당시 이탈리아에 동성애가 그토록 널리 퍼져 있었는데 오직 자신과 몇 명의 친구들만 그렇게 심문을 받은 것에 대해 레오나르도가 미심쩍게 여긴 것은 합당한 일이었던 것 같다. 그는 자신을 가두었던 일에 대해서 죽을 때까지 피렌쩨를 용서하지 않았다.

그는 아마도 도시가 생각했던 것보다 이 일을 더 심각하게 여겼던 것 같다. 이 소송 사건이 있고 1년이 지난 다음 그는 메디치 정원에 있는 작업장을 받아들이기로 했다. 1478년에는 피렌쩨 정부가 그에게 베키오 궁전에 있는 성 베르나르도 제단을 위한 그림을 주문했다. 어떤 이유에서인지 그는 이것을 이행하지 않았다. 기를란다요가 그것을 맡았다. 그리고 필리피노 리피가 그림을 완성했다. 그런데도 피렌쩨는 그에게 (그리고 보티첼리에게) 또 다른 주문을 했다. 로렌쪼 데 메디치와 쥴리아노 데 메디치에 맞선 파찌 가문의 음모를 꾸민 죄로 교수형을 당한 두 남자의 초상화를 실물 크기로 그려 달라는 주문이었다. 인체의 기형과 고통에 대해 거의 병적인 관심을 가졌던 레오나르도는 아마도 이 끔

---

*"그들은 가장 아름다운 것(존재)들을 찾아내 소유하고 그 가장 비열한 부분을 사용하느라 열광할 것이다.[3] …… 생식 활동 및 생식 기관의 활동이란 아주 역겨운 것이어서, 얼굴의 아름다움이나 행위자의 장신구, 혹은 억눌린 충동이 아니라면, 자연은 인간 종족을 상실하고 말 것이다."[4]

찍한 작업에 어느 정도 열광을 느꼈던 것 같다.

그러나 실은 그는 모든 것에 관심이 있었다. 인체의 모든 자세와 행동, 젊은이와 늙은이의 모든 얼굴 표정, 동물과 식물의 모든 기관과 움직임, 들판에서 밀이 물결치는 모양에서부터 공중을 나는 새들의 움직임에 이르기까지, 그리고 산들이 침식되거나 높아지는 것, 물과 바람의 흐름과 소용돌이, 날씨의 변화, 기압의 변화, 하늘의 무진장한 만화경, 이 모든 것들이 그에게는 끝없이 놀라웠다. 그것이 아무리 되풀이되어도 그 경이로움과 신비로움이 조금도 줄지 않았다. 그는 수천 페이지의 공책을 그들에 관한 관찰과 수많은 형태의 스케치로 채웠다. 성 스코페토 수도원의 수도사들이 그에게 교회를 위한 그림 한 점을 주문했을 때(1481) 그는 그 많은 인물과 형태들을 위해 아주 많은 스케치를 했고, 세부에 너무 몰두하는 바람에 작품을 완성하지 못했다. 곧 「동방 박사의 경배」이다.

그런데도 이것은 그의 가장 위대한 그림 중의 하나이다. 원래 그가 가진 계획은 철저히 기하학적인 원근법의 모형이었다. 전체 공간을 점점 작은 정사각형 형태들로 분할하는 것이었다. 레오나르도 속에 숨어 있는 수학자가 언제나 그의 속에 숨은 화가와 협동하면서도 경쟁을 벌였다. 그러나 그의 속에 숨은 화가는 이미 완전히 성숙한 상태였다. 이 작품에서 성모 마리아는 이미 레오나르도의 작품에 마지막까지 남게 되는 자세와 형태를 갖추고 있다. 젊은 화가로서는 특이한 능력으로 그는 동방 박사들에게 노인의 성품과 표현을 부여하고 있다. 왼편에 있는 '철학자'는 말 그대로 절반쯤 회의적인 명상에 잠긴 사람을 그린 갈색 습작이다. 화가가 머지않아 그리스도 이야기를 못마땅해 하면서 회의(懷疑)하고, 그러면서도 깊은 신앙심으로 바라볼 것을 알려 주는 듯하다. 이 모습들 주위로 약 쉰 명의 인물들이 모여 있다. 모든 종류의 남자와 여자들이 서둘러 이 마구간으로 찾아와 삶의 의미와 세계의 빛을 탐욕스럽게 구하고 마침내 탄생의 흐름 속에서 답을 찾은 것만 같다.

이 미완성 걸작은 시간에 의해 상당히 지워진 모습으로 피렌쩨의 우피찌 미술관에 걸려 있다. 스코페토 수도원의 주문을 완성한 사람은 필리피노 리피였다. 레오나르도는 그림을 시작하면서 너무 풍부한 상상을 했고, 세부적인 것들에 실험적으로 빠져들면서 자기를 잊었다. 원래의 주제를 넘어서 인간, 동물, 식물, 건축 형태, 바위, 산, 강, 구름, 나무들의 끝도 없는 모습을 신비스러운 명암으로 바라보았다. 그림의 기술적인 완성보다는 그 철학에 빨려 들어갔고, 의미를 드러내느라 바빠서 이 인물들에게 색을 주는 일처럼 덜 중요한 작업은 다른 사람들 손에 넘긴 것이다. 오랜 시간을 들여 몸과 마음을 다 바쳐 노동을 하고 나서, 그는 자신의 손과 물감이 구체화시킨 꿈의 불완전함에 절망해서 떠나갔다. 이것은 몇 가지 예외를 빼고는 마지막까지 레오나르도의 성격과 운명으로 남을 특징이었다.

2. 밀라노 시절: 1482~1499

레오나르도가 서른 살이 되던 1482년에 밀라노의 섭정인 로도비코에게 보낸 편지에는 망설임이나, 시간이 잔인할 정도로 짧다는 의식 같은 것은 아직 없다. 거기에는 오로지 싹트는 힘들로 강해진, 청춘의 무한한 야망이 있을 뿐이다. 그는 피렌쩨에 이미 물렸다. 새로운 장소와 얼굴들을 보고 싶다는 열망이 그의 핏속에 솟구쳤다. 그는 로도비코가 전쟁 기술자, 건축가, 조각가, 화가를 구한다는 소식을 들었다. 좋다, 그는 자기가 이 모든 것을 해낼 수 있는 사람이라는 것을 알리고 싶었고 그래서 그 유명한 편지를 썼다.

가장 빛나는 영주님, 전쟁 기계를 잘 알고 스스로 그런 것을 발명했다고 여기는 모든 사람들이 제시하는 증거물을 충분히 살펴보고 또 생각해 보았거니와, 그들의 발명과 그 기계의 사용법이 지금 흔히 사용되고 있는 것들과 전혀 다르지 않다는 사실을 알게 되었기에 어느 누구에 대한 편견도 없이 감히 전하께 서신을 올려 제 자신의 비밀을 알리고자 합니다. 다음에 부분적으로 간결하게 서술하는 이 모든 것들을 필요한 시기에 전하의 마음에 맞게 보여 드릴 수 있다고 저 자신을 추천하는 바입니다.

1. 저는 다리(橋)들의 모형을 가지고 있습니다. 극히 가볍고 강하고 또 이동이 매우 쉬운……

2. 포위를 하고 있는 동안에는 해자의 물을 말리는 방법과 무수히 많은 수의…… 사다리를 올리는 방법을 알며, 또 다른 기계들도 알고 있습니다.

4. 운반이 아주 편리한 박격포 모델들도 가지고 있습니다. 이것들을 가지면 돌이 비 오듯이 쏟아져 내리게 할 수 있고……

5. 만일 전투가 바다에 면한 곳에서 이루어질 경우 공격과 방어에 효과적인 기계들과, 또 가장 무거운 대포의 불과 연기와 폭약에도 견디는 배를 위한 설계들을 가지고 있습니다.

6. 그리고 땅굴이나 비밀의 통로를 통해 일정한 지점에 도착할 방안들을 가지고 있습니다. 이것들을 아무런 소음도 내지 않고 만들 수 있으며, 필요할 경우에는 참호나 강물 아래로 만들 수도 있습니다.

7. 적이 공략할 수 없도록 안전하게 위를 덮은 수레를 만들 수 있습니다. 그것은 대포를 가진 빽빽한 적의 대열을 통과할 수 있고, 가장 강력한 군대라도 파괴할 수 있습니다. 이 수레들 뒤에서 보병은 아무런 방해도 손상도 안 입고 진격할 수 있습니다.

8. 필요할 경우 아름답고도 실용적인 디자인을 갖춘 거대한 대포와 박격포, 그리고 불을 뿜는 엔진 등을 만들 수 있습니다. 그것은 현재 사용 중인 것들과는 다른 종류가 될 것입니다.

9. 대포 공격이 실패할 경우 쇠뇌, 투석기, 덫, 혹은 그 밖에도 아직 널리 쓰이지는 않지만 놀라운 효능을 가진 다른 기계들을 만들 수 있습니다. 짧게 말하자면 상황이 어찌 되었든 저는 공격과 방어에 필요한 무수히 많은 기계들을 만들 수 있습니다.

10. 평화 시에는 건축 분야에서 다른 어떤 사람에 못지않은 완벽한 만족감을 드

릴 수 있습니다. 공공의 혹은 민간의 건물들을 설계하거나 이 지역에서 다른 곳으로 물길(水路)을 돌리는 등의 일을 할 수 있습니다.

대리석, 청동, 점토 등으로 조각품을 만들 수 있으며 회화 작품은 그 누가 되었든 다른 어떤 사람, 어떤 작품에 못지않은 것을 만들 수 있습니다.

나아가 전하의 아버님과 유명한 스포르짜 가문에 불사의 영광과 영원한 명예가 되도록 청동 말 조각상을 제작할 수 있습니다.

위에 언급한 품목 중에서 그 어느 것이라도 불가능하거나 실용적이지 않은 것으로 보인다면 저는 전하의 공원이나 전하에게 좋은 그 어떤 장소에서라도 시범을 보여 드릴 각오가 되어 있습니다. 극히 겸손한 심정으로 전하께 저 자신을 추천하는 바입니다.

우리는 로도비코가 무어라고 답변했는지는 모르지만 어쨌든 레오나르도가 1482년이나 1483년에 밀라노에 도착했다는 사실만은 안다. 그리고 그는 곧바로 '무어 사람'의 마음에 들었다. 어떤 이야기에 따르면 로렌쪼가 외교적 사탕발림으로 로도비코에게 멋진 류트를 전달하라고 그를 밀라노로 보냈다고 한다. 또 다른 이야기에 따르면 그는 그곳의 음악 콘테스트에서 우승을 했고, 그래서 그가 '극히 겸손한 심정으로' 요구한 위의 어떤 능력 때문이 아니라, 그의 목소리가 가진 음악과, 대화할 때의 매력, 또 그 자신이 말머리 모양으로 디자인한 리라가 만들어 내는 달콤한 톤으로 인해 그곳에 붙잡히게 되었다고 한다.[5] 로도비코는 레오나르도 자신의 평가에 따라 그를 받아들인 것 같지는 않다. 이 젊은이가 건축가로서 브라만테만 못하고, 또 전쟁 기술자로 신임하기에는 경험이 너무 부족했지만 그래도 그가 궁정의 가면무도회와 도시의 축제 행렬을 계획하고, 또 아내나 정부나 딸들의 의상을 장식하고, 벽화나 초상화를 그리고, 어쩌면 롬바르디아 평원에 물을 더 잘 대 줄 수 있도록 운하를 건설할 수 있을 것이라 여겼던 것 같다. 무수히 많은 능력을 갖춘 이 남자가 로도비코의 아름다운 신부(新婦) 베아트리체 데스테를 위해 이상한 허리띠나 만들고, 창

시합과 축제 의상들을 구상하고, 또 축제 행렬을 조직하고, 마구간을 장식하느라 돌이킬 수 없는 시간을 써 버린 것을 생각하면 화가 치미는 일이다. 그러나 르네상스 예술가는 성모 그림을 그리는 사이로 이런 모든 일들도 해내야 했다. 누가 알겠는가? 레오나르도 내면에 숨어 있던 여성성이 의상과 보석을 디자인하는 것을 즐거워했을지, 그리고 그의 속에 들어 있던 기수가 빠른 말들과 마구간 벽을 그리면서 즐거워했을지 말이다. 그는 베아트리체의 결혼을 위해 스포르짜 성에 있는 무도장을 장식하고, 그녀를 위해 특별한 욕실을 건설하고, 정원에는 그녀의 여름철 놀이를 위해 아름다운 정자를 지었다. 또 궁정 행사들을 위해서 다른 방들에도 그림을 그렸다. 그는 로도비코와 베아트리체와 그들의 아이들, 또 로도비코의 애인 체칠리아 갈레라니와 루크레찌아 크리벨리의 초상화를 그렸다. 이 그림들은 모두 사라졌다. 루브르에 있는 「아름다운 철물 제조상 아내(La Belle Ferronnière)」가 루크레찌아의 초상화가 아니라면 그렇다. 바사리는 이 가족의 초상화가 "기가 막히게 아름답다"고 말하고 있으며, 루크레찌아의 초상화는 어떤 시인에게 영감을 주어서 이 여성의 아름다움과 화가의 기술을 열렬히 찬양하도록 만들었다.[6]

아마도 체칠리아가 「바위 동굴 속의 성모」의 모델이었을 것이다. 이 그림은 성모 수도회의 주문을 받아 제작된 것으로(1483년) 성 프란체스코 성당 제단화의 중심을 이루는 것이다. 원래의 그림은 뒷날 프랑수아 1세가 사들여 현재는 루브르에 있다. 그 앞에 서면 우리는 부드러운 모성의 얼굴을 보게 된다. 이 모습은 레오나르도가 후기 작품에서 열 번 이상 되풀이하여 그린 것이다. 천사는 베로키오의 「그리스도의 세례」에 있는 천사의 모습을 연상시킨다. 두 어린이는 아주 탁월한 모습으로 그려졌다. 불쑥 튀어나와 위에 걸린 바위들은 레오나르도만이 그런 것을 성모의 거처라고 생각할 수 있었던 것이다. 시간이 흐르면서 색채는 어두워졌지만 아마도 화가 자신이 어두컴컴한 효과를 의도했던 것 같다. 그래서 그의 그림은 이탈리아 사람들이 '자욱한(sfumato)'이라 표현하는 몽롱한 분위기로 채워졌다. 이것은 레오나르도의 가장 위대한 그림 중의 하나다. 오직 「최후의 만찬」, 「모나리자」, 「성 안나와 성모와 아기 예수」만이 이 그림을 능가하는 걸작이다.

「최후의 만찬」과 「모나리자」는 세계에서 가장 유명한 그림들이다. 해마다, 매일, 매시간마다 순례자들이 레오나르도의 가장 야심만만한 작품을 담고 있는, 원래 식당이었던 방으로 몰려든다. 이 단순한 직사각형 방은 로도비코 공작이 좋아한 교회(산타 마리아 델레 그라찌아)에 소속된 도미니크 수도사들이 식사하던 장소였다. 레오나르도가 밀라노에 도착한 직후 로도비코는 이 식당의 가장 긴 벽면에 최후의 만찬 장면을 그려 달라고 주문했다. 3년 동안(1495~1498) 예측할 수 없이 느린 작업 속도 때문에 공작과 수도사들이 안달이 나 있는 동안 레오나르도는 작업을 이었다 끊었다 하면서 계속했다. 수도원장은 (바사리의 말을 믿어도 된다면) 공작에게 찾아가 레오나르도의 게으름을 불평하면서 그가 어째서 때로는 몇 시간씩 붓질 한 번 안 하고 그림 앞에 가만히 앉아만 있는지 모르겠다고 말했다. 공작은 수도원장에게 그 이유를 제대로 설명할 수가 없었지만 레오나르도는 아무 문제 없이 공작에게 설명했다. 예술가의 가장 중요한 일은 실행이 아니라 구상에 있다, 그리고 (바사리가 덧붙인 말에 따르면) "천재적인 사람들은 일을 가장 적게 할 때 가장 많이 한다." 그리고 여기서는 두 가지 특별한 어려움이 있다고 레오나르도는 말했다. 하느님의 아들에 어울리는 모습을 구상하는 것과 유다의 모습을 찾아내는 것 말이다. 그리고 자기는 어쩌면 너무나 자주 만나는 수도원장의 얼굴을 유다 얼굴의 모델로 사용하게 될지도 모르겠다고 슬쩍 덧붙였다.* 레오나르도는 밀라노 지역을 샅샅이 돌아다니면서 사도들의 모습에 도움이 될 만한 얼굴과 머리들을 찾고 있었다. 이런 탐색을 수없이 하면서 그는 여러 모습들을 선택해서 이 그림 안에 용해시켜 넣어 이 걸작의 기적을 만든 개성 뚜렷한 머리들을 그토록 놀랍게 표현했다. 이따금

---

* 이 이야기는 아마도 그냥 전설일 것이다. 이런 말에 대한 증거라고는 바사리의 말뿐이기 때문이다. 그러나 또한 「최후의 만찬」은 살아 있는 사람의 모습을 담고 있지 않다고 전하는 소문 말고는 바사리의 말에 반대하는 증언도 없다.[7]

그는 거리에서, 아니면 작업장을 갑자기 떠나 이 식당 건물로 날 듯이 달려와서 그림에 붓질 몇 번을 하고는 떠나곤 했다.[8]

　이 주제는 탁월한 것이었지만 화가의 관점에서 보면 위험성이 많았다. 단순한 방에 남자들의 모습과 평범한 식탁이 전부였다. 아주 흐릿한 경치나 원경만이 끼어들 여지가 있었다. 남성의 강함을 두드러지게 해 줄 여성의 우아함은 없었다. 인물에 삶의 동작이나 감정을 불어넣어 줄 그 어떤 생생한 움직임도 끼워 넣을 수 없었다. 레오나르도는 그리스도의 뒤편에 있는 세 개의 창문을 통하여 풍경을 도입했다. 동작을 대신해서 그는 그리스도가 사도들 중 한 사람이 자신을 배신하리라는 예언을 방금 했고, 그래서 사도들이 각자 두려움이나 공포, 혹은 놀라움을 드러내면서 "나입니까?" 하고 묻는 긴장된 장면을 선택했다. 성찬식 장면이 선택될 수 있었을지도 모르지만 그랬다면 13개의 얼굴은 모두 움직이지 않은 채 판에 박힌 듯한 진지함으로 얼어붙어 있었을 것이다. 그와는 반대로 여기서는 과격한 신체적 행동 이상의 것이 있다. 정신이 탐색을 하면서 자신을 드러내고 있는 것이다. 한 예술가가 하나의 그림 안에서 그렇게 많은 영혼을 드러낸 경우는 두 번 다시 없었다. 레오나르도는 이들 사도들을 위해 수도 없이 습작 스케치를 했다. 이들 중 일부, 즉 큰 야고보, 빌립보, 유다 등은 오직 렘브란트와 미켈란젤로하고만 견줄 수 있는 섬세함과 힘찬 필치로 그려져 있다. 그리스도의 모습을 구상하려고 했을 때 레오나르도는 사도들이 이미 자신의 영감을 다 써 버렸음을 알았다. 「로마쪼」(1557년에 쓴 것)에 따르면 레오나르도의 오랜 친구인 쩨날레(Zenale)는 그에게 그리스도의 얼굴을 미완성으로 내버려두라고 충고했다. "진실을 말하자면 큰 야고보나 작은 야고보의 얼굴보다 더 사랑에 넘치고 부드러운 얼굴을 생각하기란 불가능하다. 그러니 당신의 불운을 받아들이고 그리스도는 미완성으로 남겨두어라. 그렇지 않고 그것을 완성하고 그 얼굴을 사도들과 비교하게 되면 주님은 그들의 구원자나 스승이 될 수 없을 것이다."[9] 레오나르도는 이 충고를 받아들였다. 그가 아니면 제자 한 사람이 그리스도의 머리를 위한 유명한 스케치를 했다.(현재 브레라 미술관) 그러나 이것은 여성적인 슬픔과 체념이 모습을 띠고 있어서 침착하게 겟세마니에 들어선 저 영웅적인 면모를 보이지 않는다. 아마도 레오나르도에게는 합당한 경건성이 없었던 것 같다. 그의 감수성, 깊이, 기술에다가 경건성까지 합쳐졌다면 어쩌면 이 그림은 좀 더 완전해졌을지도 모른다.

예술가이면서 사상가이기도 했기에 레오나르도는 프레스코 벽화를 사색에 대한 적으로 여겨 피했다. 갓 발라서 축축한 벽에 그리는 그림은 벽면이 마르기 전에 빨리 완성되어야 한다. 레오나르도는 템페라 물감을 젤라틴 성분과 섞은 물감으로 마른 벽면에 그리는 것을 더 좋아했다. 이런 방법은 그에게 깊은 생각과 실험을 허용해 주기 때문이다. 그러나 이 물감은 벽면에 단단히 달라붙지 않았다. 레오나르도가 살아 있을 때 벌써 (식당의 습기와 비가 많이 내릴 때는 이따금 식당에 물이 차기도 해서) 그림은 조각이 떨어지고 망가지기 시작했다. 바사리가 그림을 보았을 때(1536년) 이미 윤곽이 흐려졌다. 완성된 지 60년이 지나서 로마쪼가 보았을 때는 수선할 수 없을 정도로 망가져 버렸다. 수도사들은 나중에 사도들의 다리를 가로질러 부엌으로 통하는 문을 내서 이런 붕괴를 재촉했다.(1656년) 전 세계로 퍼져 나간 이 그림의 판화 복제는 망가진 원래의 그림에서 복제한 것이 아니라 레오나르도의 제자인 마르코 도지오노가 만든 불완전한 모작을 복제한 것이다. 오늘날 우리는 이 그림에서 전체의 구도와 일반적인 윤곽을 연구할 수는 있지만 명암이나 미묘함은 탐구할 수가 없다. 그러나 레오나르도가 이 그림에서 손을 뗐을 때 작품이 어떤 결함을 가졌든 간에 일부 사람들은 그것이 르네상스 시대가 만들어 낸 가장 위대한 그림이라는 것을 즉석에서 알아보았다.

그사이에(1483) 레오나르도는「최후의 만찬」과는 완전히 다르고 더욱 어려운 작업에 착수한 상태였다. 로도비코는 아버지 프란체스코 스포르짜를 기념하기 위해, 도나텔로가 파도바에 만든「가타멜라타」상과 베로키오가 베네찌아에 만든「콜레오니」상에 버금가는 기마상을 만들기를 오랫동안 소원해 왔다. 레오나르도의 야망이 자극을 받았다. 그는 말의 해부, 동작, 천성 등의 탐구에 몰두하여 100여 장의 말 스케치를 했다. 거의 모두가 금세라도 콧김을 내뿜을 정도로 생동하는 것들이었다. 머지않아 그는 석고 모형을 만들기 시작했다. 피아첸짜의 시민들이 그에게 대성당의 청동 문을 설계하고 주조할 예술가를 추천해 달라고 청했을 때 그는 자신의 특징을 드러내는 방식으로 이렇게 답변했다. "피렌쩨 사람 레오나르도 말고는 그것을 할 수 있는 사람이 없습니다. 그는 지금 프란체스코 공작의 청동 기마상을 만들고 있으니, 여러분은 그가 여러분의 일을 맡아 줄 거라 기대할 수는 없습니다. 그는 자기 평생 걸릴 일을 하고 있으니까요. 그리고 그것이 워낙 대단한 기획이라 그는 그것을 끝낼 수 없을지도 모르겠습니다."[10] 당시 로도비코도 그렇게 생각하고서 로렌쪼에게 다른 예술가들을 보내 작업을 끝낼 수 있도록 해 달라고 요청했다.(1489) 레오나르도와 마찬가지로 로렌쪼도 레오나르도보다 더 나은 다른 사람을 생각해 낼 수가 없었다.

마침내(1493) 석고 모형이 완성되었다. 이제 남은 일은 그것을 청동으로 주조하는 것뿐이었다. 11월에 로도비코의 조카딸 비앙카 마리아의 결혼식 행렬을 위한 아치 아래 이 석고 모형이 놓여서 일반에 공개되었다. 사람들은 그 크기와 훌륭함에 모두 경탄했다. 말과 기수는 7.8미터 높이에 이르렀다. 시인들은 그것을 찬양하는 소네트를 썼다. 그리고 이것이 완성되면 힘과 생명력에서 도나텔로와 베로키오의 걸작들을 능가하리라는 사실을 어느 누구도 의심하지 않았다. 그러나 이것은 청동으로 주조되지 않았다. 아마도 로도비코는 여기 필요한 50톤의 청동을 사들일 돈을 모을 수가 없었던 것 같다. 레오나르도가 예술과 소년들, 과학과 실험, 그리고 기계와 원고 등 다른 일들에 몰두해 있는 동안 이 모형은 그대로 그 자리에 방치되어 있었다. 프랑스군이 밀라노를 접수했을 때(1499) 사수들은 이 석고 모형을 표적으로 삼아 활을 쏘았고 그 바람에 많은 부분이 떨어져 나갔다. 1501년에 루이 12세는 이것을 트로피 삼아 프랑스로 운반해 가고 싶다는 소원을 말했다. 그 뒤로 다시는 이 모형에 대한 말을 들을 수가 없다.

이 큰 재앙이 한동안 레오나르도를 무기력하게 하고 지쳐 빠지게 만들었다. 그리고 이것이 공작과의 관계를 망쳤을지도 모른다. 보통 로도비코는 자신의 '아펠레스'(기원전 4세기 그리스의 화가)에게 보수를 아주 잘 주었다. 어떤 추기경은 레오나르도가 연간 2000두카트(2만 5000달러?)를 받고 게다가 선물과 여러 특권들을 누린다는 말을 듣고 깜짝 놀랐다.[11] 이 예술가는 귀족처럼 살았다. 여러 명의 견습공과 하인들, 시동, 말들을 두고, 악사들을 고용했다. 비단과 모피 옷을 입고, 수놓은 장갑을 끼고 멋진 가죽 부츠를 신었다. 그는 자기가 받은 대가 이상의 일을 했지만 그래도 이따금 자신이 받은 주문을 우물쭈물 미루고서 개인적인 관심의 연구나, 아니면 과학, 철학, 미술에 관한 여러 글을 쓰곤 했다. 1497년에 그런 꾸물거림에 지쳐 버린 로도비코는 페루지노에게 밀라노로 와서 스포르짜 성의 방들 몇 개를 장식해 달라고 초빙했다. 페루지노는 오지 못했고 레오나르도가 그 일을 맡았지만 이 사건은 두 사람의 감정에 상처를 남겼다. 이 무렵 로도비코는 외교 및 군사 경비를 충당하느라 힘이 들어서 레오나르도의 봉급 지불을 미루었다. 레오나르도는 거의 2년 동안 자신의 돈을 들여 작업을 하고 나서 공작에게 온화한 독촉장을 보냈다.(1498) 로도비코는 싹싹하게 사과했고 1년 뒤에는 레오나르도에게 수입원으로 삼으라고 포도원을 주었다. 이때는 로도비코의 정치적 기반이 붕괴되던 때였다. 프랑스군이 밀라노를 점령하고 로도비코는 도망치고, 레오나르도는 불편한 상황에서 자유의 몸이 되었다.

그는 민도바로 옮겨(1499년 12월) 그곳에서 이사벨라 데스테의 초상화를 위해 저 경이로운 드로잉을 그렸다. 그녀는 남편이 그것을 다른 사람에게 넘기는 것을 방치했고, 덕분에 이 드로잉은 루브르로 가는 첫걸음을 떼어 놓았다. 이런 너그러운 태도가 싫었던 레오나르도는 베네찌아로 떠났다. 그는 이 도시의 당당한 아름다움에 깜짝 놀랐지만 그의 피렌쩨 취향에는 베네찌아의 화려한 색채와 고딕 – 비잔틴 장식이 지나치게 밝게 여겨졌다.

3. 피렌쩨 시절: 1500~1501, 1503~1506

그는 마흔여덟 살이 되었을 때 약 17년 전에 끊어 버린 삶의 끈을 다시 이어 보려고 했다. 그 사이 그는 변했다. 그러나 피렌쩨 역시 많이 달라졌다. 그가 없는 동안 이 도시는 절반은 민주적이고, 절반은 청교도적인 공화국이 되어 있었다. 그는 공작의 통치와 부드러운 귀족의 사치한 생활에 이미 익숙해 있었다. 항상 비판적인 피렌쩨 사람들은 그의 비단과 벨벳 의상, 상냥한 태도, 또 곱슬 머리를 한 청년들로 이루어진 그의 수행원들을 삐딱한 눈길로 바라보았다. 그보다 스물두 살 아래인 미켈란젤로는 자신의 부러진 코와 그토록 대조를 이루는 레오나르도의 아름다운 모습에 분개했고, 또 가난했던 그는 레오나르도가 그렇게 부유한 생활을 유지할 경비를 어디서 찾아내는지 이상하게 여겼다. 레오나르도는 밀라노에서 약 600두카트 정도의 돈을 구출해서 이리로 가져온 참이었다. 그는 많은 주문들을 거절했다. 심지어는 만토바의 오만한 후작 부인 이사벨라 데스테의 주문도 거절했다. 그가 일을 할 경우에는 이미 버릇이 된 느긋함으로 일을 했다.

성모의 시종회 수도사들은 필리피노 리피에게 아눈찌아타 교회를 위한 제단화를 그려 달라고 주문했다. 레오나르도는 무심코 자기도 그와 비슷한 일을 하고 싶다고 말했다. 필리피노는 유럽에서 가장 위대한 화가라고 일반적으로 생각되고 있던 레오나르도에게 예의 바른 태도로 이 주문을 양보했다. 수도사들은 레오나르도와 그의 '식솔'이 수도원에서 살 장소를 제공하고, 또 아주 오래 걸릴 것으로 보이는 일을 위해 경비를 지불했다. 1501년 어느 날 그는 「성 안나와 성모와 아기 예수와 아기 요한」을 위한 밑그림을 공개했다. 바사리는 이렇게 말한다. "이것은 예술가들만 경탄하게 한 것이 아니었다. 그것이 공개되자 이틀 동안이나 마치 축제라도 벌어진 것처럼 남자와 여자, 노인과 젊은이 가리지 않고 떼를 지어 몰려와서 이 그림을 구경했고, 또 그림을 보고 극도로 경탄했다." 이것이 완성된 그림과 동일한 크기의 드로잉이었는지는 알 수가 없다. 완성된 그림은 오늘날 런던 벌링턴 왕립 미술 아카데미의 보물이다. 프랑스 전문가들이[12] 믿고 싶어하는 것과는 달리 이 밑그림은 아마도 루브르에 있는 완전히 다른 그림의 첫 형태였을 것이다. 밑그림에 들어 있는 성모의 얼굴을 부드럽고 밝게 만들어 주는 온화한 자랑에 찬 미소는 레오나르도가 만들어 낸 기적들 중의 하나이다. 이것과 나란히 놓고 보면 모나리자의 미소는 세속적이고 시니컬하다. 이것이 가장 위대한 르네상스 드로잉들에 속하는 것일지라도 이것은 성공적인 것은 아니다. 넓게 벌린 어머니의 무릎에 비스듬히 앉은 성모의 모습에는 어딘지 어색한 점이 있고, 또 취향도 빈곤하다. 레오나르도는 이 스케치를 수도회를 위한 그림으로 옮기는 일을 게을리했던 모양이다. 그들은 리피에게, 이어서 페루지노에게 제단화를 그려 달라고 부탁하고 있기 때문이다. 그러나 곧이어 아마도 벌링턴 밑그림을 변조한 형태로부터 레오나르도는 루브르에 있는 「성 안나와 성모와 아기 예수」를 그렸다. 안나의 베일을 쓴 머리에서 성모의 발에 이르기까지 (맨발이지만 그러나 성스럽도록 아름다운) 이것은 기술의 승리다. 밑그림에서 실패했던 삼각형 구도는 여기서 완전하게 성공하고 있다. 안나, 성모, 아기 예수 그리고 양의 네 개의 머리들이 하나의 풍부한 선을 이룬다. 아기와 성 안나는 마리아를 향하고 있으며, 여자들의 비할 바 없는 의상이 넉넉한 공간을 가득 채운다. 레오나르도 붓의 '자욱한' 특성이 모든 윤곽을 부드럽게 만든다. 마치 그림자가 살아 있는 그들을 부드럽게 만드는 것 같다. 밑그림에는 성모의 얼굴에, 그림에서는 안나의 얼굴에 나타나 있는 레오나르도 특유의 미소는 이후 50년 동안이나 레오나르도의 후계자들 사이에 계속 살아 유행이 된다.

온화하게 환기시키는 이 신비로운 황홀경으로부터 거의 믿을 수 없는 변화를 거쳐서 레오나르도는 군사 기술자 자격으로 체사레 보르지아를 위해 일하게 된다.(1502년 6월) 보르지아는 로마냐 지방에서 그의 세 번째 전쟁을 벌이는 중이었다. 그는 지형 지도를 그리고 요새와 다리를 설계 및 건설하고, 물길을 돌리고, 공격과 방어용 무기를 발명할 사람을 원했다. 어쩌면 그는 레오나르도가 전쟁 기계에 대해서 말했거나 그림으로 그린 아이디어 이야기를 들었을지도 모른다. 예를 들면 레오나르도가 그린 것으로, 속에 병사들이 숨어서 바퀴를 돌려 움직이는 무장 이동 수레의 스케치가 있다. 레오나르도는 이렇게 썼다. "이 차들은 코끼리를 대신한다. 이것들을 이용해서 돌진할 수도 있다. 혹은 그 안에서 큰 소리를 내서 적군의 말들을 놀라게 할 수도 있다. 그리고 여기 기총병을 숨겨서 모든 적군을 격파할 수도 있다."[13] 혹은 이 전차의 옆구리에 큰 낫을 달 수도 있다. 그리고 앞으로 향한 창자루에 선회하는 낫을 달면 더욱 치명적이 된다. 이것은 인간을 들판의 곡식처럼 베어 쓰러뜨릴 것이다.[14] 아니면 전차의 바퀴 네 개가 네 군데서 치명적으로 돌면서 도리깨질하는 기구를 만들 수도 있다.[15] 그리고 이런 보호 장비 아래 병사들을 이동시킴으로써 요새를 공격할 수도 있다.[16] 혹은 (이 속에 숨어서) 포위군들에게 독가스 병들을 던져 그들을 쫓아낼 수도 있다.[17] 레오나르도는 "갑자기 물꼬를 터서 나온 물살의 힘으로 적군을 쫓아 보내는 방안에 대한 책"과 골짜기를 통해 흐르는 물의 "줄기를 막아 적군을 물에 빠뜨리는 방법에 대한 책"을 쓸 계획도 세웠다.[18] 그는 회전하는 플랫폼으로부터 기계를 이용해서 화살을 연속으로 쏘아 보내는 장치를 고안했다. 또 차량 위로 대포를 들어 올리는 장치, 성벽을 기어오르려고 사다리에 포위군이 잔뜩 매달려 있을 때 그 사다리를 흔들어 떨어뜨리는 장치도 고안했다.[19] 보르지아는 이런 구상의 대부분을 실천 불가능한 것이라 여겨 치워 버렸다. 한두 가지만이 1503년에 체리를 포위했을 때 시도해 보았다. 그런데도 그는 다음과 같은 증서를 발급해 주었다.(1502년 8월)

모든 장교, 성주, 지휘관, 용병대장, 관리, 군인, 신하들에게. 이 통행증을 지닌 나의 친애하는 건축가이며 공학자인 레오나르도 다 빈치에게 우리 영토 안의 여러 요새들과 성채들을 시찰할 임무를 부여했다. 나는 이들 요새들과 성채들에게 각자의 필요에 따라, 그리고 그의 충고에 따라 필요한 것을 공급해 줄 수 있을 것이다. 이 사람이나 그가 동행하는 사람들은 통행세를 완전히 면제받으며, 또한 어디서나 그를 호의로 맞아들여야 한다. 그리고 그가 원하는 대로 무엇이든 측정하고 검사할 수 있도록 하라. 이 일을 효과적으로 수행하기 위하여 그가 요구하는 인력을 제공하고 또한 그가 요청할 경우 원조와 호의를 제공하라. 우리 영토 안에서는 어떤 일이든지 그대로 실행되기를 바라며, 모든 기술자는 그와 협의하고 또한 그의 판단에 따르기 바란다.[20]

레오나르도는 많은 글을 썼으나 자신에 대해서 쓴 경우는 드물다. 우리는 체사레 보르지아에 대한 그의 의견을 듣고 싶으며, 또한 그것을 이 시기에 피렌쩨 시가 체사레에게 보냈던 사절인 니콜로 마키아벨리의 글과 나란히 놓고 비교하고 싶다. 그러나 우리가 아는 것이라고는 레오나르도가 이몰라, 파엔짜, 포를리, 라벤나, 리미니, 페사로, 우르비노, 페루지아, 시에나와 다른 도시들을 방문했다는 사실뿐이다. 그리고 그가 세니갈리아에 머물고 있을 때 체사레가 그곳에서 네 명의 배신자를 속임수로 꾀어 목 졸라 죽였다는 사실, 또 그가 체사레에게 여섯 장의 상세한 중부 이탈리아 지도를 건네주었다는 사실을 안다. 이 지도에는 강물의 방향, 영토의 특성과 지형, 강물, 산, 요새, 도시들 사이의 거리 등이 표시되어 있다. 그런 다음 그는 체사레가 로마에서 거의 죽을병에 걸렸다는 것, 체사레의 제국이 무너지고 있다는 것, 보르지아 가문의 적이 교황의 직위를 차지했다는 소식을 들었다. 새로운 활동 영역이 자기 눈앞에서 무너져 내리자 레오나르도는 한 번 더 피렌쩨로 돌아왔다.(1503년 4월)

그해 10월에 피렌쩨 정부의 수반인 피에드로 소데리니기 레오나르도와 미켈란젤로에게 베키오 궁전 500인회의실 벽에 벽화를 그려 달라고 제안했다. 두 사람은 그것을 받아들였다. 엄격한 계약서가 작성되었고, 미술가들은 각기 분리된 작업장에서 밑그림 작업에 들어갔다. 두 사람 다 피렌쩨 군이 승리하는 그림을 그려야 했다. 미켈란젤로는 피사와의 전투 장면을, 레오나르도는 안기아리에서 밀라노에 맞서 피렌쩨가 승리하는 장면을 선택했다. 재빠른 피렌쩨 시민들은 검투사들의 싸움을 구경하듯이 이 작업의 진행 상황을 구경했다. 이 경쟁자들의 장점과 양식을 놓고 흥분해서 토론을 벌였다. 일부 관찰자들은 어느 한 편이 다른 편보다 압도적으로 우세하다는 판단은, 오직 후세의 화가들이 섬세하고 미묘한 감정 표현을 좋아하는 레오나르도의 성향을 선택하느냐, 아니면 강력한 근육과 악마적인 힘을 향한 미켈란젤로의 취향을 선택하느냐에 달린 문제라고 생각했다.

젊은 화가가 레오나르도를 싫어하는 자신의 감정을, 악명이 자자한 모욕으로 폭발시킨 것은 아마도 이 시기였을 것이다.(이 사건의 날짜가 전해지지 않는다.) 어느 날 피렌쩨 사람 몇이서 산타 트리니타 광장에서 『신곡』의 구절을 놓고 토론을 벌이고 있었다. 레오나르도가 지나가는 것을 보고 그들은 그를 붙잡고 의견을 물었다. 그때 미켈란젤로가 나타났다. 그가 단테를 열심히 탐구했다는 것은 널리 알려진 일이었다. 레오나르도는 이렇게 대답했다. "여기 미켈란젤로가 오네요. 그가 그 시구(詩句)를 설명해 줄 겁니다." 레오나르도가 자기를 놀리는 것으로 생각한 미켈란젤로는 분노가 폭발했다. "당신이 직접 설명하시죠! 청동으로 주조하기 위해 말 모형을 만들고 그것을 주조하지도 못한 주제에, 부끄러운 줄이나 아십쇼! 저 밀라노 수탉들은 당신이 그걸 할 수 있을 거라고 생각했으니 말이죠!" 레오나르도는 얼굴이 빨개졌지만 아무 대답도 하지 않았다고 한다. 미켈란젤로는 노기등등해서 걸어가 버렸다.[21]

레오나르도는 조심스럽게 밑그림을 준비했다. 그는 안기아리 전투가 일어났던 곳을 방문하고, 그에 대한 보고서를 읽고 전투의 열의에 잠긴, 혹은 죽음의 고통을 외치는 말과 인간들의 모습을 무수히 스케치했다. 밀라노에서는 이런 기회가 드물었는데 지금 그는 미술에 동작을 도입할 기회를 얻은 것이다. 그는 그것을 완전히 발전시켰다. 그리고 인간들의 싸움의 열기를 적나라하게 표현해서 피렌쩨 사람들은 그것을 보고 벌벌 떨었다. 아무도 피렌쩨 화가들 중에서 가장 섬세한 이 사람이 애국적인 살인의 이렇듯 잔혹한 참상을 그릴 수 있을 것이라고는 생각지 않았다. 어쩌면 레오나르도는 여기서 체사레 보르지아의 전투에서 경험한 것을 표현한 것인지도 모른다. 그가 목격했던 그 공포가 그의 드로잉에 표현되면서 그의 마음을 떠났던 것인지도 모른다. 1505년 2월에 그는 밑그림을 끝내고 중앙 부분을 그리기 시작했다. 500인회의실에 그린 「깃발 전투」였다.

그러나 물리학과 화학을 공부했으면서, 또 「최후의 만찬」의 운명을 보고도 여전히 아무것도 배우지 못한 그는 여기서도 비극적인 잘못을 범했다. 불에 달구어 착색시키는 기술을 실험하면서 그는 마루에 놓은 화로에서 나온 열기로 벽토 벽에 물감을 고정시킬 수 있을 것이라 생각했다. 방은 습기가 차고 겨울이면 추웠다. 화기가 충분히 높이 올라오지 않아서 벽토는 물감을 완전히 빨아들이지 못했다. 그래서 그림의 위쪽 물감들이 떨어지기 시작했고, 아무리 열렬히 노력해도 파괴를 막을 길이 없었다. 그사이 재정적 곤란이 나타났다. 피렌쩨 정부는 레오나르도에게 매월 15플로린(188달러?)을 지불하고 있었다. 밀라노에서 로도비코가 그에게 지불해 주던 160플로린과는 아예 비교할 수도 없는 액수였다. 요령 없는 관리가 월급을 동화(銅貨)로 지급하자 레오나르도는 그것을 거절했다. 그는 부끄러움과 절망감 속에서 이 일을 포기했다. 미켈란젤로가 밑그림을 완성한 다음 그림을 전혀 시작도 하지 않은 채 교황 율리우스 2세의 부름을 받고 로마로 가 버렸다는 사실로 작은 위안을 삼았다. 이 위대한 경합이 유감스러운 혼란으로 끝나면서 도시의 역사에서 가장 위대한 두 예술가에 대해 나쁜 감정만 피렌쩨에 남겼다.

1503~1506년의 기간 동안 레오나르도는 이따금 「모나리자」 작업을 하곤 했다. 그것은 1512년 시 의원이 된 프란체스코 델 죠콘도(Francesco del Giocondo)의 세 번째 아내 엘리자베타의 초상화였다. 1499년에 매장된 프란체스코의 아이가 엘리자베타의 아이였던 모양이다. 아이를 잃어버린 것이 아마도 라 죠콘다의 미소 뒤에 숨어 있는 심각한 모습을 만들어 내는 데 일조했을 것이다. 레오나르도는 이 3년 동안 그녀를 작업장으로 여러 번이나 오게 했다. 그는 이 초상화에 자신이 지닌 모든 비밀과 뉘앙스를 다 쏟아 부어서 그녀를 부드럽게 빛과 어둠 속에 세우고 나무와 물, 산과 하늘이 있는 상상적인 원경으로 그녀의

주변을 둘러쌌다. 벨벳과 새틴으로 만든 의상을 주름지게 만들었는데 주름 하나하나가 모두 걸작이다. 입술을 형성하고 움직이는 섬세한 근육들을 정열적인 세심함으로 탐구하고, 악사들을 불러 그녀를 위해 연주하게 해서 떠나간 자식을 기억하는 어머니의 괴로운 부드러움을 그녀의 모습에 일깨운 것, 이런 것들이 그가 그림을 철학과 합친 이 그림에 부여한 정신에 대한 암시가 될 것이다. 수없이 많은 방해, 쉬지 않고 다른 곳으로 이끌리는 관심사,「안기아리 전투」와 동시에 진행되었다는 사정 등도 그의 구상의 통일성과 예사롭지 않게 끈질긴 열성을 깨뜨리지는 못했다.

  이것은 수없이 많은 종이를 인쇄 잉크의 바다로 띄워 보낸 그 얼굴이다. 특별히 아름다운 얼굴은 아니다. 코가 약간 더 짧았더라면 더 많은 종이를 띄워 보냈을지도 모른다. 유화나 대리석으로 만들어진 많은 처녀들(코레죠에서 볼 수 있는)은 모나리자를 상대적으로 평범한 아름다움으로 만들었다. 여러 세기를 통하여 그녀에게 행운을 만들어 준 것은 바로 그 미소이다. 눈 속에 방금 나타난 생기와 입술의 양끝이 유쾌하게 살짝 올라간 모습. 그녀는 대체 무엇을 보고 그렇게 미소 짓고 있는 것인가? 자신을 즐겁게 하려고 연주하는 악사들의 노력을 향해서일까? 아니면 수없이 많은 날들을 애쓰고도 끝을 내지 못하는 화가의 부지런함을 향한 것일까? 아니면 모나리자가 미소 짓는 것이 아니라 모든 여성이 남성을 향해서 이렇게 말하고 있는 것일까? "정열에 빠진 가엾은 애인들아! 자연은 당신들의 신경이 맹목적으로 우리의 육체를 향하여 부조리한 갈망으로 타오르게 하고, 당신들의 두뇌로 하여금 우리의 매력을 아주 분별없이 이상화하도록 만들어 주고 있으니 …… 그래야만 당신들은 아비가 되는 것이겠지! 이보다 더 웃기는 일이 있을까? 하지만 우리도 덫에 걸리기는 마찬가지. 우리 여자들은 당신들의 그런 열중보다도 더 호된 대가를 치르는 것이니. 그래도 사랑스러운 바보들아, 욕망의 대상이 되는 것은 여전히 기쁜 일이고, 사랑을 받을 때면 삶이 되살아난다."

  아니면 모나리자가 보여 주는 것은 레오나르도 자신의 미소였던 것일까? 여성의 손길의 부드러운 접촉을 연상시키지 않는 도착(倒錯)된 영혼의 미소. 사랑이나 천재에게 외설스러운 해체 말고 다른 운명은 없다고, 인간의 건망증 속에 가물거리며 스러져 가는 작은 명성이 있을 뿐이라고 믿었던 영혼의 미소일까?

마침내 일이 끝났을 때 레오나르도는 자기가 그린 모든 초상화 중에서 가장 많이 완성된 이 작품이 아직도 미완성이라고 주장하면서 이 그림을 자신이 보관했다. 어쩌면 남편은 자기 아내가 자신과 손님들을 향해서 여러 시간 동안이나 자기 집의 벽에서 그렇게 미소 짓는 것을 좋아하지 않았을지도 모른다. 여러 해가 지난 다음 프랑수아 1세는 이 그림을 4000크라운(5만 달러)에[22] 사서 퐁텐블로에 있는 궁전에 걸어 놓았다. 오늘날, 시간과 여러 번에 걸친 복원 작업이 원래의 섬세함을 퇴색시킨 형태로 이 그림은 루브르 미술관의 위풍당당한 살롱 카레에 전시되고 있다. 매일 수많은 숭배자들을 맞으면서 시간이 흘러 모나리자의 미소가 흐려지면서 본래대로 다시 드러나게 될 때를 기다리고 있다.

4. 밀라노와 로마 시절: 1506~1516

이런 그림을 명상해 보고, 또 이렇듯 섬세한 붓을 놀리기 위해 얼마나 많은 생각의 시간들을 가져야 했을까를 생각해 보면 레오나르도가 게으름을 피웠다는 우리의 판단을 바꾸게 된다. 그리고 다시 그의 작품이 아무 일도 하지 않은 수많은 날들의 명상을 표현하고 있다는 사실을 느끼게 된다. 작가가 저녁 산책 시간에, 혹은 잠이 오지 않는 밤에 누워서 다음 날 작업할 장이나 페이지나 구절을 만들어 보고, 또 맛깔스러운 형용사나 매혹적인 구절을 정신의 혀 위에 굴려 보는 것과 같은 일이다. 피렌쩨에서 「성 안나와 성모와 아기 예수」의 온갖 형태들, 또 「모나리자」, 그리고 「안기아리 전투」의 밑그림과 벽화 작업 등을 진행하던 그 5년 동안 레오나르도는 시간을 내서 다른 그림들을 그렸다. 지금은 빈에 있는 지네브라 데 벤치의 사랑스러운 초상화, 그리고 사라져 버린「젊은 그리스도」, 그리고 성가시게 조르는 바람에 마침내 만토바 후작 부인 이사벨라 데스테의 초상화도 그리기로 했다.(1504) 그러나 후작 부인의 사절은 그녀에게 다음과 같은 소식을 전했다. "레오나르도는 그림을 참지 못하고는 대부분의 시간을 기하학으로 보냅니다."[23] 어쩌면 겉으로 보기에 이토록 게으르던 순간에 레오나르도는 화가를 파묻고 과학자로, 아펠레스를 감추고 파우스트로 바쁜 시간을 보내고 있었던 것인지도 모른다.

그러나 과학 탐구는 그에게 돈을 가져다주지 않았다. 지금은 단순한 생활을 하고 있지만 그래도 그는 밀라노에서 왕자 같은 미술가로 보낸 시절이 흘러가 버린 것을 탄식했던 모양이다. 루이 12세가 파견한 밀라노 태수 앙부아즈의 샤를이 밀라노로 돌아오라고 그를 초빙하자 레오나르도는 소데리니에게 피렌쩨의 일을 몇 달만 중지해도 될지 물었다. 소데리니는 레오나르도가「안기아리 전투」의 대가로 지불한 돈 값도 하지 못했다고 불평했다. 레오나르도는 다 하지 못한 부분에 대한 금액을 계산해서 소데리니에게 가져왔다. 그는 그것을 거절했다. 마침내(1506) 소데리니는 프랑스 왕의 호의를 얻으려는 열망에 레오나르도가 떠나는 것을 허락했다. 다만 석 달 뒤에 피렌쩨로 돌아오거나 아니면 150두카트(1875달러?)의 벌금을 지불한다는 조건을 달아서였다. 그래서 그는 떠났다. 1507년, 1509년, 1511년에 그는 피렌쩨를 다시 방문했지만 1513년까지 밀라노에서 앙부아즈와 루이에게 고용된 상태를 유지했다. 소데리니는 항의했지만 프랑스 왕은 자신의 힘을 믿고 공손한 예의로 그의 항의를 무효로 만들었다. 이 문제를 조용히 마무리 짓기 위해서 프랑스 왕은 1507년에 레오나르도를 프랑스 왕의 '화가이며 기술자'로 임명했다.

이것은 결코 한직이 아니었다. 레오나르도는 그에 따른 일을 했다. 그는 다시 궁전을 장식하고, 운하를 설계하거나 건설하고, 축제 행렬을 준비하고, 그림을 그리고, 트리불찌오 장군의 기마상을 계획하고, 마르칸토니오 델라 토레와 더불어 해부학 연구를 계속했다. 아마도 밀라노에 두 번째로 머물던 이 기간에 그는 자기 재능의 낮은 단계에서 나온 두 그림을 그렸다. 루브르에 있는「성 요한」은 여성의 둥근 윤곽을 하고 있으며, 막달레나에게나 어울릴 법한 곱슬머리와 섬세한 용모를 하고 있다.「레다와 백조」(로마의 개인 소장)는 이「성 요한」과, 또 레오나르도 작품으로 여겨지는「바쿠스」를 연상시키는 얼굴과 부드러운 몸을 지니고 있다. 그러나 이것은 아마도 이 대가의 사라져 버린 그림이나 밑그림을 토대로 만든 복제품일 것이다. 이 그림들이 생겨나면서 곧바로 사라졌다면 그의 명성으로 인해 그것들이 다시 생겨났을 것이기 때문이다.

1512년에 프랑스군은 밀라노에서 쫓겨나고 로도비코의 아들 막시밀리안이 짧은 통치를 시작했다. 스위스 군대가 지른 불로 밀라노가 불타는 동안 과학과 예술에 관해 읽기 어려운 메모들을 작성하면서 레오나르도는 한동안 더 그곳에 머물렀다. 그러나 1513년 레오 10세가 교황으로 선출되었다는 소식을 듣고 그는 어쩌면 메디치가 지배하는 로마에서 예순한 살 된 예술가를 위한 자리를 얻을 수 있을지도 모른다고 생각했다. 그는 네 명의 제자들과 함께 길을 떠났다. 피렌쩨에서 레오의 형인 줄리아노 데 메디치가 레오나르도를 잡아 놓고 매달 33두카트(412달러?)의 연금을 배당했다. 로마에 도착하자 레오나르도는 미술을 사랑하는 교황에게서 반가운 영접을 받았다. 교황은 그에게 벨베데레 궁전의 방들을 내주었다. 아마도 레오나르도는 (분명 자기가 영향을 준) 라파엘로와 소도마를 만났을 것이다. 레오는 그에게 그림을 주문했던 모양이다. 바사리에 따르면 교황은 레오나르도가 그림을 시작하기도 전에 광택제를 만드는 것을 보고 깜짝 놀랐다. 레오는 이렇게 말했다고 한다 "이 사람은 절대로 아무 일도 하지 못할 거야. 처음을 시작하기도 전에 마지막 단계를 생각하기 시작하니 말이지."[24] 정말이지 레오나르도는 이미 화가이기를 중단한 상태였다. 과학이 그의 마음을 더 끌어당겼다. 그는 병원에서 해부학을 연구하고 빛의 문제를 탐구하고 기하학에 대해 많은 글을 썼다. 그리고 수염과 뿔과 날개가 달린 기계 도마뱀을 만들면서 시간을 보냈다. 수은을 주입하면 날개가 퍼덕였다. 레오는 레오나르도에 대한 관심을 잃었다.

그러나 그사이 역시 미술을 사랑한 프랑수아 1세가 루이 12세의 뒤를 이어 프랑스 왕이 되었다. 1515년 10월에 그는 밀라노를 다시 점령했다. 아마도 왕은 레오나르도에게 자기한테 오라고 초빙했던 것 같다. 1516년 초에 레오나르도는 이탈리아에 작별을 고하고 프랑수아를 따라 프랑스로 갔다.

5. 인간 레오나르도

미술의 왕자인 이 사람은 대체 어떤 종류의 인간이었던가? 그의 초상화라고 여겨지는 그림들이 몇 개 있다. 그러나 쉰 살 이전의 것은 없다. 바사리는 보통 이상의 열광을 가지고 "제대로 찬양할 길이 없는 그의 신체의 아름다움"을 이야기하고, 또 "그의 모습은 극단적으로 아름다워서 근심에 찬 사람이라도 명랑하게 만들었다."고 말한다. 그러나 바사리는 들은 것을 전할 뿐이고, 이렇듯 신과도 같은 아름다움을 제대로 알려 주는 것은 없다. 중년의 나이에 이미 레오나르도는 수염을 길게 길렀다. 조심스럽게 향수를 뿌린 곱슬거리는 모습이었다. 윈저의 왕립도서관에 있는 그의 「자화상」은 넓고 친절한 얼굴에, 길게 흘러내린 머리카락, 넓게 퍼진 흰 수염을 보여 준다. 우피찌에 있는, 익명의 화가가 그린 당당한 초상화는 그를 긴 얼굴, 탐색하는 눈, 흰머리와 흰 수염, 그리고 부드러운 검은 모자를 쓴 모습으로 그리고 있다. 라파엘로의 「아테네 학당」(1509)에 나오는 플라톤의 고귀한 모습은 전통적으로, 그리고 일부 학자들에 의해 레오나르도의 초상화라고 불려 왔다.[24a] 토리노에 있는 초크로 그린 자화상은 중간 정도까지 대머리이고 앞이마, 턱, 코에 주름이 진 모습이다. 그는 때가 되기 전에 늙어 버렸던 것 같고 조심스러운 채식주의에도 불구하고 예순일곱의 나이로 죽었다. 그에 반해 미켈란젤로는 위생을 비웃고 이런저런 병을 앓았으면서도 여든아홉을 누렸다. 레오나르도는 화려한 의상을 입었고, 미켈란젤로는 부츠를 신고 살았다. 그러나 레오나르도는 무엇보다도 손으로 말의 편자를 구부릴 수 있는 힘으로 유명했다. 아주 훌륭한 검객이었고 말타기와 말을 다루는 데 대단히 뛰어났다. 모든 동물 중에서 말이 가장 고귀하고 아름답다고 여겨 사랑했다. 그는 스케치와 그림 그리기, 글씨 쓰기 등을 모두 왼손으로 했던 것 같다. 그래서 사람들이 읽을 수 없도록 하려는 욕망보다는 왼손잡이였기에 글씨를 오른쪽에서 왼쪽으로 거꾸로 썼다.

그의 동성애 성향은 타고난 것이 아니라 부담을 느낀 계모와 사생아 아들 사이의 불편한 관계에서 생겨났을 것으로 생각된다. 애정을 주고받으려는 욕구는 뒷날 그가 주변에 끌어모은 잘생긴 청년들과의 사이에서 만족을 얻었다. 그는 여자들보다 남자들을 자주 그렸다. 여자들의 아름다움을 인정하기는 했지만 소년들을 더 좋아했던 소크라테스와 같은 취향을 가졌던 것 같다. 수많은 공책 기록 중에 여성을 향한 사랑이나 부드러움을 표현한 말은 없다. 그러나 그는 여성의 천성의 많은 부분을 잘 이해했다. 소녀의 아름다움, 어머니의 염려, 여성적인 섬세함을 표현하는 데 있어서 아무도 그를 능가하지 못했다. 그의 민감함, 비밀스러운 철자 바꾸기와 암호, 작업장을 이중으로 잠근 일 등은 아마도 자신의 비정상에 대한 의식과 또 이단으로 고발될 것에 대한 두려움에 뿌리를 두었을 것으로 보인다. 그는 많은 사람들이 자기 글을 읽기를 원치 않았다. 그는 이렇게 썼다. "사물의 진리는 섬세한 지성에게는 최고의 양식이지만 방황하는 지력을 위한 것은 아니다."[25]

성도착증이 그의 성격의 다른 요소들에도 영향을 미쳤던 것 같다. 그는 친구들에게는 온화한 친절함을 보였다. 동물을 죽이는 일에 항의했고, "누구라도 살아 있는 것을 해치는 것을 참지 못했다."[26] 그는 새장에 든 새를 사서 놓아주었다.[27] 그러면서도 또 다른 측면에서는 도덕적으로 무감각했던 것 같다. 그는 전쟁의 도구들을 설계하는 일에 열광했던 것으로 보인다. 또 밀라노에서 자신을 16년 동안이나 잘 보살펴 주었던 로도비코를 지하 감옥에 집어넣은 프랑스 사람들에 대해서 그 어떤 원망도 느끼지 않았던 것 같다. 별다른 양심의 가책도 없이 피렌쩨의 자유를 위협하는 보르지아를 위해 일을 했다. 모든 예술가,

모든 작가, 모든 동성애자가 그렇듯이 그는 특이하게 자의식이 강하고 민감하고 허영심이 강했다. 그는 이렇게 썼다. "혼자 있을 때면 너는 완전히 너 자신의 것, 남과 함께 있을 때면 절반만 너 자신. 그러므로 동무의 무분별함을 따라 너 자신을 낭비하지 마라."[28] 그는 다른 사람과 함께 있을 때면 악사(樂士)나 이야기꾼으로 빛을 발할 수도 있었지만 오히려 혼자 떨어져서 자신의 일에 몰두하기를 더 좋아했다. 그는 (한 번도 자유가 부족한 적이 없었으면서) 이렇게 말했다. "자연의 가장 중요한 선물은 자유다."[29]

그의 장점은 그의 단점들의 더 나은 측면이다. 성적인 도착증은 아마도 그에게 일에 몰두할 여지를 남겨 주었던 것 같다. 고통스러운 민감함은 보통 사람의 눈길에는 보이지 않는 현실의 수많은 단면들을 그에게 열어 보였다. 그는 특이한 얼굴을 가진 사람의 뒤를 쫓아 수많은 거리들을 통과하여 하루 종일 따라다니다가 나중에 작업장에서 마치 그 모델을 이리로 데려온 것처럼 훌륭하게 그 얼굴을 스케치했다. 그는 이렇게 썼다. "나일 강은 현재 지상의 모든 바다에 들어 있는 것보다 더 많은 물을 바다로 내보냈다." 따라서 "모든 바다와 강은 셀 수 없이 여러 번이나 나일 강의 입을 통과한 셈이다."[30] 동일한 성향에 의해서 그는 기묘한 장난에 빠져들었다. 한번은 깨끗이 씻은 숫양의 창자를 방에 감추어 두었다. 친구들이 그곳에 모였을 때 옆에 붙은 방에서 풀무질을 하여 창자를 커다랗게 부풀려서 손님들이 벽으로 밀려 가게 만들었다. 그는 공책에 2급의 우화와 농담들을 기록하곤 했다.

그의 호기심, 도착증, 민감성, 그리고 완전욕, 이 모든 것이 합쳐져 그의 가장 치명적인 결함을 만들어 냈다. 즉 시작한 일을 완성할 능력이 없거나 의지가 없다는 점이었다. 어쩌면 그는 구성, 색채, 혹은 도안의 기술적 문제를 해결하려는 생각으로 모든 예술 작품을 시작했다가 해결책이 발견되는 순간 작품에 대한 흥미를 잃었던 것인지도 모른다. 그의 말에 따르면 미술은 구상(構想)과 도안의 문제이지 실질적인 실천이 문제가 아니었다. 실행은 그보다 못한 정신의 작업이었다. 아니면 그는 자신의 끈질긴, 마지막에는 끈길기지 못한 손길이 실현할 수 있는 것 이상의 섬세함, 중요성, 완성도 등을 자신에게 요구했다가 절망에 빠져 노력을 포기했다. 그리스도의 얼굴이 바로 그 같은 경우다.[31] 그는 너무 빨리 한 가지 일이나 주제에서 다른 것으로 넘어갔다. 너무 많은 일들에 관심이 있었다. 그에게는 하나의 통합하는 목표, 주도하는 이념이 없었다. 이 '보편인(전인)'은 빛나는 부분들을 이어 붙여 놓은 사람이었다. 그는 너무 많은 능력들을 지녔기에 그들을 단 하나의 목표에 집중시킬 수가 없었다. 마지막에 그는 이렇게 탄식했다. "나는 내 시간들을 낭비했다."[32]

그는 5000쪽에 달하는 글을 썼지만 단 한 권도 완성하지 못했다. 양으로만 따지면 그는 화가라기보다 저술가였다. 그는 자신이 120종의 원고를 작성했다고 말했다. 그중 50종이 남았다. 그것은 오른쪽에서 왼쪽으로 절반쯤 오리엔트 필체로 쓰인 것이어서, 그가 중동 지방을 여행했고 이집트 술탄을 위해 일한 적이 있으며 이슬람교 신앙을 지녔었다는 전설에 어느 정도의 구실을 부여해 주고 있다.[33] 그의 문법은 빈약하고 철자는 개인적 특징을 지녔다. 그는 37권에 이르는 책들을 소장했다. 성서, 이솝, 디오게네스 라에르티오스, 오비디우스, 리비우스, 플리니우스 1세, 단테, 페트라르카, 포지오, 필렐포, 피치노, 풀치, '만데빌'의 여행기, 수학 논문들, 세계지, 해부학, 의학, 농업, 손금 보기, 병법 등이었다. 그는 "과거에 대한 것과 지리에 대한 지식은 지성을 아름답게 꾸며 주고 자양분을 준다."라고 말했다.[34] 그러나 수많은 시대착오적 특성들은 그가 산만한 역사 지식만을 가졌음을 보여 준다. 그는 훌륭한 저술가가 되고자 하는 소망을 품었다. 그리고 되풀이되는 물에 대한 서술처럼 몇 번은 능변을 시도하기도 했다.[35] 그는 폭풍과 전쟁의 생생한 이야기를 쓰기도 했다.[36] 분명 자신의 기록들을 출판할 의도를 품고서 여러 번이나 정리하기 시작했다. 우리가 아는 한 그는 살아서 단 한 권도 출판하지 못했다. 그러나 몇몇 친구들은 정선된 원고를 볼 수 있었음이 분명하다. 플라비오 비온도, 제롬 카르단, 첼리니 등이 그의 원고를 자기들의 글에서 언급하고 있기 때문이다.

그는 또한 과학과 예술에 대한 글도 썼다. 그는 자신의 시간을 이 두 가지 일에 거의 균등하게 배분했다. 그의 원고 중에서 가장 중요한 것은 1651년에야 출간된 『회화론(Trattato della pittura)』이다. 현대의 편집을 거쳤는데도 이 글은 여전히 배치가 보잘것없고, 반복이 심해서 조각들을 모아 느슨하게 붙여 놓은 형태이다. 레오나르도는 그리기를 통해서만 그리기를 배울 수 있다고 주장하는 사람들을 예상했다. 그는 심오한 이론 지식이 도움이 된다고 생각한다. 그리고 자신의 비판자들에 대해서는 "데메트리우스가 말한 대로 그들의 입에서 나오는 바람보다는 오히려 그들의 아랫도리에서 나오는 가스를 더욱 고려하게 되는 사람들"이라고 비웃었다.[37] 그의 기본 원칙은 미술을 공부하는 학생은 다른 예술가들의 작품을 그대로 베끼기보다는 자연을 탐구해야 한다는 것이었다. "오화가여, 보라, 들판에 나가거든 여러 사물들에 주의를 돌리고 사물을 차례로 하나씩 자세히 바라보고 이들 별 가치가 없는 것들 중에서 여러 가지를 골라내라."[38] 물론 화가는 해부학, 원근법, 명암의 배치 따위를 탐구해야 한다. 윤곽선을 예리하게 강조하면 그림은 나무토막처럼 보인다. "언제나 인물이 그 머리를 가슴과 같은 방향으로 향하지 않게 만들라."[39] 레오나르도 자신의 작품에 나타나는 우아함의 한 가지 비밀이 이것이다. 마지막에 그는 이렇게 말한다. "인물이 마음속에 간직하고 있는 것이 무엇인지를 충분히 보여 줄 수 있는 동작을 만들어라."[40] 그는 「모나리자」를 그릴 때 이 원칙을 잊었던 것일까? 아니면 여주인공의 눈과 입술에서 그 영혼을 읽어 내는 우리의 능력을 지나치게 높이 평가한 것일까?

인간 레오나르도는 그의 그림이나 공책보다 드로잉 작품들에서 더욱 선명하고 다양한 모습으로 나타난다. 그 수는 엄청나다. 단 하나의 사본인 아틀란티코 사본(Codex Atlantico)에만 해도 1700점이나 들어 있다. 일부는 서둘러 그린 스케치다. 일부는 대단한 걸작들이어서 우리는 레오나르도를 르네상스 시대 가장 유능하고 섬세하고 깊이가 있는 도안가로 꼽지 않을 수 없다. 미켈란젤로나 렘브란트의 드로잉들 중에는 벌링턴 하우스에 있는, 저 경이로운 「성 안나와 성모와 아기 예수」에 필적할 만한 작품이 없다. 레오나르도는 은필, 목탄, 레드 초크, 펜과 잉크 등을 사용해서 거의 모든 단계의 육체적, 영적 삶을 그려 내고 있다. 100여 점에 이르는 아기들은 통통하고도 움푹 패인 다리를 한 모습으로 그의 스케치 이곳저곳에 들어 있다. 옆모습이 반쯤 그리스의 모습이고 영혼은 반쯤 여성인 젊은이들의 모습 100여 점, 바람에 머리카락을 날리며 얌전하고 부드러운 자태를 하고 있는 아름다운 처녀들 100여 점, 근육을 자랑하는 운동선수들과 싸움을 하거나 아니면 갑옷과 무기를 번쩍이는 전사들, 세바스찬의 부드러운 아름다움에서부터 히에로니무스의 야윈 피부에 이르는 성인들, 자기가 안고 있는 아기를 통해 세상이 구원되는 것을 바라보는 성모의 모습들, 가장 행렬을 위한 의상들의 드로잉, 머리나 목을 감싸고 있거나 팔에 걸린, 혹은 어깨에서 늘어뜨려진, 혹은 무릎에서 접혀 빛을 끌어들이고, 만져 보고 싶게 하고, 우리가 걸친 의상보다도 더욱 진짜처럼 보이는 숄, 스카프, 레이스, 의상. 이 모든 형태들이 삶의 열정과 경이로움을 노래한다. 그러나 그들 사이로 끔찍한 그로테스크와 커리커처의 형상들이 흩어져 나타난다. 형태가 일그러진 머리들, 일그러지고 우둔한 모습, 짐승 같은 얼굴들, 불구의 몸, 분노로 잔뜩 찡그린 잔소리꾼 여자들, 머리카락 대신 뱀들을 지닌 메두사, 늙어서 바싹 마르고 주름 잡힌 남자들, 부패의 마지막 단계에 있는 여자들. 이것은 현실의 또 다른 면이다. 레오나르도의 편견 없는 눈길은 이것을 포착해서 단호한 손길로 공책에 붙잡아 놓았다. 마치 추한 악의 얼굴을 정면으로 응시하기라도 하려는 듯이. 그는 이런 끔찍한 모습들을, 아름다움에 충성을 바쳐야 하는 회화 작품에는 집어넣지 않았다. 그러나 자신의 철학에는 그들을 위해서도 자리를 남겨 두었다.

아마도 인간보다도 자연이 더 그를 기쁘게 했던 것 같다. 자연은 중립이고, 악을 나쁜 것이라고 비난하지 않기 때문이다. 자연의 모든 것은 편견 없는 눈길에는 용서할 수 있는 것이었다. 그래서 레오나르도는 많은 풍경화들을 그렸고, 그것을 소홀히 한다고 보티첼리를 나무랐다. 그는 펜으로 정성스럽게 꽃들의 덩굴을 따라갔다. 나무, 강, 바위, 산, 구름, 호수 따위의 배경을 줌으로써 마법과 깊이를 첨가하지 않은 그림은 거의 그리지 않았다. 그는 예술 작품에서 건축물 형태를 거의 배제했다. 그로써 자연이 등장해서 그림에 그려진 개인이나 그룹을, 화해시키는 사물의 총체성 안으로 빨아들일 여지를 더욱 많이 남겨 두었다.

레오나르도는 이따금 건축 분야에도 손을 대 보았다. 그러나 벌을 받은 듯이 실패하곤 했다. 그의 드로잉들 중에는 건축의 상상도 들어 있다. 기묘하고 절반쯤 시리아 방식이다. 그는 둥근 지붕을 좋아했고, 로도비코가 밀라노에도 그런 것을 지을 수 있도록 일종의 소피아 성당과 비슷한 아름다운 건물 스케치를 했다. 그것은 건축되지 않았다. 로도비코는 그를 파비아로 보내 그곳의 대성당을 개축하는 일을 돕도록 했다. 그러나 레오나르도는 파비아의 대성당보다는 그곳의 수학자들과 해부학자들에게 더 관심이 많았다. 그는 또한 이탈리아 도시들의 소음, 더러움, 혼잡 등에 대해 불평하고 로도비코에게 두 층으로 된 도시 설계도를 제출했다. 아래층에서는 상업 활동을 위한 온갖 왕래와 "보통 사람들의 필요와 편리를 위한 물품"의 이동이 이루어진다. 위층은 줄지어 늘어선 기둥들로 지탱되는 20팔꿈치(약 12미터) 넓이의 도로로서, "탈것은 올라올 수 없고 오로지 고귀한 사람들의 편의를 위해서만 사용된다." 이곳저곳에서 나선형 계단이 두 층을 연결해 주고 여기저기 분수가 놓여 공기를 서늘하게 하고 정화시킨다.[41] 로도비코는 이런 건축을 위한 돈이 없었고, 밀라노 상류층은 그냥 지상에 머물러 지냈다.

6. 발명가 레오나르도

우리로서는 이해하기 어려운 일이지만 (그를 고용했던) 로도비코나 체사레 보르지아에게 있어서 레오나르도는 무엇보다도 기술자였다. 그가 밀라노 공작을 위해 계획한 축제 행렬은 정교한 자동 기계를 포함했다. 바사리는 이렇게 말한다. "매일같이 그는 쉽게 산을 없애거나, 산에 구멍을 내서 이쪽에서 저쪽으로 넘어갈 수 있는 방식과 설계도들을 만들었다. 지레, 기중기, 크랭크 등의 도움을 받아 무거운 무게를 들어올리고 끌어 갈 방도들을 고안했다. 항구를 청소하는 방법, 혹은 매우 깊은 곳에서 물을 퍼 올리는 방법 등을 궁리했다."[42] 그는 나사못에 홈을 파 주는 기계를 만들었다. 마찰이 없는 롤러 베어링 브레이크를 고안했다.[43] 최초의 기관총을 만들고, 사정 거리를 늘리기 위해서 톱니바퀴 기어가 달린 박격포를 고안했다. 복식 벨트가 달린 추진기, 3단 변속기, 조정이 가능한 멍키스패너, 회전하는 금속 기계, 인쇄를 위한 활판, 사다리를 올릴 때 쓰는 자동으로 잠기는 웜 기어 등을 만들었다.[44] 그는 지하 항해술을 계획했지만 그것의 설명은 거부했다.[45] 증기 엔진에 대한 알렉산드리아 영웅의 아이디어를 되살려, 총 속에 들어간 증기압력이 무쇠 볼트를 1킬로미터 이상 날아가게 하는 것을 보여 주었다. 물레가 회전하면서 실을 고르게 분배시키는 장치를 고안했고,[46] 또한 손을 한 번 놀릴 때마다 열렸다가 닫히는 가위도 만들었다. 그는 자주 이 환상에 빠져 멍청해져서 예를 들면 스키를 부풀려 물위를 걷는 장치나, 아니면 몇 가지 악기들을 동시에 연주하는 물방아 따위를 제안했다.[47] 낙하산에 대해서는 다음과 같이 묘사했다. "지름 12큐빗(5~6미터), 깊이 12큐빗 크기에 모든 구멍을 완전히 막은 아마포 천막을 가지고 있다면 어떤 높이에서도 상처를 입지 않고 뛰어내릴 수 있다."[48]

    그는 일생의 절반가량을 인간의 비행에 대하여 생각했다. 톨스토이처럼 그는 새들이 많은 점에서 인간보다 우수하다고 여겨 부러워했다. 새들의 날개와 꼬리의 작동법을 탐구하고, 그들이 떠오를 때, 활주, 회전, 내려앉을 때의 역학을 상세히 연구했다. 그의 예리한 눈길은 이런 동작들을 열징직인 호기심으로 살펴보고, 그의 재빠른 펜은 그것을 스케치하고 기록했다. 그는 새들이 공기의 흐름과 압력을 이용하는 방법을 관찰했다. 그리고 공기를 정복할 계획을 세웠다.

    새의 날개의 해부 형태와, 이 날개를 움직이는 가슴 근육을 함께 만들 수 있다. 그리고 인간이 날개를 쳐서 공중에서 자신을 지탱할 가능성을 보여 주기 위해 인간을 위해서도 같은 것을 만들 수 있다.[49] …… 새들이 날개를 치지 않고 위로 떠오르는 것은 그들이 바람의 흐름 한가운데서 순회하는 동작을 함으로써 가능한 것이다.[50] …… 인간 새는 다름 아닌 박쥐를 모델로 삼는다. 박쥐의 망 조직은 …… 날개 뼈대를 하나로 묶어 주는 수단이 된다.[51] …… 새는 역학 법칙에 따라 작동하는 기계이다. 이러한 기계가 그 모든 동작을 하도록 만들어 내는 것은 인간의 능력 안에 있는 일이지만 그러나 그에 상응하는 정도의 힘을 갖도록 할 수는 없다.[52]

그는 인간이 발동작으로 아주 빠르게 날개를 쳐서 자기 몸을 공중에 띄워 올리도록 고안된 나선형 기계의 드로잉을 여러 번이나 그렸다.[53] 짧은 에세이「비행에 관하여」에서 그는 풀을 먹인 강한 아마포, 가죽 이음매, 생사(生絲) 끈 등으로 날틀을 만들었다고 기록했다. 그는 이 기계를 '새'라고 이름 붙이고 그것이 날아 오르기 위한 상세한 설명을 기록했다.[54]

이 기계가 하나의 나사못을 …… 재빨리 돌아가게 한다면, 위에 말한 나사못은 공중을 향해 나선형 움직임을 할 것이고, 기계는 위로 떠오를 것이다.[55] …… 물위에서 이 기계를 시험해 보라, 그러면 너는 아래로 떨어져도 다치지 않을 것이다.[56] …… 큰 새가 첫 비행을 하면 …… 온 세상을 놀라움으로 채우고 또 그 명성의 기록들로 가득 채울 것이다. 그리고 그 일은 이 새가 태어난 둥지에 영원한 영광을 가져다 줄 것이다.[57]

그가 정말로 비행을 시도했을까? 그의 공책 기록의 하나인「아틀란티코 코덱스」[58]에는 다음과 같은 기록이 나온다. "내일 1496년 1월 2일 아침에 나는 가죽끈으로 묶고 시도할 생각이다." 이것이 무슨 뜻인지 우리는 모른다. 파찌오 카르다노(F. Cardano)는 아들인 물리학자 지롤라모 카르다노(G. Cardane, 1501~1576)에게, 레오나르도가 손수 비행을 시도한 적이 있다고 이야기했다.[59] 일부 사람들은 레오나르도의 조수 안토니오가 1510년에 다리를 부러뜨린 것이 레오나르도의 기계로 비행을 시도하다가 일어난 사고 때문이라고 생각했다. 정확한 것은 알 수 없다.

레오나르도는 잘못된 생각을 쫓고 있었다. 인간의 비행은 활강을 빼고는 새를 흉내 내서 이루어지는 것이 아니다. 내연 기관이 추진기(프로펠러)를 돌리고, 추진기가 공기를 아래가 아니라 뒤로 밀어내서 비행할 수 있게 되었다. 앞으로 나아가는 속도가 위로 떠오르는 것을 가능하게 해 준 것이다. 그러나 지식을 향한 열정이야말로 인간의 가장 고귀한 특성이다. 전쟁과 범죄에 충격을 받고, 능력의 이기심과 빈곤의 영속성에 낙담하고, 수많은 민족들과 세대들이 미신과 경박한 믿음을 가지고 삶의 짧음과 품위 없음을 잊기 위해 겉만 꾸미는 것에 마음이 슬퍼질 때, 인류의 정신과 마음속에 삼천 년 동안이나 비행의 꿈이 간직되어 있었음을 보게 되면 어딘지 구원받은 느낌이 든다. 다이달로스와 이카로스의 이야기에서 시작하여 레오나르도의 실패한 암중모색과 또 다른 수많은 시도들을 거쳐 마침내 우리 시대의 빛나면서도 비극적인 승리에 이르기까지 계속된 비행의 꿈 말이다.

7. 과학자 레오나르도

드로잉과 나란히 일부는 같은 페이지에, 일부는 남자나 여자, 풍경이나 기계를 그린 스케치를 가로실러 그가 흘려 쓴 기록들이 나타난다 기기에는 만족을 모르는 이 정신이 자연법칙과 작용에 대해 고심한 흔적들이 나타나 있다. 미술가의 일에서 과학자의 일이 만들어져 나왔다. 그림은 레오나르도에게 해부학, 비율과 원근법, 빛의 구성과 반사, 물감과 오일의 화학 등을 탐구하도록 만들었다. 이러한 탐색들에서 그는 좀 더 친밀한 식물과 동물의 구조와 기능의 탐색으로 나아갔다. 그리고 이런 문제들로부터 보편적이고 불변하는 자연법에 대한 철학적 개념에 이르렀다. 자주 그의 안에 들어 있던 예술가의 특성이 과학자의 특성을 들여다보았다. 과학적인 드로잉이 아름다움의 대상이 되거나 아니면 우아한 아라베스크 무늬로 끝을 맺는 수도 많았다.

그의 시대 대부분의 과학자들과 마찬가지로 레오나르도는 과학적 방법을 실험보다는 경험과 동일시했다.[60] 그는 자신에게 이렇게 충고하고 있다. "기억하라, 물에 대해서 논할 때는 먼저 경험을 인용하고 나서 이치를 말하라."[61] 한 사람의 경험이란 현실의 극히 미세한 단편 이상이 될 수 없기 때문에 레오나르도는 자신의 경험을 독서로 보충했다. 그것은 말하자면 대리 경험인 셈이었다. 그는 조심스럽지만 비판적으로 작센의 알베르트(1316~1390)의 글을 탐구했다.[62] 그리고 로저 베이컨, 알베르투스 마그누스, 쿠사의 니콜라스 등의 생각들을 부분적으로 알게 되었다. 그리고 루카 파찌올리, 마르칸토니오 델라 토레, 그 밖에도 파비아 대학의 다른 교수들과의 교류를 통해 많은 것을 배웠다. 그러나 그는 모든 것을 자신의 체험으로 직접 시험해 보았다. "어떤 생각을 논함에 있어 권위를 인용하려는 사람은 누구나 자신의 이성을 가지고 작업하지 말고 자신의 (경험의) 기억으로 작업을 해야 한다."[63] 그는 자기 시대 사상가들 중 가장 덜 신비적이었다. 연금술과 점성술을 거부했고 한동안은 "모든 점성술사들이 거세되기를" 기대했다.[64]

그는 거의 모든 과학 분야를 건드렸다. 사유의 가장 순수한 형태인 수학에 열광적으로 몰두했다. 기하학적 형태들에서 분명한 아름다움을 느끼고 「최후의 만찬」을 위한 습작 페이지에 그런 형태들을 그려 놓기도 했다.[65] 그는 과학의 기본 원칙 하나를 생생하게 표현했다. "수학이나 수학에 기초한 그 어떤 요소를 적용할 수 없을 경우 확실성이란 없다."[66] 그리고 당당하게 플라톤의 말을 되풀이했다. "수학자가 아닌 사람은 내 작품의 어떤 부분도 읽지 말 것."[67]

또한 그는 천문학에 열광했다. "달을 크게 보기 위해서 망원경을 만들자"고 생각했지만[68] 분명 그것을 만들지는 않았다. "태양은 움직이지 않는다. …… 지구는 태양의 순환의 중심에 있지 않으며 우주의 중심에 있지도 않다."[69] "달은 매달 겨울 한 번, 여름 한 번을 가진다."[70] 그는 달의 반점들의 원인에 대해 날카롭게 논하고 이 점에 대해 작센의 알베르트의 관점을 공격했다.[71] 이 알베르트의 생각을 넘겨받아서 그는 "모든 무거운 물질은 아래로 내려가며, 항구적으로 위에 떠 있을 수는 없다. 지구는 구체가 될 수밖에 없다." 그리고 궁극적으로는 물로 덮일 수밖에 없다.[72]

그는 높은 산에서 바다 동물의 화석을 보고 옛날에 바다가 이 높이에 이르렀었다고 결론지었다.[73] (보카치오는 1338년에 소설 「사랑 이야기(Filocopo)」에서 동일한 생각을 말하고 있다.)[74] 그는 우주가 유동체라는 생각을 거부했다.[75] 그리고 지구에 태고 시대가 있었다고 여겼다. 이것은 당시 그리스도교 신앙에 정면으로 위배되는 것이다.(세계는 신의 창조물이라 여겨졌으므로) 그는 포 강에 의해 밀려온 퇴적물을 보고 2만 년이라는 기간을 계산했다. 또한 초기 지질학 시대의 모습일 것이라고 상상하는 이탈리아 지도를 만들었다. 사하라 사막은 옛날에 바닷물로 덮여 있었다.[76] 산들은 비에 의한 침식으로 형성된다.[77] 바다 밑바닥은 바다로 흘러드는 모든 강물이 가져오는 퇴적물로 인해 점점 높아지고 있다. "아주 큰 강들이 지하에서 흐른다."[78] 그리고 지구의 몸 안에서 생명을 주는 물의 움직임은 인체 안에서 흐르는 피의 움직임과 상응한다.[79] 소돔과 고모라는 인간의 허약함 때문에 파괴된 것이 아니라 지질학적 움직임으로, 아마도 이 도시들의 토양이 사해로 흘러든 탓에 파괴되었다.[80]

레오나르도는 장 부리당과 작센의 알베르트가 14세기에 이룩한 물리학에서의 발전을 열심히 뒤따라갔다. 운동과 무게에 대해 100쪽 정도를 썼고 또 열, 음향, 광학, 색재, 수력학, 자력 등에 대해서도 수백 페이지를 썼다. "역학은 수학의 천국이다. 이 수단을 통해서만 수학의 열매에 도달하기 때문이다."[81] 그는 도르래, 기중기, 지레 등에서 기쁨을 맛보았고 그들을 이용하여 들어 올리거나 움직일 수 있는 것을 끝없이 관찰했다. 그러나 그는 영구 운동을 찾는 사람들을 비웃었다. "힘과 물질의 운동, 무게와 진동은 네 가지의 일시적인 힘으로서, 인간의 모든 작업은 그 안에 있고, 그 안에서 끝난다."[82] 이런 구절에도 불구하고 그는 유물론자는 아니었다. 오히려 반대로 그는 힘이란 "영적인 능력이다.

…… 그 안에 든 생명이 보이지 않고 신체가 없기 때문이다. …… 실체가 없다. 힘 안에 만들어지는 물체는 크기나 무게가 늘어나지 않기 때문이다."[83]

그는 소리의 전달을 탐구하고 공기의 진동이 소리의 매체라고 생각했다. "류트의 줄을 치면, 그것은 …… 다른 류트에 있는 같은 소리가 나는 비슷한 줄로 운동을 전달한다. 누구든 비슷한 줄에 지푸라기를 올려놓아 보면 직접 그것을 확인할 수 있다."[84] 그는 전화(먼 곳과의 대화)에 대한 나름의 개념을 가졌다. "배를 세우고 긴 튜브의 한쪽 끝을 물에 넣고 다른 끝은 귀에 갖다 대라. 그러면 아주 멀리 떨어진 곳에 있는 배들의 소리를 들을 것이다. 튜브의 끝을 땅에 가져다 대도 동일한 결과를 얻을 수 있다. 멀리 떨어진 곳에서 지나가는 사람의 소리를 들을 수 있다."[85]

그러나 시각과 빛이 소리보다 훨씬 더 그의 관심을 끌었다. 그는 눈에 대해 경탄했다. "이렇게 작은 공간이 우주 전체의 영상을 담을 수 있다고 누가 믿겠는가?"[86] 그리고 오래전 과거의 영상을 연상하는 정신의 힘에 대해서는 더욱 더 경탄했다. 그는 안경이나 망원경 등 눈의 근육의 허약함을 보충할 수 있는 수단에 대해 탁월한 묘사를 했다.[87] 눈의 작동 방식을 카메라 옵스쿠라(camera obscura)의 원칙으로 설명했다. 사물의 상(像)은 구멍이 뚫린 작은 상자나 눈에 거꾸로 맺힌다. 물체로부터 나온 광선은 (작은 구멍을 통과할 때) 교차해서 상자나 눈으로 들어가기 때문이다.[88] 그는 무지개에서 태양 광선이 굴절을 일으키는 것을 분석했다. 레온 바티스타 알베르티가 그랬던 것처럼 그는 미셸 슈브뢰의 결정적인 연구가 나오기 400년 전에 이미 보색에 대해 탁월한 설명을 하고 있다.[89]

그는 물에 대한 논문을 계획하여 착수하고, 또 그것을 위해 수많은 기록들을 남겼다. 물의 움직임이 그의 눈과 정신을 사로잡았다. 그는 조용한 흐름과 광포한 흐름을 탐구하고, 분수와 폭포, 방울과 거품, 급류와 폭우, 또 비와 바람이 동시에 휘몰아치는 경우를 탐색했다. 그리고 2100년의 세월이 지난 다음 탈레스의 말을 되풀이했다. "물이 없다면 우리 가운데 아무것도 존재할 수 없다."[90] 그는 파스칼의 유체 정역학의 기본 원칙을 이미 말하고 있다. 곧 유체(흐름)에 가해진 압력은 유체에 의해 전달된다는 것이다.[91] 또 서로 연결된 그릇에 담긴 액체는 동일한 높이를 가진다는 것도 알아냈다.[92] 밀라노의 수력 공학 전통을 물려받아 그는 운하를 설계하고 건설했으며, 운하를 가로지르는 강물의 위나 아래로 배가 다니는 운하를 만드는 방안들을 제안했다. 또 피렌쩨가 피사 항구를 꼭 필요로 하지 않도록 피렌쩨를 통과해서 흐르는 아르노 강을 바다까지 연결하자는 제안을 하기도 했다.[93] 레오나르도는 유토피아 몽상가는 아니었다. 그러나 그는 마치 목숨이 열두 개나 되는 사람처럼 연구와 작업 계획을 세웠다.

식물에 관한 테오프라스투스(Theophrastus)의 위대한 텍스트로 무장하고서 그는 '자연사(自然史)' 쪽으로 관심을 돌렸다. 잎이 줄기에 배치되는 체계를 검토하고 그 법칙을 공식(公式)으로 만들었다. 나무 줄기의 단면에 나타나는 테두리(나이테)들이 나무가 자란 햇수를 나타낸다는 것과, 그 넓이는 그해의 습기를 나타낸다는 사실을 관찰했다.[94] 또한 어떤 동물들이 그냥 그 자리에 있거나 사람을 건드리기만 해도 병을 낫게 한다는 시대의 믿음 일부를 공유했던 듯하다.[95] 그는 이렇게 미신에 빠져들었던 일에 대해서, 기록된 역사에서 선례가 없는 철저함으로 말(馬)의 해부를 탐구해서 보충했다. 이 주제에 대해서 특별한 논문을 준비했지만 프랑스가 밀라노를 정복했을 때 사라졌다. 그는 사람과 동물의 팔다리를 나란히 배치해서 탐구함으로써 현대 비교해부학을 거의 처음으로 시작했다. 갈레누스의 낡은 권위를 배제하고 진짜 몸을 이용해서 작업했다. 인체 해부를 말로 설명하지 않고, 이 분야에서 행해진 이전의 모든 것을 능가하는 드로잉으로 설명했다. 이 주제로 책을 쓸 계획을 가졌고, 그러기 위해서 수많은 삽화와 기록들을 남겼다. 그는 "30구 이상의 인체를 절개"[96]했다고 주장했는데, 태아, 심장, 폐, 골격, 근육, 내장, 눈, 두개골, 두뇌, 그리고 여성의 핵심적인 기관을 그린 무수한 드로잉들은 이런 주장이 옳다는 것을 뒷받침하고 있다. 그는 (특이한 드로잉과 기록들로) 최초로 자궁을 과학적으로 묘사한 사람이며 또한 태아를 포함한 세 개의 막을 서술했다. 그는 오늘날 하이모어 뼈라고 알려진, 턱을 받치는 뼈의 공동(空洞)을 그려 낸 최초의 사람이었다. 죽은 황소의 심장 판막에 밀랍을 부어넣어서 심실의 정확한 모습을 얻어 냈다. 그는 최초로 조정대(우심실의 사슬)의 특징을 밝혀냈다.[97] 또 신체 안 혈관의 연결망에 열광했다. 그리고 혈액 순환을 신성한 것으로 여겼지만 그 작동 원리를 파악하지는 못했다. 그는 이렇게 썼다. "심장은 다른 근육들보다 훨씬 더 강하다. …… 심장이 열릴 때 돌아오는 혈액은 판막을 닫는 혈액과는 다른 것이다."[98] 그는 혈관, 신경, 신체의 근육 등을 대단히 정교하게 관찰했다. 그리고 노년은 동맥경화증 탓이라고 여기고, 동맥경화증은 운동 결핍 탓이라고 생각했다.[99] 예술가에게 도움이 되는 『인체의 비례에 대하여(De figure umane)』라는 책을 쓰기 시작했고, 그의 생각의 일부는 친구인 파치올리(L. Pacioli)의 「신적인 비례」에 편입되었다. 그는 탄생부터 부패까지 사람의 육체적 삶을 분석하고 정신적 삶을 조사할 계획을 가졌다. "오, 내가 인간의 신체를 묘사한 것과 동일한 정열로 인간 습관의 심리학을 설명하는 것을 신께서 허용해 주시기를!"[100]

레오나르도는 위대한 과학자였나? 알렉산더 폰 훔볼트는 그를 "15세기의 가장 위대한 물리학자"라고 생각했다.[101] 윌리엄 헌터는 그를 "자기 시대 최고의 해부학자"라고 평가했다.[102] 레오나르도는 훔볼트가 생각한 만큼 그렇게 독창적인 인물은 아니었다. 물리학 분야에서 그의 생각들은 장 부리단, 작센의 알베르트, 그리고 다른 선배들에게서 얻어 온 것이었다. 그는 또 악명이 자자한 오류를 범하기도 했다. 이를테면 "공기와 접하고 있는 물의 표면이 바다보다 더 아래쪽이 되는 경우는 없다."와 같은 말을 했다.[103] 그러나 그런 실수들은 지상이나 하늘에 있는 거의 모든 것을 다 다루다시피 한 이 엄청난 공책 기록에서 정말로 드물게만 나타난다. 그의 이론 역학은 고도로 지적인 아마추어의 이론이다. 그는 훈련과 도구와 시간이 부족했다. 그가 이런 결함들과, 또 미술에서의 노동에도 불구하고 과학에서 그토록 많은 것을 성취했다는 사실은 이 기적과 같은 시대가 만들어 낸 기적의 하나이다.

이 많은 영역들에 대한 탐구로부터 레오나르도는 이따금 철학의 영역으로 들어섰다. "오 놀라운 필연성이여! 최고의 이성을 가지고 그대는 모든 작용들이 그 원인에서 나온 직접적인 결과이게 하는구나. 모든 자연의 활동은 취소할 수 없는 법칙에 의해, 가능한 가장 빠른 과정으로 그대에게 복종한다."[104] 이 말은 19세기 과학의 자랑스러운 울림을 갖고 있다. 그리고 레오나르도가 신학적 사유 일부에서 벗어났음을 암시한다. 바사리는 『예술가의 전기』 1판에서 그가 "그리스도교도보다는 철학자가 되는 편이 낫다고 여겨 어떤 종교도 따르지 않는 이단적인 특성"을 가진 사람이라고 썼다.[105] 그러나 바사리는 뒷날 판본에서 이 구절을 없앴다. 당시 많은 그리스도교도들처럼 레오나르도는 이따금 성직 계층을 공격했다. 그들을 바리새파 사람들이라 부르고 가짜 기적으로 단순한 사람들을 속인다고 비난하고, 그들이 이 세상의 주화를 받고 내주는 하늘의 약속 증서를 "가짜 주화"라고 비웃었다.[106] 한 번은 수난의 금요일에 "오늘 온 세상은 중동에서 한 남자가 죽었다고 슬퍼하고 있다."라고 적었다.[107] 그는 죽은 성인(聖人)들이 기도하는 사람들의 소리를 들을 수 없다고 생각했던 듯하다.[108] "태양 숭배보다 인간 숭배를 더욱 칭찬하는 사람들을 비난하기에 쓸모 있는 언어 능력을 내가 가졌다면 얼마나 좋으랴 …… 인간을 신으로 숭배하기를 소원하는 사람들은 중대한 오류를 범했다."[109] 그는 르네상스의 어떤 화가보다도 더 자유롭게 그리스도의 초상화를 다루었다. 후광을 빼고, 성모가 자기 어머니의 무릎에 걸터앉게 하고, 아기 예수는 상징적인 양에 올라타려 애쓰게 만들었다. 그는 물질에서 정신을 보았고, 영혼을 믿기는 했지만 그래도 영혼은 오로지 물질을 통해서, 그리고 변경시킬 수 없는 법칙과 조화를 이루어서만 활동할 수 있다고 생각했다.[110] 그는 "영혼은 육체의 부패와 더불어 부패될 수 없다."[111]라고 썼지만 또 "죽음은 생명과 함께 기억도 파괴한다."[112] 그리고 "신체가 없으면 영혼은 행동할 수도 느낄 수도 없다."[113]라고도 썼다. 그는 어떤 구절에서는 겸손과 열렬함으로 신에게 말하고 있지만[114] 다른 곳에서는 신을 자연, 자연의 법칙, '필연성'과 동일시했다.[115] 생애 마지막 시기까지 신비적인 범신론이 그의 신앙이었다.

8. 프랑스 시절: 1516~1519

프랑스에 도착했을 때 레오나르도는 쉰네 살에 병든 몸이었다. 당시 스물네 살이던 충성스러운 친구 프란체스코 멜찌와 함께 그는 루아르 강변에 있는 앙부아즈 성(이곳은 빈번히 왕이 묵는 곳이기도 했다.)과 도시 사이에 위치한 클루(Cloux)에 있는 아름다운 집에 자리를 잡았다. 프랑수아 1세와 맺은 계약서에는 그가 "왕의 화가, 기술자, 건축가이며, 국가 기계 기사"로서 연봉 700크라운(8750달러)을 받는 것으로 되어 있다. 너그러운 프랑수아는 이 천재가 저물어 가는 시기에도 그를 높이 평가했다. 그는 레오나르도와 대화하는 것을 좋아했는데, 첼리니의 보고에 따르면 "레오나르도처럼 많이 아는 사람이 이 세상에 존재한 적이 없으며, 또한 조각, 회화, 건축 분야뿐만이 아니라 덧붙여서 그는 위대한 철학자"라고 주장했다고 한다.[116] 레오나르도의 해부학 드로잉들은 프랑스 궁정의 의사들에게 경탄을 자아냈다.

한동안 그는 연봉에 해당하는 일을 하려고 열심히 일했다. 왕실의 가면과 축제 행렬을 준비했다. 루아르 강과 사온 강을 운하로 연결하고, 솔로뉴의 습지를 말릴 계획을 세웠다.[117] 그리고 루아르 성의 부분들을 설계하는 데 동참했다. 샹보르의 아름다움을 레오나르도의 이름과 연결시키는 증거들도 일부 있다.[118] 1517년 이후로는 그림을 별로 그리지 않았던 것으로 보인다. 이해에 중풍 발작을 일으켜 오른쪽 반신이 마비되었기 때문이다. 원래 왼손으로 그림을 그렸지만 섬세한 작업을 위해서는 두 손이 다 필요했다. 그는 한동안 아름다운 몸과 얼굴을 가졌다는 명성이 반세기를 건너 바사리에게 전해질 정도였지만 이제는 젊은 시절 아름다운 모습의 부서진 파편에 지나지 않았다. 한때 당당하던 자신감은 시들고, 영혼의 평온함은 붕괴의 고통에 항복하고, 삶을 향한 사랑은 종교적 희망에 자리를 내주었다. 그는 단순한 유언을 했으나 자신의 장례식을 위해 교회의 모든 성사(聖事)를 요구했다. 한번은 이렇게 적었다. "하루를 잘 보내면 그 잠이 달다. 그렇듯이 삶을 잘 보내면 그 죽음이 달다."[119]

바사리는 1519년 5월 2일에 레오나르도가 프랑수아 1세 왕의 품에서 숨을 거두는 이야기를 감동적으로 들려준다. 그러나 실제로는 프랑수아 왕은 아마도 그 시간에 다른 곳에 있었던 것 같다.[120] 시체는 앙부아즈에 있는 성 플로렌틴 교회 안뜰에 묻혔다. 멜찌는 레오나르도의 형제들에게 이 죽음의 소식을 전하면서 이렇게 덧붙였다. "내가 이 죽음에서 받은 고통을 다 표현하기란 불가능할 것입니다. 그럴 만한 까닭이 충분하지요. 이런 사람을 잃은 것은 모두가 슬퍼할 일입니다. 이런 사람을 또 만들어 내는 일이 자연의 능력 안에는 들어 있지 않으니까요. 전능하신 하느님께서 그의 영혼을 영원히 보호해 주시기를!"[121]

우리는 그를 어떻게 평가해야 할까? 우리 중에 누가 이토록 다양한 세계를 가진 남자를 판단하는 데 필요한 다양한 지식과 기술을 가지고 있을까? 여러 방향을 향한 그의 정신이 우리를 홀려서 그가 실제 이룩한 것을 과장하도록 만들곤 한다. 그는 실천보다는 착상이 훨씬 더 많았기 때문이다. 그는 자기 시대 가장 위대한 과학자나 엔지니어나 화가나 조각가나 사상가가 아니었다. 그냥 이 모든 것을 합친 사람이었고 각 분야에서 최고 거장들과 겨루었다. 분명 당시 의학 분야에는 해부학에 대해서 그보다 더 많은 지식을 가진 사람들이 있었다. 밀라노 공국 엔지니어 분야에서 가장 위대한 작업들은 레오나르도 이전에 이루어졌다. 라파엘로와 티찌아노는 레오나르도의 그림들 중에서 남아 있는 것보디 더욱 인상적인 그림들을 남겼다. 미켈란젤로는 더 위대한 조각가였다. 마키아벨리와 귀치아르디니는 그보다 더 심오한 정신이었다. 레오나르도의 말 연구만은 당시 해부학에서 이루어진 것 중에 아마도 최고였다. 밀라노 공작 로도비코와 체사레 보르지아는 이탈리아 전역에서 그를 자기들의 엔지니어로 선택했다. 라파엘로나 티찌아노나 미켈란젤로의 그림들 중에 「최후의 만찬」과 겨룰 만한 것은 없다. 어떤 화가도 뉘앙스의 섬세함이나 감정과 사상과 생각에 잠긴 부드러움을 표현하는 미묘한 초상화 분야에서 레오나르도와 겨룰 수 없다. 그 시대의 어떤 조각상도 레오나르도가 만든 석고 모형「스포르짜」기마상만큼 높이 평가된 것은 없었다. 어떤 드로잉도「성 안나와 성모와 아기 예수」를 능가하지 못한다. 르네상스 철학에서 어떤 것도 자연법에 대한 레오나르도의 생각을 넘어서지 못했다.

그는 '르네상스의 인간'이 아니었다. 그토록 강하고 격렬하던 시대를 대표하기에는 말과 행동이 지나치게 신사적이고 내성적이고 섬세했다. 그리고 '보편인'도 아니었다. 그의 다양성에는 정치가나 행정가의 자질이 나타나지 않기 때문이다. 그러나 이 모든 한계와 불완전함에도 불구하고 그는 르네상스, 그리고 아마도 모든 시대에 걸쳐 '가장 풍요로운 사람'이었다. 그의 업적을 생각해 보면 우리는 원천으로부터 한 사람이 왔었다는 것, 그가 인류의 가능성에 대해 우리의 믿음을 새롭게 해 주었다는 사실에 경탄하게 된다.

9. 레오나르도 유파

밀라노에는 그를 너무나 존경해서 독창적이 되지 못한 젊은 예술가들 한 떼가 남았다. 그들 중 네 사람인 죠반니 안토니오 볼트라피오, 안드레아 살라이노, 체사레 다 세스토, 마르코 도지오노는 밀라노 스칼라 광장에 세워진 당당한 레오나르도 조각상의 토대에 돌로 새겨져 있다. 그 밖에 다른 사람들도 있었다. 안드레아 솔라리, 가우덴쬬 페르라리, 베르나르디노 데 콘티, 프란체스코 멜찌 등. 이들은 모두 레오나르도의 작업장에서 일하고 그의 우아한 선을 모방하는 것을 배웠지만 아무도 그의 섬세함이나 깊이에는 도달하지 못했다. 또 다른 두 명의 화가들이 그를 자기들의 선생이라고 인정했다. 그들이 그를 실제로 알았는지 확실하지가 않다. 죠반니 안토니오 바찌는 역사에는 소도마(Sodoma)라는 이름으로 알려진 사람으로, 어쩌면 레오나르도를 밀라노나 로마에서 만난 적이 있었을지도 모른다. 베르나르디노 뤼니는 감상을 잔뜩 늘어놓지만 아주 솔직해서 비난을 떨쳐 버린다. 그는 성모와 아기 예수를 거듭 주제로 선택했다. 어쩌면 그는 미술사에서 가장 닳아 빠진 이 주제에서, 탄생의 흐름의 모습으로 삶이 가장 훌륭하게 표현되어 있다고 보았는지도 모른다. 그리고 사랑은 죽음을 뛰어넘고 여성의 아름다움은 모성으로 표현될 경우 이외에는 성숙해질 수가 없다고 생각했는지도 모른다. 그는 레오나르도의 다른 후계자들보다 훨씬 더 스승의 여성적인 섬세함과, 레오나르도 미소의 부드러움을(그 대가다움은 아니지만) 물려받았다. 밀라노 암브로시아나 미술관에 있는 「성가정」은 스승의 「성 안나와 성모와 아기 예수」를 즐겁게 변조한 것이다. 사론노에 있는 「성모의 결혼식」은 코레죠의 작품과 같은 우아함을 보인다. 그는 신을 낳은 농부 소녀의 감동적인 이야기를 한 번도 의심하지 않았던 것 같다. 그리고 그림의 선과 색채를 단순한 신앙심으로 부드럽게 만들었다. 레오나르도라면 그런 느낌을 갖지도 않을 것이고 그렇게 표현하지도 않을 것이다. 사랑스럽고 영감을 주는 신화를 아직도 존경하는, 그러면서도 의심을 싫어하는 사람만이 루브르 미술관에서 레오나르도의 「성 요한」 그림보다 뤼니의 「잠자는 아기 예수」와 「동방 박사의 경배」 앞에 더 오래 서 있을 것이다. 그리고 이 그림들에서 더욱 깊은 만족과 진실을 보게 될 것이다.

이들 우아하지만 열등한 후배들과 더불어 밀라노의 찬란한 시대는 사라졌다. 로도비코의 궁정을 잠시 빛나게 만들었던 건축가, 화가, 조각가, 시인들 중에서 이 도시 태생은 드물었다. 그들 대부분은 신사적인 전제 군주가 몰락하자 다른 목장을 찾아 떠났다. 이어서 이 궁정에 나타난 혼란과 종속 상태 속에서 탁월한 재능은 다시 등장하지 않았다. 한 세대가 지나자 성(城)과 대성당만이 남아서, 밀라노가 이탈리아의 축제 행렬을 선도하던 저 화려한 10년의 시절(15세기 마지막 10년)을 추억하게 만들었다.

THE RENAISSANCE

8장 토스카나와 움브리아

1. 피에로 델라 프란체스카

　오늘날 토스카나 지방으로 되돌아가 보면, 피렌쩨가 마치 파리처럼 주변 속령 출신의 재능을 다 빨아들여 이 지역에서 우리의 발길을 멈추게 하는 인물은 드문드문만 나타나고 있을 뿐이다. 루카(Lucca)는 황제 카를 4세에게서 자치권을 사들였다.(1369) 그리고 나폴레옹이 들이올 때까지 자유 도시로 남이 있었다. 루카 사람들은 11세기에 지어진 대성당을 자랑스럽게 여긴다. 이곳을 되풀이해 고치면서도 형태를 보존하여 말 그대로 미술관으로 만들었다. 그곳에서 눈과 영혼은 성가대의 좌석(1452)과 스테인드글라스(1485)를 즐길 수 있다. 그리고 야코포 델라 퀘르치아의 고귀한 무덤(1406), 또 프라 바르톨로메오의 가장 심오한 그림의 하나인 「성모와 성 스테판과 세례 요한」(1509), 그리고 루카 출신인 마테오 치비탈리의 사랑스러운 작품들을 차례로 감상할 수가 있다.

피스토야(Pistoia)는 자유보다 피렌쩨를 선택했다. '하얀당'과 '검정당' 사이의 싸움이 도시를 심하게 망가뜨렸기에 정부는 피렌쩨 정부에 자기 도시의 관리를 넘겨 버렸다.(1306) 그 이후로 피스토야는 피렌쩨로부터 예술과 법을 받아들였다. 그루터기 병원(Ospedale del Ceppo, 병원 기부금을 던져 넣도록 만들어진 속이 빈 그루터기에서 유래한 이름)을 위해 죠반니 델라 로비아와 조수들은 빛나는 테라 코타 돋을새김으로 자비의 일곱 선행을 차례로 묘사한 장식 띠(프리즈)를 만들어 냈다. 헐벗은 사람을 입히고 굶주린 사람을 먹이고 병든 사람을 보살피고 감옥을 찾아가고 낯선 사람을 받아들이고 죽은 사람을 묻어 주고 친척을 잃은 사람을 위로하는 장면들이다. 여기서 종교는 가장 훌륭한 모습을 보인다.

옛날에는 산더미 같은 대리석으로 대성당과 세례당과 경사진 탑을 만든 부유하던 피사(Pisa)는 아르노 강 하구에 자리 잡은 전략적인 위치 덕분에 이러한 부를 누렸다. 같은 이유 때문에 피렌쩨는 피사를 공격해서 속령으로 삼았다.(1405) 피사는 이런 굴종을 받아들이지 않고 언제나 거듭 반란을 일으켰다. 1431년 피렌쩨 정부는 무기를 들 수 있는 모든 남자를 피사에서 쫓아내 버리고 여자들과 아이들은 볼모로 붙잡아 두었다.[1] 피사는 프랑스의 침략(1495)을 이용해서 독립을 확인했다. 그리고 14년 동안 피렌쩨 용병을 싸워 물리쳤다. 그러나 광신적으로 영웅적인 저항을 하고 난 다음 마침내 굴복하고 말았다. 도시의 지도적인 가문들은 하인이 되느니 차라리 망명을 선택해서 프랑스나 스위스로 떠났다. 그들 중에는 1830년에『이탈리아 공화국의 역사』라는 저술에서 유창한 언변으로 이 사건을 서술하고 있는 역사가 시스몬디의 조상도 있었다. 피렌쩨는 전제 정치에 대한 보상으로 피사 대학을 재정적으로 후원하고, 또 예술가들을 보내 피사의 대성당과 캄포 산토(공동묘지)를 장식하도록 했다. 그러나 이 성스러운 묘지의 담에 그려 넣은 벤노쪼 고쫄리의 저 유명한 벽화들도 지형적으로 붕괴되는 도시를 위로해 줄 수는 없었다. 아르노 강의 퇴적물이 점차 해안선을 따라 쌓이면서 피사에서 9.6킬로미터 떨어진 리보르노(레그혼)에 새로운 항구를 만들어 냈기 때문이다. 피사는 이 도시의 행운이자 비극이기도 했던 상업적인 지위를 잃었다.

산 제미냐노(San Gemignano)는 성인 제미니안에게서 따온 이름이다. 이 성인은 450년 무렵 훈노족 아틸라 패거리의 침입에서 이 마을을 구해 낸 사람이었다. 이 마을은 14세기에 어느 정도 번영을 누렸다. 그러나 부유한 집안들이 심한 당파 싸움으로 갈라져 서로 죽이면서 56개의 탑들을(지금은 13개로 줄었음) 세웠다. 그래서 이 마을은 "아름다운 탑들을 가진 산 제미냐노"라는 명성을 얻었다. 1353년 싸움이 하도 사나워서 도시는 피렌쩨 속령으로 흡수되는 것을 받아들였다. 그 이후로 여기서 생명은 사라져 버린 듯하다. 도메니코 기를란다요가 이곳 교회의 산타 피나 예배당에 아름다운 벽화들을 그렸고, 베노쪼 고쫄리는 성 아고스티노 교회에 성 아우구스티누스의 생애 장면들을 그렸다. 베네데토 다 마야노는 이곳의 교회들을 위해 빼어난 강단들을 만들었다. 그러나 상업은 다른 길들을 선택하고, 제조업은 죽고 자극은 없어졌다. 산 제미냐노는 좁은 골목들과 서로 통합되지 않는 탑들을 지닌 채 발전 없이 머물렀다. 1928년에 이탈리아는 이 도시를 국보로 지정하고 절반쯤 살아 있는 중세 생활의 모습을 그대로 보존했다.

피렌쩨에서 아르노 강을 거슬러 64킬로미터 떨어진 곳에 위치한 아레쪼(Arezzo)는 피렌쩨의 방어와 무역의 조직망에서 생동하는 지점이었다. 피렌쩨 정부는 이곳을 통제하기를 열망했다. 1384년 피렌쩨는 앙주 공작에게서 이 도시를 사들였다. 아레쪼는 이 모욕을 잊지 않았다. 이곳은 페트라르카, 아레티노, 바사리 등이 태어난 곳이지만 그들을 붙잡아 둘 수는 없었다. 이 도시의 영혼은 여전히 중세에 속했기 때문이다. 루카 스피넬로는 루카 아레티노라고도 불리는데 아레쪼를 떠나 피사의 캄포 산토에서 전쟁의 충격으로 생동하는 벽화를 그렸다. 그러나 또한 감동적인 신앙심으로 그리스도와 성모와 성인들도 그렸다. 바사리의 말을 믿는다면 루카는 악마를 하도 끔찍한 모습으로 그렸기에 꿈에 악마가 나타나서 그를 호되게 야단치는 바람에 놀라서 죽었다고 한다.

아흔둘의 나이에 말이다.[2]

아레쪼 북동쪽, 테베레 강 상류에 보르고 산 세폴크로(Borgo San Sepolcro)라는 마을이 있는데 역시 너무 작아서 일곱 예술가들을 붙잡아 둘 수가 없었다. 피에로 디 베네데토(Piero di Benedetto)는, 어머니의 성을 따서 피에로 델라 프란체스카(Piero della Francesca)라고 불렸다. 어머니는 그를 임신했을 때 남편이 죽자 아들을 사랑으로 키우고 아들이 수학과 미술 교육을 받도록 해 주었다. 그는 성묘(산 세폴크로) 마을에서 태어나긴 했지만 그에 대한 최초의 기록은 1439년 피렌쩨에서 나타난다. 코시모가 페라라 공의회를 피렌쩨로 옮겨 오던 해였다. 피에로는 아마도 로마 가톨릭과 그리스 정교의 재통합을 협상하러 이탈리아에 온 비잔틴 성직자와 통치자들의 화려한 의상을 보았을 것이다. 그보다 더욱 확실한 것은 그가 브랑카치 예배당에 있는 마사쵸의 벽화들을 탐구했으리라는 점이다. 이것은 당시 피렌쩨 미술 지망생들이 통상적으로 하는 일이었다. 마사쵸 벽화의 품위와 힘 그리고 확실한 원근법은 피에로의 미술에서 회화의 위대함 및 동방 군주들의 당당한 수염과 하나로 합쳐졌다.

피에로는 보르고로 돌아와(1442) 서른여섯의 나이로 시 의원으로 선출되었다. 3년 뒤에 그는 기록된 첫 주문을 받았다. 성 프란체스코 성당에「자비의 성모」를 그려 달라는 주문이었다. 이것은 지금까지도 시청 건물에 보존되어 있다. 우울한 성인들, 절반쯤 중국인 같은 성모가 자비의 의상 안에 기도하는 사람 여덟 명을 감싸고 있는데 뻣뻣한 대천사 가브리엘은 성모에게 수태를 알리고, 불쾌할 정도로 사실적인 터치로 그려진 십자가에 매달린 그리스도는 거의 농부와 같은 모습이다. 그리고 그리스도의 죽음을 슬퍼하는 성모(Mater Dolorosa)와 사도 요한의 생생한 모습도 있다. 이 그림은 절반쯤 원시적이지만 힘이 있다. 아름다운 감상이나 섬세한 장식, 슬픈 이야기를 이상적으로 세련되게 만들지 않는다. 신체는 삶의 투쟁으로 소모되고 때가 묻었다. 그런데도 그들의 고통과 기도와 용서의 침묵 속에서 고귀함의 단계에 도달하고 있다.

그의 명성이 이탈리아 전역으로 퍼졌고 피에로를 원하는 수요가 있었다. 페라라에서는 공작의 궁전에 벽화를 그렸다. 당시 로히어르 판 데르 베이던 (Rogier van der Weyden)이 그곳의 궁정 화가였다. 아마도 피에로는 그에게서 안료를 오일과 섞는 새로운 회화의 기법 일부를 배웠을 것이다. 리미니에서 그는 시지스몬도 말라테스타(폭군, 살인자, 미술 후원자)가 경건하게 기도하는 모습을 그렸다.(1451) 그는 두 마리의 강력한 개들의 출현을 통해 구원받고 있다. 1452년에서 1464년 사이에 중단을 겪으면서 피에로는 아레쪼의 성 프란체스코 성당을 위해 벽화들을 그렸는데, 그것은 그의 예술의 정점을 이루는 작품이다. 그들은 주로 진짜 십자가(그리스도가 매달렸던 십자가) 이야기를 들려준다. 코스루 2세에게 십자가를 빼앗긴 것, 그리고 헤라클리우스 황제(비잔틴 제국의 황제)가 그것을 되찾아 예루살렘에 복원시킨 이야기이다. 그러나 또한 아담의 죽음, 시바 여왕이 솔로몬을 방문한 것, 밀비우스 다리에서 막센티우스를 이긴 콘스탄티누스의 승리 이야기도 여기 들어 있다. 죽어 가는 아담의 수척한 모습, 이브의 일그러진 얼굴과 늘어진 젖가슴, 그들의 아들들과, 또 거의 그 비슷하게 남자 같은 딸들의 강한 신체, 시바 여왕의 종자들의 흐르는 듯한 당당함, 솔로몬의 심오하고 각성한 얼굴, 「콘스탄티누스의 꿈」에 나오는 놀라운 빛의 투사, 그리고 「헤라클리우스의 승리」에서 남자와 말들의 매혹적인 소란, 이 모든 것은 르네상스의 가장 인상적인 벽화들에 속한다.

아마도 이런 주요 작품들 사이로 피에로는 페루지아의 제단화와 바티칸의 벽화들을 그렸을 것이다. 바티칸 벽화는 뒷날 라파엘로의 더욱 강렬한 붓에 공산을 마련해 주기 위해 도로 지워졌다. 1469년 우르비노에서 그는 가장 유명한 그림을 그렸다. 페데리고 다 몬테펠트로 공작의 흥미로운 옆얼굴 초상화이다. 페데리고의 코는 부러졌고, 그의 오른쪽 턱은 창 시합에서 상처를 입었다. 피에로는 왼쪽 옆모습을 그렸다. 검은 점들을 솔직하게 드러내고 부러진 코를 겁도 없이 사실대로 그렸다. 그는 확고한 입술과 절반쯤 감긴 눈과 근엄한 얼굴로 부와 권력의 허망함을 이해하는, 스토아적인 행정가의 모습을 드러내 보였다. 그러나 궁정에서 음악회를 열고 세밀화가 그려진 고전 문헌의 사본들을 수집했던 페데리고를 알려 주는 섬세한 취향은 드러나 있지 않아 아쉬움이 남는다. 우피찌에 있는 둘로 접히는 패널에는 이 초상화와 짝을 이루어 그의 아내 바티스타 스포르짜의 옆모습도 있다. 병적일 정도로 창백한 네덜란드풍의 얼굴이 들판, 언덕, 하늘, 총안(銃眼)이 있는 성벽 등을 배경으로 그려져 있다. 초상화들의 반대편에 피에로는 두 편의 '승리'를 그렸다. 마차 하나는 페데리고를 이끌고 또 다른 하나는 바티스타를 이끌고 있다. 잔뜩 격식을 차린 모습이 우아하지만 우스꽝스럽다.

1480년 무렵 피에로는 예순넷의 나이로 눈병을 앓기 시작했다. 바사리는 그가 눈이 멀었다고 생각했지만 그러나 그는 아직 잘 그릴 수가 있었다. 나이가 들어 가는 이 시기에 그는 원근법 안내서를 썼다. 『신체의 다섯 척도(De quinque corporibus regolaribus)』라는 글에서 그는 회화에 포함된 지형의 관계와 비례를 분석했다. 그의 제자 루카 파찌올리는 피에로의 생각을 자신의 책 『신적인 비례(De divina propotione)』에 받아들였다. 그리고 파찌올리의 중개를 통하여 피에로의 수학적 발상은 미술의 기하학에 대한 레오나르도의 탐구에 영향을 주었다.

세상은 피에로의 책들을 잊고 그의 회화들을 다시 발견했다. 그를 자기 시대에 놓아 보면 레오나르도가 시작할 때 그는 작업을 완전히 끝마쳤다. 우리는 그를 15세기의 대표적인 이탈리아 화가로 꼽지 않을 수 없다. 그의 인물들은 거칠고 얼굴도 거칠다. 많은 사람들은 플랑드르에서 만들어진 것처럼 보인다. 그들을 고귀하게 만드는 것은 조용한 품위이며 근엄한 얼굴과 당당한 태도, 그리고 억누르고 있지만 그래도 여전히 극적인 행동력이다. 그들을 변화시키는 것은 도안의 조화로운 흐름이고 무엇보다도 피에로의 손길이 타협을 모르는 정직함으로, 이상화나 감상을 물리치고 눈이 보고 정신이 파악한 것을 그대로 표현해 내고 있다는 점이다.

그는 르네상스의 중심으로부터 너무 멀리 떨어져 살았기에 자기 속에 잠재된 완전성을 얻지 못했다. 아니면 자기 예술의 완전한 영향을 보여 주지 못했다. 그런데도 그의 제자들 중에 시뇨렐리가 있고, 루카의 양식을 형성하는 데 그도 어느 정도 기여했다. 피에로를 우르비노로 초빙한 사람은 라파엘로의 아버지였다. 이것은 라파엘로가 태어나기 14년 전의 일이었지만 그래도 재능 많은 젊은이는 피에로가 그곳과 페루지아에 남겨 놓은 그림들을 보고 탐구했을 것이 분명하다. 멜로쪼 다 포를리는 피에로에게서 도안의 힘과 우아함의 요소를 배웠다. 바티칸에 있는, 멜로쪼가 그린 천사 음악가는 피에로의 마지막 작품인 런던 국립 미술관에 있는 「그리스도의 탄생」에 등장하는 인물들을 연상시킨다. 피에로의 천사 합창단은 다시 루카 델라 로비아의 「성가대」를 연상시키지만. 이렇게 사람들은 후계자들에게 유산을 전수했다. 자신들의 지식과 법칙과 기술을 말이다. 그리고 이런 전달이야말로 절반쯤은 문명의 기술인 것이다.

2. 시뇨렐리

피에로 델라 프란체스카가 아레쪼에서 걸작들을 그리고 있을 때 미술사가 바사리의 고조할아버지인 라짜로 바사리가 젊은 미술학도인 루카 시뇨렐리(Luca Signorelli)를 이곳으로 초대했다. 그는 바사리 집에 머물면서 피에로 밑에서 공부했다. 루카는 아레쪼에서 남동쪽으로 22킬로미터쯤 떨어진 코르토나에서 처음으로 세상 빛을 보았다.(1441) 그가 열한 살일 때 피에로가 왔고, 피에로가 그림을 마친 것은 그가 스물네 살 때였다. 그 사이에 젊은이는 정열적으로 화가의 기술을 익히고, 피에로에게서 가차 없는 징확성으로 나체를 그리는 법을 배웠다. 스승에게서 단호한 엄격함을 배웠고 미켈란젤로보다 앞서 남성적인 힘을 표현했다. 작업장, 병원, 교수대 아래, 공동묘지 등 찾아낼 수 있는 한 어디서나 벌거벗은 인체를 찾아다녔다. 그는 아름다움이 아니라 힘을 탐구했다. 그 밖의 것에 대해서는 관심을 갖지 않았던 것 같다. 다른 것을 그린다면 참을 수 없을 정도로 양보해서 그렇게 한 것이었다. 그리고 이따금 그는 벌거벗은 신체를 우연한 장식으로 이용했다. 미켈란젤로처럼 그는 여성의 나체에는(이렇게 조심성 없는 표현을 써도 된다면) 익숙지가 않았다. 여성의 나체는 성공적인 경우가 드물었다. 남자들 중에서도 그는 레오나르도나 소도마처럼 젊고 아름다운 몸이 아니라 근육이 발달하고 남성의 특성이 완전히 성숙한 남자를 그렸다.

이런 정열을 지니고 시뇨렐리는 중부 이탈리아 도시들을 이리저리 옮겨다니면서 나체화를 그렸다. 아레쪼와 산 세폴크로에서 초기 작품을 제작한 이후로 피렌쩨로 옮겼다.(1475년경) 그리고 그곳에서 로렌쪼를 위해 벌거벗은 이교의 신들이 득실거리는 「판(牧神)의 학교」를 그렸다. 오늘날 우피찌에 있는 「성모와 아기 예수」도 아마 로렌쪼를 위해 그렸을 것이다. 성모는 크지만 아름답고, 배경에는 벌거벗은 남자들이 그려져 있다. 여기서 어쩌면 미켈란젤로는 도니의 「성가정」을 위한 암시를 얻었을지도 모른다.

그러나 이 세속적인 이교도는 경건한 그림도 그릴 수 있었다. 우피찌의 「성가정」에 있는 성모는 르네상스 미술에서 가장 아름다운 모습의 하나이다. 교황 식스투스 4세의 명령에 따라 그는 로레토로 가서(1479) 산타 마리아 성당에 복음서 저자들과 다른 성인들을 탁월한 벽화로 그렸다. 3년 뒤에 로마 시스티나 예배당에 모세의 생애 장면을 그렸다. 남자들의 모습은 아주 훌륭하지만 여자들은 어색하다. 페루지아로 부름을 받고 그곳 대성당에 몇 개의 벽화들을 그렸다. 그 이후로 그는 코르토나를 집으로 삼고, 그곳에서 다른 곳으로 보낼 그림들을 그렸다. 주로 시에나, 오르비에토, 로마를 위한 대형 그림들이었다. 시에나 근처 큐수리에 있는 몬테 올리베토 수도원의 회랑에 그는 성 베네딕투스의 생애 장면들을 그렸다. 시에나의 성 아고스티노 교회에 제단화를 완성했는데, 이것은 그의 최고 작품의 하나로 꼽혔다. 오늘날에는 날개만 남았다. 시에나 전제 군주인 판돌포 페트루치의 궁전을 위해서 고전 역사와 신화의 이야기들을 그렸다. 그런 다음 오르비에토로 가서 자신의 최고 작품을 그렸다.

그곳의 대성당 위원회는 페루지노가 와서 성 브리찌오 예배당을 꾸며 주기를 기다렸지만 그는 오지 않았다. 위원회는 핀투리키오를 생각했다가 거부했다. 이제(1499) 위원회는 시뇨렐리를 불러서 그에게 반세기 전에 프라 안젤리코가 시작만 해 놓은 그림을 완성해 달라고 부탁했다. 이것은 대성당에서도 특히 인기가 좋은 제단이었다. 이 위에는 오래된 성 브리찌오의 성모 그림이 걸려 있었기 때문이다. 이 성모는 (사람들이 믿는 바에 따르면) 출산의 고통을 덜어 주고, 애인과 남편이 아내에게 정절을 지키도록 해 주고, 학질을 쫓아내고 폭풍우를 가라앉혔다. 프라 안젤리코가 중세의 희망과 두려움을 가득 품고서 천장에 그려 놓은 최후의 심판 그림 아래서 시뇨렐리는 비슷한 주제들을 그렸다. 「적 그리스도」, 「세계의 종말」, 「죽은 자들의 부활」, 「낙원」, 「저주받은 자들이 지옥에 떨어짐」 등이었다. 그러나 이 낡은 주제들은 그에게는 오로지 남자와 여자의 벌거벗은 몸을 100개나 되는 다른 태도로, 또 그렇게 많은 기쁨과 고통에 잠긴 모습으로 표현하기 위한 틀에 지나지 않았다. 미켈란젤로의 「최후의 심판」이 나타나기 전까지 르네상스는 이렇듯 많은 인체의 광란을 다시는 볼 수 없었다. 아름답거나 붕괴된 신체, 짐승 같거나 천상의 것 같은 얼굴, 악마의 찌푸림, 저주받은 자들의 고통의 외침 등이 불꽃에 의해 이리저리 퍼져 있다. 어떤 죄인은 이빨을 부러뜨리고 곤봉으로 대퇴골을 부러뜨리는 고문을 받고 있다. 시뇨렐리는 이런 장면들을 즐거워했던 것일까, 아니면 신앙심을 일깨우기 위해 이런 그림을 그려 달라는 부탁을 받았던 것일까? 어찌 되었든 그는 (「적 그리스도」의 한 귀퉁이에) 구원받은 자의 평온함으로 이 난장판을 바라보는 자신의 모습을 그려 놓았다.

   3년이나 걸려 이 벽화를 그린 다음 시뇨렐리는 코르토나로 돌아와서 산타 마르게리타 성당을 위해 「그리스도의 죽음」을 그렸다. 이 무렵 그에게 사랑하는 아들의 갑작스러운 죽음이라는 비극이 찾아왔다. 바사리는 이렇게 전한다. 시체가 그에게 운반되어 왔을 때 "그는 옷을 벗기게 하고 특이한 꿋꿋함으로, 눈물 한 방울 흘리지 않고 그 몸을 스케치했다. 그렇게 해서 그는 이 작품 안에 자연이 자기에게 주었다가 잔인한 운명이 도로 빼앗아 간 것을 언제까지나 간직할 수 있게 되었다."[3]

   1508년에 또 다른 불행이 찾아왔다. 페루지노, 핀투리키오, 소도마와 함께 그는 교황 율리우스 2세에게서 교황청의 방들에 그림을 그려 달라는 주문을 받았다. 그들이 작업을 준비하고 있는데 라파엘로가 도착했다. 라파엘로가 방금 시작한 벽화가 교황의 마음에 아주 꼭 들었기 때문에 교황은 다른 방들도 전부 그에게 돌리고 나머지 화가들은 죄다 해고해 버렸다. 당시 시뇨렐리는 예순일곱 살이었다. 그의 손은 기술을 잃었거나 아니면 확고함을 잃었다. 그런데도 11년 뒤에 그는 아레쪼의 성 지롤라모 수도회가 주문한 제단화를 아주 훌륭하게 그려서 갈채를 받았다. 이 그림이 완성되었을 때 수도사들이 코르토나로 와서 이 작품 「성모와 성인들」을 어깨에 메고 아레쪼까지 운반했다. 시뇨렐리는 그들과 함께 가서 다시 바사리 집에 묵었다. 그곳에서 여덟 살이던 죠르죠 바사리가 그를 보았다. 그리고 그에게서 미술을 공부하라는 오래 기억에 남을 격려의 말을 들었다. 한때 격렬한 정열을 지닌 청년이었지만 여든 살이 가까운 이제 시뇨렐리는 친절한 노인이 되었다. 그는 고향에서 어느 정도 유복하게 살면서 모든 사람의 존경을 받았다. 여든셋의 나이에 마지막으로 코르토나 시 의원으로 선출되었다. 이해 1524년에 그는 죽었다.

 탁월한 학자들은[4] 시뇨렐리의 명성이 그가 한 일에 적합하지 않다고 생각했다. 그러나 어쩌면 그것은 지나친 말일지도 모른다. 시뇨렐리는 유려한 장인이었다. 그는 해부, 포즈, 원근법, 단축 등에 대한 연구로 우리를 놀라게 하고 또 구도와 장식에 인체를 이용해서 우리를 즐겁게 한다. 이따금 그가 그린 성모들에는 부드러움의 흔적이 나타나고 또 로레토에 있는 음악가 천사들은 식견이 있는 정신들을 매혹했다. 그러나 나머지 작품에서 그는 해부학으로서의 신체를 알린 사람이었다. 그는 신체에 감각적 부드러움도 쾌락적인 우아함도 색채의 영광도 명암의 마법도 부여하지 않았다. 그는 신체란 미묘하고 감지할 수 없는 영혼이나 성격을 밖으로 표현하기 위한 것이라는 사실을 거의 알지 못했다. 예술의 주요 과제가 육체의 베일을 통해 그 영혼을 찾아내 표현하는 것이라는 사실을 깨닫지 못했던 것이다. 미켈란젤로는 시뇨렐리에게서 이런 해부학의 정열, 수단 속에 목적을 잃어버리는 이런 정열을 이어받았다. 그리고 시스티나 예배당의 「최후의 심판」에서 오르비에토에 시뇨렐리가 그린 벽화를 좀 더 큰 규모로 되풀이했다. 그러나 시스티나 천장에서, 그리고 조각 작품들에서 그는 신체를 영혼의 목소리로 이용했다. 시뇨렐리에게서 회화는 중세 미술의 폭력과 부드러움에서 겨우 한 발짝 떨어진 곳을 지나, 바로크의 억지스럽고 영혼이 없는 과장으로 넘어갔다.

3. 시에나와 소도마

14세기에 시에나는 상업, 정부, 예술에서 거의 피렌쩨와 겨룰 만한 도시였다. 그러나 15세기에 시에나는 유럽의 다른 어떤 도시도 겨룰 수 없을 정도의 광신적인 당파 싸움으로 진이 빠져 버렸다. 다섯 당파들이 도시를 번갈아 통치했다. 그때마다 각 당파는 혁명으로 뒤집히고, 뒤집힌 당파의 중요 인물들이 때로는 수천 명씩이나 쫓겨나곤 했다. 두 당파가 이런 싸움을 끝내기로 맹세한 서약(1494)을 통해서 이러한 갈등의 심각함을 판단해 볼 수 있을 것이다. 어떤 증인은 그들이 한밤중에 희미하게 불을 밝힌 대성당의 서로 다른 쪽에 모였던 일을 서술하고 있다.

모두 8쪽에 이르는 평화의 조건들이 낭독되었다. 그와 더불어 가장 끔찍한 종류의 맹세를 했다. 온통 저주, 악담, 파문, 악마 부르기, 재산 몰수, 그리고 듣기만 해도 두려운 온갖 재앙들로 가득 찬 맹세였다. 이 조건을 깨뜨린 사람에게는 죽음의 순간에도 어떤 성사도 베풀지 않으며 오히려 저주를 더한다는 것이다. 그래서 나는 …… 이보다 더 끔찍한 맹세를 듣거나 그러한 맹세가 만들어진 적이 없다고 믿는다. 그런 다음 제단 양쪽에서 공증인들이 이 중 어느 한편에 속하면서 십자가에 걸고 맹세한 시민들의 이름을 적었다. 맹세가 이루어지는 동안 이쪽이나 저쪽의 모든 쌍이 서로 키스하고 교회의 종이 울리고 「신을 찬양합니다」라는 찬가를 불렀다.[5]

이러한 소란으로부터 주도적인 가문 하나가 출현했다. 페트루치(Petrucci) 집안이었다. 1497년에 판돌포 페트루치는 스스로 독재자가 되고 "일 마니피코"('찬란한 사람'이라는 뜻으로 피렌쩨의 로렌쪼 일 마니피코에게 쓰이는 표현)라는 칭호를 취하고, 메디치가 다스리는 피렌쩨에 행운이 되었던 온건한 독재 통치와 질서와 평화를 시에나에 주겠노라고 제안했다. 영리한 판돌포는 위기에도 언제나 살아남았는데 심지어는 체사레 보르지아의 복수도 피했다. 그는 어느 정도 식견을 가지고 예술을 후원했다. 그러나 그도 비밀 암살에 의존했기에 그가 죽자(1512) 모두들 환호성을 지르며 기뻐했다. 1525년에 절망한 도시는 황제 카를 5세에게 1만 5000두카트를 지불하고 황제의 보호를 청했다.

빛나는 평화의 시기에 시에나 예술은 최후의 발전을 했다. 안토니오 바릴레는 중세부터 내려오는 경이로운 목판 조각을 계속했다. 로렌쪼 디 마리아노는 폰테쥬스타 교회에 고전적인 아름다움을 지닌 중앙 제단을 만들었다. 야코포 델라 퀘르치아(Iacopo della Quercia)는 시에나 근교의 작은 마을에서 성(姓)을 얻었다. 그의 초기 조각품들은 오를란도 말레볼티(O. Malevolti)의 재정 후원을 받은 것이다. 말레볼티는 이렇게 해서 '악의 얼굴(Malevolti)'이라는 이름의 뜻과는 전혀 다른 사람임을 보여 주었다. 오를란도가 정치에서 패배한 당의 편을 들었다가 쫓겨나게 되었을 때 야코포는 시에나를 떠나 루카로 갔다.(1390) 그곳에서 그는 일라리아 델 카레토를 위해 당당한 무덤을 만들었다. 피렌쩨에서 도나텔로 및 브루넬레스코에 맞서 경쟁하다가 실패한 다음 그는 볼로냐로 갔다. 거기서 성 페트로니오 수도원 정문과 그 옆에 르네상스에서 가장 아름다운 것들에 속하는 조각과 돋을새김을 만들었다.(1425~1428) 미켈란젤로는 70년 뒤에 이 작품들을 보고 벌거벗은 남자들의 생동감에 경탄했다. 그리고 한동안 여기서 영감과 자극을 얻었다. 시에나로 돌아온 야코포 델라 퀘르치아는 다음 10년 동안 그의 걸작품인 「가이아 샘(Fonte Gaia)」을 만들었다. 이 샘의 바닥에 대리석으로 도시의 공식적인 군주인 성모의 돋을새김을 새겼다. 성모 주변으로 일곱 기본 미덕을 둘러 세웠다. 그리고 『구약 성서』의 몇 장면을 덧붙이고 남은 공간은 아이들과 동물들로 채웠다. 모두가 미켈란젤로를 예견하게 하는 개념과 실천의 힘으로 만들어져 있다. 이 작업의 대가로 시에나는 그의 이름을 야코포 델라 폰테라 바꾸고, 그에게 2200크라운(5만 5000달러?)을 지불했다. 그는 예술 활동으로 지친 상태에서 예순넷의 나이로 죽었고 시민들이 그를 애도했다.

    14세기와 15세기 대부분을 통해서 자부심이 강한 이 도시는 출신을 가리지 않고 100여 명의 예술가들을 고용해서 대성당을 이탈리아의 건축의 보석으로 만들었다. 1413년에서 1423년 사이에 상감 장식의 대가인 도메니코 델 코로(D. d. Coro)가 성당 건축의 감독관이 되었다. 그와 마테오 디 죠반니, 도메니코 바카푸미, 핀투리키오(Pinturicchio), 또 다른 사람들이 대성당의 바닥에 성서에서 뽑은 이야기들을 들려주는 대리석 상감 무늬를 넣었다. 이렇게 해서 세계에서 가장 특이한 교회 바닥이 완성되었다. 안토니오 페데리기는 대성당을 위해 두 개의 아름다운 세례반을 조각했고, 로렌쪼 베키에타는 청동으로 빛나는 성궤를 주조했다. 사노 디 마테오는 캄포에 상업 로지아(한쪽 면이 열린 공간)를 만들었다. 베키에타와 페데리기는 로지아의 기둥들을 조화로운 조각품으로 꾸몄다. 14세기에 10개 이상의 유명한 저택들이 형태를 잡았다. 살림베니 궁전, 부온시뇨리 궁전, 사라치니 궁전, 그로타넬리 궁전 등……. 1470년 무렵 베르나르도 로쎌리노는 피콜로미니 가문을 위해서 피렌쩨 양식의 궁전을 계획했다. 안드레아 브레뇨가 피콜로미니 가문을 위해 대성당에 제단을 만들었다.(1481) 프란체스코 피콜로미니 추기경은 대성당 부속 건물로 아저씨인 교황 피우스(비오) 2세 물려준 책과 사본들을 보관할 도서관을 만들었다.(1495) 로렌쪼 디 마리아노는 이 도서관에 이탈리아에서 가장 아름다운 문을 만들어 주었다. 핀투리키오와 그 조수들은 탁월한 건축을 틀로 삼아 그 벽에다가 이 학자 교황의 생애 장면들을 보여 주는 즐거운 벽화들을 그렸다.(1503~1508)

    15세기 시에나에는 2급의 화가들이 아주 많았다. 타데오 바르톨리, 도메니코 디 바르톨로, 로렌쪼 디 피에트로 혹은 베키에타, 스테파노 디 죠반니 혹은 사쎄타, 사니 디 피에트로, 마테오 디 죠반니, 프란체스코 디 죠르죠 등 이들 모두가 시에나 미술의 강한 종교적 전통을 이어받았다. 그들은 중세를 영원히 늘리기로 작정하기라도 한 듯, 뻣뻣하고 비좁은 여러 폭 병풍에 경건한 주제와 침울한 성인들을 자주 그렸다. 사쎄타는 비평가들의 변덕으로 최근에 명성이 회복된 화가인데, 그는 단순한 선과 색채를 써서 동방 박사와 그 시종들이 산을 지나 그리스도가 태어난 말구유로 향하는 매력적인 행렬을 그렸고 우아한 3폭 병풍에 성모의 탄생을 묘사했다. 성 프란체스코가 알레고리 인물인 빈곤과 결혼식을 하는 장면도 그렸다. 1450년에 사쎄타는 "날카로운 남서풍에 심하게 맞아서" 죽었다.[5a]

15세기 마지막 무렵에 시에나는 좋건 나쁘건 그 이름이 이탈리아 전역에 알려진 예술가를 한 명 배출했다. 그의 진짜 이름은 죠반니 안토니오 바찌(G. A. Bazzi)였다. 그러나 음란한 동시대 사람들은 그를 소도마(Sodoma)라고 불렀다. 그는 아름다운 소년으로 동성애 상대였기 때문이다. 그는 이 별명을 즐거운 유머로 받아들이고 많은 사람들이 얻고 싶어도 얻지 못하는 호칭이라 생각했다. 그는 베르첼리에서 태어나(1477) 밀라노로 갔다. 그곳에서 아마도 레오나르도에게서 그림과 동성애를 배운 것으로 보인다. 그는 레오나르도 방식의 미소를 자신의 브레라 성모에게 주었고, 레오나르도의「레다」를 아주 훌륭하게 베꼈기 때문에 여러 세기 동안이나 그의 모작이 스승의 진품으로 알려졌다. 로도비코가 몰락한 다음 시에나로 옮겨 온 그는 자신의 양식을 발전시켜서 이교적인 즐거움을 가지고 그리스도교 주제를 인간적 형식으로 그렸다. 소도마가 저 강력한「기둥에 묶인 그리스도」를 그린 것은 아마 그가 처음 시에나에 머물 때였을 것으로 보인다. 그리스도는 매를 맞기 직전 아직 신체적으로 완벽한 상태로 그려졌다. 몬테 올리베토 마죠레의 수도사들을 위해서 그는 성 베네딕투스의 이야기를 여러 개의 벽화로 그렸다. 일부는 조심성이 없고, 일부는 유혹적으로 아름다워서 수도원장은 소도마에게 돈을 지불하기 전에 수도원에서 마음의 평화를 유지할 수 있도록 나체화에 옷을 입히라고 말했다.[6]

금융가인 아고스티노 키지(A. Chigi)가 1507년 고향 시에나를 방문했을 때 그는 소도마의 작품에 반해 그를 로마로 불렀다. 교황 율리우스 2세는 이 예술가에게 바티칸에 있는 니콜라스 5세의 방들 중 하나에 그림을 그리라고 주문했지만 소도마는 자기 이름에 걸맞는 생활을 하느라 너무 많은 시간을 써 버렸기에 늙은 교황은 그를 쫓아냈다. 라파엘로가 그를 대신했다. 소도마는 가장 온건한 순간에 이 젊은 대가의 양식을 익히고 그의 부드러운 마무리와 섬세한 우아함을 배웠다. 키지는 소도마에게 로마의 키지 저택에 저 알렉산더와 록산의 이야기를 그려 달라고 주문함으로써 그를 구해 주었다. 이어서 율리우스 교황을 뒤이은 교황 레오 10세는 소도마를 좋아했다. 그는 이 즐거운 교황을 위해서 스스로 목숨을 끊은, 벌거벗은 루크레티아의 모습을 그렸다. 레오는 그에게 후하게 보상해 주고 그를 그리스도 수도회의 기사로 만들어 주었다.

이러한 찬사를 가지고 시에나로 돌아온 소도마는 성직자와 속인들로부터 많은 주문을 받았다. 분명히 회의주의자였지만 그는 거의 라파엘로의 성모만큼이나 사랑스러운 성모들을 그렸다. 성 세바스찬의 순교는 특히 그의 취향에 맞는 주제였다. 피렌쩨의 피티 궁전에 그가 그려 넣은 이 주제의 그림은 이보다 더 훌륭할 수가 없다. 또 시에나의 성 도메니코 교회에 성 카타리나의 모습을 그렸다. 하도 사실적이어서 발다싸레 페루찌는 이 그림이 이런 종류 중에서는 비할 바가 없는 것이라고 선언했다. 종교적인 주제를 그리는 동안 소도마는 시에나에 대단한 추문을 만들어 냈다. 바사리는 그것을 "짐승 같은 행동"이라고 불렀다.

그의 생활 방식은 음탕하고 방자한 것이었다. 그가 언제나 소년들과 수염도 나지 않은 젊은이들을 주변에 데리고 있었고, 이런 소년들을 좋아했기 때문에 그는 소도마라는 이름을 얻었다. 그러나 그는 수치심을 느끼기는커녕 이것을 영광스럽게 여기고 그에 관해 시를 짓고 류트 반주에 맞추어 노래를 불렀다. 그는 온갖 종류의 진기한 동물들로 집을 가득 채우기를 좋아했다. 오소리, 다람쥐, 원숭이, 퓨마, 난쟁이 나귀, 바르바리 경주마, 엘바 조랑말, 갈가마귀, 밴텀 닭, 멧비둘기, 그리고 그와 비

8장 토스카나와 움브리아

슷한 짐승들…… 이에 덧붙여 그는 까마귀 한 마리를 길렀는데, 말을 가르치고 자기 목소리를 흉내 내도록 가르쳤다. 특히 문간에 있는 사람에게 대답하는 것을 잘 가르쳐 놓아서 많은 사람들이 밖에서 이 새를 주인으로 잘못 알았다. 다른 동물들도 아주 길이 잘 들어서 언제나 그의 곁에서 뛰어 돌아다녔기에 그의 집은 진짜 노아의 방주 같았다.[7]

그는 좋은 가문 출신의 여자와 결혼했다. 그러나 그녀는 그에게 아이 하나를 낳아 주고는 그의 곁을 떠났다. 시에나에서 그를 환영하는 사람과 수입이 다 떨어지자 그는 볼테라, 피사, 루카(1541~1542) 등지로 가서 새로운 후원자를 찾아 보았다. 이들도 다 떨어지자 소도마는 시에나로 돌아와서 7년 동안 동물들과 가난을 나누고 일흔둘의 나이로 죽었다. 그는 예술을 안내하는 깊은 영혼이 없이 솜씨 좋은 손이 할 수 있는 모든 것을 다 이루었다.

시에나에서 그를 이어받은 사람은 도메니코 베카푸미(D. Beccafumi)였다. 페루지노가 1508년에 그곳에 왔을 때 도메니코는 그의 양식을 연구했다. 페루지노가 떠나자 도메니코는 로마에서 계속 배움을 구하고, 남아 있는 고전 예술에 친숙해졌다. 그리고 라파엘로와 미켈란젤로의 비밀을 알아내려 했다. 다시 시에나에서 그는 처음에 소도마를 흉내 내다가 나중에는 그와 경쟁했다. 시 정부는 그에게 살라 델 콘시스토리오(종교 법원)를 꾸며 줄 것을 청했다. 그는 6년간의 힘든 작업을 통해(1529~1535) 그 벽에 로마 역사의 장면들을 그렸다. 그 결과는 기술적으로 탁월하고 영적으로는 죽은 작품이었다.

베카푸미가 죽으면서(1551) 시에나의 르네상스는 끝났다. 발다싸레 페루찌는 시에나 사람이었지만 로마를 향해 떠났다. 시에나는 성모의 팔에 도로 안겨서 불쾌함 없이 반종교 개혁에 합류했다. 오늘날까지 이 도시는 정교도로 만족하고 있으며, 그 단순한 경건함과 그림 같은 연례 행사인 팔리오(말 경주), 그리고 현대성에 전혀 오염되지 않은 특성으로 피로에 지친, 아니면 호기심에 찬 사람들을 끌어들이고 있다.

4. 움브리아와 발리오니 가문

서쪽으로는 토스카나, 남쪽으로는 라티움, 그리고 북쪽과 동쪽으로는 변방 지대에 막힌 채 산이 많은 움브리아 지방이 이곳저곳에 테르니, 스폴레토, 아씨시, 폴리뇨, 페루지아, 구비오 같은 도시들을 자랑한다. 마르케 지역과 경계를 이루는 파브리아에서 움브리아 지역 순회를 시작하고자 한다. 젠틸레 다 파브리아노(G. d. Fabriano)는 움브리아 유파의 시작이기 때문이다.

파브리아노는 눈에 띄지 않지만 주도적인 인물이다. 구비오와 페루지아와 마르케 지역에서 중세의 그림을 그리고, 초기 시에나 화가들의 영향을 막연히 느끼고, 아주 천천히 성숙해서, 상당히 믿기 어려운 이야기이긴 하지만 판돌포 말라테스타가 그에게 브레시아에 있는 브롤레토 교회의 예배당에 벽화를 그려 준 대가로 1만 4000두카트를 지불했다고 한다.(1410년경)[8] 약 10년 뒤에 베네찌아 의회는 그에게 대회의실에 전쟁 장면을 그려 달라고 주문했다. 젠틸레 벨리니는 이 시절 그가 가르친 제자들 중의 한 명이었던 것으로 보인다. 이어서 그는 피렌쩨에서 산타 트리니타 예배당을 위해 「동방 박사의 경배」(1423)를 그렸다. 이것은 자부심 강한 피렌쩨 사람들마저 걸작이라고 찬양한 작품으로 아직도 우피찌에 보존되고 있다. 왕들과 시종들의 밝고 생기 있는 행렬, 당당한 말들, 생각에 잠긴 소, 쭈그리고 앉은 원숭이들, 깨어 지키는 개들, 사랑스러운 성모, 그리고 모두가 피할 길 없이 눈길을 주고 있는 사랑스러운 아기, 아기는 탐색하는 손길을 무릎 꿇은 왕의 대머리 위에 올려놓고 있다. 이것은 즐거운 색채와 흐르는 듯한 선으로 경탄할 만한 그림이지만 원근법과 단축에는 거의 원시적일 정도로 무지한 작품이다. 교황 마르티누스 5세는 파브리아노를 로마로 불렀다. 그곳에서 이 예술가는 성 죠반니 라테라노 교회에 몇 개의 벽화를 그렸다. 그들은 사라졌지만, 로히어르 판 데르 베이던이 이 그림들을 보고 파브리아노가 이탈리아에서 가장 위대한 예술가라고 말했다는 사실에서 그 질을 짐작해 볼 수가 있다.[9] 산타 마리아 누오바 성당에 파브리아노는 또 다른 벽화들을 그렸다. 이것들도 사라졌지만 그중 하나를 미켈란젤로가 보고서 (바사리에 따르면) "그는 이름과 같은 손을 가졌다."[10]라고 말했다 한다. 파브리아노는 1427년 명성의 절정에 이르렀을 때 로마에서 죽었다.

그의 경력은 그가 문화적으로 소속되어 있던 움브리아 지방이 독자적인 천재들과 미술 양식을 만들어 내고 있었다는 사실에 대한 증언이다. 그러나 전체적으로 보면 움브리아 화가들은 시에나 화가들에게서 배웠고, 두치오에서 페루지노와 초기 라파엘로에 이르기까지 중단이 없이 종교적 분위기를 계속 이어 갔다. 아씨시(Assisi)는 움브리아 예술의 영적인 원천이었다. 성 프란체스코의 교회와 전설은 이웃한 지역들을 통해 회화와 건축을 지배하는 신앙심을 사방에 전파하고, 또 다른 지역에서 이탈리아 예술을 공략하는 이교적이고 세속적인 주제들을 못마땅하게 여겼다. 움브리아 화가들에게 초상화 주문은 드물었지만 개인들은 때로는 평생 저축한 돈을 들여서 지역의 예술가에게 자기들이 좋아하는 예배당을 위해 성모나 성가정을 그려 달라고 주문했다. 교회들은 대개 가난했지만 그래도 희망에 찬 경건함이나 지방의 자부심의 상징을 만들 돈을 마련할 수가 있었다. 그래서 구비오에는 오타비아노 넬리라는 독자적인 화가가 있었다. 또 폴리뇨에도 니콜로 디 리베라토레가, 페루지아에도 본필리, 페루지노, 핀투리키오 등이 있었다.

페루지아(Perugia)는 움브리아 도시들 가운데 가장 크고 부유하고, 가장 폭력적인 도시였다. 해발 480미터 높이의 거의 접근하기 힘든 산꼭대기에 위치한 이 도시는 주변 지역을 내려다보는 전망을 가졌다. 이 위치는 방어하기에 유리했기 때문에 고대 에트루리아 사람들은 로마가 건설되기도 전에 그곳에 도시를 건설했다. 교황 국가의 하나로서 오랫동안 교황에 속해 있었지만 페루지아는 1375년에 독립을 선언하고, 백 년 이상을 시에나에 조금 못 미칠 정도의 정열로 당파 싸움에 몰두했다. 부유한 두 가문이 도시의 통치권을 두고 다투었다. 상업, 정부, 성직록, 그리고 4만 명 정도의 인구 등에 대한 통치권이었다. 오디(Oddi) 가문과 발리오니(Baglioni) 가문은 몰래든 공개적으로든 길거리에서 서로를 죽였다. 그들의 싸움은 이 도시의 탑 아래서 미소 짓고 있는 평원을 피로 비옥하게 만들었다. 발리오니 가문은 잘생긴 얼굴과 체형, 용기와 잔인함이 특징이다. 경건한 움브리아 한복판에서 그들은 교회를 비웃고 이교도의 이름을 지녔다. 에르콜레, 트로일로, 아스카니오, 안니발레, 아탈란타, 페넬로페, 라비니아, 쩨노비아 등의 이름이었다. 1445년 발리오니 사람들은 페루지아를 차지하려는 오디 집안의 시도를 물리쳤다. 그 이후로 그들은 전제 군주로서 도시를 지배했다. 이 도시는 공식적으로는 여전히 교황의 봉토였다. 페루지아의 역사가인 프란체스코 마타라쪼가 발리오니 정부에 대해 묘사한 말을 들어 보자.

오디 집안이 쫓겨난 이후로 우리 도시는 원래도 나쁘던 것이 더욱 악화되었다. 모든 젊은이들은 무기를 좇았다. 그들의 삶에는 질서가 없었고, 매일 여러 건의 폭력 사태가 일어나 도시는 이성과 정의를 모두 잃어버렸다. 누구든 자신의 권위와 자신의 손길로 자신에게 정당성을 부여했다. 교황은 여러 번이나 사절들을 보내 도시의 질서를 회복하려고 했으나 이곳으로 온 사람들은 누구나 조각조각 찢길까 두려움에 떨며 돌아갔다. 발리오니들은 누구든 궁전 창문에서 던져 버릴 것이라고 위협했기 때문에 추기경이나 다른 사절들을 막론하고 그들의 친구가 아닌 사람은 감히 페루지아에 접근하지를 못했다. 도시는 아주 비참한 상태에 빠져서 가장 불법적인 자들이 가장 많은 상을 받았다. 사람 두셋을 죽인 자들이 궁전에서 활보하고, 칼을 들고 도시 행정관들과 이야기를 했다. 가치 있는 사람은 누구나 귀족들이 좋아하는 자객들에게 죽임을 당했고 시민들은 자신의 재산을 자기 것이라 부를 수가 없었다. 귀족들은 이 사람 저 사람에게서 재산과 토지를 빼앗았다. 모든 관직은 돈을 받고 팔았고 나머지는 없앴다. 세금과 강탈이 하도 심해서 모두가 비명을 질렀다.[11]

어떤 추기경은 교황 알렉산더 6세에게 "성수(聖水)를 두려워하지 않는 이들 악마들"을 어떻게 하면 좋을까 물었다.[12]

오디 가문을 처리하고 난 다음 발리오니 사람들은 자기들끼리 갈라져 서로 다투었는데 르네상스에서 가장 끔찍한 싸움 하나를 벌였다. 아탈란타 발리오니는 남편을 암살로 잃어버린 과부로서 아들 그리포네토의 아름다운 모습을 위안으로 삼았다. 마타라쪼는 이 그리포네토가 가뉘메드(제우스가 사랑한 미소년)라고 서술했다. 아들이 그의 아름다움에 비할 수 있는 쩨노비아 스포르짜와 결혼했을 때 그녀의 행복은 완전히 돌아온 듯이 보였다. 그러나 열세에 있던 발리오니 패거리가 통치권을 쥔 패거리, 곧 아스토레, 귀도, 시모네토, 쟌파올로 등을 뒤집어엎을 음모를 꾸몄다. 그들은 그리포네토의 용감함을 높이 평가했기에, 쟌파올로가 그의 젊은 아내를 유혹했다고 속여서 그를 자기들의 계획에 끌어들였다. 1500년 어느 날 밤 통치권을 쥔 발리오니 사람들이 난공불락의 성을 떠나고 페루지아에서 아스토레와 라비니아의 결혼식에 참석하고 있을 때 음모를 꾸민 자들은 이들의 잠자리를 기습해서 한 사람만 빼고 모두 죽였다. 쟌파올로만은 지붕으로 기어올라가 도망쳐서 겁먹은 대학생 몇 명과 밤을 틈타 숨었다가 학생복으로 변장하고 새벽녘에 성문을 빠져나가 도망쳤다. 아들이 이 암살에 동참했다는 소식을 듣고 놀란 아탈란타는 저주를 퍼부으며 아들을 눈앞에서 쫓아냈다. 암살자들은 이리저리 흩어지고, 그리포네토는 집도 없이 홀로 도시에 남았다. 다음 날 쟌파올로가 무장병을 이끌고 페루지아로 들어와서 광장에 있던 그리포네토에게로 갔다. 그는 젊은이의 목숨을 구하려고 했지만 그가 말리기도 전에 병사들이 그리포네토를 찔러 치명적인 상처를 입혔다. 어머니 아탈란타와 아내 쩨노비아는 은신처에서 나와 거리에서 죽어 가는 아들 및 남편에게로 갔다. 아탈란타는 그의 곁에 무릎을 꿇고서 저주를 거두어들이고 어머니의 축복을 해 주고, 자신을 죽인 사람들을 용서하라고 아들에게 부탁했다. 마타라쪼는 이렇게 말한다. 그러자 "고귀한 젊은이는 젊은 어머니를 향해 오른손을 뻗어 그녀의 하얀 손을 쥐고 이어서 그의 영혼이 아름다운 몸을 빠져나갔다."[13] 페루지노와 라파엘로는 이 시기에 페루지아에서 그림을 그리고 있었다.

쟌파올로는 음모에 동참한 것으로 의심되는 사람을 백 명이나 거리와 대성당에서 죽였다. 그리고 정부 건물에 죽은 자들의 목을 매달아 놓고, 그들의 초상화를 거꾸로 걸어 놓았다. 이것이야말로 페루지아 미술의 실질적인 내용이었다. 그 이후로 그는 교황 율리우스 2세에게 굴복할 때까지(1506) 혼자서 도시를 통치했다. 교황에게 굴복한 다음에는 교황의 대리인 자격으로 계속 통치했다. 그러나 그는 암살 말고는 다른 방식으로 통치할 줄을 몰랐다. 1520년에 레오 10세는 그의 범죄에 신물이 나서 그에게 안전통행권을 내주고 로마로 불러서는 천사성에서 그의 목을 베어 버렸다. 이런 것(속임수)은 르네상스 외교의 한 형식이었다. 다른 발리오니들은 한동안 권력을 유지했다. 그러나 말라테스타 발리오니가 교황 사절을 죽였을 때 교황 파울루스(바오로) 3세는 병력을 보내 이 도시를 점령해서 교회의 속령으로 만들었다.(1534)

5. 페루지노

망토와 칼(음모)로 이루어진 이런 통치 아래서 문학과 미술은 놀랄 정도로 번성했다. 성모를 경배하는 정열적인 마음을 지니고도 추기경들을 업신여기고, 가까운 친척을 죽이는 사람이면서도 독창적인 글을 좋아하거나 미술에 빠져들었다. 발리오니 가문의 절정을 서술하고 있는 마타라쪼의 『페루지아 연대기』는 르네상스 시대 가장 생생한 작품의 하나이다. 발리오니가 정권을 잡기 전에 이미 상업은 충분히 발달해서 웅장한 고딕 양식으로 정부 건물(1280 - 1333)을 지었다. 그것을 장식하고 거기에 덧붙여 콜레지오 델 캄비오(상업청)를 지었다.(1452~1456) 이 건물에는 재판부의 옥좌와 환전소가 아주 훌륭하게 조각되어 있어서 누구라도 페루지아의 상인들이 취향이 부족하다고 비난할 수는 없다. 성 도메니코 성당은 거의 우아하다고 할 수 있는 성가대석을 갖추었고(1476), 로사리오 예배당은 아고스티노 디 두치오가 만든 것이다. 두치오는 조각과 건축 사이에서 갈등을 느꼈다. 보통 그는 그 두 가지를 결합시켰는데,「오라토리오」나 성 베르나르디노 예배당(1461)의 경우가 그렇다. 이곳을 그는 조각, 돋을새김, 아라베스크 무늬와 다른 장식으로 거의 건물 정면부처럼 만들어 놓았다. 장식이 빠진 표면을 보면 이탈리아 예술가들은 언제나 어떤 자극을 받았다.

페루지아에서 적어도 15명의 화가들이 이런 도전을 받아들였다. 페루지노가 젊은 시절 가장 선두에 서 있던 화가는 베네데토 본필리(B. Bonfigli)였다. 도메니코 베네찌아노나 피에로 델라 프란체스카와 연합해서, 아니면 벤노쪼 고쫄리가 몬테팔코에 그린 벽화를 탐구함으로써 본필리는, 마솔리노, 마사쵸, 우첼로 등이 피렌쩨에서 이미 발전시켰던 새로운 기법 일부를 배웠던 것 같다. 그가 정부 건물을 위해 벽화를 그릴 때, 그의 인물들은 다 똑같은 얼굴을 하고 형태 없는 의상에 싸여 있기는 하지만 그래도 어쨌든 움브리아 미술가들에게는 아직 알려지지 않은 원근법 지식을 보여 주었다. 젊은 경쟁자인 피오렌쪼 디 로렌쪼(F. d. Lorenzo)는 색채의 답답함이라는 측면에서는 베네데토와 같지만 감정의 섬세함과 순간적인 우아함에서는 그를 능가했다. 페루지아에는 본필리와 피오렌쪼 두 사람이 움브리아 회화를 절정으로 이끈 두 대가를 가르쳤다고 알려져 있다.

흔히 핀투리키오(Pinturicchio)로 불리는 베르나르디노 베티는 피렌쩨에서 템페라와 벽화 기술을 익혔다. 그러나 피렌쩨 사람들에게서 페루지노에게로 전해진 오일 기술을 받아들인 적은 없었다. 1481년에 스물일곱 살인 그는 페루지노를 따라 로마로 갔다. 그곳에서 시스티나 예배당에 생명이 없는「그리스도의 세례」를 그렸다. 그러나 그는 발전했다. 인노켄티우스 8세가 그에게 벨베데레 궁전의 로지아를 장식하라고 주문하자 그는 제노바, 밀라노, 피렌쩨, 베네찌아, 나폴리, 로마 등지의 풍경을 그려서 새로운 노선을 선보였다. 그의 드로잉은 불완전하지만 즐거운 야외의 모습이 있어서 교황 알렉산더 6세의 마음을 사로잡았다. 이 천재적인 보르지아(알렉산더 6세)는 교황궁 바티칸에 자신의 방들을 장식하기를 원했기에 핀투리키오와 몇 명의 조수에게 벽과 천장에 예언자, 시빌레, 악사, 학자, 성인, 성모, 그리고 자신의 정부(情婦)의 모습을 그려 달라고 주문했다. 이것이 다시 교황의 마음에 들어서 천사성에 자기가 사용할 거처를 만들 때 그는 다시 그곳에 교황이 프랑스 왕 샤를 8세와 벌인 싸움(1495)의 장면들 몇 개를 그려 달라고 주문했다. 산타 마리아 데 포씨 교회는 그에게 제단화를 주문했다. 그는「성모와 아기 예수와 성 요한」을 그려서 전문가를 뺀 모든 사람을 만족시켜 주었다. 앞에서 이미 보았듯이 시에나에서 그는 피콜로미니 도서관에 피우스 2세의 생애와 전설 몇 가지를 생동감 넘치게 그려서 아름답게 꾸몄다. 기술적인 결함에도 불구하고 그의 회화의 이야기는 이 방을 르네상스 미술에서 가장 즐거운 유산의 하나로 만들고 있다. 5년 동안 이 작업을 하고 난 다음 핀투리키오는 로마로 가서 라파엘로가 성공하면서 수치를 겪은 예술가들의 운명에 동참했다. 그 이후로 그는 예술의 무대에서 사라졌다. 어쩌면 병 때문이고 어쩌면 페루지노와 라파엘로가 자신보다 훨씬 뛰어났기 때문이었다. 믿을 수 없는 이야기에 따르면 그는 쉰아홉 살에 시에나에서 굶어 죽었다고 한다.(1513)[14]

피에트로 페루지노(Pietro Perugino)는 페루지아를 고향으로 삼았기 때문에 이런 성을 얻었다. 페루지아 지방에서는 그를 원래의 성대로 반누치(Vannucci)라 부른다. 페루지아 근처 치타 델라 피에베에서 태어나(1446) 아홉 살에 눈군지 알려지지 않은 예술가 밑에서 견습을 하도록 페루지아로 보내졌다. 바사리에 따르면 그의 선생은 피렌쩨 화가들이 이탈리아에서 가장 훌륭하다면서, 소년에게 그곳으로 가서 공부하라고 충고했다. 페루지노는 피렌쩨로 가서 조심스럽게 마사쵸의 벽화를 베끼고 견습공 아니면 조수 자격으로 베로키오 작업장에 들어갔다. 레오나르도는 1468년 무렵에 베로키오 작업장에 들어왔다. 페루지노가 레오나르도를 만났을 가능성은 매우 크다. 페루지노가 여섯 살 위였지만 그는 레오나르도에게서 마감과 우아함을 배웠고, 원근법과 색채와 오일을 다루는 법도 좋아졌다. 이 기술은 페루지노의「성 세바스찬」(루브르)에 나타나 있다. 아름다운 건축물 배경과 또 상처가 난 성인의 얼굴이나 풍경이 똑같이 평온한 모습이다. 베로키오를 떠난 페루지노는 움브리아 방식으로 새침하고 온화한 성모의 모습으로 돌아왔다. 피렌쩨 회화의 사실적이고 좀더 냉혹한 전통은 그를 통해 부드러워진 상태로 프라 바르톨로메오와 안드레아 델 사르토에게로 전해졌을 것으로 보인다.

    1481년에 이제 서른다섯 살이 된 페루지노는 충분한 명성을 얻었기에 교황 식스투스 4세의 초빙을 받아 로마로 갔다. 시스티나 예배당에 몇 개의 벽화를 그렸다. 그중 남아 있는 가장 훌륭한 것은 「베드로에게 열쇠를 주는 그리스도」이다. 이것은 좌우 대칭 구도를 이루어 너무 형식적이고 관습적이다. 그러나 여기에는 빛의 섬세한 명암의 도움을 받아 회화에서 대기가 처음으로 뚜렷하고 거의 느낄 수 있는 요소로 되었다. 본필리만 해도 그토록 획일적으로 처리하던 의상 주름이 페루지노에서는 구겨지고 접혀서 생명을 얻는다. 얼굴 몇은 놀라울 정도로 개인적 특성을 얻는다. 예수, 베드로, 시뇨렐리, 그리고 페루지노 자신의 넓고 둥글고 감각적이고 사무적인 모습도 이따금 그리스도의 제자로 나타나고 있다.

    1486년에 페루지노는 다시 피렌쩨로 왔다. 도시의 문서는 그가 다른 사람을 범죄적인 의도로 기습한 죄로 체포되었다고 기록하고 있다. 그와 친구 한 사람이 변장하고 곤봉으로 무장하고서 12월의 어두운 밤에 길에 숨어서 적을 기다렸다. 그들은 고약한 범죄를 저지르기 전에 들켰다. 친구는 추방당하고 페루지노는 10플로린의 벌금형을 받았다.[15] 로마에서 또 다른 사건을 겪은 다음 그는 피렌쩨에 작업장을 차렸다.(1492) 페루지노는 조수들을 고용해 가까운 곳과 먼 곳에 있는 고객에게 그림을 팔았다. 그림들은 항상 잘 마무리된 것만은 아니었다. 제수아티 수도사들을 위해 그는 「피에타」를 그렸는데, 이 그림에 나오는 슬픔에 젖은 성모와 생각에 잠긴 막달레나 모습은 그와 그의 제자들에 의해서 아무 단체나 개인을 위해 백 번이나 되풀이 그려졌다. 「성모와 성인들」은 빈으로 가고, 또 다른 그림은 크레모나로, 또 다른 것은 파노로, 또 다른 것(「영광의 성모」)은 페루지아로 가고 다른 것은 바티칸으로 갔다. 또 다른 것은 우피찌에 있다. 경쟁자들은 그가 작업장을 복제 공장으로 만들었다고 비난했다. 그가 그토록 부자가 되어 뚱뚱해진 것은 수치스러운 일이라고 생각했다. 그는 미소를 짓고 작품 가격을 올렸다. 베네찌아가 그에게 총독 궁전을 위해 두 장의 패널 그림을 주문하면서 400두카트(55000달러?)를 제시하자 그는 800두카트를 요구했다. 이 일이 실현되지 않자 그는 그대로 피렌쩨에 머물렀다. 그는 현찰을 고집하고 외상은 거절했다. 그는 부를 경멸하는 듯한 태도를 취하지 않았다. 붓을 잡는 손길이 떨리게 될 때 굶어 죽지는 않겠노라고 확고히 결심한 사람이었다. 피렌쩨와 페루지아에 땅을 사들여, 한쪽 세상이 뒤집히는 경우가 있어도 적어도 한 발을 땅에 딛고 있을 수 있도록 준비했다. 페루지오의 캄비오에 있는 그의 자화상은(1500) 놀랄 정도로 정직한 자기 고백이다. 통통한 얼굴, 커다란 코, 붉은 모자 아래로 조심성 없게 흘러내린 머리카락, 눈은 고요하지만 꿰뚫는 듯하고, 입술은 가볍게 경멸을 드러내고, 굵은 목과 강력한 몸을 지니고 있다. 여기에는 속이기 어렵고 싸울 각오가 되어 있고 자신감 있고 인간을 높이 평가하지 않는 한 인간이 있다. 바사리는 이렇게 말한다. "그는 종교적인 사람이 아니었다. 그는 영혼의 불사를 절대로 믿지 않았다."[16]

  회의주의와 상업주의에도 불구하고 그는 이따금 너그러울 때도 있었고[17] 르네상스에서 가장 부드러운 경건함을 지닌 그림들을 만들었다. 파비아 수도원을 위해서 그는 사랑스러운 「성모」를 그렸다.(지금은 런던에 있음) 그리고 루브르에 있는, 그가 그린 것으로 알려진 「막달레나」는 아주 아름다운 죄인이어서 신의 자비심이 아니라도 그녀를 쉽게 용서하게 된다. 피렌쩨의 산티 클라라 수녀들을 위해서 그는 「그리스도의 매장」을 그렸다. 여기 나오는 여자들은 드물게 아름다운 모습이고, 늙은 남자들의 얼굴은 그들의 삶을 요약해서 보여 주고 있으며, 구도(構圖)의 선들은 그리스도의 시신과 맞추어지고, 바위가 많은 경사면에 늘어선 날씬한 나무들과, 멀리 고요한 만에 자리 잡은 도시는 죽음과 비통의 장면 위에 고요한 분위기를 만들어 낸다. 이 남자는 그림을 잘 팔 뿐만 아니라 잘 그릴 수도 있었던 것이다.

피렌쩨에서의 성공이 페루지아 사람들에게 그의 가치를 확신하게 해 주었다. 캄비오의 상인들이 자기들의 건물을 장식하기로 결정했을 때 그들은 호주머니를 몽땅 털어 피에트로 반누치(페루지노)에게 주문을 냈다. 시대의 분위기와 지방 학자의 제안에 따라 그들은 이 건물의 홀을 그리스도교 주제와 이교 주제의 혼합으로 꾸미기로 했다. 천장에는 일곱 행성과 12궁 별자리, 한쪽 벽에는 그리스도의 탄생과 변모, 다른 벽에는 영원한 아버지, 예언자들 그리고 여섯 명의 이교도 시빌레들이 미켈란젤로를 예견케 한다. 또 다른 쪽 벽에는 각기 이교도 영웅들로 표현된 고전적인 네 미덕, 즉 누마, 소크라테스, 파비우스가 신중함을, 피타쿠스, 푸리우스, 트라야누스가 정의를, 루키우스, 레오니다스, 호라티우스 코클레스가 확고함을, 페리클레스, 킨키나투스, 스키피오가 절제를 나타낸다. 이 모든 것은 라파엘로를 포함한 조수들과 페루지노에 의해서 1500년 한 해 동안에 작업이 되었다. 바로 발리오니 사람들의 싸움이 페루지아 길거리를 피로 붉게 물들이던 그해였다. 피가 씻겨 나가자 시민들은 캄비오의 새로운 아름다움을 보려고 강물처럼 밀려왔다. 그들은 어쩌면 이교도 유명인들이 약간 뻣뻣하다고 여기고 페루지노가 그들을 서 있는 모습이 아니라 그들의 생애를 보여 주는 어떤 행동을 취하는 모습으로 그려 주기를 원했을지도 모른다. 그러나 「다윗」은 당당하고 「에리트레아 시빌레」는 라파엘로의 「성모」만큼이나 우아하고 「영원한 아버지」는 무신론자로서는 놀랄 만큼 잘 잡아낸 모습이다. 예순 살이었던 페루지노는 이 벽에서 힘의 절정에 도달했다. 1501년 도시는 감사의 마음으로 그를 도시의 최고 위원으로 만들었다.

그는 절정에서 빠른 속도로 추락했다. 1502년에 「성모의 결혼식」을 그렸다. 라파엘로는 2년 뒤에 스포살리찌오에서 이 그림을 모방했다. 1503년에 페루지노는 피렌쩨로 돌아갔다. 도시가 미켈란젤로의 「다윗」을 놓고 너무 법석을 떠는 것이 마음에 들지 않았다. 그는 이 조각 작품을 어디에 놓아야 할지를 상의하기 위해 소집된 예술가의 한 사람이었지만 그의 의견은 조각가 자신에 의해 뒤로 밀리고 말았다. 얼마 뒤에 부딪친 두 사람은 서로 욕설을 주고받았다. 당시 스물아홉 살이던 미켈란젤로는 그를 멍청이라 부르고 그의 예술은 "시대에 뒤진 헛소리"[18]라고 말했다. 페루지노는 그를 비방죄로 고소했지만 비웃음밖에는 아무것도 얻지 못했다. 1505년에 그는 아눈찌아타 교회를 위해 필리피노 리피가 시작한 「그리스도를 십자가에서 내림」을 완성하기로 동의하고, 여기 덧붙여 「성모의 승천」을 그리기로 했다. 그는 필리피노의 작품을 기술과 신속함으로 완성했다. 그러나 「성모의 승천」에서는 예전의 다른 그림에 이용한 많은 인물들을 되풀이해서 그렸기 때문에 피렌쩨 화가들은(아직도 예전에 그가 받은 보수를 시샘하고 있었다.) 그가 정직하지 않고 게으르다고 비난했다. 그는 화가 나서 피렌쩨를 떠나 페루지아에 거처를 잡았다.

바티칸의 방에 그림을 그려 달라는 율리우스 2세의 초빙을(1507) 받아들였을 때 젊은이에 의한 노인의 패배가 한 번 더 되풀이되었다. 그가 그림을 약간 진전시켰을 때 옛날 제자인 라파엘로가 나타나서 자기 앞에 있는 모든 것을 싹 지워 버렸다. 페루지노는 무거운 심정으로 로마를 떠났다. 페루지아로 돌아와서 그는 주문들을 찾아내고 마지막까지 일을 계속했다. 그는 성 아고스티노 교회를 위해 복잡한 제단화를 시작했고(1514), 분명 끝냈을 것이다.(1520) 그리스도의 이야기를 여기서 다시 이야기했다. 트레비에 있는 마돈나 델레 라그리메 교회를 위해서 그는 「동방 박사의 경배」(1521)를 그렸다. 이것은 드로잉이 마비된 듯하기는 하지만 일흔다섯 살 노인의 작품으로는 놀라운 것이다. 1523년에 그는 이웃한 폰티냐노에서 그림을 그리던 도중 전염병에 걸려서, 아니면 노쇠함으로 죽었다. 전해 오는 이야기에 따르면 그는 회개하지 않은 영혼에게 저승에서 어떤 일이 일어나는지 보겠다고 말하면서 임종 성사를 거절했다.[19] 그는 교회 묘지가 아닌 곳에 묻혔다.

누구나 페루지노 회화의 결점들을 안다. 과장된 감상, 슬픔에 젖은, 인위적인 신앙심, 언제나 똑같은 갸름한 얼굴과 리본 모양의 머리, 그리고 겸손하게 앞으로 숙인 머리, 심지어는 단호한 카토와 대담한 레오니다스까지도 이런 태도를 취하고 있다. 유럽과 미국은 이런 똑같은 유형의 페루지노 그림을 100점이나 보여 주고 있다. 이 대가는 독창적이기보다는 생산성이 높았다. 그의 그림들에는 행동과 생동감이 부족하다. 그들은 생명의 현실과 중요성보다는 움브리아 방식 신앙심의 욕구를 더 많이 반영한다. 그런데도 이런 그림들에는 복잡함을 넘어서 성숙한 영혼을 즐겁게 할 수 있는 요소들이 들어 있다. 이 그림에 나타난 생동하는 빛, 여성들의 온화한 사랑스러움, 수염 달린 노인들의 당당함, 부드럽고 고요한 색채, 모든 비극을 평화로 덮는 넉넉한 풍경.

페루지노가 피렌쩨에 오래 머문 다음 1499년에 페루지아로 돌아왔을 때 그는 움브리아 회화에 피렌쩨의 비판 능력은 빼고 피렌쩨의 기법만을 가져왔다. 그가 죽었을 때 그는 이 기술을 조수와 제자들에게 충실하게 물려주었다. 핀투리키오, '일 바키아카'라 불린 프란체스코 우베르티노, '로 스파냐'라 불린 죠반니 디 피에트로, 라파엘로 등이었다. 이 스승은 자신의 목적을 다했다. 그는 자신의 유산을 풍부하게 만들어서 전해 주고, 자신을 능가할 제자를 한 사람 키웠다. 라파엘로는 결점을 없애고 완벽해진 페루지노이다.

THE RENAISSANCE

9장　　　　　　　　　　　　　　　만토바
　　　　　　　　　　　　　　　　　1378~1540

1. 비토리노 다 펠트레

　만토바는 행운의 지역이었다. 르네상스 시대 내내 오로지 한 가문이 통치했으므로 시끄러운 혁명과 궁정의 살인, 쿠데타 따위를 겪지 않았다. 뤼지 곤짜가가 '민중의 지도자'가 되었을 때(1328) 그의 집안의 세력은 아주 확고한 토대를 만들어서 그는 이따금 수도를 떠나 그 자신이 다른 도시의 장군으로 고용될 수가 있었다. 여러 세대에 걸쳐 그의 후손들도 이런 관행을 따랐다. 그의 고손자 쟌프란체스코 1세는 만토바의 이론적 군주인 신성로마제국 황제 지기스문트에게서 후작 작위를 받았고(1432), 이 작위는 곤짜가(Gonzaga) 가문을 통해 이어지다가 더 높은 공작 작위로 교체되었다.(1530) 쟌프란체스코는 훌륭한 통치자였다. 그는 늪을 말리고 농업과 산업을 촉진하고 예술을 후원하고 자신의 자녀들을 가르치도록 교육의 역사에서 가장 고귀한 인물 한 사람을 만토바 궁정으로 데려왔다.

비토리노(Vittorino da Feltre)는 북동부 이탈리아에 있는 고향 펠트레에서 그의 성(姓)을 얻었다. 15세기 이탈리아를 전염병처럼 휩쓴 고전 학문에 대한 열풍에 사로잡혀 그는 파도바로 가서 여러 선생에게 라틴어, 그리스어, 수학, 수사학 등을 배웠다. 그들 중 어떤 사람에게는 하인 노릇으로 수업료를 대신했다. 대학을 마친 다음 그는 소년들을 위한 학교를 열었다. 그리고 제자를 뽑을 때 출신이나 돈보다는 재능과 열성을 따졌다. 부자 학생에게는 그들이 가진 만큼 돈을 내게 하고, 가난한 학생에게서는 아무것도 받지 않았다. 그리고 게으름뱅이를 참지 못하고 가혹하게 공부를 시켰으며 엄격한 기율을 지켰다. 그러나 대학 도시의 수선스러운 분위기에서는 이것이 어렵다는 것을 깨닫고 비토리노는 학교를 베네찌아로 옮겼다.(1423) 1425년 그는 쟌프란체스코의 초대를 받아들여 만토바로 가서 선별된 소년들과 소녀들을 가르쳤다. 여기에는 후작 아들 넷과 딸 하나, 프란체스코 스포르짜의 딸 하나, 그리고 또 다른 이탈리아 통치자들의 자제들이 섞여 있었다.

후작은 이 학교를 위해 '즐거운 집(Casa Zojosa)'이라고 알려진 저택을 내주었다. 비토리노는 그곳을 절반은 수도원과 같은 기관으로 만들었다. 이곳에서 그와 제자들은 단순하게 살고 분별 있게 먹고 건강한 몸에 건강한 정신이 깃든다는 고전의 이상에 따라 생활했다. 비토리노는 학자이면서 훌륭한 선수였다. 칼싸움에 능하고 말을 잘 타고 여름이나 겨울이나 비슷한 옷을 입고 가장 혹독한 추위에도 샌들 말고 다른 것은 신지 않았다. 감각성과 분노의 성향을 지니고 있던 그는 주기적으로 단식하고 매일 자신을 매질함으로써 자신의 육체를 다스렸다. 동시대 사람들은 그가 마지막까지 동정(童貞)으로 남았을 것이라 믿었다.

학생들이 본능을 다스리고 건강한 성격을 형성하도록 하기 위하여 그는 그들 모두에게 무엇보다도 먼저 규칙적인 기도를 요구하고 강한 종교적 감정이 그들에게 스며들도록 만들었다. 신성 모독, 음란함, 상스러운 언어 등을 엄격하게 금하고 분노한 말싸움에 빠져드는 것을 벌하고 거짓말을 가장 중요한 죄악으로 여겼다. 그러나 그는 로렌쪼의 아내가 폴리찌아노에게 경고했던 말, 곧 장차 어느 날인가 행정 일이나 전쟁을 수행할 통치자들을 교육하는 중이라는 말을 들을 필요가 없었다. 그들의 신체를 건강하고 강하게 만들기 위해서 그는 많은 종류의 운동을 시켰다. 달리기, 말타기, 넓이뛰기, 레슬링, 펜싱, 군사 훈련 등이었다. 그들이 상처나 불만 없이 어려운 일을 견디도록 훈련을 시켰다. 그의 윤리에 들어 있는 중세적인 요소에도 불구하고 그는 중세 방식의 육체에 대한 경멸을 거부하고 그리스 사람들과 동일하게 인간의 완전한 탁월함을 위해 육체적 건강도 중요한 것임을 인정했다. 운동과 노동으로 제자들의 신체를 형성하고 종교와 기율로 그들의 성격을 훈련하고 또 그림과 음악을 가르쳐서 그들의 취향을, 수학, 라틴어, 그리스어, 고전 문헌 등을 가르쳐서 그들의 정신을 훈련시켰다. 그는 제자들이 그리스도교도의 행동과 이교도 지성의 날카로운 명료함, 또 르네상스 인간의 미적 감각 등을 하나로 합치기를 원했다. 건강한 신체, 성격의 강인함, 정신의 풍부함 등을 갖춘 완전한 인간이라는 르네상스의 이상(보편인(l'uomo universale, 전인))은 비토리노 다 펠트레에게서 첫 번째 형태를 갖추고 나타나고 있다.

그의 이러한 교육 방식에 대한 명성이 이탈리아와 그 너머로까지 퍼졌다. 많은 방문객들이 후작이 아니라 이 교육자를 보러 만토바로 왔다. 아버지들은 쟌 프란체스코에게 자기 아들들을 이 '왕자들의 학교'에 입학시키는 특권을 허락해 주십사고 긴칭했다. 그는 동의했고, 그래서 우르비노의 페데리고, 프란체스코 다 카스틸리오네, 타데오 만프레디 등이 비토리노의 교육의 손길을 거쳤다. 그들은 그와 함께 한 지붕 아래 살면서 성실함과 지성을 갖춘 일상의 접촉을 통해 이루 말할 수 없이 소중한 가르침을 얻었다. 비토리노는 가난하지만 소질이 있는 사람들도 이 학교에 들어와야 한다고 고집했다. 그는 후작을 설득해서 60명의 가난한 학생들을 교육하고 보조해 줄 재정과 설비와 보조 교사들을 공급받았다. 그러나 그것만으로는 부족하자 비토리노는 자신의 얼마 안 되는 재산으로 그 차액을 채웠다. 그가 죽었을 때(1446) 장례식을 치를 돈도 남지 않았음이 밝혀졌다.

쟌프란체스코의 뒤를 이어 만토바 후작이 된 로도비코 곤짜가는 그의 선생의 자랑이었다. 비토리노가 그의 교육을 맡았을 때 로도비코는 열한 살 소년으로 뚱뚱하고 게을렀다. 비토리노는 그에게 식욕을 다스리는 법과 통치의 모든 일을 할 수 있도록 가르쳤다. 로도비코는 이런 임무들을 성실히 수행했고, 이 나라를 번성하는 상태로 만들어 놓고 죽었다. 진정한 르네상스 군주답게 그는 재산의 일부를 들여 문학과 예술을 후원했다. 그리고 훌륭한 책들을 모았다. 대개 라틴 고전들이었다. 또 세밀화가들을 고용해서 『에네아스 이야기』와 『신곡』에 세밀화를 그리게 했다. 만토바에 처음으로 인쇄소를 만들었다. 폴리찌아노, 피코 델라 미란돌라, 필렐포, 과리노 다 베로나, 플라티나 등이 한동안 그의 총애를 받아 그의 궁정에 살았던 사람들이다.[1] 그의 초대를 받고 피렌쩨에서 레온 바티스타 알베르티가 이리로 와서 대성당에 인코로나타 제단을 설계하고, 성 안드레아와 성 세바스티아노 교회들을 설계했다. 도나텔로도 와서 로도비코의 청동 흉상을 만들었다. 1460년에 후작은 르네상스 최고의 예술가 한 사람을 만토바로 데려왔다.

2. 안드레아 만테냐: 1431~1506

안드레아 만테냐(Andrea Mantegna)는 파도바 근처 이솔라 디 카르투라에서 보티첼리보다 13년 먼저 태어났다. 만테냐의 업적을 인정하려 한다면 우리는 여기서 잠시 시간을 거꾸로 돌아가야 한다. 그는 열 살이 되었을 때 파도바의 화가 조합에 등록되었다. 프란체스코 스콰르치오네가 당시 파도바뿐만 아니라 이탈리아 전체에서 가장 유명한 회화 선생이었다. 안드레아는 그의 밑에 들어가서 아주 빠른 발전을 보였기에 스콰르치오네는 그를 자기 집으로 받아들이고 아들로 삼았다. 인문주의자들의 영향을 받아 스콰르치오네는 자기가 살 수 있고 운반할 수 있는 고대의 조각품과 건축물의 중요한 잔해들을 작업장에 모았다. 그리고 제자들에게 강하고 절제되고 조화를 이룬 도안의 모범으로 그것을 거듭 베끼게 했다. 만테냐는 즐겁게 스승의 말을 따랐다. 그는 고대 로마에 빠져 그 영웅들을 이상화하고 그 예술을 숭배했다. 그래서 그의 그림들 절반은 로마의 건축물을 배경으로 하고 있고, 그의 인물 절반은 시대와 민족을 초월하여 로마인의 모습과 의상을 하고 있다. 그의 미술은 이러한 젊은 날의 사랑을 통해 많은 장점을 얻었고 동시에 결함을 갖게 되었다. 그는 이런 모범으로부터 도안의 당당한 품위와 엄격한 순수성을 배웠지만 그러나 그의 그림은 조각적인 형태의 돌과 같은 냉정함에서 완전히 벗어나지 못했다. 도나텔로가 파도바로 왔을 때 아직 열두 살이던 만테냐는 사실주의를 향한 강력한 충동과 함께 다시 조각의 영향을 느꼈다. 동시에 그는 당시 피렌쩨에서 마솔리노, 우첼로, 마사쵸 등이 발전시킨 원근법의 새로운 기술에 열광했다. 그는 이 법칙들을 모두 익히고, 과격한 단축을 사용해서 동시대 사람들을 깜짝 놀라게 만들었다.

    1448년에 스콰르치오네는 파도바 에레미타니 수도사들의 교회에 벽화를 그리라는 주문을 받았다. 그는 이 일을 사랑하는 두 제자에게 맡겼다. 니콜로 피쫄로와 만테냐였다. 니콜로는 탁월한 양식으로 판 하나를 완성하고는 싸움으로 인해 죽었다. 이제 열일곱 살이 된 안드레아 만테냐가 이 일을 계속했다. 그가 다음 7년 동안 그린 여덟 점의 벽화들은 이탈리아 전역에 그의 이름을 날리게 했다. 주제는 중세의 것이지만 방식은 혁명적이었다. 고전 건축물의 배경은 세밀하게 묘사되었고, 로마 병사의 남성적인 체형과 빛나는 갑옷이 그리스도교 성인들의 근엄한 모습과 섞였다. 이교와 그리스도교는 인문주의자들이 쓴 모든 글에서보다 이 벽화들에서 더 생생하게 통합되었다. 드로잉은 여기서 예리하고 우아했다. 원근법은 놀라울 정도로 완벽한 모습으로 나타난다. 성인을 로마 판관 앞으로 안내하는 병사의 모습처럼 그렇게 자태가 훌륭하고 태도가 당당한 그림은 드물었다. 아니면 순교자의 머리를 내리치려고 곤봉을 쳐든 형리의 모습처럼 그렇게 무섭도록 사실적인 묘사 또한 드물었다. 멀리 떨어진 도시에서 예술가들이 찾아와 이 놀라운 파도바 젊은이의 기법을 배우려고 했다. 이들 중 두 점의 벽화만 빼고 나머지는 모두 2차 세계대전 때 파손되었다.

야코포 벨리니(I. Bellini)는 이미 유명한 화가였고(1454), 나중에 자신의 명성을 가려 버릴 정도로 훌륭한 화가들(벨리니 형제)을 둔 아버지였지만 이 그림이 제작되는 과정을 보고 안드레아 만테냐를 좋아해서 그에게 자기 딸과 결혼하라고 제안했다. 만테냐는 이 제안을 받아들였다. 스콰르치오네는 이 결합에 반대했고, 만테냐가 자기 집에서 이렇게 떠난 일에 대해, 에레미타니 벽화들은 대리석 고전 조각들을 베낀 뻣뻣하고 창백한 모사에 지나지 않는다고 욕을 해서 벌을 주었다. 이보다 더 이상한 일은 벨리니 사람들이 이런 비난에 일리가 있다는 암시를 안드레아에게 했다는 점이다.[2] 그리고 가장 특이한 일은 다혈질의 이 화가가 이런 비난을 받아들여 조각 작품의 탐색에서 등을 돌리고 삶의 온갖 사실과 세부 사항을 깊이 있게 관찰했다는 사실이다. 에레미타니 벽화의 마지막 두 판들에다가 그는 당시 사람 10명의 초상화를 포함시켰다. 쭈그리고 앉은 뚱뚱한 한 사람은 스콰르치오네였다.

스승과의 계약을 취소하자 만테냐는 이제 자신을 둘러싼 여러 주문들을 무엇이든 받아들일 수 있게 되었다. 로도비코 곤짜가는 만토바에서 일하라고 주문했다.(1456) 그는 이 주문을 4년간이나 뒤로 미루고 그사이에 베로나에서 성 쩨노 교회를 위해 여러 겹 병풍의 그림을 그렸다. 이 그림은 오늘날까지 이 고귀한 건축물로 사람들을 불러들이고 있다. 중앙에 있는 판에는 로마의 기둥, 처마 장식, 박공벽으로 이루어진 틀 한가운데서 성모가 아기를 안고 있고 천사 악사들과 합창대가 그들을 둘러싸고 있다. 이 아래로 강력한 「십자가에 못 박힌 그리스도」가 그리스도의 옷을 놓고 주사위를 던지는 로마 병사들을 내려다본다. 왼편에 있는 「올리브 정원」은 울퉁불퉁한 풍경을 보여 주고 있는데, 어쩌면 레오나르도는 「바위 동굴 속의 성모」를 위해 이 그림을 탐구했을지도 모른다.

이 여러 폭 병풍은 르네상스의 가장 위대한 회화의 하나이다.*

베로나에서 3년을 보낸 다음 만테냐는 마침내 만토바로 가기로 했다.(1460) 그리고 중간에 잠깐 피렌쩨와 볼로냐에 머물고, 로마에 2년간 머문 것을 빼고는 그곳에 죽을 때까지 머물렀다. 로도비코는 그에게 집, 연료, 식량 그리고 매달 15두카트(375달러)를 주었다. 안드레아 만테냐는 세 명의 후작들을 위해 궁전, 예배당, 저택들에 그림을 그렸다. 만토바에서 그의 작품들 중에서 유일하게 살아남은 것은 공작 궁전에 있는 유명한 벽화들이다. 특히 약혼자들의 방(Sala degli Sposi)에 있는 그림이다. 이 방은 로도비코의 아들 페데리고와 바이에른의 마르가레테의 약혼식을 위해 장식되었기에 이런 이름을 얻었다. 주제는 그냥 통치자 가문의 가족이다. 후작, 아내, 아이들, 몇 명의 신하들, 로마에서 돌아와 아버지의 영접을 받는 프란체스코 곤짜가 추기경. 여기서 특이할 정도로 사실적인 초상화들을 보게 된다. 그들 중에는 얼굴의 주름살과 눈가에 매달린 눈물주머니로 해서 마흔셋의 나이보다 약간 더 늙어 보이는 만테냐 자신도 들어 있다.

로도비코도 빨리 늙었다. 그의 말년은 문제들이 많아 시끄러웠다. 그의 딸 둘은 모습이 추해졌다. 전쟁은 그의 수입을 고갈시켰다. 1478년에 전염병이 돌아 만토바의 경제 활동을 거의 정지시켰고, 수입은 사라졌다. 만테냐의 봉급도 지급되지 않았다. 화가는 로도비코에게 비난의 편지를 썼다. 후작은 참아 달라는 간청으로 답변하고 있다. 전염병이 지나갔다. 로도비코도 죽었다. 만테냐는 그의 가장 훌륭한 작품인 「카이사르의 승리」를 로도비코의 아들 페데리고 치하에서(1478~1484) 시작했고, 페데리고의 아들 쟌프란체스코 치하에서(1484~1519) 완성했다. 이 아홉 점의 그림은 캔버스에 템페라 물감으로 그려진 것으로 공작 궁전의 코르테 베키아를 위해 고안되었다. 이 그림들은 돈이 궁한 만토바의 공작에 의해 잉글랜드의 찰스 1세에게 팔렸고, 지금은 햄턴 코트

---

* 1797년 프랑스 정복자가 아래쪽 패널들을 점령했다. 현재 「올리브 정원」과 「부활」은 투르에, 「십자가에 못 박힌 그리스도」는 루브르에 있다. 베로나의 원래 위치에는 훌륭한 복제화들이 대신 놓여 있다.

에 있다. 26.4미터 길이의 이 거대한 띠 장식 그림들은 병사, 사제, 포로, 노예, 악사, 거지, 코끼리, 황소, 깃발, 트로피, 전리품 등의 행렬을 묘사하고 있는데, 이 모든 것들이 카이사르의 마차를 호위하고 있다. 마차에서는 승리의 여신이 카이사르에게 관을 씌워 주고 있다. 여기서 만테냐는 자신의 첫사랑인 고대 로마로 돌아간다. 그는 다시 조각가처럼 그린다. 그런데도 그의 인물들은 생명과 활동성을 가지고 움직인다. 눈길은 수많은 회화의 디테일에도 불구하고 절정을 이루는 관을 씌우는 장면으로 끌려간다. 구도, 드로잉, 원근법, 꼼꼼한 관찰 등 화가의 온갖 기교가 다 이 작품에 나타나서 이것을 그의 걸작으로 만들어 준다.

「카이사르의 승리」의 시작에서 완성까지 걸린 7년 사이에 만테냐는 인노켄티우스 8세의 부름을 받아들여(1488~1489) 몇 점의 벽화를 그렸지만 이들은 로마가 불운을 겪는 동안 사라졌다. 교황의 인색함에 불만을 토하면서(교황은 그의 참을성 없음에 불만을 가졌다.) 만테냐는 만토바로 돌아와서, 100여 점의 종교화들을 그려 생산성 풍부한 그의 경력을 마무리했다. 그는 카이사르를 잊고 그리스도에게로 돌아왔다. 이 그림들 중에서 가장 유명하고 가장 설득력이 떨어지는 것은 「죽은 그리스도」(브레라)이다. 그리스도는 극도로 단축된 두 발을 구경꾼에게 향한 채로 등을 땅에 대고 누웠다. 그는 지친 신이라기보다는 잠든 용병대장 같은 모습이다.

말년에 마지막 이교적인 그림이 나왔다. 루브르에 있는 「파르나소스」에서 그는 사실성을 붙잡는 평소의 결심을 버리고 아름다움을 그렸다. 한동안 부도덕한 신화에 자신을 바쳤다. 파르나소스 산 정상에 벌거벗은 베누스가 앉아 있고, 그녀 옆에는 병사 애인인 마르스가 있다. 그리고 산 아래쪽에 아폴로와 무사이(뮤즈)들이 춤과 노래로 그녀의 사랑스러움을 찬양한다. 무사이 한 명은 아마도 쟌프란체스코 후작의 아내로서, 현재 이 나라를 다스리는, 저 비할 바 없는 이사벨라 데스테인 것으로 보인다.

이것은 만테냐의 마지막 위대한 그림이었다. 그의 말년은 나쁜 건강과 고약한 성질, 쌓인 빚으로 인해 힘들었다. 이사벨라가 그림을 주문하고는 아주 세세한 점들까지 일일이 지시하는 바람에 화가 났다. 화가 나서 고독 속에 은퇴하고 소장한 미술품을 거의 모두 팔고 마지막에는 집까지 팔았다. 1505년에 이사벨라는 그를 "눈물 많고, 흥분 잘하고 얼굴이 푹 패어 살아 있다기보다는 죽은 사람처럼 보인다."라고 묘사했다.[3] 1년 뒤에 그는 일흔다섯의 나이로 죽었다. 성 안드레아 교회에 있는 그의 무덤 위에는 청동 흉상(아마도 그 자신의 작품)이 놓였다. 그것은 50년 세월을 예술에 바친 한 천재의 쓰라림과 피로를 분노한 사실주의로 표현하고 있다. '불멸'을 원하는 사람들은 자신의 생명을 바쳐 그 대가를 치러야 하는 법이다.

3. 세계 제일의 여성

"라 프리마 돈나 델 몬도.(세계 제일의 여성)" 시인 니콜로 다 코레죠는 이사벨라 데스테(Isabella d'Este, 에스테 가문의 이사벨라)를 이렇게 불렀다.[4] 소설가 반델로(Bandello)는 "자유롭고 너그러운 이사벨라"에게서 무엇을 최고라고 칭찬해야 할지 몰랐다.[5] 그녀의 상냥한 아름다움, 절도, 지혜, 학문과 예술을 후원하는 태도 중에서 말이다. 그녀는 교육받은 르네상스 여성을 역사상 걸작의 하나로 만들어 주는 교양과 매력을 대부분 지녔다. 그녀는 '지식인'이 되지 않고도, 혹은 매혹적인 여성이기를 중단하지 않고도 폭넓고 다양한 문화를 지녔다. 그녀를 보고 사람들이 경탄하는 것은 그녀의 생명력, 활기, 진짜를 알아보는 예리함, 취향의 완벽함 등이었다. 그녀는 하루 종일 말을 타고도 밤새도록 춤을 출 수 있었고 그러면서도 어느 순간이든 여왕이 될 줄을 알았다. 그녀는 남편과는 달리 전략과 감각을 가지고 만토바를 다스렸다. 뒷날 쇠약해진 시절에도 그녀는 남편의 실책, 헛소리, 매독 등에도 불구하고 작은 국가를 함께 다스렸다. 그리고 자기 시대 가장 유명한 인사들과 대등하게 편지를 주고받았다. 교황들과 공작들이 그녀와의 우정을 구했으며 통치자들이 그녀의 궁정으로 찾아왔다. 그녀는 자기를 위해 일해 달라고 거의 모든 예술가들을 초빙했으며 시인들이 찬양하는 노래를 부르도록 영감을 주었다. 벰보, 아리오스토, 베르나르도 타소 등은 그녀의 지갑이 크지 않음을 알면서도 그녀에게 작품을 바쳤다. 그녀는 학자의 판단력과 전문가의 감식안으로 책과 미술품을 수집했다. 그녀가 어디로 가든 이탈리아의 문화적 중심이고 하나의 모범이었다.

그녀는 에스테 가문 출신이었다. 이 가문은 페라라의 공작 집안으로, 여러 명의 추기경들을 배출했으며 밀라노의 공작부인 한 명을 배출했다. 1474년에 태어난 이사벨라는 여동생 베아트리체보다 한 살이 많았다. 그들의 아버지는 페라라의 에르콜레 1세였고 어머니는 나폴리 페란테 왕의 딸인 아라곤의 엘레오노라였다. 그들은 훌륭한 혈통을 지녔다. 베아트리체는 나폴리로 보내져 외할아버지의 궁정에서 생동감을 배웠고, 이사벨라는 한동안 페라라를 이탈리아 수도들 중에서 가장 빛나는 곳으로 만들어 주던 학자들, 시인들, 희곡 작가들, 음악가들, 미술가들 사이에서 성장했다. 여섯 살에 이미 그녀는 외교관들이 입을 딱 벌릴 정도로 지적인 소녀였다. 벨트라미노 쿠사트로는 1480년에 만토바의 페데리고 후작에게 이렇게 써 보냈다. "나는 그 아이의 개별적인 지성에 대해서는 많은 이야기를 들었지만 이런 정도의 것이 가능하리라고는 생각지도 못했습니다."[6] 페데리고는 그녀가 아들 쟌프란체스코에게 좋은 배필이 될 거라고 생각하고 그녀의 아버지에게 혼인을 제안했다. 에르콜레는 베네찌아에 맞서기 위해 만토바의 지원이 필요했다. 이렇게 해서 이사벨라는 여섯 살 때 벌써 열네 살 먹은 소년과 약혼하게 되었다. 그녀는 10년간 더 페라라에 머물면서 바느질과 노래하는 법, 이탈리아어로 시를 쓰고 라틴어로 산문을 쓰는 법, 클라비코드와 류트를 연주하는 법, 그리고 보이지 않는 날개가 달리기라도 한 듯 활력이 넘치는 우아함으로 춤을 추는 법 등을 익혔다. 그녀의 겉모습은 분명하고 훌륭했다. 검은 눈은 빛나고 머리카락은 황금 타래였다. 열여섯 살에 그녀는 행복한 어린 시절의 둥지를 떠나 자랑스럽고 심각한 모습으로 만토바의 후작 부인이 되었다.

쟌프렌체스코는 거무스레하고 숱이 많고 사냥을 좋아하고 전쟁과 사랑에 몰두하는 사람이었다. 초년 시절에 그는 열심히 통치에 참여하고 만테냐와 몇몇 학자들을 정성스럽게 돌보았다. 포르노보에서는 지혜보다는 용기로 싸우고, 신중함보다는 기사다운 사고에서 도망치는 샤를 8세의 텐트에서 얻은 전리품 대부분을 왕에게 돌려보냈다. 그는 난잡함에 대한 병사로서의 특권을 이용했고 아내가 첫 번째 해산을 할 때 다른 여자들과의 관계를 시작했다. 결혼 7년 뒤에 그는 브레시아에서 마상 창 시합 선수로 출전할 때 정부(情婦) 테오도라가 거의 왕과도 같은 의상을 걸치고 모습을 드러내는 것을 허용했다. 이사벨라에게도 부분적으로 잘못이 있다고 할 수도 있다. 그녀는 약간 뚱뚱해진 데다가 페라라, 우르비노, 밀라노 등지로 떠나 오래 머물렀다. 그렇지만 어차피 후작은 어느 경우라도 일부일처주의를 지킬 사람은 아니었다. 이사벨라는 그의 여성 편력을 끈질기게 참아내면서 그런 일에 사람들이 관심을 돌리지 않도록 만들고 훌륭한 아내 노릇을 계속하고 남편에게 탁월한 정치적 충고를 하고 자신의 외교와 매력으로 그의 이익을 수호했다. 그러나 1506년에 그녀는 당시 교황군대를 지휘하고 있던 남편에게 자신이 느낀 괴로움으로 어느 정도 격해져 이렇게 써 보냈다. "전하가 과거에 저를 별로 사랑하시지 않은 것을 내가 알도록 누가 설명해 줄 필요도 없어요. 그러나 이것은 불쾌한 주제이기에 나는 …… 더 이상은 말하지 않겠어요."[7] 미술, 학문, 우정 등에 그녀가 마음을 다 바친 것은 부분적으로는 결혼 생활의 쓰라림을 잊기 위한 시도이기도 했다.

르네상스의 그 온갖 다채로움 중에서도 이사벨라, 베아트리체, 그리고 이사벨라의 시누이 엘리자베타 곤짜가 사이에 맺어진 다정한 관계보다 더 유쾌한 것은 없다. 르네상스의 문헌 중에서 그들이 교환한 애정 어린 편지들보다 더 섬세한 구절들은 없다. 엘리자베타는 허약하고 우울했으며 자주 병에 걸렸다. 이사벨라는 유쾌하고 재치가 있고 총명했으며 엘리자베타나 베아트리체보다 문학과 미술에 더 관심이 많았다. 그러나 이런 성격의 차이는 훌륭한 양식으로 보충되었다. 엘리자베타는 만토바에 오기를 좋아했고, 이사벨라는 시누이의 건강을 자신의 건강보다 더 염려했다. 그리고 그녀의 건강을 위해 무슨 일이든 했다. 그러나 이사벨라에게는 엘리자베타에게 없는 이기심이 있었다. 이사벨라는 체사레 보르지아가 엘리자베타가 사는 우르비노를 포위하여 훔쳐 낸 미켈란젤로의 「쿠피도(큐피드)」를 자기에게 달라고 청했던 것이다. 그녀에게 온갖 예의를 다 갖추었던 제부(弟夫) 로도비코 일 모로가 몰락하고 난 다음 그녀는 밀라노로 가서 로도비코의 정복자인 프랑스의 루이 12세가 베푼 무도회에서 흥겹게 춤을 추었다. 그러나 어쩌면 이것은 남편의 분별없는 솔직함으로 인해 루이 12세의 마음에 일어난 분노에서 만토바를 지키기 위한 여성으로서의 방책이었을지도 모른다. 그녀의 외교는 그 시대와 우리 시대에 흔한 국가 사이의 부도덕성을 용납하고 있었다. 그 밖에 그녀는 훌륭한 여성이었고, 이탈리아에 있는 어떤 남성이라도 그녀에게 봉사하기를 기쁘게 여기지 않을 사람은 없었다. 벰보는 "그녀에게 봉사하고, 교황이기라도 한 것처럼 그녀를 기쁘게 하고 싶다."라고 써 보냈다.[8]

그녀는 당시 이탈리아의 어떤 여성보다 라틴어를 더 잘했지만 이 언어를 완전히 익히지는 않았다. 알두스 마누티우스가 고전 작품을 선별하고 편집해서 출판하기 시작했을 때 그녀는 그의 가장 열광적인 고객의 한 사람이었다. 그녀는 학자들을 고용해서 플루타르코스와 필로스트라투스를 번역하도록 했고, 또 학식 있는 유대인을 고용해서 히브리어에서 시편을 번역하게 했다. 이렇게 해서 그녀는 원전이 가지는 위대함을 분명하게 확인할 수 있었다. 그녀는 그리스도교 고전들도 수집해서 용기를 지니고 교부들의 글을 읽었다. 아마도 그녀는 독자나 학생 자격보다는 수집가로서 책을 귀하게 여겼다. 플라톤을 존경했지만 자기 시대의 아리오스토와 다음 시대의 타소 같은 문인들까지 즐겁게 해 준 기사 소설을 더 좋아했다. 그리고 책과 미술품보다 아름다운 의상과 보석을 더욱 사랑했다. 말년에도 이탈리아와 프랑스의 여성들은 그녀를 패션의 거울이자, 취향의 여왕으로 우러러보았다. 자신의 성품, 의상, 매너, 정신을 다 동원하여 대사들과 추기경들을 유혹해서 그들의 마음을 움직이는 것이 그녀의 외교술의 일부였다. 그들은 그녀의 박식함이나 지혜를 숭배한다고 믿으면서 실제로는 그녀의 아름다움, 의상이나 그 우아함을 즐겼던 것이다. 그녀는 정치 분야를 빼고는 깊이가 있는 사람이라고 말하기 어렵다. 당시 사람들과 마찬가지로 그녀도 점성술사들의 말에 귀를 기울였고, 별들의 흐름을 보고 여러 가지 일을 위한 시간을 잡았다. 그리고 난쟁이들을 좋아해서 측근으로 만들고, 카스텔로(성)에는 그들을 위해서 그들의 사이즈로 지어진 방 6개와 예배당 하나를 두었다. 그녀가 총애하는 난쟁이들 중 한 사람은 하도 작아서 (당시의 위트에 따르면) 비가 2.5센티미터만 더 내려도 그가 빠져죽었을 것이라는 말이 돌았다. 그녀는 또한 개와 고양이를 좋아해서 애호가의 섬세함으로 이들 동물들을 골랐다. 그리고 엄숙한 장례식을 치러 주었다. 이런 장례식에는 궁정의 신사와 숙녀들과 나란히 살아남은 애완동물도 참석했다.

그녀가 통치했던 카스텔로 혹은 공작이 거주하는 궁전은 날짜와 건축주가 다른 여러 건물들이 함께 붙은 것이다. 그러나 그들 모두는 밖은 요새이고 안은 궁전인 양식으로 만들어졌다. 이런 구조는 페라라, 파비아, 밀라노가 모두 같다. 이 카스텔로에서 카피타노 궁전 같은 일부 건물들은 13세기에 통치했던 부오나콜시 가문에게로 거슬러 올라간다. 조화를 이룬 성 죠르죠 성은 14세기의 산물이다. 스포시 방은 15세기에 로도비코 곤짜가와 만테냐의 작품이다. 17세기와 18세기에 많은 방들이 개축되었고 호화로운 거울의 홀(살라 델리 스페기)은 나폴레옹 통치 기간에 다시 장식되었디. 이 모든 것들은 우아하게 장식되어 있었다. 이들 일가가 거주하는 방들과 응접실, 행정실들은 정원을 굽어보거나, 베르길리우스가 말한 대로 구불구불한 민치오 강이나 혹은 만토바와 경계를 이루는 호수들을 굽어보고 있었다. 이들 미로에서 이사벨라는 시기에 따라 다른 구역에 거주했다. 말년에는 방 네 개짜리 작은 거처를 좋아했다. 이곳은 '일 스투디올로(서재)' 혹은 '일 파라디소(낙원)'라는 이름으로 알려져 있다. 이곳과 또 다른 방인 '일 그로토(동굴)'에 그녀는 자신의 예술품인 책들과 악기들을 모아 놓았다. 악기들도 완성된 예술품이었다.

만토바의 독립과 번영을 유지하는 일 다음으로, 그리고 때로는 우정보다도 더 소중하게 여긴 그녀의 관심사로서 그녀의 생애를 지배한 정열은 사본들, 조각상, 회화, 도자기, 고대의 대리석상, 금세공사의 작품들을 수집하는 일이었다. 그녀는 친구들을 이용하고, 밀라노에서 로도스에 이르는 도시들에 특별한 심부름꾼을 고용해서 자신을 위해 흥정하고 물건을 사들이도록, 그리고 새로운 '물건'들에 항상 주목하도록 했다. 그녀는 극성스럽게 값을 흥정했다. 소박한 나라의 재정이 그녀의 생각을 받쳐 주기에는 너무 부족했기 때문이다. 그녀의 수집품은 작지만 물건마다 각 분야에서 소중한 것들이다. 그녀는 미켈란젤로의 조각상, 만테냐, 페루지노, 프란치아의 회화 작품들을 가졌다. 그러나 이에 만족하지 않고 레오나르도 다 빈치와 죠반니 벨리니에게 끈질기게 그림을 부탁했다. 그들은 그녀가 현찰보다는 찬사로 보상하는 사람이라고 여겨 그녀의 부탁을 물리쳤다. 또 의심할 바 없이 그녀는 그림이 무엇을 나타내야 하고, 어떤 것을 그려야 하는지 항상 간섭했다. 그녀가 얀 판 아이크의 「홍해를 건넘」 그림 값으로 115두카트(2875달러)를 지불했을 때 이 걸작에 대한 열광을 만족시키기 위해서 무거운 빚을 지기도 했다. 그녀는 만테냐에게 너그럽지는 않았지만 이 천재 괴물이 죽자 남편을 졸라 넉넉한 봉급을 대가로 로렌쪼 코스타를 만토바로 불러들였다. 코스타는 쟌프란체스코 곤짜가가 좋아하는 은거지인 성 세바스챤 궁전을 장식하고, 가족의 초상화를 그리고, 성 안드레아 교회를 위해 2급의 「성모」를 그렸다.

1524년에 라파엘로의 제자들 중에서 가장 뛰어난 화가인 쥴리오 피피(흔히 로마노(Romano)로 알려짐)가 만토바에 정착하고 건축가 겸 화가로서의 재능으로 궁정을 놀라게 했다. 공작 궁전 거의 전부가 그의 도안에 따라 새로 장식되었다. 곧 그 자신과 제자들인 프란체스코 프리마티치오, 니콜로 델라바테, 미켈란젤로 안셀미 등이 그린 그림들이었다. 이사벨라의 아들인 페데리고가 이제 만토바의 통치자였다. 그는 로마노와 마찬가지로 로마에서 이교적인 주제와 장식적인 나체화에 대한 취향을 얻어 왔기에 로마노는 카스텔로에 있는 몇몇 방의 벽과 천장에 아우로라, 아폴론, 파리스의 판결, 헬레나의 유혹, 그 밖에도 몇 가지 고전 신화의 장면들을 담은 매혹적인 그림들을 그렸다. 1525년에 도시 외곽 지역에 로마노는 그의 가장 유명한 작품 테(Te)* 궁전을 짓기 시작했다. 1층짜리 광대한 직사각형 건물은 돌덩어리와 르네상스 창문들로 이루어진 단순한 설계로서 한때는 유쾌한 정원이었지만 지금은 전쟁으로 가난해지고 방치되어 폐허가 된 정원을 둘러싸고 있다. 이 건물의 내부는 놀라움의 연속이다. 우아하게 벽기둥으로 꾸민 방들과 조각된 처마 장식, 아치와 천장의 삼각면에 그려진 그림들, 소란 반자로 꾸며진 아치 천장, 거인족과 올림피아의 신들, 큐피드와 프시케, 베누스와 아도니스와 마르스, 제우스와 올림피아, 화려한 누드의 향연, 르네상스 말기의 사랑스럽고도 무모한 취향의 그림들이 그려진 벽들, 천장, 그리고 반월창들. 성적 방종과 거인들의 갈등을 묘사하는 이 걸작들의 절정을 이루는 것은 프리마티치오가 로마 병사들의 행렬을 벽토에 조각한 돋을새김 작품이다. 이것은 만테냐의 「카이사르의 승리」 방식을 딴 것으로 고대 조각가 페이디아스의 조각품이 지닌 탁월함에 육박하는 걸작이다. 프리마티치오와 델라바테는 프랑수아 1세의 부름을 받고 퐁텐블로로 가게 되었을 때 이런 장식 양식(장밋빛 누드)을 프랑스 궁전에 가져갔다. 이것은 쥴리오 로마노가 로마에서 라파엘로와 함께 일할 때 배운 것을 만토바로 가져온 양식이었다. 이렇게 해서 이교적인 미술은 그리스도교의 수도로부터 그리스도교 세계로 펴져 나갔다.

이사벨라의 마지막 몇 해는 달콤함과 쓰라림이 뒤섞인 것이었다. 그녀는 불구가 된 남편을 도와 만토바를 통치했다. 그녀는 외교술을 동원하여 만토바가 체사레 보르지아, 루이 12세, 프랑수아 1세, 카를 5세에게 넘어가는 일을 막았

---

* 이 단어가 어떤 단어의 일부인지, 무슨 뜻인지 확실하지가 않다.

다. 또한 남편 쟌프란체스코나 아들 페데리고가 정치적 재앙의 가장자리에 설 때마다 이들 정복자들을 한 사람씩 유머로, 아첨으로, 매력으로 홀렸다. 1519년 에 아버지 뒤를 이어받은 페데리고는 유능한 장수이며 통치자였다. 그러나 그 는 자신의 정부(情婦)가 어머니를 대신해서 만토바 궁정을 지배하도록 만들었 다. 아마도 이런 모욕을 피해 이사벨라는 로마로 가서(1525) 다른 아들 에르콜 레를 추기경으로 만들어 보려고 했다. 클레멘스 7세는 애매한 태도를 취했다. 그러나 추기경들은 그녀를 환영하고 콜론나 궁전에 그녀 일행을 위해 살롱을 만들어 주었기에 그녀는 그곳에 오래 머물고 있다가 로마 유린 기간 동안(1527) 이 궁전에 갇히게 되었다. 그녀는 그 유능함을 이용해서 거기서 도망치고, 아들 에르콜레를 위해 간절히 바라던 추기경 자리를 얻고, 승리에 가득 차서 만토바 로 돌아왔다.

　1529년 쉰다섯의 나이로 그녀는 볼로냐 회의에 참석했다. 그곳에서 황제와 교황의 비위를 맞추어 우르비노와 페라라의 통치자들이 교황국에 흡수되지 않 고 그 속령들을 유지할 수 있도록 도움을 주고, 카를 5세를 졸라 아들 페데리고 를 공작으로 만들었다. 같은 해에 티찌아노가 만토바로 와서 유명한 그녀의 초 상화를 그렸다. 이 그림의 운명은 알려져 있지 않다. 그러나 루벤스가 복제한 초상화는 아직도 삶의 역동성과 사랑을 지닌 여성의 모습을 보여 준다. 8년 뒤 에 벰보가 그녀를 방문했다가 그녀의 생기와 정신의 깨어 있음과 관심의 폭에 경탄했다. 그는 그녀를 "여성들 중에서 가장 지혜롭고 가장 행운을 가진 사람" 이라고 불렀다.[9] 그러나 그녀의 지혜는 즐거운 마음으로 노년을 받아들이기에 는 모자랐다. 그녀는 1539년에 예순넷의 나이로 생을 마감하고 성 프란체스코 성당 카펠라 데이 시뇨리에 만토바의 통치자들과 나란히 묻혔다. 그녀의 아들 은 그녀를 추억하여 아름다운 무덤을 만들고 1년 뒤에 죽어서 그녀와 나란히 누웠다. 1797년에 프랑스 군대가 만토바를 약탈할 때 만토바의 남녀 통치자들 의 무덤도 파괴되고 그 안에 들어 있던 재는 분간할 수 없는 먼지와 뒤섞이고 말았다.

THE RENAISSANCE

10장   페라라
1378~1534

1. 에스테 가문

16세기의 처음 25년 동안에 가장 활발한 르네상스 중심지는 페라라(Ferara), 베네찌아, 로마였다. 오늘날 페라라를 돌아다니는 학생이라면 그 강력한 카스텔로(성)에 들어서기 전까지는 이 작은 도시가 한때는 강력한 왕조의 중심지였다는 사실을 믿기가 어렵다. 이 왕조의 궁정은 유럽에서 가장 화려하고, 그곳의 후원을 받는 사람들 중에는 당대 가장 위대한 시인도 포함되어 있었다.

이 도시는 한편으로는 볼로냐와 베네찌아를 잇는 상업 도로에 위치하고 있는 덕분에, 또 다른 한편으로는 포 강의 세 줄기에 의해 비옥하게 된 배후의 농경지가 페라라를 시장으로 삼을 수 있다는 지리적 위치 덕분에 그런 존재 가치를 갖게 되었다. 페라라는 피핀 3세(756)와 샤를마뉴(773)가 교황청에 기증한 영토에 포함되어 있었으며, 토스카나의 마틸다 백작 부인에 의해서 한 번 더 교회에 양도되었던 곳이었다.(1107) 형식적으로는 교황의 봉토임을 인정하면서 이 도시는 독립적인 자치를 했다. 경쟁하는 상인 가문 몇이 도시를 지배했다. 이런 싸움으로 혼란을 겪은 도시는 에스테 출신의 아쪼 6세 백작을 도시 행정관으로 받아들이고(1208) 그의 후손들이 이 직위를 물려받도록 했다. 에스테는 황제의 작은 봉토로서 페라라에서 북쪽으로 64킬로미터 떨어진 곳에 있었다. 이것은 오토 1세 황제가 카노싸의 백작 아쪼 1세에게 하사한 땅이었다. 1056년에 이 땅은 이 가문의 거주지가 되었고 곧 이 가문의 성(姓)이 되었다. 이 역사적 가문에서 뒷날 브룬스빅과 하노버의 왕가들이 나왔다.

   1208년에서 1597년까지 에스테 사람들은 법적으로는 황제와 교황의 봉신으로서, 실질적으로는 독립된 군주로서 페라라를 통치했다. 그들은 후작 혹은 (1470년 이후로) 공작의 칭호를 지녔다. 그들의 통치 아래서 사람들은 어느 정도 번영을 누렸고, 황제들과 교황들을 즐겁게 해 주는 궁정의 호사와 물품을 공급하고, 또 학자들과 미술가, 시인, 성직자들의 상당한 수입을 뒷받침했다. 탈법적인 잔인성과 잦은 전쟁에도 불구하고 에스테 가문은 400년에 걸쳐 신하들의 충성심을 얻었다. 교황 클레멘스 5세의 사절이 에스테 가문을 추방하고 페라라를 교황국가라고 선언했을 때(1311) 사람들은 세속적인 착취보다 교회의 통치가 더욱 참을 수 없다고 여겼다. 그들은 사절을 쫓아내고 에스테 가문을 권력에 복구시켰다.(1317) 교황 요한 22세는 이 도시에 성무(聖務)를 정지시켰다. 그러자 예배와 성사를 뺏긴 사람들은 불평하기 시작했다. 에스테 가문은 교회와 화해를 찾으려 했고, 가혹한 조건으로 화해를 얻었다. 그들은 페라라가 교황의 봉토이고, 자기들은 교황의 대리인 자격으로 이 나라를 다스린다는 사실을 인정한 것이다. 그리고 그들과 후손들은 국가의 수입에서 매년 1만 두카트(25만 달러?)를 교황청에 헌납하기로 맹세했다.[1]

   니콜로 3세의 긴 통치 기간(1393~1441) 동안 에스테 가문은 권력의 절정에 도달했다. 페라라뿐만 아니라 로비고, 모데나, 레지오, 파르마, 심지어는 짧은 기간이지만 밀라노까지 통치했다. 니콜로는 통치 영역만큼이나 광범위하게 결혼을 해서 아내와 정부들이 긴 행렬을 이루었다. 특히 아름답고 인기가 있었던 아내 파리시나 말라테스타는 의붓아들 우고와 간통을 저질렀다. 니콜로는 그들 두 사람의 목을 베고(1425) 간통죄를 범한 모든 페라라 여인들도 똑같이 사형에 처하라고 명령했다. 이런 판결이 페라라의 인구를 줄어들게 한다는 사실이 분명해지자 이 법령은 시행되지 않았다. 나머지 기간 동안 니콜로는 잘 통치했다. 세금을 줄이고 산업과 상업을 격려하고 테오도루스 가짜를 대학의 그리스어 선생으로 초빙하고 과리노 다 베로나를 초빙하여 만토바의 비토리노 다 펠트레가 운영하는 학교와 명성을 다툴 만한 학교를 페라라에 설립했다.

니콜로의 아들 레오넬로(Leonello, 1441~1450)는 아주 드문 인물이었다. 너그럽고 힘차고, 섬세하면서도 유능하고, 지적이면서도 실질적이었다. 모든 종류의 전쟁 기술을 훈련받은 그는 평화를 사랑했으며 이탈리아의 다른 통치자들 사이에 사랑 받는 평화 조정자 노릇을 했다. 과리노에게서 학문과 문학을 배운 그는 (로렌쪼 데 메디치보다 한 세대나 앞서서) 그 시대 가장 문화적인 인물의 하나가 되었다. 학자인 필렐포는 레오넬로의 라틴어와 그리스어 능력, 수사학과 시, 철학과 법률 지식에 깜짝 놀랐다. 이 후작은 사도 바울이 세네카에게 보낸 것으로 여겨지는 편지들이 가짜라고 처음으로 주장한 학자이기도 했다.[2] 그는 공공 도서관을 설립하고 페라라 대학을 위해 상당한 기금과 영감을 공급하고, 자기가 찾아낼 수 있는 최고의 학자들을 학교의 교수진에 포함시키고, 그들의 토론에 열성적으로 참여했다. 그 비극적인 짧음을 빼고는 어떤 잔혹한 행동이나 비극적인 추문이 그의 통치 기간을 더럽힌 적이 없었다. 그가 마흔의 나이에 죽자 온 이탈리아가 애도했다.

유능한 통치자들이 연속적으로 레오넬로가 시작한 황금시대를 이어 갔다. 그의 동생인 보르소(Borso, 1450~1471)는 훨씬 더 단호한 인물이었지만 그래도 평화 정책을 계속했고, 페라라의 부는 다른 국가들의 부러움의 대상이 되었다. 보르소는 문학이나 미술에는 관심이 없었지만 그래도 너그럽게 후원해 주었다. 그는 자기 영토를 유능함과 상대적인 공정함으로 다스렸다. 그러나 사람들에게서 무겁게 세금을 받아 내고, 상당히 많은 돈을 궁정의 축제나 과시를 위해 사용했다. 그는 1급과 호칭을 사랑했고, 밀라노의 비스콘티처럼 공작이 되기를 열망했다. 비싼 선물을 해서 황제 프리드리히 3세를 졸라 자신에게 모데나와 레지오 공작 작위를 주도록 했다.(1452) 그리고 이 기회를 이용해 값비싼 축제를 기획했다. 19년 뒤에 그는 또 다른 봉건 군주인 교황 파울루스 2세에게서 페라라 공작 칭호를 얻었다. 그의 명성은 지중해 세계 전체를 통해 퍼졌다. 바빌로니아와 튀니스에 있는 이슬람교 군주들은 그가 이탈리아에서 가장 강력한 통치자일 것이라 여기고 그에게 선물을 보냈다.

보르소는 형제 운도 좋았다. 레오넬로는 그에게 가장 훌륭한 예를 남겼다. 에르콜레(Ercole)는 그를 쫓아낼 음모를 거부하고, 마지막까지 형에게 충성스러운 보조자로 남았으며 마침내 그의 권력을 승계했다. 에르콜레는 6년 동안 평화와, 축제 행렬과 시, 미술, 세금의 통치를 계속했다. 나폴리 왕 페란테의 딸인 아라곤의 엘레오노라와 결혼하여 나폴리와의 우정을 더욱 확고하게 했고, 페라라 역사상 가장 화려한 축제를 벌여 그녀를 맞아들였다.(1473) 그러나 1478년에 교황 식스투스 4세가 피렌쩨를 향해, 파찌 음모자들에게 형벌을 내린다는 이유로 선전포고를 했을 때 에르콜레는 나폴리와 교황에 맞서 피렌쩨와 밀라노 편을 들었다. 이 전쟁이 끝나자 교황은 베네찌아를 설득해서 함께 페라라를 공격했다.(1482) 에르콜레가 병상에 누워 있을 때 베네찌아 군대가 도시의 6.4킬로미터 지점까지 밀려 들어왔다. 쫓겨난 농부들이 도시 성벽 안으로 들어와서 전체적인 굶주림을 더욱 악화시켰다. 그러자 성질 사나운 교황은 교황청이나 자기 조카가 아니라 베네찌아가 페라라를 차지할 것이 두려워서 에르콜레와 평화를 맺었다. 베네찌아 군대는 로비고를 되찾는 것으로 만족하고 고향으로 돌아갔다.

들판은 다시 경작되고, 곡물이 다시 도시로 들어오고 상업이 재개되고 세금도 다시 거두었다. 에르콜레는 신성 모독에 대해 부과하던 벌금이 정상적으로 연간 6000크라운(15만 달러?)에 이르곤 했는데, 이제 사라지고 있다고 탄식했다. 그는 신성 모독이 예전처럼 그렇게 인기가 있지 않다는 사실을 믿을 수가 없었다. 그는 법을 엄격하게 적용할 것을 요구했다.[3] 동전 한 푼이라도 절실한 상황이었다. 에르콜레는 사람들이 많아서 주택이 모자란다는 말을 듣고 옛 도시 정도의 크기를 확장했다. 이 에르콜레 확장 구역에는 로마 시대 이후로 이탈리아 도시들이 본 적이 없는 반듯하고 직선적인 도로들이 들어가도록 설계했다. 새로운 페라라는 "유럽 최초의 진짜 현대 도시"였다.[4] 10년 만에 인구 성장과 유입으로 이 새로운 구역이 다시 가득 찼다. 에르콜레는 교회와 궁전과 수도원을 세우고, 수녀들에게 페라라를 그들의 집으로 삼으라고 설득했다.

사람들 생활의 중심점은 12세기의 대성당이었다. 엘리트 그룹은 니콜로 2세가 외국의 침략이나 내부의 폭동에서 정부를 보호하기 위해 건설한(1385) 거대한 성(카스텔로)을 더 좋아했다. 7세대에 걸쳐 복구하고 형태를 변화시키면서 이 성의 거대한 탑들은 아직도 도시의 중앙 광장을 지배하고 있다. 지하에는 파리시나와 다른 사람들이 죽어 간 지하 감옥이 있다. 위에는 도쏘 도씨와 그 조수들이 장식한 널찍한 홀들이 있다. 이곳에서 공작과 공작부인들이 궁정을 열고 악사들이 연주와 노래를 하고 난쟁이들이 활보하고 시인들이 시구를 읊조리고 어릿광대들이 익살을 부렸다. 남자들은 여자를 찾고 숙녀들과 신사들은 밤새도록 춤을 추고 조용한 날들에는 귀부인과 아가씨들이 기사 소설을 읽었다. 이사벨라와 베아트리체 데스테는 각기 1474년과 1475년에 에르콜레와 엘레오노라 사이에서 태어나서 부유함과 축제와 전쟁과 노래와 예술로 둘러싸인 환경에서 동화 속의 공주들처럼 자랐다. 그러니 다정한 외할아버지가 베아트리체를 나폴리로 부르고, 이어서 약혼자인 로도비코 일 모로가 밀라노로 데려갔다. 같은 해인 1490년에 이사벨라는 만토바로 떠났다. 그들이 떠난 것이 페라라에 있는 많은 사람들을 슬프게 했지만 그들의 결혼은 스포르짜 가문 및 곤짜가 가문과 에스테 가문의 유대를 강화시켰다. 여러 아들 중의 하나인 이폴리토(Ippolito)는 열한 살에 대주교가, 열네 살에 추기경이 되어 그 시대 가장 문명화되고 방종한 고위성직자의 한 사람이 되었다.

공정함을 위해 당시 성직 임명이 적절함과 나이를 고려하지 않고, 시대의 외교적 결합의 일부였다는 사실을 다시 말해야겠다. 1492년 이후로 교황이던 알렉산더 6세는 에르콜레 공작을 기쁘게 하기 위해 최선을 다했다. 딸 루크레찌아 보르지아를 페라라의 공작부인으로 만들 속셈이었기 때문이다. 그가 에르콜레에게 공작의 아들이며 후계자인 알폰소(Alfonso)를 루크레찌아와 결혼시키자고 제안했을 때 에르콜레는 이 제안을 싸늘한 태도로 받아들였다. 루크레찌아는 당시 아직은, 오늘날 그녀가 갖고 있는 화려한 명성을 얻지 못하고 있었다. 그는 마지막에 승낙하긴 했지만 그러나 열심인 아버지에게서 대단한 양보들을 얻어냈기에 알렉산더는 그가 값을 흥정하는 가게 주인이라 불렀다. 교황은 루크레찌아에게 10만 두카트(125만 달러?)의 지참금을 주기로 했다. 페라라의 연간 공물은 4000플로린에서 100플로린으로(1250달러?) 줄어들었다. 그리고 페라라 공작령은 알폰소와 그의 후손들에 대한 교황의 승인에 의해 확고해졌다. 이 모든 일에도 불구하고 알폰소는 신부를 보기 전까지는 마음이 내켜하지 않았다. 나중에 그가 아내를 어떻게 맞아들였는지 보게 될 것이다.

1505년에 알폰소는 공작 작위를 물려받았다. 그는 에스테 가문 사람들 중 새로운 유형이었다. 프랑스와 네덜란드, 잉글랜드 등지를 여행했고, 산업 기술 및 상업 기술을 연구했다. 미술과 학문을 후원하는 일은 루크레찌아에게 맡긴 채 그는 통치, 기계, 도자기 등에 온통 마음을 바쳤다. 그는 자신이 손수 그림을 그린 섬세한 도자기를 만들고, 그 시대 최고의 대포를 만들어 냈다. 요새 축성 기술을 익혀서 이 분야에서는 유럽에서 대단한 권위를 얻었다. 그는 보통은 공정한 사람이었다. 루크레찌아가 편지로 남자들과 희롱을 하고 있었지만 그녀에게 친절하게 대했다. 그러나 외부의 적이나 내부의 폭동을 다룰 때면 감상의 여지를 거의 남기지 않았다.

루크레찌아의 시녀 중 하나인 안젤라가 알폰소의 형제 둘의 마음을 동시에 사로잡았다. 이폴리토와 쥴리오였다. 생각 없이 오만한 순간에 안젤라는 이폴리토에게 그의 전부를 다 합쳐도 동생의 두 눈보다 못하다고 조롱했다. 추기경은 자객 한 떼를 거느리고 쥴리오가 가는 길에 숨어 있다가, 자객들이 동생의 눈을 막대로 쑤시는 꼴을 바라보았다.(1506) 쥴리오는 맏형인 알폰소에게 가서 자신을 위해 복수해 달라고 호소했다. 공작은 추기경을 가두었지만 머지않아 그가 로마로 돌아가는 것을 허락해 주었다. 알폰소의 무관심에 마음이 상한 쥴리오는 또 다른 형제인 페란테와 더불어 공작과 추기경을 죽일 음모를 꾸몄다. 이 음모는 발각되고 쥴리오와 페란테는 성의 지하 감옥에 갇혔다. 1540년에 페란테는 그곳에서 죽었고 쥴리오는 1558년에 알폰소 2세에 의해 석방되었다. 50년을 감옥에서 보낸 다음이었다. 그는 노인이 되어 머리와 수염이 하얗고 50년 전에 유행하던 옷차림으로 나타났다. 그리고 석방되고 얼마 지나지 않아 죽었다.

알폰소의 이런 특성은 바로 정부가 꼭 필요로 하던 요소였다. 베네찌아가 로마냐 지방으로 세력을 확장하면서 페라라를 흡수할 계획을 세우고 있었기 때문이다. 새로 교황이 된 율리우스 2세는 루크레찌아와의 결혼과 연관해서 교황청이 에스테 가문에 내준 양보가 못내 아쉬워서 페라라 공국을 고분고분하고 이익이 많은 봉토의 지위로 끌어내리기로 결정했다. 1508년에 율리우스 2세는 알폰소에게 교황, 프랑스, 스페인과 동맹을 맺고 베네찌아를 정복하자고 설득했다. 알폰소는 동의했다. 로비고를 되찾고 싶었기 때문이다. 베네찌아 군대는 페라라에 공격을 집중시켰다. 포 강을 따라 온 그들의 함대는 알폰소가 감추어 둔 대포로 파괴되었다. 그리고 보병은 여자 다음으로 전쟁을 좋아하는 이폴리토 추기경의 지휘를 빈 페라라 군대에 의해 격퇴되었다. 베네찌아가 패배할 위기에 몰리자 율리우스 교황은 터키 군에 맞설 가장 강력한 이탈리아 보루인 베네찌아를 돌이킬 수 없을 정도로 약화시키기를 원치 않았기에 베네찌아와 평화 조약을 맺고, 알폰소에게도 그같이 하라고 명령했다. 알폰소는 이 명령을 거절하고 적이자 뒷날의 동지인 교황군대와 싸웠다. 레지오(Reggio)와 모데나(Modena)는 교황국으로 넘어가고 알폰소는 패배한 것처럼 보였다. 절망 상태에서 그는 로마로 가서 교황에게 화해를 요청했다. 그러나 율리우스는 에스테 가문의 완전한 퇴위와 페라라를 교황국에 흡수시킬 것을 요구했다. 알폰소가 이 요구를 거절하자 율리우스는 그를 체포하려고 했다. 알폰소는 도망쳐서 석 달 동안이나 변장하고 이리저리 헤매고 갖은 고통을 다 당하면서 마침내 고향으로 돌아왔다. 율리우스는 죽었다.(1513) 알폰소는 레지오와 모데나를 되찾았다. 레오 10세는 페라라를 차지하기 위한 전쟁을 다시 개시했다. 알폰소는 계속 대포를 개선하고 외교술을 발휘해서 레오 10세가 죽을 때까지(1521) 완강하게 자신의 영토를 지켰다. 교황 하드리아누스 6세는 정복할 수 없는 이 공작에게 영예로운 정착지를 주었고, 알폰소는 한동안 자신의 재능을 평화의 기술로 향할 수가 있었다.

2. 페라라의 예술

페라라의 문화는 순수하게 귀족적이다. 그리고 그 예술은 소수에게만 열렬히 봉사하는 것이었다. 공작 가족은 자주 교황청과 전쟁을 벌였기에 사람들에게 경건한 모범을 보이는 이상으로 신앙심을 자극하지 않았다. 새로 몇몇 교회들이 건설되었지만 이렇다 할 특성을 지니지는 않았다. 15세기에 대성당에 호감을 주지 않는 종탑, 르네상스 양식의 성가대석을 덧붙이고, 정면부에는 아름다운 고딕 로지아와 성모상이 덧붙여졌다. 이 시대의 건축가와 그 후원자들은 궁전 건설을 더 좋아했다. 1491년에 비아지오 로쎄티(B. Rossetti)는 가장 아름다운 건물 하나를 설계했다. 즉 로도비코 일 모로의 궁전이다. 믿기 힘든 전설에 따르면 로도비코는 어느 날인가 밀라노에서 쫓겨날 것이라는 생각으로 페라라에 이 건축을 명령했다고 한다. 그가 프랑스로 끌려가면서 이 건축물은 미완성으로 남았다. 단순하지만 우아한 기둥들이 있는 이 건물의 안뜰은 르네상스에서 드문 보물의 하나이다. 스트로찌를 위한 궁전의 안뜰은(1449) 이보다 더욱 아름답다. 이것은 오늘날에는 뒷날의 거주자가 붙인 베빌라쿠아(식수(食水))라는 이름으로 불린다. 로쎄티가 설계한 다이아몬드 궁전은(1492) 대단히 위풍당당하다. 이것은 에르콜레 공작의 동생 시지스몬도의 궁전인데, 1만 2000개의 대리석 돋을새김들이 붙어 있고 이것들이 다이아몬드 형태를 하고 있어서 이런 이름을 갖게 되었다.

즐거움을 위한 궁전들이 유행이었고, 멋진 이름을 얻었다. 벨피오레, 벨리구아르도, 라 로톤다, 벨베데레, 그리고 무엇보다도 에스테 가문의 여름 궁전인 스키파노야 궁전이 그것이다. 이것은 "귀찮은 일에서 벗어나기", 혹은 뒷날 프리드리히 대제가 자기 궁전에 이름 붙인 것처럼 "근심 없는(상수시)" 궁전이다. 1391년에 시작해서 1469년 무렵 보르소에 의해 완성된 이 궁전은 궁정의 집으로 쓰였고, 공작 가족 중에서 덜 중요한 사람들이 살았다. 페라라가 몰락하자 궁전은 담배 공장으로 바뀌고, 코싸, 투라, 또 다른 화가들이 그린 벽화들은 백색 도료로 칠해지고 말았다. 1840년 이 도료가 제거되고, 12면의 벽화 중에서 7개가 복원되었다. 그들은 보르소 시대의 의상, 산업, 축제 행렬, 스포츠 등에 대한 특이한 기록을 포함한다. 이들은 이교의 신화에 나오는 인물들과 기묘하게 뒤섞여 있다. 이 벽화들은 페라라가 이탈리아 미술의 중심부를 이루던 반세기 동안의 회화 유파가 만들어 낸 가장 행복한 산물이다.

페라라 화가들은 겸손하게 죠토의 전통을 따르고 있었다. 그러다가 니콜로 3세가 그들과 경쟁할 외국의 예술가들을 데려옴으로써 정체된 물이 흔들렸다. 베네찌아에서 온 야코포 벨리니, 파도바 출신의 만테냐, 베로나의 피사넬로 등이었다. 레오넬로는 다시 로히어르 판 데르 베이던을 환영함으로써(1449) 여기에 자극을 덧붙였다. 로히어르는 이탈리아 화가들이 오일을 사용하도록 한 사람이었다. 같은 해에 피에로 델라 프란체스코가 보르고 산 세폴크로에서 이곳으로 와서 공작 궁전에 (지금은 사라진) 벽화를 그렸다. 페라라 유파를 이룬 것은 파도바에 있는 만테냐의 벽화를 코시모 투라가 열심히 연구한 데서 온 것이며, 또 파도바에서 프란체스코 스콰르치오네가 가르친 기법의 연구에서 온 것이다.

투라는 보르소의 궁정 화가가 되었다.(1458) 공작 가족의 초상화들을 그리고 스키파노야 궁전을 장식하는 데 동참하고 라파엘로의 아버지가 그를 이탈리아의 주도적인 화가로 꼽을 정도로 찬사를 받았다. 죠반니 산티는 코시모의 당당하고 근엄한 모습들, 그의 장식적인 건축물 배경, 상상적인 바위 동굴의 풍경 등을 좋아했다. 그러나 라파엘로 산티 같으면 이런 그림들에서 어떤 우아함이나 부드러움의 요소가 부족함을 느낄 것이다. 이런 요소들을 투라의 제자인 에르콜레 데 로베르티에게서 볼 수 있다. 그는 선생의 뒤를 이어 1495년에 궁정 화가가 되었다. 그러나 에르콜레(헤라클레스)에게는 힘과 생동성이 결핍되어 있었다. 런던 미술관에 있는 프란스 할스 방식의 「음악회」가 그의 작품이라고 인정되고 있는 것을 빼고는 그렇다. 투라의 가장 훌륭한 제자인 프란체스코 코싸(F. Cossa)는 생동감과 우아함이 아주 풍부한 두 편의 걸작을 스키파노야 궁전에 그렸다. 「베누스의 승리」와 「경주」이다. 이들은 페라라 궁정 생활의 매력과 즐거움을 보여 준다. 보르소가 그에게 이 그림에 대해 공식적인 가격에 따라 대가를 치렀을 때(그려진 공간의 30센티미터마다 10 볼로니니) 코싸는 항의했다. 그리고 보르소가 요점을 보지 못하자 코싸는 자신의 재능과 함께 볼로냐로 가 버렸다.(1470) 로렌쪼 코스타도 13년 뒤에 그렇게 했다. 이렇게 해서 페라라 유파는 가장 훌륭한 화가 두 사람을 잃었다.

도쏘 도씨(Dosso Dossi)는 죠르죠네의 절정기에 베네찌아에서 그의 그림을 연구함으로써 페라라 회화에 다시 생명을 불어넣었다. 페라라로 돌아오자 그는 알폰소 1세 공작이 좋아하는 화가가 되었다. 그의 친구인 아리오스토는 그와 잊혀진 그 형제를 불멸의 사람들 사이에 거론했다.

> 레오나르도, 안드레아 만테냐, 쟌 벨리노,
> 도씨 두 사람, 그리고 조각과 회화에서
> 사람들 가운데 신의 천사인 미켈란젤로,
> 바스티아노, 라파엘로, 티찌아노.[5]

우리는 아리오스토가 어째서 도쏘를 좋아했는지 이해할 수 있다. 그는 그림에 거의 아리오스토의 숲의 서사시를 위한 삽화와도 같은 바깥 풍경을 도입했다. 그리고 그들을 화려한 베네찌아 사람들에게서 얻어 온 방식대로 따뜻한 색채로 표현했다. 카스텔로(성)의 회의실에 고대 방식으로 운동 경기 장면을 생생하게 그린 사람은 도쏘와 그의 제자들이었다. 알폰소는 시보다 체육을 더 좋아했다. 말년에 도쏘는 고르지 않은 손길로 새벽의 방(Sala dell' Aurora) 천장에 알레고리와 신화의 장면들을 그렸다. 여기서 육체의 아름다움과 감각적인 생활을 찬양하면서 자유분방한 이교의 모티프들이 승리를 거두었다. 페라라 미술에 나타난 데카당스는 (주로 알폰소의 전쟁 경비 탓으로) 바로 정신에 대해 육체가 승리한 이런 부분에서도 기원한 것이었다. 옛날 종교적 주제들에 나타난 고난과 장엄함은 대체로 세속적인 예술에서 점차 물러나고, 주로 장식에만 흔적을 남겼다.

이러한 쇠퇴에서 가장 빛나는 인물은 벤베누토 티시(고향에서는 흔히 가로팔로(Garofalo)라고 부르는 사람이다. 두 번 로마를 방문하면서 그는 라파엘로의 미술에 매료되어, 자기가 두 살 위였는데도 이 젊은 예술가의 작업장에 조수가 되었다. 집안일 때문에 페라라로 돌아가게 되었을 때 그는 라파엘로에게 로마로 돌아오겠노라고 약속했다. 그러나 알폰소와 귀족들이 그에게 많은 주문을 내서 그는 페라라를 떠날 수가 없었다. 그는 에너지를 소모하고, 많은 그림을 생산하느라 능력을 분산시켰다. 그중 약 70점의 그림들이 남아 있다. 힘과 마무리가 결핍되어 있다. 그러나 바티칸에 있는「성가정」은 르네상스 시대 군소 화가들도 이따금 얼마나 대단한 위대함을 건드리는지 보여 준다.

화가들과 건축가들은 페라라의 행운을 즐겁게 해 주기 위해 노동하는 예술가들의 일부일 뿐이었다. 세밀화 화가들은 열성에 넘치던 이 시대 다른 곳에서 그랬듯이 페라라에서도 많은 유명한 그림들보다 오히려 더욱 오래, 더욱 만족스럽게 눈길을 유혹하는 섬세한 아름다움을 시닌 작품들을 생산했다. 스키파노야 궁전은 이런 사본 장식과 서예 분야의 보석 몇 가지를 보관하고 있다. 니콜로 3세는 플랑드르 지역에서 양탄자 짜는 사람들을 데려왔다. 페라라 예술가들이 그들에게 도안을 공급해 주었다. 레오넬로와 보르소 치하에서 이 끈질긴 예술이 발전했다. 이렇게 만들어진 벽걸이가 궁전의 벽들을 장식했다. 그리고 다른 통치자들이 특별한 잔치를 벌일 때면 그들에게 빌려 주곤 했다. 금세공사들은 교회의 그릇과 개인의 장식품들을 만드느라 여전히 바빴다. 만토바의 스페란디오와 베로나의 피사넬로는 이곳에서 르네상스의 가장 훌륭한 메달 몇 점을 만들었다.

마지막으로 조각이 있다. 니콜로 3세의 청동 기마상을 위해 크리스토포로 다 피렌쩨는 니콜로 3세를, 니콜로 바론첼리는 그가 탄 말을 만들었다. 이 기마상은 1451년에 세워졌다. 도나텔로의 「가타멜라타」가 파도바에 세워지기 2년 전이었다. 1470년에 그 옆에 보르소 공작의 청동 조각상이 세워졌다. 평화의 사람처럼 조용히 앉은 모습이다. 1796년에 두 기념비는 혁명가들에 의해 파괴되었다. 혁명가들은 이 청동상들을 전제 군주의 기념물이라고 여겨 모든 폭군들과 모든 전쟁들을 끝내기 위해 이 조각상들을 녹여 대포를 만들었다. 알폰소 롬바르디는 카스텔로의 "설화석고 방"들을 조각품으로 꾸몄다. 많은 페라라 미술가들처럼 그도 볼로냐로 도망쳤다. 그곳에서 그는 영광을 얻는다. 페라라 궁전은 덧없는 부를 불멸의 예술로 변화시키기에는 그 이상과 취향과 사례가 너무나 협소했다.

3. 학문

페라라의 지적인 생활은 두 가지 뿌리를 갖는다. 대학과 과리노 다 베로나 (Guarino da Verona)였다. 1391년에 세워진 대학은 자금 부족으로 곧 문을 닫았다. 니콜로 3세에 의해 다시 문을 연 대학은 레오넬로가 포고령을 내려(1442) 재조직하고 재정 후원을 하기까지 절반쯤 굶주린 생명을 유지했다. 이 포고령은 기념할 만한 것이다.

하늘과 바다와 땅이 어느 날인가 멸망하리라는 것은 그리스도교도뿐만 아니라 이교도의 오랜 의견이다. 이와 같은 이유에서 많은 빛나던 도시들이 폐허만 남아 땅 표면과 같은 높이를 이루고 있는 것을 볼 수 있다. 정복자인 로마조차도 먼지 속에 파묻혀서 파편으로 돌아갔다. 우리가 지혜라 부르는, 신과 인간의 일들을 이해하는 것만이 세월의 흐름 속에 사라지지 않고 영원히 그 권리를 보존한다.[6]

1474년에 대학에는 좋은 보수를 받는 마흔다섯 명의 교수들이 있었고, 천문학, 수학, 의학 분야들은 이탈리아에서 볼로냐와 파도바의 대학들만이 이와 겨룰 만한 수준이었다.

과리노는 1370년에 베로나에서 태어났다. 그는 콘스탄티노플에 가서 5년 동안 살면서 그리스어를 익히고 그리스 사본들을 잔뜩 가지고 베네찌아로 돌아왔다. 전설에 따르면 이들 상자들 중 하나가 사라졌을 때 그의 머리카락이 하룻밤 만에 하얗게 세고 말았다고 한다. 그는 베네찌아에서 그리스어를 가르쳤다. 그곳에서 비토리노 다 펠트레도 그의 제자들 속에 있었다. 그러고 나서 베로나, 파도바, 볼로냐, 피렌쩨 등지에서 일하면서 차례로 고전 학문을 섭렵했다. 이미 쉰아홉 살이 되었을 때 그는 페라라의 초대를 받아들였다. 그곳에서 레오넬로, 보르소, 에르콜레의 선생이 되어 르네상스 역사상 가장 빛나는 이 세 명의 통치자들을 가르쳤다. 대학에서 그리스어와 수사학 교수로서의 그의 성공은 이탈리아의 이야깃거리였다. 그의 강의는 하도 인기가 있어서 학생들은 겨울의 호된 추위에도 미리 찾아와 그가 강의하기로 되어 있는 교실의 잠긴 문 밖에서 기다리곤 했다. 이런 학생들은 이탈리아 도시들뿐만 아니라 헝가리, 도이칠란트, 잉글랜드, 프랑스 등지에서도 왔다. 그리고 그들 중 많은 사람들이 교육, 법률, 정치 분야에서 중대한 지위를 차지했다. 비토리노처럼 그도 자신의 개인 재산을 털어서 가난한 학생들을 가르쳤다. 그는 검소한 구역에서 살면서 하루 한 끼만 먹고, 잔치가 아니라 "대화와 콩(요리)"에 친구들을 초대하곤 했다.[7] 그는 도덕적 모범이라는 점에서는 비토리노와 같지 않았다. 인문주의자들이 흔히 그랬듯이 독설이 담긴 글을 쓰는 경우도 있었다. 일종의 문학적 게임 같은 것이었다. 그러나 열세 명에 이르는 그의 자식들은 분명히 한 아내의 소생이다. 그는 공부 빼고는 모든 일에 절도가 있었고 아흔 살에 이를 때까지 건강과 힘과 맑은 정신을 유지했다.[8] 페라라의 공작들이 교육, 학문, 문학을 후원하고 또 이 도시를 유럽에서 가장 유명한 문화적 중심지의 하나로 만든 것은 주로 그의 덕분이었다.

고대의 재생은 고전 연극과의 새로운 만남을 가져왔다. 민중의 아들이었던 플라우투스와 석방된 노예였던 테렌티우스가 1500년 세월이 흐른 다음 다시 살아나 피렌쩨와 로마의 무대에서, 특히 페라라의 무대에서 공연되었다. 특히 에르콜레 1세는 이들 희극들을 사랑해서 그들을 공연하는 데 돈을 아끼지 않았다. 플라우투스의 작품「메나에크무스 형제(Menaechmi)」공연은 비용이 1000두카트나 들었다. 밀라노의 로도비코가 페라라에서 이 공연을 보고 에르콜레에게 배우들을 보내 파비아에서 공연하게 해 달라고 청했다. 에르콜레는 배우들을 보냈을 뿐만 아니라 자신도 함께 갔다.(1493) 루크레찌아 보르지아가 페라라로 왔을 때 에르콜레는 그녀의 결혼식을 축하하기 위해 110명의 배우들을 동원해서 플라우투스 희극을 다섯 편이나 공연했다. 중간에 음악과 춤의 막간극을 넉넉히 넣은 공연이었다. 과리노, 아리오스토, 그리고 에르콜레 자신도 라틴 희곡들을 이탈리아어로 번역했고, 공연은 이탈리아어로 이루어졌다. 이 고대 희극의 모방을 통해서 이탈리아 연극도 형태를 잡았다. 보야르도, 아리오스토와 다른 작가들은 공작의 모임을 위해 희곡들을 썼고, 도쏘 도씨는 확정된 장면을 그림으로 그렸다. 현대 유럽 최초의 극장, 곧 페라라 극장을 위한 것이었다.(1532)

음악과 시(詩)도 궁정의 후원을 얻었다. 티토 베스파시아노 스트로찌(Tito Vespasiano Strozzi)는 시를 위해 공작의 후원이 필요하지는 않았다. 그는 부유한 피렌쩨 가문 출신이었기 때문이다. 그는 라틴어로 보르소를 찬양하는 시를 모은 열 권의 '책'을 썼다. 죽을 때 그것을 미완성으로 남겼고, 아들 에르콜레에게 그것의 완성을 맡겼다. 에르콜레는 이 과제에 적합한 사람이었다. 그는 라틴어와 이탈리아어로 탁월한 서정시와, 루크레찌아 보르지아에게 헌정한 한 편의 장시(長詩)「사냥(La caccia)」을 썼다. 1508년에 그는 여성 시인인 바르바라 토렐리와 결혼했다. 그리고 13일 뒤에 그는 집 근처에서 죽은 채로 발견되었다. 그의 신체는 스물두 군데나 칼에 찔려 있었다. 이것은 오늘날까지도 풀리지 않은 수수께끼다. 어떤 사람들은 알폰소가 바르바라에게 접근했다가 거절당하고,

그에 대한 복수로 자객을 고용해서 성공한 연적을 죽였다고 생각했다. 이것은 그럴싸한 생각은 아니다. 알폰소는 루크레찌아가 살아 있는 동안 그녀에게 온갖 정절을 다 보였기 때문이다. 혼자 남은 젊은 과부 바르바라 토렐리는 비가를 썼는데, 이 비가의 진지한 어조는 페라라 궁정의 인위적인 문학에서는 아주 드문 것이다. "어째서 나는 너와 함께 무덤으로 내려갈 수 없는 걸까?" 그녀는 죽은 시인에게 이렇게 묻는다.

> Vorrei col foco mio quel freddo ghiaccio
> Intorpidire, e rimpastar col pianto
> La polve, e ravivarla a nuove vita!
> E vorrei poscia, baldanzosa e ardita,
> Mostrarlo a lui che ruppe il caro laccio,
> E dirgli: amor, mostro crudel, può tanto.*

오락과 아름다운 여성들이 많은 이 궁정 사회에서 프랑스 기사 소설이 일용하는 양식이었다. 단테 시대에 페라라에서 프로방스 음유 시인들이 그들의 노래를 낭송했고, 부담 없는 공상적인 기사 이야기의 분위기를 남겼다. 이곳과 북부 이탈리아 전역에서 샤를마뉴 이야기, 그의 기사들, 그리고 이슬람교도들과의 전쟁 등은 거의 프랑스에서만큼이나 친숙한 것이었다. 프랑스 음유 시인들은 이 이야기들 부풀려 "싸움을 노래한 시(chansons de geste)"로 만들었다. 이야기에 이야기를 쌓아 올리고, 영웅에 영웅이 줄지어 나오는 이런 시들의 낭송은

---

* 나의 불길이 이 싸늘한 얼음을 따뜻하게 한다면,
  눈물로 이 먼지를 살아 있는 육체로 바꾸어
  네게 새로이 삶의 기쁨을 줄 수 있다면!
  그렇다면 나는 대담하고 열렬하게
  우리 소중한 인연을 끊어 버린 사람을 향해 외칠 것을,
  "오 잔인한 괴물아! 사랑이 무슨 일을 할 수 있는지 보라!"고.

기념비적이고 혼란스러운 픽션의 덩어리가 되었다. 이 이야기들은 어떤 호메로스가 나타나 자신들을 하나의 통합된 줄기로 새로 짜 주기를 고대하고 있었다.

   영국의 기사인 토머스 맬러리(Thomas Malory) 경이 아서 왕과 원탁의 기사 이야기로 이 일을 해낸 것처럼 이제 이탈리아의 귀족 한 사람이 샤를마뉴 이야기를 위해 이 일을 떠맡고 나섰다. 스칸디아노의 백작인 마테오 마리아 보야르도(M. M. Boiardo)는 페라라 궁정에서 가장 특이한 사람에 속했다. 그는 중요한 임무를 띤 대사로 에스테 가문에 봉사했고, 또 그들의 가장 큰 속령인 모데나와 레지오를 통치하는 임무를 맡았다. 그는 통치는 잘 못했지만 노래는 잘했다. 안토니아 카프라라에게 바치는 정열적인 노래들을 써서 그녀의 매력을 널리 전파하거나, 아니면 정절이 없다고 그녀를 비난했다. 타데아 곤짜가와 결혼하면서 그는 더욱 안전한 풀밭으로 자신의 뮤즈를 데려갔다. 그리고 서사시『사랑에 빠진 오를란도(*Orlando innamorato*)』(1486)는 요술쟁이인 안젤리카를 향한 오를란도(곧 롤랑)의 사랑을 이야기한다. 이러한 사랑 이야기와 함께 수많은 창시합, 경기, 전쟁의 장면들이 뒤얽힌다. 우스꽝스러운 일화에 따르면 보야르도는 자기 이야기에 나오는 허풍스러운 사라센 사람을 위해 적절한 이름을 찾으려고 몹시 애를 썼으며, 마침내 로도몬테라는 이름이 떠올랐을 때 백작의 고향인 스칸디아노의 종들이 기쁨으로 울려 퍼졌다고 한다. 마치 주인이 방금 수많은 언어들을 위해 하나의 단어를 찾아낸 것을 알기라도 한 것처럼 말이다.

   흥분 많은 우리 시대에, 심지어 평화로운 시기에도 적대적인 단어들을 사용하면서 벌이는 창 시합에 마음이 흔들리기란 어려운 일이다. 오를란도, 리날도, 아스톨포, 루지에로, 아그라만테, 마르피사, 피오르델리사, 사크리판테, 아그리카네 등이 벌이는 상상적인 전쟁과 사랑에 관심을 갖기도 어렵다. 또 안젤리카는 그 아름다움으로 우리 마음을 흔들어 놓을 수 있을지도 모르지만 그녀가 행사하는 초자연적인 매력을 보면 우리는 당황하게 된다. 우리는 요술쟁이 여자의 마법에 걸리지 않기 때문이다. 이런 시들은 궁정의 정자나, 닫힌 정원에서 조용한 청중에게 어울리는 이야기들이었다. 실제로 백작은 이런 노래들을 페라라 궁정에서 낭송했다고 한다.[9] 물론 한 번에 한두 편씩만이었다. 우리가 보야르도와 아리오스토의 서사시를 한 번에 읽으려 한다면 공정하지 못하다. 그들은 여유로운 세대와 계층을 위해 글을 썼다. 특히 보야르도는 아직 샤를 8세가 이탈리아를 침공하는 꼴을 보지 못한 세대를 위해 글을 썼다. 망상을 깨뜨리는 침입이 실제로 나타나자, 이탈리아는 그 모든 예술과 시를 가지고 있지만 북부의 잔혹한 힘에 맞서 스스로 얼마나 힘이 없는지를 보았다. 보야르도는 6만 행을 이미 쓰고 난 다음에 그것을 계속할 마음을 잃어버리고, 절망의 시련(詩聯) 하나를 쓰는 것으로 펜을 놓았다.

> Mentre che io canto, o Dio redentore,
> Vedo l'Italia tutto a fiamma e foco,
> Per questi Galli, che con gran valore
> Vengon, per disertar non so che loco……*

그는 시를 끝내지 못하고, 다행스러운 일이었지만 침공이 완전히 힘을 얻기 전에 죽었다.(1494) 그의 시에 거칠게 언급된 기사들의 고귀한 감상은 혼란을 겪은 세대에게는 거의 아무런 반응도 만들어 내지 못했다. 그는 현대의 낭만적 서사시를 발전시켰다는 이유로 역사에 작은 명성을 얻기는 했지만 그의 목소리는 일폰소 통치의 전쟁과 소란 속에서, 또 이탈리아가 이방의 힘에 유린당하면서 곧 잊혀지고 말았다. 또한 아리오스토의 더욱 온화한 시구가 가진 유혹적인 아름다움으로 해서도 잊혀졌다.

---

*오 구원자인 하느님! 나는 노래를 할 때도
 이탈리아가 불길에 휩쓸린 꼴을 봅니다.
 갈리아 사람들이 높은 용기로 서둘러 앞으로 나아가면서
 이 불길을 가져와 사방을 황폐하게 만듭니다.

4. 아리오스토

이탈리아 르네상스의 이 탁월한 시인에게 접근할 때면, 시가 번역이 불가능한 음악이라는 것, 그리고 이탈리아어를 모국어로 타고나지 않은 사람은 이탈리아가 로도비코 아리오스토(Rodovico Ariosto)를 시인들 중에서 단테 다음으로 꼽는 이유를 이해하기를 기대해서는 안 된다는 점을 기억해야 한다. 이탈리아 사람들은 『분노한 오를란도(Orlando furioso)』를 영국인이 셰익스피어 희곡을 읽는 것 이상의 즐거움으로 읽는다. 그러나 우리는 단어를 듣지만 멜로디는 놓친다.

아리오스토는 1474년 9월 14일에 레지오 에밀리아에서 태어났다. 아버지는 이곳의 통치자였다. 1481년 가족이 로비고로 이사했지만 로도비코만은 페라라에서 교육을 받았다. 페트라르카와 마찬가지로 그도 법학을 공부하라는 권고를 받았지만 시 쓰기를 더 좋아했다. 1494년 프랑스의 침공을 보고도 그는 별로 마음이 상하지 않았다. 샤를 8세가 이탈리아를 두 번째로 침입할 준비를 할 때도(1496) 아리오스토는 호라티우스 방식의 찬가를 썼다. 그러면서 이 일을 자기에게 어울리는 관점으로 바라보았다.

내게 샤를과 그의 군대가 온다는 것이 무슨 의미가 있는가? 나는 그림자 속에 쉬면서 부드럽게 물이 흐르는 소리를 듣고, 추수하는 사람이 일하는 모습을 본다. 오, 그대 나의 필리스여, 너의 하얀 손을 가지각색 꽃들 사이로 뻗쳐 네 목소리가 만드는 음악에 맞추어 내게 화관 하나를 짜 주렴.[10]

1500년에 아버지가 죽으면서 10명이나 되는 자녀들에게 겨우 한두 명이 풀칠할 만큼의 유산을 남겼다. 장남이었던 로도비코는 가족의 아버지가 되어 경제적 불안과 길고 긴 싸움을 시작했다. 이런 고민이 그의 성격을 변화시켜, 시를 쓰는 사이로 굶주림을 겪어 본 적이 없는 사람은 이해할 길이 없는 겁 많고 노여움을 잘 타는 굴종적인 성격으로 만들었다. 1503년에 그는 이폴리토 데스테 추기경의 하인이 되었다. 이폴리토는 시에는 관심이 없었고 아리오스토를 외교적 심부름과 자질구레한 일로 바쁘게 만들었다. 시인은 그 대가로 1년에 240리라(3000달러?)를 불규칙적으로 받았다. 그는 추기경의 용기와 자비심을 찬양하고, 또 추기경이 동생 쥴리오를 눈멀게 만든 일을 변호하는 시를 써서 자신의 지위를 좀 낫게 만들어 보려고 했다. 이폴리토는 그가 성직을 받아들이고 어떤 성직록을 받는다면 봉급을 인상해 주겠노라고 제안했다. 그러나 아리오스토는 성직자를 좋아하지 않았고, 그렇게 자신을 불태우기보다는 차라리 여자들 꽁무니를 따라다니는 쪽을 선택했다.

이폴리토에게 봉사하는 기간에 아리오스토는 대부분의 희곡을 썼다. 그는 배우로 출발했고, 에르콜레가 파비아로 파견한 배우들 중의 한 명이었다. 그 자신이 희곡을 구성하게 되자, 이것들은 모두 테렌티우스나 플라우투스 상표를 지녔고, 그는 모방을 솔직하게 인정했다.[11] 그의 「카싸리아(Cassaria)」는 1508년에 페라라에서 공연되었고, 「수포지티(Suppositi)」는 1519년 레오 10세의 인정을 받기 전에 로마에서 공연되었다. 그는 마지막까지 희곡들을 계속 썼는데, 그 중 가장 훌륭한 작품인「스콜라스티카(Scolastica)」는 미완성으로 남겼다. 이들 거의 모두가 한 명 혹은 그 이상의 젊은 남자들이 보통 하인들의 지혜를 통해 결혼이나 유혹으로 한 명 혹은 그 이상의 여성들을 차지한다는 고전적 주제를 다루고 있다. 아리오스토의 희곡들은 이탈리아 희극에서는 높은 지위를 차지하지만 연극사에서는 그렇지 못하다.

이폴리토에게 고용되어 있는 동안에 이 시인은 거대한 서사시『분노한 오를란도』의 대부분을 썼다. 분명 추기경은 이 분야에서 대단한 취향을 가진 사람은 아니었다. 아리오스토가 그에게 원고를 보여 주자, 확인되지 않은 전설에 따르면, 현실적인 성직자는 이렇게 물었다. "로도비코 군, 자네는 대체 어디서 이렇게 많은 헛소리를(tante corbellerie) 찾아낸 거지?"[12] 그래도 찬양의 말을 담은 헌사는 분명 더 큰 의미를 가졌던 모양이다. 추기경은 출판 비용을 감당하고 (1515) 또 판매에 따르는 모든 권리와 이익이 아리오스토에게 돌아가도록 해 주었다. 이탈리아는 이 시를 보고 그렇게 헛소리라고 생각지 않았다. 아니면 적어도 즐거운 헛소리라고 생각했다. 1524년에서 1527년 사이에 9쇄나 거듭했다. 머지않아 이 작품에서 가장 훌륭한 구절들은 반도 전체를 통해 낭송되거나 노래되었다. 아리오스토 자신은 만토바에서 이사벨라 데스테가 병이 났을 때 이 시의 구절들을 낭송해 주고, 그녀의 인내심에 대해 뒤에 나온 판본에서 찬사로 보답했다. 그는 『분노한 오를란도』를 쓰는 데 10년, 다듬는 데 다시 16년이나 들였다. 그때마다 그는 노래(canto, 시편)를 덧붙였다. 그래서 마지막에 전체는 거의 3만 9000행에 이르는데, 이것은 『일리아드』와 『오디세이』를 합친 분량과 맞먹는다.

처음에 그는 단순히 보야르도의 『사랑에 빠진 오를란도』를 계속하고 확장하려고 생각했다. 그래서 선배로부터 기사도의 배경과 주제를 그대로 가져왔다. 샤를마뉴 기사들의 사랑과 전쟁, 핵심적인 인물들, 느슨한 에피소드 방식 구성, 그리고 한 이야기에서 다음 이야기로 슬그머니 넘어가는 방식, 마법의 작용을 통해 이야기를 전환시키고, 심지어는 신화적인 루지에로와 브라다만테의 결혼식을 위해 에스테 가문의 혈통을 추적하는 일까지 한다. 그러나 다른 사람들을 수도 없이 찬양하면서도 그는 단 한 번도 보야르도의 이름을 언급하지 않는다. 채무자에게 영웅으로 여겨지는 채권자는 없는 법이다. 어쩌면 아리오스토는 이 주제와 인물들이 보야르도의 것이라기보다는 전설 자체에 속하는 것으로 여겼는지도 모른다.

백작처럼, 그리고 전설과는 달리 그는 전쟁의 역할보다 사랑의 역할을 강조했다. 그래서 다음과 같이 시작된다.

    Le donne, i cavalier, l'arme, gli amori,
    Le cortesie, l'audaci impress io canto —

    여자들과 기사들과, 무기와 사랑,

그리고 기사도와 대담한 용기의 행위들을 나는 노래하노라.

줄거리는 이런 강령을 충실하게 따른다. 싸움이 연속된다. 일부는 이슬람교도에 맞서 그리스도교를 수호하기 위한 싸움이지만 대개는 여자를 얻기 위한 싸움이다. 열 명 이상의 백작과 왕들이 안젤리카를 놓고 경쟁을 벌인다. 그녀는 그들 모두와 희롱을 하고 그들이 서로 맞서게 만들고 그러고는 잘생긴 평범한 남자와 사랑에 빠짐으로써 맥빠진 지점에 도달한다. 그녀는 보통 여자들이 하는 대로 그의 수입을 검토해 보지도 않고 결혼한다. 주인공 오를란도는 여덟 개의 노래가 지나고 난 다음에 등장한다. 그는 그녀를 쫓아 세 개의 대륙을 편력하고, 그사이에 사라센 군대가 파리를 침입했을 때 군주인 샤를마뉴를 돕는 일도 게을리한다. 그는 그녀를 잃었다는 소식을 접하고 얼이 빠져 버린다.(23번 노래) 그리고 열여섯 개의 노래가 지난 다음 정신을 되찾는다. 잃어버린 그의 위트는 달나라에 있었고, 이것은 쥘 베르느(19세기 프랑스 소설가)의 달 탐사대의 선구자에 의해 도로 그에게 돌아온다. 이 핵심 줄거리 사이로, 각기 자기 여자들을 찾아 헤매는 열 명 이상의 다른 기사들의 모험 이야기를 다룬 유혹적인 노래 46편이 끼어들어 핵심 주제는 혼란스럽고 어지러워진다. 여자들은 남자들의 이런 추적을 즐긴다. 로도몬테에게 자기를 더럽히기보다는 차라리 목을 베어 달라고 부탁하고, 그래서 기념비를 얻은 이사벨라만 빼고 말이다. 오래된 성 조지 전설도 여기 포함된다. 아름다운 안젤리카는 해마다 처녀를 집어삼키는 용에게 바칠 제물로서 바닷가에 있는 바위에 쇠사슬로 묶인다. 루지에로가 그녀를 구하러 오기 전에 시인은 코레죠 방식으로 그녀에 대해 명상한다.

La fiera gente inospitale e cruda
Alla bestia crudel nel lito espose
La bellissima donna così ignuda
Come Natura prima la compose.

Un velo non ha pure in che rinchiuda

I bianchi gigli e le vermiglie rose,

Da non cader per luglio o per Decembre,

Di che non sparse le polite membre.

Creduta avria che foss statua finta

O d'alabastro o d'altri marmi illustri

Ruggiero, e su lo scoglio così avvinta

Per artificio di scultori industri;

Se non videa la lachrima distinta

Tra fresche rose e candidi ligustri

Far rugiadose le crudette pome,

E l'aura sventolar l'aurate chiome.[13]

이것은 음악을 빼고 대략 다음과 같이 번역될 수 있을 것이다.

분노하고 불친절하고 거친 사람들이

바닷가 야수에게 바친

아름다운 여인 중에 가장 아름다운 여인,

자연이 처음으로 그녀의 사랑스러운 형태를 빚을 때처럼

알몸으로 가장 작은 베일 한 조각도

그 살결의 하얀 백합과 붉은 장미들을 가리지 않았으니,

한여름 더위도 한겨울 추위도 망가뜨리지 못한

아름답게 빛나는 팔다리에 어린 저 광채를.

그에게는 그녀가 설화석고나 대리석으로

조각가가 기술을 다해 만든 조각상을
바위에 붙여 놓은 것으로 보였으리,
그가 만일 그녀 뺨의 장미와 하얀 꽃 사이로
흘러내린 맑은 눈물이
사과처럼 단단한 젖가슴을
적시는 것을 못 보았다면, 그리고 산들바람이
황금빛 머리카락을 날리는 것을 못 보았다면.

아리오스토는 이 모든 것을 너무 진지하게 여기지는 않는다. 그는 사람들을 즐겁게 하려고 글을 쓴다. 그는 자신의 시구의 마법을 통해 우리를 비현실적 세계로 끌어들인다. 그리고 자신의 이야기를 요정들과, 마법의 무기들과 여러 가지 마법으로 신비롭게 만든다. 또 구름 속을 나는 날개 달린 말들, 나무로 변하는 사람들, 거만한 말에 녹아 버리는 요새들로 채운다. 오를란도는 투창 한 번에 여섯 명의 네덜란드 사람을 꿰어 버린다. 아스톨포는 나뭇잎을 공중으로 불어 보내어 함대를 만들고 방광에 바람을 가둔다. 아리오스토는 이런 이야기를 하면서 우리와 함께 웃고, 또 기사들의 창 시합과 속임수를 다루면서 비꼬지 않고 너그럽게 미소 짓는다. 그는 탁월한 유머 감각을 가지고 있으며, 부드러운 아이러니로 살짝 양념을 친다. 그래서 위선자들의 기도, 시인의 아첨, 궁정인들의 봉사, 콘스탄티누스 대제의 선물(34) 등을 지구에서 쫓겨나 달에 버림받은 황무지에 포함시킨다. 다만 아주 드물게 도덕적인 시두 부분에서 아리오스토는 철학적 생각을 하는 척한다. 그는 완전히 시인이었기에 시를 위해 아름다운 형식을 만들고 다듬느라 자신을 다 써 버린다. 목적이나 삶의 철학을 고귀하게 하느라 쏟아 부을 에너지가 없는 것이다.[13a]

이탈리아 사람들은 『분노한 오를란도』가 (차지할 수 없도록 멀지는 않은 아름다운 여인을 포함한) 흥분시키는 이야기들의 보물 창고이기 때문에 이 작품을 사랑한다. 멜로디가 풍성하고 점잔빼지 않은 언어로, 그리고 우리를 재빨리 한 장면에서 다음 장면으로 데려가는 활기찬 시련(詩聯)들로 이루어져 있기 때문에 사랑한다. 그들은 그 긴 우회와 서술을 용서하고, 셀 수 없이 많은, 이따금 억지로 만든 미소들을 용서한다. 이들도 빛나는 시구로 표현되어 있기 때문이다. 그리고 시인이 쩨르비노(Zerbino)에 대해 다음과 같이 말할 때처럼 훌륭한 시행을 만들어 내는 순간 그들은 보상을 받은 느낌을 얻고 속으로 "브라보!" 하고 외치는 것이다.

Natura il fece, e poi roppe la stampa.[14]

자연은 그를 만든 다음 그 틀을 부수었다.

예상할 수 있는 일이지만 이탈리아 사람들은 아리오스토가 에스테 가문에 아첨하는 것, 이폴리토에게 바친 찬가, 루크레찌아의 순결함에 대한 찬양 등에 그다지 마음이 상하지 않는다. 이러한 복종은 그 시대의 태도였다. 마키아벨리도 후원금을 받기 위해 머리를 조아렸다. 시인도 살아야 하지 않겠는가.

그러나 이폴리토 추기경이 헝가리에서 전투를 하기로 결정하고, 아리오스토에게 함께 가자고 말했을 때는 사정이 달랐다. 아리오스토는 이에 반대했고 이폴리토는 그를 놓아주고 보상을 해 주었다.(1517) 알폰소는 시인에게 거의 아무런 대가도 바라지 않고 해마다 84크라운(1050달러?)을 주고, 하인 세 명과 말 두 마리 등을 덧붙여 주었다. 고집스럽지만 독신이었다고 하기는 힘든 47년의 세월을 보낸 다음 아리오스토는 알렌싼드라 베누치와 결혼했다. 그는 그녀가 시인 티토 베스파시아노 스트로찌의 아내이던 때부터 이미 그녀를 사랑했다. 그녀에게서는 자식을 얻지 못했지만 두 명의 사생아 자녀가 그의 결혼 전의 노고에 보상을 해 주었다.

3년 동안(1522~1525) 그는 가르파냐나의 지사로 일했으나 별로 행복하지 못했다. 이곳은 산적들이 자주 출몰하는 산악 지대였다. 그는 영웅적인 행동이나 명령에는 맞지 않는 사람이어서 은퇴하자 행복했고 남은 8년간의 삶을 페라라에서 보냈다. 1528년에 그는 도시 변두리에 땅을 사서 예쁜 집을 지었다. 그것은 아직도 아리오스토 거리에 남아 있고 국가가 관리한다. 건물 정면에 그는 호라티우스의 시행을 새겨 놓았다. "Parva sed apta mihi, sed nulli obnoxia, sed non sordida, parta meo sed tamen aere domus ─ 작지만 나에게 알맞고, 누구에게도 해를 끼치지 않고, 상스럽지 않고, 내 자신의 재산으로 얻은 집." 그곳에서 그는 조용하게 살면서 이따금 정원 일을 하고, 매일 『분노한 오를란도』를 고치거나 더 늘렸다.

그사이에 다시 호라티우스를 흉내 내서 그는 여러 친구들에게 시적인 편지들을 썼다. 이것은 오늘날 '풍자'라는 이름으로 전해지고 있다. 이 작품들은 그에게 모범이 되었던 호라티우스의 그것처럼 그렇게 날카롭거나 치밀하지 않고, 또 유베날리스(Juvenalis, 1세기 라틴 풍자시인)의 작품처럼 쓰라리고 치명적인 것도 아니다. 이것은 평화를 사랑하지만 그것을 얻지 못한 정신이 만들어 낸 작품이다. 시대의 채찍과 비웃음에 화를 내는, 자부심 강한 남자의 오만함이다. 이 풍자들은 성직 계급의 오류를 서술한다. 로마에 만연한 성직 매매, 세속적인 교황들의 친척 등용(풍자 1) 등이다. 또 이폴리토가 시인보다는 하인들을 더 낫게 대우해 주었음을 비난한다.(풍자 2) 또 여자들이란 정절을 지키거나 정직한 경우가 드물다는 자신의 생각을 시니컬하게 드러내면서 아내를 고르고 길들이는 방법에 대해 때늦은 전문가의 충고를 내놓는다.(풍자 3) 그리고 궁정인의 삶의 모멸감을 탄식하고, 레오 10세를 방문했으나 성공하지 못한 이야기를 심술궂게 들려준다.(풍자 4)

나는 그의 발에 키스를 했다. 그는 성스러운 옥좌에서 몸을 굽혀 내 손을 잡고 내 두 뺨에 키스했다. 그 밖에도 그는 내가 지불해야 할 인지세의 절반을 면제해 주었다. 그리고 나서 가슴은 희망에 가득 찼지만 몸은 비에 젖고 진흙으로 더럽혀진 채 나는 돌아와서 저녁을 먹었다.

두 편의 풍자는 가르파냐나에서의 힘든 삶을 탄식한다. 그의 날들은 "협박과 형벌, 설득, 석방" 등으로 지나갔다. 그의 뮤즈들은 범죄자, 소송 사건, 싸움 등에 놀라서 침묵을 지켰다. 그리고 애인은 그토록 멀리 떨어져 있었다!(풍자 5~6) 마지막 편지는 벰보에게 보낸 것으로 아들 비르지니오를 위해 그리스 선생을 추천해 달라는 내용이다.

그리스어를 배워야겠지만 건강한 원칙도 배워야 한다. 도덕성이 없는 박식함이란 무가치한 것보다 더욱 나쁘기 때문이다. 그러나 불행하게도 요즘은 이런 종류의(도덕성과 그리스어 실력을 갖춘) 선생을 찾아내기가 어렵다. 인문주의자들 중에서 가장 고약한 악덕을 갖지 않은 사람은 거의 없다. 그리고 지적인 허영심이 그들 대부분을 회의주의자로 만들고 있다. 어째서 학식과 무신앙이 함께 있어야 한단 말인가?[15]

아리오스토 자신도 생애 대부분을 통해 종교를 가볍게 여겼다. 그러나 르네상스 시대 거의 모든 지식인이 그랬듯이 그도 마지막에는 그리스도교와 화해했다. 그는 원래 젊은 시절부터 기관지 카타르로 고생했었는데, 그것이 아마도 추기경을 위해 궁정인으로서 여행을 하면서 더욱 악화되었던 모양이다. 1532년에는 매우 심각해져 결핵이 되었다. 그는 단순한 명성의 불멸성만으로는 만족할 수 없다는 듯이 병에 맞서 싸웠다. 그리고 겨우 쉰여덟의 나이로 숨을 거두었다.(1533)

그는 죽기 오래전에 이미 고전이 되어 있었다. 23년 전에 이미 라파엘로는 바티칸에 있는 벽화 「파르나소스」에서 인류의 잊을 수 없는 목소리들인 호메로스와 베르길리우스, 호라티우스와 오비디우스, 단테와 페트라르카 사이에 그의 모습도 그려 넣었다. 이탈리아는 그를 자기들의 호메로스라 부르고, 『분노한 오를란도』를 자기들의 『일리아드』라고 불렀다. 그러나 이탈리아의 숭배자들에게도 이것은 공정함을 넘어선 너그러운 평가로 보였다. 아리오스토의 세계는 가차없는 트로야의 포위와 나란히 놓고 보면 가볍고 환상적이다. 그의 기사들은(일부는 그들의 무장과 성격을 구별할 수도 없다.) 아가멤논의 당당함, 아킬레스의 정열, 네스토르의 지혜, 헥토르의 고귀함, 프리아모스의 비극의 높이에 올라서지 못한다. 누가 저 아름답고 변덕스러운 안젤리카를 여성들 중의 여신인 헬레나와 나란히 놓겠는가? 그리고 마지막으로 한 번 더 처음과 같은 말을 해야겠다. 아리오스토의 언어를 완전히 아는 사람, 그의 유쾌함과 감상의 뉘앙스를 잡아낼 수 있는 사람, 그의 멜로디 풍부한 꿈의 음악에 완전히 반응할 수 있는 사람만이 그를 제대로 평가할 수 있다고 말이다.

5. 이후의 영향

이 두 편의 『오를란도』(보야르도와 아리오스토의 것)에 대해 하나의 해독제를 공급한 것은 바로 이탈리아인들의 건강한 유머 감각이었다. 아리오스토가 죽기 6년 전에 지롤라모 폴렝고(G. Folengo)가 『작은 오를란도(*Orlandino*)』를 출판했다. 이 책에서는 이들 서사시들에 나타난 헛소리들이 유쾌한 과장으로 풍자되고 있다. 폴렝고는 볼로냐 대학에서 폼포나찌의 회의적인 강의들을 들었다. 그리고 사랑과 음모, 싸움과 결투 등으로 이루어진 교과 과정을 도입했다가 대학에서 쫓겨났다. 그의 아버지는 그와 의절해 버렸다. 그는 아마도 생계 수단으로 베네딕트 수도사가 된 듯하다.(1507) 6년 뒤에 그는 지롤라마 디에다라는 여자와 사랑에 빠져서 함께 달아났다. 1519년에 『미키로네아』라는 이살스러운 작품집 한 권을 출간했다. 이 이름은 이후로 라틴어와 이탈리아어가 뒤섞인 시로 쓰인 거칠고 상스러운 풍자 문학을 지칭하는 말이 되었다. 『작은 오를란도』는 떠들썩한 모방 서사시이다. 사납고 상스러운 이탈리아어로, 한두 연 정도는 진지한 척하다가 극히 외설적인 추밀고문관의 방식과 생각으로 독자를 깜짝 놀라게 만든다. 부엌의 도구들로 무장한 기사들이 절뚝거리는 노새를 타고 창시합에 뛰어든다. 이야기를 이끌어 가는 성직자는 수도원장 그리파로스토

(Grab-the-Roast, 구운 고기 - 붙잡기)인데, 그의 서재는 온통 음식물과 포도주 방울이 튄 요리 책들로 채워져 있고, "그가 아는 말이라고는 황소와 돼지들의 말뿐"이다.[16] 그를 통해 작가는 이탈리아의 성직 계급을 풍자하는데 그것은 거의 루터파 신자들을 만족시킬 수준이다. 이 작품은 요란한 박수갈채와 웃음으로 받아들여졌지만 작가는 계속 굶어 죽을 지경이었다. 마지막에 그는 다시 수도원으로 돌아가서 경건한 시들을 쓰다가 쉰세 살에 유덕(有德)의 향기 속에 눈을 감았다.(1544) 라블레는 그를 좋아했으며,[17] 아마도 말년의 아리오스토도 이 즐거움에 동참했을 것이다.

알폰소 1세는 교황청의 온갖 습격에 맞서 자신의 작은 국가를 지켰다. 그리고 마지막에는 도이치 - 스페인 군대를 부추겨 로마를 포위 점령하고 약탈하도록(1527) 함으로써 가차 없는 복수를 했다.[18] 카를 5세는 그에게 옛날부터의 속령인 모데나와 레지오를 돌려주어 감사를 표시했다. 그렇게 해서 알폰소는 자신의 공작 국가를 조금도 줄어들지 않은 형태로 후계자들에게 물려주었다. 1528년에 그는 아들 에르콜레를 프랑스로 보내 그곳 왕가 출신의 외교적인 신부(新婦)를 데려오도록 했다. 르네 혹은 레나타라는 이름의 그녀는 무뚝뚝하고 못생기고, 남몰래 칼뱅의 이단 사상을 품은 여자였다. 루크레찌아가 죽은 다음 알폰소는 정부(情婦)인 라우라 디안티에게서 위안을 얻었고, 아마도 죽기(1534) 전에 그녀와 결혼했던 것 같다. 그는 시간만 빼고는 다른 모든 적들보다 지혜가 한 수 위였다.

THE RENAISSANCE

11장 베네찌아와 그 영토 1378~1534

1. 파도바

카라라 집안의 전제 통치를 받던 시대, 파도바는 베네찌아에 맞서 경쟁하고 위협하는 이탈리아의 핵심적인 세력의 하나였다. 1378년에 파도바는 제노바와 힘을 합쳐 이 섬 공화국(베네찌아)을 정복하려고 했다. 1380년에 베네찌아는 제노비외의 전쟁에 시쳐 오스트리아 공작에게 트레비소 시를 넘겨주었다. 베네찌아 북부에 위치한 전략적으로 중요한 도시였다. 1383년에 카라라 집안의 프란체스코 1세는 트레비소를 오스트리아로부터 사들였다. 곧이어 비첸짜, 우디네, 프리울리를 접수하려고 했다. 그가 성공했다면 그는 베네찌아에서 철광산이 있는 아고르도에 이르는 도로를 차지했을 것이고, 따라서 베네찌아와 도이칠란트를 잇는 도로들을 점령하게 되었을 것이다. 그랬다면 파도바는 베네찌아 산업과 상업의 생명줄을 통제하게 되었을 것이다. 베네찌아는 외교관들 덕분에 구원을 받았다. 그들은 밀라노의 쟌갈레아쪼 비스콘티를 설득해서 함께 파도바에 맞서 전쟁을 하게 만들었다. 쟌갈레아쪼는 분명 베네찌아를 믿지 않았지만 베네찌아와 공모해서 동쪽으로 영토를 넓힐 속셈으로 여기 응했다. 카라라의 프란체스코 1세는 패배하고 통치권을 내놓았다.(1389) 그의 뒤를 이은 이름이 같은 그의 아들은 1338년의 조약, 곧 파도바가 베네찌아의 속령이라는 조약을 다시 확인했다.(1399) 이 프란체스코 2세가 베로나와 비첸짜를 공격하고 싸움을 계속하자 베네찌아는 전쟁을 벌여 그와 그 아들들을 모조리 처형하고, 파도바를 베네찌아 정부의 직접 통치 아래 두었다.(1405) 지친 도시는 독립적인 도시 국가라는 사치를 포기하고, 외국 정부이긴 하지만 유능한 행정부 아래 번영을 누리면서 베네찌아 영토의 교육 중심지가 되었다. 라틴 그리스도교의 모든 세계로부터 학생들이 새로워진 파도바 대학으로 몰려들었다. 피코 델라 미란돌라, 아리오스토, 벰보, 귀치아르디니, 타쏘, 갈릴레오, 나중에 스웨덴 왕이 되는 구스타부스 바사, 나중에 폴란드 왕이 되는 요한 소비에스키 등……. 1463년에 그리스어 강좌가 생겨나고 데메트리우스 칼콘딜레스가 16년간이나 강의를 맡았다. 그러고 나서 그는 피렌쩨로 갔다. 100년이 지난 다음에도 셰익스피어는 "아름다운 파도바여, 예술의 온상이여." 하고 말하고 있다.

 파도바 사람 하나가 스스로 유명한 교육 기관이 되었다. 재단사 일을 배웠던 프란체스코 스콰르치오네(F. Squarcione)는 고전 예술에 대한 정열을 받아들여서 이탈리아와 그리스를 폭넓게 여행하고, 그리스와 로마 조각과 건축물을 베끼거나 스케치하고, 고대의 메달, 주화, 조각품 등을 수집해서 파도바로 돌아왔다. 그는 당시 파도바에서 가장 훌륭한 고전 수집품을 지닌 사람이었다. 그가 미술 학교를 열고 이곳에 수집품을 배치하고 학생들에게는 두 가지 가르침을 주었다. 고대 미술을 공부할 것과 새로운 원근법 기술을 익히라는 것이었다. 137명에 이르는 그의 제자들 중에서 파도바에 남은 사람은 별로 없다. 그들 대부분이 다른 지역에서 왔기 때문이다. 그러나 그 대신 피렌쩨에서 죠토가 이리로 와서 아레나 예배당에 벽화를 그렸다. 베로나에서는 알티키에로가 와서

(1376) 성 안토니오 성당을 장식했다. 도나텔로도 대성당과 광장에 그 천재적 재능의 기념비를 남겼다. 도나텔로의 제자인 바르톨로메오 벨라노는 같은 교회의 가타멜라타 예배당을 위해 두 점의 아름다운 여성 조각상을 세웠다. 베네찌아의 피에트로 롬바르도는 이 용병대장(가타멜라타)의 아들의 모습을 덧붙이고, 안토니오 로셀리를 위해 화려한 무덤을 만들었다. 안드레아 브리오스코(흔히 '리치오')와 안토니오 롬바르도와 툴리오 롬바르도는 가타멜라타 예배당을 위해서 아주 훌륭한 대리석 돋을새김을 만들었다. 리치오는 교회의 성가대석에 이탈리아에서 가장 인상적인 여러 갈래로 뻗은 촛대를 세웠다. 그는 베네찌아의 알레싼드로 레오파르디, 베르가모의 안드레아 모로네와 더불어 미완성의 성 쥬스티나 성당을 설계했다.(1502년 이후) 이것은 르네상스 건축 양식의 순수한 예이다.

야코포 벨리니와 안토니오 피사넬로는 파도바와 베로나에서 저 베네찌아 유파의 토대를 이루는 씨앗들을 베네찌아로 가져왔다. 베네찌아 유파를 통해서 베네찌아의 광채는 전 세계에 널리 알려지게 된다.

2. 베네찌아의 경제와 정책

1378년 베네찌아는 최하점에 이르렀다. 아드리아 해로 통하는 무역로는 승리한 제노바 함대에 막혔다. 본토로 통하는 연결로는 제노바와 파도바 군대로 막히고, 베네찌아의 주민들은 굶어 죽어 가고, 정부는 항복을 고려하고 있었다. 50년 뒤에 베네찌아는 파도바, 비첸짜, 베로나, 브레시아, 베르가모, 트레비소, 벨루노, 펠트레, 프리울리, 이스트리아, 달마티아 해안, 레판토 해역, 파트라스, 코린트 등지를 지배했다. 많은 해자로 둘러싸인 성에 안전하게 앉은 베네찌아는 이탈리아 본토의 정치적 흥망성쇠에 대해 면역을 가진 듯이 보였다. 이 도시의 부와 힘은 점점 커져서 마치 이탈리아의 머리에 옥좌를 놓고 앉은 여왕처럼 보였다. 1495년 프랑스 대사 자격으로 이곳에 도착한 필립 드 코미네(Ph. d. Commines)는 이 도시를 가리켜 "내가 본 중에서 가장 승리에 가득 찬 도시"라고 표현하고 있다.[1] 역시 비슷한 시기에 적대국인 밀라노에서 온 피에트로 카솔라(P. Casola)는 "그 아름다움과 당당함과 부를 묘사할 길이 없다"고 여겼다.[2] 117개의 섬, 150개의 운하, 400개의 다리로 이루어진 도시였다. 대운하(카날 그란데)의 유유한 물의 산책로가 이 모든 것을 지배하고 있었다. 이 길을 보고 코미네는 "세계에서 가장 아름다운 도로"라고 표현했다.

이 당당함을 지탱하는 부는 대체 어디서 왔을까? 일부는 수많은 산업에서 얻은 것이다. 조선, 철강, 유리, 피혁, 보석 세공 및 세팅, 방직 산업, 이 모두가 조합으로 조직되어 사람들을 애국적인 동지애로 묶었다. 그러나 아마도 베네찌아의 부는 더 많은 부분이 해상 무역에서 온 것이다. 배의 돛들이 베네찌아를 둘러싼 얕은 바다에서 펄럭이고, 갤리선들은 베네찌아와 본토의 생산품들, 그리고 알프스를 넘어온 도이치 상품과 다른 상품들을 싣고서 이집트, 그리스, 비잔틴 세계, 아시아로 갔다가, 다시 동쪽에서 비단, 양념, 융단, 약품, 노예들을 실어 왔다. 연간 평균 수출액은 약 1000만 두카트(2억 5000만 달러?)에 이르렀다.[3] 유럽의 다른 어떤 나라도 이러한 무역량을 따라갈 수가 없었다. 베네찌아 상선들은 수많은 항구에 모습을 드러냈다. 흑해의 트레비쫀드에서 카디즈에 이르는 항구들, 리스본, 런던, 브뤼게, 그리고 심지어는 아이슬란드에도 모습을 나타냈다.[4] 베네찌아의 상업 중심지인 리알토에서는 세계의 절반 지역에서 온 상인들을 볼 수 있었다. 해상 보험이 이런 거래를 보호하고, 수출과 수입에 부과한 세금이 이 국가의 주요 수입원이었다. 1455년 베네찌아 정부의 연간 수입은 80만 두카트(2000만 달러?)에 이르렀다. 같은 해에 피렌쩨의 수입은 20만 두카트, 나폴리의 수입은 31만, 교황국의 수입은 40만, 밀라노는 50만, 그리스도교 스페인 전체의 수입이 80만 두카트였다.[5]

이러한 상업은, 베네찌아 공화국이 벌이는 사업의 재정을 담당하는 만큼 그 정치를 지배했다. 상인 귀족은 세습하는 권력 계층이 되었고, 그들이 국가의 모든 기관을 통제했다. 상업은 인구 19만 명을(1422) 적절하게 고용했다. 그러나 상업은 또한 베네찌아를 외국의 시장과 원료와 식량에 의존하게 만들었다. 물의 미로에 갇힌 베네찌아는 식량을 수입해서 주민을 먹여 살렸다. 이 도시는 목재, 금속, 광물, 가죽, 천 등을 수입해서만 산업을 유지할 수 있었다. 그리고 생산품을 팔고 무역을 가능하게 해 줄 시장을 찾아내야만 수입품의 가격을 지불할 수가 있었다. 식량과 판매와 원료를 얻기 위해 본토에 의존하고 있는 탓으로 베네찌아는 북부 이탈리아에 대한 통제권을 차지하기 위해 연속적인 전쟁을 벌여야 했다. 마찬가지로 이탈리아 바깥 지역에도 의존하고 있는 탓으로 이 도시는 자기들의 필요한 물건을 공급하고 또 물건을 사 줄 지역과 또 이렇듯 활발한 무역을 위한 도로를 지배하려고 안달이었다. 베네찌아는 "분명한 운명(영토확장론)"에 의해 제국과도 같은 세력이 되었다.

베네찌아의 정치사는 그 경제적 필요성에 의해 결정되었다. 베로나의 스칼리제리 집안, 파도바의 카라라 집안, 밀라노의 비스콘티 집안 등이 북부 이탈리아에 대한 지배권을 늘리려 할 때마다 베네찌아는 스스로 위기감을 느끼고 무기를 잡았다. 페라라가 포 강 입구를 통제하게 될까 두려워서 베네찌아는 페라라 후작의 선택 혹은 정책을 결정해 주려 했고, 교황청이 페라라를 봉토로 요구했을 때 그에 분개했다. 베네찌아가 서쪽으로 확장하려고 하면 이것은 역시 확장 정책을 취한 밀라노에 두려움을 주었다. 필리포 마리아 비스콘티가 피렌쩨를 공격했을 때(1423) 토스카나 공화국인 피렌쩨는 베네찌아에 원조를 요청했다. 이때 피렌쎄는 밀라노가 토스카나를 지배하게 되면 곧 교황국가 이북의 모든 이탈리아를 흡수하게 될 것이라는 점을 지적했다. 역사에서 자주 반복되는 논쟁에서, 당시 죽어 가던 베네찌아 총독 토마소 모체니고(T. Mocenigo)는 베네찌아 원로원에 평화를 권고했다. 프란체스코 포스카리(F. Foscari)는 방어를 위한 공격을 역설했다. 포스카리가 승리했고, 베네찌아는 밀라노와 연속적인 전쟁을 벌였다. 그것은 1425년에서 1454년까지 간혹 빛나는 중간 휴지기를 두고 계속된 전쟁이었다. 필리포 마리아가 죽으면서(1447) 밀라노에는 혼란이 나타났고, 터키 군이 콘스탄티노플을 함락시키면서, 이들 경쟁하는 국가들은 로디에서 조약을 맺기에 이르렀다. 이 조약은 베네찌아 공화국을 지쳤지만 승리한 상태로 남겨 두었다.

    아드리아 해에서의 세력 확장은 적법한 변명으로 시작되었다. 지중해 가장 북단의 항구라는 베네찌아의 지리적 위치는 베네찌아의 행운이었지만, 그것은 아드리아 해의 통제권이 없이는 아무 소용도 없는 것이었다. 아드리아 동부 해안은 섬들과 만(灣)들로 이루어져 있어서 해적선에는 아주 편리한 소굴이 되고 있었다. 해적들의 기습은 베네찌아 상선에 자주 손실을 가져왔고, 지속적인 위험을 불렀다. 베네찌아는 1202년에 십자군을 매수하여 십자군은 베네찌아가 짜라 항구를 정복하는 것을 도왔다. 베네찌아는 이곳을 교두보 삼아 해마다 해적들의 소굴을 소탕해 나갔다. 그리고 마침내 달마티아 해안 전체를 자기들의 지배 아래 두었다. 1202년에 출발한 십자군이 콘스탄티노플을 약탈할 때(1204) 베네찌아는 자신의 전리품으로, 크레타, 살로니카, 키클라데스 군도, 스포라데스 군도 등을 차지했다. 황금의 무역로를 이어 주는 소중한 연결망이었다. 흥겨운 끈질김으로 베네찌아는 두라쪼, 알바니아 해안, 이오니아 제도들(1386～1392), 프리울리와 이스트리아(1418～1420), 라벤나(1441) 등지를 정복했다. 이제 논란의 여지없이 베네찌아는 아드리아 해의 여왕이었다. 그래서 이 바다를 왕래하는 베네찌아 이외의 선박들에게 통행세를 물렸다.[6] 오스만튀르크가 콘스탄티노플로 다가오면서 비잔틴 왕국의 수도는 멀리 떨어진 지역을 방어하기가 어려웠다. 많은 그리스 섬들과 도시들은 자기들을 도울 수 있는 유일한 세력인 베네찌아에 자발적으로 항복했다. 키프로스에 있던 루시냐 혈통 최후의 여왕인 당당한 카테리나 코르나로는 터키 군에 맞서 이 섬을 방어할 힘이 없다는 설득에 넘어갔다. 그녀는 베네찌아 지사에게 권력을 물려주고(1489) 연간 8000두카트의 연금을 받게 되었다. 그녀는 트레비소 근처 아솔로에 있는 영지로 은둔해서 비공식적인 궁정을 열고 문헌학과 미술을 후원했다. 그리고 시와 오페라의 헌정을 받고 젠틸레 벨리니, 티찌아노, 베로네제 등의 그림의 주제가 되었다.

외교와 무기를 통한 이 모든 힘든 정복, 이런 판로와, 보호의 확보와, 또 베네찌아 무역을 위한 속국의 점령 등은 베네찌아를 떠오르는 오스만의 힘에 맞서게 하는 일이었다. 갈리폴리에서 수비대가 베네찌아 함대를 공격했다.(1416) 베네찌아 사람들은 용기로 힘껏 맞서 싸워 결정적인 승리를 거두었다. 한 세대 동안 이 두 경쟁 세력은 휴전 상태에서 상업적인 친선 관계를 유지하며 지냈다. 이것을 본 유럽은 어떻게 해서든 베네찌아가 터키에 맞서 한판 전쟁을 벌이도록 만들려고 안달이었다. 콘스탄티노플의 함락도 유럽 국가들의 이런 협약을 방해하지 못했다. 베네찌아는 승리한 터키와 그런 대로 견딜 만한 상업 조약을 맺고 서로 예의를 지켰다. 그러나 흑해 연안 항구들과 벌이는, 이윤이 많은 무역은 이제 터키의 통제를 받게 되었고 머지않아 강력한 제한을 만났다. 교황 피우스 2세가 그리스도교 세계의 감정과 유럽의 상업적 이익을 대변하여 터키에 맞선 십자군을 선언하고 유럽 국가들로부터 무기와 군사들을 보내 주겠다는 약속을 받자 베네찌아도 1204년의 전략을 되풀이할 마음으로 이 십자군 전쟁에 응했다. 그러나 유럽 국가들은 약속을 지키지 않았고, 베네찌아는 홀로 터키와의 전쟁을 하게 되었다.(1463) 16년 동안이나 베네찌아는 이 전쟁을 계속했다. 그러고 나서 패배하고 약탈당했다. 1479년에 서명한 평화 조약에 따라 베네찌아는 네그로폰테(에비아), 스쿠타리, 모레아 등지를 터키에 넘겨주고, 전쟁 배상금으로 10만 두카트를 지불하고, 또 터키 지배 항구에서 무역을 하기 위해 연간 1만 두카트씩을 내기로 약속했다. 유럽은 베네찌아가 그리스도교를 배신했다고 비난했다. 또 다른 교황이 나서서 터키에 맞선 또 다른 십자군 전쟁을 제안했을 때 베네찌아는 들은 척도 하지 않았다. 이 도시는 무역이 그리스도교보다 더욱 중요하다는 사실에 대해 유럽과 의견이 같았던 것이다.

3. 베네찌아의 통치 방식

적들조차도 베네찌아의 통치 방식에 경탄하여 그 구조와 기능을 탐구하러 사람을 보내곤 했다. 군대 조직은 이탈리아에서 가장 능률적인 해군과 육군이었다. 그 밖에도 베네찌아 상선들은 필요할 경우 군함으로 바뀔 수 있었다. 베네찌아에는 1423년에 43척의 갤리선과 300척의 보조선들이 있었다.[7] 이들은 심지어 이탈리아에서 벌어진 육지의 전쟁에도 쓰였다. 1439년 베네찌아 군함들은 롤러를 이용하여 산과 골짜기를 가로질러 끌려가 가르다 호수에 띄워졌다. 그리고 밀라노의 속령을 향해 대포를 퍼부었다.[8] 다른 이탈리아 국가들이 용병을 고용해서 전쟁을 수행한 데 반해, 베네찌아는 도시의 충성스러운 주민들로 시민군을 조직했다. 이들은 경험이 많고 잘 훈련되고, 또 최신 머스킷 총과 대포로 무장했다. 그러나 장군들만은 르네상스 방식 전략으로 전투를 벌이는 훈련받은 용병대장들에 의존했다. 밀라노와의 전쟁에서 베네찌아는 세 명의 유명한 용병대장들을 배출했다. 프란체스코 카르마뇰라, "가타멜라타"에라스모 데 나르니, 바르톨로메오 콜레오니 등이다. 뒤의 두 사람은 역사적인 기념 동상으로 유명해졌고, 맨 앞의 사람은 적과 사사로이 협상을 했다는 죄목으로 베네찌아의 광장에서 참수형을 당한 것으로 유명해졌다.

이 정부는 피렌쩨조차도 모방하려고 애쓰던 형태로서, 무역을 통해 이미 오래전부터 부유해진 오래된 가문들의 폐쇄적인 소수 지배였다. 오로지 처음으로 귀족이 된 사람들만 돈 냄새를 풍겼다. 이 가문들은 '대의회(Maggiore Consiglio)'에 1297년 이전에 대의회에 들어왔던 사람들의 남자 후손만으로 의원을 제한했다. 1315년에 모든 적임자들의 이름이 '황금의 책(Libro d'oro)'에 기록되었다. 480명에 이르는 이 사람들 중에서 의회는 60명을 (나중에는 120명을) "초청된 남자(Pregadi)"로 임명했다. 이들은 1년 임기의 의회 의원이었다. 이 의회는 수많은 정부 분야의 장들을 지명했다. 이들 행정부 수장들이 다시 모두 합쳐서 행정부인 콜레죠(Collegio)를 이루었다. 이 콜레죠는 대표를 선출했는데(그는 언제나 의회에 복종한다.) 그가 곧 총독이다. 총독은 콜레죠와 의회를 통솔하고, 대의회가 그를 몰아내지 않는 한 종신직이었다. 총독은 6명의 비밀 고문관들의 보조를 받았다. 총독과 이들 비밀고문관들이 함께 원로원(Senate)을 구성한다. 원로원과 입법 의회가 베네찌아의 실질적인 정부였다. 대의회는 효율적인 행동을 하기에는 너무 거대했다. 이것은 권력자를 지명하고 감시하는 선거인 기구였다. 이것은 효율적인 구성이었고, 합리적 변영을 유지했다. 이런 정부는 사람들의 감정이나 변덕에 따르는 정부에서는 거의 시행이 불가능한 장기 정책과, 잘 계산된 정책을 펼칠 수 있었다. 인구의 다수는 관직에서 배제되어 있었지만 통치를 맡은 소수의 사람들에 대해 크게 원망을 보이지는 않았다. 1310년에 권력에서 제외된 귀족들이 바야만테 티에폴로의 지휘 아래 폭동을 일으켰다. 그리고 1355년에는 마리노 팔리에로 총독이 자신을 독재관으로 만들기 위해 음모를 꾸몄다. 두 경우 모두 쉽게 제압되었다.

    도시 국가 내부와 외부의 음모를 막기 위해 대의회는 해마다 자체 의원들 중에서 국가안전위원회인 10인위원회(Consiglio di Dieci)를 선출했다. 비밀스러운 회합과 재판, 여기 속하는 밀정과 신속한 처리 등을 통해서 10인위원회는 한동안 국가에서 가장 막강한 권력 기관이 되었다. 대사들은 자주 10인위원회에 비밀 보고를 했고, 또 그 지시를 원로원의 지시보다 더욱 구속력이 있는 것으로 여겼다. 그리고 10인위원회의 칙령은 법적 효력을 가졌다. 이 중 두세 명의 위원들이 매달 국가재판관(Inquisitori di stato)으로 임명되었다. 이들은 일반 민중과 관리들 사이에서 부정한 행동이나 배신 행위가 일어나는 것을 감시했다. 10인위원회를 둘러싸고 많은 전설이 생겨났다. 대개는 그 비밀의 특성과 혹독함을 과장한 것이었다. 10인위원회는 자기들의 결정과 판결을 대의회에 보고했다. 도시 곳곳에 흩어져 있는 사자 머리 입에 밀고를 허용하고 있었지만 서명이 되지 않은 고발이나, 혹은 두 명의 증인을 제시하지 않은 고발은 심의하지 않았다.[9] 그리고 심의할 경우에도 투표를 통해 5분의 4가 찬성해야만 고발 내용이 심의 일정으로 잡힐 수 있었다.[10] 체포된 사람은 10인위원회 앞에서 자신을 변호해 줄 변호인을 두 명 선별할 권리가 있었다.[11] 그리고 다섯 번에 걸친 무기명 투표에서 과반수를 얻어야 유죄 판결을 내렸다. 10인위원회에 의해 감옥에 갇힌 사람의 수는 "매우 적었다."[12] 그렇지만 위원회는 밀정이나 외국에서 베네찌아의 적을 암살하는 따위의 일을 꺼리지만은 않았다.[13] 1582년 원로원은 10인위원회가 그 목적을 위해 봉사하면서 자주 그 권위가 정도를 넘었다고 느끼고 위원회의 권한을 줄였다. 그리고 이 순간부터 10인위원회는 이름으로만 존재했다.

대의회에 의해 임명된 40인의 판사들은 능률적이고 진지한 사법부가 되었다. 법령은 명료하게 표현되었고 귀족에게나 일반에게나 똑같이 엄격하게 적용되었다. 형벌은 시대의 잔혹성을 보여 준다. 투옥은 최소한도의 빛과 공기만을 허용하는 좁은 감방에 갇히는 것을 의미했다. 채찍질, 소인 찍기, 손발 자르기, 눈멀게 하기, 혀 자르기, 형차에 매달아 돌려 사지 찢어 죽이기, 그 밖에도 여러 가지 섬세한 형벌들이 합법적이었다. 사형 언도를 받은 사람은 감옥에서 목을 졸라 죽이거나 아니면 남몰래 물에 빠뜨리거나 총독의 궁전 창문에 매달거나 화형했다. 극악한 범죄나 성물(聖物) 도둑으로 판정된 사람들은 빨갛게 달군 집게로 고문을 당하고, 말에 매달려 거리로 끌려 다니고 나서, 목을 베고 몸이 넷으로 찢겼다.[14] 이런 잔인함을 보상하기라도 하려는 듯이 베네찌아는 정치적·지적 망명자에게 문을 열어 주었다. 그리고 끔찍한 보르지아에 맞서 엘리자베타 곤짜가와 그녀의 귀도발도를 보호해 주었다. 올케인 이사벨라가 겁이 나서 그녀를 고향 만토바에서 쫓아낸 다음이었다.

행정부 조직은 아마도 15세기 유럽에서 가장 훌륭한 것이었다. 물론 여기도 다른 모든 정부에서처럼 부정부패가 있었다. 공중위생국은 1385년에 만들어졌다. 깨끗한 식수를 공급하고, 늪이 형성되는 것을 막기 위한 조치들을 취했다. 또 다른 정부 부처는 상품에 부과할 수 있는 최대 가격을 지정했다. 우편 및 특급 우편 업무는 정부뿐 아니라 개인도 편지나 소포를 보낼 수 있도록 운영되었다.[15] 국가에 봉사한 사람이 퇴직할 경우 연금이 나왔고 그들이 죽을 경우 과부와 고아들을 위한 대비책도 마련되었다.[16] 이탈리아 본토의 속령 행정부는 상대적으로 공정하고 유능한 것이어서 이 지역들은 보통 베네찌아 통치 아래서 전보다 더욱 번영을 누렸다. 그래서 전쟁의 기회에 베네찌아에서 떨어져 나왔다가도 나중에 다시 베네찌아 편에 도로 붙곤 했다.[17] 해외 속령의 통치는 그렇게 찬양할 만한 것은 아니다. 그들은 주로 전쟁의 상(賞)으로 이용되었다. 그 땅의 대부분은 베네찌아 귀족과 장군들에게 상으로 주어지고, 원래의 정부 기구들은 그대로 유지한 상태에서 원주민에게 더 높은 지위가 주어지는 일이 드물었다. 다른 나라들과의 관계에서 베네찌아는 특히 외교관들의 확실한 봉사를 받았다. 베르나르도 쥬스티니아니처럼 날카로운 관찰자이며 지적인 협상자를 둔 정부는 드물었다. 외교관들이 보내온 정보와, 관공서의 조심스러운 통계 기록, 또 원로원 의원들의 기민한 정치 능력 등의 도움을 받아 베네찌아는 전쟁에서 잃은 것을 외교에서 되찾곤 했다.[18]

도덕적으로 이 정부는 이 시대 다른 정부보다 더 나을 것이 없었다. 형법 분야에서는 오히려 더 나빴다. 이익의 많고 적음에 따라 동맹을 맺거나 깨뜨렸다. 정책을 막는 데 망설임이나 충실함의 감정 따위는 없었다. 이것은 르네상스 권력의 규범이기도 했다. 시민들도 이런 규범을 따랐다. 그들은 어떤 방법을 쓰든 상관없이 베네찌아가 거두는 모든 승리를 승인했다. 국가의 힘과 안정을 자랑으로 삼고, 국가가 필요로 하면 그 시대 다른 사람들과 비할 수 없는 애국심과 완전한 봉사를 국가에 바쳤다. 그들은 하느님 다음으로 총독을 존경했다.

총독은 예외적으로 대의회와 원로원의 1인자였다. 그러나 그의 광채가 그의 권력보다 훨씬 더 컸다. 공식 행사에 나타날 때면 그는 당당한 의상을 입고 보석으로 무겁게 치장했다. 총독의 모자만 해도 19만 4000두카트(485만 달러?) 상당의 보석을 달고 있었다.[19] 베네찌아 화가들은 그들의 붓끝에서 흘러나온 그 화려한 색채를 어쩌면 총독의 의상에서 배웠을 것이다. 그들의 가장 훌륭한 초상화는 공식 의상을 입은 총독의 초상화들이다. 베네찌아는 화려한 행사와 전시 효과를 통해서 한편으로는 외교관들과 방문객들에게 깊은 인상을 주고, 또 다른 한편으로는 주민에게도 두려움을 불러일으키고, 그 밖에도 사람들에게 권력 대신 화려한 볼거리를 제공했다. 심지어는 총독 부인조차도 화려한 대관식을 했다. 총독은 외국의 귀빈을 접대하고 국가의 모든 중요한 문서에 서명했다. 보통 1년 임기의 직책들 사이에서 종신직인 그의 영향은 지속적이고 깊이 스며드는 것이었다. 그러나 이론적으로 보면 그는 정부의 종이며 대변인에 지나지 않았다.

길고도 화려한 총독들의 행렬이 베네찌아 역사를 통해 행진해 간다. 그러나 국가의 특성이나 행운에 자기 개성의 흔적을 남긴 사람은 몇 명 되지 않는다. 토마소 모체니고가 죽어 가면서 유려한 연설을 했지만 대의회는 프란체스코 포스카리(F. Foscari)를 그의 뒤를 잇는 총독으로 선출함으로써 포스카리의 확장 정책을 선택했다. 마흔 살에 총독이 된 새 총독은 34년 동안 통치하면서 (1423~1457) 유혈과 혼란을 통해 베네찌아를 권력의 절정으로 이끌었다. 밀라노를 물리치고 베르가모, 브레시아, 크레모나, 크레마를 얻었다. 그러나 승리한 총독의 독재권이 커지자 10인위원회의 질투심이 일어났다. 그들은 그가 매수를 통해 총독에 선출되었다고 고발했다. 그리고 이것을 증명할 수 없자 아들 야코포가 밀라노와 반역적인 내통을 했다고 고발했다.(1445) 형차 고문의 위협을 받은 야코포는 유죄를 인정했다. 아니면 그런 척했다. 그는 루마니아로 귀양을 갔지만 머지않아 트레비소 근처에 사는 것을 허락받았다. 1450년에 10인위원회의 국가 재판관 한 사람이 암살당했다. 야코포가 이 범죄를 저질렀다는 의심을 받았다. 그는 극단적인 고문을 받고도 이 사실을 부인했다. 그는 크레타 섬으로 귀양을 갔고, 그곳에서 외로움과 슬픔으로 미쳐 버렸다. 1456년에 그는 다시 베네찌아로 돌아왔지만 다시 밀라노 정부와 내통했다는 고발을 당했다. 그는 그 사실을 시인했고 죽음 직전에 이르도록 고문을 받고 나서 다시 크레타로 돌아갔다. 그리고 곧 죽었다. 길고 인기 없는 전쟁의 고통과 책임을 스토아적인 꿋꿋함으로 견뎌 낸 늙은 총독은 자신의 권위로도 막을 수 없는 이 재판이 있기 전에 쓰러졌다. 여든여섯의 나이가 된 그는 공직의 부담을 감당할 수 없었다. 대의회가 2000두카트의 연금을 주어 그를 면직시켰다. 그는 은퇴하여 고향으로 갔다가 며칠 뒤 혈관이 터져 죽었다. 종탑의 종들이 새로운 총독의 취임을 알리고 있었다.

포스카리가 거둔 승리들로 인해 베네찌아는 모든 이탈리아 국가들의 미움을 샀다. 이렇듯 움켜쥐는 권력을 가까이 두고는 어떤 나라도 안전하다고 느낄 수가 없었다. 베네찌아에 맞선 동맹이 열 번 이상 이루어졌다. 마지막에(1508) 페라라, 만토바, 교황 율리우스 2세, 스페인의 페르디난드, 프랑스의 루이 12세, 신성로마제국의 막시밀리안 황제 등이 베네찌아를 파괴하기 위해 캉브레(Cambrai) 동맹을 맺었다. 레오나르도 로레다노(L. Loredano, 1501~1521)가 이 위기 때의 총독이었다. 그는 믿을 수 없는 끈기를 지니고 위기를 뚫고 주민들을 지휘했다. 이런 끈기는 죠반니 벨리니가 그린 잘생긴 그의 초상화에서는 일부만 알아볼 수 있다. 힘든 확장 정책의 백 년을 통해 베네찌아가 본토에서 얻은 거의 모든 땅을 이제 도로 빼앗겼다. 베네찌아는 포위되었다. 로레다노는 자신의 일을 찾아냈다. 귀족 계급은 감추어 둔 재산을 털어서 저항의 비용을 댔다. 무기 제조자들은 수많은 무기들을 제조했다. 희망 없는 상황에 빠진 것으로 보이는 베네찌아의 섬들을 방어하기 위해 모두가 무장하고 싸웠다. 베네찌아는 기적적으로 자신을 구하고 본토의 속령 일부를 되찾았다. 그러나 이런 노력은 그 재정과 정신을 피폐하게 만들었다. 로레다노가 죽었을 때(앞으로도 티찌아노의 37년, 틴토레토와 베로네제의 대부분이 남아 있었지만) 베네찌아는 부와 권력의 절정과 영광이 이미 끝났음을 깨달았다.

4. 베네찌아의 생활

15세기의 마지막 몇 십 년, 그리고 16세기의 처음 몇 십 년은 베네찌아 생활에서 가장 화려한 광채의 시기였다. 터키와는 평화를 이룩하고, 아프리카 지역과 대서양의 입구를 둘러싼 지중해 지역에서 아직 심각한 위축을 겪기 전이라 세계 무역을 통해 얻은 이익이 베네찌아 섬들에 쏟아져 들어오고 있었다. 그 돈으로 섬들마다 교회들을 세우고, 운하 주변으로 궁전들이 벽처럼 늘어서고, 궁전마다 소중한 금속과 값비싼 가구들로 가득 채우고, 여자들은 아름다운 의상과 보석으로 치장하고, 뛰어난 화가들을 잔뜩 배출하고, 벽걸이를 단 곤돌라의 화려한 축제와 가면을 쓰고 벌이는 사랑놀이가 흘러넘치고, 바다에는 노랫소리가 울려 퍼졌다.

하층민의 생활은 언제나 똑같이 노동으로 이루어졌다. 다만 이탈리아의 느긋함과 수다를 통해서, 그리고 부자들도 진한 향기를 풍기는 사랑의 즐거움을 빼고는 다른 아무것도 독점할 수 없다는 사실을 통해서 이런 일상이 견디기가 약간 더 쉬웠다. 위로 불룩 솟은 다리마다, 그리고 대운하에는 세계의 절반 지역에서 만들어진 생산품을 나르는 남자들로 법석였다. 다른 어떤 유럽 도시보다 이곳에 노예들이 더 많았다. 그들은 주로 이슬람교 지역에서 수입되었는데, 노동자가 아니라 집안의 하인, 개인 경호원, 유모, 첩 등으로 이용되었다. 피에트로 모체니고는 나이 일흔에 성적인 쾌락을 위해서 두 명의 터키 노예를 두었다.[20] 어떤 베네찌아 기록에 따르면 성직자 한 사람이 여자 노예를 다른 성직자에게 팔았는데, 산 사람은 그녀가 임신한 사실을 알고 다음 날 계약을 취소했다.[21]

상류층은 노예들을 두었어도 게으름뱅이는 아니었다. 그들 대부분은 성년이 되면 상업, 재정, 외교, 통치, 전쟁 등에서 활동했다. 우리가 가진 베네찌아 사람들의 초상화는 강하게 개성을 의식하고 있고, 자기들의 처소에 대해 자부심이 강하지만 진지한 의무감을 지닌 모습들을 보여 준다. 그들 중 소수만이 비단과 모피를 걸쳤다. 어쩌면 초상화를 그리는 화가들을 즐겁게 하기 위해서였던 듯하다. 젊은이들의 모임 '반바지회(La Compagnia della Scalza)'에 속한 청년들은 무늬를 넣어 짠 능라로 만든, 허리가 잘록 들어간 상의와, 금이나 은이나 다른 보석을 박아 넣은 줄무늬 반바지를 입었다. 그러나 젊은 애국자들은 대의

회의 의원이 될 때쯤에는 소박한 의상을 했다. 그들은 긴 토가를 입으라는 권고를 받았다. 토가는 남자에게는 품위를, 여자에게는 신비감을 주었다. 귀족들은 이따금 화려한 궁전이나 아니면 무라노나 다른 교외의 별장에서 방문객을 넉넉하게 대접할 때면 감추어진 부를 드러내곤 했다. 아니면 도시나 가족의 역사에서 어떤 행사를 할 때 그들의 부가 드러났다. 세속과 성직의 귀족이었던 추기경 그리마니는 라누치오 파르네제를 위해 화려한 향연을 베풀 때(1542) 손님을 3000명이나 초대했다. 그들 대부분은 벨벳으로 뒤덮이고 쿠션을 넣은 선실이 딸린 곤돌라들을 타고 왔다. 그는 그들에게 음악과 곡예, 줄타기, 춤, 저녁 식사 등을 제공했다. 그러나 이 시기 베네찌아 귀족들은 보통 절도 있게 먹고 옷을 입었고, 재산의 일부를 자신이 손수 벌었다.

아마도 중산층이 가장 행복한 계층이었으리라. 그들은 공적인 행사와 사적인 즐거움을 모두 가장 가벼운 마음으로 즐겼다. 그들은 교회의 하위 성직자, 정부의 관리, 그 밖에 의사, 변호사, 교육자, 또 산업체와 조합의 관리직, 외국과의 무역에 나타나는 수학적 계산, 역내 무역의 통제 등의 일을 했다. 부자들처럼 행운을 잡으려고 법석을 떨지도 않았고, 가난한 사람들처럼 애들을 먹이고 입힐 근심에 시달리지도 않았다. 다른 계층 사람들처럼 그들도 카드놀이, 주사위, 혹은 장기놀이 등을 했지만 망할 정도로 도박에 빠져들지는 않았다. 그들은 악기를 연주하고 노래하고 춤추는 것을 즐겼다. 그들의 집이나 공동 주택은 작았다. 그래서 그들은 거리에서 산책을 하거나 안뜰 삼아 서로 교류했다. 모든 교통은 운하를 통해 이루어지기 때문에 길거리에는 말과 마차가 거의 없었다. 그래서 이들 덜 심각한 계층의 사람들은 저녁이나 축제일 같은 때 공공 광장에서 즉석 춤이나 합창을 하는 일도 드물지 않았다. 그리고 유명한 작곡가 아드리안 빌라르트(Adrian Willaert)가 성 마르코 성당의 이중 성가대 합창을 지휘하게 되었을 때는 수천 명의 사람들이 이 자랑거리를 보러 몰려들었다. 그리고 한동안은 첫째로 그리스도교도이고 둘째로 베네찌아 사람이라 느꼈다.

이 도시에는 교회, 광장, 바다가 어우러져 있기에 베네찌아 축제는 유럽에서 가장 훌륭한 것이었다. 화려함과 축제 행렬을 펼칠 핑계는 아주 많았다. 총독의 취임, 종교적 축일이나 국가 경축일, 외국 귀빈의 방문, 다행스러운 평화 조약의 체결, 여성들의 축제일, 성 마르코 축일과 또 각 조합 수호 성인들의 축일. 14세기에는 마상 창 시합이 축제의 으뜸 행사였다. 1491년 퇴위한 키프러스 여왕을 국가가 당당히 맞아들일 때에도 크레타 군대 병사들이 얼어붙은 대운하 위에서 창 시합을 벌였다. 그러나 이런 해군 국가에서 마상 창 시합이란 적절하지 않은 것으로 보였다. 그래서 천천히 일종의 물의 축제인 보트 경기가 벌어졌다. 해마다 벌어지는 가장 큰 축제는 '바다와의 결혼식(Sposalizio del Mare)'이었다. 이것은 가장 평온한(La Serenissima) 베네찌아가 아드리아 해와 벌이는 엄숙하고 화려한 결혼식이다. 1493년 베아트리체 데스테가 밀라노의 로도비코의 매혹적인 대사 자격으로 베네찌아를 방문했을 때 대운하는 크리스마스 때처럼 전체가 화려한 거리같이 꾸며졌다. 총독의 배인 부친토로가 자주색과 금색으로 단장하고 그녀를 마중하러 나왔다. 화환과 깃발로 장식한 수많은 배들이 노를 젓거나 돛을 올리고 부친토로를 따라 나왔기에 1.6킬로미터 길이 동안 물이 보이지 않을 정도였다.

이 기회에 베네찌아에서 쓴 편지에서 베아트리체는 그녀를 맞아들이기 위해서 총독의 궁전에서 무언극(momaria)이 베풀어진 것을 서술하고 있다. '모마리(momari)'라 불리는, 가면을 쓰고 등장한 배우들이 대부분 팬터마임으로 진행한 연극적인 구경거리였다. 베네찌아 사람들은 이런 식으로 다양한 행사들을 좋아했다. 그들은 1462년까지 중세의 '신비극'을 고수했다. 그러나 대중은 이런 종교적 연극들의 맨 처음에 느슨하고 혼란스럽게 구성된 인물이 나타나 전체를 도입하거나 아니면 중간에 희극적 막간극을 끼워 넣을 것을 요구했다. 이런 막간극은 이해에는 금지되었다. 그러나 인문주의 운동이 이탈리아 사람들에게 다시 고전 희극을 만나게 해 주었다. 반바지회원들과 다른 그룹들에 의해서 플라우투스와 테렌티우스가 무대에 등장하게 되었다. 1506년에는 수도사이며 배우이자 음악가인 프라 죠반니 아르모니오가 에레미타니 수도원에서 라틴어로 「스테파니움(Stephanium)」을 공연했다. 최초의 현대 희극이었다. 이것을 시작으로 베네찌아 희극은 계속 발전하여 골도니(Goldoni, 18세기 이탈리아의 대표적 희극 작가. 베네찌아 출신)까지 이르게 된다. 베네찌아 희극은 즉흥 희극 코메디아 델라르테에 등장하는 아를레키노와 판탈로네와 경쟁을 하곤 했다. 또 때에 따라 이런 희극의 유머는 전혀 절제를 몰랐기에 교회와 국가가 베네찌아의 연극 무대와 전쟁을 벌이기도 했다.

세속적인 방탕 및 신성 모독은, 정통 신앙 및 주일의 경건함과 함께 이탈리아인의 성격에 들어 있었다. 베네찌아 사람들은 일요일과 축제일이면 성 마르코 성당에 빽빽하게 모여들어 그곳의 모자이크나 조각상이나 돋을새김에 그려진 두려움과 희망의 종교적 치료제를 들이마셨다. 기둥이 늘어선 동굴 같은 교회의 신중한 어두움은 성상들과 설교의 효과를 집중시켜 주었다. 심지어는 창녀들도 피곤한 밤을 보내고 난 다음이면 그들의 직업의 표지로 달도록 되어 있는 노란 손수건을 잠시 감추고는 이리로 와서 기도로 자신들을 깨끗하게 씻었다. 베네찌아 원로원은 사람들의 경건함을 좋아했다. 그래서 총독과 국가를 온갖 종교적 제의의 경외심으로 둘러쌌다. 콘스탄티노플이 함락되고 난 다음 베네찌아는 큰돈을 들여 동방 성인들의 유품을 사들이고, 그리스도가 입었다는 솔기 없는 겉옷을 사기 위해 1만 두카트를 내놓았다.

페트라르카가 신들의 모임과 비슷하다고 보았던[22] 그 원로원은 교회의 권위를 거듭 비웃었다. 그리고 가장 중요한 교황의 파문령과 성무정지령을 거듭 무시하고 심각한 회의주의자들에게 피난처를 제공했다.(1527년까지)[23] 원로원은 유대인을 공격했다는 이유로 어떤 수도사를 예리하게 비난했으며, 베네찌아 안에서는 교회를 국가의 속령으로 삼으려 했다. 베네찌아 주교들은 국가에 의해 선출되었고 로마에는 승인만 요청했다. 이런 임명은 교황이 인정하기를 거부하는 경우에도 여전히 효력을 발휘했다. 1488년 이후로 베네찌아 사람 말고는 누구도 베네찌아 주교로 임명될 수 없었다. 그리고 베네찌아 영토에서는 정부가 승인하지 않은 성직자는 절대로 수입을 거두어들이거나 사용할 수 없었다. 교회와 수도원들은 국가의 감독에 따라야 했고, 성직자는 공직을 맡을 수 없었다.[24] 수도원에 주어진 모든 유산은 국가에 세금을 지불했다. 교회의 영역은 세심하게 감시되었고, 죄를 지은 성직자는 죄를 지은 속인과 동일한 형벌을 받았다. 공화국은 종교 재판의 도입을 오래 거부했다.[25] 마침내 굴복하고 그것을 받아들였을 때 베네찌아 종교 재판관의 모든 판결은 원로원 위원회의 검토와 승인을 받도록 정했다. 세속의 문제에서 공화국은 "신의 권위를 빼고는 상관을 인정하지 않는다."는 원칙을 자랑스럽게 고수했다.[26] 또 공개적으로 교회의 세계공의회가 교황보다 상위에 있으며, 교황의 명령에 대해 미래의 공의회에 항소할 수 있다는 원칙을 받아들였다. 식스투스 4세가 베네찌아에 성무금지령을 내렸을 때(1483) 10인위원회는 모든 성직자에게 그들의 성무를 평소처럼 계속하라고 명령했다. 율리우스 2세가 베네찌아에 대한 전쟁의 일환으로 성무금지령을 다시 내렸을 때 10인위원회는 베네찌아 영토에서 성무금지령의 출판을 금지시키고, 로마에 있는 베네찌아 대리인들은 성 베드로 대성당의 문에 미래의 공의회를 향한 항소 소장을 붙였다.(1509)[27] 율리우스 교황이 전쟁에 승리하고, 베네찌아에 교황의 영적 권위를 절대적인 것으로 받아들이도록 했다.

전체적으로 보면 베네찌아의 생활은 그 정신보다는 장치가 더 매력적이었다. 정부는 유능했고 위기에 직면했을 때 높은 용기를 보였다. 그러나 이따금 잔인하고, 항상 이기적이었다. 베네찌아 정부는 베네찌아가 이탈리아의 일부라고 생각하지 않았다. 그리고 이렇게 분열된 나라에 어떤 비극이 닥칠지 전혀 근심하지 않은 것으로 보인다. 베네찌아는 강력한 개성들을 발전시켰다. 자립적이고 날카롭고 탐욕스럽고 용감하고 자부심이 강한 사람들이었다. 그들이 후원해 준 화가들이 그린 초상화에서 이런 사람들을 백 명쯤 볼 수 있다. 피렌쩨와 비교하면 베네찌아는 섬세함과 깊이가 부족했다. 또 로도비코 치하의 밀라노와 비교하면 아름다움과 우아함이 부족했다. 그런데도 이것은 역사가 알고 있는 가장 다채롭고 화려하고 감각적으로 매혹하는 문명이다.

5. 베네찌아의 미술

1. 건축과 조각

감각적인 색채가 베네찌아 미술의 핵심이다. 심지어는 건축도 그렇다. 베네찌아의 많은 교회와 집, 그리고 상업적인 건물들은 정면부에 모자이크나 벽화들을 보여 준다. 성 마르코 성당의 정면부는 아무렇게나 붙인 장식과 금으로 빛난다. 거의 10년 단위로 여기에 새로운 형식과 약탈물이 덧붙여져 이 위대한 교회의 얼굴은 건축, 조각, 모자이크의 기묘한 뒤범벅이 되고 말았다. 이런 뒤범벅 속에서 장식이 전체 구조를 익사시키고 부분은 전체를 잊었다. 이 정면부를 제대로 감상하기 위해서는 173미터 떨어진 성 마르코 광장의 다른 편 끝에 가서야 한다. 이런 거리를 두어야 비로소 로마네스크 현관, 고딕 첨탑 지붕, 고전 양식의 기둥, 르네상스 양식의 난간, 비잔틴 양식의 둥근 지붕 등이 한데 어우러져 알라딘의 마법의 꿈을 만들어 내는 것을 보게 된다.

광장은 당시에는 오늘날처럼 넓고 당당하지 않았다. 15세기에 광장은 아직 포장이 되지 않았다. 일부는 포도나무와 다른 나무들이 차지했고, 또 채석장과 변소가 있었다. 1495년에 벽돌로 포장되었으며 1500년에 알레싼드로 레오파르디(A. Leopardi)가 세 개의 깃대를 세우기 위해 후세 사람 누구도 능가할 수 없는 받침대를 세웠다. 그리고 1512년에 바르톨로메오 부온 2세가 당당한 종탑을 만들었다. (이것은 1902년에 붕괴되었지만 같은 모습으로 다시 세워졌다.) 성 마르코 광장의 행정 장관 건물은 그리 만족스럽지는 않다. 옛 건물과 새 건물이 1517년과 1640년 사이에 지어져서 광장의 북쪽과 남쪽을 거대하고 획일적인 정면부로 둘러싸고 있다.

성 마르코 광장과 대운하 사이에 베네찌아 시(市)의 주요 얼굴인 총독 궁전이 있다. 이 건물은 하도 개축을 거듭해서 원래의 형태는 거의 남아 있지 않다. 피에트로 바세지오는 운하를 내다보는 남쪽 날개 부분을 다시 지었다. (1309~1340) 죠반니 부온과 그 아들 바르톨로메오 부온 1세는 서쪽 날개 부분,

혹은 피아쩨타 정면부를 세우고 고딕 양식으로 '문서의 문(Prota della Carta, 1438~1443)'*을 북서쪽 코너에 세웠다. 우아한 고딕 양식의 기둥들과 발코니가 있는 이 남쪽 정면부와 서쪽 정면부는 르네상스의 가장 행복한 산물들로 꼽힌다. 정면부의 조각상들과 기둥머리에 붙은 조각들은 대부분 14세기와 15세기의 것이다. 존 러스킨(19세기 영국의 문필가, 비평가)은 이들 기둥 중의 하나가 (아담과 이브의 모습 아래 있는 것) 유럽에서 가장 아름다운 기둥이라 생각했다. 안마당에는 바르톨로메오 부온 1세와 안토니오 리쬬가 프란체스코 포스카리의 이름을 따서 포스카리 아치라 불리는 장식 아치를 세웠는데, 세 가지 건축 양식을 섞어 놀라울 정도의 조화를 이룬다. 르네상스 기둥 및 가로대, 로마네스크 아치, 고딕 첨탑 등이다. 아치의 우묵벽에는 리쬬가 두 개의 이상한 조각상을 세웠다. 아담은 자신이 죄가 없다고 항변하고, 이브는 지식에 대해 벌을 받는 것을 이상하게 여긴다. 안마당의 동쪽 정면부는 리쬬가 설계하고 피에트로 롬바르도가 완성했는데, 둥글고 뾰족한 아치들이 르네상스 처마 장식 및 발코니와 즐겁게 결합되어 있다. '거인들의 계단(Scala de' Giganti)'을 설계한 사람도 리쬬이다. 이 계단은 안마당에서 2층으로 올라가는 계단으로, 야코포 산소비노가 계단 위쪽에 세워 놓은 마르스와 넵튠(포세이돈)의 초대형 조각상으로 인해 이런 이름을 얻었다. 이 두 조각상은 베네찌아가 육지와 바다의 지배자임을 상징한다. 건물 내부에는 죄수들의 감방, 행정실, 접견실, 대의회 회의실, 원로원실, 10인위원회실 등이 있다. 이런 방들은 머지않아 미술사에서 가장 당당한 벽화들로 꾸며진다.

    공화국이 건축의 보석으로 자신을 꾸미는 동안, 쥬스티니아니 가문, 콘타리니 가문, 그리티 가문, 바르바리 가문, 로레다니 가문, 포스카리 가문, 벤드라미니 가문, 그리마니 가문 등 부자 귀족들은 대운하 주변에 자신들의 궁전을 세웠다. 오늘날 우리가 보는 것처럼 퇴락한 상태가 아니라 15세기와 16세

---

* 바로 이 옆에 원로원이 법령을 공지하던 게시판이 있었기 때문에 이런 이름으로 불린다.

기 전성기의 형태로 이 궁전들을 생각해 보아야 한다. 흰 대리석이나 반암이나 사문석 뱀무늬 돌로 만든 정면부, 고딕 양식 창문과 르네상스 양식 기둥들, 또 물을 향해 열려 있는 조각된 정문들, 조각, 분수, 정원, 벽화, 납골 단지들로 꾸며진 감추어진 안마당, 내부 장식은 타일이나 대리석 바닥이 깔려 있고 위풍당당한 난로, 상감된 가구, 무라노 산(産) 유리, 비단으로 만든 닫집, 금이나 은 천으로 된 벽걸이, 청동에 도금하거나 에나멜을 칠하거나 돈을새김한 샹들리에, 소란 반자(작은 우묵벽)로 꾸며진 천장, 그 이름이 전 세계에 알려진 화가들이 그린 벽화들, 예를 들면 포스카리 궁전은 쟌 벨리니, 티찌아노, 틴토레토, 파리스 보르도네, 베로네제 등의 그림들로 장식되어 있다. 이런 방들은 안락하다기보다는 오히려 위풍당당하고, 의자들은 너무 등이 꼿꼿하고, 창문으로는 바람이 들어오고, 게다가 방과 사람을 동시에 따뜻하게 해 줄 수 있는 난방 시설이 없다. 일부 베네찌아 궁전들은 20만 두카트의 비용이 들었다. 1476년에 나온 법은 방 하나에 건축비 150두카트를 넘지 못하게 제한을 가하지만 그래도 여전히 부대 설비와 가구 비용이 2000두카트에 이르는 방들에 관해 읽을 수가 있다. 아마도 가장 장식적인 궁전은 '황금의 집(카 도로)'일 것이다. 이곳의 주인 마리노 콘타리니가 건물 정면부의 대리석을 거의 남김 없이 도금된 물품으로 장식했기 때문에 이런 이름을 얻었다. 이 궁전의 고딕 발코니와 고딕 창의 격자 장식은 오늘날에도 대운하에서 가장 아름다운 정면부를 자랑하고 있다.

 이들 백만장자들은 자기들의 둥지를 화려하게 장식하면서 별로 중요하지 않은 충성심의 기점들을 위해서는 상당히 돈을 절약했다. 이상하게 들리지만 성 마르코 성당은 1807년까지는 베네찌아의 대성당이 아니었다. 공식적으로 이 성당은 총독의 개인 예배당 겸 도시 수호 성인의 사당이었다. 이것은 이른바 국가 종교에 속하는 것이었다. 주교직은 도시 북동쪽 구석에 자리 잡은 작은 성당 성 피에트로 디 카스텔로에 부속되어 있었다. 도미니크 수도회는 똑같이 멀리 떨어진 구역에 자리 잡고 있었다. 바로 성 죠반니와 바울 성당이었다. 이곳에 젠틸레 벨리니와 죠반니 벨리니가 잠들어 있다. 역사에 더욱 중요한 것은 프란체스코 수도사들의 교회이다. 산타 마리아 글로리오사 데이 프라리 (1330~1443)는 줄여서 프라리, 곧 수도사 교회라고 알려진 곳이다. 이것은 밖에는 아무런 표시도 없지만 내부는 유명한 베네찌아 사람들의 무덤으로 세월을 두고 명성을 얻었다. 프란체스코 포스카리, 티찌아노, 카노바 등의 인물들과, 또 미술관으로서 명성을 얻었다. 이곳에 안토니오 리찌가 총독 니콜로 트론을 위해 고귀한 기념비를 제작했다. 쟌 벨리니는「프라리의 성모」를, 티찌아노는「페사로 가문의 성모」를 내놓았다. 특히 티찌아노의「성모의 승천」이 강단 뒤에 장엄한 모습으로 나타난다. 그에 조금 못미치는 걸작들이 아래 급의 교회들을 장식했다. 성 짜카리아 교회는 죠반니 벨리니와 팔마 베키오의 성모들을 신도들에게 보여 주었다. 산타 마리아 델 오르토 교회는 틴토레토의「성모의 선물」과 또 화가의 유골을 간직하고 있다. 성 세바스찌아노는 베로네제의 유골과 그의 가장 아름다운 회화 몇 점을 간직하고 있다. 성 살바토레 교회를 위해 티찌아노는 아흔한 살에「수태고지」를 그렸다.

베네찌아 교회와 궁전들의 건축과 장식에서 중요한 건축가 및 조각가 집안이 지속적인 역할을 했다. 롬바르디(Lombardi) 사람들은 북서부 이탈리아에서 베네찌아로 왔기 때문에 이런 성(姓)을 얻었는데, 본래 성은 솔라리였다. 그들 중에는 로도비코와 베아트리체의 조각상을 만든 크리스토포로 솔라리와, 그의 동생인 화가 안드레아도 있었다. 두 사람은 베네찌아에서도 밀라노에서처럼 일을 잘했다. 피에트로 롬바르도는 베네찌아의 20군데 건물에 자신의 흔적을 남겼다. 그와 두 아들 안토니오와 툴리오는 성 죠베 교회와 산타 마리아 데 미라콜리 교회를 설계했는데 오늘날 취향에는 잘 맞지 않는다. '성 죠반니와 파올로 교회'에 피에트로 모체니고, 니콜로 마르첼로의 기념묘를 만들었고, 트레비소 대성당에 짜네티 주교의 무덤을, 라벤나 교회에는 단테의 무덤을 만들었다. 그리고 뒷날 바그너가 죽은 장소인 벤드라민칼레르지 궁전을 지었다. 이들 대부분의 기획에서 그들은 조각과 건축 설계 양쪽에 다 참여했다. 피에트로는 총독 궁전에 있는 건축 및 조각 작품을 직접 만들었다. 툴리오와 안토니오는 알레싼드로 레오파르디의 도움을 받아 성 죠반니와 파올로 교회에 안드레아 벤드라민의 기념묘를 만들었다. 이 작품은 교회 앞 광장에 베로키오와 레오파르디가 만든 「콜레오니」상을 빼고 베네찌아에서 가장 위대한 조각 작품이다. 근처에 있는 성 마르코 학교, 혹은 성 마르코 수도회를 위해서 피에트로 롬바르도는 풍부한 정문과 이상한 정면부를 설계했다. 마지막으로 산테 롬바르도는 틴토레토의 56점의 회화로 유명한 성 로코 학교 건축에 동참했다. 전체적으로 이 집안의 작업을 통해서 기둥, 처마 도리, 장식된 박공벽 등의 르네상스 양식이 고딕 양식의 맞보와 첨탑, 그리고 비잔틴 양식의 둥근 지붕을 넘어서고 있다. 그러나 베네찌아에서 르네상스 건축은 아직도 동방의 영향 아래서 불안정한 상태에 있었다. 지나치게 장식적이고, 또 이런 장식들로 해서 그 선이 명료하지가 않다. 새로운 양식에 명료하고도 조화로운 형태를 부여하기 위해서는 로마의 분위기와 고전 전통이 더 필요했다.

2. 벨리니 사람들

베네찌아 예술의 영광은 성 마르코 성당과 총독 궁전 다음으로는 그 회화에 있다. 많은 힘들이 합쳐져 화가들을 후원하는 분위기를 만들어 냈다. 다른 곳에서도 마찬가지지만 여기서도 교회는 신도들에게 그리스도교 이야기를 들려주어야 했다. 당시 글을 읽을 수 있는 사람은 극소수였다. 교회는 덧없이 사라져 버리는 설교의 효과를 지속시키기 위해서 그림과 조각상들을 필요로 했다. 그래시 세대마다, 교회마다, 수도원마다 「수대고지」, 「그리스도의 탄생」, 「경배」, 「성모 마리아가 엘리자베트를 방문함」, 「문안」, 「어린이 학살」, 「이집트로 도망감」, 「그리스도의 변모」, 「최후의 만찬」, 「십자가에 매달림」, 「그리스도의 매장」, 「부활」, 「승천」, 「순교」등의 그림이나 조각을 소장하려 했다. 분리할 수 있는 그림들이 빛이 바래거나 신도들에게 지겹게 느껴지면 이런 그림들은 수집가나 박물관에 팔 수도 있었다. 이런 그림들은 정기적으로 청소되고, 이따금 다시 그려지거나 수정되었다. 그것을 그린 화가들이 오늘날 되살아난다면 아마 자기 그림을 알아보지 못할 것이다. 물론 벽에서 분리해 낼 수 없는 벽화의 경우에는 이런 일이 해당되지 않았다. 이따금 이런 치명적인 문제를 피하기 위해서 그림을 캔버스에 그린 다음 벽에 붙이는 경우도 있었다. 대의회실 같은 곳의 그림들이 그렇다. 베네찌아에서 국가는 벽화를 차지하기 위해 교회와 경쟁을 벌였다. 벽화들은 정부의 장엄한 행사와 무역이나 전쟁의 승리를 찬양함으로써 애국심과 자부심을 고취시켰다. 학교들도 수호성인이나 연례 축제 행사를 기념하기 위해서 벽화나 그림이 그려진 기(旗)들을 주문하는 경우가 있었다. 부자들은 바깥 풍경의 아름다움이나 실내에 있는 사랑하는 여인의 모습을 자기들의 궁전의 벽에 갖고 싶어 했다. 그들은 명성의 덧없음을 잠시 잊기 위해 초상화를 그리게 했다. 상원은 모든 총독의 초상화를 주문했다. 성 마르코 광장에 있는 행정관들조차도 무관심한 후세를 위해 자기들의 모습을 보존하려고 했다. 베네찌아에서 초상화와 이젤 그림은 최고의 인기를 누렸다.

15세기 중엽까지 베네찌아 회화는 천천히 발전했다. 베네찌아 사람들이 여기에 자기들이 사랑하기 시작한 색채와 삶을 담을 수 있음을 깨달았을 때, 아침 햇살을 받은 꽃처럼 베네찌아 회화는 유례없는 광채를 내기 시작했다. 색채를 향한 베네찌아 방식의 직감은 어쩌면 동쪽에서 온 것인지도 모른다. 상인들은 상품뿐만 아니라 동방의 사유와 취향도 함께 수입해 들였고, 빛나는 타일과 도금된 둥근 지붕의 기억도 함께 가져왔다. 그리고 베네찌아 시장이나 교회나 가정에 동방의 비단, 공단, 벨벳, 능라, 금이나 은을 짜 넣은 천 등을 보여 주었다. 베네찌아는 스스로 동방의 국가인지 서방의 국가인지 마음을 정하지 못했다. 리알토에서 동양과 서양이 만났다. 오델로와 데스데모나는 남편과 아내가 될 수 있었던 것이다. 베네찌아와 그곳의 화가들이 동양에서 그 색채를 배울 수가 없었다면, 그들은 베네찌아의 하늘에서 그것을 배울 수가 있었다. 빛과 안개의 무한한 다양성, 종탑과 궁전들을 스치는, 혹은 바닷물에 반사된 석양의 광채에서 말이다. 베네찌아 군대와 함대가 거둔 승리들, 거의 위협적으로 다가온 파멸에서 영웅적으로 다시 일어선 것 등이 후원자와 화가들의 자부심과 상상력을 일깨우고, 자기들의 모습을 미술 작품에 새겨 넣었다. 부유함은 스스로 선함, 아름다움, 참됨 등으로 바뀌지 않는 한 아무 의미가 없다는 사실을 깨달았다.

베네찌아 유파의 생성을 위해 외적인 자극 하나가 덧붙여졌다. 1409년에 대의회의 회의실을 장식하기 위해 젠틸레 다 파브리아노(G. d. Fabriano)가 초빙되었다. 안토니오 피사노, 혹은 피사넬로도 베로나에서 이쪽으로 왔다. 그들이 얼마나 훌륭하게 일을 했는지는 알 수 없지만 어쨌든 그들은 베네찌아 화가들을 자극해서 어둡고 경직되고 서열의 형태를 지닌 비잔틴 전통과 죠토 유파의 창백하고 생명력 없는 형태 대신에 부드러운 윤곽과 더욱 풍부한 색채가 대체하도록 만들었다. 그리고 그보다는 약한 영향이 죠반니 달라마냐(1450년 사망)와 더불어 알프스 북쪽에서도 온 듯하다. 그러나 죠반니는 무라노와 베네찌아에서 성장하고 미술을 공부했던 것으로 보인다. 그는 처남인 안토니오 비바리니와 더불어 성 짜카리아 교회를 위해서 제단화를 그렸다. 이 제단화의 인물들은 벨리니의 작품을 알리는 우아함과 부드러움을 갖기 시작한다.

가장 큰 영향은 시칠리아나 아니면 플랑드르 지방에서 왔다. 안토넬로 다 메씨나(A. d. Messina)는 상인으로 성장했고, 젊은 시절에만 해도 자신의 이름이 미술사에서 수백 년 동안이나 전해지게 되리라고는 생각지 못했을 것이다. 나폴리에서 그는(어쩌면 낭만적인 이야기일지도 모르는 바사리의 이야기를 받아들인다면) 브뤼게에 사는 피렌쩨 상인들이 알폰소 왕에게 보낸 유화 한 점을 보았다. 치마부에(Cimabue, 1240년경~1302년경)부터 안토넬로(1430~1479)에 이르기까지 목재나 캔버스에 그린 이탈리아 회화는 템페라 물감(안료를 아교풀과 섞은 것)에 의존했다. 이 물감은 거친 표면을 남기고, 섬세한 명암과 농담을 표현하기 위한 혼합에 적절하지가 않아서 화가가 죽기도 전에 틈이 갈라지고 색채가 바래는 경향이 있었다. 안토넬로는 안료를 오일과 섞는 것의 이점을 알아보았다. 그것은 혼합하기가 더 쉽고, 다루거나 씻어 내기도 쉽고, 마무리도 밝으며, 더욱 위대한 결과를 만들어 냈다. 베네찌아에 가게 되자 그는 ("여자들과 쾌락에 완전히 중독"[28]되어) 이 도시에 홀딱 반했다. 그는 생애의 마지막을 그곳에서 보냈다. 상업을 포기하고 그림에 모든 노력을 다 바쳤다. 성 카씨아노의 교회를 위해서 그는 유화로 제단화를 하나 그렸는데, 이것은 수많은 다른 작품들의 모범이 되었다. 성모가 옥좌에 앉아 네 명의 성인들을 거느리고 있으며, 그 발치에는 음악 천사들이 있다. 능라와 공단으로 된 의상에는 베네찌아 색채가 가득하다. 안토넬로는 이런 새로운 방법에 대한 지식을 다른 화가들에게도 알려 주었고, 그래서 베네찌아 유파의 위대한 시대가 시작되었다. 많은 귀족들이 초상화를 그리기 위해 그의 앞에 앉았고, 그중 일부는 오늘날까지 남았다. 파비아에 있는 거칠고 강인한 「시인」, 루브르에 있는 「용병대장」, 필라델피아 존슨 소장품에 들어 있는 통통하고 짓궂은 모습의 「남자의 초상」, 뉴욕에 있는 「젊은 남자의 초상」, 그리고 런던에 있는 「자화상」 등이다. 성공의 절정에서 안토넬로는 병으로 쓰러졌고, 그것이 늑막염이 되어 마흔아홉의 나이로 죽었다. 베네찌아 화가들은 그에게 화려한 장례식을 해 주고, 너그러운 비문을 써서 감사의 마음을 표현했다.

이 땅에는 메씨나와 시칠리아의 최고 자랑인 화가 안토니우스가 묻혔다. 유일한 기술과 아름다움으로 단연 두드러진 그림 때문에 유명할 뿐만 아니라 대단한 열성과, 물감을 오일과 섞는 다함없는 기술로 그는 이탈리아 회화에 처음으로 광채와 영원성을 가져왔다.[29]

베네찌아에서 젠틸레 다 파브리아노의 제자들 중에는 야코포 벨리니(Iacopo Bellini)가 있었다. 그는 르네상스 미술에서 짧지만 핵심을 이루는 한 왕조를 창시한 사람이다. 견습 기간이 끝난 다음 베로나, 페라라, 파도바 등지에서 그림을 그렸다. 파도바에서 그의 딸은 안드레아 만테냐와 결혼했다. 그를 통해서, 그리고 야코포가 직접 스콰르치오네의 영향을 받아들였다. 베네찌아로 돌아오면서 그는, 약간의 은유를 섞어 말하자면, 파도바 기술의 탁본과 피렌쩨의 메아리를 가져왔다. 이 모든 것과 베네찌아의 전통과, 뒷날에는 안토넬로의 오일의 비결이 합쳐져 야코포의 아들들에게 전해졌다. 경쟁하는 천재들인 젠틸레 벨리니와 죠반니 벨리니이다.

젠틸레가 스물세 살 때 가족은 파도바로 이사했다.(1452) 그는 매제인 만테냐의 영향을 친숙하게 느꼈다. 파도바 대성당에 있는 오르간 덮개를 그릴 때 그는 에레미타니 벽화의 힘든 모습들과 대담한 단축을 지니칠 정도로 조심스럽게 따라했다. 그러나 베네찌아에서 그린 성 로렌쪼 쥬스티니아니의 초상화에는 새로운 부드러움이 나타난다. 1474년에 상원은 그와 이복동생인 죠반니에게 대의회 회의실에 14개의 장면을 그리는, 혹은 다시 그리는 일을 맡겼다. 이 캔버스 그림들은 유화로 그려진 최초의 베네찌아 회화들에 속한다.[30] 이 그림들은 1577년에 파손되었지만 남아 있는 스케치들은 젠틸레가 이 그림을 위해서 자기에게 특징적인 이야기 방식을 사용했음을 보여 준다. 이것은 중심 사건이 중앙에 그려지고, 10개 이상의 에피소드들이 둘레에 배치되는 방식이다. 바사리는 이 그림들을 보고 그 사실성, 다양성, 복잡성에 경탄했다.[31]

술탄 마호메트 2세가 베네찌아 상원에 훌륭한 초상화가 한 사람을 보내 달라고 요청했을 때 젠틸레가 뽑혔다. 콘스탄티노플에서(1474) 그는 에로틱한 그림들로 술탄의 방들과 정신에 활기를 불어넣었다. 그리고 술탄의 초상화(런던)와 메달(보스턴) 하나를 만들었다. 둘 다 전문가의 손길로 강력한 개성이 표현되어 있다. 마호메트는 1481년에 죽었다. 그의 후계자는 이슬람교 신앙에 충실한 사람이었고, 그래서 인간의 모습을 그리는 것을 금지한 회교 율법을 지켰다. 젠틸레가 터키의 수도에서 그린 작품들 중에서 잎의 두 점을 빼고 니머지는 이리저리 흩어져 망각 속에 묻히고 말았다. 다행스럽게도 젠틸레는 옛날 술탄이 준 선물과 장식품들을 잔뜩 싣고 1480년에 베네찌아로 돌아왔다. 그는 총독 궁전에서 일하는 동생 죠반니와 합세해서 상원과의 계약을 지켰다. 상원은 그에게 연간 200두카트의 은퇴 연금을 주어 보상했다.

말년에 그는 가장 위대한 그림들을 그렸다. 복음서 기록자 성 요한의 조합은, 기적을 행하는 진짜 십자가의 일부인 성 유물을 가지고 있다고 믿었다. 조합은 젠틸레에게 세 점의 회화에 이 이야기를 묘사해 달라고 청했다. 성 유물이 환자를 낫게 하는 것, 이 십자가를 들고 가는 성체 축일의 행렬, 그리고 잃어버린 부분을 기적적으로 찾아내는 이야기 등이다. 첫 번째 그림은 시대의 화려함을 만들어 냈다. 젠틸레가 일흔 살에 그린 두 번째 그림은 유명인과 성가대원과 촛대를 든 사람들이 성 마르코 성당을 배경으로 성 마르코 광장 주변을 행진하는 그림인데 오늘날의 모습과 아주 비슷하다. 세 번째 그림에서 일흔네 살 노인은 성 유물이 성 로렌쪼 운하에 떨어진 것을 그렸다. 샛길과 여러 다리 위에 빽빽하게 몰려 있던 사람들이 공포에 사로잡혀 있고 일부는 무릎을 꿇고 기도한다. 그러나 안드레아 벤드라민은 물속으로 뛰어들어 성 유물을 찾아내고, 성 유물에 의해 위로 떠올라 전혀 손상을 입지 않은 위엄으로 해변을 향해 움직인다. 이 빽빽한 캔버스에 그려진 모든 인물은 사실주의적인 정밀성으로 표현되어 있다. 그리고 화가는 다시 한 번 이 주요 사건과 관련된 에피소드들을 그 둘레에 배치시키고 있다. 배 한 척이 부두를 빠져나가고, 곤돌라 노를 젓는 사람들은 유물의 재발견을 구경한다. 그리고 벌거벗은 무어 사람 하나는 물에 뛰어들 포즈를 취하고 있다.

젠틸레의 가장 위대한 작품은(브레라) 일흔여섯의 나이에 그가 속한 성 마르코 수도회를 위해 그린 것이다. 이 그림은 알렉산드리아에서 설교하는 성 마르코의 모습을 보여 준다. 언제나 그렇듯이 군중이 몰려 있다. 젠틸레는 인간을 대량으로 그리곤 했다. 그는 일흔여덟 살에 죽었고(1507) 그가 남긴 그림은 동생 죠반니가 완성했다.

죠반니 벨리니(혹은 쟌 벨리니, 쟘벨리노)는 젠틸레보다 겨우 두 살 아래였지만 그보다 9년이나 더 살았다. 86년의 생애 동안 그는 자기 예술의 전 영역을 펼쳐 보였다. 다양한 장르들을 섭렵했고, 베네찌아 회화에 최초의 절정을 가져왔다. 파도바에서 그는 만테냐의 힘들고도 조각 같은 방식을 흉내 내지 않으면서 그 기술을 흡수했다. 베네찌아에서는 안료를 오일과 섞는 새로운 방법을 유례없이 성공적으로 받아들였다. 그는 색채의 영광을 드러낸 최초의 베네찌아 사람이었다. 동시에 그는 선의 우아함과 정교함을 얻었고, 감정의 섬세함, 해석의 깊이 등을 얻었기에 형이 살아 있는 동안에도 이미 그가 베네찌아에서 가장 위대하고 가장 수요가 많은 화가가 되었다.

교회들과 조합들, 그리고 개인 후원자들은 그가 그린 성모의 모습에 물릴 줄을 몰랐던 듯하다. 그는 10개국 이상에 100가지 모습을 한 성모 그림들을 남겼다. 베네찌아 아카데미만 해도 다음과 같은 성모화들을 갖고 있다. 「성모와 잠자는 아기 예수」, 「성모와 두 여자 성인」, 「성모와 아기」, 「알베레티의 성모」, 「성모와 성 바울과 성 조지」, 「옥좌에 앉은 성모」 등. 그리고 이들 그룹화 중에서 가장 훌륭한 것은 「성 욥의 성모」이다. 이것은 죠반니가 유화로 그린 최초의 그림이라고 한다. 그리고 베네찌아에서, 그러니까 세계에서 가장 빛나는 색채를 가진 그림의 하나이다. 성 마르코 광장의 서쪽 끝에 있는 작은 코러 박물관은 또 다른 그의 「성모」를 소장하고 있다. 부드럽고 슬프고 사랑스러운 모습이다. 성 짜카리아 교회는 「성 욥의 성모」의 변이 형태 하나를 가지고 있다. 프라리 교회는 「옥좌에 앉은 성모」를 가지고 있는데, 근엄한 성인들로 인해 약간 경직되고 심각하지만 그녀의 풍부한 푸른 의상이 매혹적이다. 열성적인 숭배자들은 죠반니의 성모들을 찾아 베로나, 베르가모, 밀라노, 로마, 파리, 런던, 뉴욕, 워싱턴 등지로 돌아다니면 더 많은 것을 볼 수 있다. 죠반니의 이렇듯 광범위한 헌신 이후로 색채를 가지고 성모에 대해 더 이상 무슨 말을 할 수 있겠는가. 페루지노와 라파엘로가 이런 다양성에 도전장을 낼 수 있을 것이고, 같은 수노사 교회에 그린 티찌아노의 성모민이 약긴 디 할 말이 있디.

죠반니는 성모는 잘 다루었지만 아들은 그렇게 훌륭하게 그리지 못했다. 루브르에 있는 「축복하는 그리스도」는 중간급이지만 다시 그 근처에 있는 「비밀 이야기」는 아름답다. 밀라노의 브레라에 있는 유명한 「피에타(슬픔에 잠긴 성모)」는 따뜻한 찬양의 말을 들었지만[32] 그러나 죽은 그리스도를 떠받치고 있는 매력 없는 얼굴 둘을 보여 주고 있다. 죽은 그리스도는 하도 완벽한 신체 상태를 유지하고 있어서 지나친 관심에서 벗어나는 일 말고는 더 필요한 일이 없어 보인다. 이 거칠고 조잡한 매장 장면은(날짜가 없다.) 만테냐에게 영향을 받은 벨리니의 젊은 시절 작품에 속한다. 밀라노의 개인 소장품인「성 유스티나」는 얼마나 더 사랑스러운가! 이 모습은 다시 양식화된 포즈를 취하고 있지만 모습의 섬세함과 눈을 살그머니 내리깐 모습, 의상의 아름다움 등으로 죠반니의 가장 성공적인 작품의 하나가 되고 있다. 이것은 아마도 초상화였을 것이고, 죠반니는 이제 살아 있는 얼굴과 영혼을 표현하는 기술이 탁월해져 수많은 후원자들이 이런 불멸의 명성을 나누어 가지려고 그에게 작품을 간청했다.「로레다노 총독」을 보라. 이해의 깊이, 눈의 예리함, 벨리니 손길의 재치 등은, 이탈리아의 거의 모든 강대국과 알프스 북쪽 유럽까지 합세한 기습에 맞서 베네찌아 사람을 지휘하여 살아남기 위한 전쟁을 승리로 이끈 남자의 확고하고 침착한 힘을 잡아 내고 있다! 기술과 명성에서 자기를 슬그머니 덮친 레오나르도와 경쟁을 벌이면서 죠반니는, 바위, 산, 성, 양 떼, 물, 찢어진 나무, 구름 낀 하늘 등과 같은 기묘한 풍경에 손을 댔다. 성 프란체스코는(프리크 콜렉션) 그리스도의 성흔(stigmata)을 받으면서 조용히 이런 풍경을 바라보고 있다.

노년의 시절에 이 대가는 그동안 그려 온 성스러운 주제들을 반복하면서, 알레고리와 고전 신화들을 실험해 보았다. 그는 지식, 행복, 진리, 비방, 연옥, 교회 등을 인물이나 줄거리로 만들어서 매혹적인 풍경과 더불어 그런 추상 개념들에 생명을 불어넣으려고 했다. 그의 이교도 그림 두 점이 워싱턴에 있는 국립 미술관에 걸려 있다.「동물들을 매혹하는 오르페우스」와「신들의 향연」이 그것이다. 이것은 젖가슴을 드러낸 여인들과 절반쯤 벗고 절반쯤 취한 남자들의 소풍 장면이다. 이 그림은 1514년에 그려졌다. 화가가 여든네 살 때 페라라의 알폰소 공작을 위해서 그린 것이다. 인간 식물이 이탈리아에서는 지상의 다른 어떤 곳보다 무성하게 잘 자란다는 알피에리의 호언장담이 다시 생각난다.

죠반니는 젊은 날의 유언장에 서명을 하고 1년을 더 살았다. 그는 풍성하고 행복한 삶을 살았다. 놀라울 정도의 걸작들의 행렬, 부드러운 의상 위에 따뜻한 색채들의 만화경, 죠토 유파 및 비잔틴 방식에 비해 우아함과 구성과 생동성의 측면에서 이룩한 엄청난 발전, 젠틸레의 그림들이 가진 빈약한 인물과 무차별적인 대중 장면에서는 보이지 않던 개인화의 경향. 로마인만을 그린 만테냐와, 꽃에서부터 카를 5세에 이르기까지 삶의 모든 국면을 느끼고 그림으로 표현한 티찌아노 사이에 살면서 시간과 양식의 측면에서 성과가 풍부한 조화를 얻었다는 점. 죠반니의 학생 중 한 명이 죠르죠네였다. 그는 스승의 방식을 받아들여 나무와 냇물이 흐르는 목가적 풍경들을 발전시켰다. 티찌아노는 죠르죠네와 함께 작업하면서 이 위대한 전통을 물려받았다. 세대가 흐르면서 베네찌아 예술은 그 지식을 축적하고, 다양한 실험을 거듭하면서 절정을 준비하고 있었다.

3. 벨리니 일가에서 죠르죠네로

벨리니 집안의 성공을 통해서 오랫동안 모자이크가 지배해 온 베네찌아에서 회화가 인기를 얻게 되었다. 작업장들이 늘어나고, 후원자들은 지갑을 열고, 예술가들은 벨리니나 죠르죠네는 아니라도 조금 못한 별들 중에서 가장 빛나는 별들이 되었다. 빈첸쪼 카테나(V. Catena)는 그림을 너무 잘 그려서 그의 작품들은 상당수가 죠반니 벨리니나 죠르죠네의 것으로 여겨졌다. 안토니오 비바리니(A. Vivarini)의 동생 바르톨로메오는 중세의 주제에 스콰르치오네의 기법과 풍성한 색채를 사용해서 보수적인 요구를 만족시켰다. 바르톨로메오의 조카이며 제자인 알비제 비바리니는 아름다운 성모 그림들로 한동안 죠반니 벨리니와 경쟁할 정도에 이르렀으며, 기념비적인 제단화인 「성모와 여섯 성인」을 그려서 이 그림은 이탈리아에서 베를린에 있는 빌헬름 황제 미술관으로 넘어갔다. 알비제는 훌륭한 선생이었다. 그의 제자 세 명이 중간급의 명성을 얻었다. 바르톨로메오 몬타냐는 비아첸짜 편에서 다루기로 한다. 죠반니 바티스타 치마 다 코넬리아노(G. B. C. d. Conegliano)는 성모 그림을 그렸다. 파르마에 있는 그림 하나는 대천사 미카엘의 모습을 아름답게 표현하고 있으며, 클리블랜드에 있는 또 다른 그림 하나는 그 화려한 색채로 스스로를 구하고 있다.

마르코 바사이티(M. Bâsaiti)는 「세베대의 아들들을 부르심」(베네찌아)과 즐거운 초상화 하나(「청년의 초상」)를 런던 국립 미술관에 남겼다.

카를로 크리벨리(C. Crivelli)도 아마 비바리니의 제자였을 것이다. 그러나 그는 열일곱 살(1457) 이후 곧바로 베네찌아에서 사라져야 했다. 선원의 아내를 유괴한 죄로 벌금을 내고 감옥에 갇혔다. 풀려나자 파도바에서 신변의 안전을 찾으려 했다. 그곳 스콰르치오네의 학교에서 공부했다. 1468년에 그는 아스콜리로 이사하여 남은 생애 25년을 그곳과 인근의 교회들을 위해 그림을 그리면서 보냈다. 베네찌아를 그렇게 일찍 떠났기 때문에 크리벨리는 베네찌아 회화의 발전에 동참하지 못했다. 유화보다 템페라 물감을 더 좋아했고, 전통적인 종교적 주제에 머물렀으며, 장식을 위해 표현한다는 비잔틴 방식을 채택했다. 그는 그림들을 에나멜로 마무리했기에 그것은 여러 겹으로 접히는 병풍의 도금된 틀과 잘 어울렸다. 그의 성모들은 차가워 보이지만 그래도 이 도안들에는 죠르죠네를 예감하게 하는 섬세한 우아함이 들어 있다.

비토레 카르파쵸(V. Carpaccio)는 이들 중소 화가들 중에서 가장 뛰어난 사람이었다. 만테냐 방식의 원근법과 도안 공부를 시작으로 그는 젠틸레 벨리니의 이야기 방식을 채택하고, 여기에 현대의 사건보다는 상상적 묵상 장면을 덧붙였다. 그의 초기 작품인(뉴욕에 있음) 「수난에 대한 명상」은 그의 즐거운 정신에는 상당히 낯선 작품이다. 여기서는 자기들 앞에 죽은 채 앉아 있는 그리스도를 상상하는 상당히 끔찍한 성 히에로니무스와 오노프리우스의 모습을 그리고 있다. 그들의 발치에는 해골과 대퇴골이 있고, 배경에는 낮게 낀 구름이 있다. 카르파쵸는 서른세 살 때(1488) 중요한 주문을 받았다. 성 우르술라 학교를 위해 이 성인의 이야기를 보여 주는 그림들을 그려 달라는 주문이었다. 9개로 나뉜 작품들에서 그는 잘생긴 잉글랜드 왕자 코논(Conon)이 부르타뉴 왕의 딸인 우르술라와 결혼하기 위해 부르타뉴로 오는 모습을 그렸다. 또 그녀가 1만 1000명의 처녀들을 거느리고 로마로 순례를 다녀올 때까지 결혼을 미루어 달라고 간청하는 장면을 보여 준다. 이어서 코논은 사랑스러운 모습으로 그녀를 수행하고, 모두가 교황의 축복을 받는다. 이어서 한 천사가 우르술라에게 나타나 그녀와 수행하는 처녀들이 쾰른으로 가서 순교를 해야 한다고 알려 준다. 그녀는 슬퍼하는 코논의 곁을 떠나 처녀들을 이끌고 조용한 기품을 지닌 채 쾰른에 도착한다. 이곳의 이교도 왕은 그녀에게 청혼하지만 그녀가 거절하자 1만 1001명의 처녀들 모두를 죽인다. 이 전설은 카르파쵸의 상상력에 잘 맞았다. 그는 이렇게 잔뜩 떼를 이룬 처녀들과 궁정인들을 그리기를 좋아했다. 그리고 거의 모든 사람을 귀족적이고 아름답고 화려한 의상을 입은 모습으로 그렸다. 여러 장면에서 그는 그림의 기술을 보여 줄 뿐만 아니라 실제 사물에 대한 지식도 그려 넣었다. 건축물의 형태들, 만의 선박, 구름의 끈질긴 행진 등이다.

9년 동안이나 우르술라 장면들을 작업하면서 그 앞뒤로 카르파쵸는 복음서 저자 성 요한의 학교를 위해서, 「(십자가의 성유물을 이용하여) 귀신 들린 사람을 낫게 함」을 그렸다. 그는 젠틸레 벨리니와 겨룰 만한 베네찌아 운하의 장면을 그렸다. 사람들, 곤돌라, 궁전들이 잔뜩 몰려 있는 장면이다. 여기서 젠틸레의 사실주의와 세부 사항의 모든 것이 이 대가(벨리니)의 능력을 능가하는 빛나는 마무리로 성취되어 있다. 슬로베니아의 성 조지 학교는 카르파쵸의 성공에 자극을 받아 베네찌아 예배당 벽에 자기들의 수호성인을 기리는 그림을 그려 달라고 부탁했다. 다시 그는 9년 세월을 들여 아홉 장면을 그렸다. 이들은 우르술라 시리즈와 대등하지는 않다. 그러나 오십 대에 접어든 카르파쵸는 조화로운 결합과, 건축물의 배경 속에 우아한 모습들을 표현하는 육감을 잃어버리지 않았다. 건축물 배경은 상상적인 구상이지만 표현된 것은 대단히 설득력이 있다. 성 조지는 용에게 맹렬한 공격을 가한다. 이와 반대로 성 히에로니무스는 조용한 학자로 묘사되어 있으며, 놀랄 정도로 아름다운 방에서 사자와 단둘이 지내면서 연구에 몰두하고 있다. 방 안에 그려진 모습은 모두 세밀화처럼 자세히 묘사되어 있고, 떨어진 두루말이에 있는 악보도 읽을 수가 있을 정도여서 몰멘티는 그것을 이용하여 피아노 곡을 썼다.

1508년에 카르파쵸와 이름이 알려지지 않은 화가 두 사람은 폰다코 데이 테데스키의 바깥벽에 떠오르는 젊은 화가가 그린 이상한 벽화의 가치를 평가해 달라는 청을 받았다. 이것은 리알토 다리 근처에 있는 튜튼 상인들의 창고였다. 그는 이 그림이 150두카트(1850달러?)의 사례금을 받을 가치가 있다고 평가했다. 카르파쵸는 그후로도 18년을 더 살았지만 위대한 그림을 오직 한 점 더 그렸을 뿐이다. 성 죠베 교회의 사누도 가문 제단을 위해서 「성모의 사원 방문」(1510)을 그렸다. 이 그림은 죠반니 벨리니의 「성 욥의 성모」와 경쟁을 해야만 했다. 그가 그린 성모와 수행한 숙녀들은 사랑스러웠지만 벨리니가 이 조용한 경쟁의 승리자였다. 카르파쵸가 백 년만 늦게 왔더라면 그 시대의 대가가 되었을 것이다. 그러나 그가 죠반니 벨리니와 죠르죠네 사이에 자리 잡은 것이 불운이었다.

4. 죠르죠네

상인들의 창고에 그림을 그리기 위해 높은 가격에 예술가들이 고용되었다는 사실이 이상하게 여겨질지도 모르겠다. 그러나 1507년에 베네찌아 사람들은 색채 없는 삶이란 죽은 것이라고 느꼈다. 그곳의 게르만 무역업자들 중 일부는 위대한 뒤러의 고향인 뉘른베르크 출신이었다. 그들은 자신들만의 훌륭한 예술 감각을 가졌다. 그들은 상당한 정도의 이익금을 투자해서 두 점의 벽화를 얻었는데 운이 좋아서 불멸의 화가 두 사람을 골라 이 일을 맡겼다. 이 그림들은 곧 소금기 어린 습기와 태양에 바래서 희미한 얼룩처럼 남았지만 이런 모습으로도 카스텔프랑코 출신의 죠르죠네(Giorgione)의 초기의 명성을 증언한다. 당시 그는 스물아홉 살이었다. 그의 성(姓)은 알려져 있지 않다. 옛날 이야기에 따르면 그는 귀족인 바르바렐리와 서민 출신 여자 사이에서 태어난 사생아였다. 그러나 이것은 나중에 꾸며낸 이야기인 것 같다.[33] 그는 열세 살이나 열네 살에(1490년경) 죠반니 벨리니 밑에서 견습을 하도록 카스텔프랑코를 떠나 베네찌아로 보내졌다. 그는 빨리 발전했고 곧 중요한 주문들을 받았다. 집을 한 채 사서 정면부에 벽화를 그리고 집을 음악과 잔치로 떠들썩하게 만들었다. 그는 류트 연주에 뛰어났으며, 그림에 있는 가장 아름다운 여자보다 육체를 가진 살아 있는 여자들을 좋아했다. 어떤 영향이 이런 동경에 가득 찬 양식이 나왔는지는 말하기 어렵다. 그는 카르파쵸에게서 우아함과 매력을 배웠을 것이라는 점을 빼고는 자기 시대 다른 화가들과 다르기 때문이다. 결정적인 영향은 미술보다는 문학에서 받았을 것이다. 죠르죠네가 스물일곱 살이나 스물여덟 살이 되었을 때 이탈리아 문학은 목가(牧歌)를 향하고 있었다. 산나짜로(Sannazaro)는 1504년에 『아르카디아』를 출간했다. 죠르죠네는 이 시들을 읽고 그 즐거운 상상의 모습들에서 이상화된 풍경과 사랑의 착상을 얻었을지도 모른다. 1500년에 잠시 베네찌아에 들렀던 레오나르도에게서 어쩌면 신비롭고 꿈결같은 부드러움의 표현, 음영의 섬세함, 그리고 세련된 태도 등을 얻게 되었을지도 모른다. 이런 것들은 비극적으로 짧은 순간 그를 베네찌아 미술의 정상으로 만들었던 요소들이다.

 그의 것으로 여겨지는 초기 작품들 중에(어느 경우에도 그가 그린 진품이라고 확실하게 말하기 힘들다.) 두 점의 목재 패널화들은 아기 파리스의 발견과 구원을 묘사하고 있다. 이런 이야기는 평화를 숨쉬는 양치기와 시골 풍경을 그리는 데 적합한 구실이 된다. 그의 것이라고 일반적으로 합의가 된 첫 번째 그림(「집시와 병사(폭풍)」)에서 전형적인 죠르죠네의 상상력을 만나게 된다. 폭풍이 다가오는데 어깨에 두른 숄만 빼고 벌거벗은 여자가 물가에 벗어 던진 옷 위에 앉아서 아기에게 젖을 먹이며 주변을 불안하게 살피고 있다. 그녀 뒤로 로마의 아치, 강과 다리, 탑들과 사원, 이상한 나무들, 하얀 번개, 폭풍을 머금은 녹색 구름 등의 풍경이 펼쳐진다. 그녀 옆에는 침착한 청년이 목동의 막대기를 들고, 그러나 목동치고는 너무 훌륭한 의상을 하고서 이 광경을 즐기느라 다가오는 폭풍을 주목하지 않고 있다. 이 그림의 이야기는 확실하지가 않다. 그림이 뜻하는 것은 죠르죠네가 젊음과 부드러운 윤곽을 지닌 여성들과, 격노한 순간에도 자연을 좋아한다는 것뿐이다.

1504년에 그는 고향 도시에서 가족을 잃은 한 집안을 위해「카스텔프랑코의 성모」를 그렸다. 이것은 부조리하면서도 아름답다. 앞쪽에 중세 기사의 번쩍이는 갑옷을 입은 성 리베랄레가 성모를 위해서 창을 들고 있고, 성 프란체스코는 공중에 대고 설교를 한다. 이중의 받침대 위 높은 곳에 성모는 아기와 함께 앉아 있는데, 아기는 이 높은 자리에서 거침없이 밖으로 몸을 내놓고 있다. 그러나 성모의 발치에 있는 녹색과 보라색의 능라는 색채와 디자인의 기적이다. 성모의 의상은 옷의 주름 장식이 제공할 수 있는 사랑스러운 모습으로 그녀 주변에 떨어져 내리고 있다. 그 얼굴은 시인들이 꿈의 파트너에게 부여하는 온화한 부드러움을 보인다. 풍경은 희미해지면서 레오나르도 풍의 신비로움 속에서 하늘과 바다가 서로 하나로 녹아들고 있다.

죠르죠네와 친구인 티찌아노 베첼리(Tiziano Vecelli)가 폰다코 데이 테데스키에 그림을 그려 달라는 주문을 받았을 때 죠르죠네는 대운하 쪽으로 난 벽을 선택하고 티찌아노는 리알토를 바라보는 벽을 선택했다. 바사리는 50년 뒤에 죠르죠네의 벽화를 살펴본 다음 그것이 다른 구경꾼이 서술한 것처럼 "명암법으로 표현된 우승컵과 나체와 머리들 …… 기하학자가 구체와 기둥의 원근법을 측정하고, 이들 사이에 말 등에 올라탄 남자들과 다른 상상을 측정한다."는 것이 무슨 말인지 모르겠다고 여겼다. 그러나 동일한 작가는 이렇게 덧붙인다. "죠르죠네가 벽화에서 색채를 다루는 데 얼마나 능숙했는지를 볼 수 있다."[34]

그러나 그의 천재성은 색채보다는 구상에 있었다. 드레스덴 미술관의 가격을 측정할 수 없는 보물인「잠자는 베누스」를 그렸을 때 그는 어쩌면 그녀가 순수하게 감각적인 의미에서 유혹적인 모습이라고 생각했을지도 모른다. 물론 그녀는 유혹적이다. 동시에 이 작품은 베네찌아 미술이 그리스도교 주제에서 이교도 주제 및 감정으로 이행하는 과정을 보여 준다. 그러나 이 베누스에는 도발적이거나 암시적인 요소는 없다. 그녀는 불확실한 이유에서 자연 속에 완전히 벌거벗은 채 잠들어 있다. 붉은 쿠션과 하얀 비단 의상을 깔고 누웠는데, 오른팔로 머리를 받치고, 왼손이 나뭇잎 노릇을 하고, 완전히 드러난 다리 하나가 그 아래 감추어진 다리 위에 걸쳐져 있다. 미술 작품이 여성의 몸의 부드러운 살결을 이렇게 자극적으로 표현하는 경우는 많지 않고, 자연스러운 포즈의 우아함을 이렇게 드러내 주는 경우도 많지 않다. 그러나 그녀의 얼굴에는 벌거벗은 미녀와 어울리기 힘든 순수함과 평화가 깃들어 있다. 죠르죠네는 여기서 스스로 선악을 넘어 미적 감각이 욕망을 누르도록 만들고 있다. 또 다른 작품(루브르에 있는 「전원 교향곡」)에서 즐거움은 솔직하게 성적(性的)인 것이고 자연의 순수함이 고스란히 나타난다. 두 명의 벌거벗은 여성과 두 명의 옷을 입은 남성이 시골에서의 휴가를 즐기고 있다. 허리가 잘록 들어간 붉은 비단옷을 입은 귀족 청년 한 사람이 류트를 탄다. 그의 옆에서 머리를 부스스하게 늘어뜨린 양치기가 단순한 마음과 세련된 마음 사이의 거리를 메워 보려고 고통스럽게 애를 쓰고 있다. 귀족의 짝인 숙녀는 우아한 모습으로 크리스털 주전자를 기울여 내용물을 따른다. 양치기의 아가씨는 그가 자신의 매력이나 피리를 주목해 주기를 끈기 있게 기다리고 있다. 어떤 죄악의 생각도 그들의 머리에 떠오르지 않는다. 류트와 피리는 성을 조화로 승화시킨다. 이들 모습 뒤로는 이탈리아 미술에서 가장 풍성한 풍경 하나가 나타난다.

마지막으로 피티 궁전에 있는 「시골의 음악회」에서 욕망은 원시적인 것으로 여겨져 완전히 잊혀지고 음악만이 전부가 된다. 아니면 욕망보다 더욱 섬세한 우정의 유대를 만들어 내고 있다. 19세기까지 "가장 죠르죠네 풍의"[35] 이 그림은 죠르죠네의 것이라고 여겨져 왔다. 오늘날 많은 비평가들은 이 작품을 티찌아노의 것으로 여긴다. 그러나 이것은 아직 확실하지 않기 때문에 우리는 그냥 죠르죠네의 것으로 남겨두기로 하자. 그는 여자 다음으로 음악을 사랑했고, 또 티찌아노는 걸작이 아주 많기 때문에 하나쯤 친구에게 양보해도 상관이 없다. 왼편에 깃털을 꽂은 젊은이가 서 있다. 약간 생동감이 없고 소심한 모습이다. 수도사 한 사람이 클라비코드에 앉아 아름답게 그려진 두 손을 건반에 올려 놓은 채 얼굴을 그림 오른편에 있는 대머리 성직자를 향하고 있다. 이 성직자는 한 손은 수도사의 어깨에 올려놓고, 다른 한 손은 바닥에 놓인 첼로를 잡고 있다. 음악이 끝난 걸까? 아니면 아직 시작하기 전인가? 그건 상관없을 것 같다. 우리 마음을 움직이는 것은 수도사의 만남에 드러나 있는 고요한 감정의 깊이다. 그의 몸은 아주 섬세하고 그의 감정은 음악으로 고양되어 있다. 악기가 소리를 멈추고 한참이 지나도록 그는 그 소리를 듣고 있다. 이상화되지 않고 심오하게 현실적인 모습을 드러낸 이 얼굴은 르네상스 회화가 만들어 낸 기적의 하나이다.

죠르죠네는 짧지만 즐거운 삶을 살았다. 그는 많은 여자들을 사랑하고 새로운 사랑을 시작해서 깨진 사랑의 아픔을 치유하곤 했던 것 같다. 바사리는 죠르죠네가 마지막 사랑에서 질병을 얻었다고 말한다. 우리가 아는 것이라곤 그가 1511년 서른넷의 나이로 전염병으로 죽었다는 사실뿐이다. 그의 영향은 이미 아주 광범위했다. 10명 이상의 "죠르죠네 풍"의 군소 화가들이 전원 풍경과 대화 장면, 음악의 막간극, 가면의 의상을 그렸다. 그의 양식이 가진 섬세함과 마무리 방식, 그의 풍경이 가지는 가벼운 함축, 그의 주제의 솔직한 에로티시즘을 지니지 못한 작품들이었다. 그는 세계적으로 유명해지는 두 명의 제자를 남겼다. 세바스티아노 델 피옴보는 로마로 갔고, 티찌아노 베첼리는 베네찌아에서 가장 위대한 화가였다.

5. 티찌아노 — 형성기: 1477~1533

티찌아노(Tiziano)는 돌로미테 알프스 지역인 피에베에서 태어났다. 그곳의 울퉁불퉁한 산들은 그의 풍경에 잘 보존되었다. 그는 아홉 살이나 열 살이 되었을 때 베네찌아로 보내졌다. 그리고 세바스티아노 쭈카토, 젠틸레 벨리니, 죠반니 벨리니에게서 성공적으로 훈련을 받았다. 죠반니의 작업장에서 자기보다 한 살 위인 죠르죠네와 나란히 일을 했다. 이 천재적인 화가가 자신의 작업장을 냈을 때 티찌아노는 조수나 동료 자격으로 함께 나갔던 것 같다. 그는 죠르죠네의 영향을 깊이 받았기 때문에 그의 초기 작품 일부는 죠르죠네의 것으로 여겨졌고, 죠르죠네의 후기 그림 몇 점은 티찌아노의 것으로 여겨졌을 정도이다. 모방할 길이 없이 탁월한 「시골의 음악회」는 아마 이 시기에 속하는 작품일 것으로 보인다. 그들은 함께 폰다코 벽에 벽화를 그렸다.

죠르죠네의 생명을 앗아 간 질병을 피해 (아니면 캉브레 동맹 전쟁에 의해 베네찌아 미술계에 불어닥친 지급 유예 상태를 피해) 도망쳐서 티찌아노는 파도바로 갔다.(1511) 그곳에서 산토 학교를 위해 세 점의 벽화를 그렸다. 성 안토니오의 기적을 그린 그림이었다. 그 거친 솜씨로 판단해도 좋다면 티찌아노는 서른다섯 살에도 아직 죠르죠네의 가장 좋은 작품을 따라잡으려면 한참을 더 발전해야만 했다. 그러나 괴테는 후세의 눈길로 이 작품에서 이미 "위대한 작품을 향한 약속"을 알아보았다.36 베네찌아로 돌아오자 티찌아노는 총독과 10인위원회에(1513년 5월 31일) 보내는 편지를 한 통 썼다. 레오나르도가 30년 전에 로도비코 일 모로에게 보낸 편지를 연상시킨다.

훌륭하신 통치자님! 고귀하신 나리들! 저는 카도레 출신의 티찌아노로서, 어린 시절 이후로 이익보다는 명성을 원했기에 줄곧 회화를 배웠습니다. …… 과거를 통해, 그리고 현재에도 교황 성하와 또 다른 나리들로부터 로마에서 봉사해 달라는 간절한 청을 받았습니다. 그러나 전하의 충성스러운 종으로서 저는 이 유명한 도시에 기념비를 남기고 싶다는 소망을 품고 있습니다. 그러므로 만일 이것이 전하에게도 좋은 일이라면 제가 모든 힘을 다 바쳐 대회의실에 그림을 그리고 싶습니다. 작은 광장(피아쩨타) 쪽에서 전쟁의 배경으로 일을 시작하고 싶습니다. 그것은 너무 어려워서 지금까지 아무도 시도를 하지 않은 일입니다. 노동의 대가로는 적절하다고 생각되거나 그보다 적은 것이라도 받아들이겠습니다. 그렇기에 앞에서 말씀드린 대로 오로지 명예를 위해서, 그리고 전하를 기쁘게 해 드릴 마음으로 종신(終身) 1급 중개인 특허권을 요청하는 바입니다. 그러면 이미 약속된 특허권의 복귀와는 상관없이 폰다코 데 테데스키에 자리가 빌 것이고, 또 소금청이 두 명의 조수와 물감과 필요한 물품을 지불해 주는 것만 빼고는 쭈안 벨린 씨(죠반니 벨리니)와 동일한 조건, 동일한 비용, 동일한 면제를 받는 것입니다. …… 그 대신에 저는 원로원이 만족할 만한 속도와 탁월

함으로 위의 작업을 해낼 것을 약속드립니다.[37]

'중개인 특허권(senseria)'이란 원래는 베네찌아 사람과 외국 상인 사이의 무역중개인의 직위였다. 그러나 실제로는 베네찌아에 있는 도이치 상인들과의 중개인 특허권을 가질 경우, 이 권리의 소지자는 국가의 공식 화가가 되어서 총독 초상화와 정부가 요구하는 다른 그림들을 그리는 대가로 1년에 300크라운 (3750달러)을 받았다. 티찌아노의 제안은 시험적으로 받아들여졌던 것 같다. 어찌 되었든 그는 총독 궁전에 「카도레의 전투」를 그리기 시작했다. 그러나 그의 경쟁자들이 대의회를 설득해서 이 특권을 그에게서 도로 뺏고, 조수들의 비용 지급을 미루도록 했다.(1514) 모든 관련자들을 짜증 나게 만든 협상을 거친 다음 그는 이 직위와 호칭이 없는 특허권을 받았다. 티찌아노 편에서는 대회의 실에 이미 시작했던 두 편의 그림을 꾸물거리면서 1537년까지 완성하지 않았다. 이 그림들은 1577년 화재로 파괴되었다.

티찌아노는 백 살의 수명을 부여받은 사람에 알맞게 천천히 발전했다. 그러나 1508년에는 초상화 분야에서 모든 경쟁자를 압도하는 영적인 통찰력과 기술적인 힘을 보인다. 한동안 「아리오스토」라고 불렸던, 이름을 알 수 없는 사람의 초상화는 죠르죠네의 양식을 담고 있다. 시적인 얼굴, 약간 악의적인 섬세한 눈, 뒷날 천 점의 그림을 위한 모범이 되는 화려한 의상 등이 특징이다. 이 시기에(1506~1516) 성숙해 가던 화가는 이미 아주 사랑스러운 모습의 여성들을 그리는 법과, 죠르죠네와는 거리를 두고 루벤스 쪽으로 발전해 가는 모습을 보여 준다. 성모에서 베누스로의 이행이 티찌아노에게서도 계속되었다. 위대함과 명성을 얻은 종교화들을 그리고 있을 때도 이런 이행은 계속되었다. 「집시 성모」와 「양치기들의 경배」를 그려서 신앙심을 일깨운 동일한 손길이 「화장하는 여인」과, 탐스러운 순수함의 화신인 우피찌의 「플로라」를 그린다. 이 부드러운 얼굴, 풍성한 젖가슴이 「헤로디아스(살로메의 어머니)의 딸」에 다시 쓰인다. 여기서 살로메는 철저히 베네찌아 여인이고, 잘린 목은 강력한 히브리 사람이다.

1515년 아니면 그 무렵 티찌아노는 가장 유명한 그림 두 점을 그렸다.「남자의 세 나이」는 나무 아래서 잠자는 벌거벗은 아기들의 모습을 보여 준다. 머지 않아 큐피드가 그들을 미칠 듯한 열망으로 사로잡을 것이다. 수염이 난 팔십 대의 노인 한 명은 해골을 들고 명상한다. 젊은 한 쌍은 사랑의 봄에 행복하고, 욕망에 가득 차서 서로 바라본다. 마치 모든 것을 침식하는 시간의 끈질김을 미리 예견하는 것만 같다.「성스러운 사랑과 세속의 사랑」은 현대적인 제목을 달고 있어서 티찌아노가 되살아난다면 깜짝 놀랄 것이다. 이 그림이 처음으로 언급되었을 때는(1615)「치장한 아름다움과 치장하지 않은 아름다움」이라는 제목이었다.[38] 아마도 이것은 도덕이 아니라 이야기를 치장하는 것이 목적이었을 것이다. '세속적인' 나체는 티찌아노의 그림 중에서 가장 완벽한 모습으로 르네상스 시대의 '밀로의 베누스'에 해당한다. 그러나 '성스러운' 숙녀도 세속적이다. 보석을 박은 허리띠가 눈길을 끌고, 비단 드레스는 만져 보라고 재촉하는 것 같다. 그녀는 아마도「플로라」와「화장하는 여인」을 위해 포즈를 취했던 바로 그 풍만한 여자일 것이다. 충분히 오래 바라보는 구경꾼은 이 두 모습 뒤에 있는 복잡한 풍경을 보게 된다. 식물과 꽃들과 두툼한 관목의 숲, 양 떼를 몰고 가는 양치기, 두 명의 연인들, 토끼를 쫓는 사냥꾼과 개들, 도시와 그 탑들, 교회와 그 종탑들, 죠르죠네 방식의 녹색 바다, 구름 낀 하늘. 그림이 무엇을 '뜻하는지' 우리가 모른다 해도 대체 무슨 차이가 있단 말인가? 이것은 '잠시 머물도록' 만들어신 아름다움이다. 이깃이 파우스트기 생각한 영혼의 가치가 아닌가?

치장한, 혹은 자연 그대로의 여성의 아름다움을 알고자 하는 고객들은 언제나 있었다. 티찌아노는 이 주제를 즐겁게 계속 다루었다. 1516년에 그는 페라라 성에 몇 점의 그림을 그려 달라는 알폰소 1세의 초대를 받아들였다. 화가는 두 명의 조수와 함께 약 5주 동안 그곳에서 살았다. 그 이후로는 자주 베네찌아에서 이곳으로 왔던 것 같다. 설화석고 홀을 위해서 티씨아노는 죠르죠네의 이교적인 분위기를 계승하는 그림을 세 작품 더 그렸다. 「바쿠스의 신도들」인 남자와 여자들은 일부는 벌거벗은 모습으로 갈색 나무와 푸른 호수, 은색 구름을 배경으로 마시고, 춤추고, 사랑을 나눈다. 바닥에 펼쳐진 두루말이에 프랑스 방식의 표어가 적혀 있다. "마시고 또 마셔 보지 않은 사람은 마시는 것이 무언지 모른다." 먼 배경에는 늙은 노아가 벌거벗고 술에 취해 있다. 조금 더 가까운 곳에 젊은이와 아가씨가 춤을 추며 어우러지고, 그들의 의상이 바람결에 날린다. 맨 앞쪽에 있는 여성은 팽팽한 젖가슴이 그녀의 젊음을 말해 주고 있는데 벌거벗은 모습으로 풀밭 위에 잠들어 있다. 그녀 곁에서 겁먹은 아이가 옷을 들어 올리고 오줌을 눔으로써 바쿠스의 순환을 완성한다. 「바쿠스와 아리아드네」에서는 버림받은 여자 하나가 숲을 통과해 가는 바쿠스의 행렬에 깜짝 놀란다. 이 행렬은 술 취한 사투르누스들, 뱀들이 휘감은 벌거벗은 남자, 그리고 도망치는 공주를 잡으려고 마차에서 뛰어내리는 벌거벗은 술의 신으로 이루어져 있다. 이런 그림들에서, 그리고 「베누스의 숭배」에서 세속적인 르네상스가 완전히 주도권을 잡는다.

그사이에 티찌아노는 새로운 후원자인 알폰소 공작의 흥미로운 초상화를 그렸다. 잘생기고 영리한 얼굴, 국가의 의상들로 위엄을 나타내는 뚱뚱한 몸, 아름다운 손(그가 도공이자 포병이었다는 점을 생각하면 믿기 어려운)을 대포 위에 올려놓은 모습이다. 이것은 미켈란젤로도 칭찬한 그림이었다. 아리오스토도 초상화를 위해 포즈를 취했고, 「분노한 오를란도」의 후기 판본에 한 줄의 칭찬을 써서 그에 보답했다. 루크레찌아 보르지아도 이 위대한 초상화가를 위해 포즈를 잡고 앉았다. 그러나 이 그림은 흔적도 남아 있지 않다. 알폰소의 정부인 라우라 디안티도 포즈를 취했지만 그것은 모데나에 모사품만 남아 있다. 알폰소를 위해서 티찌아노는 가장 아름다운 그림 하나를 제작했다. 「공물」이라는 그림으로, 철학자의 머리를 한 바리새 사람 하나가 진지하게 질문을 하고 있고, 그리스도는 분노도 없이 대답을 하는 모습이다.

티찌아노가 바쿠스에서 그리스도로, 베누스에서 성모에게로 넘어갔다가 또 돌아왔다가 할 수 있었다는 것은 바로 이 시대의 특징이었다. 그는 그런 일로 마음의 평화를 잃어버리지 않았다. 1518년에 그는 프라리 교회를 위해서 그의 가장 위대한 작품을 제작했다. 곧 「성모의 승천」이었다. 이것은 중앙 제단 뒤에 당당한 대리석 틀에 끼워져 자리 잡고 있다. 베네찌아의 연대기 기록자인 사누도는 이 사건을 기록할 가치가 있다고 생각했다. "1518년 5월 20일. 어제 티찌아노가 그린 그림이 걸렸다."[39] 오늘날에 이르기까지 프라리 성당의 「성모의 승천」을 보는 것은 감각이 예리한 사람의 삶에서는 하나의 사건이다. 거대한 패널의 중앙 부분에 풍부하고 강력한 성모가 붉은 통짜 옷과, 그 위에 푸른색 소매 없는 망토를 걸친 모습으로 놀라움과 기대에 가득 차서, 날개 달린 케루빔 천사 무리를 뒤집어진 후광으로 삼아 구름을 뚫고 위로 올라가고 있다. 그녀 위에서는 하느님의 모습을 보여 주려는 공허한 시도가 나타나고 있다. 의복과 수염과 머리카락이 모두 하늘의 바람으로 흩어진 모습이다. 성모에게 씌워 줄 관을 하느님에게 가져온 천사의 모습이 더 아름답다. 아래쪽에는 사도들이 있다. 대단히 강력한 모습들로서 일부는 놀라서 바라보고, 일부는 무릎 꿇고 경배하고, 일부는 그녀와 더불어 하늘로 들어 올려지기를 바라는 듯이 잡으려 하고 있다. 이 강력한 그림 앞에 서면 회의주의자라도 자신의 의심을 탄식하면서, 이 신화의 아름다움과 큰 염원을 인정하게 된다.

1519년에 키프로스에 있는 파포스 주교인 야코포 페사로는 베네찌아 함대를 지휘하여 터키 함대에 승리한 것을 감사하는 뜻으로 티찌아노에게 프라리 교회에 또 다른 제단화를 그려 달라고 주문했다. 이번에는 이 가족이 교회에 비친 제단을 위한 것이었다. 티찌아노는 자신이 감수해야 할 위험이 어떤 것인지 알고 있었다. 「페사로 가문의 성모」와 최근까지 찬양을 받는 자신의 걸작이 비교를 당할 위험이었다. 그는 7년 동안이나 작업장에서 이 그림을 제작한 다음 비로소 세상에 내놓았다. 그는 옥좌에 앉은 성모를 주제로 선택했다. 그러나 자신의 전작(前作)에 도전하는 태도로 대각선의 구도를 잡고 그 오른편에 성모를, 왼편에 기증자를, 그들 사이에 성 베드로를, 그리고 성모의 발치에 성 프란체스코를 배치시켰다. 이 구도는 균형을 벗어나는 것이지만, 그러나 성모와 아기 예수가 밝은 조명을 받도록 만들었다. 전통적인 중앙 구도나 피라미드 구도에 넌더리가 난 많은 예술가들이 이런 실험을 환영하고 모방했다.

1523년 무렵에 페데리고 곤짜가 후작이 티찌아노를 만토바에 초대했다. 화가는 베네찌아와 페라라에 다른 작업들이 있었기 때문에 그곳에 오래 머물지는 않았다. 그러나 그는 로마 황제들을 보여 주는 11개 연작 그림을 시작했다. 이들은 오늘날 사라졌다. 한 번은 젊고, 수염을 기른 후작의 매력적인 초상화를 그렸다. 페데리고의 어머니, 저 빛나는 이사벨라가 아직 살아서 그를 위해 포즈를 취했다. 자신의 늙은 모습을 사실적으로 그린 것을 보고 그녀는 이 그림을 골동품 사이에 집어넣고, 티찌아노에게는 프란치아가 40년 전에 그린 초상화를 그리라고 내주었다. 터번을 두르고, 화려한 소매와, 모피 숄을 두른, 아름다운 얼굴을 그린 유명한 초상화는 이렇게 만들어졌다.(1534년경) 이사벨라는 자신이 한 번도 이토록 아름답지 않았다고 항의했지만 추억의 초상화는 후손들에게 전해졌다.

여기서 잠시 티찌아노 베첼리를 그대로 놓아두기로 한다. 그의 후기 경력을 이해하기 위해서는 우선 1533년 이후로 그의 가장 위대한 후원자가 된 사람(카를 5세 황제)이 관련된 정치적 사건들의 배경을 먼저 알아야 한다. 티찌아노는 1533년에 쉰여섯 살이었다. 그가 앞으로도 43년이나 더 살면서 지난 50년만큼이나 숱한 걸작들을 만들어 내리라고 누가 짐작이나 했겠는가?

6. 덜 중요한 화가들과 작품

잠시 발길을 돌리고 티찌아노보다 늦게 태어났으나 그보다 훨씬 먼저 죽은 두 화가들을 잠깐만 살펴보기로 하자. 지나가는 길에 잠시 지롤라모 사볼도(G. Savoldo)에게 절을 하자. 그는 브레시아와 피렌쩨에서 베네찌아로 와서 대단히 탁월한 그림들을 그렸다. 오늘날 브레라 미술관에 있는 「성모와 성인들」. 메트로폴리탄 미술관에 있는, 희열에 잠긴 「성 마태오」. 그리고 베를린에 있는 「막달레나」는 티찌아노가 그린 같은 이름의 뚱뚱한 숙녀보다도 훨씬 매혹적이다.

쟈코모 니그레티(G. Nigreti)는 베르가모 알프스 지역에 있는 그의 탄생지 세리나 근처에 있는 몇몇 언덕의 이름을 따서 팔마(Palma)라는 이름으로 불렸다. 조카손자인 팔마 조바네도 명성을 얻으면서 그는 팔마 베키오(늙은 팔마)라는 이름이 되었다. 한동안 동시대 사람들은 그가 티찌아노와 대등하다고 여겼다. 그들 사이에 질투가 있었을지도 모른다. 티찌아노가 팔마의 애인을 훔친 일로 인해 이런 질투는 더해졌다. 팔마는 「비올란테」에서 그녀를 그렸다. 티찌아노는 「플로라」를 위해 그녀를 모델로 이용했다. 티찌아노와 마찬가지로 팔마는 종교적 주제나 세속적 주제를 동일한 열성은 아니라도 동일한 기술로 그렸다. 그는 종교적 대화나 성가정을 주로 그렸지만 아마도 베네찌아 금발 여성들의 초상화로 명성을 얻었을 것이다. 머리카락을 적갈색으로 물들인 가슴이 풍만한 여성들이었다. 그러나 그의 가장 아름다운 그림들은 종교화들이다. 산타 마리아 포르모사 교회에 있는 「성 바르바라」는 베네찌아 포병들의 수호성인이다. 드레스덴 미술관에 있는 「야곱과 라헬」에서는 잘생긴 양치기(야곱)가 튼튼한 아가씨와 키스를 하고 있다. 팔마의 초상화들은, 티찌아노가 더욱 깊이 있는 50여 점의 초상화들을 제작하지 않았더라면 그의 시대, 그의 도시 최고의 것들로 꼽혔을 것이다.

그의 제자인 보니파찌오 데 피타티(B. d. Pitati)는 고향의 이름을 따서 베로네제(Veronese, 베로나 사람)라 불렸다. 그는 죠르죠네의 「전원의 향연」과 티찌아노의 「니아나」의 양식을 빋아들여 배네찌이 벽들과 가구들을 아름다운 풍경과 누드화로 장식했다. 「디아나와 악타에온」은 이들 대가들과 견줄 만한 작품이다.

로렌쪼 로토(L. Lotto)는 당시 베로네제보다 인기는 덜했지만 해가 갈수록 명성을 얻었다. 부끄러움을 타고, 경건하고 우울한 정신이었던 그는 베네찌아가 아주 편하지만은 않았다. 이곳은 교회의 종소리와 성가대 노래 소리가 그치자마자 이교가 활개를 치는 곳이었다. 스무 살이 되었을 때(1500) 그는 르네상스 시대 가장 독창적인 그림 하나를 제작했다. 루브르에 있는 「성 히에로니무스」이다. 수척한 은둔자의 진부한 그림이 아니라 거의 동양화 수준으로 컴컴하게 갈라진 틈과 험악한 바위들을 탐색한 그림이다. 그사이에 있는 늙은 학자의 모습은 중요하지 않은 요소이기에 처음에는 잘 보이지도 않는다. 자연이 상상의 배경이 아니라 사납고 압도적인 힘으로 등장하는 유럽 최초의 그림이다.[40]

트레비소로 이주하면서 로토는 산타 크리스티나 교회를 위해서 기념비적인 제단 후면화인 「옥좌에 앉은 성모」를 그렸다. 이 그림은 북부 이탈리아에서 그를 유명하게 만들었다. 레카나티에 있는 성 도메니코 교회를 위해 그린 또 다른 「성모」는 그의 이름을 로마에까지 알렸다. 율리우스 2세가 그를 로마로 불러서 바티칸의 방에 그림을 그려 달라고 주문한 것이다. 그러나 라파엘로가 오면서 로토가 이미 시작했던 그림들은 파괴되었다. 이런 치욕을 당하고 그의 감정은 더욱 어두워졌을 것이다. 베르가모는, 베네찌아 미술의 따뜻한 색채를 경건함과 잘 어울리는 약간 부드러운 톤으로 바꾸는 그의 특이한 재능에 대해 그보다 나은 대우를 해 주었다. 그곳에서 그는 12년간 일했다. 보수는 많지 않았지만 베네찌아에 있는 것보다는 베르가모에 있는 것이 더 좋았다. 성 바르톨로메오 교회를 위해서 그는 사람이 아주 빽빽한, 그러나 여전히 아름다운 제단화 「장엄 성모」를 그렸다. 브레시아에 있는 「양치기들의 경배」가 더 사랑스럽다. 풍만하고 깊이 스며드는 색채는 위대한 베네찌아 화가들의 화려한 효과보다 눈과 정신에 더욱 평온하게 억제된 톤을 지니고 있다.

로토처럼 예민한 영혼은 때로 티찌아노보다 더욱 깊이 속을 꿰뚫어볼 수 있다. 밀라노의 카스텔로에 있는, 로토가 그린 「소년의 초상」에서처럼 건강한 청춘의 광채를 그렇게 잘 잡아낸 예술가는 드물다. 그의 「자화상」은 역시 튼튼한 로토를 보여 주고 있지만 그는 분명 질병을 잘 알고 있었고, 보르게세 미술관에 있는 「병든 남자」에서처럼 질병을 공감이 가도록 그릴 수가 있었다. 혹은 로마의 도리아 미술관(Galleria Doria)에 있는 같은 제목의 다른 그림도 그렇다. 수척한 손길이 심장을 누르고 있고, 얼굴에는 고통과 불안감이 나타나 있다. 어째서 이토록 선량한데, 아니면 위대한데, 자신은 병에 사로잡힌 것일까? 하고 묻는 것 같다. 더욱 유명한 초상화 「라우라 디 폴라」는 대단히 아름다운 여성의 모습을 보여 준다. 그녀 역시 생애는 알려지지 않았고, 종교적 신앙심을 빼고는 아무것도 알 수 없다.

로토 자신도 종교적 위안에 도달했다. 그는 쉬지 않고, 고독하게 독신으로 이곳저곳을, 혹은 이런저런 철학을 섭렵하고 돌아다녔다. 그러다가 말년에 로레토에 있는 산타 카사 수도원에 자리를 잡았다.(1552~1556) 순례자들이 성모가 한동안 거주했던 곳이라고 믿는 성스러운 집 근처 수도원이었다. 1554년에 그는 모든 재산을 수도원에 기부하고 수도사의 맹세를 했다. 티찌아노는 그를 가리켜서 "선(善) 자체처럼 선하고, 미덕 자체처럼 미덕을 지닌" 사람이라 불렀다.[41] 로토는 이교적인 르네상스보다 오래 살아남았다가 트리엔트 종교회의의 품에 안겨 편히 쉬었다.

저 격동하던 백 년 동안(1450~1550) 베네찌아 상업은 수많은 패배를 겪고, 베네찌아 회화는 수많은 승리를 기록했다. 이 기간에 공예 분야도 문화적인 풍부함에 동참했다. 르네상스는 물론 이들을 위한 것은 아니었다. 이탈리아에서 공예 분야는 대개 페트라르카 시대에 이미 성숙했고, 중세 방식의 존재를 계속하고 있었기 때문이다. 모자이크 기능공들은 기술이나 끈기를 약간 잃어버렸다. 그런 상태로도 성 마르코 성당의 작업만큼은 시대에 밀리지 않았다. 도공들은 도자기 만드는 법을 배웠다. 마르코 폴로가 중국에서 도자기를 약간 가져왔고 순단 한 사람이 아름다운 거본 도자기들을 총독에게 보냈다.(1461) 1470년에 이미 베네찌아 사람들은 자기들의 도자기를 만들고 있다. 무라노 섬의 유리 제조인들은 이 시기에 기술의 정점에 도달했다. 특별히 맑고 아름다운 디자인을 지닌 '크리스탈로(cristallo, 수정)'를 만들어 냈다. 중요한 유리 제조인들의 이름이 유럽 전역에 퍼져 왕가마다 경쟁적으로 그들의 제품을 차지하려고 했다. 그들 대부분은 주형이나 틀을 사용했다. 그러나 일부는 틀을 없애 버리고 용광로에서 나오는 녹은 유리를 빨대를 통해 불어서 컵, 꽃병, 성찬배, 그리고 수많은 색깔과 형태들을 지닌 각종 장식품들을 만들었다. 때로는 이슬람교도들에게서 배운 대로 유리 표면에 채색 에나멜이나 금으로 그림을 그리기도 했다. 유리 제조인들은 이 깨지기 쉬운 아름다움의 기적을 이룩하는 비밀 공정을 자기들만의 것으로 보존했다. 베네찌아 정부는 이런 신비적인 섬세함이 다른 나라에 알려지는 것을 방지하기 위한 법안을 통과시켰다. 1454년에 10인위원회는 다음과 같은 법령을 발표했다.

기능공이 공화국에 해를 끼칠 기술이나 기능을 다른 나라로 가져갈 경우에는 고국으로 돌아올 것을 명한다. 복종하지 않으면 가장 가까운 친척들이 감옥에 갇히게 된다. 가족의 유대를 통해 그가 돌아오도록 설득하기 위해서이다. 그가 계속 복종을 거부하면 비밀 조치를 강구해서 그가 어디 있든 처형할 것이다.[42]

유일하게 알려진 이런 암살은 18세기 빈에서 일어났다. 이런 법에도 불구하고 베네찌아 예술가들과 기능공들은 16세기에 이미 알프스 너머로 떠나갔고, 이탈리아의 정복자들에게 선물이라도 바치려는 듯이 프랑스와 도이칠란트로 기술을 전수했다.

베네찌아 기능공의 절반은 예술가들이었다. 백랍 세공인들은 아름다운 가장자리와 꽃무늬가 들어간 접시, 쟁반, 굽 달린 컵, 일반 컵 등을 제조했다. 무기 제조인들은 금속에 우아한 무늬를 상감하거나 새겨 넣은 동체 갑옷, 투구, 방패, 칼, 단검, 칼집 등을 만드는 것으로 유명했다. 다른 장인들은 보석을 박아 넣은 상아 손잡이가 달린 짧은 무기들을 만들었다. 피렌쩨 사람인 발다싸레 델리 엠브리아키는 1410년경 베네찌아에서 상아로 거대한 제단을 만들었다. 39개의 조각을 이어 붙인 것으로 이것은 오늘날 뉴욕 메트로폴리탄 박물관에 있다. 목재 조각가들도 루브르에 있는 「할례」 같은 조각이나 돋을새김 조각품을 만들었다. 또 바르톨로메오 만테냐가 그린 흉상을 제조했는데, 이것은 전에 밀라노의 폴디페쫄리 미술관에 있었다. 이 미술관은 전쟁 때 폭격을 맞았다. 목재 조각가들은 베네찌아 귀족 저택의 천장과 문(門)과 가구에 조각을 하거나 돋을새 김을 하거나 상감을 하고, 또 프라리 교회와 성 짜카리아 교회의 성가대석을 다 듬어 만들었다. 베네찌아 보석 세공인들은 국내와 외국의 주문을 잔뜩 받았지 만 점차 양에서 질로 넘어갔다. 금세공인들은 동양의 영향 대신 도이치의 영향 을 받으면서 수많은 접시, 개인 장신구, 또 대성당에서 구두에 이르기까지 모든 것을 위한 장식 비품을 만들었다. 사본 장식과 글씨 쓰기는 아직 계속되었지만 천천히 인쇄술로 넘어갔다. 프랑스와 플랑드르의 영향이 베네찌아 직물의 디 자인에 도입되었지만 베네찌아 염색과 기술이 그 특유의 질감과 색채를 생산 품에 섞어 넣었다. 프랑스 왕비는 베네찌아에서 염색된 공단 300조각을 주문했 다.(1532) 베네찌아 가게에서 부드럽고 화려한 옷감 재료들이 제조되고 염색 되었다. 위대한 베네찌아 화가들은 자기들 그림의 절반을 이루는 화려한 의상 을 위한 모델들을 찾아냈다. 베네찌아는 러스킨이 가졌던 경제의 이상(理想)을 거의 실현했다. 곧 모든 산업이 하나의 예술이 되어야 하고, 모든 제품은 기능 공의 개성과 예술성을 표현해야 한다는 생각이었다.

6. 베네찌아의 학문

1. 알두스 마누티우스

베네찌아는 이 시기에 사느라 비빠서 책을 가까이 하지 못했다. 그런데도 베 네찌아의 학교들과 도서관, 시인, 인쇄업자들은 이 도시에 훌륭한 이름을 부여 하는데 한몫을 했다. 베네찌아는 인문주의 운동에 두드러진 기여를 하지는 않 았다. 그런데도 인문주의는 여기서 가장 고귀한 예의 하나를 가진다. 에르몰라 오 바르바로(E. Barbaro)는 열네 살에 황제에게서 계관 시인의 관을 받고, 그리 스어를 가르치고, 아리스토텔레스를 번역하고, 의사로서 사람들을 돕고, 나라 를 위해서는 외교관 노릇을 하고, 교회를 위해서는 추기경이었고, 서른아홉 살에 흑사병으로 목숨을 잃었다. 베네찌아 여자들은 교육을 향한 가식이 적었다. 그들은 육체적으로 매력적이거나, 아니면 어머니로서 자식을 많이 두었거나, 아니면 존경을 받는 것으로 만족했다. 그러나 1530년에 스필림베르고의 이레네(Irene of Spilimbergo)는 살롱을 열었다. 학식이 있는 남자, 티찌아노 밑에서 그림을 배우는 사람, 노래를 잘하는 사람, 비올, 합시코드와 류트를 잘 타는 사람, 고대 문학과 현대 문학에 대해 잘 이야기할 줄 아는 사람들을 위한 것이었다. 베네찌아는 동쪽에서는 터키를 도망쳐 나온 학식 있는 망명자와 서쪽에서는 그리스도교에서 도망쳐 나온 사람들을 보호했다. 아레티노는 여기서 안전하게 교황과 왕들을 비웃었다. 그리고 몇 세기 뒤에는 바이런이 여기서 교황과 왕들의 몰락을 찬양했다. 귀족들과 고위 성직자들은 음악과 문학의 함양을 위한 클럽이나 아카데미들을 만들고 자기들의 집과 도서관을 열심인 사람, 음악에 재주가 있는 사람, 학식 있는 사람들에게 개방했다. 수도원과 교회와 가문들이 책을 수집했다. 추기경 도메니코 그리마니는 8000권을 소장했다가 그것을 시(市)에 기부했다. 베싸리온 추기경은 값비싼 필사본들을 그렇게 했다. 이들을 보관하기 위하여, 그리고 페트라르카가 물려준 것들을 보존하기 위해서 정부는 두 번이나 공공 도서관 설립을 명령했다. 전쟁과 다른 관심들이 이런 계획을 좌절시켰다. 마침내(1536) 원로원은 야코포 산소비노를 고용해서 옛 도서관을 짓도록 했다. 이것은 건축물로 보면 유럽에서 가장 아름다운 도서관이다.

그사이에 베네찌아 인쇄업자들은 그 시대, 어쩌면 모든 시대에 가장 아름답게 인쇄된 책들을 생산했다. 이런 책들은 이탈리아 최초는 아니었다. 한동안 마인츠에서 요한 푸스트(J. Fust)의 조수로 일하던 스바인하임(Sweynheim)과 판나르츠(Pannartz)가 아펜니노 산맥의 수비아코에 있는 베네딕트 수도원에 이탈리아 최초의 인쇄소를 세웠다.(1464) 1467년에 그들은 이런 장비들을 로마로 옮겨서 다음 3년 동안 23종의 책을 출간했다. 1469년에 혹은 그보다 일찍 베네찌아와 밀라노에서 인쇄가 시작되었다. 1471년에 베르나르도 첸니니는 피렌쩨에 인쇄소를 열었고, 폴리찌아노는 이에 당황해서 이렇게 탄식했다. "이제 가장 멍청한 생각들이 순식간에 천 권의 책이 되어 외국으로 퍼질 것이다."[43] 쫓겨난 필사가들은 새로운 기계를 비난했으나 소용이 없었다. 15세기 말까지는 4987종의 책이 이탈리아에서 인쇄되었다. 피렌쩨에 300종, 밀라노에 629종, 로마에서 925종, 베네찌아에서 2835종 등이었다.[44]

이 점에서 베네찌아가 우세했던 것은 테오발도 마누치 덕분이었다. 그는 이름을 알도 마누치오로 고치고 나중에는 다시 라틴어로 바꾸어 알두스 마누티우스(Aldus Manutius)로 고쳤다. 로마냐의 바씨아노에서 태어난(1450) 그는 로마에서 라틴어를, 페라라에서 그리스어를 배우고, 과리노 다 베로나에게서 두 가지를 다 배웠다. 그러고 나서 페라라에서 스스로 고전 문학을 가르쳤다. 그의 제자의 한 사람인 피코 델라 미란돌라는 그에게 카르피로 와서 두 조카 리오넬로와 알베르토 피오(L. and A. Pio)를 가르쳐 달라고 초빙했다. 스승과 제자는 지속적인 상호 애정을 발전시켰다. 알두스는 피오라는 이름을 자신의 이름에 덧붙였다. 그리고 알베르토와 그 어머니 카르피의 백작 부인은 출판 분야에서 최초로, 상당한 수준의 벤처 기업에 자금을 대주기로 했다. 알두스의 계획은 시간의 폭풍으로부터 구조된 모든 중요한 그리스 문헌을 모으고, 편집하고 출판해서 싼 가격으로 퍼뜨린다는 것이었다. 그것은 다음과 같은, 10가지 이상의 이유에서 무모한 기획이었다. 우선 필사본은 구하기가 어려웠다. 동일한 작품의 여러 필사본들은 텍스트의 내용이 낙담할 정도로 서로가 달랐다. 거의 모든 사본들은 필사 과정에서 심각한 오류를 얻었다. 텍스트를 다듬고 교정할 편집자들을 찾아내고 그들에게 돈을 주어야 했다. 라틴어와 그리스어 활자들이 여러 벌이나 고안되고 주조되어야 했다. 다량의 종이도 수입되어야 했다. 식자공과 인쇄공들을 고용하고 훈련해야 했다. 조판을 분해할 장치도 마련해야 했다. 책을 사는 대중이 전보다 훨씬 더 광범위한 규모로 생겨나도록 해야만 했다. 그리고 저작권법의 보호가 없는 상태에서 이 모든 것에 투자를 해야만 했다.

알두스는 베네찌아를 본부로 선택했다. 베네찌아의 무역망은 책의 분배를 위해 탁월한 중심지가 되어 줄 것이기 때문이다. 그리고 이탈리아에서 가장 부유한 도시였고, 또 아직 자르지 않은 책들로 방을 꾸미기를 원할지도 모를 부자들이 많았기 때문이다. 또 이곳에는 그리스 망명학자들이 많이 있었기에 그들은 편집자나 교정자로 고용되면 좋아할 것이었다. 슈파이어의 요한이 이미 베네찌아에 첫 인쇄소를 설립했다.(1469?) 구텐베르크의 마인츠에서 새로운 기술을 배운 프랑스 출신의 니콜라스 얀센(N. Jensen)은 1년 뒤에 또 다른 인쇄소를 세웠다. 1479년에 얀센은 인쇄소를 안드레아 토레사노에게 팔았다. 1490년에 알두스 마누티우스는 베네찌아에 정착하고, 1499년에는 토레사노의 딸과 결혼했다.

알두스는 성 아고스티노 성당 근처에 있는 자기 집에 그리스 학자들을 모아서 먹이고 재우고, 그들에게 고전 텍스트를 편집하는 일을 맡겼다. 그는 그들과 그리스어로 이야기하고, 헌사와 서문을 그리스어로 썼다. 그의 집에서 새로운 활자가 주조되고 잉크도 만들어지고, 책이 인쇄되고 제본되었다. 그의 첫 출판물은(1495) 콘스탄틴 라스카리스가 쓴 그리스와 라틴어 문법이었다. 같은 해에 그는 아리스토텔레스의 작품들을 원어로 간행하기 시작했다. 1496년에 토오도루스 가짜의 그리스어 문법을, 1497년에는 그 자신이 엮은 그리스 - 라틴어 사전이 출간되었다. 그는 출판 일의 소란과 북새통 속에서도 여전히 학자였기 때문이다. 그렇게 해서 몇 해 동안 공부를 계속하고 난 다음 1502년에 그는 자신의 『라틴어 문법』을 인쇄했다. 이 책에는 덤으로 히브리어 개론도 붙어 있었다.

이런 기술적인 부분을 시작으로 그는 그리스어 고전들을 한 권씩 계속 출판했다.(1495년과 그 이후) 무사에우스(『헤로와 레안데르』), 헤시오도스, 테오크리투스, 테오그니스, 아리스토파네스, 헤로도토스, 투키디데스, 소포클레스, 에우리피데스, 데모스테네스, 아에스키네스, 리시아스, 플라톤, 핀다루스, 플루타르코스의 『윤리학』······. 이 기간에 그는 퀸틸리아누스에서 벰보에 이르는 상당수의 라틴어와 이탈리아 작품들도 펴냈다. 그리고 에라스무스의 『인용 사전 (*Adagia*)』도 펴냈다. 에라스무스는 알두스가 펼치는 사업의 중요성을 알아채고 직접 이곳에 와서 한동안 그와 함께 지내면서 자신의 『인용 사전』뿐만 아니라 테렌티우스, 플라우투스, 세네카 등도 편집했다. 라틴어 책들을 위해서 알두스는 우아한 필기체 활자를 고안했다. 전해 내려오는 말처럼 페트라르카의 필체가 아니라 탁월한 필사가이던 프란체스코 다 볼로냐의 필체를 따른 것이었다. 이것은 우리가 오늘날 그 기원대로 '이탤릭체(italic)'라고 부르는 활자이다. 그리스 텍스트를 위해서는 그의 가장 중요한 그리스 학자였던 크레테 출신의 마르쿠스 무수루스(M. Musurus)의 조심스러운 필체를 토대로 삼았다. 그는 모든 출판물에 "페스티나 렌테(Festina lente, 천천히 서둘러라)"라는 모토를 표시했다. 그와 함께 속도를 나타내는 돌고래와 확고함을 나타내는 닻을 상징으로 내놓았다. 그가 사용한 이런 상징은 토레사노가 쓰던 그림이 그려진 탑과 함께 인쇄소나 출판사 마크의 시작이 되었다.*

알두스는 거의 말 그대로 밤낮없이 여기 매달려 일했다. 그는 아리스토텔레스의 『도구(*Organon*, 논리학)』 서문에 이렇게 썼다. "학문을 연마하는 사람은 그들의 목적을 위해 필요한 책들을 공급받아야 한다. 이런 공급이 확실하게 될 때까지 나는 쉴 수가 없다." 또 그의 서재 문에는 이런 경고 문구를 붙여 놓았다. "당신이 누구든, 빨리 일을 보고 신속하게 떠나 주시기를 알두스는 정중하게 요청합니다······. 이곳은 일하는 곳이기 때문입니다."[45] 그는 출판 일에 너무 골두하는 바람에 가족과 친구를 소홀히 하고 건강을 망쳤다. 수많은 난관들이 그의 에너지를 파먹었다. 싸움이 일어나 그의 계획을 망치고, 베네찌아가 캉브레 동맹에 맞서 생존을 위한 전쟁을 하던 1년 동안은 일을 미루어야 했다. 이탈리아, 프랑스, 도이칠란트의 경쟁업체들은 그가 돈을 많이 내서 필사본을 구하고, 또 학자들을 고용하여 교정해서 만들어 낸 책들의 해적판을 냈다. 그러나

---

* 미국 출판사인 사이먼 앤드 슈스터 사의 마크 '씨 뿌리는 사람'을 참조할 것.

작아서 손에 쥐기 쉽고, 깨끗하게 인쇄되고 정갈하게 제본된 이 책은 적당한 가격으로(오늘날 가격으로 약 2달러 정도) 인해 계속 널리 전파되어 그의 마음을 즐겁게 하고 그의 노고에 보답했다. 이제 그리스의 영광은 그것을 받기를 원하는 모든 사람을 비추어 줄 수 있게 된 것이다.[46]

그의 노력에 감명을 받은 베네찌아 학자들은 '새 아카데미(Neacademia)'를 세우는 데 동참했다. 그리스 문헌을 수집, 편집, 출판하기 위한 모임이었다. 이곳의 회원들이 만날 때는 그리스어만 썼다. 그들은 각자의 이름을 그리스어 형태로 고쳤다. 그리고 편집 일을 나누어 맡았다. 탁월한 남자들이 이 아카데미에서 일 했다. 벰보, 알베르토 피오, 네덜란드의 에라스무스, 잉글랜드의 리나커(Linacre) 등이다. 알두스는 자기 사업의 성공이 많은 부분 그들 덕분이라고 말했지만 그래도 이 일을 해낸 것은 그 자신의 정열과 힘이었다. 그는 지치고 가난한 상태로, 그러나 많은 것을 성취하고 죽었다.(1515) 그의 아들들이 사업을 이어받았다. 그러나 아들 알도 2세가 죽으면서(1597) 회사는 해체되었다. 그러나 이 회사는 그 목적을 충실하게 지켰다. 그리스 문헌을 몇몇 부유한 수집가들의 감추어진 선반에서 꺼내어 광범위하게 전파했기에 16세기 처음 30년 동안 이탈리아가 유린된 사건도, 30년 전쟁에 의해 북유럽이 황량하게 된 것도, 인류의 유산이 고대 로마가 죽어 가던 시절에 대규모로 없어진 것처럼 다시 사라지게 만들지는 못했다.

2. 벰보

그리스 문헌이 되살아나도록 도움을 주는 것 말고도 새 아카데미 회원들은 자기 시대 문학에 활발하게 기여했다. 안토니오 코치오, 혹은 사벨리쿠스(A. Sabellicus)는 『10년 단위 역사(*Decades*)』에서 베네찌아 역사를 기록했다. 안드레아 나바제로는 라틴어로 거의 완벽한 형식의 시를 써서 자부심에 가득 찬 동향 사람들은 그가 피렌쩨에서 베네찌아에 이르는 지역에서 문학의 지휘권을 쥔 사람이라고 찬양했다. 마리노 사누도(M. Sanudo)는 정치, 문학, 미술, 행동 방식, 풍습 등 현대 사건들에 대한 생생한 기록을 남겼다. 58권에 이르는 그의 『연대기(*Diarii*)』는 이탈리아의 어느 역사나 어느 도시보다도 더욱 풍성하고 생생하게 베네찌아 삶의 모습을 서술하고 있다.

사누도는 독특한 일상 언어로 글을 썼다. 그의 친구 피에트로 벰보(Bembo)는 라틴어와 이탈리아어로 인위적인 문체를 다듬느라 거의 반평생을 다 바쳤다. 벰보는 요람에 있을 때 벌써 문화를 받아들였다. 그는 부유하고 학식 있는 베네찌아 사람들의 아들이었기 때문이다. 나아가 그의 문학적 순수성을 확고하게 하려는 듯이 그는 토스카나 사투리의 고향인 피렌쩨에서 태어났다. 그리스어는 시칠리아에서 콘스탄티누스 라스카리스에게서 배우고, 철학은 파도바에서 폼포나찌에게서 배웠다. 그의 태도로 미루어본다면 (그는 죄악을 심각한 것으로 여기지 않았기 때문에) 폼포나찌에게서 약간의 회의론을 받아들였던 것 같다. 폼포나찌는 영혼의 불멸을 의심했다. 그러나 벰보는 너무 상냥한 사람이어서 신앙심이 깊은 사람의 위안을 흔들어 놓지는 않았다. 그리고 저 가차없는 교수 폼포나찌가 이단죄로 고발되었을 때 벰보는 레오 10세를 설득해서 그를 너그럽게 다루도록 했다.

벰보의 가장 행복한 시절은 페라라에서 보낸 시기였다. 스물여덟에서 서른여섯의 나이였다.(1498~1506) 거기서 그는 문학적인 방식으로이긴 하지만 대단한 궁정의 여왕인 루크레찌아 보르지아를 향한 사랑에 빠졌다. 그는 로마에서의 그녀의 수상쩍 행각을 다 잊고, 조용한 우아함의 매력과 '티찌아노 방식'의 머리카락, 그리고 명성의 황홀감에 빠져들었다. 명성도 아름다움처럼 사람을 취하게 할 수가 있기 때문이다. 그는 플라톤적인 사랑을 주제로 삼아 이탈리아어로 진행된 대화편 『아솔라니(*Gli asolani*)』를 그녀에게 바쳤다.(1505) 그리고 그녀를 찬양하기 위해 로마의 은시대에 나온 것만큼이나 우아한 라틴어 비가들을 썼다. 그녀는 그에게 조심스럽게 답장을 했고, 또 자신의 머리카락 한 단을 보냈다. 이것은 그녀가 보낸 편지와 함께 밀라노의 암브로시아 도서관에 보존되어 있다.[47]

벰보가 페라라를 떠나 우르비노로 갔을 때(1506) 그는 매력의 절정에 있었다. 키가 크고 잘생겼고, 귀족 태생에 귀족으로 키워졌다. 억지를 부리는 자부심이 없이도 그는 아주 돋보이는 사람이었다. 세 가지 언어로 시를 쓸 수가 있었고, 그의 편지들은 이미 상을 받았다. 그의 대화들은 그리스도교도, 학자, 신사로서의 대화였다.『아솔라니』는 그가 우르비노에 머무는 동안에 출간되었다. 그것은 이 궁정의 정신과 잘 맞았다. 사랑보다 더 즐거운 주제가 어디 있겠는가.(아솔로에 있는 카테리나 코르나로의 정원보다 이런 대화에 더 적합한 장소가 어디 있겠는가.) 명예로운 아가씨의 결혼식보다 더 적합한 계기가 또 어디 있겠는가. 플라톤적인 사랑이라고는 해도, 세 젊은이와 세 아가씨보다 사랑에 대해 더 잘 이야기할 사람이 어디 있겠는가. 이들의 입속에 벰보는 철학과 문학의 향긋한 혼합을 넣어 주었다. 베네찌아의 예술가들은 이 책에서 힌트를 얻었고, 페라라의 공작부인은 찬양하는 헌사를 받았고, 로마의 성직자들은 '사랑의 성찰'을 기뻐하고, 우르비노에는 이 작가 자신이 실제로 거주하고 있었으니, 모든 이탈리아가 벰보를 섬세하게 감상적이고 잘 연마된 양식의 대가라고 찬양했다. 카스틸리오네(Castiglione)는 「궁정인」에서 대화를 이상적인 것으로 만들면서 우르비노 공작의 궁정을 상상했다. 그리고 이 대화에서 벰보에게 가장 두드러진 역할을 맡겼으며, 플라톤적인 사랑에 대한 그 유명한 결론 부분에서 바로 벰보가 그 말을 하도록 만들고 있다.

1512년에 벰보는 쥴리아노 데 메디치를 따라 로마로 갔다. 1년 뒤에 쥴리아노의 동생이 교황 레오 10세가 되었다. 벰보는 곧 새 교황의 비서가 되어 바티칸에 머물게 되었다. 교황은 그의 재치와 키케로 방식의 라틴어, 그리고 편안한 방식 등을 좋아했다. 7년 동안 벰보는 교황궁의 자랑이었다. 모임의 우상이요, 라파엘로의 지적인 아버지이고, 부자들과 너그러운 여성들의 총아였다. 그는 작은 수도회에 속했고, 로마의 주류(主流) 의견을 받아들이고 있었기에 교회와 실험 결혼을 했어도 그에게 약간의 방탕함이 허용되었다. 순수한 여인 중에 가장 순수한 여인 비토리아 콜론나(V. Colonna)는 그를 매우 사랑했다.

그 사이에 베네찌아, 페라라, 우르비노, 로마 등지에서 그는 라틴 시인들인 카툴루스나 티불루스가 직접 쓰기라도 한 것 같은 비가(悲歌), 목가, 편지, 송가 등을 썼다. 그의 「프리아포스(풍요의 신)」 같은 작품은 르네상스 방탕함의 가장 핵심적인 흐름에 속한다. 벰보와 폴리찌아노의 라틴어는 관용어구로 보면 완벽했다. 그러나 잘못된 시대에 나타났다. 그들이 14세기 초에 태어났더라면 그들은 현대 유럽 학교들에서 기준이 되었을 것이다. 15세기와 16세기 상황에서 그들이 자기 나라, 자기 시대, 심지어는 자기 계층의 목소리가 될 수는 없었다. 벰보는 이 사실을 알아차렸다. 그리고 「방언(이탈리아어)에 대해서」라는 에세이에서 그는 문학적 목적을 위해 이탈리아어를 사용하는 일을 옹호하고 있다. 그리고 스스로 페트라르카 방식으로 '노래(canzoni)'들을 지어 그 모범을 보여 주었다. 그러나 여기서 문장을 다듬으려는 그의 정열이 그의 시에서 생명을 앗아가고 그의 사랑은 시적인 기벽으로 변하고 말았다. 그런데도 이런 시들 일부는 마드리갈과 같은 음악으로 작곡되었다. 일부는 위대한 팔레스트리나가 곡을 붙였다.

예민한 벰보는 친구들인 비비에나, 키지, 라파엘로 등이 죽은 다음 로마가 유령의 도시라고 느꼈다. 그래서 페트라르카처럼 그는 파도바 근처 시골집에서 건강과 편안함을 찾았다. 쉰 살이 된 그는 온화한 플라톤 방식으로 사랑에 빠진 게 아니었다. 다음 22년간 그는 모로시나(Donna Morosina)라는 여자와 함께 살았다. 그녀는 그에게 세 아이를 낳아 주었을 뿐만 아니라 그의 명성이 베풀어 주지 못한 안락함과 위안과, 염려와 보살핌을 주었다. 나이 들어 가는 지금 그것은 이중으로 다행스러운 일이다. 그는 여전히 몇 가지 성직록을 받고 있었다. 재산의 대부분을 아름다운 그림과 조각을 모으는 데 사용했다. 그들 중에는 성모와 그리스도와 나란히 베누스와 유피테르도 상당히 중요한 자리를 차지했다.[48] 그의 집은 문학적 순례의 목적지가 되었고, 예술가와 재치의 살롱이 되었다. 이 옥좌로부터 그는 이탈리아에 양식의 법칙을 내려 주었다. 교황의 서기 노릇을 하는 동안에도 친구인 사돌레토에게 바울의 편지들을 읽지 말라고 충고했다. 다듬어지지 않은 평민 방식 표현들이 그의 취향을 망칠 것이라는 경고였다. "이 하찮은 것들을 치워 버리게."라고 벰보는 친구에게 말했다. "그런 쓸모 없는 것들로 기품 있는 남자가 되지는 않으니까."[49] 모든 라틴어는 키케로를 모범으로 삼아야 하고 모든 이탈리아어는 페트라르카와 보카치오를 모범으로 삼아야 한다고 그는 이탈리아를 향해 주장했다. 그 자신은 노년에 피렌쩨와 베네찌아의 역사를 썼다. 이 책들은 아름답지만 생명이 없다. 그러나 그의 여자 모르시나가 죽었을 때 이 위대한 문체를 가진 사람은 자기 역할도, 플라톤과 루크레찌아와 카스틸리오네도 모두 잊었다. 그리고 한 친구에게 편지를 썼다. 어쩌면 유일하게 그의 펜에서 직접 흘러나온 이 편지는 추억을 불러들이고 있다.

나는 세상에서 가장 소중한 마음을 잃어버렸네, 내 생명을 부드럽게 지켜 주던 마음, 자신의 생명을 잊고 내 생명을 사랑하고 유지해 주던 그 마음, 스스로 주인이었던 그 마음, 값비싼 장식과 꾸밈과 비단과 금과 보석과 보물들을 무시하고 오로지 내가 지닌 사랑에서 최고의 즐거움을 느끼며(그녀 자신의 말에 따르면) 만족했던 그 마음. 이 마음은 의복 대신 가장 부드럽고 우아하고 훌륭한 팔다리를 지녔다네. 그 마음은 이렇게 봉사할 때 즐거운 모습을 보였고, 또 내가 이 땅에서 만난 중에 가장 달콤하고 또 가장 품위 있는 형식을 지니고 있었다네.

그는 그녀가 죽어 가면서 남긴 말을 잊을 수가 없다.

"아이들을 당신에게 맡겨요. 나를 위해, 또 당신을 위해 그 애들을 돌봐 달라고 부탁드려요. 그들은 모두 당신의 아이들입니다. 나는 한 번도 당신을 속이지 않았으니까요. 그래서 우리 주님의 성체를 평화로운 영혼으로 받아들일 수 있어요." 한참 쉬고 난 다음 그녀는 덧붙였어. "하느님과 함께하세요." 그리고 몇 분 뒤에 영원히 눈을 감았다네. 삶을 통해 고단하게 방황하던 나를 밝게 비쳐 주던 성실한 별이었던 그 눈을 말일세.[50]

4년 뒤에도 그는 여전히 그녀의 죽음을 탄식하고 있다. 삶과의 유대를 잃어버리자 마침내 그는 신앙심을 얻었다. 1539년에 교황 파울루스 3세는 그를 사제와 추기경으로 만들 수가 있었다. 남은 8년 동안 그는 교회의 기둥이며 모범이었다.

7. 베로나

악명이 자자한 아레티노는 뒤의 장을 위해 남겨두고 이제 우리는 베네찌아를 떠나 북쪽과 서쪽의 속령들로 가 보면 거기서도 황금시대의 빛을 찾아볼 수 있다. 트레비소는 로렌쪼 로토와 파리스 보르도네(P. Bordone)를 낳았다고 자랑할 수 있다. 그 대성당에는 티찌아노가 그린 「수태고지」와 셀 수 없이 많은 롬바르디아 사람들이 도안한 아름다운 성가대가 있다. 작은 포르데노네 마을은 죠반니 안토니오 데 사키에게 그 성(姓)을 주었고, 아직도 성당에는 그의 걸작의 하나인 「성모와 성인들과 기증자」를 보여 준다. 죠반니 포르데노네는 경쾌한 에너지와 자신감을 가진 사람이었고, 재치와 칼을 준비하고 어디서나 무슨 일이라도 감행할 사람이었다. 그가 우디네, 스필림베르고, 트레비소, 비첸짜, 페라라, 만토바, 크레모나, 피아첸짜, 제노바, 베네찌아 등지에서 그림을 그리면서, 죠르죠네의 풍경화, 티찌아노의 건축물 배경과 미켈란젤로의 근육질 등을 토대로 자신의 양식을 익힌 것을 볼 수 있다. 그는 베네씨아에 소내를 받고(1527) 티찌아노와 겨루려고 했다. 성 로코 교회를 위해 만든 그의 「성 마르틴과 성 크리스토퍼」는 빛과 그림자로 입체감을 주어서 거의 건축적인 효과를 만들어 낸다. 베네찌아는 그가 티찌아노와 겨룰 만하다고 찬양했다. 포르데노네는 다시 여행을 시작했고, 세 번 결혼했고, 자기 형제를 죽였다는 의심을 받고, 헝가리의 요한 왕에게서(그의 그림을 한 번도 보지 못했던) 기사 작위를 받고, 베네찌아로 돌아와(1533) 티찌아노와 겨루는 일을 계속했다. 총독 궁전에 시작한 전쟁 그림을 완성하도록 티찌아노를 자극할 속셈으로 원로원은 포르데노네에게 맞은편 벽에 그림을 그리라고 주문했다. 레오나르도와 미켈란젤로의 경쟁과 같은 것이 여기서 되풀이되었다.(1538) 그리고 극적인 보충을 했다. 포르데노네는 허리에 칼을 차고 있었다. 그의 캔버스는(색채가 화려하고 행동은 격렬하다.) 두 번째로 훌륭한 것이라는 판결을 받았고, 포르데노네는 페라라로 가서 에르콜레 2세를 위해 몇 개의 벽걸이 도안을 만들었다. 도착하고 2주가 지난 다음 그는 죽었다. 그의 친구들은 독약 탓이라고 말했고, 적들은 때가 되었다고 말했다.

비첸짜도 영웅들을 가졌다. 바르톨로메오 몬타냐(B. Montagna)는 중간급 성모들이 잔뜩 있는 미술 유파를 만들었다. 몬타냐의 가장 훌륭한 그림은 브레라에 있는 「옥좌에 앉은 성모」이다. 이것은 안토넬로의 모델을 따라 오른편에 성인 두 명, 왼편에 성인 두 명, 그리고 성모의 발치에 음악을 연주하는 천사들을 배치했다. 그러나 이 천사들은 이름을 얻었고, 아름다운 용모와 우아한 의상을 한 성모는 르네상스 성모들이 빽빽한 미술관에서도 가장 아름다운 모습의 하나이다. 비첸짜는 팔라디오가 등장했을 때 전성기를 맞이한다.

1500년의 자랑스러운 역사를 보낸 다음 베로나는 1404년 베네찌아의 속령이 되어 1796년까지 그 상태를 유지했다. 그런데도 이 도시는 자신의 건강한 문화생활을 가졌다. 이 도시의 화가들은 베네찌아의 화가보다 못하지만 건축가와 조각가와 목재 세공사들은 '가장 고귀한' 수도에도 뒤지지 않았다. 14세기 스칼리거 가문의 무덤들은 지나치게 장식적이긴 해도 조각가가 부족하지 않음을 보여 준다. 그리고 칸 그란데 델라 스칼라의 기마상은 화려하게 흘러내리는 의상을 걸친 말이 아주 생생한 동작을 보여 주고 있어서 저 도나텔로와 베로키오의 걸작들에 약간 못 미칠 뿐이다. 이탈리아에서 가장 주문이 많은 목재 조각가는 베로나의 프라 죠반니였다. 그는 많은 도시들에서 일했지만 고향 도시에 있는 산타 마리아의 성가대석을 조각하고 상감하는 데 삶의 대부분을 보냈다.

베로나 건축에서 가장 위대한 이름은 바사리가 말했듯이 "저 드문, 전인적인 천재" 프라 죠콘도(Fra Giocondo)였다. 헬레니즘 학자, 식물학자, 골동품 수집가, 철학자, 신학자였던 이 특이한 도미니크 수도사는 자기 시대 대표적인 건축가 겸 토목 기사였다. 그는 유명한 학자 율리우스 카이사르 스칼리거에게 라틴어와 그리스어를 가르쳤다. 스칼리거는 베로나에서 의사 노릇을 하다가 프랑스로 갔다. 프라 죠콘도는 로마의 고전 유물들에 있는 비명(碑銘)을 베끼고, 이 주제로 책을 써서 로렌쪼 데 메디치에게 선물했다. 그의 탐색은 파리의 낡은 소장품에서 플리니우스의 편지 대부분을 발견하는 결과를 만들어 냈다. 파리에 머무는 동안 그는 센 강에 두 개의 다리를 건설했다. 브렌타 강의 퇴적물이 베네찌아를 가능하게 만든 초호 지대를 메우려고 하자, 프라 죠콘도는 큰 비용을 들여서 멀리 떨어져 비어 있는 남쪽으로 강의 물줄기를 돌리라고 원로원을 설득했다. 그러나 이렇게 한다면 베네찌아는 수로를 가진 오늘날의 기적이 되지는 않았을 것이다. 뤼지 코르나로는 죠콘도를 도시의 두 번째 설립자라고 불렀다. 베로나에서 그의 걸작은 시 의회(콘실리오) 궁전이다. 우아한 처마 장식으로 받쳐진 단순한 로마네스크 로지아로서, 코르넬리우스 네포스, 카툴루스, 비트루비우스, 플리니우스 2세, 에밀리우스 마케르(모두가 고대 시대 베로나 출신의 신사들)의 입상으로 꼭대기가 장식되어 있다. 로마에서 죠콘도는 라파엘로, 쥴리아노 다 상갈로 등과 함께 성 베드로 대성당의 건축을 맡았지만 같은 해에(1514) 죽었다. 잘 보낸 삶이었다.

로미의 유적지에 관한 죠콘도의 작업이 다른 베로나 출신 건축가를 흥분시켰다. 죠반마리아 팔코네토(G. Falconetto)는 자기 도시의 고대 유물을 모두 그린 다음 로마로 가서 그곳에서도 같은 일을 했다. 중단을 겪으면서 12년을 그 일로 보냈다. 베로나로 돌아와 그는 정치에서 패배한 편에 들었다가, 이어서 파도바로 떠났다. 그곳에서 벰보와 코르나로가 고전 도안을 건축에 적용해 보라고 격려했다. 이 너그러운 백 살 노인(코르나로)은 팔코네토가 일흔여섯 살로 죽을 때까지 그에게 집과 음식과 재정 지원을 해 주고 그를 사랑했다. 팔코네토는 파도바에 있는 코르나로 궁전을 위해 로지아를 설계했고, 도시의 문 두 개를 짓고, 산타 마리아 델레 그라찌에 교회를 설계했다. 죠콘도, 팔코네토, 산미켈리는 로마에서만 경쟁 상대를 가질 만한 세 명의 건축가들이었다.

미켈레 산미켈리(M. Sanmicheli)는 주로 요새 건축에 몰두했다. 아버지와 삼촌들도 베로나의 건축가들이었던 그는 열여섯 살에 로마로 가서 조심스럽게 고대 건물을 측정했다. 교회와 궁전 설계로 명성을 얻은 다음 교황 클레멘스 7세에 의해 파르마와 피아첸짜의 방어 요새를 건축하라고 파견되었다. 이런 군사적 건축물의 특이한 형태는 오각형을 이루고 있어서, 발코니로부터 다섯 방향으로 총을 쏠 수가 있었다. 그는 베네찌아의 요새들을 살펴보다가 밀정으로 오인되어 체포되었다. 그러나 그를 심문하던 사람들은 그의 지식에 강한 인상을 받았기에 원로원은 베로나, 브레시아, 짜라, 코르푸, 키프러스, 크레테에 요새들을 건설하도록 그를 고용했다. 베네찌아로 돌아와서 그는 리도에 강력한 요새를 건축했다. 이 요새를 준비하면서 그는 곧바로 물의 문제에 부딪쳤다. 프라 죠콘도의 예를 따라 그는 말뚝을 연결한 방수 장치 두 벌을 아래로 내리고, 두 개의 원 사이에 있는 물을 퍼내고 둥근 마른땅에 기초를 세웠다. 이것은 아주 위험한 일이었고, 마지막 순간까지 성공하지 못하리라는 의심을 받았다. 비평가들은 이 요새에서 무거운 대포를 발사하면 요새 건물이 스스로를 흔들어 토대에서 벗어나면서 붕괴될 것이라고 예언했다. 원로원은 베네찌아에서 가장 강한 대포들을 그곳으로 옮기고, 그들 모두를 동시에 쏘라고 명령했다. 근처의 임신한 여인들은 조산을 피하도록 미리 대피시켰다. 대포는 발사되었고, 요새는 굳건히 서 있었다. 임산부들은 돌아오고 산미켈리는 베네찌아의 축하를 받았다.

베로나에서 그는 두 개의 강력한 시(市)의 문을 고안하고, 도리스 기둥과 처마 장식으로 그것을 꾸몄다. 바사리는 이 건축물들이 건축적으로 보아서 로마의 극장 및 베로나에 남아 있는 로마 시대의 원형 극장에 버금간다고 평했다. 그는 베빌라쿠아 궁전과 그리마니 궁전, 모체니고 궁전들을 지었다. 대성당을 위해 종탑을 세우고, 성 죠르죠 마죠레를 위해 둥근 지붕을 세웠다. 그의 친구 바사리는 젊은 시절 미켈레가 몇 번 온건한 간통에 빠져들었지만 나이 들어서는 그리스도교도의 모범이 되었으며, 물질적인 이익을 생각하지 않고, 모든 사람을 친절함과 예의로 대했다고 전해 주고 있다. 그는 이 기술을 야코포 산소비노와 자기가 특히 사랑하던 조카에게 전수했다. 이 조카가 베네찌아 군에서 터키에 맞서 싸우다가 키프러스에서 전사했다는 소식을 듣자 산미켈리는 열병을 일으켰다가 며칠 뒤에 죽었다. 일흔세 살이었다.(1559)

르네상스, 어쩌면 모든 시대의 가장 아름다운 메달을 만든 사람은 베로나에 속했다.[51] 안토니오 피사노(A. Pisano, 역사에는 피사넬로(Pisanello)로 알려졌다.)는 언제나 픽토르(Pictor)라고 서명했다. 자신을 화가라고 여겼던 것이다. 그가 그린 회화 작품 대여섯 점이 전해진다. 그것들은 탁월하다.* 그러나 이것만으로는 그의 이름을 수백 년에 걸쳐 보존할 수 없었을 것이다. 그리스와 로마의 기술과 치밀한 사실주의를 받아들여 피사넬로는 작은 원형 돋을새김들을 만들었다. 지름이 6센티미터가 넘는 경우가 드문 것들이다. 이들은 꼼꼼한 솜씨로 충실한 묘사를 했기에 그의 메달들은 르네상스의 유명인 몇 사람을 가장 믿을 만한 모습으로 보여 주고 있다. 이 작품들은 심오한 것은 아니다. 그들은 철학적인 겉모습을 띠지 않는다. 그러나 이들은 아주 꼼꼼한 장인 정신과 역사를 조명해 주는 보물이다.

피사넬로와 카로토 집안을 제외하면 회화 분야에서 베로나는 중세 그대로 남았다. 스칼리저 가문이 몰락하고 난 다음 회화는 조용히 기라앉아서 부수적인 역할을 하게 되었다. 베네찌아처럼, 10개국 이상에서 몰려든 상인들이 서로 팔꿈치와 신앙을 맞부딪치고, 상호 마찰을 통해 서로의 교리들을 닮아 빠지게 하는 고지대가 아니었다. 로도비코의 밀라노처럼 정치적 세력도 아니었고, 피

---

* 레오넬로 데스테의 초상(베르가모), 꽃과 조가비로 아름다운 테두리를 두른 「에스테 집안의 공주」(루브르), 「여인의 옆모습」(워싱턴), 베로나 성 아나스타샤 교회에 있는 인상적인 벽화 「성 조지」, 빛과 그림자의 연구가 매우 탁월한 「성 유스타키우스」(런던) 참조.

렌쩨처럼 재정 중심지도 아니었고, 로마처럼 국제적인 도시도 아니었다. 동양에 그렇게 가깝지도 않았고, 인문주의에 그렇게 사로잡히지도 않았고, 그래서 그리스도교를 이교와 뒤섞지도 않았다. 중세의 주제로 만족하고, 죠르죠네와 티찌아노, 코레죠와 라파엘로 등이 그린 나체화가 불러일으키는 감각적인 열정을 아주 드물게만 그 예술에 반영했다. 뒷날 이 도시의 아들 하나가, 정말로 도시의 이름을 지닌 화가가 이교적인 분위기에 즐겁게 빠져들었다. 그러나 파올로 베로네제(P. Veronese)는 살면서 베로나 사람보다는 오히려 베네찌아 사람이 되었다. 베로나는 그대로 멈추어 있었다.

14세기에 이곳의 화가들은 자기 시대에 뒤지지 않았다. 파도바가 그들 중 한 사람인 알티키에로 다 쩨비오를 불러서 성 죠르죠 제단을 장식한 것을 기억해 보라. 14세기 마지막에 되면서 스테파노 다 쩨비오는 피렌쩨로 가서 아뇰로 가디에게서 지오토의 전통을 배웠다. 베로나로 돌아와서 그는 벽화들을 그렸다. 도나텔로는 이 벽화들이 그때까지 이 분야에서 이룩된 최고의 것이라고 선언했다. 그의 제자 도메니코 모로네(D. Morone)는 피사넬로와 벨리니 일가의 작품을 연구하면서 발전했다. 만토바 성에 있는 「보오나콜시의 승리」는 수많은 사람이 등장하는 젠틸레의 파노라마를 연상시킨다. 도메니코의 아들 프란체스코는 벽화들을 그려 프라 죠반니의 목재 조각을 도와주어, 오르가노에 있는 산타 마리아 성당의 성구실이 이탈리아 전역에서 유명한 보물실의 하나가 되도록 했다. 도메니코의 제자 지롤라모 다이 리브리는 열여섯의 나이에(1490) 자기가 좋아하는 이 성당에 제단화를 그렸다. 「십자가에서 그리스도를 내림」이었다. 바사리는 이렇게 보고한다. "그림의 덮개를 열자 거기 나타난 기적을 보고 흥분하여 도시 전체가 예술가의 아버지에게 축하하러 달려갔다."[52] 이 그림의 풍경은 15세기 예술에서 최고의 하나이다. 리브리의 다른 그림(뉴욕)에서는 나무 한 그루가 하도 사실적으로 그려져서 (성 도미니크 수도사의 말에 따르면) 새들이 그 가지에 앉으려 했다고 한다. 근엄한 바사리는 리브리가 오르가노에 있는 산타 마리아 성당을 위해 그린 「그리스도의 탄생」에서 토끼의 털을 하나하나 헤아릴 수 있을 정도라고 단언하고 있다.[53] 리브리의 아버지는 필사본에 그림을 그려 넣는 기술로 인해 '다이 리브리(책)'라는 성(姓)을 얻었다. 아들도 이 기술을 이어받아 이탈리아에 있는 모든 미니어처 화가들을 능가했다.

1462년 무렵에 야코포 벨리니가 베로나에서 그림을 그렸다. 그를 돕는 소년들 중의 하나가 리베랄레(Liberale)였다. 그는 나중에 도시의 이름을 성으로 받아들였다. 이 리베랄레 다 베로나를 통해서 베네찌아의 색채와 생동성이 베로나 미술에 나타나게 되었다. 지롤라모와 마찬가지로 리베랄레는 필사본에 그림을 그려서 돈을 가장 잘 벌 수 있음을 알았다. 그는 필사본에 들어가는 미니어처 그림으로 시에나에서 800크라운(2만 달러?)을 벌었다. 나이 들었을 때 결혼한 딸아 박대하자 그는 재산을 제자인 프란체스코 토르비도(F. Torbido)에게 넘겨주고 그와 함께 살다가 괜찮은 나이인 여든다섯 살로(1536) 죽었다. 토르비도는 죠르죠네와 함께 공부하고서, 리베랄레를 더 낫게 고쳤으며 리베랄레는 그를 용서해 주었다. 리베랄레의 또 다른 제자인 죠반프란체스코 카로토(G. Caroto)는 성 쩨노 교회에 그린 만테냐의 걸작 병풍 그림에서 강한 영향을 받았다. 그는 늙은 스승과 함께 만토바로 공부하러 갔다. 그리고 많은 발전을 이루었기에 만테냐는 카로토의 작품을 자신의 것이라고 내놓았다. 카로토는 우르비노의 공작과 공작부인인 귀도발도와 엘리자베타의 탁월한 초상화를 제작했다. 그리고 부자가 되어 베로나로 돌아왔다. 그는 이따금 자신의 생각을 말할 수도 있었다. 어떤 사제가 그가 선정적인 인물들을 그리디고 비난하자 그는 이렇게 대답했다. "그려진 모습들이 그토록 당신 마음을 움직인다면 어떻게 살아있는 사람을 대할 수 있습니까?"[54] 그는 베로나 화가들 중에서는 드물게 종교적 주제에서 벗어났다.

르네상스 시대 베로나 화가들의 명단을 어느 정도 완성하려면 이 사람들 말고도 프란체스코 본시뇨리, 파올로 모란도(혹은 카바쫄로), 도메니코 브루사소르치, 죠반니 카로토(죠반프란체스코의 동생) 등의 이름을 덧붙여야 할 것이다.

그들은 거의 모두가 좋은 사람들이었다. 바사리는 거의 모든 사람들에 대해 도덕적인 칭찬을 하고 있다. 그들의 삶은 예술가로서 단정한 것이었고, 작품은 그들의 천성과 환경을 반영하는 평온하고 건전한 아름다움을 지녔다. 베로나는 르네상스의 노래에서 경건하고 조용한, 덜 중요한 노래를 불렀다.

THE RENAISSANCE

12장 에밀리아와 마르케
1378~1534

1. 코레죠

베로나에서 남쪽으로 80킬로미터 떨어진 곳에서 오래된 에밀리아 가도(街道)를 만나게 된다. 이 길은 피아첸짜에서 시작하여 파르마, 레지오, 모데나, 볼로냐, 이몰라, 포를리, 체세나를 거쳐 리미니에 이르는 280킬로미터의 도로이다.* 피아첸싸와 (시금은 일난) 파르마를 지나치면, 레지오 북동쪽 약 13킬로미터 떨어진 곳에 있는 이 작은 마을을 보게 된다. 코레죠(Correggio)는 오로지 출신 지역을 따서 성을 붙인 몇몇 천재들을 통해서만 기억되는 이탈리아 마을의 하나이다. 한 사람은 니콜로 다 코레죠라는 사람으로 그는 베아트리체와 이사벨라 데스테를 위한 훌륭한 시들을 쓴 사람이다. 이곳은 천재가 태어나거나 죽

---

* 페라라와 라벤나를 포함한 이 모든 도시들은 오늘날의 에밀리아 주를 구성하는 곳이다. 리미니의 남동쪽에 마르케 주가 위치하고 있다. 이것은 페사로와 우르비노, 앙코나, 마체라타, 아스콜리 피체노 등으로 이루어져 있다.

는 것을 기대할 수는 있지만 천재가 그곳에 머물기를 기대할 수는 없는 장소이다. 여기에는 그들을 교육시키고 형성할 중요한 예술이나 뚜렷한 전통이 없기 때문이다. 그러나 16세기 처음 몇 십 년 동안 코레죠의 집안은 길베르트 10세 백작과 그의 아내 베로니카 감바라(V. Gambara)가 이끌었다. 그녀는 르네상스의 위대한 여성들 중의 한 명이다. 라틴어를 말할 수 있었고 스콜라 철학을 알았으며 교부 신학에 대한 주석을 쓰고 페트라르카 방식의 섬세한 시를 썼기에 "열 번째 뮤즈"라고 불렸다. 그녀는 작은 궁정을 예술가와 시인들의 살롱으로 만들고, 저 낭만적인 여성 숭배가 널리 퍼지는 일을 도왔던 인물이다. 르네상스의 여성 숭배는 이탈리아의 상류층 사이에서 중세의 성모 숭배를 대체하고, 이탈리아 예술은 점차 여성적인 매력을 표현하는 방향으로 움직였다. 1528년 9월 3일에 그녀는 이사벨라 데스테에게 이렇게 써 보냈다. "우리의 안토니오 알레그리 씨는 방금 사막의 막달레나를 그린 걸작을 끝냈어요. 위대한 거장인 그가 자기 분야의 섬세한 기술을 듬뿍 담아 표현한 것입니다."[1]

이 안토니오 알레그리(A. Allegri, =코레죠)는 자기도 모르게 마을 이름을 훔쳐서 그것을 유명하게 만든 사람이다. 그의 원래 성(姓) 알레그리는 그의 미술의 쾌활한(=알레그로) 특성을 더 잘 표현해 주는 말이었을지도 모르지만 말이다. 그의 아버지는 토지를 소유한 사람이었고, 아들을 위해 257두카트(6425달러?)의 지참금을 가진 신부를 맞아들일 수 있을 만큼 형편이 넉넉했다. 안토니오가 도안과 그림에 재능을 보이자 그는 견습을 위해 아저씨 로렌쪼 알레그리에게 보내졌다. 그 뒤로 누가 그를 더 가르쳤는지는 모른다. 어떤 사람들은 그가 페라라로 가서 프란체스코 데 비앙키-페라리와 함께 공부하고, 이어서 볼로냐에서 프란치아 및 코스타의 작업장에 있었고, 이어서 코스타와 함께 만토바로 가서 만테냐의 강력한 벽화의 영향을 받았다고 한다. 어느 경우든 그는 생애의 대부분을 대체로 불분명한 가운데 코레죠에서 보냈다. 그리고 아마도 그 자신만이 자기가 어쩌면 "불멸의 존재들" 사이에 끼게 될지도 모른다고 짐작했을 것이다. 그는 마르칸토니오 라이몬디가 라파엘로의 작품을 토대로 만든 판화를 공부했던 것 같다. 그리고 오직 복제품으로만 레오나르도의 주요 작품들을 보았을 가능성이 크다. 이런 모든 영향들은 그의 완전히 개인적인 양식 속에 스며들었다.

그의 주제들은 16세기 처음 25년 동안 이탈리아의 지식 계층 사이에서 종교가 시들어 가면서 세속적 후원자와 주제들이 생겨나는 것과 일치하고 있다. 그의 초기 작품들은 개인 고객을 위해 그려진 것이라도 대체로 교회 편에 서서 그리스도교 이야기들을 다룬다. 「동방 박사의 경배」에서 성모는 아름답고 소녀 같은 얼굴이다. 뒷날 코레죠가 오로지 하급의 인물들에게만 한정한 얼굴이다. 「성가정」, 「성 프란체스코의 성모」는 모든 인물이 아직 전통적이다. 「이집트에서 돌아오는 길의 휴식」은 구도와 색채와 인물 특성이 신선하게 독창적이다. 「찐가렐라(La Zingarella)」에서 사랑스러운 모습으로 아기에게 몸을 기울이고 있는 성모는 완전히 코레죠 방식의 우아함을 지니고 있다. 「아기를 경배하는 성모」는 아기가 이 장면에서 조명의 원천으로 되어 있다.

이교 주제로 방향을 바꾼 일은 기묘한 주문을 통해서 이루어졌다. 1518년에 파르마에 있는 성 파올로 수녀원의 원장인 죠반나 다 피아첸짜는 자신의 거처를 장식하라고 그를 고용했다. 그녀는 경건하다기보다는 명문 태생의 숙녀였다. 그래서 사냥의 여신이자, 처녀 여신인 디아나의 벽화를 주제로 선택했다. 코레죠는 벽난로 위에 멋진 마차를 탄 디아나를 그렸다. 그녀 위로는 둥근 천장으로 수렴되는 16개로 나뉜 칸에 고전 신화의 장면들을 그렸다. 한 장면에는 아이에게 너무 격렬하게 안긴 개 한 마리가 특이한 눈으로, 사랑으로 인해 질식하지나 않을까 하는 두려움을 드러내고 있다. 이 개는 그 놀라운 아름다움으로 사방에 흩어진 인간과 신의 모습을 부끄럽게 만들고 있다. 이 순간부터 대개 벌거벗은 인간의 신체는 코레죠에게 핵심적인 요소가 되었다. 그리고 이교의 모티프들이 그리스도교 주제의 그림에까지 등장하게 되었다. 수녀원장이 그를 그리스도교에서 멀어지게 한 것이다.

그의 성공은 파르마에 소동을 일으키고 그에게는 넉넉한 사례금을 약속하는 주문들이 들어왔다. 1519년 무렵 그는 「성 카타리나의 신비의 결혼식」(나폴리)을 그렸다. 성모와 성인은 여기서 이루 말할 수 없을 정도로 아름답다. 그러나 4년 뒤에 코레죠는 같은 주제로 그림을 그렸는데, 그것은 이들의 아름다움을 능가하는 것이었다. 이것은 루브르가 소장한 보물의 하나이다. 사랑스러운 얼굴, 매혹적인 배경, 흘러내리는 의상과 물결치는 머리카락 위로 마법적인 명암의 놀이.

1520년에 코레죠는 파르마에서 어려운 주문을 받았다. 새로 지은 베네딕트 수도원인 성 죠반니 에반젤리스타(복음서의 저자 요한) 수도원의 둥근 천장과, 강단 위쪽과, 측면 제단들을 벽화로 그려 달라는 주문이었다. 그는 4년 동안이나 이 일에 매달렸다. 1523년에 아내와 아이들을 데리고 일터에 가깝도록 파르마로 이사했다. 둥근 천장에 그는 사도들을 그렸다. 부드러운 구름을 타고서 원을 이루고 편안하게 앉은 모습이다. 사도들은 가운데 있는 그리스도에게 눈길을 두고 있는데, 그리스도의 단축된 모습은 아래서 바라보면 놀랄 정도로 멀리 떨어져 있다는 환상을 만들어 낸다. 이 둥근 천장의 광채는 훌륭하게 표현된 사도들의 모습에 들어 있다. 그들 중 일부는 완전히 벌거벗고 있다. 페이디아스(기원전 5세기 그리스 조각가)가 만든 신들과 경쟁을 하는 모습이고, 어쩌면 이들의 근육질 몸에는 12년 전에 미켈란젤로가 시스티나 예배당 천장에 그린 모습들이 메아리치고 있을 것이다. 두 아치들 사이에 있는 삼각면에는 힘찬 모습의 성 암브로지우스가 사도 요한과 신학 문제를 놓고 토론을 벌이고 있다. 요한은 파르테논 신전의 어떤 모습과 비교해도 손색 없을 만큼 아름답다. 이론적으로는 천사로 여겨지는 관능적인 젊은 모습들이 벌어진 틈들을 가득 채우고 있다. 천사의 얼굴, 엉덩이, 다리, 허벅지 등이다. 인문주의와 마누티우스에서는 이미 낡아 버린 그리스의 재생이 이곳 그리스도교 예술에서 완전히 활개를 치고 있다.

1522년에 파르마의 대성당이 젊은 예술가에게 그 문을 활짝 열어 주었다. 그리고 제단들, 성가대 뒤쪽 후진(後陣), 성가대석, 둥근 천장 등에 그림을 그리는 대가로 1000두카트(1만 2500달러)를 지불하기로 계약했다. 그는 중간에 잠깐씩 멈추기는 했지만 이 일에 8년간 매달렸다. 1526년부터 죽을 때까지였다. 천장을 위해서는 성모의 승천을 주제로 선택했다. 성모는 하늘에 비스듬히 기댄 모습으로 아들을 만나기 위해 하늘을 향해 두 팔을 활짝 펼치고 있다. 그녀의 주변과 아래서 천상의 사도들, 제자들, 성인들(라파엘로의 최고의 인물들에 비할 만큼 훌륭한 모습들)이 숭배의 숨결을 불어 보내서 그녀를 하늘로 띄우고 있는 듯하다. 아주 건강한 소년과 소녀들의 모습을 한 벌거벗은 천사 합창대가 그녀를 받치고 있다. 이들은 이탈리아 미술에서 가장 사랑스러운 청년의 나체화들이다. 성당 참사회원 한 사람은 이렇게 많은 팔과 다리에 놀라서 이 그림을 "개구리 프리카세 요리"라고 불렀다. 다른 회원들도 모두 성모를 예찬하는 인간 육체들의 혼합에 당황했던 모양이다. 그리고 코레죠의 작업은 한동안 중단되었던 것 같다.

    그는 이제(1530) 중년으로 접어들고 있었고, 정착된 삶의 평화가 그리웠다. 코레죠 교외 지역에 몇 에이커의 땅을 사서 아버지처럼 땅의 소유자가 되었다. 그리고 붓으로 가족과 농장을 부양하려고 했다. 중요한 일을 하는 동안과 그 후에도 그는 종교적인 그림들을 제작했다. 그들 거의 모두가 대가의 작품답다. 「책을 읽는 막달레나」, 코레죠의 가장 아름다운 성모인 「성 세바스찬 교회의 성모」 그리고 「사발을 든 성모(Madonna della Scodella)」에는 비할 바 없는 아기가 함께 있다. 「성 지롤라모의 성모」는 이따금 「낮(Il Giorno)」이라 불리는데, 이 작품에서 히에로니무스는 미켈란젤로의 작품에 견줄 만하다. 그리고 아기 예수 앞에 책을 받치고 있는 천사는 소녀같이 아름다운 모습이고, 아기의 허벅지에 턱을 기대고 있는 막달레나는 죄인들 중에서 가장 순수하고 가장 부드러운 여자이다. 여기 나타난 따뜻하고 풍성한 빨강과 노랑은 이 그림을 가장 훌륭한 티찌아노의 작품과 맞먹게 한다. 마지막으로 이와 짝을 이룬 그림인 「양치기들의 경배」는 애호가들이 「밤(La Notte)」이라고 부르는 것이다. 이 그림들에서 코레죠의 관심을 사로잡고 있는 것은 종교적 감정이 아니라 미적인 가치들이다. 젊은 어머니의 경배하는 헌신, 그녀 자신의 갸름한 얼굴, 빛나는 머리카락, 내리뜬 눈꺼풀, 날씬한 코, 얇은 입술, 풍부한 젖가슴이 정말 사랑스럽다. 아니면 체조 선수 같은 성인들의 남성적인 근육이다. 혹은 막달레나의 새침한 사랑스러움, 혹은 아기의 장밋빛 살결. 대성당 작업대에서 지상으로 내려온 코레죠는 가능한 한 반대되는 아름다움의 모습들로 기운을 회복한 것 같다.

1523년 무렵에 만토바의 페데리고 2세 곤짜가에게서 이교적 요소를 완전히 표현할 수 있는 주문들이 그에게 왔다. 카를 5세 황제의 비위를 맞출 속셈으로 후작은 그림을 거듭 주문했고, 그림들을 황제에게 선물로 보냈다. 그리고 그토록 갈망하던 것, 곧 공작 칭호를 받았다. 로마에서 이교적 요소에 길든 그를 위해 코레죠는 신화 주제의 그림들, 올림피아 신들이 거둔 사랑이나 욕망의 승리를 그렸다. 「에로스의 교육」에서 베누스는 (인간 종족이 멸종하지 않도록) 큐피드의 눈을 가린다. 「유피테르와 안티오페」에서 신은 사튀로스로 가장하고, 풀밭에서 벌거벗고 잠든 숙녀에게 다가가고 있다. 「다나에」에서는 날개 달린 전령이 아름다운 아가씨의 옷을 벗겨 유피테르가 다가올 것에 준비하고 있다. 그녀의 침대 옆에서는 두 아기가 신들의 도덕성에 대해서는 행복한 무관심으로 놀고 있다. 「이오」에서 유피테르는 지루해진 나머지 자신의 모습을 감추어 주는 구름을 타고서 전능한 손길로 통통한 숙녀를 움켜쥐고 있다. 그녀는 우아하게 머뭇거리다가 욕망의 아첨에 그만 굴복한다. 「가뉘메드의 납치」에서 아름다운 소년은 독수리에 의해 하늘로 잡혀가고 있다. 양성애가 가능한 신들의 아버지 유피테르의 욕망을 만족시키기 위해 서두르는 모습이다. 「레다와 백조」에서 애인은 백조의 모습을 하고 있지만 모티프는 동일하다. 「성모와 성 조지」에서도 두 벌거벗은 큐피드가 성모 앞에서 뛰어놀고, 번쩍이는 갑옷을 입은 성 조지는 르네상스 젊은이의 신체적 이상형이다.

우리는 코레죠가 육체를 그리려는 감각을 가진 감각주의자라고만 결론지을 수는 없다. 이들 신화들에서 그는 인간의 표면만을 특히 강조했다. 그러나 성모 그림들에서 그는 더욱 깊은 아름다움도 올바르게 처리했다. 그의 붓이 올림포스를 노닐고 있을 때 그 자신은 예의 바른 시민으로 살았다. 가족에 헌신하고, 일하러 갈 때 말고는 집을 떠나는 일이 드물었다. 바사리는 이렇게 말한다. "그는 적은 것으로 만족했다. 그리고 훌륭한 그리스도교도에게 바람직한 방식으로 살았다." 그는 겁이 많고 우수에 젖은 사람이었다고 한다. 매일같이 마음을 떠나지 않는 이런 사랑스러운 모습들을 꿈꾸는 꿈으로부터 일그러진 모습의 어른들의 세계로 돌아와야 한다면 누군들 우울하지 않겠는가?

대성당의 작업에 대한 보수 지불을 놓고 싸움이 있었던 것 같다. 티찌아노는 파르마를 방문했을 때 이런 논쟁의 메아리를 들었다. 그는 교회 천장을 뒤집어서 거기에 두카트들을 가득 채워 준다 해도 코레죠가 여기에 그려 놓은 것에 대해 적절한 대가를 지불할 수는 없을 것이라는 의견을 내놓았다. 어찌 되었든 이 예술가의 때 이른 죽음에는 이 보수 지불이 기묘하게 얽혀 있다. 1534년에 그는 1회분으로 60크라운(750달러?)의 돈을 받았다. 모두가 금화가 아닌 구리 돈이었다. 이 금속 짐을 들고 파르마에서 걸어서 출발했다. 땀을 많이 흘리고 물을 너무 많이 마셨다. 그리고 열병을 얻어서 1534년 3월 5일에 사십 대의 나이로(어떤 사람들은 마흔다섯 살이라고 말한다.) 농장에서 세상을 떠났다.

그렇게 짧은 생애로 그가 이룩한 것은 엄청나다. 라파엘로가 처음 40년 동안 보여 준 것만 빼고는 레오나르도, 티찌아노, 미켈란젤로 그 누가 이룩한 것보다도 더 많았다. 코레죠는 선의 우아함, 윤곽의 부드러운 입체감, 인간 육체의 살아 있는 살결을 표현한다는 점에서 그들과 아주 대등했다. 그의 색채는 흐르는 듯한, 빛을 맡하는 특징을 부인다. 그것은 바시외 투명성이 살아 있고, 보라, 오렌지, 핑크, 청색, 은색 등의 색채로 뒷날 베네찌아 화가들의 빛나는 밝은 광채보다 더욱 부드럽다. 그는 명암법의 대가였다. 그의 성모들 중 일부에는 거의 빛의 형태와 기능에만 관심을 둔 것들도 있다. 그는 구도의 도식들로 대담한 실험을 했다. 피라미드, 대각선, 원의 구도들이었다. 그러나 천장화에서는 사도들과 천사들의 다리가 지나치게 많아서 통일성을 망치고 있다. 지나치게 단축으로 장난을 쳤기에, 천장화에 나타난 모습들은 이 기법이 요구하는 방식대로 그린 것이라 해도 멋대로고 쥐가 나고, 꼴사납게 보인다. 성 죠반니 에반젤리스타 교회에서 승천하는 그리스도의 모습이 그렇다. 다른 한편으로 그는 역학에 전혀 관심이 없었기에 그의 일부 인물들은 (디킨즈 소설에 나오는 공상적인 낙천주의자 미코버처럼) 눈에 보이는 어떤 지지(支持) 수단도 없다. 그는 종교적 주제들을 탁월한 부드러움으로 그렸지만 전체적인 관심사는 신체에 있었다. 신체의 아름다움, 동작, 태도, 즐거움 등이다. 그리고 그의 마지막 그림들은 16세기 이탈리아 예술에서 성모에 대한 베누스의 승리를 상징하는 것이다.

이탈리아와 프랑스에서 그의 영향력은 오직 미켈란젤로의 그것하고만 견줄 수 있다. 16세기 후반에 카라치 일가가 이끄는 볼로냐 유파는 그를 모범으로 삼았다. 그들의 후계자인 귀도 레니와 도메니키노는 코레죠에 기반을 두고서 신체적 탁월함과 감각적 감성의 예술을 만들어 냈다. 샤를 드 브룅과 페이르 미노는 이교의 모습들, 화살을 쏘는 큐피드와 통통한 케루빔을 통해서 장식에서의 장밋빛 관능적 양식을 프랑스로 도입하고 베르사유에서 보여 주었다. 라파엘로보다는 오히려 코레죠가 프랑스를 점령하고, 와토에 이를 때까지 계속되는 영향을 남겼다.

파르마에서 그의 작업은 프란체스코 마쭈올리, 혹은 이탈리아의 변덕에 따라 '일 파르미지아니노'(파르마 사람)에 의해 계속되었다. 그는 고아로 태어나서 화가인 두 아저씨에 의해 양육되었다. 그의 재능은 빠르게 성숙했다. 열일곱 살에 그는 코레죠가 천장에 그림을 그렸던 성 죠반니 에반젤리스타 교회에서 그림을 그려 달라는 주문을 받았다. 이 벽화에서 그의 양식은 거의 코레죠의 우아함에 이르고 있다. 여기에다가 그는 섬세한 의상에 대한 특이한 사랑을 덧붙였다. 이 무렵 그는 거울을 놓고 자신의 모습을 그렸다. 섬세함과 감수성과 자부심을 지닌 청년의 모습을 보여 주는 이 그림은 미술사에서 가장 마음을 끄는 자화상의 하나이다. 파르마가 교황의 군대에 포위되자 그의 아저씨는 이 그림과 다른 그림들을 모두 꾸려서 프란체스코를 로마로 보냈다.(1523) 그곳에서 라파엘로와 미켈란젤로의 그림을 공부하고, 교황 클레멘스 7세의 사랑을 얻어 보라는 뜻이었다. 그가 한창 성공의 길을 달리고 있을 때 로마 유린이 일어나서 (1527) 그는 볼로냐로 도망쳐야 했다. 그곳에서 어떤 동료 화가가 그가 조각한 것과 도안한 것을 모조리 훔쳤다. 아마도 이 무렵쯤 그를 보호해 주던 아저씨들이 죽었던 모양이다. 그는 피에트로 아레티노를 위해 몇 점의 그림을 그려서 밥값을 벌었다. 당당한「장미의 성모」는 전에는 드레스덴에 있었다. 그리고 수녀들을 위해 지금도 볼로냐에 남아 있는「성 마르게리타」를 그렸다. 카를 5세가 그리로 와서 황폐해진 이탈리아를 보았다. 프란체스코는 유화로 그의 초상화를 그렸다. 황제는 이 그림을 좋아했고, 어쩌면 화가에게 행운을 마련해 주었을지도 모른다. 그러나 파르미지아니노는 작업장에서 마무리를 좀 더 해야 한다는 핑계로 초상화를 돌려받고는 다시는 황제 앞에 나타나지 않았다.

그는 파르마로 돌아왔다.(1531) 그리고 마돈나 델라 스테카타 교회 천장에 그림을 그리라는 주문을 받았다. 그는 이제 힘의 절정에 있었고, 그가 부수적으로 그린 그림들도 최고의 질서를 가진다.「터키 노예」는 왕자처럼 보인다.「성 카타리나의 결혼식」은 코레죠가 그린 같은 주제의 그림에 비할 만하다. 지상의 것이 아닌 아름다움을 지닌 아이들이 그림에 나타난다. 그리고 어떤 초상화 한 점은 그의 애인 안테아를 그린 것이라고 하는데, 그 시대의 가장 유명한 궁정의 여인으로 묘사되어 있다. 여기서는 천사처럼 새침하고, 의상은 너무나 훌륭해서 여왕의 의복이라 할 만하다.

그러나 이제 파르미지이니노는 자신의 불행과 가난에 물린 탓인지 열렬히 연금술에 빠져서 그림을 버려두고 금을 제조할 용광로를 세우는 일에만 몰두했다. 성 죠반니 교회 지도부는 그가 일하러 돌아오지 않자 계약 위반으로 그를 체포할 것을 명령했다. 화가는 카살마죠레로 도망쳐서 증류기와 도가니에 미쳐 지냈다. 수염은 자라는 대로 내버려두고 자기 몸과 건강도 돌보지 않아, 감기와 열병에 걸렸다가 코레죠처럼 갑작스럽게 죽고 말았다.(1540)

2. 볼로냐

우리가 레지오와 모데나를 어울리지 않게 서둘러 지나친다면 그것은 이 도시들이 칼이나 붓이나 펜의 영웅들을 갖지 않았기 때문이 아니다. 레지오에서는 아우구스투스 수도사인 암브로지오 칼레피노(A. Calepino)가 라틴어와 이탈리아어 사전을 편집했다. 그것은 판을 거듭하면서 11개 언어로 된 다국어 사전으로 발전했다.(1590) 작은 카르피에는 발다싸레 페루찌가 설계한 아름다운 성당이(1514) 있었다. 모데나에는 조각가 귀도 마쪼니(G. Mazzoni)가 있었는데 그는「죽은 그리스도」라는 테라 코타 작품의 사실성으로 고향 사람들을 깜짝 놀라게 만들었다. 11세기에 세워진 대성당에 그가 만든 15세기의 성가대석은 교회의 정면부 및 종탑과 아주 잘 어울렸다. 펠레그리노 다 모데나는 로마에서 라파엘로와 함께 일하다가 고향으로 돌아왔다. 그가 자기 아들을 죽이려는 악당들에게 살해되지 않았다면 아마 주목할 만한 화가가 되었을 것이다. 의심의 여지없이 르네상스의 폭력이 점점 커지면서, 많은 잠재적 천재들을 시들게 만들었다.

이탈리아 무역로의 주요 교차로에 위치한 볼로냐는, 인문주의가 스콜라 철학을 쫓아내면서 피렌쩨에 지적인 주도권을 넘기기는 했어도 경제적으로는 계속 번성했다. 볼로냐 대학은 이제는 이탈리아의 수많은 대학의 하나에 지나지 않았고, 교황들과 황제들에게 법학을 강의할 위치에 있지는 못했다. 그래도 의학부만은 여전히 최고였다. 교황들은 볼로냐가 교황국가의 하나라고 선언했고, 알보르노쯔 추기경은 이 요구를 힘으로 실현하려고 했다.(1360) 그러나 교회가 경쟁하는 두 교황들로 분열을 겪으면서(1378~1417) 교황의 통제는 그냥 문헌이 되고 말았다. 부유한 벤티볼리오 가문이 정치 권력을 장악하고 15세기를 통해 온화한 독재로 통치했다. 그것은 공화국의 형식을 관찰하고, 교황들의 지배권을 인정은 하면서도 무시하는 정책이었다. 시 정부의 대표 자격으로 죠반니 벤티볼리오(Giovanni Bentivoglio)는 37년 동안(1469~1506) 통치했다. 넉넉한 지혜와 정의감이 있어서 다른 통치자들의 존경과 신하들의 애정을 얻었다. 그는 도로를 포장하고 넓히고, 운하를 지었다. 가난한 사람들에게 일을 주어 그들을 돕고, 실업을 완화시키기 위해 공공사업을 일으켰다. 또 예술을 후원했다. 로렌쪼 코스타를 볼로냐로 불러들인 사람도 그였다. 프란치아는 그와 그의 아들을 위해 그림을 그렸다. 필렐포, 과리노, 아우리스파(Aurispa), 그 밖의 인문주의자들이 그의 궁정에서 환영을 받았다. 통치 말년에 그는 자기를 몰아내려는 음모에 마음이 변해서 통치권을 유지하기 위해 가혹한 수단들을 썼고, 그래서 국민의 마음을 잃었다. 1506년에 교황 율리우스 2세가 교황 군대를 거느리고 볼로냐로 진군해서 그의 퇴위를 요구했다. 그는 평화롭게 굴복하고 아무런 해도 입지 않고 떠날 허락을 받았으며 2년 뒤에 밀라노에서 죽었다. 율리우스 교황은 볼로냐의 시 의회가 계속 이 도시를 통치하는 것에 동의했다. 다만 교회가 반대하는 법안에 대해서는 교황 사절이 거부권을 행사한다는 조건이 붙었다. 교황의 통치는 벤티볼리오 가문의 통치보다 훨씬 더 질서가 잡히고 자유로웠다. 지역의 자치는 방해를 받지 않았다. 대학은 특이한 학문적 자유를 누렸다. 볼로냐는 나폴레옹이 나타날 때까지(1796) 명목상으로나 실제로나 교황국가로 남아 있었다.

르네상스 볼로냐는 시민 건축을 자랑스럽게 여겼다. 상인들의 조합은 우아한 상공의회소(Marcanzia) 건물을 세웠다.(1382년 이후) 법률가들은 인상적인 공증인 궁전(Palazzo dei Notari)을 재건했다.(1384) 귀족들은 베빌라쿠아 같은 아름다운 궁전들을 지었다. 이곳은 1547년 트리엔트 공의회가 열린 곳이었다. 그리고 팔라비치니 궁전에 대해서 당시 사람 하나는 "왕들에게도 부족하지 않다."[2]고 말하고 있다. 자랑스러운 행정부 건물(Palazzo del Podesta)은 새로운 정면부를 얻었고, 브라만테는 시의 청사를 위해 당당한 나선형 계단을 고안했다. 많은 정면부들이 거리 쪽으로 기둥들이 줄지어 늘어선 아치 복도를 냈기 때문에 도시 중심부에서는 교차로만 빼고는 수 마일의 거리를 태양이나 비에 노출되지 않고 계속 걸어갈 수가 있다.

대학에서 폼포나찌(Pomponazzi) 같은 회의주의자들이 영혼의 불멸을 의심하고 있는 동안 사람들과 통치자들은 새로운 교회들을 짓고, 낡은 교회를 새로 꾸미거나 고치고, 기적을 행하는 사원에는 희망을 가득 담고 봉헌물을 바쳤다. 프란체스코 수도사들은 그림과 같은 성 프란체스코 성당에 이탈리아에서 가장 아름다운 종탑 하나를 덧붙였다. 도미니크 수도사들은 성 도미니크 성당에 베르가모 출신의 프라 다미아노가 꼼꼼하게 새기고 상감을 박아 넣은 성가대석을 덧붙였다. 그들은 미켈란젤로를 고용해서 그들 교단 창시자의 유골을 소중하게 보관해 둔 우묵벽을 위해 네 명의 인물을 조각하도록 했다. 볼로냐 예술의 위대한 자부심과 비극은 성 페트로니오 대성당이다. 5세기에 볼로냐 주교로 일했던 페트로니우스의 교회는 그 은총으로 오랫동안 사랑을 받아 왔다. 1307년에 많은 숭배자들이 이 사원 아래 있는 우물물로 병든 부분을 씻기만 해도 장님, 귀머거리, 그 밖의 병들이 나았다고 주장했다. 그러자 도시는 치유를 위해 찾아드는 수백 명의 순례자들에게 숙소를 제공해 주어야 했다. 1388년에 시 정부는 성 페트로니오를 위한 교회를 짓기로 결정했다. 그것은 피렌쩨 사람들과 그들의 대성당을 무색케 할 정도의 크기였다. 210×138미터 평면에 높이 150미터의 둥근 지붕을 가진 대성당이었다. 그러나 자부심만큼 돈은 풍부하지가 못했다. 오직 본당과 측면 부분으로 통하는 복도만 완성되었다. 그리고 정면부도 아래쪽만 완성되었다. 그러나 이 아래 부분은 르네상스의 고귀한 취향과 염원을 증언하는 걸작이다. 정문의 문설주와 처마 도리에는 피렌쩨 세례당에 붙은 기베르티 문과 동일한 주제와 그것을 능가하는 돋을새김들이(1425~1438) 새겨졌다. 이것은 오로지 마무리의 섬세함이라는 측면에서만 기베르티 작품보다 못하다. 박공벽에는 페트로니우스와 암브로시우스의 붙임성 없는 모습과 나란히 원형의「성모와 아기」가 새겨져 있다. 이것은 미켈란젤로의「피에타」에 비할 수 있을 정도의 작품이다. 시에나의 야코포 델라 퀘르치아가 만든 이 작품들은 미켈란젤로에게 영감을 주었다. 미켈란젤로가 퀘르치아 디자인에 드러난 고전적 순수성을 조금만 더 받아들였더라면 그의 조각 양식의 근육질 과

장법에서 벗어날 수 있었을 것이다.

볼로냐에서는 조각이 건축과 경쟁을 벌였다. 프로페르찌아 데 로씨(Properzia de' Rossi)는 성 페트로니우스 정면부를 위한 얕은 돋을새김을 조각했다. 이 작품이 하도 찬양을 받았기에 교황 클레멘스 7세가 볼로냐에 왔을 때 그녀를 보기를 청했을 정도였다. 그러나 그녀는 바로 그 주간에 죽었다. 미켈란젤로도 칭찬한 적이 있는 알폰소 롬바르디(Alfonso Lombardi)는 티찌아노의 코트 자락을 붙잡고 역사에 등장했다. 볼로냐에서 회의가 진행되는 동안(1530) 황제 카를 5세가 티찌아노의 초상화를 위해 포즈를 취하고 있다는 소식을 들은 그는 화가에게 자기를 하인으로 써 달라고 졸랐다. 그리고 티찌아노가 황제의 초상화를 그리는 동안 알폰소는 부분적으로 그의 뒤에 숨어서 치장 벽토로 황제의 모습을 위한 모형을 만들었다. 황제는 그것을 알아채고 그에게 작품을 보자고 청했다. 그것이 마음에 들었기에 알폰소에게 그것을 대리석으로 만들어 달라고 부탁했다. 황제는 티찌아노에게 1000크라운의 보수를 주면서 그 절반을 롬바르디에게 주라고 명령했다. 롬바르디는 완성된 대리석상을 들고 제노바에 있던 황제를 찾아갔다. 그리고 300크라운의 보수를 더 받았다. 이제 유명해진 알폰소를 추기경 이폴리토 데 메디치가 로마로 데려갔다. 그리고 레오 10세와 클레멘스 7세를 위한 기념묘를 조각하라고 주문했다. 그러나 1535년에 추기경이 죽었다. 주문과 후원자를 모두 잃어버린 롬바르디는 1년 뒤에 그를 따라 무덤으로 갔다.

14세기 볼로냐에서 회화는 필사본 장식이 주를 이루었다. 그것이 점차 벽화로 발전하면서 처음에는 경직된 비잔틴 양식을 따랐다. 페라라 출신의 두 화가가 볼로냐 화가들을 이런 비잔틴 양식의 '죽은 엄숙함'에서 벗어나게 만들었다. 프란체스코 코싸(F. Cossa)가 와서 볼로냐를 집으로 삼았을 때(1470) 그의 그림에는 아직도 만테냐 방식의 엄숙함과 선(線)의 조각적 경직성이 남아 있었다. 그러나 그는 자신의 인물들에 감정과 품위를 불어넣는 법을 배웠다. 그들을 움직이게 하고, 또 살아 있는 빛의 유희 속에서 숨쉬게 만들었다. 로렌쪼 코스타(L. Costa)는 스물세 살의 젊은이로 볼로냐에 도착했다.(1483) 그리고 그곳에 26년이나 머물렀다. 그는 프란치아와 같은 집에 작업장을 차렸다. 두 남자는 금세 친구가 되어 서로 발전적인 영향을 주고받았다. 이따금 그들은 한 그림을 함께 그렸다. 코스타는 성 페트로니오 교회에「옥좌에 앉은 성모」를 그려서 죠반니 벤티볼리오의 찬양과 돈을 받았다. 무시무시한 율리우스 2세 교황이 접근해 오면서(1506) 벤티볼리오가 도망치자 코스타는 만토바에서 만테냐의 뒤를 이어 달라는 초빙을 받아들였다.

그사이에 프란체스코 프란치아(F. Francia)는 볼로냐 유파의 대표가 되고 있었다. 그의 아버지는 마르코 라이볼리니였다. 그러나 이탈리아에서 성은 그리 중요하지 않았다. 프란체스코는 그가 견습을 받았던 금세공사의 성인 프란치아라는 성으로 알려지게 되었다. 여러 해 동안이나 그는 금세공사의 기술, 은세공, 흑금 세공, 에나멜 채색, 판화 기술 등을 익혔다. 그리고 조폐국 기술자가 되어 벤티볼리오와 교황들을 위해 이 도시의 주화들을 조각했다. 그의 주화들은 아름다움이 뛰어났기에 수집가들의 수집품이 되었고, 그가 죽은 직후에 값이 뛰었다. 바사리는 그가 사랑스러운 사람이었다고 묘사한다. "대화를 하도 유쾌하게 주도해서 가장 우울한 사람들의 기분도 바꿀 수가 있었고, 통치자들과 귀족들과 그를 아는 모든 사람들의 사랑을 얻었다."[3]

어떤 계기로 프란치아가 회화로 방향을 바꾸게 되었는지는 알 수 없다. 벤티볼리오는 그의 재능을 알아보고 이미 마흔아홉 살인 그에게 성 쟈코모 마죠레 교회의 제단을 위해 제단화를 그려 달라고 주문했다.(1499) 이 전제 군주는 그림에 매우 흡족하여 프란치아에게 자기 궁전에 벽화를 그려 달라고 주문했다. 그것들은 1507년에 주민들이 궁전을 약탈할 때 파괴되고 말았다. 다만 이것과 다른 벽화들에 대한 바사리의 말이 남아 있다. 이들 벽화들이 "도시에서 프란치아에 대한 존경심을 만들어 냈기에 그는 신으로 여겨질 정도였다."[4] 주문들이 그에게 쏟아졌는데, 그는 아마도 자기 능력 이상으로 많은 주문을 받았던 모양이다. 만토바, 레지오, 파르마, 루카, 우르비노 등지를 위해 패널화들을 그렸다. 볼로냐 미술관만 해도 방 하나가 그의 작품들로 가득하다. 베로나는 「성가정」을, 토리노는 「그리스도의 매장」을, 루브르는 「십자가에 매달림」을, 런던은 「죽은 그리스도」와 바르톨로메오 비앙키니의 놀라운 초상화를, 그리고 뉴욕 모건 도서관은 「성모와 아기」를, 메트로폴리탄 미술관은 젊은 날 페데리고 곤짜가의 즐거운 초상화를 소장하고 있다. 이들 중 어느 것도 일급의 것은 없지만 각각은 우아하게 그려졌고, 부드러운 색채를 가지고, 라파엘로의 전령임을 알리는 부드러움과 신앙심으로 가득 채워져 있다.

프란치아가 라파엘로와 편지로 맺은 우정은 르네상스의 가장 즐거운 에피소드의 하나이다. 티모테오 비티는 볼로냐에서 프란치아의 제자들 중의 하나였는데(1490~1405) 우르비노로 가서 라파엘로의 초기 선생의 한 사람이 되었다. 어쩌면 프란치아의 특성 일부가 어린 예술가에게 전해졌을 수도 있다.[5] 라파엘로가 로마에서 명성을 얻었을 때 그는 프란치아에게 자기를 방문해 달라고 초대했다. 프란치아는 너무 늙어서 갈 수 없다고 사과했다. 그러나 그는 라파엘로를 칭찬하는 소네트를 썼다. 라파엘로는 그에게 르네상스 예절이 듬뿍 담긴 편지를(1508년 9월 5일) 보냈다.

친애하는 프란체스코 씨,

보내 주신 당신의 초상화를 방금 받았습니다. 아주 훌륭한 상태로 도착했습니다. …… 진정 따뜻한 감사를 드립니다. 이것은 아주 아름답고 정말로 실물 같아서 나는 이따금 내가 당신과 함께 있고, 당신의 말씀을 직접 듣는다는 착각에 빠지게 됩니다. 나의 자화상을 자꾸 지체하게 된 점 용서해 주시기 바랍니다. 끊이지 않는 중요한 일들로 해서 아직까지도 우리가 합의한 것에 맞게 내 손으로 그것을 직접 완성할 수가 없었습니다. …… 그러나 또 다른 드로잉을, 저 그리스도의 탄생 드로잉을 보내 드립니다. 그것은 다른 많은 일들 사이로 틈을 내서 그린 것입니다. 다른 이유가 아니라 존경과 사랑의 표시로 이 하찮은 일을 했습니다. 그 대신에 당신의 유디트 이야기(의 드로잉)을 받을 수 있다면 그것을 가장 소중하고 값진 물건들 사이에 두겠습니다.

다타리오 씨는 당신의 작은 「성모」를 간절히 고대하고 있고, 리아리오 추기경은 큰 「성모」를 기다리고 있습니다. 나는 당신의 작품을 보면서 느끼던 그 기쁨과 만족으로 이 작품들을 고대하고 있습니다. 다른 어떤 것도 당신의 작품보다 더 아름답고 더 신실하고 잘 만들어진 것은 보지 못했습니다.

    용기를 내시고 언제나 그렇듯 신중하게 건강을 보살피십시오. 그리고 당신의 괴로움을 마치 내 괴로움처럼 느끼고 있다는 점도 알아 주십시오. 온 마음을 다하여 내가 당신을 사랑하듯이 나를 앞으로도 계속 사랑해 주십시오.

언제나 당신께 온전히 봉사할 각오로
당신의 라파엘로 산치오[6]

이 편지에서 어느 정도 관례가 된 꾸밈을 읽을 수는 있겠지만 이러한 상호 애정이 실제 존재했다는 것은, 라파엘로가 볼로냐 제단에 안치하도록 자신의 유명한 「성 체칠리아」를 프란치아에게 보낼 때 동봉한 다른 편지에도 나타나 있다. 라파엘로는 프란치아에게 "친구로서 작품에서 찾아낼 수 있는 어떤 잘못이라도 고쳐 달라"고 요청하고 있다.[7] 바사리는 프란치아가 이 그림을 보았을 때 그 아름다움에 압도되었고, 자기가 그보다 못함을 뼈저리게 느끼고 그림을 그릴 의지를 모두 상실했다고 말하고 있다. 그리고 예순일곱 살이던(1517) 그는 병에 걸려 죽었다고 한다. 이것은 바사리의 전기에 나타나는 많은 의심스러운 죽음의 이야기 중 하나다. 그러나 그는 너그럽게도 다른 이론도 있다고 덧붙였다.

    어쩌면 죽기 전에 프란치아는 제자였던 마르칸토니오 라이몬디(M. Raimondi)가 로마에서 라파엘로의 드로잉들을 보고 만든 판화 몇 개를 보았을지도 모른다. 베네찌아를 방문했을 때 마르칸토니오는 동판이나 목판으로 된 알프레히트 뒤러의 판화 몇 점을 보았다. 그는 뉘른베르크 출신 대가 뒤러가 그린 그리스도의 수난 이야기를 36개의 목판으로 만들고 판화를 인쇄해서 그것을 뒤러 작품이라는 이름으로 팔아 대부분의 여행 경비를 마련했다. 로마로 돌야간 그는 동판에 라파엘로의 드로잉들을 새겼다. 이것들이 하도 충실하게 만들어져서 화가는 자신의 드로잉 대부분을 동판에 새겨 인쇄해서 파는 일을 허락해 주었다. 그가 이 새로운 방식으로 생계를 꾸리는 동안 유럽의 예술가들은 이탈리아를 방문하지 않고도 르네상스 대가들의 유명한 회화의 도안들을 알 수 있게 되었다. 피니구에라와 라이몬디와 그들의 후계자들은 미술을 위해서, 구텐베르크와 알두스 마누티우스와 다른 사람들이 학문과 문헌을 위해서 한 것과 동일한 일을 한 것이다. 그들은 의사소통과 전달의 새로운 계보를 이루었고, 젊은이들에게 적어도 전통 유산의 윤곽만이라도 전해 주었다.

3. 에밀리아 가도를 따라서

볼로냐 동쪽에 작은 마을들 몇 개가 나란히 놓여 있다. 이들은 르네상스의 전체적인 광채를 위해, 마을 크기에 어울리는 광채를 덧붙여 주었다. 이몰라는 인노첸쪼 다 이몰라(Innocenzo da Imola)를 배출했다. 그는 프란치아와 함께 공부하고 거의 라파엘로의 것과 같은 아름다운 「성가정」을 남겼다. 파엔짜는 프랑스 채색 도자기인 파양스(faience) 도자기에 그 이름과 기술을 전해 주었다. 구비오, 페사로, 카스텔 두란테, 우르비노 등과 함께 파엔짜에서 15세기와 16세기의 이탈리아 도공들은 질그릇에 채색하는 기술을 완성했다. 그것은 광택 없는 에나멜을 입히고 그 위에 금속 산화물로 그림을 그려 넣고, 불에 다시 구우면 밝게 빛나는 보라, 초록, 파랑 등의 색깔이 나타나는 방식이었다. 포를리는 (고대의 이름은 포룸 리비) 두 명의 화가와 한 명의 여걸로 유명하다. 멜로쪼 다 포를리(Melozzo da Forli)는 로마 편에서 다시 언급할 것이다. 그의 제자인 마르코 팔메짜노(M. Palmezzano)는 100여 개의 교회나 후원자들을 위해 낡은 그리스도교 주제의 그림들을 그렸다. 그리고 믿을 수 없을 만큼 매혹적인 카테리나 스포르짜(Caterina Sforza)의 초상화를 남겼다.

밀라노 공작인 갈레아쪼 마리아의 혼외 관계로 태어난 카테리나 스포르짜는 포를리의 전제 군주였던 잔인하고 탐욕스러운 지롤라모 리아리오(G. Riario)와 결혼했다. 1488년에 지롤라모의 부하들이 모반을 일으켜 그를 죽였다. 카테리나와 아이들은 포로로 잡혔다. 그러나 그녀에게 충성스러운 군대가 성을 장악하고 있었다. 그녀는 자신을 포로로 잡은 반군에게 자기를 풀어주면 성으로 가서 이들 군인들에게 항복하라고 설득하겠노라고 약속했다. 그들은 동의했지만 아이들은 볼모로 잡아 두었다. 그러나 성에 들어가자 그녀는 문을 굳게 걸어 잠그고 수비대의 저항을 직접 지휘했다. 반군들이 그녀와 그 부하들이 항복하지 않으면 아이들을 죽이겠다고 위협하자 그녀는 성벽 꼭대기에서 자신은 뱃속에 아이를 임신하고 있으며 다른 아이들을 더 임신할 수 있다고 대꾸했다. 밀라노의 로도비코가 군대를 보내 그녀를 구원했다. 반군은 잔혹하게 진압되었다. 카테리나의 아들 오타비아노는 어머니의 철권 아래 포를리의 군주가 되었다. 앞으로 그녀를 다시 만나게 될 것이다.

에밀리아 가도 북쪽과 남쪽에는 고대의 수도였던 두 지역이 남아 있다. 라벤나는 한때 로마 황제들의 은신처였다. 산마리노는 굴복시킬 수 없는 공화국이었다. 9세기에 세워진 성 마리누스(366년에 사망)의 수도원을 중심으로 아주 작은 거주지가 형성되었고, 이 마을은 바위투성이 산꼭대기에 위치해 방어에 유리했으므로 르네상스 시대 용병대장들도 정복하지 못했다. 1631년 교황 우르바누스 8세는 이곳의 독립을 공식적으로 인정해 주었다. 어차피 거기서 거두어들일 세금도 별로 없으므로 이탈리아 정부의 호의에 의해 산마리노는 아직도 독립을 유지하고 있다. 라벤나는 1441년에 베네찌아가 접수한 뒤로 일시적인 번영을 누렸다. 율리우스 2세는 1509년에 라벤나를 교황국으로 되찾았다. 3년 뒤에 프랑스 군대가 근처에서 벌인 유명한 전쟁에 이기면서 이 도시를 철저히 유린했기 때문에 도시는 다시는 회복할 수 없을 정도로 파괴되었다. 그러다가 2차 세계대전이 한 번 더 이 도시를 뒤흔들어 놓았다. 작가 추기경인 피에트로 벰보의 아버지 베르나르도 벰보의 주문을 받고 피에트로 롬바르도가 기념비를 설계했고(1483), 그곳에 단테의 뼈가 묻혀 있다.

리미니는(여기서 에밀리아 가도는 루비콘 강 남쪽에서 아드리아 해에 닿으면서 끝이 난다.) 통치자 가문인 말라테스타 가문을 통해 폭력적인 방식으로 르네상스 역사에 등장했다. 그들은 10세기 말에 신성로마제국의 장교로 역사에 처음 등장한다. 오토 3세를 위해 앙코나의 국경 지역을 통치하던 장교였다. 교황당과 황제당으로 나뉘어 서로 싸웠고, 때로는 황제에게 때로는 교황에게 경의를 표하면서 그들은 형식적으로는 아니지만 실질적으로 앙코나, 리미니, 체세나 등을 통치했다. 그들은 음모, 배신, 칼의 도덕 말고 다른 어떤 도덕도 인정하지 않았다. 마키아벨리의 『군주론』은 그들의 현실을 힘없이 반영한 것이다. 피와 철이 잉크로 바뀌었을 뿐이다. 현실에서 비스마르크의 정책이 니체의 펜을 통해 책으로 바뀐 일과 같다. 죠반니 말라테스타는 아내와 사이좋게 살고 있던 순간에 아내 프란체스카 다 리미니와 그녀의 오빠 파올로를 죽였다.(1285) 카를로 말라테스타는 예술과 학문의 후원으로 가문의 명성을 확고하게 했다. 시지스몬도 말라테스타는 이 집안을 권력과 문화와 암살의 절정으로 이끌었다. 그의 많은 애인들은 몇몇 아이들을 낳았는데, 때로는 혼란스러울 정도로 동시에 일어났다.[8] 그는 세 번 결혼했고, 간통했다는 명목으로 두 아내를 죽였다.[9] 또한 딸을 임신시킨 것으로 알려져 있으며, 아들을 범하려고 했는데, 아들이 칼을 빼들고 반항해서 겨우 모면했다고 한다.[10] 그는 또한 자신에게 안기기보다 차라리 죽음을 선택한 도이치 숙녀의 시신을 강간했다.[11] 그러나 이런 잔학한 행동들에 대해서는 오로지 그의 적들이 기록한 것만이 남아 있을 뿐이다. 마지막 애인이었던 이소타 델리 아티에게 그는 어울리지 않게 헌신하고 마지막으로 결혼했다. 그녀가 죽은 다음 성 프란체스코 성당에 기념비를 세우고 거기에 "여신 이소타에게 바침(Divae Isottae sacrum)"이라는 비명을 새겼다. 그는 신과 불멸성을 부인했던 것 같다. 교회의 성수를 담는 그릇을 잉크로 채워 놓고 신자들이 들어서면서 얼굴과 옷을 더럽히는 것을 재미있는 장난이라고 여겼다.[12]

이런 범죄만으로 그의 에너지를 다 소진시킬 수는 없었다. 그는 유능한 장군이었고, 가차없는 용감성과 군인의 삶에 따르는 온갖 어려움을 극복하는 확고한 끈기로 유명했다. 그는 시를 썼고, 라틴어와 그리스어를 배우고, 학자들과 예술가들을 후원하고 그들과 함께하기를 좋아했다. 특히 레온 바티스타 알베르티를 좋아해서 그에게 성 프란체스코 성당을 로마의 사원으로 변화시켜 달라고 주문했다. 알베르티는 13세기에 만들어진 고딕 성당을 그대로 남겨둔 채로, 기원전 27년에 리미니에 세워진 아우구스투스의 아치를 모범으로 삼은 고전 양식의 정면부를 거기에 덧붙였다. 그리고 성가대석을 둥근 지붕으로 감싸려고 했지만 이것은 건축되지 않았다. 그 결과 건축은 불쾌한 토르소가 되고 말았다. 당시 사람들은 이 교회를 '말라테스타의 사원(Tempio Malatesiano)'이라고 불렀다. 시지스몬도 말라테스타가 그 내부에 주문한 미술 작품은 이교에 바친 송가이다. 피에트로 델라 프란체스카의 빛나는 벽화에서 시지스몬도는 수호성인 앞에 무릎을 꿇은 모습으로 표현되어 있다. 그러나 이것은 이 교회에 들어 있는 거의 유일한 그리스도교 상징이다. 제단 하나에는 이소타가 묻혔다. 그 무덤 위에는 그녀가 죽기 20년 전에 이미 다음의 비명이 새겨졌다. "아름다움과 미덕에서 이탈리아의 영광인 리미니의 이소타." 또 다른 예배당에는 마르스, 메르쿠르, 사투르누스, 디아나, 베누스의 모습들이 등장한다. 예배당 벽에는 훌륭한 예술가들의 손으로 대리석 돋을새김들이 만들어졌다. 주로 아고스티노 디 두치오가 만든 것으로, 사튀로스, 천사, 노래하는 소년들, 의인화된 예술과 학문, 그리고 시지스몬도와 이소타의 이름 첫 글자들이 새겨져 있다. 고전을 사랑했던 교황 피우스 2세는 이 새로운 구조를 이렇게 서술했다. "고귀한 사원 ······이교의 상징들로 가득 차 있어서 그리스도교 사원이 아니라 이방의 신들을 모시는 이교도의 사원과 같다."[13]

만토바의 평화 조약에서(1459) 피우스 2세는 시지스몬도를 강요하여 교회의 속령들을 회복시키겠다는 조항을 넣었다. 대담한 전제 군주가 그 지역들에 대한 권한을 오히려 더욱 강화하자 피우스는 그에게 파문 칙령을 내렸다. 이단, 친족 살해, 상피붙기, 간통, 강간, 위증, 배신, 신성 모독 등의 죄목이었다.[14] 시지스몬도는 칙령을 비웃고 그것이 음식이나 포도주를 즐기는 감각을 조금도 줄이지 못한다고 말했다.[15] 그러나 이 학자 교황(피우스 2세)이 지닌 끈기와 군대와 전략이 그의 것보다 훨씬 더 강했다. 1463년에 시지스몬도는 교황 사절 앞에서 참회하며 무릎을 꿇었다. 그리고 자신의 통치 영역을 교회에 바치고 사면을 받았다. 그러고 나서도 여전히 에너지가 남아돌아서 그는 베네찌아 군대를 지휘하여 터키 군에게 몇 번의 승리를 더 거두었다. 그러고는 그의 생각에 가장 위대한 성인의 유골만큼이나 소중한 상을 가지고 리미니에 돌아왔다. 곧 그리스도교 대신 신 플라톤 신앙을 대체할 것을 주장했던 그리스의 플라톤 철학자 제미스투스 플레토(Gemistus Pletho)의 유골이엇다. 시지스몬도는 자신의 사원과 나란히 훌륭한 무덤을 만들고 거기에 이 보물을 파묻었다. 3년 뒤에 (1468) 그는 죽었다. 우리는 르네상스의 복합적인 그림에서 그를 잊어서는 안 된다.

시지스몬도가 저 중세의 그리스도교 신앙을 받아들이기를 어느 정도 공개적으로 중지했던, 작지만 영향력이 있는 소수를 대표한다면, 리미니 아래쪽으로 아드리아 해를 따라 조금만 내려가면 마르케에 속하는 로레토에서 이탈리아 사람들의 가슴속에 아직도 그리스도교 신앙이 따뜻하게 남아 있었다는 살아 있는 상징을 보게 된다. 우리 시대에도 그렇지만 르네상스 기간 내내 해마다 진지한 순례자 수천 명이 로레토로 가서 "신성한 집(Casa Santa)"을 방문하곤 했다. 특이한 전설에 따르면, 성모 마리아와 요셉과 아기 예수가 나사렛에서 살았던 이 집은 천사들에 의해 기적적으로 먼저 달마티아 해안으로 옮겨졌다가, 아드리아 해를 건너 레카나티 근처 월계수 숲(laurentum)으로 옮겨졌다. 작은 돌집 둘레로 브라만테의 설계에 따라 지어진 대리석 담이 쳐져 있다. 안드레아 산소비노가 이 담에 조각 작품들을 장식했다. 집 위로는 쥴리아노 다 마야노와 쥴리아노 다 상갈로의 손으로 '성소 교회(santuario)'라 불리는 교회가 세워졌다.(1468년 이후) 신성한 집 안에 있는 작은 제단에는 검은 히말라야 삼목으로 만들어진 성모와 아기의 조각상이 있었다. 그것은 복음서 저자 루카의 손으로 만들어졌다고 한다. 이 그룹상은 1921년 불에 타 버리고 복제품이 세워져 있다. 그것은 보석과 값비싼 돌들로 장식되어 있다. 그 앞에서는 은 램프들이 밤낮으로 빛을 밝히고 있다. 이것도 르네상스의 일부였다.

4. 우르비노와 카스틸리오네

아드리아 해에서 내륙으로 20마일 떨어진 곳, 로레토와 리미니 중간에 아페니노 산맥의 장관에 높이 가려진 곳에 있는 작은 나라 우르비노(102제곱킬로미터)는 15세기에는 지구상에서 가장 문명화된 중심지의 하나였다. 이 행운의 영토는 200년 전에 몬테펠트리 가문의 소유가 되었다. 그들은 용병대장으로 재산을 만들어서 더럽게 벌었던 만큼 지혜롭게 사용했다. 38년 동안의(1444~1482) 특이한 통치 기간 동안 페데리고 다 몬테펠트로(Federigo da Montefeltro)는 피렌쩨의 저 빛나는 로렌쪼도 따라갈 수 없는 기술과 정의로 우르비노를 다스렸다. 그는 비토리노 다 펠트레의 제자였다. 그의 삶은 이 고귀한 스승이 성취한 가장 고귀한 보배였다. 우르비노를 통치하면서 그는 스스로 나폴리, 밀라노, 피렌쩨, 교황국의 용병대장으로 일했다. 그는 한 번도 전쟁에 진 적이 없었고, 자기 땅에서 전쟁이 일어나도록 한 적이 없었다. 그는 편지를 보내 도시를 접수하고, 볼테라를 지나치게 샅샅이 약탈했다. 그런데도 그 시대 가장 자비로운 장군이라는 명성을 얻었다. 평소의 생활에서 그는 명예와 신뢰를 지닌 남자였다. 용병대장으로 돈을 넉넉하게 벌었기에 신민들에게서 가혹한 세금을 짜내지 않고도 국가를 다스릴 수 있었다. 그는 무장도 하지 않고 경호병도 거느리지 않은 채 사람들 사이로 돌아다녔다. 그들의 애정 어린 충성심을 믿었기 때문이다. 아침마다 사방으로 열린 정원에서 원하는 사람은 누구든 만나 주었다. 그리고 오후에는 라틴어로 된 판결문을 내렸다. 그는 가난한 사람들을 돕고, 고아 소녀들에게 지참금을 주고, 풍년이 든 해에 창고를 가득 채웠다가 기근이 든 해에 곡물을 싸게 팔았고, 가난해진 구매자들에게 빚을 없애 주었다. 좋은 남편, 좋은 아버지, 너그러운 친구였다.

1468년에 그는 자신과 자신의 궁정, 그리고 500명으로 이루어진 정부(政府)를 위해 궁전을 지었다. 그것은 방어의 요새이고 행정부의 중심이고 또 학문과 예술의 성채가 되는 건물이었다. 달마티아 사람인 루치아노 라우라나(L. Laurana)가 그것을 하도 훌륭하게 설계해서 메디치의 로렌쪼는 이 궁전의 도안을 만들어 오라고 바치오 폰텔리(B. Pontelli)를 파견하기까지 했다. 4개 층으로 된 정면부는 중앙에 네 번이나 겹쳐 나타나는 아치들이 있고, 또 양쪽에는 각기 총안(銃眼)을 낸 탑이 하나씩 있고, 내부의 안뜰은 우아한 열주(列柱)들이 네 번 반복되어 나타난다. 오늘날 대개 비어 있는 방들에는 옮길 수 없는 조각품과 당당한 난로들이 당시의 취향과 사치를 드러내 보이고 있다. 이것은 카스틸리오네가 「궁정인」에서 모범으로 삼은 바로 그런 궁정의 중심부이다. 페데리고를 가장 기쁘게 한 방들은 바로 그가 책들을 모아 놓은 곳이었다. 그곳에서 그는 자신과 우정을 나누고 또 자신이 후원해 주는 예술가, 학자 시인들과 이야기를 나누곤 했다. 그 자신이 이 나라에서 가장 폭넓은 지식인이었다. 플라톤보다 아리스토텔레스를 좋아했고, 『윤리학』, 『정치학』, 『물리학』을 아주 철저히 알고 있었다. 그는 철학보다 역사를 더 중히 여겼다. 인간의 이론의 망을 추적하는 것보다 인간 행동의 기록을 탐구함으로써 삶에 대해 더 많이 배울 수 있다고 느꼈던 것이 분명하다. 그리스도교 신앙을 포기하지 않으면서 고전을 사랑했다. 또한 교부들의 글과 스콜라 철학을 읽었고, 매일 미사에 참석했다. 전쟁이나 평화 시에 그는 시지스몬도 말라테스타와 정반대되는 인물이었다. 그의 도서관에는 고전 작품들과 함께 교부들의 책과 중세의 책들도 간직되어 있었다. 14년 동안 30명의 필사가들을 고용하여 그리스와 라틴 필사본들을 베끼게 했다. 그래서 그의 도서관은 바티칸 도서관을 빼고는 이탈리아에서 가장 많은 도서를 소장하게 되었다. 그는 사서인 베스파시아노 다 비스티치(Vespasiano da Bisticci)와 똑같이 인쇄된 책이 이 수집품에 섞여서는 안 된다는 생각이었다. 그들은 책이란 생각을 전달하는 수단일 뿐만 아니라 제본되고, 일일이 베껴 적고, 세밀화가 들어간 예술품이라고 생각했기 때문이다. 이 궁전의 거의 모든 책은 송아지 가죽에 조심스럽게 손으로 쓰고, 세밀화(미니어처 그림)가 그려진 것들로, 은 죔쇠가 달린 진홍색 가죽 표지 안에 제본된 것들이었다.

우르비노 궁정에서 세밀화는 사랑 받는 예술이었다. 페데리고의 소장품을 사들인 바티칸 도서관은 『우르비노 성서』두 권을 특히 찬양했다. 그것은 공작이 베스파시아노와 다른 사람들에게 세밀화를 그리도록 주문한 것이고, 또 베스파시아노에 따르면 "모든 책 중에서 가장 뛰어난 이 책을 가능한 한 풍부하고 가치 있게 만들라."고 명령했다고 한다.[16] 궁정 벽들을 장식하기 위해 페데리고는 벽걸이 직조공들을 데려오고, 또 플랑드르에서 화가 유스투스 판 겐트, 스페인에서 페드로 베루게테, 피렌쩨에서 파올로 우첼로, 보르고 산 세폴크로에서 피에로 델라 프란체스카, 그리고 멜로쪼 다 포를리를 데려왔다. 여기서 멜로쪼는 가장 아름다운 그림 두 점을 그렸다.(오늘날 하나는 런던에, 다른 하나는 베를린에 있다.) 그들은 우르비노 궁정에서 '학문'(문학과 철학)의 함양을 보여주는데, 이 그림에는 페데리고의 빛나는 초상화도 들어 있다. 이런 그림들, 그리고 프란치아와 페루지노의 그림들이 자극을 주어 라파엘로의 아버지가 주도하는 우르비노 지역의 유파가 생겨났다. 체사레 보르지아가 1502년에 이 궁정의 미술품 보물들을 빼앗았을 때 그 가치는 15만 두카트(187만 5000 달러?)에 이르렀다.[17]

페데리고는 적이 적고 친구가 많았다. 교황 식스투스 4세는 그를 공작으로 만들고(1474) 잉글랜드의 헨리 7세는 그를 가터 기사로 임명했다. 그는 죽으면서(1482) 번성하는 영토와, 정의와 평화로운 전통을 물려주었다. 그의 아들 귀도발도는 아버지의 발걸음을 좇기 위해 최선을 다했지만 병에 걸리는 바람에 군사적인 활동에 방해를 받았다. 1488년에 그는 만토바의 후작 부인 이사벨라의 시누이, 엘리자베타 곤짜가와 결혼했다. 엘리자베타도 자주 아프고, 신체적인 허약함으로 인해 겁이 많고 온화한 성격이었다. 아마도 그녀는 남편이 성적 무능력자라는 사실을 알고 안심했을지도 모른다.[18] 어쨌든 그녀는 그와 함께 오누이처럼 사는 것을 만족스럽게 여겼다.[19] 그리고 이런 이유에서 그들은 남편과 아내로서의 싸움을 피했다. 그녀는 그의 누이라기보다는 오히려 어머니가 되었다. 그를 아주 세심하게 보살피고, 그가 비극적인 시련을 당하고 있을 때도 그를 버리지 않았다. 이사벨라에게 보낸 그녀의 편지들은 그럴수록 더욱 소중하다. 이 편지들은 섬세한 감정, 가족애의 따뜻함을 보여 주고 있기 때문이다. 이런 것은 때로 르네상스의 도덕을 평가할 때 무시되곤 한다. 1494년에 생기에 넘치는 이사벨라가 2주 동안 우르비노를 방문하고 나서 만토바로 돌아갔다. 엘리자베타는 그녀에게 다음과 같은 감동적인 편지를 보냈다.

언니가 떠난 다음 나는 사랑하는 자매를 잃은 것만이 아니라 삶 자체가 내게서 멀어져 갔다고 느꼈어요. 매 시간 편지를 쓰고 내 입술이 말하고 싶은 것을 종이에 적어 보내는 것 말고 달리 어떻게 마음을 위로해야 할지 알 수가 없습니다. 내가 느끼는 괴로움을 다 표현할 수 있다면 언니는 나를 동정해서 다시 돌아오고 싶어질 거예요. 언니에게 성가신 일이 아닐까 하는 걱정만 아니라면 언니를 따라가고 싶어요. 그렇지만 내가 전하께 바쳐야 할 존경심으로 인해 이 두 가지가 다 불가능하기 때문에 내가 할 수 있는 일이라곤 언니가 이따금 나를 기억해 주고, 또 내가 언제나 언니를 마음속에 지니고 있다는 사실을 알아주기만을 기원한답니다.[20]

귀도발도와 엘리자베타의 궁정에서 토론된 문제들 중 하나는 "인내 다음으로 가장 중요한 사랑의 증거는 무엇인가?" 하는 것이었다. 대답은 "기쁨과 괴로움을 함께 나누는 것"이었다.[21] 젊은 한 쌍은 이런 증거를 충분히 보여 주었다. 1502년 11월에 체사레 보르지아가 귀도발도에게 거듭 우정을 약속하고 난 다음 갑자기 군대를 돌려 우르비노로 쳐들어와서는 이 공국이 교회의 봉토이니 내놓으라고 요구했다. 우르비노의 숙녀들은 방어를 위한 긴급 소집령에 쓰라고 공작에게 다이아몬드와 진주, 목걸이와 브로치와 반지들을 다 가져왔다. 그러나 보르지아의 배신이 너무나 급작스러워서 효과적인 저항을 할 시간이 없었다. 군대가 소집된다 해도 자비심이 없는 훈련된 적군에게 희생되고 말 것이다. 피를 흘려 봤자 아무 소용도 없었을 것이다. 공작과 공작부인은 권력과 부를 내놓고 카스텔로 요새로 도망쳤다가 그곳에서 다시 만토바로 갔다. 이사벨라는 사랑의 연민으로 그들을 맞아들였다. 그러나 귀도발도가 그곳에서 군대를 소집할까 두려웠던 보르지아는 이사벨라와 남편에게 망명객들을 내보내라고 요구했다. 만토바를 보호하기 위하여 귀도발도와 엘리자베타는 베네찌아로 갔다. 베네찌아의 겁 없는 원로원은 그들에게 보호와 생계 비용을 대 주었다. 몇 달 뒤에 보르지아와 그의 아버지인 교황 알렉산더 6세가 한꺼번에 말라리아 열병에 걸려 쓰러졌다. 교황은 죽었다. 체사레는 회복되었지만 재정이 붕괴되었다. 우르비노 사람들이 궐기하여 수비대를 도시에서 쫓아냈다. 그리고 귀도발도와 엘리자베타의 귀환을 열렬히 환영했다.(1503) 공작은 조카인 프란체스코 마리아 델라 로베레(F. M. d. Rovere)를 후계자로 삼았다. 프란체스코가 현재의 교황인 율리우스 2세의 조카이기도 했으므로 작은 공국은 이제 10년 동안 안전하게 되었다.

　다음에 이어지는 5년 동안(1504~1508) 우르비노 궁정은 이탈리아의 문화적 모범이 되었다. 고전 작품을 좋아했으면서도 귀도발도는 이탈리아어를 문학어로 사용하는 것을 격려했다. 그리고 최초의 이탈리아어 희극의 하나인 비비에나의 「칼란드라」가 이곳에서 처음으로 공연되었다.(약 1508년) 조각가와 화가들은 이런 기회를 위해 조각하고 그림을 그렸다. 구경꾼은 카펫 위에 앉았다. 오케스트라는 무대 뒤에 숨어서 음악을 내보냈다. 아이들이 서곡을 노래했다. 막 사이로 춤을 추고, 끝날 때에는 큐피드가 몇 가지 시구를 낭송하고, 비올이 가사 없이 멜로디만 연주하고, 4중주가 사랑의 찬가를 노래했다. 우르비노 궁정이 이탈리아에서 가장 도덕적인 궁정이기는 했지만, 이곳은 또한 여성을 존중하려는 움직임의 중심지였고, 플라톤적인 것이건 아니건 사랑의 이야기를 좋아했다. 궁정의 문화적 생활의 주도적인 힘은 엘리자베타와 에밀리아 피오였다. 엘리자베타는 플라톤적인 사랑 이외에는 다른 선택의 여지가 없었고, 에밀리아 피오는 귀도발도의 동생의 미망인이었다. 더욱 활기에 찬 요소는 시인 벰보와 극작가 비비에나가 중심이 된 모임에서 나타났다. 유명한 가수인 베르나르디노 아콜티(흔히 '우니코 아레티노'라 불린다. '유일한 아레쪼 사람'이란 뜻)와 앞서 밀라노에서 이미 만난 적이 있는 조각가 크리스토포로 로마노가 가져온 미적인 열광에도 나타났다. 귀족 혈통이라는 양념은 로렌쪼의 아들 쥴리아노 데 메디치가 공급해 주었다. 오타비아노 프레고소는 머지않아 제노바의 총독이 되는 사람이다. 그의 동생 페데리고는 추기경이 될 사람이었다. 카노싸의 루이는 머지않아 프랑스 주재 교황 사절이 된다. 다른 사람들도 이따금 이 모임에 끼어들었다. 고위 성직자, 장군, 관리, 시인, 학자, 예술가, 철학자, 음악가, 특별한 손님들이었다. 공작부인의 살롱에서 저녁이면 이런 모임들이 만들어져 이야기를 나누고 춤추고 노래하고 카드 게임을 하고 담소를 나누었다. 그곳에서 대화의 기술(세련되고 도회적인 대화 기술, 또한 중요한 문제들에 대한 진지하거나 유머러스한 생각들)은 르네상스의 절정에 도달했다.

이것은 발다싸레 카스틸리오네(Baldassare Castiglione)가 르네상스의 가장 유명한 책의 하나인 『궁정인(Il Cortigiano)』에서 이상적으로 서술한 훌륭한 모임이었다. '궁정인'이라는 말로 그는 '신사적인 사람'을 뜻했다. 그 자신이 모범적인 신사였다. 훌륭한 아들이며 남편이고, 타락한 로마 사회에서도 명예롭고 품위 있는 사람이며, 친구들뿐 아니라 적들도 인정하는 외교관이고, 그 누구에게도 불친절한 말을 한 적이 없는 신실한 친구이고, 모든 점에서 항상 사려 깊은 사람으로 가장 훌륭한 의미에서의 신사였다. 라파엘로는 루브르에 걸려 있는 훌륭한 초상화에서 그의 가장 내면의 특성을 뛰어나게 표현했다. 생각에 잠긴 명상적인 얼굴, 검은 머리와 부드러운 푸른 눈, 성실성이라는 진짜 매력 말고는 너무 교활함이 없어서 외교에서 성공하기 힘든 모습, 시인의 감수성과 철학자의 이해심으로 여자와 예술, 행동과 양식 등에 나타난 아름다움을 사랑하는 사람.

　그는 크리스토포로 카스틸리오네 백작의 아들이었다. 만토바 영토 안에 소유지를 지녔고, 또 프란체스코 후작의 친척인 곤짜가 가문의 딸과 결혼했다. 카스틸리오네는 열여덟 살에(1496) 밀라노의 로도비코 궁정으로 보내졌다. 그곳에서 훌륭한 천성과 매너, 체조, 학문, 음악, 예술 등에서 보이는 다방면의 탁월함 등으로 모든 사람을 기쁘게 했다. 아버지가 죽자 어머니는 그에게 결혼하여 혈통의 보존에 힘쓰라고 재촉했다. 그러나 그는 사랑에 대해 아주 우아한 글을 쓰기는 했지만 지나치게 플라톤적이어서 결혼에 맞지 않았다. 그는 어머니를 17년간이나 기다리게 하고 나서야 그 뜻에 따랐다. 귀도발도(우르비노)의 군대에 합류했지만 발목만 부러뜨렸을 뿐이다. 우르비노의 공작 궁정에서 건강을 회복하고 산악 지방의 공기, 궁정의 모임, 품위 있는 대화와 엘리자베타에게 반해서 그곳에 11년을 더 머물렀다. 그녀는 아름답지 않았다. 그리고 그보다 여섯 살이나 위였고, 몸무게는 거의 같았다. 그러나 그녀의 부드러운 정신이 그의 정신을 사로잡았다. 그는 자기 방 거울 뒤에 그녀의 그림을 감추어 두고 그녀를 찬양하는 비밀 소네트를 썼다.[22] 귀도발도는 그에게 임무를 주어 영국으로 파견해서 사태를 쉽게 만들었다.(1506) 그러나 카스틸리오네는 첫 핑계거리를 잡아서 얼른 돌아오고 말았다. 공작은 그에게 위험성이 없음을 알아보고 그와 엘리자베타와 함께 플라톤적인 '세 사람의 관계'를 만들었다. 카스틸리오네는 공작이 죽을 때까지(1508) 그곳에 머물고, 공작이 죽은 다음에도 순결한 헌신을 계속했다. 그러나 교황 레오 10세는 귀도발도의 조카를 몰아내고 자신의 조카를 공작 후계자로 세웠다.

　카스틸리오네는 만토바 근처의 작은 세습 영지로 돌아왔다. 그리고 아무런 관심도 없는 상태에서 자기보다 스물세 살이나 아래인 이폴리타 토렐리와 결혼했다. 그러나 결혼하고 나자 그는 정말로 그녀를 사랑하게 되었다. 처음에는 그녀를 아이로 사랑했지만 곧 어머니로서의 그녀를 사랑했다. 그는 자기가 전에 여자를 제대로 알지 못했고, 자신에 대해서도 제대로 알지 못했음을 깨달았다. 새로운 경험은 그에게 깊고도 전에 없는 행복을 가져다주었다. 그러나 로마 주재 만토바 대사로 일해 달라고 이사벨라가 계속 졸랐다. 그는 아내를 어머니에게 맡기고 마지못해 로마로 갔다. 곧 두 사람 사이를 가로막은 아페니노 산맥을 넘어 사랑스러운 편지 한 통이 왔다.

> 딸아이를 낳았어요. 당신이 실망하실 거라곤 생각 안 해요. 그렇지만 전보다 건강이 많이 나빠졌습니다. 세 번이나 고약한 열 발작을 겪었어요. 지금은 좀 나아졌고, 다시는 열병이 돌아오지 않기를 바랍니다. 몸이 좋지 않아서 더 쓰지 못하겠어요. 온 마음을 다하여 당신을 생각합니다.
>
> ─ 고통으로 약간 지친 당신의 아내 이폴리타[23]

이폴리타는 이 편지를 쓴 직후에 죽었다. 그리고 삶을 향한 카스틸리오네의 사랑도 그녀와 함께 죽었다. 그는 로마에서 이사벨라와 페데리고 후작을 위해 계속 일했다. 그러나 레오 10세의 세련된 궁정에서도 그는 만토바 고향의 평화를 그리워했다. 뿐만 아니라 우르비노 궁정을 거의 자기 이상의 실현으로 만들어 주었던 그 고결함과 친절함과 우아함을 그리워했다.

그는 자기 이름을 후세에 전할 책을 우르비노에서 시작해서(1508) 로마에서 끝냈다. 이것은 궁정인을 만들어 내는 조건과, 궁정인을 돋보이게 만드는 행동을 분석한 책이다. 카스틸리오네는 우르비노의 세련된 모임에서 이 주제가 토론되는 것으로 설정했다. 어쩌면 그곳에서 실제로 있었던 대화 일부를 다듬어 내놓은 것일 수도 있다. 대화에 참가한 남자들과 여자들의 실제 이름을 사용하고 있으며 그들에게 원래의 성격에 어울리는 감정을 부여하고 있다. 플라톤적 사랑에 대한 송가는 벰보의 입에 넣어 주었다. 그는 원고를 벰보에게 보내면서 이제는 신분이 높아진 교황의 비서에게 그의 이름을 이렇게 사용하는 것에 반대하는가 물었다. 상냥한 벰보는 아무런 반대도 없었다. 그러고 나서도 소심한 저자는 이 책을 1528년이 될 때까지 출판하지 않다가 죽기 1년 전에 이것을 세상에 내놓았다. 몇몇 친구들이 로마에서 사본들을 돌려읽음으로써 출판하지 않을 수 없도록 강요한 덕분이었다. 10년 안에 이 책은 프랑스어로 번역되었다. 그리고 1561년에는 토머스 호비(Th. Hoby) 경이 그것을 별스럽고 특이한 영어 고전으로 만들었다. 엘리자베스 1세 시대 교육받은 영국인은 모두 이 책을 읽었다.

카스틸리오네는 확신하는 것은 아니지만 그래도 신사의 첫 번째 조건이 좋은 출생이라고 믿으려는 성향을 보였다. 좋은 매너와 신체와 정신의 우아함을 지닌 사람들 사이에서 양육되는 것 말고는 그것들을 습득하기란 매우 어렵다고 본 것이다. 귀족 신분은 매너와 기준과 취향의 보관자이며, 또 그것을 함양하고 전달해 주는 것으로 여겨졌다. 둘째, 신사는 일찍감치 훌륭한 기수가 되어야 하고 또 전쟁의 기술을 습득해야 한다. 평화로운 예술과 학문이 시민들의 군사적 특질을 약하게 할 정도까지 되어서는 안 된다. 군사적 특질 없이는 민족은 머지않아 노예가 되고 말기 때문이다. 그러나 너무 잦은 전쟁은 인간을 짐승으로 만들 수도 있다. 인간은 병사(兵士)의 어려움을 통해 단련하는 것과 아울러 여성의 섬세한 영향을 필요로 한다. "어떤 궁정이든, 그것이 아무리 큰 궁정이라도 여성이 없이는 아름다움이나 총명함이나 명랑함을 지닐 수 없다. 그리고 어떤 궁정인도 …… 여성과의 사랑과 대화로 마음이 변화되지 않고는 우아하고 즐겁고 용감할 수 없으며, 우아한 기사의 행동을 할 수가 없다."[24] 이런 교화적인 영향력을 발휘하기 위하여 여성은 가능한 한 여성적이고, 행동거지, 매너, 말하기, 의상 등에서 남성을 흉내 내는 일을 피해야 한다. 그녀는 신체를 아름답게 길들이고, 말을 친절하게 하도록 스스로 훈련하고, 영혼을 부드럽게 가꾸어야 한다. 그러므로 음악과 춤과 문학과 사교의 기술을 익혀야 한다. 이런 방식으로 그녀는 정신의 내적 아름다움을 얻을 수 있으며, 이것이야말로 자극적인 것이며 진정한 사랑의 기원이다. "신체는 아름다움을 보여 주지만, 아름다움의 원천은 아니다. …… 아름다움은 신체가 없기 때문이다."[25] "사랑은 아름다움을 즐기려는 열망 이외에 다른 것이 아니다."[26] 그러나 "아름다움을 즐기기 위해 신체를 소유하고 있다고 생각하는 사람은 아주 많이 잘못 생각하고 있다."[27] 이 책은 중세의 튼튼한 기사도를 창백한 플라톤적 사랑으로 바꾸어 놓는 것으로 끝난다. 이것은 마지막의 실망인데, 여성들은 이런 마무리를 용서해 줄 것이다.

카스틸리오네가 생각했던 세련된 문화와 상호 존중의 이상적 세계는 잔인한 로마 유린으로 붕괴되었다.(1527) 이 책 마지막 부분에 이런 구절이 나온다. "가난했고 지금도 가난한 이탈리아에서 부유함은 자주 큰 파멸의 원인이 된다. 가난한 이탈리아는 이방 민족의 이빨 속에 든 먹이이며 노획물이다. 그리고 나쁜 정부의 먹이이며 이 땅에 있는 많은 부자들의 먹이이다."[28] 그는 어느 정도는 자기 자신도 이런 재앙의 원인이라고 탓해야 할 것이다. 클레멘스 7세는 카를 5세에게 교황과의 화해를 설득하라고 그를 마드리드에 교황 사절로 파견했기 때문이다. 클레멘스 7세 자신의 태도가 이런 임무를 어렵게 만들었거니와 이 일은 실패로 돌아갔다. 황제의 군대가 로마로 침입해서 교황을 가두고, 율리우스 2세와 레오 10세와 수많은 예술가들이 그곳에 만들어 놓은 부와 우아함을 절반이나 파괴했다는 소식이 스페인에 도착하자 잘라진 혈관에서 피가 새나가듯이 발다싸레 카스틸리오네의 몸에서 생명이 흘러나갔다. 1529년에 톨레도에서 겨우 쉰 살의 나이로 르네상스에서 가장 신사적이던 이 남자는 세상을 떠났다.

그의 시신은 이탈리아로 옮겨졌고, "자신의 뜻에 반하여 아들보다 오래 살아님은"기의 어머니는 만토바 바깥에 있는 산타 마리아 델레 그라찌에 교회에 그의 무덤을 만들었다. 쥴리오 로마노가 이 기념묘를 설계하고, 벰보는 이 무덤을 위해 우아한 비명을 작성했다. 그러나 돌에 새겨진 가장 아름다운 말은 카스틸리오네 자신이 아내의 무덤을 위해서 썼던 시구이다. 그녀의 유해는 이제 그의 뜻에 따라 그의 유해와 나란히 묻혔다.

non ego nunc vivo coniunx dulcissima vitam

corpore namque tuo fata meam abstulerunt,

sed vitam tumulo cum tecum condar in isto,

iungenturque tuis ossibus ossa mea:

나는 이제 사는 게 아닙니다, 너무나 사랑스러운 아내여,

운명이 당신의 육체에서 나의 생명을 빼앗아 갔으니.

그러나 내가 당신과 같은 무덤에 눕고

내 뼈가 당신의 뼈와 합쳐지는 날 나는 살게 됩니다.[29]

THE RENAISSANCE

13장   나폴리 왕국
1378~1534

1. 너그러운 알폰소

마르케 주와 교황국들의 남동쪽 이탈리아 본토가 바로 나폴리 왕국이었다. 아드리아 해 쪽으로는 페스카라, 바리, 오트란토 항구를 포함했다. 약간 내륙에 포지아(Foggia) 시가 있다. 한때는 저 경이로운 프리드리히 2세 황제가 활기에 넘친 수도로 삼았던 곳이다. 장화 굽의 안쪽에 고대의 항구 타란토가, 장화의 발가락 부분에 레지오가 있다. 남서쪽 해안에는 장관을 이룬 경치가 차례로 나타난다. 살레르노, 아말피, 소렌토, 카프리, 이어서 바쁘고 시끄럽고 소란스럽고 정열적이고 즐거운 나폴리에서 절정을 이룬다. 이것은 일대에서 유일한 대도시였다. 이 도시와 항구들 바깥에는 중세의 봉건적인 농업 지대가 펼쳐졌다. 농노나 노예들, 아니면 '자유로운' 농민들이 농사일을 했다. 자유 농민들은 굶어 죽거나 아니면 빵과 셔츠를 얻기 위해 남작들 밑에서 노동할 자유를 가졌다.

남작들은 광범위한 토지를 잔혹하게 경영하면서 왕의 권위를 무시했다. 왕은 남작들의 땅에서 수입을 거의 거두지 못했고, 자신이 봉건 영주로 다스리는 땅에서 나온 수입으로 정부와 궁정을 운영해야 했다. 아니면 줄어드는 수입을 메우기 위해 무역 통제권을 개발해야만 했다.

앙주 가문은 요한나 1세 여왕의 탈선 행위와 더불어 급속히 몰락하기 시작했다. 두라쬬의 샤를(Charles of Durazzo)이 그녀를 비단 끈으로 목 졸라 죽이고 서야 그녀의 탈선 행위는 겨우 끝이 났다.(1382) 요한나 2세는 마흔 살에야 여왕으로 등극했으면서도 1세 여왕만큼이나 격분하기 쉬운 사람이었다. 그녀는 세 번 결혼했는데, 두 번째 남편은 추방하고, 세 번째 남편은 살해했다. 모반에 직면하자 그녀는 아라곤과 시칠리아의 왕인 알폰소에게 도움을 청한 후, 이어서 그를 아들 겸 후계자로 삼았다.(1420) 그러나 알폰소가 자기를 대신하려는 계획을 꾸미고 있다고 올바른 의심을 품고서 요한나 2세는 알폰소와의 관계를 끊고(1423), 죽을 때(1435) 왕국을 앙주의 르네에게 넘겨주었다. 후계자 자리를 놓고 오랜 전쟁이 벌어졌다. 알폰소는 나폴리를 견본으로 삼아 왕권을 차지하기 위해 싸웠다. 그가 가에타를 포위하고 있을 때 제노바 사람들에게 포로가 되어 밀라노의 필리포 마리아 비스콘티 앞으로 끌려가게 되었다. 절대로 학교에서 배웠을 리가 없는 완벽한 논리로 그는 밀라노 공작을 설득했다. 프랑스의 권력이 나폴리에서 다시 세력을 잡음으로써 북쪽에서 이미 압력을 가하는 프랑스에 힘을 덧붙여 주고 서쪽에서 제노바까지 합세하면, 이탈리아의 절반을 바짝 조이게 될 것이고 그러면 밀라노가 맨 먼저 그 힘을 느끼게 될 것이라고 주장했다. 비스콘티 공작은 그의 말뜻을 이해하고 죄수를 풀어 주면서 나폴리로 가는 그에게 신의 축복을 빌어 주었다. 수많은 전투와 음모를 겪은 다음 결국 알폰소가 승리했다. 나폴리에서 앙주 집안의 통치는(1268~1442) 끝나고 아라곤 가문의 통치(1442~1503)가 시작되었다. 이러한 찬탈 행동은 1494년에 프랑스가 이탈리아로 쳐들어오는 법적인 근거가 되었다. 그리고 프랑스의 이탈리아 침입은 이탈리아 비극의 제 1막이 된다.

알폰소는 새로운 왕좌가 너무나 마음에 든 나머지 아라곤과 시칠리아 통치권을 동생 요한 2세에게 넘겨주었다. 그는 만만한 통치자는 아니었다. 가혹한 손길로 세금을 거두었다. 재무관들이 백성을 쥐어짜는 일을 허용하면서 그런 다음 자신은 재무관들을 쥐어짰다. 유대인들에게는 억지로 그리스도교 세례를 주겠다고 위협해 돈을 강탈했다. 그러나 세금은 상인 계층에게 가장 많이 부과되었다. 알폰소는 가난한 사람에게 매기는 세금을 줄여 가난한 사람들을 도왔다. 나폴리 사람들은 그가 훌륭한 왕이라고 여겼다. 그는 무장하지 않고, 수행원도 거느리지 않은 채 겁도 없이 사람들 사이로 돌아다녔다. 아내에게서 자식을 얻지 못하자 궁정의 여인들에게서 자식을 보았다. 그의 아내가 이들 연적 중 한 명을 죽이자 알폰소는 이후로 왕비가 절대로 자기 앞에 나오지 못하게 했다. 그는 열심히 교회에 가고 설교에 귀를 기울였다.

그런데도 알폰소는 인문주의라는 열병에 걸려서 고전 학자들을 어찌나 후하게 후원해 주었던지 그들은 그를 "너그러운 사람(il Magnanimo)"이라고 불렀다. 그는 발라, 필렐포, 마네티, 그 밖의 다른 인문주의자들을 환영하여 그들을 자신의 식탁과 국고에 받아들였다. 그는 포지오가 크세노폰의 『퀴로스의 교육(Cyropaedia)』을 라틴어로 번역한 대가로 500크라운(1만 2500달러?)를 주었다. 바르톨로메오 파찌오가 『알폰소 이야기』를 쓰는 데 해마다 500두카트를 지불하고, 책이 끝나자 1500두카트를 더 주었다. 1458년 한 해만 알폰소는 학자들에게 2만 두카트(50만 달러)를 분배했다. 그는 어디를 가든 고전 작품 일부를 지니고 갔다. 집에서나 전쟁터에서 시사 때면 고전 작품을 낭독하게 했다. 그리고 고전 낭독을 듣고 싶어 하는 학생들도 받아들였다. 이른바 리비우스의 유해가 파도바에서 발견되었을 때 그는 바카델리를 베네찌아로 보내서 리비우스의 뼈 하나를 사 오게 했다. 그리고 성 야누아리우스의 피가 흐르는 것을 바라보는 선량한 나폴리 사람의 경외심을 다해서 그 뼈를 받아들였다. 마네티가 라틴어로 연설할 때 알폰소는 이 피렌쩨 학자의 관용구가 잔뜩 들어간 문체에 취해 연설이 끝날 때까지 파리 한 마리가 자기 코 위에 앉아 있는데도 건드리지 않고 그대로 두었다.[1] 그는 인문주의자들에게 완벽한 발언의 자유를 주었다. 심지어는 이단과 도색적 발언도 허용되었고, 종교 재판에서 그들을 보호해 주었다.

알폰소 궁정에서 가장 주목할 만한 학자는 로렌쪼 발라(L. Valla)였다. 그는 레오나르도 브루니와 더불어 고전어를 배웠고 열광적인 것을 넘어 광신적인 라틴 학자가 되었다. 그가 벌인 많은 싸움들에는 문학어로서의 이탈리아어를 파괴하고, 훌륭한 라틴어를 되살리자는 주장도 들어 있다. 파비아에서 라틴어와 수사학을 가르치는 동안 그는 유명한 법학자 바르톨루스에 맞서 격렬한 비난의 글을 썼다. 발라는 고심한 흔적이 역력한 바르톨루스의 라틴어를 비웃고, 라틴어와 로마 역사에 정통한 사람만이 로마법을 이해할 수 있다고 주장했다. 대학의 법학부 학생들은 바르톨루스를 옹호하고, 인문학부 학생들은 발라 주변으로 모여들었다. 이 논쟁은 점차 폭동으로 변해, 발라는 이곳을 떠나라는 요청을 받았다. 나중에 「신약 성서 주해(Adnotationes ad novum testamentum)」에서 그는 저 유명한 히에로니무스의 라틴어 번역본 성서를 향해 자신의 언어학적 학식과 분노를 향했다. 그리고 이 영웅적인 작업에 나타난 많은 오류들을 밝혔다. 에라스무스는 나중에 발라의 비판을 찬양하고, 그것을 요약하여 이용했다. 다른 논문 「정확한 라틴어(Elegantiae linguae Latinae)」에서 발라는 정교하고 순수한 라틴어를 위한 규칙들을 밝히고 있다. 그러면서 중세의 라틴어를 비웃고 또 수많은 인문주의자들의 서투른 라틴어를 즐겁게 폭로했다. 키케로를 숭배하던 시대에 그는 퀸틸리아누스를 더 좋아했다. 그는 친구가 거의 없어졌다.

자신의 고립을 더욱 확고하게 만들기 위해서라는 듯 그는 「쾌락과 진짜 선에 대해서(De voluptate et vero bono)」라는 대화편을 썼다. 이것은 인문주의자들의 부도덕성을 놀라울 정도로 무모하게 폭로하고 있다. 그는 대화를 위해 아직 살아 있는 세 사람을 선택했다. 레오나르도 브루니는 스토아 철학을 옹호하고, 안토니오 베카델리는 에피쿠로스 철학을, 니콜로 데 니콜리는 그리스도교와 철학의 화해를 주장하고 있다. 베카델리가 아주 힘차게 발언하고 있어서 독자는 그의 견해가 곧 발라의 견해라고 올바르게 믿게 된다. 베카델리의 주장에 따르면 우리는 인간의 모든 본성이 선하다고 생각해야 한다. 그것이 신에 의해 창조되었기 때문이다. 정말이지 자연과 신은 하나다. 따라서 우리의 본능도 선한 것이고, 쾌락과 행복을 향한 우리의 자연스러운 욕망도 인간의 삶의 적합한 목적으로서 그것의 추구가 정당한 것이다. 감각적인 것이든 지적인 것이든 모든 쾌락은, 그것이 해롭다는 점이 입증되기 전까지는 정당한 것으로 간주되어야 한다. 그리고 우리는 짝짓기 본능을 가지고 있으며 평생동안 순결을 지킬 본능을 분명 갖지 않았다. 따라서 그러한 절제는 자연에 역행하는 것이다. 이것은 참을 수 없는 고통일 뿐 미덕이라고 설교되어서는 안 된다. 베카델리는 이 책에서 이렇게 주장한다. 처녀성이란 오류요 낭비다. 기생이 수녀보다 인류를 위해 더욱 가치가 있다.[2]

   재산이 허락하는 한 발라는 이런 철학에 맞게 살았다. 그는 난잡한 성적 정열과 과격한 기질과 극단적인 언변을 가진 사람이었다. 이 도시 저 도시 돌아다니면서 문필로 고용되기를 구했다. 교황청 서기국에 자리를 물어보았으나 쫓겨났다. 아라곤과 시칠리아의 왕 알폰소가 그를 받아들였을 때(1435)는 마침 나폴리 왕권을 놓고 전쟁을 벌이던 때였다. 교황 유게니우스 4세(1431~1447)도 알폰소의 적들 중의 하나였다. 교황은 나폴리가 원래 교황의 봉토라고 주장하고 있었다. 발라처럼 역사를 알고, 논쟁에 능하고 더 잃을 것도 없는 과격한 학자는 교황에 맞서기 위해 쓸모 있는 도구였다. 알폰소의 보호 아래서 발라는 그의 가장 유명한 논문을 썼다.(1440)「콘스탄티누스 대제의 선물에 대한 잘못된 믿음과 기짓말(De falso credita et ementita Constantini donatione)」이라는 논문이었다. 그는 여기서 콘스탄티누스의 선물이 우스꽝스러운 위조 문서라고 공격했다. 최초의 그리스도교 황제인 콘스탄티누스가 교황 실베스테르 1세(314~335)에게 보냈다는 이 편지에는, 황제가 교황에게 서유럽 전체의 세속적 통치권을 넘겨준 것으로 되어 있다.(실제로 위조 문서로 밝혀졌다. - 옮긴이) 쿠사의 니콜라스가 최근에(1433) 바젤 공의회를 위해서 쓴「가톨릭의 합의(De concordantia Catholica)」라는 글에서 이 선물이 위조 문서라는 사실을 폭로해서 역시 유게니우스 4세와 불화를 빚는 중이었다. 그러나 발라의 역사적이고 언어학적인 문서 비판이 어찌나 통렬한 것이었던지(그 자신도 많은 오류를 범했는데도) 이 의문이 완전히 정착되어 다시는 없어지지 않게 되었다.

발라와 알폰소는 학문만으로 만족하지 않았다. 그들은 전쟁을 했다. "나는 죽은 사람뿐만 아니라 산 사람도 공격한다."고 발라는 말했다. 그는 상대적으로 모범적인 교황 유게니우스를 가장 고약한 욕설로 까발렸다. "설사 그 선물의 문서가 진짜라고 해도 그것은 무효이다. 콘스탄티누스는 그럴 권한을 갖지 못했기 때문이다. 그리고 사정이 어떻든 교황청의 범죄들이 그것을 무효로 만들었다."3 발라는 (피핀과 샤를마뉴가 교황에게 땅을 선물한 것은 완전히 무시하고서) 다음과 같은 결론을 맺었다. 이 문서가 위조라면 교황들의 세속적인 권리는 천년된 왕위 찬탈일 뿐이다. 그리고 이러한 세속적 권력으로부터 교회의 부패가 나타났고, 이탈리아의 전쟁들도 나타났으며, "위압적이고 야만적이고 폭군적인 사제 지배"가 나타났다. 발라는 로마 시민들에게 궐기해서 그들의 도시에 있는 교황 정부를 뒤집어엎으라고 호소하고, 유럽의 통치자들에게 교황의 모든 토지를 빼앗자고 제안했다.4 이것은 루터의 목소리같이 들리지만 그러나 이 펜에 영감을 준 사람은 알폰소였다. 인문주의는 전쟁의 무기가 된 것이다.

유게니우스는 종교 재판으로 맞섰다. 발라는 나폴리의 종교 재판관 앞으로 출두하라는 소환령을 받았다. 그는 아이러니컬한 태도로 완전한 정교 신앙을 고백하고는 그 이상 말하기를 거부했다. 알폰소는 재판관에게 그를 내버려두라고 명령했고, 그들은 왕의 말을 어기지 못했다. 발라는 계속 교회를 공격했다. 그는 아레오파고스의 재판관인 디오니시우스의 것으로 추정되는 작품들이 진짜가 아니라고 폭로했다. 그리고 아브가루스가 예수에게 보내고 유제비우스가 간행한 편지도 위조라고 주장했다. 사도들은 『사도신경』을 작성하는 데 동참하지 않았다고 했다. 그러나 알폰소가 교황청과 화해를 하는 쪽으로 움직인다는 감을 잡자 그는 자신도 화해하는 게 좋겠다고 생각했다. 그는 유게니우스 교황에게 사과 편지를 보내 자신의 이단적 주장을 철회하고 정교 신앙을 다시 확인하면서, 자신의 죄를 용서해 줄 것을 청했다. 교황은 아무 대답도 하지 않았다. 그러나 니콜라스 5세 교황이 즉위하자 그는 학자들을 불러들였고, 발라를 교황청의 서기로 만들었다.(1448) 그리고 그에게 그리스어를 라틴어로 번역하는 일을 맡겼다. 발라는 성 요한 라테라노(교황청 직속 교회)의 참사회원으로 생을 마치고, 성스러운 땅에 묻혔다.(1457)

그의 친구이며 경쟁자인 안토니오 베카델리(A. Beccadelli)는 외설스러운 책을 쓰고, 그에 대해 이탈리아의 지도적 인물들로부터 갈채를 받았다는 점에서 당시의 도덕성을 잘 보여 준다. 팔레르모에서 태어나(1394) 일 파노르미타라는 별명으로 불리던 그는 시에나에서 고등 교육을 받고 어쩌면 거기서 이중적인 도덕성을 습득했을 것이다. 1425년 무렵 그는 「암수한몸(Hermaphroditus)」이라는 제목으로 라틴어의 유려함이나 그 음탕함에서 마르티알리스(1세기의 라틴 시인)와 겨룰 만한 라틴어 비가와 격언들을 썼다. 코시모 데 메디치는 아마도 이 책을 읽어 보지 않은 채 그의 헌사를 받아들였다. 미덕으로 유명한 과리노 다 베로나는 그 언어의 유려함을 찬양했다. 또 다른 백 명의 학자들이 찬사를 말했다. 마침내 지기스문트 황제는 베카델리의 머리에 계관 시인 관을 씌워 주었다.(1433) 사제들은 이 책을 비난하고 유게니우스 교황은 이 책을 읽는 사람을 파문한다고 선언했다. 페라라, 볼로냐, 밀라노에서 수도사들은 공공연히 이 책을 불태웠다. 그런데도 베카델리는 볼로냐와 파비아에서 "최고 찬사를 받으며(summa cum laude)" 강의를 했고, 비스콘티에게서 800스쿠디의 장학금을 빌고 또 나폴리에 초빙되어 궁정 역시 편찬자가 되었다. 그의 역사책인 『알폰소 왕의 기억할 만한 언행』은 매우 훌륭한 라틴어로 쓰여 역시 훌륭한 라틴어 문장가였던 에네아스 실비우스 피콜로미니(교황 피우스 2세)는 그것을 라틴어 문체의 모범이라고 생각했다. 베카델리는 일흔일곱 살까지 살고 명예와 부(富) 한가운데서 죽었다.

2. 페란테

알폰소는 나폴리 왕국을 자신의 아들로 추정되는 페란테에게(재위 1458~1494) 물려주었다. 그의 출생은 미심쩍다. 그의 어머니는 히야르의 마르가레테였는데, 그녀는 왕 말고 다른 애인들을 두고 있었다. 페란테의 서기였던 폰타노는 그의 아버지가 발렌시아의 마라노(marrano)라고 확인해 주고 있다. 마라노라는 말은 그리스도교로 개종한 스페인 유대인을 뜻한다. 발라가 페란테의 교육을 맡았다. 페란테는 성적 방종함으로 유명한 사람은 아니지만, 확고한 도덕적 규범의 훈련을 받지 못한 채 이해할 수 없는 적개심을 지닌 정열적인 천성이 가질 수 있는 악덕들을 대부분 지녔다. 칼릭스투스 3세 교황은 그의 출생을 적법한 것이라 인정해 주긴 했지만 그를 왕으로 인정하는 일은 거부했다. 교황은 나폴리에서 아라곤 왕가의 혈통이 끝났으며, 왕국은 교회의 봉토라고 주장했다. 앙주의 르네는 요한나 2세에게서 물려받은 왕권을 되찾으려고 다시 시도하기 시작했다. 그가 군대를 나폴리 해안에 상륙시키자 나폴리의 봉건 남작들은 아라곤 집안에 반대하여 궐기를 일으키고 외국의 적들과 동맹을 맺었다. 페란테는 이런 동시적인 도전들에 맞서 분노한 용기로 싸우고 적들을 쳐부수고 우울한 사나움으로 그들에게 복수했다. 그는 화해를 가장하여 적들을 한 사람씩 초대해서 아주 훌륭한 저녁 식사를 대접하고는 일부는 디저트 이후에 죽이고, 다른 사람은 감옥에 가두고, 그중 일부는 지하 감옥에서 굶어 죽게 만들었다. 그리고 일부는 변덕스러운 쾌락을 위해 새장에 가두었다. 그들이 죽으면 그 시신을 향료 처리해서 미라로 만들어 박물관에 보존했다.[5] 그러나 이러한 이야기들은 페란테에 적대적인 역사가들이 만들어 낸 '전쟁의 잔혹함'일지도 모른다. 1479년에 로렌쪼 데 메디치를 그렇게 공정하게 대우한 사람이 바로 이 왕이었기 때문이다. 1485년의 혁명이 그를 거의 전복시킬 뻔했지만 그는 자신의 발판을 다시 굳히고 36년이라는 긴 통치 기간을 보낸 다음 죽자 모든 사람이 기뻐했다. 나폴리의 나머지 이야기는 이탈리아의 붕괴의 역사에 속한다.

페란테는 알폰소처럼 학자들의 후원을 계속하지는 않았지만 시인이며 철학자이며 뛰어난 외교관이던 인물을 재상으로 고용했다. 죠반니 폰타노(G. Pontano)는 (베카델리가 설립한) 나폴리 아카데미를 발전시켰다. 그곳 회원들은 정기적으로 모여서 시와 생각들을 교환하는 학자들이었다. 그들은 라틴어 이름을 지니고,(폰타노는 요비아누스 폰타누스가 되었다.) 길고 잔인한 중단기를 지난 다음 자기들이 이제 로마 제국의 문화를 다시 잇는다고 생각하기를 좋아했다. 폰타노는 라틴어로 윤리학 논문들을 쓰고, 페란테가 무시한 미덕들을 찬양했다. 그리고 『군주론』이라는 유려한 에세이에서 마키아벨리가 20년 뒤에 비난할 모든 사랑스러운 특질들을 군주에게 권했다. 폰타노는 이 모범적인 책자를 페란테의 아들이자 후계자이며 자신의 제자인 알폰소 2세(1494~1495)에게 헌정했다. 알폰소 2세는 마키아벨리가 설교한 것을 모두 행하게 된다. 폰타노는 시와 산문을 모두 가르쳤고, 라틴어 6운각 시행으로 천문학의 비밀과 올바른 오렌지 재배법을 설명했다. 즐거운 시편들에서 정상적인 사랑의 모든 예들을 찬양했다. 젊은이들의 상호 갈망, 신혼부부의 다정한 애착, 결혼의 상호 만족, 부모로서 자식 사랑의 즐거움과 근심, 그리고 해가 가면서 부부가 하나가 되는 결합. 그는 또 보기에 베르길리우스의 시행만큼이나 임의로 만든 것 같은 라틴어로, 또 놀라운 어휘력을 구사해서 나폴리 사람들의 휴일의 모습을 서술했다. 노동자들은 풀밭 위에 몸을 길게 뻗고, 운동선수들은 게임에 몰두하고, 소풍 가는 사람들은 수레를 타고 있고, 유혹적인 소녀들은 탬버린 소리에 맞추어 나폴리 진동 춤인 타린텔라를 추고, 젊은이들과 아기씨들은 해변을 거닐며 서로 희롱하고, 애인들은 밀회를 즐기고, 귀족들은 바이아에서 목욕을 한다. 마치 오비디우스의 즐거움과 절망 이후로 1500년 세월이 지나가 버리지 않은 것만 같다. 폰타노가 라틴어 시와 똑같은 유려함과 우아함을 지닌 이탈리아어 시를 썼더라면 우리는 그를 역시 두 가지 언어로 작업했던 페트라르카나 폴리찌아노와 동급에 올려놓았을 것이다. 그들은 과거를 배회하는 것만큼이나 현재에도 잘 어울리는 훌륭한 양식을 가졌던 사람들이다.

폰타노 다음으로 아카데미에서 가장 뛰어난 회원은 야코포 산나짜로(Iacopo Sannazaro)였다. 벰보처럼 그도 순수한 토스카나 방언 형태의 이탈리아어를 쓸 수 있었다. 이것은 나폴리에서 쓰이는 말과는 아주 달랐다. 그리고 폴리찌아노와 폰타노처럼 그도 티불루스나 마리티알리스에 비해도 손색이 없는 라틴어 비가와 격언시(2행시)들을 썼다. 베네찌아를 찬양하는 격언시 하나에 대한 감사의 뜻으로 베네찌아는 그에게 600두카트를 보내 주었다.[6] 알폰소 2세는 교황 알렉산더 6세와 전쟁을 할 때 산나짜로를 데리고 갔다. 로마를 향해 시의 화살을 날리기 위해서였다. 교황이 속한 보르지아 가문은 갑옷 위에 스페인 황소를 표지로 달고 있었고, 교황은 쥴리아 파르네제를 정부로 두고 있었다. 산나짜로는 알폰소의 병사들이 라틴어를 모르는 것을 몹시 애석하게 여길 만한 2행시 하나를 써서 교황을 공격했다.

> Europen Tyrio quondam sedisse iuvenco
> quis neget? Hispano Iulia vecta tauro est;[7]

이것은 다음과 같은 뜻이다.

> 그 옛날 황소 티리안 위에 유로파가 앉았던 것을
> 누가 의심하랴? 스페인 황소는 율리아를 싣고 가네.

체사레 보르지아가 나폴리에 맞서 전쟁을 수행하게 되자 다시 화살이 날아갔다.

> Aut nihil aut Caesar vult dici Borgia; quidni?
> cum simul et Caesar possit et esse nihil,[8]

이것은 다음과 같은 뜻이다.

카이사르 아니면 니힐(nothing) 보르지아라 불릴걸.
그러나 둘 다면 어때? 그는 동시에 둘 다니까.

이런 재치 있는 격언시(2행시)들은 입에서 귀를 통해 이탈리아 전역에 퍼져서 보르지아 가문의 전설을 만드는 데 일조하게 된다.

기분이 더 온건할 때 산나짜로는 라틴어 서사시 「처녀 출생(De partu Virginis)」을(1526) 썼다. 그것은 놀라운 작품이다. 이교의 신들이라는 고전적 장치를 이용하지만 그들을 성서 이야기의 부속물처럼 만들어 버린다. 저 유명한 네 번째 전원시를 인용함으로써 베르길리우스와의 비교를 시의 핵심으로 만든다. 그 탁월한 라틴어는 클레멘스 7세를 기쁘게 했지만 오늘날에는 어떤 교황도 그런 것에 몰두하지는 않을 것이다.

산나짜로의 걸작은 살아 있는 언어로 쓰였다. 산문과 운문으로 엮은 「아르카디아」(1504)가 그것이다. 고대 알렉산드리아의 테오크리투스처럼 시인은 도회지에 싫증이 나서 시골 생활의 향기와 평화를 사랑하게 된다. 이것은 로렌쪼와 폴리찌아노가 벌써 20년 전에 분명한 성실성으로 표현했던 것과 같은 도회의 감정이다. 이 시대의 풍경화들이 점점 더 시골 풍경을 인정하는 것을 볼 수가 있다. 세속의 남자들이 숲과 들판, 맑은 시냇물을 웅얼거리기 시작하고, 건강한 양치기들이 사랑의 노래를 피리로 불기 시작했다. 산나짜로의 책은 바로 이러한 유행을 붙잡은 것이었고, 이탈리아 르네상스의 다른 어떤 책보다도 더 대단한 명성과 인기를 누렸다. 그는 독자들을 이끌어 강한 남자들과 아름다운 여자들이 있는 상상의 세계로 데려간다. 이들 중 늙은 사람은 아무도 없고, 또 대개는 벌거벗고 있다. 그들의 광채를 서술하고, 자연스러운 장면들을 시적인 산문으로 묘사해서 그것은 이탈리아에서, 그리고 나중에는 프랑스와 영국에서 유행하게 되었다. 그리고 산문들 사이에 참아 줄 만한 시들을 섞어 놓았다. 이 책에서 현대의 목가(牧歌)가 태어났다. 더 길고 수다스러운 고대의 그것보다 덜 우아할지 모르지만 문학과 예술에 끝없는 영향을 남겼다. 죠르죠네, 티찌아노, 그리고 그 이후의 수많은 예술가들이 여기서 그림의 주제들을 찾아냈다. 그리고 에드먼드 스펜서와 필립 시드니 경은 바로 여기서 요정 여왕들과 영국판 「아르카디아」를 위한 영감을 얻었다. 산나짜로는 콜럼버스의 신세계보다 더욱 즐거운 대륙을 찾아낸 것이다. 멜로디가 있는 유토피아의 세계로, 글자만 읽을 줄 알면 누구라도 들어갈 수가 있고, 책에서 손가락을 떼지도 않은 채 취향과 기분이 내키는 대로 그곳에 자신의 성(城)을 지을 수도 있는 세계이다.

나폴리 왕국의 미술은 시보다는 더욱 남성적이었다. 그곳에도 물론 부드러운 이탈리아가 그 손길을 뻗쳤다. 도나텔로와 미켈로쬬가 피렌쩨에서 이쪽으로 내려와서, 성 안젤로 교회에 리날도 브랑카치 추기경을 위한 인상적인 기념묘를 제작했다. 앙주의 샤를 1세가 건설을 시작한(1283) 카스텔 누오보(새 성)를 위해 너그러운 알폰소 왕은 새로운 문(1443~1470)을 건설하라고 주문했다. 프란체스코 라우라나가 설계하고, 이 문을 위해서 피에트로 디 마르티노와 아마도 쥴리아노 다 마야노가 전쟁과 평화에서 왕이 이룩한 업적들을 멋진 돋을새김으로 조각했다. 현명왕 로버트를 위해 지어진(1310) 산타 키아라 교회에는, 1343년에 왕이 죽은 다음 곧바로 죠반니와 파체 다 피렌쩨 형제가 만든 사랑스러운 고딕 기념비가 아직도 남아 있다. 성 젠나로 대성당(1272)은 15세기에 새로운 고딕 내부 시설을 얻었다. 이곳의 테소로 제단에 있는, 나폴리의 수호성인 성 야누아리우스는 1년에 세 번씩 피를 흘리곤 한다. 그것은 무역에 지치고 여러 세기에 짓눌렸지만 신앙과 사랑으로 위안을 얻는 이 도시의 번영을 보증해 주는 일이다.

시칠리아는 르네상스에서 떨어져 있었다. 아우리스파와 같은 몇 명의 학자와 안토넬로 다 메씨나와 같은 몇 명의 화가를 배출하기는 했지만 그들은 머지않아 훨씬 더 기회가 많은 이탈리아 본토로 건너가고 말았다. 팔레르모, 몬레알레, 체팔루 등지는 위대한 미술품을 간직하고 있지만 오로지 비잔틴과 이슬람교와 노르만 시대의 유품들로 남아 있을 뿐이다. 이 땅을 소유한 봉건 영주들은 15세기보다는 11세기를 더 좋아했고, 기사 계급이 지닌 학문에 대한 경멸 혹은 무시를 그대로 지닌 채 살았다. 그들이 착취한 사람들은 너무 가난해서 색깔이 풍부한 의상과 밝은 모자이크와 침울한 희망의 종교, 그리고 사랑과 폭력에 관한 노래와 단순한 시(詩) 말고 달리 문화적 표현을 찾지 못했다. 사랑스러운 섬에는 1295년부터 1409년까지 아라곤 가문의 왕과 왕비들이 있었다. 이어서 다음 300년 동안 이 섬은 스페인 왕권의 보석이 되었다.

로마 아닌 이탈리아에 대한 이 짧은 관찰이 아무리 길어 보여도 여전히 이 정열적인 반도의 풍성하고 다양한 삶을 공정하게 표현하지는 못했다. 풍속과 품행, 학문과 철학에 대한 관찰은 르네상스 교황들에 관한 몇 개의 장을 지난 뒤로 미루기로 하자. 그러나 우리가 이미 건드린 도시들에서도 우리 눈길은 얼마나 많은 소중한 삶과 예술의 샛길들을 그냥 지나치고 말았던가! 우리는 아직 이탈리아 문학 분야를 전혀 건드리지도 못했다. 가장 위대한 단편 소설은 후기에 속하는 것이기 때문이다. 우리는 이탈리아인의 몸과 정신과 집들을 꾸미는 일에서 작은 공예품들이 맡았던 큰 역할을 적절하지 못한 정도로만 살펴보았다. 일그러진, 혹은 살이 찐 우스꽝스러운 모습들이 방직 기술을 통해 얼마나 훌륭한 모습으로 바뀌었던가! 또 베네찌아 회화에 의해 높이 찬양받은 대공과 거부인들은, 그들의 벨벳, 공단, 비단, 능라가 없었다면 대체 어떤 모습이었을까? 그들은 벌거벗는 것을 죄악이라 여기고 의상으로 훌륭하게 감쌌다. 비록 형식적인 것에 지나지 않더라도 그들이 자기들의 여름을 정원으로 서늘하게 만든 것 또한 대단히 현명한 방식이었다. 그들은 집을 아름답게 장식하기 위해 지붕과 마루에 채색 타일을 붙이고, 또 쇠를 레이스 모양과 당초 무늬로 만들고, 구리 그릇들이 부드러운 빛을 내도록 하고, 청동이나 상아로 만든 조각상들로 남자와 여자들이 얼마나 아름다울 수 있는지를 기억하게 하고, 천 년이나 지속될 목재 조각을 새기고 상감을 넣고, 광택이 있는 도자기들로 식탁과 선반과 벽난로 주변을 환하게 꾸미고, 베네찌아 유리 제품의 기적과도 같은 장식품으로 시간을 향해 그 깨지기 쉬운 도전장을 내밀고, 또 행복한 펜의 노예들이 세밀화를 그려 넣은 보물 같은 고전 작품을 가죽으로 제본해서 황금으로 화인(火印)하고, 은 죔쇠로 고정했다. 사노 디 피에트로 같은 수많은 화가들은 벽화나 패널에 섬세하고 친숙한 아름다움의 꿈을 펼치기보다는 드로잉과 채색 세밀화로 자기들의 눈을 망가뜨리는 편을 택했다. 우리는 때로 미술관을 걷다가 피곤해지면, 페라라의 스키파노야 궁전이나, 뉴욕의 모건 도서관이나, 밀라노의 암브로시아나 미술관 같은 데 아직도 감추어져 있는 이러한 필사본들의 세밀화를 몇 시간 동안이나 앉아서 기쁜 마음으로 들여다 볼 수 있다.

규모가 더 큰 예술들과 함께 이 모든 공예 분야와, 또 이들 사랑스럽고 격렬한 폭발성 기질을 가진 사람들의 노동과 사랑, 속임수와 정치적 수완, 헌신과 전쟁, 성실함과 철학, 지식과 미신, 시와 음악, 미움과 유머 등이 모두 합쳐져 이탈리아 르네상스를 만들어 냈고, 또 메디치가 이끄는 로마에서 르네상스를 완성하고 다시 파멸에 이르게 했다.

주

1장

1. Carlyle, R. W., *History of Medieval Political Theory*, VI, 85-6.
2. Hollway-Calthrop, *Petrarch, His Life and Times*, 14.
2a. Robinson, J. H., and Rolf, H. W., *Petrarch*, 67, 82.
3. Marquis de Sade, *Mémoires pour la vie de Pétrarque*, III, 243, in Prescott, *Ferdinand and Isabella*, I, 328n.
4. Petrarch, *Sonnets and Other Poems*, sonnet 159.
5. Petrarch, *Sonnets*, tr. Jos. Auslander, 126.
6. *Epistolae variae*, no. 25, in Whitcomb, *Literary Source-book of the Italian Renaissance*, 13.
7. Renan, *Averroès*, 328.
8. Robinson and Rolf, 107.
9. Hutton, E., *Giovanni Boccaccio*, 3-5.
10. 위의 책, 25, quoting the *Filocolo*.
11. *Encycl. Brit.*, III, 766b.
12. Boccaccio, *Filostrato*, iii, 32.
13. Gregorovius, F., *History of the City of Rome*, VI, 245.
14. Robinson and Rolf, 426.
15. 위의 책, 137.
16. 위의 책, 61, 97n.
17. *Speculum*, Apr., 1936, p. 267.
18. Hollway-Calthrop, 21.
19. Owen, John, *Sceptics of the Italian Renaissance*, 110, 117.
20. Robinson and Rolf, 137.
21. *Epistolae rerum senilium*, i, 5, in Owen, 121.
22. Sismondi, *History of the Italian Republics*, 333.
23. Gregorovius, VI, 246.
24. 위의 책, 252f.
25. 위의 책, 271, 253.
26. Robinson and Rolf, 347.
27. Gregorovius, Vi, 370-3; Sismondi, 340-1.
28. Foligno, C., *Story of Padua*, 155.
29. Owen, 130.
30. Fattorusso, J., *Wonders of Italy*, 215.
31. Beard, Miriam, *History of the Business Man*, 141.
32. Taylor, Rachel A., *Leonardo the Florentine*, 60.
33. Vasari, *Lives of the Painters, Giotto*, I, 66.
34. Dante, *La commedia divina*, Purgatorio, xi, 94.
35. Vasari, *Taddeo Gaddi*, I, 139.
36. Villari, Pasquale, *The Two First Centuries of Florentine History*, 50.
37. Boccaccio, *Amorous Fiammetta*, 39.
38. Castiglioni, *History of Medicine*, 355.

39. Coulton, G. G., *Black Death*, 10-11.
40. *Cambridge Modern History*, I, 501.
41. Schevill, F., *Siena*, 210.
42. Machiavelli, *History of Florence*, ii, 9.
43. Boccaccio, *Decameron*, 2-7.
44. 위의 책, 11.
45. 위의 책, 13.
46. Dante, *Inferno*, xxviii, 22-42.
47. *Decameron*, Introd. to Sixth Day.
48. *Cambridge Medieval History*, VII, 756.
49. Hollway-Calthrop, 290.
50. Robinson and Rolf, 413.
51. 위의 책, 119.
52. Genoa, *a Descriptive Booklet*, 6.
53. Crump and Jacob, *Legacy of the Middle Ages*, 442; *Cambridge Medieval History*, VI, 490.
54. Sismondi, 527.
54a. Burckhardt, J., *Civilization of the Renaissance in Italy*, 79.
55. Mather, F. J., *Venetian Painters*, 5.
56. Hutton, *Boccaccio*, 201.
57. Hollway-Calthrop, 257.
58. 위의 책, 280.
59. Robinson and Rolf, 428.
60. Symonds, *Age of the Despots*, 73.
61. Hollway-Calthrop, 123.
62. Robinson and Rolf, 4.

2장

1. Sismondi, 306; Coulton, G. G., *Life in the Middle Ages*, I, 205.
2. Milman, H. H., *History of Latin Christianity*, VII, 205.
3. Gregorovius, VI, 193.
4. Creighton, M., *History of the Papacy During the Reformation*, I, 42; Gregorovius, 192.
5. Milman, VII, 136.
6. 위의 책, 137.
7. *Cambridge Medieval History*, VII, 273f; Rogers, J. E. T., *Economic Interpretation of History*, 75; Pastor, *History of the Popes*, I, 98.
8. 위의 책, 66, 71.
9. 위의 책.
10. 위의 책, 92.
11. Coulton, *Life in the Middle Ages*, I, 205.
12. *Cambridge Medieval History*, VII, 288; Milman, VII, 138n.
13. Pastor, I, 107.
14. Sarton, G., *Introd. to the History of Science*, IIIb, 1034.
15. Pastor, I, 91.
16. Machiavelli, *History of Florence*, i, 6.
17. Sismondi, 328.
18. Gregorovius, VI, 436.
19. 위의 책, 450.
20. Sismondi, 437.
21. Pastor, I, 100.
22. 위의 책, 103.
23. Sismondi, 439.
24. Pastor, I, 105.
25. Lanciani, R., *Golden Days of the Renaissance in Rome*, 1.
26. Lea, H. C., *History of the Inquisition in the Middle Ages*, III, 90-120; Milman, VII, 41-51.

27. Beazley, C. R., *Dawn of Modern Geography*, III, 181.
28. Coulton, G. G., *Medieval Panorama*, 650.
29. Sismondi, 458.
30. Gregorovius, VI, 522.
31. Pastor, 1, 232.
32. Coulton, *Inquisition and Liberty*, 45.

3장

1. Thompson, James W., *Economic and Social History of Europe in the Later Middle Ages*, 458.
2. Beard, Miriam, *History of the Business Man*, 134.
3. Cellini, B., *Autobiography*, i, 69.
4. *Cambridge Medieval History*, VI, 487.
5. Pirenne, Henri, *Economic and Social History of Medieval Europe*, 215.
6. Burckhardt, 76.
7. Nussbaumbaum, F. L., *History of the Economic Institutions of Modern Europe*, 70.
8. Beard, M., 115.
9. Sarton, IIIa, 125.
10. Thompson, *Economic and Social History*, 406.
11. Symonds, *Age of the Despots*, 197; Sismondi, 573.
12. Machiavelli, *History*, iv, 3.
13. Beard, M., 152; Burckhardt, 80.
14. Machiavelli, *History*, iv, 6-7.
15. Beard, M., 152.
16. Villari, P., *Two First Centuries*, 358.
17. Sismondi, 598f; Beard, 152.
18. Burckhardt, 78.
19. Boissonnade, P., *Life and Work in Medieval Europe*, 299.
20. Roscoe, Wm., *Life of Lorenzo de' Medici*, 79.
21. Varchi, Benedetto, *Storia fiorentina*, end of book ix.
22. Ariosto, *Satires*, vii, 25.
23. *Cambridge Modern History*, I, 542.
24. Symonds, *Revival of Learning*, 104.
25. 위의 책, 243.
26. Sismondi, 747.
27. Villari, *Machiavelli*, I, 89.
28. Pastor, I, 27.
29. Villari, *Machiavelli*, 83; Symonds, *Revival of Learning*, 234.
30. Villari.
31. Pastor, II, 201.
32. Symonds, *Revival*, 237.
33. Burckhardt, 503.
34. Symonds, *Revival*, 240.
35. Dopsch, *Economic and Social Foundations of European Civilization*, 2.
36. Vasari, *Lives*, II, 270, *Andrea da Fiesole*.
37. Fattorusso, 209.
38. Vasari, *Lives*, II, 299, *Baldassare Peruzzi*.
39. Beard, 153.
40. Symonds, *Fine Arts*, 134; *Cambridge Modern History*, I, 548.
41. Vasari, II, 52, *The Bellini Family*.
42. Baedeker, *Northern Italy*, 567.

43. Vasari, II, 306, *Andrea del Sarto.*
44. 위의 책.
45. Sarton, IIIb, 1132.
46. Vasari, II, 239, *Raphael.*
47. Taylor, R. A., *Leonardo,* 60.
48. Morey, C. R., *Medieval Art,* 340.
49. Vasari, II, 3, Fra Filippo Lippi.
50. Crowe and Cavalcaselle, *New History of Painting in Italy,* II, 324.
51. Symonds, *Sketches and Studeies in Italy and Greec*e, 21-6.
52. Machiavelli, *History,* vii, 1.
53. Guicciardini, Fr., *History of the Wars in Italy,* I, 181.
54. Machiavelli, *History,* vii, 1.
55. Young, G. F., *The Medici,* 77.

4장

1. Machiavelli, *History,* vii, 2.
2. 위의 책.
3. *Cambridge Modern History,* I. 661; Roscoe, *Lorenzo,* 156-7.
4. Roscoe, 169.
5. 위의 책, 278; Young, 220.
6. Sismondi, 659; Villari, *Life and Times of Savonarola,* 45; Beard, 156.
7. Machiavelli, viii, 7.
8. Guicciardini, I, 5.
9. Roscoe, *Lorenzo,* 235.
10. *Storia fiorentina,* ch. ix, in Villari, *Machiavelli,* I, 35.
11. Translation by Symonds, *Italian Lietrature,* I, 390.
12. Varchi, end of book ix.
13. Sellery, G. C., *The Renaissance,* 196.
14. Pastor, V, 154.
15. Villari, *Machiavelli,* I, 132.
16. Abrahams, I., *Jewish Life in the Millde Ages,* 421.
17. Pater, W., *The Renaissance,* 32.
18. Burckhardt, 354-5.
19. Symonds, *Sketches,* II, 319-20.
20. XVIII, 115f, in Symonds, *Italian Literature,* I, Appendix V.
21. Canto xxv.
22. XXV, 229-30, in Prescott, *Ferdinand and Isabella,* I, 496.
23. Roscoe, *Lorenzo,* 311.
24. Vasari, *Life of Rustici.*
25. Vasari, II, 98, *Andrea Verrocchio.*
26. Müntz, E., *Raphael,* 146.
27. Berenson, B., *Study and Criticism of Italian Art,* 2.
28. Vasari, II, 23, *Benozzo Gozzoli.*
29. Berenson, *Florentine Painters of the Renaissance,* 63; Taine, H. A., *Italy: Florence and Venice,* 127.
30. *The Martyrdom of St. Peter* in the Brancacci Chapel.
31. Vasari, II, 85, 87, *Botticelli.*
32. Crowe and Cavalcaselle, II, 431-3.
33. Von Reumont, *Lorenzo il Magnifico,* II, 590, Creighton, III, 296-8, and Roscoe, Lorenzo, 327; Villari, *Savonarola,* 168-72.
34. Machiavelli, *History,* viii, 7; Guicciardini, I, 10.
35. Roscoe, *Lorenzo,* 334.

5장

1. Noyes, *Ferrara*, 98.
2. Roeder, R., *The Man of the Renaissance*, 6.
3. 위의 책, 5.
4. 위의 책.
5. Savonarola, 28th Sermon on Ezekiel.
6. Villari, *Savonarola*, 126.
7. Roeder, 25.
8. Villari, *Savonarola*, 129.
9. Symonds, *Italian Literature*, I, 386.
10. Villari, 183.
11. 위의 책, 189.
12. Guicciardini, I, 173.
13. Villari, 343.
14. Roeder, 57.
15. Villari, 330.
16. 위의 책, 329.
17. Guicciardini, II, 391.
18. *Cambridge Modern History*, I, 672 and ch. xix.
19. Villari, 393.
20. 위의 책, 376.
21. 위의 책, 390.
22. 위의 책, 400.
23. 위의 책, 401.
24. 위의 책, 406.
25. 위의 책, 410.
26. 위의 책, 474.
27. *Cambridge Modern History*, I, 179.
28. Lenten sermons of 1497, no. 22, in Villari, 516-8.
29. Sermon no. 28, in Villari, 519-20.
30. Villari, 522.
31. *Cambridge Modern History*, I, 179.
32. Villari, 601.
33. 위의 책, 645.
34. *Cambridge Modern History*, I, 182.
35. Vasari, II, 176, *Piero di Cosimo*.
36. III, 319, *Lombard Artists*.
37. Crowe, III, 562.

6장

1. Beard, 134.
2. Boissonnade, 326.
3. Pastor, V, 126.
4. Sismondi, 746; Burckhardt, 296.
5. 위의 책, 297.
6. Hollway-Calthrop, 14.
7. Thompson, J. W., *Economic and Social History*, 236.
8. Noyes, *Milan*, 132.
9. Thompson, 460.
10. Burckhardt, 14; Symonds, *Age of the Despots*, 151.
11. Machiavelli, *History*, vii, 6; Sismondi, 620-1.
12. Cartwright, J., *Beatrice d'Este*, 260.
13. Müntz, E., *Leonardo da Vinci*, I, 103.
14. Taylor, R., *Leonardo*, 104.
15. Cartwright, *Beatrice d'Este*, 165.
16. Cartwright, 78.
17. Sismondi, 741.
17a. Noyes, *Milan*, 165.
18. 위의 책, 183.
19. Cartwright, *Isabella d'Este*, I, 151.
20. Cartwright, *Beatrice d'Este*, 370-3.
21. 위의 책, 141.
22. Symonds, *Revival of Learning*, 273.

23. 위의 책, 269.

7장
1. *Leonardo da Vinci*, Phaidon, 21; Taylor, *Leonardo*, 49.
2. 위의 책, 488.
3. *Codice Atlantico*, in Leonardo da Vinci, *Notebooks*, II, 502.
4. Fogli A 10r in *Notebooks*, I, 106.
5. Vasari, II, 160, *Leonardo da Vinci*; Paolo Giovio in Phaidon *Leonardo*, 5.
6. Vasari, II, 162; *Codice Atlantico*, 167 v.c. in *Notebooks*, II, 394.
7. Müntz, *Leonardo*, I, 192.
8. Matteo Bandelli in Müntz, *Leonardo*, I, 184.
9. 위의 책, 187.
10. Taylor, *Leonardo*, 231.
11. Müntz, I, 185; Cartwright, *Beatrice*, 138.
12. Müntz, II, 123.
13. MS. B 83 v in *Notebooks*, II, 204; illustration facing p. 212.
14. *Notebooks*, II, 212.
15. Popham, A. E., *Drawings of Leonardo da Vinci*, plate 309.
16. 위의 책, plate 308.
17. Müntz, II, 96.
18. B. M. 35 r in *Notebooks*, II, 96.
19. Popham, plates 305, 298, 303.
20. Phaidon *Leonardo*, 19.
21. 위의 책, 16, quoting a 1540 *Life of Leonardo*.
22. Müntz, II, 158.
23. 위의 책, 124.
24. Vasri, II, 166, *Leonardo*.
24a. Phaidon *Leonardo*, 23.
25. Taylor, R. A., *Leonardo*, xii.
26. Andrea Corsali, writing to Giuliano de'Medici in 1515, in Müntz, I, 17.
27. Vasari, II, 157.
28. *Trattato della pittura*, 27 v, in *Notebooks*, II, 261.
29. MS 2037, Bibliothèque Nationale, 10 r in *Notebooks* II, 177.
30. A 56 in *Notebooks*, II, 24.
31. Berenson, *Florentine Painters*, 68.
32. Quaderni III, 12 v in *Notebooks*, II, 529.
33. Richter, J. P., *Literary Works of L. da V.*, II, 385-92; Müntz, I, 82-4.
34. Müntz, II, 19.
35. *Notebooks*, I, 363; II, 13, 287-92.
36. *Trattato* 31 r and 30 v; *Notebooks*, 267-9.
37. Richter, I, #10.
38. *Trattato* 2 r; Bibl. Nat. ms. 2038; *Notebooks*, II, 235.
39. Taylor, *Leonardo*, 355.
40. *Trattato*, 20 r; *Notebooks*, II, 245.
41. B 16 r and 15 v in *Notebooks*, II, 424.
42. *Vasari*, II, 157.
43. Usher, in Nussbaum, 80.
44. *Life* Magazine, July 17, 1939.
45. *Notebooks*, I, 25.
46. *Encyclopaedia Britannica*, 11th ed., XXI, 230c.
47. A 27 v. a.; *Notebooks*, II, 437.

48. *Codice Atlantico*, 381 v.a.; *Notebooks*, I, 515.
49. *Codice Atlantico*, 45 r.a.; *Notebooks*, I, 442.
50. *Sul volo*, in *Notebooks*, I, 436.
51. 위의 책, 437.
52. *Codice Atlantico*, 161 r.a.; *Notebooks*, I, 511.
53. Popham, 317-8.
54. *Notebooks*, I, 427.
55. B 83 v; *Notebooks*, I, 517.
56. B 89 r; *Notebooks*, I, 519.
57. *Sul volo*, in *Notebooks*, I, 441.
58. *Codice Atlantico*, 318 v.a.; *Notebooks*, I, 513.
59. Taylor, *Leonardo*, 225.
60. *Trattato*, #10.
61. H 90 E 42 in *Notebooks*, II, 75.
62. Duhem, P., *Études sur Léonard de Vinci*, I, 20, 22, 30; III, 54f.
63. Freud, *Leonardo da Vinci*, 102.
64. *Codice Atlantico*, 367 v.b. in *Notebooks*, II, 500.
65. Popham, plate 161.
66. G 96 v; *Notebooks*, I, 625.
67. Richter, I, 11, no. 3.
68. *Codice Atlantico*, 190 r.a.
69. Quaderni v., 25 r, and F 41 v; *Notebooks*, I, 310, 298.
70. *Codice Atlantico*, 303 v.b.
71. Duhem, I, 25f.
72. 위의 책, 25, 30; *Notebooks*, I, 302.
73. F 79 r; *Notebooks*, I, 330-1.
74. D. Müntz, II, 91.
75. *Codice Atlantico*, 155 r.b.; Leic 8 v, 9 r.v.
76. Richter, II, 265.
77. *Codice Atlantico*, 84 r.a.
78. 위의 책, 160 v.a.
79. A 56 r; Leic 33 v; *Notebooks*, II, 21, 368.
80. Leic 36 r; *Notebooks*, II, 373.
81. E 8 v; *Notebooks*, I, 628.
82. B.M. 151 r; *Notebooks*, I, 602.
83. *Codice Atlantico*, 302 v.b.; *Notebooks*, I, 529; Müntz, II, 71.
84. Müntz, II, 79.
85. B 6 r; *Notebooks*, I, 284.
86. *Codice Atlantico*, 345 v.b.; *Notebooks*, I, 253.
87. *Codice Atlantico*, 244 r.a.; *Notebooks*, I, 248.
88. Richter, I, ##70-82.
89. Müntz, II, 78.
90. B.M. 57 v; *Notebooks*, II, 98.
91. Duhem, I, 204.
92. *Codice Atlantico*, 314, in Müntz, II, 75.
93. Vasari, II, 157.
94. Müntz, II, 87.
95. 위의 책, 80.
96. *Notebooks*, I, 13.
97. Castiglioni, *History of Medicine*, 413-17.
98. Richter II, p. 132; Müntz, II, 84.
99. Fogli B, 10 v; *Notebooks*, I, 124.
100. Taylor, *Leonardo*, 406.
101. Humboldt, A. von, *Kosmos*, II, 324, in Müntz, II, 60.

102. Garrison, *History of Medicine*, 216.
103. F 41 r; *Notebooks*, II, 47.
104. *Codice Atlantico*, 345 v.b.; *Notebooks*, I, 243.
105. Müntz, II, 32n.
106. Richter, II, p. 302, 363-4.
107. 위의 책, II, p. 369.
108. *Codice Atlantico*, B 70 r.a.; *Notebooks*, II, 504.
109. F 5 r and 4 v; *Notebooks*, I, 295.
110. Taylor, *Leonardo*, 22.
111. 위의 책, 462.
112. Müntz, II, 31.
113. *Codice Atlantico*, 51 r.b.
114. A 24 r; *Notebooks*, I, 538; Richter, II, p. 285.
115. Taylor, 7.
116. Quoted in Müntz, II, 207.
117. Basler, *Leonardo*, 6.
118. Marcel Raymond in Taylor, 449-50.
119. *Notebooks*, I, 36.
120. Müntz, II, 22.
121. Taylor, 466.

8장

1. Sismondi, 593.
2. Vasari, I, 183, *Spinello*.
3. II, 147, *Signorelli*.
4. Symonds, *Sketches*, III, 151.
5. Allegretto Allegretti in Symonds, *Age of the Despots*, 616.
5a. Craven, *Treasury of Art Masterpieces*, 1952 ed., 6.
6. Vasari, III, 286, *Sodoma*.
7. 위의 책, 285.
8. *Emporium* Magazine, June, 1939, 354.
9. Crowe, III, 104, 106.
10. Vasari, II, 18; *Gentile da Fabriano*.
11. Matarazzo, *Cronaca*, in Symonds, *Sketches*, III, 134-5.
12. Villari, *Machiavelli*, I, 355.
13. Symonds, *Sketches*, III, 129.
14. Crowe, III, 293.
15. 위의 책, 183.
16. Vasari, II, 133, *Perugino*.
17. Thorndike, L., *History of Medieval Europe*, 675-6.
18. Vasari, II, 132, *Perugino*; Crowe, III, 223.
19. Symonds, Fine Arts, 297n.

9장

1. Brinton, *The Gonzaga Lords of Mantua*, 91.
2. Mantegna, *L'oeuvre*, xiv.
3. Cartwright, *Isabella*, I, 362.
4. 위의 책, 83.
5. 위의 책, 152.
6. 위의 책, 4.
7. 위의 책, 288.
8. Maulde, *Women of the Renaissance*, 432.
9. Cartwright, *Isabella*, II, 381.

10장

1. Gregorovius, *Lucrezia Borgia*, 267.
2. Noyes, *Ferrara*, 82.
3. 위의 책, 136.

4. Burckhardt, 47.
5. Ariosto, *Orlando furioso*, xxxiii, 2.
6. Noyes, *Ferrara*, 83.
7. 위의 책, 82-4.
8. Symonds, *Revival*, 298-301.
9. Burckhardt, 323.
10. Carducci in Villari, *Machiavelli*, I, 410.
11. Ariosto, *I Suppositi*, Prologue.
12. Symonds, *Italian Literature*, I, 496n, and Ariosto, Satire ii, 94-9.
13. *Orlando furioso*, x, 95-6.
13a. Croce, *Ariosto, Shakespeare, and Corneille*, 65.
14. *Orlando furioso*, x, 84.
15. Satire vii, tr. Symonds.
16. Symonds, *Italian Literature*, II, 323.
17. Rabelais, *Pantagruel*, ii, 1, 7.
18. Gregorovius, *Lucrezia*, 362.

11장

1. Comines, *Memoirs*, vii, 17.
2. Molmenti, P., Part I, Vol. II, 62.
3. Young, *Medici*, 28.
4. Beazley, *Dawn of Modern Geography*, 474.
5. Thompson, J. W., *Economic and Social History*, 490.
6. Guicciardini, IV, 359.
7. Speech of Mocenigo, in Sismondi, 534n.
8. Molmenti, 42.
9. 위의 책, 33.
10. Sismondi, 788.
11. Molmenti, 30.
12. Sismondi, 789.
13. 위의 책.
14. Molmenti, 37-9.
15. 위의 책, 94.
16. Burckhardt, 63.
17. *Cambridge Modern History*, I, 263; Molmenti, 12; Villari, *Machiavelli*, I, 464, 466; Foligno, *Padua*, 141.
18. Machiavelli, *History*, vi, 4.
19. Molmenti, Part I, Vol. II, 98.
20. Part II, Vol. II, 240.
21. 위의 책.
22. Petrarch, Letter of Sept. 21, 1373, in Foligno, 126.
23. Molmenti, Part I, Vol. II, 269.
24. 위의 책, 22.
25. *Cambridge Modern History*, I, 269.
26. Molmenti, Part I, Vol. II, 21.
27. *Cambridge Modern History*, I, 268.
28. Vasari, I, 357, Antonello da Messina.
29. 위의 책, 358.
30. Gronau, G., *Titian*, 6.
31. Vasari, II, 47, *The Bellini*.
32. Mather, F. J., *Venetian Painters*, 91.
33. Molmenti, Part I, Vol. II, 160.
34. Carlo Ridolfi in Mather, 195.
35. Mather, 206.
36. Gronau, 28.
37. 위의 책, 38.
38. 위의 책, 35.
39. 위의 책, 62.
40. Mather, 300.
41. *Lombardia*, II, 85.
42. Renard, G., *Guilds of the Middle Ages*, 36; Dillon, E., *Glass*, 222.

43. Quoted by Alan Moorehead in *The New Yorker*, Feb. 24, 1951.
44. Symonds, *Revival*, 369.
45. Putnam, G. H., *Books*, I, 438.
46. Symonds, *Revival*, 381.
47. 위의 책, 411; Gregorovius, *Lucrezia*, 305; Noyes, *Ferrara*, 163.
48. Pastor, VIII, 191.
49. *Cambridge Modern History*, I, 564; Symonds, *Revival*, 398.
50. Maulde, 366-7.
51. Berenson, B., *Venetian Painters*, 31.
52. Vasari, III, 48, *Veronese Artists*.
53. 위의 책, 49.
54. 위의 책, 30, *Giov. Fr. Caroto*.

12장

1. Stoecklin, *Le Corrège*, 21.
2. James, E. E. C., *Bologna*, 301.
3. Vasari, II, 118, *Francia*.
4. 위의 책, 122.
5. Berenson, *North Italian Painters*, 70.
6. James, E. E., 355.
7. Vasari, II, 123.
8. Sismondi, 737.
9. Symonds, *Sketches*, II, 17.
10. Burckhardt, 454.
11. Sismondi, 737.
12. Villari, *Machiavelli*, I, 117-8; Pastor, III, 117.
13. Symonds, *Sketches*, II, 20.
14. Burckhardt, 454.
15. Pastor, III, 117.
16. *Miniatures de la Renaissance*, 79.

17. Müntz, *Raphael*, 5.
18. Castiglione, *The Courtier*, 231.
19. Roeder, *Man of the Renaissance*, 175.
20. Cartwright, *Isabella*, I, 110.
21. Maulde, 294.
22. Roeder, 222.
23. 위의 책, 397.
24. Castiglione, 188.
25. 위의 책, 310.
26. 위의 책, 304.
27. 위의 책, 306.
28. 위의 책, 286.
29. Cartwright, *Baldassare Castiglione*, II, 430.

13장

1. Burckhardt, 226.
2. Pastor, I, 13-7; Villari, *Machiavelli*, I, 96-7; Symonds, *Revival*, 258.
3. Sellery, *Renaissance*, 202f.
4. Pastor, I, 19-21; Villari, *Machiavelli*, I, 98.
5. Pastor, V, 115; Burckhardt, 36-7; Villari, *Machiavelli*, I, 58; Sismondi, 739; Symonds, *Age of the Despots*, 570-2.
6. Burckhardt, 267.
7. Portogliotti, *The Borgias*, 60.
8. Symonds, *Revival*, 469.

안인희 한국외대 독일어과를 졸업하고 같은 대학교 대학원에서 「실러 드라마 연구 ― 부자 갈등을 통해 본 신구 대립」으로 박사 학위를 받았으며, 독일 밤베르크 대학교에서 독일 문학을 공부했다. 대표적인 독일어권 번역가이자, 인문·예술 분야에서 연구하는 인문학자로서 꾸준히 번역과 창작 활동을 하고 있다.

지은 책으로 『게르만 신화, 바그너, 히틀러』(민음사 올해의 논픽션 상 2003)와 『북유럽 신화』가 있으며, 옮긴 책으로 『이탈리아 르네상스의 문화』(한국번역가협회 번역 대상)와 『인간의 미적 교육에 관한 편지』(한독 문학 번역상), 『르네상스의 미술』, 『세계 역사의 관찰』, 『광기와 우연의 역사』 등이 있다.

문명 이야기

르네상스 5-1

1판 1쇄 펴냄 2011년 5월 30일
1판 4쇄 펴냄 2021년 8월 18일

지은이 윌 듀런트
옮긴이 안인희
발행인 박근섭, 박상준
펴낸곳 (주)민음사

출판등록 1966. 5. 19.(제16-490호)
서울특별시 강남구 도산대로1길 62(신사동) 강남출판문화센터 5층 (우편번호 06027)
대표전화 02-515-2000, 팩시밀리 02-515-2007
홈페이지 www.minumsa.com

한국어판 ⓒ (주)민음사, 2011. Printed in Seoul, Korea.

ISBN 978-89-374-8359-2 04900
ISBN 978-89-374-8361-5 (세트)

* 잘못 만들어진 책은 구입처에서 교환해 드립니다.